Adtgehnten Sahrunderrts

Die schweizerische Literatur des 18. Jahrhunderts

Adtgehnten Sahrunderrts

Die schweizerische Literatur des 18. Jahrhunderts

ISBN/EAN: 9783743320666

Hergestellt in Europa, USA, Kanada, Australien, Japan

Cover: Foto ©Thomas Meinert / pixelio.de

Manufactured and distributed by brebook publishing software
(www.brebook.com)

Adtgehnten Sahrunderrts

Die schweizerische Literatur des 18. Jahrhunderts

Die

Schweizerische Literatur

des

achtzehnten Jahrhunderts.

Von

J. C. Mörikofer.

Leipzig
Verlag von S. Hirzel.
1861.

Vorwort.

Im vorigen Jahrhundert hatte eine ganze Reihe schweizerischer Schriftsteller einen weitverbreiteten Namen und ein großes Ansehen. Als aber die neuere Literaturgeschichte eine Sichtung begann, so mußte es Befremden erregen, welch eine beträchtliche Zahl einst berühmter Schriften jener Schweizer durch ihre harte oder erkünstelte Sprache, durch die Bedeutungslosigkeit ihres Inhaltes oder die Flüchtigkeit ihrer Anlage und Durchführung, durch sonderbare Ansichten oder engen Gesichtskreis, voraus aber durch Mangel an Geschmack und Schönheitsgefühl, so wie durch Mangel an künstlerischer Vollendung in einem ungünstigen Verhältnisse zu den klassischen Erzeugnissen der deutschen Schriftsteller des achtzehnten Jahrhunderts stand. Dazu kam, daß das günstige Vorurtheil, dessen sich die Schweiz mit ihren Zuständen und Einrichtungen im vorigen Jahrhundert zu erfreuen hatte, in der neuern Zeit bei den Konservativen in Mißtrauen und Abneigung, bei den Liberalen in Geringschätzung der ihren Idealen wenig entsprechenden Institutionen und Lebensverhältnisse umschlug:

so ·daß auch die aus der Landesart hervorgehende Verschiedenheit
jener schriftstellerischen Erzeugnisse theils überhaupt nicht verstanden,
theils nicht unbefangen gewürdigt wurde.　So ist es gekommen,
daß die Kritik sich berechtigt glaubte, das Uebermaß des persönlichen
Ansehens, welches einzelne jener Schweizer erworben zu haben
schienen, an ihren Schriften zu rächen und dieselben eine Ungunst
erfahren zu lassen, welche mit der Anerkennung der Zeitgenossen in
einem grellen Widerspruche steht.　Jedenfalls verdient eine Zeit,
wo es der Schweiz, ungeachtet ihrer mehrfach erschwerenden Verhältnisse, vergönnt war, so bedeutend in das Geistesleben und die
Literatur Deutschlands einzugreifen, eine nähere Prüfung, wobei
es hauptsächlich darauf ankommen wird, daß man die allgemeinen
und die besondern Verhältnisse, unter welchen jene Schriftsteller sich
herangebildet und gearbeitet haben, an der Hand der Geschichte
enthülle, und die Entstehung ihrer Werke aus ihrer persönlichen
Eigenthümlichkeit und ihrer Stellung nachweise.　Was hier über
die deutsche Schweiz vorgelegt ist, hat Gaullieur für die französische
Schweiz schon versucht.　Indem also diese unberücksichtigt bleibt,
ist dagegen in der Entwicklung der Literatur der Schweiz mit desto
größerer Aufmerksamkeit der Zusammenhang mit dem Geistesleben
Deutschlands nachzuweisen.

　　Der Verfasser hätte diese Aufgabe gerne einem günstiger Ge-
stellten überlassen.　Allein nachdem er längere Zeit umsonst auf
einen Solchen gewartet, glaubte er, daß auch für ihn einige Umstände vorhanden seien, welche ihn zu einem solchen Versuche
ermuntern dürfen.　Die ersten Bücher, welche ihm in früher
Jugend in die Hand kamen, waren größtentheils die Erzeugnisse
jener Schweizer des vorigen Jahrhunderts und prägten sich ihm

tief ein. In seiner Studienzeit gehörte die freundliche Aufnahme
bei Kindern, Enkeln und Verwandten mehrerer Glieder aus jener
geistigen Blüthezeit der Schweiz zu seinen glücklichen Erlebnissen.
Viele Jahre war das Studium der deutschen Sprache und der
Geschichte seine unmittelbare Aufgabe und Berufspflicht. Und so
freute er sich, in einer auch für ihn bewegten und sturmvollen
Zeit in schönen Mußestunden sich jenem hoffnungsreichen, friedlichen,
charaktervollen Geistesleben des Vaterlandes im vorigen Jahrhunderte
zuzuwenden und dadurch sich für eine feste und selbständige Stellung
in der Gegenwart zu stärken. Zugleich aber fand er in vielfacher
Bereitwilligkeit zur Beihülfe eine wachsende Ermunterung. Vorzüglich unterstützten ihn durch Anregung und Rath die bewährten
Meister Wilh. Wackernagel und Max. Götzinger. Durch
die Darbietung der literarischen Hülfsmittel so wie durch Eröffnung
noch unbenutzter Quellen war ihm mit unermüdeter Gefälligkeit und
Freundschaft der Oberbibliothekar in Zürich Dr. Horner, namentlich für Bodmer und seinen ganzen Kreis beförderlich; die Ergänzung dazu boten die wohlwollend eröffneten handschriftlichen Schätze
des edeln J. C. Zellweger und der Schultheß'schen Familienbiblio-
thek. Ferner hatte ich mich handschriftlicher Mittheilungen von
Seite der Enkel Hallers und Sal. Geßners zu erfreuen. Professor
Mezger in Schaffhausen verstattete mir mit der verdankenswerth-
sten Liberalität die Benutzung des Nachlasses von Joh. Müller.
Auch über Pestalozzi eröffneten sich mir neue Quellen. Der Theilnahme dieser Genannten und noch einer größern Zahl Ungenannter
fühle ich mich zu großem Danke verpflichtet. So wie ich einen
Abschnitt vollendet hatte, legte ich denselben einem oder mehreren
mit den speciellen Umständen näher Vertrauten zur Beurtheilung

vor, wodurch mir mannigfaltige Belehrung und Berichtigung zu Theil wurde.

Das Ganze ist eine Arbeit vieler Jahre und wiederholter Revision, und ich nähre die Hoffnung, daß dieselbe sich dem Leser wenigstens durch Fleiß und Liebe empfehle. Das im Jahre 1851 erschienene Fragment aus dieser Geschichte, „Klopstock in Zürich", welches indessen hier in neuer Bearbeitung erscheint, wurde wohl= wollend aufgenommen, so daß darin die Ermunterung zur Vollen= dung und Herausgabe des Ganzen lag.

Im Frühling 1859.

J. C. Mörikofer.

Inhalt.

IV. Sulzer.

XIII. Martin Usteri.

XIV. Salis.

Schluß

Einleitung.

Es giebt kein Land der Erde, in dem auf einem kleinen Flächen-raume so viel Mannigfaltigkeit und Abwechslung, so viel Großartiges und Liebliches in der Natur zu finden wäre, gleich der Schweiz. Dieses reiche und wunderbare Land hat zu allen Zeiten das Gemüth und den Geist seiner Bewohner mächtig bewegt und angeregt und daher auch scharf ausgeprägte, eigenthümliche Menschen hervorgebracht. Denn ein Land, dessen Himmel rauh ist, wo Berg und Thal jeden Schritt mühsam macht, wo der Mensch in einen schweren Kampf mit den Ele-menten verflochten ist, schafft ein starkes und streitbares Volk. Zugleich aber giebt ein Leben, welches stets von den Gefahren und Schrecknissen plötzlich losbrechender Naturkräfte bedroht ist, ruhigen Blick, Geistes-gegenwart und Festigkeit. Wo zudem die Arbeit mühsam ist und einer kargen Natur mit aller Anstrengung nur einen spärlichen Lohn abzu-ringen vermag, können die Menschen nicht anders als fleißig, haus-hälterisch und einfach werden. Voraus aber weckt der Anblick einer über-gewaltigen und erhabenen Natur frommes Gefühl und gottvertrauenden Sinn. Dazu kommt, daß die Theilnahme am öffentlichen Leben, das Mitsprechen und Mithandeln in den Angelegenheiten des Staates und der Gemeinde, das Gefühl glücklicher Freiheit giebt, das durch die ruhmreichen Erinnerungen früherer Jahrhunderte gehoben wird: so daß ein nationales Bewußtsein und Selbstgefühl alle Schichten des Volkes durchdringt und alle Glieder desselben sich in freudiger und opfer-bereiter Gemeinschaft fühlen.

Dieses schweizerische Bergland, von so bestimmt gezeichneten Natur-gränzen umschlossen, liegt aber zugleich im Herzen von Europa, in der Mitte zwischen drei großen Nationen, und steht mit seinen Nachbarn in vielfachem Gewerbsverkehr; daher mußte auch der muthige und unter-nehmende Geist der Schweizer durch diese Berührungen mit den Nachbar-

Mörikofer, die schweizerische Literatur. 1

völkern sich mannigfaltigen Gewinn anzueignen und seinen Gesichtskreis zu erweitern, während zugleich durch Landesbeschaffenheit und
Verfassung die äußere und innere Unabhängigkeit der Schweiz sich entwickelte. Daher zeigt sich die Sinnesart des Schweizervolkes zu allen
Zeiten kühn und beharrlich, thatkräftig und nach Außen gerichtet. Mit
scharfem Verstand erkennt und faßt der Schweizer sein Ziel, wählt mit
ruhiger Umsicht die Mittel zu demselben und erreicht es durch Entschlossenheit und zähe Willenskraft. So zeichnet sich die Schweiz, wie
einst durch das Waffenhandwerk, so jetzt durch ihre Gewerbsthätigkeit
aus. Zu jenem eignete sich der Schweizer durch Einfachheit und Ab-
härtung, durch Ordnung und Treue; dagegen besaß er wenig von der
Romantik ritterlichen Geistes. Wie der kluge, nüchterne erste Habs-
burger, von klarem Blicke und entschlossenem Geiste, sich zu den frühern
Kaisern verhält, so stellt er in seinen charakteristischen Eigenschaften die
eigenthümlichen Merkmale des Schweizers im Verhältniß zum allgemeinen
deutschen Wesen dar. Im Drange des Schaffens und Wirkens tritt in
der schweizerischen Individualität der in sich geschlossene, kontemplative
Sinn mehr zurück und bietet daher für die Literatur einen minder günstigen Boden. Die Aufforderung zu literarischen Schöpfungen muß in
den unmittelbaren Verhältnissen des Lebens liegen und auf dasselbe
zurückwirken; dadurch erhält aber die geistige Schöpfung auch wieder
eine bestimmt ausgeprägte und ansprechende Eigenthümlichkeit. Die
reiche und große Natur der Schweiz regte daher vor Allem die Natur-
forschung an und bildete und erzog zu allen Zeiten berühmte Naturforscher, unter denen Konrad Geßner, Scheuchzer, Haller u. s. w. nicht
nur Zierden der Wissenschaft, sondern auch des ganzen Vaterlandes sind.
Aber noch reicher und eigenthümlicher belebte die freie Schweiz zur Geschichtsforschung, in einer Ausdehnung und Freudigkeit wie in keinem
andern Lande: aus der Mannigfaltigkeit dieser Geschichtsforscher treten
Tschudi und Müller so epochemachend hervor, daß sie den Nachfolgern
auf diesem Gebiete zu besonderer Ermunterung dienen. Ferner zeichnete
sich die Schweiz zu allen Zeiten durch eine alle Verhältnisse durchdrin-
gende, einfache, im praktischen Leben sich bewährende Frömmigkeit aus,
deren Vielseitigkeit, anregende Kraft und Nachhaltigkeit sowohl in den
alten Gottesfreunden Basels als in dessen gegenwärtiger, in weiten
Kreisen wirksamer Centralstellung für Erweckung christlichen Lebens, sowohl in Zwingli als in Lavater ihren Ausdruck findet.
Allein die nationale Eigenthümlichkeit wie die besonderen Ortsver-

hältniſſe brachten es mit ſich, daß die Schweiz dem allgemeinen Verkehre und der geiſtigen Mittheilung mit Deutſchland zu ferne ſtand, als daß in ihrem Gebiete eine ſchulgerechte und kunſtmäßige Literatur hätte erblühen können. Daher die Schweiz, mit Ausnahme des Baſlers Konrad von Würzburg, keinen der bedeutendern Sänger weder der Minne noch der Sage mit Sicherheit in Anſpruch nehmen kann. Was hingegen aus der eigenthümlichen Art des Volkes, aus ſeinen Schickſalen und ſeinen bürgerlichen Zuſtänden hervorwuchs und die ganze Friſche und Individualität ſchweizeriſchen Volkslebens zeigte, die Kriegslieder der frühern Zeit und die Schauſpiele der Reformationszeit, dieſe bedeutenden Zeichen für das eigenthümliche Geiſtesleben der Schweiz, wurden doch erſt in neuerer Zeit in weitern Kreiſen bekannt und beachtet. Die Reformation, welche die evangeliſchen Städte der Schweiz zu einem vorher unbekannten Aufſchwung und in vielfache geiſtige Gemeinſchaft nicht nur mit den Konfeſſionsgenoſſen Deutſchlands, ſondern auch Hollands, Frankreichs, Englands, Polens und Ungarns brachte, und dieſelben, wie zu einem weitverzweigten Geſchäftsverkehr, ſo zum Austauſch der Gedanken und zu gemeinſamen Beſtrebungen veranlaßte, förderte gleichwohl den deutſchen Schriftverkehr wenig. Denn elegante Lateiner, wie Zwingli und Bullinger, handhabten die deutſche Sprache mit einer Unbeholfenheit, daß weder von ihnen noch von ihren Zeitgenoſſen irgend eine deutſche Schrift ein Volksbuch hätte werden, geſchweige denn die Gränzen der Heimat überſchreiten können. Während in Deutſchland Luthers Bibelüberſetzung und das Kirchenlied die Grundlage einer ſich reinigenden und veredelnden Sprache und Literatur bildeten, war in der Schweiz der anmuthige Ton der Dichtung früherer Zeit längſt verklungen und der ſtereotype Pſalmengeſang erſtickte den dichteriſchen Geſtaltungstrieb und die Entwicklung der Sprache im ſechszehnten und ſiebzehnten Jahrhundert. Daher kam in dieſer Zeit die deutſche Sprache in keinem Lande deutſcher Zunge weniger in Anwendung als in der Schweiz: denn nicht nur die Theologen ſchrieben lateiniſch, ſondern auch die Mathematiker und Naturforſcher, die Bernoulli und Euler, die Scheuchzer und Muralt, oder man bediente ſich, um einer Schrift populäres Intereſſe zu geben, der franzöſiſchen Sprache. Nur der Letzte, Johannes Muralt, begann im Anfang des achtzehnten Jahrhunderts populäre Schriften, wie ſeinen „Eidgnöſiſchen Luſtgarten" (1715) und „Eidgnöſiſchen Hausarzt" (1716) in deutſcher Sprache abzufaſſen. Der allgemeine Einfluß franzöſiſcher Sprache und Sitten jener Zeit war bei den

nähern Beziehungen zwischen Frankreich und der Schweiz hier um so
größer, indem der französische Kriegsdienst, die französische Erziehung
der höhern Stände und die französische Umgangssprache in der Schweiz
zu einer überwiegenden Herrschaft der französischen Literatur führen mußte.
    In diesem Verhältniß trat im Anfang des achtzehnten Jahr-
hunderts eine Aenderung ein.   In den evangelischen Städten der
Schweiz war man um diese Zeit weniger geneigt, sich dem steigenden
Uebermuth des französischen Hofes gefallen zu lassen: man war unzufrieden, eben sowohl über die zunehmende Verminderung des Soldes
für den Kriegsdienst, als über die vertragswidrigen Zollbelästigungen;
namentlich aber steigerte die Theilnahme, der Schutz und die Hülfe für
die verfolgten französischen Protestanten die Abneigung.   Hauptsächlich
aber trat seit dem Toggenburger Kriege und dem Sonderbündniß Frankreichs mit den katholischen Ständen eine bleibende Entfernung und Mißstimmung der evangelischen Orte gegen den französischen Einfluß ein.
Daß es letztern gelungen war, jenen Krieg durch höchste Anstrengung
und rasche That glücklich und siegreich zu beendigen und die Einmischung und Intriguen der großen Mächte fern zu halten, das erzeugte
in den evangelischen Städten eine Zuversicht und ein Unabhängigkeits-
gefühl, ähnlich denjenigen Erscheinungen, wovon wir in unsern Tagen
Zeugen gewesen sind.   Ein freudiger Freiheitsstolz und eine feurige
Liebe zum Vaterlande hob die Brust des Schweizers und erneuerte in
ihm die Gefühle der Heldenzeit.   Die nächste Frucht war, daß in
Zürich und Bern eine überlegene Parthei siegte, welche den französischen
Kriegsdienst ein halbes Jahrhundert lang, ungeachtet aller Schmeicheleien
und Versprechungen, zurückwies und damit zugleich auch einen Gegensatz gegen französische Sitte und Lebensweise hervorrief.   Diese politischen Verhältnisse fielen in eine Zeit, wo, namentlich durch J. Jakob
Scheuchzer angeregt, ein eifriges Studium der Natur des Schweizerlandes begann, welches allmählig die Liebe zum Vaterlande von einer
neuen Seite belebte.   Während bisher das wilde Gebirge und das
rauhe Klima als ein Hinderniß eines behaglichen und sorglosen
Lebens gegolten, schauten jetzt die Schweizer mit Stolz und Bewunderung auf ihre schneebedeckten Berge, die Schutzwehren gegen fremde
Feinde und fremde Sitten.   Wie man aber mit Vorliebe die Eigenthümlichkeiten der Natur und des Landes erforschte, so wurde man auch
mit Selbstgefühl der Eigenthümlichkeit des Volkes gewahr.   Nachdem
die Schweizer lange ihres Ursprungs vergessen und sich zu Dienern eines

Jeden, der sie ringen wollte, erniedrigt hatten, konnte nun Haller die Frage, warum die Schweizer vor allen Sterblichen ihrem Vaterlande so über die Maßen ergeben seien, zwar unter der Form des Zweifels aber im bestimmten Nationalgefühl beantworten: „Wohl darum, weil das Vaterland frei, für seine Bürger einzig besorgt, mit Blut und Leben verbunden und um keinen Preis feil ist?" Mit dieser Liebe zu Land und Volk erneuerte sich die Anerkennung und Werthschätzung des republikanischen Lebens. Aller Orten begann mit neuer Lust die Forschung nach der vaterländischen Geschichte, in der die Vaterlandsliebe und die Anhänglichkeit an die vaterländischen Verfassungen neue Nahrung fand. Dieses vaterländische Interesse erweckte den Wunsch, auf das bürgerliche und geistige Leben durch schriftliche Belehrung einen günstigen Einfluß auszuüben. Allein weder in der französischen noch in der deutschen Literatur fand sich dafür ein Vorbild: letztere namentlich war so sehr eine servile Hofliteratur, daß die Schweizer sie mit Recht geringschätzen durften. Dagegen hatte England Schriftsteller, welche durch Würde und Ernst, freimüthiges Urtheil und tiefen Gehalt geeignet waren, die Theilnahme der gebildeten Schweizer zu gewinnen. Die Alten und die Engländer waren die Lehrer der jungen schweizerischen Schriftsteller im Anfange des achtzehnten Jahrhunderts.

Auf der katholischen Schweiz lastete die Fessel des französischen Einflusses und der Jesuitenschulen. Obgleich es nicht an gelehrten und wohldenkenden Männern fehlte, welche aus diesen hervorgingen, so herrschte doch weder in den katholischen Städten der Schweiz noch in der großen Zahl reicher Klöster ein Geist, welcher vom neuen Leben des achtzehnten Jahrhunderts bewegt war, und noch weniger wurde an der Gründung einer vaterländischen Literatur Theil genommen. Nur Luzern machte eine Ausnahme, wo mitten im heftigsten Kampfe politischer Partheien die freie Forschung, wissenschaftlicher Geist und eidgenössischer Sinn sich Bahn brachen, vorzüglich durch den Vorgang von Franz Urs Balthasar. Dieser und seine Freunde bildeten das Band geistiger Gemeinschaft mit den evangelischen Städten.

In Zürich trafen mehrere Umstände zusammen, um einen für ein neues Geistesleben fruchtbaren Boden zu schaffen. Die Zürcher bewährten von jeher regen Sinn für mannigfaltige Wissenschaft und Kunst so wie für ausgedehnte Betriebsamkeit, von zutreffenden Institutionen begünstigt. Das bescheidene Karolinum, die mit dem Chorherren-Stifte zum Großen Münster verbundene Gelehrten-Schule, war

von der Reformation an eine wirksame Pflanzstätte geistigen Lebens.
Diese Anstalt vereinigte die Selbständigkeit einer geschlossenen geistlichen
Körperschaft mit einem regsamen wissenschaftlichen Eifer zur Ehre der
Vaterstadt, und bewahrte einen weiten Gesichtskreis, indem auf der
einen Seite praktische Geistliche, auf der andern Mathematiker und
Naturforscher in ihren Verband gehörten. Wenn sich diese Schule der
Aufnahme fremder Kräfte verschloß, so bewahrte sie dagegen durch Geschlechter hindurch die scharf ausgeprägte, ursprüngliche Individualität,
welche durch den Wetteifer der Zürcher Gelehrten-Familien immer wieder
frisches Leben erhielt. Denn aus den Geschlechtern Breitinger,
Lavater, Hottinger, Schweizer, Heidegger, Ulrich ent-
sproßten zu verschiedenen Zeiten mehrere vielseitig gebildete Theologen,
denen die Naturforscher-Familien Geßner und Scheuchzer ruhm-
voll zur Seite gingen. Die Regsamkeit des geistigen Lebens steigerte
sich, indem in Zürich stets auch die Kunst ihre Pflege fand, namentlich
durch die Künstler-Geschlechter Meyer, Keller, Füßli auf ausgezeichnete Weise gefördert. Diese stets neu aus der Stadt selbst hervorgehenden und sich gegenseitig ermunternden Kräfte, wo der Sohn am
Vater oder Stammverwandten seinen Lehrer oder sein Vorbild fand,
gleiteten als ein ungetrübter Strom in sicherm Beete von Geschlecht zu
Geschlecht dahin. Zu dieser Regsamkeit auf dem Gebiete der Wissenschaft und Kunst kam ein aus alter Zeit stammender, stets sich gleich
bleibender, vielseitiger Geschäftsbetrieb, welcher sich gerade in solchen
Berufszweigen kund that, die Nachdenken und Kunstgeschick erforderten.
So war Zürich schon früh durch geschickte Waffenschmiede bekannt,
deren Arbeiten namentlich auch in Italien geschätzt waren. Auch ein
großer Theil der angesehenen Familien Zürichs wendeten sich mit Liebe
und Energie dem Geschäftsleben zu. Dieses Alles, verbunden mit
einer Verfassung, welche der Aristokratie so viel Spielraum ließ, daß
Verdienst und Geist wirklich zu Ansehen und Würde gelangte, daneben
aber in der ganzen Bürgerschaft das Gefühl der Freiheit rege erhielt
und die mannigfaltigen Kräfte belebte, — dieses Alles erweckte im
Anfange des achtzehnten Jahrhunderts in Zürich eine Vielseitigkeit
geistiger Anregungen, welche die Grundlage einer neuen Zeit und einer
merkwürdigen Geistesentwicklung wurden.

Bern war durch seinen zahlreichen, kriegerischen Adel und durch
den Besitz der Waadt Frankreich, seiner Bildung und seinen Sitten zugewendet. Dagegen aber ist die innerste Art und Natur des Berners

in seiner ruhigen Kraft, in seiner Anhänglichkeit an althergebrachte
Sitten und Gewohnheiten, in seiner Einfachheit und treuherzigen
Geradheit ächt deutsch. Freilich der vorwiegend politische Sinn der
Stadt Bern und die Vorliebe ihres Patriciats für das Landleben hin-
derte eine nähere und entschiedene Theilnahme für die Wissenschaft;
daher wurde die Beschäftigung mit dieser gewöhnlich den Söhnen der
Municipalstädte des Bernergebietes überlassen, so daß im Allgemeinen
selbst die Geistlichkeit und Lehrerschaft der Hauptstadt dem Ursprunge
nach den Aargauischen Landstädten angehörte. Allein in den seltenen
Fällen, in welchen Berner sich für eine geistige Lebensaufgabe entschieden,
geschah es mit einer Geisteshoheit, Großartigkeit und Kraft, daß in der
Arbeit und den Bestrebungen der Wenigen die eigenthümliche Würde und
Gediegenheit Berns einen entsprechenden Ausdruck fand, wie z. B. in der
tiefen und aufopferungsvollen Frömmigkeit der Freunde Zinzendorfs,
Friedrich von Wattenwyl und Beat Ludwig von Muralt,
welch letzterer durch seine in französischer Sprache geschriebenen Werke,
besonders seine „Briefe über die Engländer und Franzosen" sich als
einen der gebildetsten Männer seiner Zeit kund that. Voraus aber
ist Haller in seiner geistigen Individualität auch der entschiedene Ausdruck des Berner Charakters. Mit besonderer Vorliebe wandte sich im
Anfange des achtzehnten Jahrhunderts ein Theil des Berner Adels zur
Geschichtsforschung, wie Isaak Steiger, Friedrich von Mülinen, Alex. Ludw. von Wattenwyl, Vincenz Bernh.
Tscharner u. A. Diese Bestrebungen erweckten auch im nachbarlich
befreundeten Solothurn Einzelne zur Nacheiferung.

Im Anfange des Jahrhunderts stand die Universität Basel noch
in ihrem althergebrachten Ruhme der Gelehrsamkeit. Auch hier pflanzte
eine Reihe berühmter Gelehrten-Familien die Wissenschaft von Geschlecht
zu Geschlecht fort, und keine andere Schweizerstadt hat eine so große
Zahl von Gelehrten aufzuweisen, welche, auf auswärtige Hochschulen
berufen, Ruhm fanden. Die Werenfels und Wetstein trugen
Basels wissenschaftlichen Ruhm noch in den Anfang des achtzehnten
Jahrhunderts hinein; und die Bernoulli, Euler, Hermann,
Battier, Iselin gaben dem Namen ihrer Vaterstadt einen neuen
Glanz. Zugleich hatte sich in keiner Stadt der Schweiz so viel ehrbare,
gediegene Bürgersitte erhalten wie in Basel, und es hatte sich vom
Mittelalter an ein durchgehender Zug tiefer Religiosität mit dem öffent-
lichen und häuslichen Leben aufs innigste verbunden. Als dieser ernste

und tiefe Geist im vorigen Jahrhundert sich in größerm Maßstabe dem
Handel und dem Gewerbe zuwandte, so geschah Solches mit einem Erfolge, der Basel ein weitverbreitetes Ansehen gab und zugleich die Mittel
und die Grundlage für die reiche Entfaltung des wissenschaftlichen
Geistes in der Gegenwart. Eine bemerkenswerthe Eigenthümlichkeit
Basels ist der Geist fester innerer Gemeinschaft, in Folge dessen die
durch gleiche Gesinnung und Aufgabe Verbundenen unter sich durch ein
so inniges Band umschlossen sind, daß solches auch nach Außen in
weitem Kreise einen Kern und anziehenden Mittelpunkt bildet. Diese
Eigenthümlichkeit hatte sich in hohem Grade in Isaak Iselin
verkörpert, welcher seiner Zeit nicht nur für die Schweiz, sondern auch
für Süddeutschland und das benachbarte Frankreich der anregende
Mittelpunkt für menschenfreundliche Vereine und in thatsächlichen Leistungen auf diesem Gebiete unter allen Schweizern der Einsichtigste und
Glücklichste war.

Schaffhausen, nach Art und Richtung in mehrfacher Beziehung mit Basel verwandt, hatte zu allen Zeiten neben einem angenehmen geselligen Umgange die Pflege der Wissenschaften geübt und
daher eine Reihe nennenswerther Geistlicher, Aerzte und Naturforscher
hervorgebracht, so daß die bedeutenden Kräfte, welche im vorigen Jahrhundert und bis auf die Gegenwart aus dieser Stadt hervorgegangen sind,
in den geistigen Zuständen dieser selbst ihre Grundlage gefunden haben.

Die Geistesfrische und Thatkraft, welche die Stadt St. Gallen
charakterisirt, offenbarte sich mehr in einem steigenden Flor des Geschäftslebens, als in der Stille der wissenschaftlichen Forschung. Wo indessen
diese sich geltend macht, stellt sie sich in sehr eigenthümlichem Gepräge
dar. Für das achtzehnte Jahrhundert ist es bezeichnend, daß die beiden
nennenswerthesten St. Galler, Zollikofer und Jak. Wegelin,
nicht nur der Heimat entfremdet wurden, sondern auch in ihren Schriften den heimatlichen Grundzug verloren.

Wie enge indessen der Gesichtskreis war, von welchem im Anfange
des achtzehnten Jahrhunderts die literarischen Bestrebungen der
Schweizer ausgingen und welche Schwierigkeiten daher zu überwinden
waren, zeigt am deutlichsten das damalige literarische Vereinswesen*).
Eine freie Kundgebung der Gedanken über bürgerliches Leben, Sitten

---

*) Die folgenden Angaben sind Bodmers schriftlichem Nachlasse auf der Stadt-
Bibliothek in Zürich enthoben, mit Ergänzungen aus handschriftlichen Mittheilungen
der Zellwegerschen Bibliothek in Trogen.

und Gesellschaft war in jener Zeit nicht leicht, wo der Staat eben so furchtsam und streng über die Unantastbarkeit der politischen Zustände wachte, als die Kirche über die religiösen. Bei dem bestehenden Gegensatze der aufstrebenden Jugend gegen Frankreich bot indessen Deutschlands Vorgang einen Weg an, welcher auch in der Schweiz, ohne Mißtrauen zu erwecken, betreten werden durfte. Leipzig und Hamburg hatten seit Anfang des Jahrhunderts Vereine zur Pflege der deutschen Sprache gebildet, unter dem Namen „deutschübende Gesellschaft." Dazu kam das Beispiel von Addisons „englischem Zuschauer", um auf das unpartheiische Feld moralischer Erörterungen zu führen. Dadurch ermuntert begannen die jungen Zürcher, Bodmer und Breitinger die „Diskurse der Maler", wofür sie auch einige ältere Männer, wie in Bern Professor Altmann, in Zürich die Professoren Hagenbuch und Lavater und die Juristen Kasp. Hirzel, Landschreiber, und J. Jak. v. Schwerzenbach herbeizogen. Alle Donnerstage und Samstage Nachmittags kamen die nächst Betheiligten bei Bodmer auf seiner „Neuenburg", wie er sein neues Haus auf der Platte nannte, zusammen. Allein die frischen Jünglinge mußten in ihrer Zueignung an den Verfasser des englischen Zuschauers, Richard Steele, bekennen, ihre Diskurse seien nur in allgemeinen Ausdrücken abgefaßt und lassen sich nur selten und schüchtern auf Thatsachen ein. „Wir haben in der That eine schreckliche Menge unvernünftiger Urtheile, böswilliger Verdächtigungen, heftiger Angriffe und ungerechter und widersprechender Deutungen erfahren." Ein Freund schreibt ihnen, „er begreife nicht, wie ein guter Spektator in Zürich logieren könne, nicht als wenn es in der Schweiz an Materialien fehlen würde, sondern weil die Republiken einen solchen Menschen nicht leiden werden." Auch Dr. Laurenz Zellweger findet den Versuch bei einem Volke schwer, das „größere Ehre darein setze, sich gut zu schlagen, als gut zu denken." Namentlich machten die sonst wohlwollenden geistlichen Censoren den Jünglingen ihre Arbeit sauer. Bei einem Lobe der Tugend mußten sie hinzusetzen, — „die aus dem Glauben kommt." Die Feldmaus durfte nicht „à Dieu" sagen, sondern „Gehab' dich wohl." Gespräche aus dem Reiche der Todten wurden zu drucken verboten, damit über die Hölle nicht unbiblische Gedanken entstehen. — Bald kam noch die Eifersucht zwischen Zürich und Bern hinzu, so daß Altmann sich trennte und in Bern eine „Gelehrte Gesellschaft" mit einem besondern Organe, dem „Freitagsblatt", bildete. Professor Lauffer daselbst, von beiden Orten um

seine Mitwirkung angegangen, schreibt an Zellweger: „Wenn es einen
Ort in der Welt giebt, wo die Freiheit zu schreiben verbannt ist, so ist
es Bern. Man würde uns gerne, wenn man könnte, die Freiheit zu
denken rauben. Außer daß die Sphäre hier zu klein ist und man keine
Person abkonterfeien könnte, ohne daß gleich Jedermann sie kennte, so
bald die Herren Schriftsteller partikularisieren wollten, würde man sie
mit hundert Stockschlägen belohnen. Herr Altmann ist an der Spitze
der hiesigen Gesellschaft. Sie mögen den Lohn für sich behalten. Die
Zürcher Gesellschaft hat mich zwei Male eingeladen, ihr beizutreten; ich
habe ihnen einfach meine Meinung gesagt, daß ihr Styl mir nicht gefällt und daß sie die Kunst nicht haben, durch eine einfache und natürliche Manier zu gefallen." — Die Zürcher Gesellschaft dauerte zwei, die
Berner vier Jahre, worauf sich an deren Statt ein neuer Verein zusam-
menthat, welcher die „Diskursen der verneuerten Bernerischen Specta-
teurs-Gesellschaft" (1725) herausgab, aber bald wieder verschwand. —
Vom Jahre 1732 an begann Gottsched als Haupt der deutschen Gesellschaft in Leipzig seinen Einfluß auf die Schweiz auszuüben, indem,
von ihm angetrieben, zuerst Professor Spreng in Basel für Errichtung
einer „helvetischen Gesellschaft" bemüht war, unterstützt von Drollinger, wobei als Mitgehülfen für Reinigung der deutschen Sprache
von jenem genannt werden „der berühmte Wettstein, ein gewisser
Herr Schweighäuser, die Herren Professor Stähelin, Nik.
Bernoulli, Hofrath Cellarius", mit der Beifügung: „Diese
haben jedoch nichts geschrieben, die Literatur betreffend."

Im entschiedenen Gegensatze gegen französisches Wesen entwickelte
sich nun ein besonderer Eifer in Bern. Gabriel Hürner, nachheriger
Pfarrer an der Nydeckkirche, ebenfalls von Gottsched angeregt, brachte
i. J. 1739 eine „deutsche Gesellschaft" zu Stande. Er schreibt dießfalls
an Bodmer: „Es sind noch nicht acht Jahre (Hallers Gedichte kamen
1732 heraus), daß der Geschmack für die Dicht- und Redekunst hier
eine unbekannte Sache oder ein Laster gewesen ist. — Man ist hier zum
Gehorsam weit geschickter als bei Ihnen. Die Bürgerschaft ist klein,
und der größte Theil derselben genießet von den Einkünften des Standes,
oder suchet davon zu genießen, und hat in seinen Freunden und Verwandten, die am Ruder sitzen, eine Art von Vergnügen und Verbindung,
die ihm nicht zuläßt, etwas Literarisches vorzunehmen." Von der
deutschen Gesellschaft berichtet Hürner: „Unter denen, die man zu diesem
Geschäfte die Besten zu sein geglaubt, haben sich dazu zehn gefunden,

fünf unter den Geistlichen und eben so viele von den Weltlichen. Von
den ersten sind Professor Altmann, Prof. Kilchberger, Kandidat
Wolf, Inselprediger Freudenberger und ich. Von den Weltlichen haben wir die trefflichsten von ungefähr unserm Alter, die den
größten Weg in der Republik machen werden. Junker Schultheiß
Tscharner im äußern Stand, Seckelschreiber Freudenrych, Sinner
von Lenzburg, Jkr von Wattenwyl von Landshut, Straßeninspektor
Herport." Altmann hat als Präsident die Gesellschaft mit einer
Rede über den guten Geschmack in der Beredtsamkeit eröffnet. Sie versammeln sich alle Samstage Abends. Sie lesen theils die Schriften
der Leipziger Gesellschaft, theils eigene Arbeiten; sie beschäftigen sich
vorzüglich mit Uebersetzungen, theils aus den alten, theils aus den
neuern Sprachen, fragen altdeutschen Schriften nach, veranstalten auch
eine Sammlung „von allerhand schweizerischen Redensarten und Wörtern,
weil sie besondere Begriffe ausdrücken, die der Deutsche nicht hat." Zugleich wird geklagt, daß man in Bern keine deutschen Bücher finde.
Ein Beweis des zunehmenden Ansehens der Gesellschaft war, daß Isaak
Steiger und Joh. Anton Tillier, beide später Schultheißen,
Joh. Rudolf von Mülinen und selbst Haller derselben beitraten,
so daß dieselbe mit den auswärtigen Mitgliedern, zu welchen auch
Dr. Joh. Christoph Iselin und Professor Becker von Basel
gezählt wurden, auf zwanzig stieg. Bodmer, damals mit Gottsched in
gutem Vernehmen, wollte nicht beitreten, um nicht, wie er sagte, den
Schein zu haben, als wenn die Schweiz sich Deutschland in dieser Gesellschaft gegenüberstellen wolle. Das von Altmann geleitete Organ
der Gesellschaft war der „Brachmann". — Als heftige Gegner der
deutschen Gesellschaft traten Samuel König und Samuel Henzi
auf, wie es scheint, weil sie bei den Gliedern derselben nicht genug Anerkennung fanden, obgleich ersterer an Geist wie an gründlichen Studien
über die deutsche Sprache allen andern jungen Bernern überlegen war.
Der Letztere, durch sein unglückliches Ende bekannt, schreibt an Bodmer:
„Ich verstehe keine Sprache minder als die deutsche." Auf bittere Weise
spricht sich König über die Mitglieder der Gesellschaft aus: „So die
Leipziger schlechte Leute sind, so sind diese noch zehn mahl schlechter, deren
die meisten keine Studien haben, keiner arbeiten mag, keiner die geringsten
Propädeutica, die zu einer solchen Unternehmung erfordert sind. Sie
sind nicht im Stande weder einen schlimmen noch guten Vers zuwege zu
bringen." Mit besonderm Eifer nimmt König den schweizerischen Dialekt

gegen die deutschen Schulmeister in Schutz. Unterdessen hatten die
Beiden ein Spottgedicht gegen die deutsche Gesellschaft unter dem Titel
„Salmis" abgefaßt und anonym herausgegeben, und bemühten sich,
eine Vereinigung zu Stande zu bringen, um gegen „die Priester der
Unwissenheit regelmäßig Epigramme und Satyren zu schleudern. Allein
sie müssen ihr Geheimniß bewahren, weil die Feinde ein Staatsverbrechen
daraus machen wollen und die Censur in Händen haben." Der Gegenstand des leidenschaftlichen Streites beschränkte sich jedoch nicht auf die
deutsche Sprache, sondern es mischte sich auch die Politik hinein, was
nach einigen Jahren die Verbannung Henzis und Königs herbeiführte.
Als dieser mit seinem Bruder das Vaterland verließ, küßten sie sich und
machten ihrem Schmerze durch den Ausruf Luft: „Adieu, Bern, Palast
der Reichen! Adieu, Bern, Spital der Armen! Adieu, Bern, Zucht-
haus der ehrlichen Leute!" Samuel König machte sich im Auslande
als Mathematiker und Philosoph einen ehrenvollen Namen, so daß
Lessing sich seiner Freundschaft berühmte. — Die deutsche Gesellschaft
löste sich allmählig auf, als die jungen Patricier in öffentliche Aemter
eintraten.

Im Jahre 1744 bildeten sich unter den Studirenden zu Zürich und
Bern wiederum deutsche Gesellschaften, von denen jene die „wachsende",
diese die „vergnügte" hieß. Als diese Jünglinge zu Männern heran-
gereift waren, sammelte sie Bodmer vom Jahre 1755 an nebst Andern
zu einem wissenschaftlichen Vereine, welcher für ihn das Glück seiner
spätern Jahre ausmachte, für jene aber lehrreich und unvergeßlich
war. — Schon im ersten Beginne des literarischen Vereinswesens hatte
Bodmer an Laurenz Zellweger im freudigen Gefühl deutscher Gesinnung
und in muthiger Kampfeslust gegen Voltaire geschrieben: „Wir halten
es in den poetischen Glaubenssachen mit den orthodoresten Lehrern und
wir sind mit keinem geringern Eifer für die Verbesserung des Geschmacks
eingenommen, als Luther, Calvin und Zwingli für die Reformation des
evangelischen Glaubens gestritten. Vielleicht ist in den Sternen geschrieben, gleichwie die Reformation des Glaubens sich in der Schweiz
zuerst geläutert hat, daß ebendaselbst auch die Vereinigung der Wohlredenheit den Anfang nehmen, und daselbst der Abgott des Geschmacks
zuerst angegriffen und von seinem Altar heruntergerissen werden solle."

So klein und enge diese äußern Veranstaltungen zur Gründung
einer nationalen Literatur in der Schweiz waren und so sehr das Mißtrauen der Behörden dieselben überall darniederhielt, so war zu Anfang

des achtzehnten Jahrhunderts der Boden doch im Allgemeinen für eine neue Geistessaat günstig. Die aufstrebenden Geister fühlten sich berufen, das frische Nationalbewußtsein zu stärken und zu heben. Sie waren zum Voraus der Empfänglichkeit und der Theilnahme eines Publikums gewiß; es galt nur, die äußern Schwierigkeiten zu überwinden und den rechten Ton anzuschlagen. Was den Schweizern in dieser Zeit den Mund öffnete und zum Schreiben bestimmte, war zunächst weder Nachahmung noch Schriftsteller-Ruhm, sondern es war eine neuentzündete Begeisterung für ihr Vaterland und das Verlangen, ihren Mitbürgern zu nützen und wohlthätig in das bürgerliche und sittliche Leben einzugreifen. Sie wurden nicht durch den Einfluß einer von Außen wirkenden Schule zu Schriftstellern herangezogen; sondern wenn der Gedanke sie schon ergriffen und erfüllt hatte, zogen sie erst zur Beihülfe der äußern Gestaltung dieses oder jenes Muster zu Rathe. Alle schweizerischen Schriftsteller des vorigen Jahrhunderts sind daher in der Heranbildung für ihre besondere Lebensaufgabe und ihre eigenthümliche Thätigkeit Autodidakten gewesen. Die Schulen waren im Allgemeinen in der Beibringung positiver Kenntnisse zu mangelhaft, um den aufstrebenden Geistern die volle und befriedigende Nahrung zu geben, so daß sie in einsamer Selbständigkeit und Kraft heranwuchsen und daher durch den freithätigen Fleiß und die freudige Selbstbestimmung frühe zu charaktervollen Persönlichkeiten ausreiften. Haussitte und Schule legten ihnen zur Grundlage ihrer Bildung die Bibel und die Alten in die Hand. Jene gab den Einen derselben einen religiösen Grundton, der sie zu hervorleuchtenden Mustern und Stimmführern ihrer Zeit machte; die Andern aber bewahrten durch denselben, auch wenn eine philosophische Richtung sie gegen das christliche Bekenntniß gleichgültig gemacht, doch in Sitte und Rede eine Pietät, welche durch eine fromme Vergangenheit ihnen zum Gesetze geworden. Die Alten hinwieder übten auf jene jungen Schweizer einen eigenthümlich bildenden Einfluß aus, weil sie nicht nur die Schönheit der Sprache und die Wahrheit der Gedanken auf sich wirken ließen; sondern weil das ganze Leben der alten Welt, mit seinen republikanischen Einrichtungen, seinen großen Männern, seiner siegreichen Entfaltung, seinem heitern Glück die Gemüther mächtig ergriff, da jenen jungen Männern die Zeit gekommen zu sein schien, wo auch ihr freies Vaterland in der Entwicklung des Geistes dem Alterthum nacheifern könnte. So war die Einfalt und Würde der Patriarchenzeit und die strenge Sitte und die Freiheitsliebe des republikanischen Alterthums das schöne Ziel, welchem die schriftstellerische Thätigkeit der Schweiz in Erziehung und Belehrung des Volkes entgegenführen wollte.

Ernst und einfach, häuslich und genügsam, legt der Schweizer wenig Werth auf die Spenden der bloßen, müßig ausgeheckten Unterhaltungsschriftstellerei. Er hat sich dieselbe in neuerer Zeit durch die Mode zuführen lassen, allein dem schöngeistigen Unterhaltungsschriftsteller zollt er weder besondere Achtung noch Dank. Daher ist der eigentliche Roman ein dem schweizerischen Boden fremdes Produkt. Man hat freilich dieses Geschenk von Außen her angenommen, theils weil bedeutende Kräfte des Auslandes sich mit solchen Aufgaben beschäftigten, theils durch die allerwärts steigende Genußsucht. Allein der Sinn der Schweiz ist so entschieden auf das Wahre und Wirkliche, auf das Bestandfähige und Ersprießliche gerichtet, daß kein solider Schweizer es wagen dürfte, sich berufsmäßig mit phantastischen und erträumten literarischen Schöpfungen abzugeben und dadurch öffentliche Anerkennung zu suchen. Was die Theilnahme fesseln soll, muß im Allgemeinen mit dem wirklichen Leben oder insbesondere mit der Heimat, den geistigen Interessen des Volkes in Verbindung stehen; namentlich aber begründet die Liebe zum Vaterland ein so vorwiegendes historisches Interesse, daß die poetische Produktion durch die volksthümliche Vorliebe vor Allem an das historische Gemälde oder an das Bild aus dem Volksleben gewiesen ist. Diese Sinnesart gab auch der schweizerischen Literatur des vorigen Jahrhunderts ihr eigenthümliches Gepräge. Fürs erste waren alle schweizerischen Schriftsteller jenes Zeitraumes weit davon entfernt, in erster Linie ihre Lebensaufgabe im Bücher-Schreiben zu suchen. Alle waren bemüht, als treue Bürger im öffentlichen Amte oder im selbstgewählten Berufe unmittelbar für ihre Mitbürger zu arbeiten. Wenn sie aber die Feder ergriffen, so geschah es, um ihr vaterländisches Bemühen für ihr Publikum fortzusetzen und dasselbe durch das weiter sich verbreitende Wort zu unterstützen. Sie waren daher ihrem Wesen und ihrer Richtung nach Volksschriftsteller, d. h. es sollten durch die verschiedensten Arten ihrer schriftlichen Werke Geist und Gesinnung, Streben und Thätigkeit des Volkes gebildet und veredelt werden. Dieses Bemühen brachte freilich auch wieder seine Uebelstände mit sich. Zunächst führte jener volksthümliche Standpunkt zu einer gewissen breiten, lehrhaften Rhetorik, welche nachdrücklich sein, sich mit ihrem Anliegen den Gemüthern empfehlen will,

aber darüber häufig der edeln Einfachheit und der künstlerischen Bün=
digkeit der Darstellung Eintrag thut. Ferner verband sich mit dieser
Rhetorik die Sprache der Empfindsamkeit, welche um so mehr Anstoß
fand, als dieselbe mit der derben Natürlichkeit und der nüchternen Be=
sonnenheit des Schweizers im Widerspruche steht. Allein jene Schrift=
steller hatten im Gebrauche der hochdeutschen Sprache mit ungewöhn=
lichen Schwierigkeiten zu ringen, indem sie sich erst noch eine neue Sprache
aneignen mußten und daher in ihrer Unbehülflichkeit leicht pathetisch
wurden. Ferner kannte die Schweiz bisher fast keine andere deutsche
Literatur als eine religiöse; daher der ungezwungene heitere Ton,
welcher in den geselligen Kreisen herrschte, die fröhliche Derbheit mit
jener zu sehr kontrastiert hätte, so daß es nöthig schien, dem Publikum
durch einen gemessenen Ernst der Sprache beizukommen. Man hat
daher bis auf den heutigen Tag von der Ausdrucksweise jener Schrift=
steller auf Art und Gesinnung sonderbare Schlüsse gemacht, welche
aber für Jeden, der die Schweiz in jener Zeit kennen lernte, gründlich
widerlegt wurden. Wer in Bodmer und Breitinger steife Sittenrichter
erwartet hatte, fand sich durch die Zwanglosigkeit ihres Umganges und
durch ihren fröhlichen Humor angenehm überrascht; der sanftflötende
Geßner verwandelte sich in Gesellschaft in den bis zum Possenhaften geist=
reichen Lustigmacher; der gehobene Pestalozzi setzte seine norddeutschen
Bewunderer in frohes Erstaunen, wenn er mit seinen Landsleuten in
treffendem Witze Schlag auf Schlag sich hervorthat; und die fremden
Gäste wurden doppelt entzückt, wenn der Hochflug der Begeisterung in
den feierlichen Sitzungen der helvetischen Gesellschaft in freier Unter=
haltung sich in das fröhlichste Getümmel muntern und jugendlich muth=
willigen Scherzes auflöste.

Ein vorherrschendes Gefühl, das alle schweizerischen Schriftsteller
jener Zeit beseelt, ist nicht nur die Liebe zum Vaterland, sondern die
Achtung für ihr Volk und dessen Institutionen: daraus ergab sich der
Glaube an die Verbesserungsfähigkeit seiner Zustände und demnach der
unermüdliche Eifer, für die Volkserziehung und die öffentliche Wohl=
fahrt zu arbeiten. Dieses hinderte aber nicht, so weit es in einer Zeit
des Censurzwanges möglich war, in einem damals ungewohnten Grade,
wenn nicht über Staat und Kirche, doch über die bürgerlichen und sitt=
lichen Zustände offen und einschneidend zu sein. Diese edle Freimüthig=
keit, dieses tiefe menschliche Interesse für die Gesammtheit des Volkes,
diese warme Liebe zu den Geringen und Niedrigen bildet einen der

schönsten, vorzüglich durch die Schweizer repräsentirten Züge in der Literatur des vorigen Jahrhunderts. Hirzel, Iselin, Lavater, Pesta= lozzi lehrten die deutschen Schriftsteller nicht nur die höhern Stände im Auge haben, sondern die eigenthümliche und werthvolle Seite des Volkslebens beachten und zur Darstellung bringen. Dadurch kam allerdings eine gewisse demagogische Richtung in die Literatur; allein auch diese wurde ein mächtiger Anstoß zu einem freien Wehen des Geistes. Dagegen blieben sämmtliche schweizerische Schriftsteller dieser Zeit durch einen Geist häuslicher und bürgerlicher Zucht bewahrt, daß das im Leben und Denken Excentrische und Ungeordnete von ihnen mit aller Entschiedenheit abgewehrt wurde. Zugleich aber gab ihnen das freiere Leben ihrer Heimat ein zu ihrer Zeit seltenes Geschick, in die Breite und in die Massen zu wirken: denn es war ihnen Allen ohne Ausnahme weniger um eine künstlerische Leistung und Befriedigung als um eine sittliche Wirksamkeit zu thun, wobei aber hinwieder die Grundlage klassischer Bildung sie auch für die schöne Form nicht gleichgültig ließ. Obgleich demnach die Zeit kurz war, wo die Schweizer glauben durften, mit den Deutschen in poetischen Hervorbringungen um den Preis ringen zu können, so übten sie doch über den Schluß des Jahrhunderts hinaus ihren zwar angefochtenen, aber immer wieder aufs neue errungenen Ein= fluß durch Schriften aus, welche vornämlich auf bürgerliches Leben, Sitten und Erziehung Bezug hatten. Diese Eigenthümlichkeit ihrer Richtung stellte die Forderung an sie, daß sie die sittliche Veredlung, welche sie von ihrem Volke verlangten und als Ziel ihres Wirkens setzten, auch in sich selbst darstellen sollten: daher war ihnen literarisches Schaffen der unmittelbaren Arbeit an sich und Andern untergeordnet; und so darf man im Allgemeinen sagen, daß ihre Persönlichkeit gewöhn= lich bedeutender war, als ihr schriftstellerisches Erzeugniß. Es galt folglich mehr oder weniger von allen, was Goethe von Lavater sagte: „Wer mit ihm in der Ferne (als Schriftsteller) unzufrieden war, be= freundete sich ihm in der Nähe:" Denn diese im Umgange gewinnen= den Charaktere verschafften durch die Bedeutsamkeit ihrer Person nachher auch ihren Schriften Nachdruck und empfahlen die aus einem tüchtigen Kerne kommenden Gedanken. Hallers edle Würde und das sittliche Gleichgewicht seines Wesens schaffte ihm überall Verehrer, verstärkte das Gewicht seiner Wissenschaft und stellte z. B. in persönlichen Gegenüber= sein den weltgewandten, feinen Voltaire in Schatten. Wenn die brausende Jugend sich in die patriarchalische Sitte und die ehrenfeste

bürgerliche Häuslichkeit Bodmers nicht finden wollte, so ehrten dagegen
von Kleist an die besuchenden Deutschen in ihm den wohlgesinnten,
für alles Gute und Schöne bis ans Ende begeisterten Mann. Es ist
bekannt, wie Lavater in seiner liebereichen, herzgewinnenden, großartig
freien Weise und mit seinem durchbringenden Blicke Jeden von seiner
eigenthümlichen Seite überwältigend zu fassen verstand, der sonst von
seinen Schriften nichts hatte wissen wollen. Und der der Welt wie der
Wissenschaft gleich fremde Pestalozzi fesselte eine an Geist und Bildung
ausgezeichnete Schaar junger Männer durch die Macht seiner Gedanken
und den Zauber seiner seltenen Persönlichkeit. So brachte die in ihren
verschiedenen Städten mannigfaltig geartete, scharf ausgeprägte Schweiz
aus dem lange verschlossenen und geruhten Boden eine kräftige Geistessaat zu Tage.

Dieses neue Geistesleben der Schweiz wird um so merkwürdiger,
da die beiden Ton angebenden Städte der Eidgenossenschaft zu gleicher
Zeit zwei Männer hervorbrachten, welche der Schweiz das Stimmrecht
in Sachen der deutschen Literatur sicherten, in langem Leben einen großen
Einfluß auf Deutschland und die Schweiz ausübten und namentlich in
der Totalität ihres Wesens die scharf bezeichnenden Repräsentanten ihrer
Heimat waren. In Haller stellte sich Berns ruhig stolze Würde, die abgemessene Besonnenheit, die das ganze Leben sich gleich bleibende Konsequenz dar; Berns Herrschergeist stempelte ihn auch zu einem Fürsten
der Gelehrsamkeit. In Bodmer entfaltete sich Zürichs Vielseitigkeit
und Betriebsamkeit: er wußte die seltenen Eigenschaften eines klugen
Geschäftsmannes und eines begeisterten Arbeiters und Beförderers der
Wissenschaft mit einander zu verbinden, so daß bei ihm nicht nur die
Eröffnung neuer Gesichtspunkte und Quellen der Literatur, sondern
auch die Geschicklichkeit in Anschlag zu bringen ist, mit welcher er die
Kräfte Anderer an der rechten Stelle in Bewegung zu setzen wußte.
Diese beiden Männer haben nicht nur für ihr Vaterland, sondern auch
für die geistige Entwicklung Deutschlands im achtzehnten Jahrhundert
ein unvergängliches Verdienst. Als Basels altes Erbe wissenschaftlichen
Ruhmes rasch zu sinken begann, inzwischen aber an dessen Stelle eine
großartige Betriebsamkeit die Kräfte in Anspruch nahm, trat spät und
minder begabt, aber für die Folgezeit noch einflußreicher, an die Seite
jener Beiden als Dritter Isaak Iselin, welcher für sein Vaterland und
seine Vaterstadt einen so fruchtbaren Geist der Association ins Leben rief,

daß derselbe durch zwei Menschenalter hindurch der bewährte Vorläufer
für die Arbeiten der innern Mission war.

. Es ist für den Ausländer um so schwerer, jene Schweizer des achtzehnten Jahrhunderts gehörig zu kennen und zu würdigen, weil die
meisten in den Gränzen ihrer Heimat lebten und webten. Denn das
Vaterland übte im Allgemeinen auf dieselben eine Macht aus, daß die
glänzendsten Anerbietungen und Verhältnisse dieselben entweder nicht
nach dem Auslande zu ziehen, oder nicht für dasselbe zu fesseln vermochten. Gerne opferten sie auch den Reiz größerer literarischer Anerkennung dem unmittelbaren Wirken im engern Kreise der Heimat.
Das Ausland gewann nur diejenigen, welchen der Geburtsort weder
eine belohnende Aufgabe noch einen ihren Kräften angemessenen Spielraum eröffnete. Es lohnt sich daher in unserer Zeit der Mühe, daß
man an der Hand der Geschichte unbefangen von dem Einsicht nehme,
was jene Schweizer in ihrer Zeit für die deutsche Literatur gewesen sind
und geleistet haben. Indem aber die Literatur der Schweiz im achtzehnten Jahrhundert in ihrer Beziehung auf Deutschland ins Auge
gefaßt wird, kann nicht von allen Schweizern die Rede sein, die durch
irgendwelche Schriften die Aufmerksamkeit ihrer Zeit und ihrer Umgebung auf sich gezogen haben, sondern nur solche können in einer allgemeinen Uebersicht in Betrachtung gezogen werden, welche eine eigenthümliche und selbständige Entwicklung genommen und auch in Deutschland Beachtung gefunden haben. Von denjenigen, welche in das
neunzehnte Jahrhundert hinüberreichen, konnten nur diejenigen in den
vorgesteckten Kreis passen, deren Bildung und Lebensanschauung dem
vorigen Jahrhundert angehört. Es bedurfte der Selbstüberwindung,
um seine Aufgabe auf diese bestimmten Gränzen zu beschränken, indem
sich noch manche andere Persönlichkeit darbot, welche in ihrer Zeit eben
so verdienstvoll, als von eigenthümlichem und würdigem Wesen war.

I. Haller.

1. Hallers Studienzeit.

Haller ist ein Geist, der in einer Ursprünglichkeit und Selbständigkeit dasteht, eine so umfassende und rein menschliche Persönlichkeit, daß die äußern Verhältnisse nur wenig Anspruch auf den Reichthum und den Umfang seiner Bildung haben. Gleichwohl stellt sich in seinem Grundwesen der ganz entschiedene Charakter Berns hervor. Jene Ruhe und einfache Würde, jener Hochsinn und jener stets auf das Leben gerichtete Ernst, welche in Haller mit besonderer Stärke erscheinen, sind auch hervorstechende Eigenschaften seiner Vaterstadt: um so weniger darf man sich daher wundern, wenn er, bei dieser innern Gemeinschaft, derselben eine aufopfernde Anhänglichkeit erwies. Schon sehr frühe entwickelte sich in Haller die Richtung auf eine allumfassende Gelehrsamkeit, wobei ihn ein außerordentliches Gedächtniß, ein wirklich unvergleichlicher Fleiß und eine höchst elastische Auffassungsgabe gleichmäßig unterstützten: so daß er im neunten Jahre das neue Testament griechisch las, und Homer im zwölften sein Lieblingsbuch war. Allein zugleich offenbarte sich auch sein humaner Sinn, dem zufolge er nicht nur Kenntnisse sammeln, sondern sich innerlich erheben und belebend auf seine Umgebung wirken wollte: daher er schon im vierten Jahre den Bedienten im Vaterhause biblische Geschichte vortrug und im zehnten schon etwa zweitausend Biographien zusammengetragen hatte.

Obgleich Haller seinen Vater in seinem zwölften Jahre verlor, so veranlaßte ihn doch dessen Neigung zur Dichtkunst sich selbst frühe in Versen zu versuchen. Wenn Hallers erstes Gedicht eine lateinische Satyre auf seinen Lehrer war, so entschuldige man den Muthwillen des Knaben mit den Sonderbarkeiten eines zwar rechtschaffenen, aber wegen seiner Mißgriffe entlassenen Pfarrers. Vom zwölften Jahre

2*

an schrieb er eine unendliche Menge deutscher Verse, worunter ein episches Gedicht von viertausend Versen über den Ursprung des Schweizer= bundes. Haller kam vierzehn Jahre alt nach Biel zu einem Freunde seines Vaters, einem Arzte Neuhaus, welcher ihn in die Philosophie einführen sollte, allein ihm dieselbe zum Ekel machte. Der stets verkannte, scheue, kränkliche Knabe fand in der Einsamkeit seines Zimmers, mit der Poesie beschäftigt, seinen einzigen Trost. Als daher in des Nachbars Hause Feuer ausbrach, so rettete er nur das Heft seiner Gedichte und sah von einem benachbarten Hügel ruhig dem Ausgang des Brandes zu. Im Jahre 1729 übergab er jedoch alle diese unreifen Erzeugnisse von selbst den Flammen, und schonte auch von den auf der Universität gedichteten Stücken nur zwei. Das eine unter dem Titel „Morgen= gedanken" ist das älteste in der Sammlung seiner Gedichte, das Er= zeugniß einer einzigen bewegten Morgenstunde, als eine öffentliche Dis= putation seiner wartete. So sehr dieses Gedicht noch die Lohensteinische Geziertheit und Bilderhäufung an sich trägt, so zeichnet es sich doch durch Klarheit, Ebenmaß und Gedankenfülle aus, und überrascht durch die männliche Ruhe und Reife des siebzehnjährigen Dichters. Das zweite der erhaltenen Gedichte „Sehnsucht nach dem Vaterland" — erhält seinen Werth durch „die Rührung des Herzens", womit es das Verlangen des auf der Reise befindlichen Jünglings nach seiner Heimat ausdrückt.

Mehrere Jahre lebte darauf Haller ganz der ernsten Wissenschaft. Der Ekel ob dem engen und gemeinen Gelehrten= und Studentenleben verscheuchte ihn von Tübingen. Boerhaave, damals der erste europäische Arzt, zog ihn nach Leyden und bald würdigte er den jungen Schweizer seiner Freundschaft. Allein um seinem innern Drange nach einer freien und allseitigen Bildung ein Genüge zu thun und Welt und Menschen in größern Kreisen kennen zu lernen, unternahm Haller von Leyden aus mit zweien seiner Berner Freunde eine Reise durch Norddeutschland und Holland. Schon hatte er sich so viel freie Weltbildung angeeignet, daß er überall bei Gelehrten und gebildeten Fürsten eine wohlwollende Aufnahme fand. Nach Vollendung seiner Studien besuchte er England und Frankreich und ging dann nach Basel, um unter Johann Bernoulli noch Mathematik zu studieren.

In Basel fand sich Haller besonders wohlthätig angeregt, indem er theils das eine seiner großen Werke, die Naturgeschichte der Gewächse seines Vaterlandes, vorzubereiten begann, theils durch freundschaftliche

Ermunterung sich der seit mehrern Jahren vernachlässigten Dichtkunst
wieder zuwandte. Zwei Männer sind es, welche auf Haller, den Dichter, einen entscheidenden Einfluß ausübten, der eine auf die ganze Richtung seiner Sinnesart und Lebensansicht, der andere auf die Auffassung
der Poesie insbesondere. Diese beiden Männer sind Muralt und
Drollinger.

Es ist eine merkwürdige Ironie des Schicksals, wie Muralt, einer
der eigenthümlichsten und geistreichsten, gediegensten und verehrungs-
würdigsten Schweizer, von seinen Landsleuten verlassen und verläugnet
werden konnte, so daß folglich auch seine für die Schweiz besonders
werthvollen Schriften schnell mit Vergessenheit bedeckt wurden. Beat
Ludwig Muralt hatte zu Anfang des Jahrhunderts in französischer
Sprache „Briefe über die Engländer und die Franzosen" geschrieben,
worin er mit scharfem und vorurtheilsfreiem Urtheile die Eigenthümlichkeit, die Fehler und Vorzüge beider Nationen hervorhebt. Es war der
offenbare Zweck seines Buches, den Einfluß der französischen Gesinnung
und Sitten auf die höhern Stände in seinem Vaterlande durch seine
beleuchtende Darstellung zu schwächen, indem er den mehr auf Manieren
als auf Grundsätze gerichteten Geist der Franzosen, jenen Esprit, der
nur im Aeußerlichen, in der augenblicklichen Gegenwart, in der Baga-
telle lebt, jene die Geradheit und Wahrhaftigkeit untergrabende Politesse,
die falsche Stellung des zu keck hervortretenden weiblichen Geschlechtes, die
Verirrungen der Mode und die Leichtfertigkeit der beliebtesten französischen
Schriftsteller jener Zeit schildert, und somit ein bedeutender Stimmführer der damaligen Reaktion des Volksgeistes gegen französische Einflüsse wurde. In seinem Briefe „Ueber die Reisen", welchen Muralt
auf die Darstellung des französischen Wesens folgen läßt und worin er
zum Schluß die eigenthümliche Aufgabe seines Volkes entwickelt, findet
sich eine auffallende Uebereinstimmung mit der Auffassung der schweizerischen Eigenthümlichkeit durch Haller, welche aus der zusammenstim-
menden Gleichheit der Lebensansicht und der Grundsätze überhaupt
hervorgeht. Der letzte der Briefe Muralts aber, „Ueber den Freigeist",
in welchem er das Bild desselben nach dem Tode zur abschreckenden Erscheinung bringt, vollendet die Uebereinstimmung der Gesinnung auch
in religiöser Beziehung*). Um die Verwandtschaft der Gedanken

*) Später gab sich Muralt einem auch von Haller mißbilligten Pietismus hin.
„Wegen seiner Theilnahme an Pietistik und daherigen Unruhen, und namentlich wegen
seiner Verweigerung des „Associations-Eides" zur Abschwörung der Theilnahme an

Muralts über die Schweiz mit den poetischen Schilderungen Hallers zu vergleichen, führen wir folgende Stelle aus jenem Briefe über die Reisen an, und zwar, um den ächt nationalen Sinn derselben desto besser hervorzuheben, in deutscher Sprache.

„Glücklich unser Volk, wenn es wieder zu sich selbst käme, und seine Vortheile zu benutzen verstände. Einfachheit und Redlichkeit sind ihm als Aussteuer zugetheilt worden. Es war von Natur damit geschmückt, während andere nöthig hatten, sich mit stolzem Gepränge und eitlem Schmucke zu zieren. In seiner Einfachheit hat es eine Kraft gewonnen, welche demselben über mächtige Feinde den Sieg verschafft, und was sie an ihm verachteten, ist ihnen verderblich geworden. Man hat es um seiner Redlichkeit willen aufgesucht, und durch seinen urkräftigen Charakter hat es sich so weit über andere Völker erhoben, als es sich jetzt unter dieselben erniedrigt, indem es sie nachahmt. Wie ist es möglich, daß wir sie aufgegeben, um uns unter den Haufen der Nachahmer zu stellen, daß wir eine Realität, die uns eigenthümlich war, einem Scheine vorzogen, der für uns nicht paßte, und der uns auf Abwege hinauswirft, welche für uns noch weniger passen? Es scheint im Willen der Vorsehung, welche die Welt regiert, gelegen zu haben, daß unter den Völkern ein redliches und einfaches sei, das in Ermanglung von Reichthümern sowohl als von Gelegenheiten zu großen Vergnügungen nicht in die Versuchung käme, sich dem Luxus preiszugeben. Eine glückliche Verborgenheit, eine von aller Schaustellung wie von aller Weichlichkeit ferne Lebensart sollte uns an unsere Berge fesseln, und die von dieser Lebensart unzertrennliche Zufriedenheit sollte uns daselbst festhalten. In dieser Lage wollte uns die Vorsehung frei von Unruhen und Bewegungen erhalten, welche die übrige Welt erschüttern, und uns den verirrten Völkern als Beispiel aufstellen. Sie wollte in uns einen im Angesicht der ganzen Erde erhaltenen Ueberrest von Ordnung, einen unter den reichen und genußsüchtigen Völkern verlorenen Charakter belohnen.“

„Warum sind wir dessen überdrüssig worden, und was haben wir bei den so oft unglücklichen und in ihrer Pracht verheerten, so oft durch ihre Verfeinerung und ihre verkehrten Wege unter sich uneinigen Völkern

---

geheimen Gesellschaften, wurde Muralt 1702 zugleich mit drei andern Patriciern, unter andern Joh. von Wattenwyl, nachherigem Bischofe zu Herrenhut, aus Bern verbannt. Muralt lebte nun auf seinem Landgute zu Colombier im Neuenburgischen.“

(Mittheilung von Prof. Trechsel.)

gesehen, das in uns die Lust erweckt, ihnen zu gleichen? — — — Nachdem wir durch die fremden Sitten besiegt worden sind, deren uns zu erwehren von uns abgegangen hätte, und nachdem wir diesen Sitten andere noch schlechtere Sitten, als unsere eigene, auf den höchsten Grad gestiegene Verderbniß hervorgebracht, hinzugefügt haben, so ist zu fürchten, daß wir in anderer Rücksicht das Schicksal der fremden Völker erfahren, und daß, nachdem wir so lange die Zuschauer aller Unglücksfälle gewesen sind, die sie sich zugezogen haben, wir ihnen unserseits durch diejenigen, die wir uns zuziehen, zum Schauspiel dienen. Die Wohlgesinnten, welche die fremden Sitten, den Luxus und das ausgelassene Leben der Jugend unter uns haben hereinbrechen sehen, haben von da an den Untergang unseres Volkes vorausgesehen, und haben denselben vorausgesagt; und diejenigen, welche gegenwärtig alle diese Dinge auf dem höchsten Punkte erblicken, wohin sie sich erheben können, können nicht umhin, sich den Fall der Nation als nahe vorzustellen. Es giebt solche unter ihnen, welche traurige Vorahnungen davon haben."

Dieser Glaube an die Bestimmung seines Volkes und diese Furcht vor dem einbrechenden Verderben, welche hier in wenigen Zügen sich spiegeln, — beides, Liebe und Besorgniß, — bilden einen Grundzug der Hallerschen Poesie. Muralts Schriften thaten bei ihrer Erscheinung eine große Wirkung, vor allen mußten sie den für dessen großartigen Ernst empfänglichen jungen Haller ergreifen, und wirklich treffen wir in dessen frühern Gedichten auf mehrfache Stellen, welche bei Muralt geschöpfte Gedanken wiederzugeben scheinen. Bei dieser unverkennbaren Einwirkung ist es begreiflich, daß, als Hallers Gedichte zum ersten Male ohne seinen Namen erschienen, man dieselben jenem bedeutenden Manne zuschrieb.

Einen unmittelbarern Einfluß auf Hallern während seines Aufenthalts in Basel hatte Drollinger*), dieser erste Dichter des vorigen Jahrhunderts, welcher zu einer höhern Anschauung der Natur sich erhob und mit eben so viel Wärme als Klarheit und Kraft die höchsten Gegenstände des Denkens durch seine Dichtung umfaßte und bewältigte. In Drollingern fand Haller seine Vorliebe für die englischen Dichter, und seine Geringschätzung poetischen Getändels bestätigt. Zum Zeichen der Freundschaft ist daher demselben eines der der Form nach vollendetsten

*) K. Fr. Drollinger. Akad. Festrede von Wilh. Wackernagel. Basel 1841.

und schönsten Gedichte gewidmet, dessen Inhalt sich im ersten Verse
ausspricht:

Freund! Die Tugend ist kein leerer Name.

Ein noch engeres Freundschaftsband mit Professor Stähelin
daselbst gab Hallern frohen Muth und freudigen Schwung, so daß er
in seine ernstern Studien von Neuem die Saitenklänge mischte, mehr
um der Freundschaft zu genügen, als weil er sich zum Dichter berufen
fühlte. Es fehlte Hallern dem Dichter jene Unmittelbarkeit und Wärme
der Begeisterung, welche in Einem Strome erzeugt und aus Einem
Gusse schafft. Hallers Wesen war ernst und gewichtvoll; strenge und
unabläßliche Arbeit erzeugte bei ihm eine Uebermacht des scharf und ge-
gliedert hervortretenden Gedankens, so daß auch seine sämmtlichen
Gedichte das Gepräge einer bedachtsam angelegten und planvollen
Schöpfung an sich tragen. Sie entbehren daher der Anmuth und der
Fülle, indem jede Anschauung in einen künstlichen Rahmen zusammen-
gedrängt und jeder Gedanke in eine sinnvolle Spitze ausgezirkelt ist.
Allein da das damalige Geschlecht durch Leibnitz und Wolf zum philosophischen Denken angeregt war, so wandte sich der allgemeine Beifall
von der tändelnden Zerflossenheit der vorigen Dichter zu Hallers ge-
dankenschwerer Gedrungenheit. Es traten jedoch noch andere Gründe
hinzu, der Poesie Hallers die Bewunderung seiner Zeit zu gewinnen.
Denn durch Brockes Naturschilderungen hatten sich die Deutschen mit
derselben Liebe zur Naturbetrachtung hingewendet, wie die Italiener
durch Marino und die Engländer durch Thomson. Wenn aber Brockes
durch eine kleinliche und endlose Miniaturmalerei ermüdete, so überraschte dagegen Haller durch Hervorhebung der mächtigen Natur seines
Vaterlandes: allein auch das weniger in malender Ausführung, als
mit philosophischem Geiste in großartigen Umrissen und sinnvollen Beziehungen.

2. Hallers „Alpen“.

Den höchsten Reiz aber erhielt sein gefeiertestes Gedicht, „Die
Alpen“, durch die Gewalt der Ueberzeugung, womit er die einfachen
Sitten der Bewohner seines Vaterlandes als das glücklichste und natur-
gemäßeste Lebensverhältniß schildert. Es ist bekannt, daß dieses Gedicht
der Spiegel der unmittelbaren Naturanschauung ist; zugleich aber nur
ein untergeordnetes Ergebniß jener großen Alpenreise, welche Haller

i. J. 1728 mit seinem für Naturwissenschaft gleich begeisterten Freunde, Johannes Geßner von Zürich, unternahm, und auf welcher er den ersten Stoff zu seiner Geschichte der schweizerischen Gewächse sammelte. Allein so wie Haller sich bei seiner außerordentlichen Thätigkeit zur Bereicherung der Gelehrsamkeit stets dadurch auszeichnete, daß er nie sich in einer einzelnen gelehrten Aufgabe verlor, so behielt er namentlich auch als Naturforscher den freien Blick und Sinn für die Schönheit der Natur im Ganzen und Großen: und so kehrte er voll von den Eindrücken der Alpenwelt und ihrer glücklichen Bewohner zu seinen Freunden nach Basel zurück. Er selbst bekennt, daß er auf diese wenigen Reime die Nebenstunden vieler Monate verwendet, und daß ihm die Ausführung um so schwerer geworden, weil die zehnzeilige Strophe, welche er wählte, ihn nöthigte, den Gegenstand seiner Darstellung jedesmal in ein besonderes Gemälde zusammenzudrängen, und weil er, nach damaliger Dichtweise, sich die Aufgabe stellte, den Gedanken zum Schlusse eine kräftige Spitze zu geben. Folgendes ist die Reihe der Gedanken und Gemälde des berühmten Gedichtes.

„Vergeblich sucht der Sterbliche außer sich ein goldenes Zeitalter, denn dasselbe ruht nur in der Seele. Ihr, Schüler der Natur, besitzt es in euerer Armuth und Einfalt, gehoben durch die Freiheit. In Eintracht und Fröhlichkeit folgt ihr ungelehrt und ungezwungen den Gesetzen der Weisen des Alterthums. Die Freiheit theilt dem Volke gleichmäßig Vergnügen, Ruhe und Mühe zu. Ihr bedürft der Wissenschaft nicht, denn die Lehre der Natur ist euch ins Herz geschrieben; und euer Leben fließt in ungestörtem Frieden dahin. So feiert ihr in fröhlicher Kraft euere Volksspiele. Hier waltet die reine Liebe, thut sich ungeziert kund und bewährt sich durch Treue. Arbeit bewahrt den Seelenfrieden und die Gesundheit. — Mit dem ersten Grase treibt der Hirte sein Vieh den Alpen zu; er zieht mit dem ersten Gruß der Lerche aus, und mit der sinkenden Sonne empfängt ihn die Hirtin. Ein frohlockendes Lied begleitet den Hirten in die Erndte des Heues und des Obstes. Wenn ihm dagegen der Wein versagt ist, der den Menschen zum Thiere macht, so eröffnet ihm der Herbst eigenthümliche Schätze in der Gemsjagd, und in der Bereitung der Butter, des Käses und Ziegers. Ruhe und Scherz versüßen die sorgenlosen Tage des Winters und die Nachbarn ergötzen sich durch kluge Gespräche, wobei der Eine seine Witterungskunde entfaltet, der Andere ein selbst gedichtetes Lied vorträgt, hier ein Greis alte Schlachten schildert, dort ein anderer das Glück

des Vaterlandes preist, während alles um uns darbt und in den Ketten
hungert; und ein Dritter seine Kenntniß von den Naturschätzen seines
Vaterlandes entfaltet.   Denn am Hochgebirge hat die Natur alle
Seltenheiten und Bedürfnisse des Lebens vereint.   Von der Höhe des
Gebirges sieht das Auge den Wohnplatz mehrerer Völker; die nähern
Berge aber zeigen eine mannigfaltige Abwechslung von Hügeln und
Thälern, von Felsenwänden, Wasserfällen und fruchtbaren Abhängen.
Allein die Natur ist überall schön und wunderbar, in und über der Erde,
im Glanze der Alpenblumen, wie im funkelnden Krystall, in den warmen
Quellen und im Golde der Aar.   Aber der Hirte läßt diesen Schatz,
der ihm zu Füßen rollt, dahinfließen.   Dieses genügsame Volk sättigt
die Natur mit ungesuchten Gütern, es lebt immer gleich und stirbt, wie
es lebt."

Wie sehr mußte eine Zeit von diesem Gemälde ergriffen werden,
welche von der Ueppigkeit und der Ueberfeinerung der großen Welt ermüdet, sich nach Einfachheit und Natürlichkeit sehnte, und darum die
Schilderungen einer phantastischen Schäferwelt mit Entzücken aufgenommen hatte*).   Denn ein durch Wahrhaftigkeit und Gründlichkeit
ausgezeichneter Gelehrter gab von der Wirklichkeit einer Welt Zeugniß,
welche bisher nur Traum geschienen, und offenbarte einem an sich selbst
irre gewordenen und an sich selbst verzweifelnden Geschlechte den glücklichen Zustand eines nur mit Gaben der Natur zufriedenen Volkes.
Die Genauigkeit und Sorgfalt, womit Haller die Naturscenen schilderte,
waren gleichsam eine Bürgschaft für die Richtigkeit der Darstellung des
Volkslebens.   Hallers Alpen zogen die Aufmerksamkeit von Europa
auf die Schweiz und veranlaßten jene auf Land und Volk gleicher
Maßen gerichtete Bewunderung, welche die Schweiz über ein halbes
Jahrhundert mit einer merkwürdigen Glorie umstralte.   Kann man sich
wundern, wenn die schweizerische Vaterlandsliebe dem ernsten Haller
aufs Wort glaubte und das Ausland in dem durch ihn erweckten
günstigen Vorurtheile zu bestärken suchte?   So begann jener ununterbrochene Zug der Wanderer nach der Schweiz, welche nicht nur die in
ihrer Art einzige Natur bewundern, sondern auch ein durch Verfassung,
Lebensweise und Sitten eben so ausgezeichnetes Volk in diesen Bergen
kennen lernen wollten.   Der Ekel an den Erscheinungen eines ver-

---

*) „Man muß sich erinnern, wie steif, gezwungen und unnatürlich damals die
Sitte der „Gebildeten" war."

Anmerkung eines Enkels von Haller.

dorbenen Welt- und Hoflebens gewann das Ausland zum Voraus für die Schweizer: so daß nur dadurch erklärlich wird, wie für den gebildeten Schweizer sich zu jener Zeit eben so günstige Aussichten in allen Staaten Europas öffneten, als der Natursohn der Heimat für einen Liebling des Himmels galt: was in der auffallenden Verehrung, womit ein Klein-jogg und ein Schüppach gefeiert wurden, sich aufs Höchste steigerte.

Haller selbst war freilich weit entfernt, seinen Gedichten einen solchen Erfolg beizumessen, und eben so wenig wurde er durch diesen Erfolg ver-leitet, den Werth derselben zu überschätzen. Denn er nennt sich selbst einen Gelegenheitsdichter, erklärt, daß „ganz andere Arbeiten sein Haupt-werk" gewesen und daß ihm, als Schweizer, dem „die deutsche Sprache fremd sei, der Ueberfluß der Ausdrücke völlig gefehlt." So ernst die Haltung seiner Gedichte ist, und so ernst er es damit meint, so wollte er dieselben doch nur als ein Spiel und eine Erholung arbeitsfreier Stunden angesehen wissen. Daher entstanden diese Gedichte gewöhnlich auf Spaziergängen, meistens beim Botanisieren, wo er, wenn er müde war, sich unter einem Baume lagerte, und dann seinen Geist von der Pflanze zu seinen Füßen zu den höchsten Gegenständen des Gedankens und der Empfindung erhob. Zu Hause bildete er dann diese Entwürfe und Um-risse sorgfältig und nicht ohne Aufwand von Zeit und Mühe aus. Um aber für sein Dichten eine genügende Veranlassung und Entschuldigung zu haben, mußte ihn die Freundschaft zunächst in Bewegung setzen; und unter dieser anspruchlosen Form, nur seinem Freunde mit den zufällig durch ihn erweckten Empfindungen gefällig zu sein, entwickelten sich aus seinem innersten Leben desto freiere, mächtigere und eigenthümlichere Bildungen. Auf diese Weise ist noch früher als die Alpen, als sein St. gallischer Freund Giller graduierte, sein Gedicht „über die Ehre" entstanden, wo er die Eitelkeit des Kriegsruhmes und der Ehre bei der Nachwelt darstellt und als Ergebniß philosophischer Betrachtung denselben Gedanken hervor-hebt, der sich ihm in der Schilderung der Hirten seiner Heimat ergebe:

> O selig, wen sein gut Geschicke
> Bewahrt vor großem Ruhm und Glücke,
>   Der, was die Welt erhebt, verlacht;
> Der frei vom Joche der Geschäfte,
> Des Leibes und der Seele Kräfte
>   Zum Werkzeug für die Tugend macht.

Während sonst die Dichter jener Zeit sich den Preis der Fürsten zur Aufgabe machten, so singt der Schweizer die Eitelkeit äußerer Größe,

und während jene Dichter sich mit ihren Reimen den Großen der Erde zu
Füßen legen, kennt Haller keine höhere Befriedigung als das Glück seines
Freundes und den treuen Freundschaftsbund mit ihm.

3. Hallers philosophische Gedichte und Satyren.

Den allgemeinsten und höchsten Ruhm aber erwarb sich Haller durch
seine philosophischen Gedichte; denn Philosophie war das Losungswort
jener Zeit und freies Denken das Streben aller Kultur. Zugleich aber begann von Frankreich aus jene Verherrlichung der Vernunft, welche sich
aus dem Unglauben eine Ehre machte und mit der Leichtfertigkeit der Sitten groß that. Nun fand sich gerade in Haller eine Vereinigung von
Eigenschaften zusammen, welche ihn vorzüglich befähigten, mit dieser
Geistesverirrung der Zeit in die Schranken zu treten. Seine bescheidene
Demuth, gepaart mit der umfassendsten Wissenschaft, seine unerschütter-
liche Frömmigkeit bei gleicher Kraft moralischer Würde, im Verein mit
der größten Klarheit und Freiheit des Gedankens und der Gesinnung,
gaben ihm ein Gewicht, das weder der Weltmann noch der Gelehrte verkennen konnte, und das den Wohlgesinnten, die wahre Erleuchtung und
Verständigung suchten, einen zuverlässigen und freudigen Stützpunkt
bot. Mit dem ersten dieser Gedichte, das unmittelbar auf die Alpen
folgte, trat er mitten in die Fragen hinein, welche den Gedankenkreis
des vorigen Jahrhunderts aus ihren Fugen rissen. Hallers Freunde in
Basel, von der Gedankentiefe der englischen Dichter erfüllt und zweifelnd,
ob die deutsche Dichtkunst ein Gleiches zu leisten vermöchte, forderten den
schweizerischen Dichter zum Gegenbeweise auf. Dieser, von einer Krankheit sich erholend, und zu andern Arbeiten noch nicht stark genug, nahm
die Herausforderung an, und richtete an Stähelin seine „Gedanken
über Vernunft, Aberglauben und Unglauben.“ Der
Mensch, das Mittelding zwischen Engel und Vieh, pralt mit der Vernunft ohne sie zu gebrauchen. Zwar hat sich sein Verstand durch die
Sternenwelt den Weg gebahnt, die Natur unterworfen und ihre Gesetze
ergründet: allein sich selbst kennt er nicht. Von Kindheit an wächst
das Böse in ihm auf, und er geht auf irrem Wege bis zum Grabe; statt
wahres Licht erhält er oft

    Nur Zweifel in den Kopf, und Messer in die Brust.

    Ein doppelter Glaube beherrscht die Welt. Durch den einen ist
der Mensch zum Knechte seiner Priester geworden; die Lüge herrscht und

die Freiheit ist aus der Welt gewichen; für denselben streitet Dolch und Flamme;

> Für seines Gottes Ruhm gilt Meineid und Verrath;
> Was Böses ist geschehn, das nicht ein Priester that?

Andere folgen dem Aberglauben, die Klügern insgeheim, die Thoren überlaut; der Eine läugnet, was er fürchtet, der Andere verwirft, was jeder glaubt. Der Sohn der Erde hat sich zum Himmel erhoben und ist gefallen, indem er seine Schranken überschritten. Allein es genüge dem Menschen, daß ein Gott ist und daß die ganze Bruderwelt die Spur seiner Hände zeigt.

> Vernunft steht still bei Gott, mehr ist ein Ueberfluß.
> Nichts wissen macht uns dumm, viel forschen nur Verdruß.

Noch entschiedener tritt Haller gegen die falsche Richtung der Zeit in dem auf gleiche Veranlassung wie das vorige entstandenen Gedichte hervor, das den Titel führt: „Die Falschheit menschlicher Tugenden." Allein mit gesundem Lebensblick und desto kühnerer Freimüthigkeit lacht er auch der Scheintugend, und empfiehlt heitern Lebensgenuß, denn Tugend und Natur seien zu ächte Schwestern. Wenn man Hallern sonst seinen schweren Ernst zum Vorwurfe hat machen wollen, so bezeugt der einundzwanzigjährige Jüngling wenigstens in diesem Gedichte, daß er die sich selbst gleichbleibende Tugend in der Heiterkeit und in der Natur sucht; so daß er nach dem ersten, zwar un= gedruckten Entwurfe, zum Schlusse dem erlauchten Epikur dankt, der zuerst die Spur der wahren Tugend gefunden und in jene schöne Klage um das „arme Kind" ausbricht, das der Liebe, des ewigen Rechtes der Schönheit, beraubt wird.

Während Hallers philosophische Gedichte solcher Maßen die Ge= danken beschäftigten und jedem mannhaften Sinne zur Stütze dienten, überraschte er eine höfische und knechtische Zeit noch mehr durch den Muth, womit er eine ins Innerste treffende Satyre von Neuem ins Leben rief, wie solches seit der Reformation nicht mehr erlebt worden. · Das Bedeutende dieser Satyre bestand aber darin, daß er nicht nur etwa all= gemeine Zustände oder Figuren geißelte, sondern daß er mit dem offenen Freimuth des Republikaners die Gebrechen seines eigenen Staates und diejenigen von dessen Großen und Lenkern entblößte *). Haller war

---

*) „Er hatte einen engen Freundschaftsbund mit einem kleinen Zirkel gleichge= sinnter Freunde, Steiger, Sinner, Stettler, von Dießbach u. a. mehr geschlossen, die mit jugendlichem Eifer sich über Manches im Staat und in der Stadt ärgerten, und als deren Organ er gleichsam auftrat." Anmerkung eines Enkels von Haller.

i. J. 1729 nach Bern zurückgekehrt und hatte die Arzneikunst auszuüben begonnen. Bald hatte er sich den Ruf eines denkenden und umsichtigen Arztes erworben. Allein der in höhern Gebieten geistesthätige Mann konnte jene dienstbare Aufmerksamkeit des Praktikus nicht haben, welche erforderlich ist, um Glück zu machen. Auch schlug er die Bethätigung der Würde eines freien Bürgers höher an, als das äußere Fortkommen im Beruf. Nicht daß er zu den mit den bestehenden Verhältnissen Un= zufriedenen gehört, oder jemals mit solchen in irgend einer Verbindung gestanden hätte: vielmehr achtete er die Institutionen des Freistaates Bern so hoch, daß er dieselben in keiner Beziehung dem ungewissen Erfolge einer Verbesserung hätte preisgeben wollen. Jene äußere Formge= rechtigkeit, welche die ruhige Entwicklung des Staatslebens und das sittliche Gleichgewicht der Bürger aufs Spiel setzt, war Hallern und seiner Zeit noch zu ferne; er klagte dagegen die Vernachlässigung der Gesinnung und der Sitten an, durch welche einst der Staat groß geworden. Die beiden Satyren „Der Mann nach der Welt" und „Die ver= dorbenen Sitten" sind daher von bedeutendem historischen Interesse, indem dieselben ein lebendiges Gemälde vom sittlichen Zustande Berns geben, von den letzten Erscheinungen seiner alten Größe und dann von dem allmählig zur Regel werdenden Verderbniß des öffentlichen Lebens und der Sitten. In der offenbar frühern Satyre „Der Mann nach der Welt" zürnt der Dichter über den von Frankreich ausgehenden Spott, der die Tugend lächerlich und das Laster artig macht, so daß der Mann von altem Schrot und Korn, ein Vorbild früherer Staatsweisheit, jetzt zum Karst verwiesen würde, während der Schlemmer und der Wüstling, der Speculationsmann und der Intriguant, deren Bilder er entwirft, sich jetzt Geltung verschaffen. Zum Schlusse weist er auf eine Quelle des Uebels hin:

Nein also war es nicht, eh' Frankreich uns gekannt ꝛc.

und endigt:

Das Herz der Bürgerschaft, das einen Staat beseelt,
Das Mark des Vaterlands ist mürb und ausgehöhlt;
Und einmal wird die Welt in den Geschichten lesen,
Wie nah dem Sitten=Fall der Fall des Staats gewesen.

Allein noch mächtiger und einschneidender zeichnet Haller in den „verdorbenen Sitten" die Gebrechen der Großen seiner Republik. Nachdem er selbst gesteht, daß die Satyre noch nie gebessert, und dann sich anstrengt, um zu rühmen: so bricht er in jene bekannte Frage aus:

> Sag an, Helvetien, du Helden-Vaterland!
> Wie ist dein altes Volk dem jetzigen verwandt?

Und nachdem er vergeblich nach den verwandten Eigenschaften ge-
forscht, fährt er fort:

> Ach! sie vergrub die Zeit, und ihren Geist mit ihnen,
> Von ihnen bleibt uns nichts, als etwas von den Mienen.

Doch noch erkennt er Reste der goldnen Zeit in dem wachsam thätigen Steiger und in dem unerschütterlichen Augspurger, deren warmes
Lob er durchführt. Allein die übrigen sind leicht gezählt, und wer soll
jene Männer ersetzen? Dann folgen die Porträte der Unwürdigen, des
Vornehmlings, des Gecken, des Vetterschaftsmannes, des Philisters,
des Raisonneurs, des Söldlings, des Andächtlers —

> Die Ziffern unsres Staats, im Rath die Consonanten.

Zum Schlusse aber zeichnet er in schlagender Einfachheit die für
alle Zeiten gleichbleibenden Anforderungen an den Staatsmann.

Diese Satyren wurden zu Hallers Zeiten oft nachgeahmt, aber
an Muth und Wahrheit von niemanden erreicht, als von dem mit
Haller und Bodmer nahe befreundeten würtembergischen Staats-
manne, dem Freiherrn von Gemmingen. Die gleiche einschneidende
Schärfe, mit welcher dessen vorherrschend heitere Muse politische
Charaktere seiner Zeit malt, rechtfertigt auch Hallern, dem bisweilen die
Bitterkeit seiner Satyren zum Vorwurf gemacht worden. Denn wer in
einer neuen Richtung sich Bahn bricht, und namentlich das hochstehende
Laster bekämpft, gewinnt den erforderlichen Muth nur durch die ganze
Frische und Stärke des sittlichen Unwillens, dem jedoch der schweizerische
Dichter durch Wegschneidung der härtesten Stellen den schärfsten Stachel
genommen und Ebenmaß gegeben. Uebrigens übten diese Satyren einen
entscheidenden Einfluß auf Hallers Schicksal aus und veranlaßten seine
Entfernung aus der geliebten Vaterstadt. Es glaubten nämlich mehrere
Vornehme ihr Bild in den satyrischen Gemälden zu erkennen und verfolgten ihn daher mit dem ganzen Gewicht ihres Hasses. Später
freilich betrachtete Haller Manches mit andern Augen und noch i. J.
1752 schreibt er an Bodmer, welcher eigenmächtig und anonym eine
mit den ursprünglichen, aber von Hallern selbst verworfenen Zusätzen ver-
sehene Ausgabe besorgte und diese Lesearten in der Vorrede gegen Hallern
selbst in Schutz nahm: „Es ist in der That durch die Aufwärmung
theils anstößiger Jugendgedanken, theils schlechter Verse mir ein
ziemlich empfindlicher Verdruß erweckt worden, dessen ganzen Umfang

ich hier noch nicht recht übersehe." Der schmerzliche Eindruck, den
Haller über die Mißbilligung seiner Gedichte durch einen Theil seiner
Mitbürger empfand, scheint seinen Aufsatz über die „Nachtheile des
Witzes" erzeugt zu haben, welchen er im Anfang b. J. 1734 in das
Berner Wochenblatt einrücken ließ. Doch vergeblich; denn als in demselben Jahre die Stelle des Arztes im Insel-Spital zu Bern frei wurde,
warb Haller zurückgewiesen, weil er ein Poet sei; und einige Monate später
hätte seine Anmeldung auf die erledigte Profeſſur der Beredtſamkeit ein
gleiches Schicksal zu gewärtigen gehabt, weil er ein Arzt sei. So wagte
er es nicht, sich der Wahl auszusetzen, obgleich er seine ausgezeichnete
Befähigung für diese Stelle durch eine öffentliche lateinische Rede bethätigte, worin er die Vorzüge der Alten vor den Neuern behandelt, indem er nicht nur die gründlichſte Kenntniß des Alterthums bewies, ſondern auch ein alte wie neue Zeit gleich umfassendes, lichtvolles Urtheil
an den Tag legte. Jener ersten Zurücksetzung verdanken wir das Gedicht voll ruhiger Ergebung, das mit dem prophetischen Blick in die Zukunft beginnt:

> Vergnüge dich, mein Sinn, und laß dein Schicksal walten,
> Es weiß, worauf du warten sollt.

Nachdem Haller sich selbst solcher Maßen innerlich beruhigt, mußte
er sich desto eher gedrungen fühlen, seinen Freund Dr. Johannes Geßner
durch ein ähnliches Gedicht aufzurichten, als derselbe durch unerhebliche
Lehrgeschäfte und durch Mangel an Anerkennung für seine Lieblings-
studien niedergebeugt war.

4. Hallers Liebe und Leid.

Wenn wir zu denjenigen Gedichten übergehen, worin Haller seine
Liebe und sein Leid besingt, so können wir vom Meister im philosophischen
Lehrgedichte nicht erwarten, daß er sich auch als Sänger der Liebe ausgezeichnet habe. Sein einziges*) Liebesgedicht „Doris" entbehrt nicht
nur der jugendlichen Wärme und Frische, sondern auch jener Innigkeit
und Tiefe des Gefühls, und jener zarten und begeisterten Verehrung, mit
der sonst das deutsche Lied die Liebe besingt. Wir haben vielmehr in der
ersten Hälfte eine psychologische Entwicklung der natürlichen Empfindungen

---

*) Seinen vier französischen Gedichten an „Themire" verleiht der franzöſiſche
Laut, gepaart mit deutschem Ernſt des Gedankens und der Empfindung, eine Lebendigkeit und Anmuth, welche das deutsche Gedicht nicht hat.

im Herzen des Mädchens, welche dasselbe zur Liebe auffordern, und in
der zweiten eine gar zu verständig angelegte Beredtsamkeit, um den entscheidenden Augenblick herbeizuführen. Man sieht offenbar, daß dieses
Gedicht eine förmliche Erklärung und feierliche Bitt- und Em-
pfehlungsschrift des Liebhabers an seine Geliebte ist, und diese Absichtlichkeit stört den Eindruck, den sonst eine gewisse Naivetät und schlichte
Unumwundenheit des Ausdrucks machen würde. Doch wie wenig
Haller gestimmt war, die Liebe aus einem idealen Gesichtspunkte aufzufassen, beweist seine Erklärung, der zufolge er dieses Versuches zwanzig Jahre später sich als einer jugendlichen Thorheit schämte. Wie sehr
dagegen Haller eine reine, treue und mannhafte Liebe in schönster Wirklichkeit bewährt, beweisen seine Gedichte auf Mariane. Als er nämlich
dem Rufe nach der neugestifteten Universität Göttingen folgte, veranlaßte
eine bei der Einfahrt in diese Stadt durch den Sturz des Wagens verursachte Verletzung den Tod seiner jungen, schönen Gattin. An ihrem
Krankenbette sitzend, wurde er durch die vorübergehende Hoffnung auf
Besserung zum Schwung der Ode erhoben, worein die dankbare Ergebung den Ernst des Kirchenliedes mischt. Ihr Tod aber entwand ihm
jene berühmte „Trauer-Ode auf Mariane", welche, nach
einem oft getadelten, allzu erwägenden Eingange, sich dann sogleich in
die Mitte des Gegenstandes versenkt und mit aller Innigkeit der zartesten
Liebe sich das Bild der Verlorenen in den leisesten und seelenvollsten
Zügen vergegenwärtigt. Das Gemälde verliert durch die schmucklose
Wahrheit nichts an seiner rührenden Schönheit, vielmehr machen diese
schlichten, durch den Schmerz hindurchleuchtenden Erinnerungen an
Scenen stillen Lebensglücks den Reiz desselben aus. Eine zweite Ode,
die sich gegen den Trost sträubt, kehrte mit gleicher Macht der Liebe zu
der unauslöschlichen Erinnerung zurück; und als Bodmer zwei Jahre
später den schwermuthsvollen Schmerz des Dichters durch die Entgegen-
haltung des eigenen Schmerzes beim Verluste seines Sohnes mildern
wollte und ihn ermahnte, den unseligen Ort zu verlassen, der ihm sein
Liebstes geraubt, und nach der Heimat zurückzukehren: sieht er darin
nur eine Ermunterung zum neuen Erguß seiner Trauer. Wenn dann
freilich nach wenigen Jahren die Elegie auf die zweite Gattin folgt, so
kann man zwar darin den Werth des sittlichen Ernstes und der Dankbarkeit nicht verkennen: allein dieses, wenn auch weit schwächere Abbild
jener ersten Liebe, ist eine etwas unvollkommene Störung des durch
jene frühern Gedichte hervorgebrachten Eindruckes. — Zu dieser Reihe

von Hallers Gedichten kann man auch seine unvollendete Ode „Ueber die Ewigkeit" rechnen, wo der Reichthum und die Tiefe der Gedanken sich mit dem feierlichsten Aufschwunge vereinigen, um dieses Gedicht zum erhabensten Hallers zu machen, und durch dasselbe den Uebergang zur Klopstock'schen Muse zu bilden.

Von denjenigen Poesien Hallers, welche mehr den Charakter des Gelegenheitsgedichtes haben, verdient jene Cantate auf Münchhausen Erwähnung, worin Haller demselben im Namen der Musensöhne den Dank für seine Verdienste um die neugestiftete Universität Göttingen ausspricht und zugleich der dankbaren Freundschaft eine Sprache giebt, welche er für diesen sein ganzes Leben hindurch ihm nahestehenden Staatsmann empfindet. Allein mit der höhern Wärme der Vaterlandsliebe ist jenes Gedicht durchströmt, womit er seine Gedichte dem Schultheißen Isaak Steiger zueignet, und worin sich die Ehrfurcht für das würdige Haupt seiner Republik mit dem Gefühl seiner Dichterwürde zu jenem schönen Klange vereinigt, woraus jener das vorige Jahrhundert freudig durchbebende Ton hervorbringt:

Wer frei darf denken, denket wohl.

Dahin gehört auch die berühmte Aufschrift auf das „Beinhaus zu Murten" mit der Mahnung an das sinkende Vaterland.

Wir schließen die Uebersicht über die Gedichte Hallers mit demjenigen „Ueber den Ursprung des Uebels", als dem umfassendsten, planmäßigst angelegten, reifsten und vollendetsten seiner poetischen Erzeugnisse, dem er selbst seine vorzüglichste Liebe schenkte und woran er über ein Jahr gearbeitet hatte. Mit diesem Versuche wollte er sich des Lobes würdig zeigen, das dem ersten Erscheinen seiner Gedichte entgegengekommen war. Der Zusammenhang des menschlichen Elends mit der göttlichen Weltordnung bildete nämlich gerade zu jener Zeit einen Gegenstand lebhafter Erörterung unter den Philosophen und war um so mehr geeignet Hallers Interesse zu fesseln, nachdem Gottsched den gleichen Gegenstand unter dem Titel „Hamartigenia" behandelt und in seiner Dichtkunst als Muster eines philosophischen Lehrgedichtes aufgestellt hatte. Auf dem Gurten, einem der schönsten Punkte seines Vaterlands, betrachtet der Dichter die Herrlichkeit der ihn umgebenden Natur und bewundert die darin waltende Güte Gottes. Allein so wie die Dämmerung über die Erde sich verbreitete, vergegenwärtigt sich ihm die Welt voll Qual und Laster, wo der Mensch von Weh zu Weh fortgetrieben wird, bis zum Tode, und auch in diesem statt

Ruhe Marter seiner wartet. Doch Gott bildete, damit es an Geschöpfen nicht fehle, denen er sich offenbaren könne, freie Wesen, die Einen vollkommene Geister, die Andern Doppelbürger des Himmels und des Nichts. Er legte in sie die Liebe, den Schmerz und das Gewissen und rüstete sie so aus gegen den Sturm des Lebens. Allein die Vermessenheit war der Fall der Geister: sie wählten das Böse und die Folge davon war das Uebel. Nun herrschen Begierde und Leidenschaft, und der Mensch, der von Gott weicht, weicht von seinem Glücke. Gleichwohl ist Gott die Liebe: vielleicht wird einst die Wahrheit uns reinigen und dort die Tugend herrschen: wir werden einst in seiner Gerechtigkeit seine Gnade und Weisheit erkennen. — Die schildernde Einleitung und die Klage über das Elend des Menschen im ersten und die Darstellung der Schöpfung und Ausstattung des Menschen im zweiten Buche sind weniger knapp gedrängt, freier und durchsichtiger im Ausdrucke gehalten, und die der Wissenschaft entnommenen Gedanken treten klarer und gefälliger hervor als in allen übrigen philosophischen Stücken.

In diesen, wie in den übrigen dichterischen Erzeugnissen Hallers, welche in die Periode seiner Reise fallen, gebraucht er denselben Vers, mit welchem seine erste Dichtung beginnt. Denn zudem daß der Alexandriner längst der für das erzählende und das Lehr-Gedicht allgemein gebrauchte Vers war, mußte Haller denselben in seiner klangvollen Breite besonders geeignet finden, um möglichst viele Gedanken hineinzudrängen. Er wendet ihn daher in allen seinen größern, gedankenschweren Gedichten an; und wenn er sich in den Alpen durch die zehnzeilige Strophe noch eine neue Fessel anlegte und sich in der freien Fülle der Malerei hemmte, so gewannen dagegen die einzelnen Strophen durch die epigrammatische Abrundung der in jeder derselben enthaltenen Gemälde wieder einen eigenthümlichen Reiz. Auch in den lyrischen Stücken weicht er nie von der feierlichen Hebung des Jambus ab, bringt aber in die Strophen eine angenehme Abwechslung. Eine Ausnahme davon, nebst einigen Strophen seiner Kantaten, macht nur die sapphische Ode an Drollinger, worin er das erste Beispiel der Anwendung eines antiken Versmaßes giebt, allein auch dieses in Verbindung mit dem Reim. Denn mit richtigem Takte blieb er dem Reim getreu, so sehr Bodmer deßhalb auf ihn schmollte, indem er darüber bemerkt: „Mir kam es immer vor, wenn man Hexameter machen wollte, wie sie gemeiniglich sind, so wäre die Arbeit zu leicht; und leichte Arbeit ist auch in der Poesie schlecht." Bei seiner genauen Kenntniß der alten Sprachen waren ihm die Schwierigkeiten der Anwendung ihrer Versarten in der deutschen ganz klar.

5. Aufnahme von Hallers Gedichten.

Die erste Ausgabe von Hallers Gedichten erschien im Jahre 1732 unter dem Titel „Versuch von schweizerischen Gedichten", fast wider seinen Willen, da sein Gönner, Isaak Steiger, bei längerer Weigerung sich anschickte, eine der umlaufenden Abschriften zum Druck zu befördern. Die Gedichte wurden in seinem Vaterland gut aufgenommen; mit besonderem Jubel in Zürich, wo die Liebe zur schönen Literatur schon Wurzel gefaßt hatte, und wo namentlich Bodmer sein Entzücken über diese Leistungen des vaterländischen Dichters aussprach und Andern mittheilte und darauf an den Dichter selbst in einem lateinischen Briefe, worin er denselben nach Zürich einlud, schrieb: „Du wirst hier viele Anhänger finden, welche Deine edle und mannhafte Freiheit im Denken Dir gewonnen hat." Auch der alte Scheuchzer gab seinem in den Naturwissenschaften ihn bereits überflügelnden jungen Nebenbuhler herzlichen Beifall: diesen beiden folgten Gelehrte und Staatsmänner, so daß einige Theologen, welche anfangs zu mehreren Stellen, in denen sie materialistische Tendenzen finden wollten, bedenkliche Miene machten, schweigen mußten. Bodmer spricht gegen Hallers Freunde, Geßner und Wyß, den Wunsch aus, mit demselben in nähere Freundschaft zu treten; Bodmer bemüht sich eifrigst, diese Gedichte in Deutschland bekannt zu machen und die bedeutendsten Literaten dafür zu gewinnen, auch verheißt er zum voraus deren Beifall. Gottsched, der poetische Großrichter damaliger Zeit, sprach sich auf Bodmers Empfehlung anfangs günstig über Haller aus. Als aber die jungen Dichter in Hallers Fußtapfen zu treten sich bemühten und Deutschland dem Geist und der Gedankentiefe des Schweizers seine Bewunderung zollte; so versuchte die Gottsched'sche Schule zunächst der Haller'schen Poesie durch Parodien zu schaden. Allein da dieser Kunstgriff nicht verfangen wollte, und Breitinger unterdessen in seiner kritischen Dichtkunst das Wesen der Haller'schen Poesie näher entwickelt hatte, so traten Gottscheds Freunde nach einem versteckten Vorgange des Meisters selbst mit der Beurtheilung seiner Gedichte folgender Maßen auf: „Hallers Schreibart ist von großer Dunkelheit, seine Sprache ist voll seltsamer und unbekannter Wortfügungen;

er hat viele rauhe Wörter, Sylbenmaße und Reime; seine Schreibart ist eine Seuche, die den deutschen Geschmack ansteckt." Dann wird ihm der Rath ertheilt, „wenn er nicht mehr allzu philosophisch dichte, und allzu abgesonderte Begriffe mit wenig Worten ausdrücke, so werde er gewiß um die Hälfte deutlicher seyn." Zur Begründung obigen Urtheils wird fortgefahren: „Wir haben es daher auch für das Beste gehalten, eines von den Vorbildern und Mustern so mancher dunkler Gedichte mit dem Lichte der Critik zu beleuchten." So wenig sich gegen jenes Urtheil im Allgemeinen haben ließ, so schief und kleinlich war dann die Sylbenstecherei, mit welcher das Gedicht vom Ursprung des Uebels kritisirt wurde; daher es Breitingern nicht schwer fallen konnte, in der „Vertheidigung der Schweizerischen Muse" die Jämmerlichkeit der Gottschedianer mit eben so viel Witz als Gründlichkeit darzuthun. Wir erwähnen dessen, weil die Angriffe auf Haller jenem großen Streite zwischen Gottsched und den Schweizern die erste Veranlassung gaben. Vor diesem Streite hatte Sachsen unter dem Vortritte Gottscheds eine gewisse Herrschaft über die deutsche Schriftsprache behauptet: Haller fühlte, daß er vor diesem sächsischen Richterstuhle nicht bestehen könne, und nannte daher seine Gedichte schweizerische. Ohne nähere Erklärung glaubte er durch diese Bezeichnung für den Gebrauch schweizerischer Wörter, Formen und Wendungen entschuldigt zu sein. Erst als seine seichten Beurtheiler, in ihren Angriffen auf den Gehalt der Haller'schen Poesien zurückgewiesen, desto mehr an dem Buchstaben mäkelten, wurde Haller etwas ängstlich und unsicher, und begann in Göttingen mit Hülfe Werlhofs jene fleißige Verbesserung der Schreibart seiner Gedichte, jedoch erklärend, daß er oft lieber einen Sprachfehler, als einen matten Gedanken habe stehen lassen wollen. Bei Haller trafen freilich mehrere Umstände zusammen, welche ihn zum Geständnisse nöthigten: „Die deutsche Sprache ist mir fremde, und die Wahl der Wörter war mir fast unbekannt;" und an einer andern Stelle: „In meinem Vaterlande wird das Deutsche viel unreiner und fast seltener gesprochen, als das ganz fremde Französische". Zudem war Haller früher zu kurze Zeit in Deutschland gewesen, und gar nicht in denjenigen Gegenden, welche sich einer reinern Sprech - und Schreibart rühmten. Vorzüglich aber hatte Haller seine ganze Aufmerksamkeit der lateinischen*) Sprache zugewendet, diese mit solcher Liebe gepflegt

---

*) Auch die französische in Bern allgemein geredete Sprache war für Haller die zweite Muttersprache.　　Anmerkung eines Enkels von Haller.

und geübt, und darin eine solche Meisterschaft erlangt, daß ihm die
deutsche dagegen allerdings etwas fremd war. Allein längst rechnet
es sich die deutsche Literatur nicht nur zur Ehre an, Haller in die Reihe
ihrer Dichter aufzunehmen, sondern sie stellt ihn an die Spitze der
deutschen Dichter neuerer Zeit, weil er der erste war, der den Weg einer
formellen Reimmechanik verlassend, für würdige und tiefe Gedanken
eine würdige und ausdrucksvolle Sprache fand, und der deutschen
Poesie durch sein wissenschaftliches Ansehen in den Kreisen der Staatsmänner und Denker Eingang verschaffte, welche ohne ihn theilnahm-
los geblieben wären. Allein Hallers Dichterruhm blieb nicht auf
Deutschland beschränkt, sondern wurde in Verbindung mit seinen
wissenschaftlichen Verdiensten ein europäischer. Namentlich verschaffte
die französische Uebersetzung Bernhards von Tscharner den Gedichten
Eingang in Frankreich. So erlebte Haller selbst dreißig Auflagen
seiner Gedichte, worunter acht französische, eine englische, eine italienische und eine lateinische. Hallers Dichterruhm dauerte ungeschwächt
beinahe ein halbes Jahrhundert: Gleim schrieb an Bodmer, daß in
Berlin einige denkende Menschen seien, die Hallers Gedichte aus dem
Gedächtnisse herstellen könnten, wenn sie verloren gingen. Und als
Schiller von der Karlsschule entfloh, begleitete ihn in seinem kleinen
Bündel Haller und Shakespeare.

Zum Schlusse der Charakteristik Hallers als Dichter dürfen wir
des Verhältnisses nicht unerwähnt lassen, in welches er sich schon in
frühern Jahren zur Poesie im Allgemeinen und zur seinigen insbesondere stellte. Im Dienste der Wissenschaft zu arbeiten, war ihm eine
große Aufgabe und eine heilige Pflicht: auf diesem Gebiete verhieß
ihm sein Fleiß und sein Scharfsinn entschiedene Erfolge. Seine
Poesien aber betrachtete er als „mühsame Kleinigkeiten, bei denen dem
Verfasser Mühe und Gefahr sicher, bei den Lesern aber der Nutzen sehr
ungewiß ist." Mit dieser Ansicht nahm er schon in seinem achtund-
zwanzigsten Jahre von der Poesie gleichsam Abschied. „Nach dieser
Zeit aber griff ich niemals zur Feder, als wenn entweder ein dringender
Affect ein Vergnügen fand sich abzumalen, oder die Pflicht ein Gedicht
von mir forderte." Seine Auffassung der Aufgabe des Dichters hat
er vorzüglich in der Vorrede zu Werlhofs Gedichten und in dem
Schreiben an den Freiherrn von Gemmingen über die Vergleichung von
Hagedorns und Hallers Gedichten niedergelegt. Im erstern Stücke
heißt es: „Ein Dichter, der nichts als ein Dichter ist, kann für die ent-

ferntesten Zeiten und Völker ein glänzendes Licht sein. Aber für seine
eigenen Zeiten, und für seine Mitbürger, ist er ein entbehrliches und un-
wirksames Glied der Gesellschaft. Seine Gaben erwecken Verwunderung, aber sie haben keinen Antheil an der allgemeinen Wohlfahrt;
er kann für einige Stunden einen Leser vergnügen, aber er vermehrt
kein Glück und vermindert keine Sorgen und Schmerzen." Noch entschiedener läßt sich Haller im zweiten Stücke vernehmen, das zugleich
eine merkwürdige Charakteristik seiner selbst enthält: „Unser Jahrhundert ist gesellschaftlicher, als alle vorhergehenden. Die beiden Geschlechter sehen einander mit der größten Freiheit; überall breitet sich
der Geschmack zum Tanze, zu Schauspielen, zu Lustbarkeiten aus.
In dieser den Vergnügungen so gänzlich ergebenen Welt ist die reizende
Dichtkunst nicht an ihrem Orte, sie, die den herrschenden Trieben noch
mehr Zunder reicht. Des Menschen Herz wird ohnedem der ernstlichen
Arbeiten leicht überdrüssig, und hängt an dem sinnlichen Vergnügen
mit natürlichen Fesseln. Je öfter, je reichlicher er sich in dem angenehmen Tranke der Wohllust berauscht, je weniger Geschmack findet er
an den ernsthaften Forderungen der Pflichten." In dieser Ansicht war
Haller um so sicherer, nicht nur weil er in derselben mit den größten
Dichtern des Alterthums übereinzustimmen glaubte, sondern weil er
dieselbe als Republikaner, als Volksfreund und als Philosoph aus der
Tiefe seines Herzens und seiner Lebenserfahrung schöpfte.

6. Hallers Aufenthalt in Göttingen.

Mit der Entfernung aus seinem Vaterlande ruhte Hallers Leier
und auf fremder Erde entlockte er derselben nur noch die Töne der Klage
oder der Pflicht. Der Tod seiner Gattin rief ihm in Göttingen überall
nur traurige Erinnerungen hervor, und weder die Gunst des Königs
und die Freundschaft Münchhausens, noch sein Erfolg als Lehrer und
sein steigender Gelehrtenruhm beschwichtigten die Sehnsucht nach dem
Vaterlande. Denn ihm fehlte zur Erheiterung und Erhebung des Gemüthes jene freiere und trauliche Geselligkeit, welche ihm die Heimat
dargeboten hatte. Nur ein ununterbrochener Seelentausch mit seinen
vaterländischen Freunden milderte den Schmerz seiner Entfremdung.
Bodmer machte in seinem edeln Eifer Hallers Zurückberufung zu einer
vaterländischen Angelegenheit, und so wie er diese Absicht in jener oben
berührten Elegie öffentlich aussprach, so veranlaßte er auch die Häupter

seines Standes schon ein Jahr nach Hallers Entfernung zur förmlichen
Verwendung für ihn bei der Gesandtschaft von Bern. Allein die Be=
mühung seiner Freunde daselbst blieb lange ohne Erfolg, bis es endlich
seinem Gönner Isaak Steiger wenigstens gelang, nachdem Haller schon
von allen Seiten vom Auslande mit Ehren überhäuft worden war,
seine Ernennung zum Mitgliede des Großen Rathes der Republik
Bern durchzusetzen: eine Auszeichnung, die Haller höher achtete, als
jeden andern Ruhm oder Gewinn.

Siebzehn Jahre dauerte Hallers Abwesenheit aus seinem nie ver=
gessenen Vaterlande, dem zu dienen er stets vor allem bereit war.
Allein während er so lange vergeblich der Erfüllung seiner Wünsche ent=
gegen sah, arbeitete er unterdessen auf dem Felde der Wissenschaft mit
der ungetheilten Kraft und Ruhe eines großen Geistes. Ohne der
Arbeiten des Naturforschers und Arztes zu gedenken, geben wir einen
Ueberblick über seine allgemeine Thätigkeit zur Beförderung deutscher
Kultur. Ein bedeutendes Verdienst Hallers ist, wo nicht die Begrün=
dung der Göttingischen Gelehrten Zeitungen, doch daß er diesem ersten
allgemeinen Literaturblatte Deutschlands durch die Uebernahme der
Direction i. J. 1747 eine feste Grundlage und eine Ausdehnung gab,
daß kein Gebiet des Menschengeistes von demselben unbeachtet blieb.
Getreu den Forderungen, welche Haller in der Vorrede zu der nur von
ihm geleiteten Zeitschrift an den Verfasser derselben aufstellt, blieb er gegen
dreißig Jahre lang, nicht nur während seines Aufenthaltes in Göttingen,
sondern auch nach seiner Rückkehr nach Bern, dermaßen die Seele dieser
Zeitschrift, daß der größte Theil der alle Gebiete der Literatur umfassen=
den Artikel aus seiner Feder hervorging*). Seine gründlichen und
umsichtigen Urtheile sind fortlaufende Beweise von der Universalität
seines Geistes und seines Wissens. Bei seiner Vertrautheit mit allen
Sprachen Europas, bei der Unermeßlichkeit seines Gedächtnisses und
bei der Klarheit seines Urtheils in allen Wissenschaften ließ er keine
Frage der Zeit und keine bedeutende literarische Erscheinung unberührt
und eröffnete stets eine runde und sichere Ansicht, so daß Herder, welcher
sonst von dem mühsamen Fleiße Hallers belästigt, denselben als den
„geistvollsten Compilator des Jahrhunderts"**) bezeichnen zu sollen

*) Haller lieferte von 1745 bis zu seinem Tode über eilftausend Recensionen in
obige Zeitschrift.

**) „Nicht ganz mit Unrecht hat Herder meinen Großvater den „großen Com=
pilator" genannt, obwohl dessen Genius gerade als Schöpfer, als Original zu wirken

glaubte, doch mit Johannes Müller darin übereinstimmt, daß „kein falscher Gedanke in ihm sei." Durchgeht man jetzt Hallers Urtheile in der Göttinger gelehrten Zeitung*), so staunt man über die Richtigkeit des Blicks und findet mit wenigen Ausnahmen, daß die unterdessen fortgeschrittene Wissenschaft Hallers Ansichten oder Vermuthungen nur entwickelt oder bestätigt hat. Wenn Haller als Dichter in der Form oft unsicher und unbeholfen war, so handhabt er dagegen seine Muttersprache in der Wissenschaft und in der Anwendung derselben auf das Leben mit der ruhigen Bestimmtheit heller Anschauung und sich selbst bewußter Denkkraft. So ist Haller nicht nur der erste, durch höhern Flug des Geistes ausgezeichnete Dichter, sondern zugleich auch, und in noch höherm Maße, der erste deutsche Prosaist, dessen Sprache rein und schön, als natürliches Abbild der Anschauung oder des Gedankens dahin strömt; sie ist fern von aller Mühsamkeit, so genau, klar und durchsichtig, so vollständig aus der Sache hervorgehend und derselben angepaßt, daß sie auch den wohlthuenden und überzeugenden Eindruck der Wahrheit und Lauterkeit, der Sicherheit und der Gründlichkeit erweckt**). Zum Institute der Göttingischen Anzeigen trat i. J. 1751 die königliche Gesellschaft der Wissenschaften hinzu, um Hallern die traurige Einsamkeit und Mühseligkeit seines akademischen Lebens zu mildern. Er war die Seele beider Anstalten und blieb auch nach seiner Rückkehr in das Vaterland Präsident der letztern. Was Haller durch dieselben leistete, darüber spricht sich ein Vierteljahrhundert später Herders unbefangenes Urtheil also aus: „Mitten unter den stürmischen Factionen brachte er ein schmales Blatt deutscher Kritik unter den Schutz einer Societät der Wissenschaften selbst und gründete ihm dadurch nicht nur

---

geeignet war. Die Ursachen waren zunächst die Zersplitterung der Kräfte, unvermeidlich in einer Republik wie Bern, wo man in der nämlichen Stunde einmal einen General zum Chorrichter, einen Chorrichter zum General gemacht; dann die gedrückte Lage des Mannes, dessen hervorragende Tugend der republikanischen invidia nicht entging, und der innerhalb des Vaterlandes wenig Aufmunterung fand, ohne welche kein Gelehrter Großes leistet, wenig Austausch der Ideen, wenig geistige Nahrung. Hallers physisches Leben war ein steter Kampf gegen Außen. Die Aufmunterungen kamen ihm von Seite der Erlach und Bonstetten."
Anmerkung eines zweiten Enkels von Haller.

*) Die vorzüglichsten Artikel sind im Auszuge mitgetheilt in Hallers „Tagebuch seiner Beobachtungen." 2 Bände. 1787.

**) „Haller war vergleichbar beredter im mündlichen Vortrage."
Anmerkung eines Enkels von Haller.

Unpartheilichkeit, Billigkeit und Gleichmuth, sondern auch Theilnahme am Fortgange des menschlichen Geistes in allen Weltgegenden und Sprachen. Seitdem sind die Göttingischen gelehrten Anzeigen nicht nur Annalen, sondern Beförderinnen und, ohne ein Tribunal zu sein, consularische Fasten und Hülfsquellen der Wissenschaft worden, zu denen man, wenn manche einseitige Kritik verstummt ist, wie durch libysche Wüsten zum stillen kenntnißgebenden Orakel der Wissenschaft reiset, und dabei immer noch Hallers und seiner Nachfolger Namen segnet*)." So bedeutend in den Göttingischen Anzeigen Hallers Leistungen in den Fachwissenschaften sind, so haben doch seine Bemühungen gegen die sittliche und religiöse Revolutionierung seiner Zeit einen noch viel höhern Werth. Er ist ein Feind des genial sein wollenden Leichtsinns und der auffallenden Gedanken und daher trägt er das Banner gegen Voltaire, Helvetius, Rousseau ꝛc. voran. Allein bei aller sittlichen Kraft und geistigen Schwere seiner Widerlegungen wird er nie herbe, nirgends gereizt; sondern mit ruhiger Größe und Affektlosigkeit erfüllt er seine Pflicht in Vertheidigung der Wahrheit; seine Strenge löst sich daher häufig in den heitern Scherz der Verwunderung über die Unwissenheit oder Verkehrtheit eines großen Talentes auf. Mit völliger Unbefangenheit und wohlwollender Ehrlichkeit lobt er aber auch jede gute Eigenschaft und jede Leistung seiner Gegner, so daß sie an ihm einen gleich präcisen Lobredner wie Tadler finden. — Doch ungeachtet aller Unschuld ging daher Hallern die Verläumbung von La Mettrie tief zu Herzen, welcher ihm sein anonymes Buch „l'homme machine" zueignete, sich dabei dessen Freund und Schüler nannte und sich später sogar rühmte, gemeinschaftlich mit ihm ausgeschweift zu haben. Die Furcht, daß diese freche Lüge bei den Wohlgesinnten Aergerniß und bei den Lockern Spott über ihn erwecken möchte, bewog Hallern sich in einer öffentlichen Zuschrift an Maupertuis, den Präsidenten der preußischen Akademie der Wissenschaften zu wenden, deren Mitglieder auch Haller und La Mettrie waren, damit er diesen zum Widerruf anhalte. Der Schmerz über den ihm unbegreiflichen Muthwillen, und die Besorgniß, daß diese ihm aufgebürdete Schmach der Religion und den guten Sitten schaden könne, versetzte Hallern in eine Gemüthsbewegung, welche der schönste Ausdruck seiner reinen Herzenslauterkeit ist.

*) S. Herder. Abtheilung für schöne Lit. und Kunst. Bd. 7. Ideen zur Geschichte und Kritik der Poesie und bild. Künste. 53.

7. Haller im Berner Staatsdienste.

Haller war in Göttingen zu den höchsten Ehren und Gunstbezeugungen gelangt, welche ein deutscher Gelehrter erreichen konnte, er hatte als solcher einen europäischen Namen, er stand mit seinen Kollegen, unter denen Mosheim, Matthias Geßner und Michaelis, in gutem Vernehmen, und wußte durch den Adel seiner Gesinnung und durch die Milde seines Benehmens auch den Neid zu versöhnen. Unter diesen Umständen ist es begreiflich, wenn er mehrere glänzende Berufungen nach dem Auslande ablehnte. Allein i. J. 1749 wurde ihm eine noch höhere, bisher in Deutschland nicht erlebte Auszeichnung zu Theil. Friedrich der Große nämlich berief zu gleicher Zeit Voltaire und Haller an seinen Hof, um zugleich den geistreichsten und gewandtesten Schriftsteller und den gründlichsten Gelehrten und den tugendhaftesten und reinsten Charakter zu besitzen, indem er auch darin den Beweis ablegte, daß trotz einer falschen Erziehung und einer materialistischen Richtung, die ihm durch die Gewohnheit zum persönlich leitenden System geworden war, er dennoch als Staatsmann gerne einer reinern Erkenntniß und einer bessern Ueberzeugung folgte. Demnach wurde Haller (1749) unter der Zusage einer überausgroßen Besoldung nach Berlin geladen und ihm freigestellt, Titel und Rang nach seinen Wünschen zu verlangen, ohne ihn zu irgend einer amtlichen Thätigkeit zu verpflichten. Hallers großer Name sollte aber vorzüglich der neugegründeten Akademie zur Ehre gereichen. Zugleich ward ihm die Aussicht eröffnet, daß ihn der König nebst Voltaire und Andern zu den vertrauten Abendgesellschaften einladen werde; und ferner Hoffnung gemacht, daß er später die Direction des Medicinalwesens in der ganzen preußischen Monarchie erhalten werde. So lebhaft ihn dieser ehrenvolle Ruf in Anspruch nahm, und so sehr er geeignet gewesen wäre, nicht nur als Gelehrter, sondern auch als feiner Gesellschafter zu glänzen, so überwog doch die Rücksicht, welche er gegen seinen damaligen Zögling, J. G. Zimmermann von Brugg aussprach: „Denken Sie sich einen Christen, denken Sie sich einen Menschen, der an die Religion Jesu glaubt und sie von ganzem Herzen bekennt, nach Potsdam, zwischen den König, Voltaire, Maupertuis und d'Argens!" Um Hallern in Göttingen zu fesseln, wurde die Gründung der königlichen Gesellschaft der Wissenschaften beschleunigt und ihm der Vorsitz übergeben und zugleich ein Adelsbrief ausgewirkt. Daneben opferte er das Anerbieten des großen Königs auch dem Wunsche, in spätern Jahren seinem Vaterlande nützlich zu sein und in demselben zu sterben.

Man hat dieses Verlangen Hallers nach einer Staatsstelle in Bern oft verkannt und als Schwäche ausgelegt, indem man nicht begreifen konnte, daß der Ruhm, der erste Gelehrte seiner Zeit zu sein, für ihn nicht einen weit höhern Werth haben sollte, als eine Beamtung in einer kleinen Republik. Allein der gereifte Mann hing mit derselben Liebe an seinem Vaterlande wie der Jüngling, das Schweizervolk und seine Sitten hatten für ihn noch den gleichen Reiz, und der Wunsch, frei im Schooße desselben zu leben, war durch die Steifheit des Universitätslebens in ihm nur vermehrt worden. Kann er sich doch selbst bei der feierlichen Eröffnung der Gesellschaft der Wissenschaften nicht enthalten, über die „Traurigkeit des akademischen Lebens" Klage zu erheben. „Die Bemühung Jünglinge zu bilden, und das arbeitsvolle Amt eines akademischen Lehrers, erfordert eine einsame, stumme und gleichsam von aller Freundschaft ausgeschlossene Lebensart. Von den Büchern geht man zu den Vorlesungen, von denselben kehrt man wieder zu andern Arbeiten zurück, und der Tag verstreicht unter stets angestrengten Seelenkräften; er wird durch keine Erholung, durch keinen andern Trost gemildert, als denjenigen, den das Bewußtsein giebt, seine Pflicht erfüllt zu haben, einen Trost, der für den Menschen, das gesellschaftlichste der lebendigen Geschöpfe, weder erfreulich noch unschuldig genug ist, auch so nah an die Eitelkeit gränzet, daß ein die wahre Glückseligkeit liebender Mann keinen rechten Geschmack daran findet, weil ihn die Erfahrung lehret, wie leicht sich ein Gift in diesen Becher mischen kann." Dieses Gift war an Haller in Göttingen nicht vorübergangen und machte ihm das Leben in der Fremde zum Ekel. Seine Heimat dagegen übte auf ihn immer denselben Zauber aus. Bei seinen verschiedenen Urlaubsreisen nach Bern konnte er sich nicht enthalten, seinen geliebten Bergen entgegenzueilen. Bei seinem ersten Besuche in der Schweiz, i. J. 1739, eröffnet er die Beschreibung seiner Reise*) mit der Erklärung: „Ich konnte den Anblick der Berge, welche sich im Kranze um meine Vaterstadt lagern, nicht ertragen, abgesehen von dem süßen Verlangen nach den Pflanzen, welche ich auf denselben als Jüngling so vielmal gesammelt hatte, von der unschuldigsten Freude durchströmt." Als er mit dem ihn begleitenden Jugendfreunde in die höhern Berge kam: „Jene Gebirgsgegend empfahl sich zwar nicht durch ihren Reich-

---

*) Alberti Haller Iter Helveticum. Anni 1739.

thum an Pflanzen, allein sie erfrischte die Seele wunderbar durch das
süße Bild des Glückes, das aus der Freiheit entsteht." „Die wohlbe-
bautesten Landhöfe nehmen alle jene Hügel ein, welche freie, fröhliche,
reiche und, wofern den Menschen solches Schicksal zu Theil werden kann,
glückliche Landleute bewohnen." „Das war eine ganz poetische Reise."
Es war also nicht etwa nur die Herrlichkeit des Landes, welche Hallern
an sich zog, sondern er war auch ebenso sehr für sein Volk begeistert.
Daher er in späterer Zeit urtheilt: „Keine Auflagen, kein unumschränkter
Minister, kein stehendes Heer, und kein Schein eines zu befürchtenden
Krieges. Welche Vorrechte! findet man solche an irgend einem Orte
der Erde? So ist das goldne Zeitalter gewesen: Ehrgeiz und Reichthum
haben den übrigen Theil der Erde dessen beraubt." — So war Haller
der zerstückelten Existenz eines bloßen Gelehrten- und Bücherlebens müde,
und sehnte sich nach einer Lage und einer Thätigkeit, wo er mit allen
Kräften seiner Seele wirksam sein, wo er sein Gemüth befriedigen, und
das durch den einbrechenden Zeitgeist bedrohte Glück seines Vaterlandes
schützen konnte. Sein Leben in der Fremde hatte zudem seine Gesundheit
erschüttert.

Als daher Haller im Frühling des Jahres 1753 seine älteste
Tochter ihrem Bräutigam entgegenführte*), griff er bei der eben statt-
findenden Aemterbesetzung zu Bern in das Loos und erlangte die bescheidene Stelle eines Rathhausammannes**). Mit dieser untergeordneten Stelle, der zufolge er nach einer spöttischen Bemerkung Bodmers die Thüre des Rathsaales zu öffnen und zu schließen und bei
festlichen Anlässen in der Amtstracht vor dem Tisch zu stehen und die
Gesundheiten anzufangen hatte, eröffnete sich für Hallern der Staatsdienst. Es ist begreiflich, wenn Bodmer, welcher eine literarische
Thätigkeit viel höher schätzte als politische Beamtungen, sich über diese
scheinbare Erniedrigung Hallers mit seinen Freunden seinen Scherz
erlaubte. Haller selbst dagegen, welcher mit aller Verehrung an den

---

*) Mehrmals ist das alberne Gerücht wiederholt worden, Haller habe sich plötz-
lich mit seiner Tochter von Göttingen entfernt, weil ein ungarischer Graf dieselbe
habe entführen wollen. Allein Briefe des Bräutigams, eines Herrn von Jenner, an
J. G. Schultheß, thun schon vier Monate früher der mit diesem verabredeten Reise
Erwähnung.

**) „Die Ammannstelle war sehr gesucht; sie gab bei Regimentserneuerungen
ein Präsentationsrecht. Ammann war, was jetzt Stimmenzähler, Saalinspektor."
Anmerkung eines Enkels von Haller.

politischen Einrichtungen Berns hing, konnte es nicht unter seiner
Würde finden, die althergebrachte Laufbahn zum höhern Staatsdienste
durchzumachen. Denn Haller war für die Aristokratie, nicht nur aus
Vorliebe für die Verfassung der Republik Bern, sondern weil ihn die
Geschichte lehrte, daß so wie die Demokratie in den Republiken des
Alterthums herrschend wurde, die Zerstörung des Staates damit verbunden war. Demnach machte er es sich auch zur republikanischen
Pflicht, ganz anspruchslos und ohne Rücksicht auf seinen Gelehrtenruhm,
wie jeder andere Bürger dem Staate von unten auf zu dienen. Doch
bald öffnete sich ihm eine angemessene Wirksamkeit, als er Mitglied des
akademischen Senates wurde, indem auf seinen Vorschlag ein philolo-
gisches Seminar in Bern errichtet ward. Wenn ihm die mit Karl
Emanuel von Bonstetten gemeinschaftlichen Bemühungen zur Reform
der Akademie von Lausanne nicht gelangen, so war er dagegen glücklicher
in Beförderung einer schönen Stiftung, zu deren Verwirklichung Haller
wesentlich beitrug und deren innere Organisation von ihm ausging,
nämlich des neuen Waisenhauses in Bern. Als Hauptgrund der
Nothwendigkeit einer solchen Anstalt führt er das durch den Müßiggang
in der Hauptstadt eingerissene Verderben an und spricht sich über die
Ursache dieses Verderbens im Namen der Committierten mit alter Freimüthigkeit aus: „Der patricische Hochmuth, die Einbildung zum
Regieren geboren zu sein, die Gemächlichkeit, ohne wahre Arbeit,
allerley Beysteuren zum Lebensunterhalte zu erhalten, sind allerdings
die Ursachen dieses Verderbens." Wie wohl übrigens Haller mit
seinem neuen Aufenthalte im Vaterlande zufrieden war, geht aus
einem Briefe an Zimmermann hervor, nachdem er schon wieder ein
Jahr in Bern verlebt hatte: „Ich habe diese Heiterkeit wiederge-
wonnen, welche mehr werth ist, als das Vergnügen; nichts wiegt
die Zufriedenheit auf, die ich fühle, Muße zu haben, darüber Herr
zu sein und zu studieren ohne Hinderung und ohne davon niedergedrückt
zu werden."

Eine eigenthümliche und merkwürdige Thätigkeit erhielt Haller durch
die Uebertragung der Direction der Salzwerke zu Alen in der Waabt:
denn hier konnte er beweisen, welche Vortheile die Wissenschaft für die
praktische Geschäftsthätigkeit und für die Landwirthschaft darbot; auch
eröffnete diese Stellung ihm als Schriftsteller ein neues Feld. Nachdem
er nämlich durch mehrere Reisen nach den Salzwerken und durch genaue
Untersuchung ihrer Umgebung sich in den Fall gesetzt sah, der Regierung

neue Vorschläge zur Ausdehnung und vortheilhaftern Bearbeitung derselben einzureichen, deren Scharffinn und Gründlichkeit überraschten, wurde er für sechs Jahre, von 1758 bis 1764, mit der unmittelbaren Aufsicht und Leitung dieser Arbeiten beauftragt, wobei er die Zubereitung des Salzes sehr vereinfachte und die Kosten verminderte. Er wohnte während dieser Zeit in der größten Abgeschlossenheit in einem einsamen Gebirgsthale auf dem Schlosse von Roche. Zu diesem gehörte ein ausgedehntes, aber durch Versumpfung größtentheils nutzloses Gut. Auch da machte es sich der Naturforscher zur freudigen Aufgabe, seine Gelehrsamkeit zur Nachhülfe der Natur und zur Verbesserung der Landwirthschaft anzuwenden. Sowohl Hallers Beschreibung der Salzwerke zu Alen und der mit denselben vorgenommenen Untersuchungen und Verbesserungen, als sein Bericht über die Nutzbarmachung des sumpfigen Grundes zu Roche geben ein so lebendiges und anmuthiges Bild von Hallers einsichtsvollem und unverdrossenem Bemühen, daß man mit der größten Befriedigung den Gelehrten in den Gewerbsmann und den Landwirth verwandelt sieht. Nicht weniger anziehend sind seine meteorologischen Beobachtungen (aus seinem Thale) und die Beschreibung einer epidemischen Krankheit seiner Statthalterschaft, welch letzterer zufolge der Landvogt es nicht verschmähte, zum herumwandernden Dorfarzt zu werden*). Indem ein großer Gelehrter sich herabließ, in diesen Schriften die Wissenschaft populär und gemeinnützig zu machen, gab er den Anstoß zu ähnlichen Bemühungen Anderer und war somit einer der Hauptbeförderer jener gemeinnützigen Volksliteratur, welche besonders in der Schweiz so bedeutend und einflußreich wurde, und wesentlich dazu beitrug, dem Antheile der Schweizer an der deutschen Literatur eine allgemeine Beachtung zu verschaffen. Welche Befriedigung überhaupt aber Hallern diese volksthümliche Thätigkeit gewährte, der zufolge er sich angelegen sein ließ, den Gedanken und Ergebnissen wissenschaftlicher Erkenntniß die größte Verbreitung und die allgemeinste Anwendung auf das Leben zu verschaffen, geht daraus hervor, daß er auf die „Sammlung seiner kleinen Schriften" den größten Werth

---

*) „Ob ich gleich seit langer Zeit zu andern Beschäftigungen beruffen bin, so hab ich doch niemals gelernt meine Ohren vor der Stimme der Menschlichkeit zu verschließen, und ich überließ mich ganz diesem Gefühle, unerachtet der Abneigung, die Arzneikunst anders als durch meine Räthe auszuüben, weil ich in dem verlassenen Zustande dieser Leute die Nothwendigkeit vor mir sah, welche niemand von der Pflicht losspricht, die Feuersbrunst zu löschen." — Sammlung kleiner Schriften. 3ter Theil, S. 110.

unter allen seinen Werken legte. In diesen drei Bänden nämlich waren
außer den zuletzt genannten Schriften die populären Einleitungen zu
verschiedenen wissenschaftlichen Werken von ihm oder Andern, einzelne
praktische Aufsätze und Berichte und Auszüge aus Abhandlungen enthalten, welche die wichtigsten Fragen der Zeit erörterten. Diese kleinen
Schriften charakterisieren Hallern aufs genauste und schönste als Menschen
und Bürger und bilden zugleich einen Maßstab für die Reise und Gründlichkeit seiner Wissenschaft durch die allseitige Klarheit, welche dieselbe seinem Blicke in alle Gebiete des Lebens und Denkens verlieh. Denn außer
den in dieser Sammlung enthaltenen gemeinnützigen Schriften weiß
Haller in kleinern, für sich bestehenden Abhandlungen oder in Vorreden
einen Gegenstand der Fachgelehrsamkeit, oder eine philosophische Zeitfrage
so lebendig und anziehend zu behandeln, daß die Theilnahme jedes gebildeten Lesers mitten in die Sache hineingezogen wird. So vereinigte er
mit deutscher Gründlichkeit die Lebendigkeit und Anmuth des Franzosen
und zugleich die ruhige heitere Würde des Alterthums. Als Muster
in dieser Art nennen wir die Vorrede zu Buffons Naturgeschichte, wo
er gegen die Materialisten, die nichts für wahr anerkennen wollten, als
was die Sinne wahrnehmen, „den Nutzen der Hypothesen" durchführt,
d. h. die Zulässigkeit der philosophischen Principien, der Theorie, um
auf diesem Wege allmählig zur Erkenntniß der Wahrheit zu gelangen.
Ein zu gleicher Zeit entstandenes (1751), die gleiche Richtung bekämpfen-
des Seitenstück bildet die Vorrede zur „Prüfung der Secte, die an allem
zweifelt", worin Haller mit aller Neuheit und Frische des Unwillens
über das einbrechende Verderben die „praktischen Folgen des Unglaubens"
schildert.

Haller hatte während seines Aufenthaltes in Roche zugleich auch
die Befriedigung als Regent und Gesetzgeber nützlich zu sein, indem er
über ein Jahr lang von 1762 bis 1763 Stellvertreter des während
seiner Amtsführung verstorbenen Landvogts zu Älen war. Dem zufolge sammelte und ordnete er die Gewohnheitsrechte, welche in den
verschiedenen Distrikten jenes Amtes Gültigkeit hatten; und es erschien
diese Sammlung gedruckt unter dem Namen Code d'Aigle. Die an-
hängliche Dankbarkeit seiner Untergebenen, welche sich nach seiner Rückkehr nach Bern durch eine mit dem Ausdrucke derselben beauftragte
Abordnung aussprach, rechnete er zu den willkommensten Ehrenbe-
zeugungen, welche ihm in seinem Leben zu Theil geworden. Alle diese
Arbeiten während seines Aufenthaltes in Roche hatten ihn nicht gehindert,

seinen großen wissenschaftlichen Unternehmungen obzuliegen, vielmehr forderten ihn die umgebenden Berge zu sehr angenehmen und er-
folgreichen botanischen Streifzügen auf. Unter diesen Umständen gehörte sein dortiger Aufenthalt zu den schönsten Abschnitten seines Lebens.
War er Deutschland und seinem Verkehr ferner gerückt, so stand er in
desto lebhafterem wissenschaftlichen Briefwechsel mit den Gelehrten des
Südens, namentlich beförderte die Nachbarschaft von Genf eine sehr
vertraute gegenseitige Mittheilung mit Bonnet. Diesem theilt Haller
auch das Vergnügen mit, das er über sein neues Lebensverhältniß empfindet. Wir heben einige dieser Mittheilungen aus, die, wenn sie nicht
unmittelbar zur Literatur gehören, doch Hallers Wesen charakterisieren,
aus welchem die Eigenthümlichkeit seiner literarischen Bestrebungen
hervorging. Zuerst machte Haller die Eröffnung: „Nun ist mein
Schicksal entschieden: ich habe mir die Direction der Salzwerke von
Roche erwählt; ein für mein Alter mittelmäßiges Amt, aber verbessert
durch die Muße und die Hoffnung, ganz mir selbst und meinen Studien anzugehören. Die Physiologie hat einen wesentlichen Antheil an
diesem Plane; ich schmeichle mir, sie in dieser Einsamkeit zu vollenden."

Nachdem er sich aber eingelebt, berichtet er: „Ich habe diesen Winter Moräste ausgetrocknet und viele kleine Arbeiten verrichtet, welche,
ohne philosophisch zu sein, doch das Herrschaftsgut verbessert haben....
Alles unterhält mich und macht mir Vergnügen, und ich weiß nicht,
ob ich mich je wieder mit dem unnützen und in der That thörichten Geschwätze der Städte versöhnen werde." Nachdem er dieser stillen Zurückgezogenheit schon beinahe vier Jahre genossen, schreibt er in ungeschwächter Freude: „Ich sehe alle Morgen der Sonne entgegen, die
mich mit einem sanften aber innigen Vergnügen einer mäßigen und
freiwilligen Arbeit entgegenführt. Ich sehe die Nacht mit der Befriedigung herankommen, die Ruhe der Belehrung folgen zu lassen. Ich
liebe alles, was sich mir nahet, und finde mich glücklich, mit ein wenig
Anstrengung das Elend einiger Familien zu vermindern, Prozesse zu
beendigen, Feindschaften zu ersticken und die Thränen der Unglücklichen
zu trocknen. Ich würde für den Beifall meines Jahrhunderts nicht
gleichgültig sein; aber wenn ich desselben beraubt sein soll, so werde ich
mich mit dem Guten trösten, das mir zu erweisen vergönnt ist. Ich
habe zudem eine viel bessere Gesundheit als früher, und habe sie schätzen
gelernt..... Ich bringe hier einen Theil meines Lebens köstlich zu,

die Wohlthaten des liberalsten Souverains zu verbreiten, Streitigkeiten zu schlichten, alte Prozesse zu entscheiden, den Frieden und die Ordnung unter einem vernachläffigten Volke wiederherzustellen. Ich habe nur ein Quintchen von Macht und wenige Jahre dieselbe auszuüben; aber wie glücklich wäre das Menschengeschlecht, wenn seine Leiter die An= nehmlichkeit, Gutes zu thun, fühlen könnten! Das hat mich veranlaßt, jene Pracht zu verabscheuen, das Schooskind Voltaire's, welche das Herz verhärtet und es den Bedürfniffen der Unglücklichen verschließt, weil sie die unsrigen ins Unendliche vervielfältigt. Lieber wollte ich die gutmüthige Einfalt unserer Voreltern, ohne Induftrie, allein ohne Bedürf= niffe." Mit Voltaire selbst kam Haller in Berührung, als jener deffen Verwendung gegen ein angebliches Libell in Anspruch nahm, und unter Anderm in seiner leichten und verbindlichen Weise an Haller, als einen Philosophen, appellierte. Haller, welcher gerade in diesem Punkte keine Gemeinschaft mit Voltaire an sich kommen laffen wollte, antwortete ihm aus Roche folgender Maßen: — — — „Si par Philosophe Vous entendés un homme qui s'applique à se rendre meilleur, à sur- monter ses passions, et à éclairer un esprit révolté dès sa pré- mière jeunesse contre le joug de l'autorité, je ne refuserai pas ce caractère. Mais de tous les effets de la Philosophie celui que j'ambitionnerais le plus, ce serait sa tranquillité d'un Socrate vis- à-vis d'un Aristophane ou d'un Anytus. Exposé de tous côtés aux médisances et aux jugemens injustes, nous ne pouvons être heureux qu' à force d'insensibilité."

„Vous ignorez apparemment que je suis cultivateur et que je me plais à lutter contre les mauvaises qualités du terroir: j'éprouve tous les jours qu'elles résistent à l'industrie de l'homme; mais qu'elles lui cèdent à la fin, ce sont des victoires innocentes que j'aime à remporter. Un marais desséché, sur lequel je ferais une récolte, une colline couverte d'épines qui ren- drait de l'esparsette par mes soins, voilà les conquêtes que j'aime à faire, et je suis assez simple pour sentir redoubler ma satis- faction par là même, que je la vois dépendre de moi*)." (1759.) Wohl mochte Voltaire bei Lesung eines solchen Briefes sich zum

*) „In einer leichten Ironie, die in allen Briefen Hallers an Voltaire durch= blickt, in der Meifterichaft, mit welcher er die französische Sprache handhabt, würde man kaum den ernsten Physiologen errathen. In diesem literarischen Wettkampfe war der Sieg nicht auf Voltaire's Seite." Anmerkung eines Enkels von Haller.

gleichen Ausrufe veranlaßt finden, welchen er wiederholt hören ließ, als
ihm eine Dame aus der französischen Uebersetzung von Hallers Gedichten
vorlas : „Ah que cela est pitoyable!" Für Hallern aber ist es ganz
charakteristisch, wenn er dem französischen Hofmanne und Philosophen
diese schweizerische Einfalt der Lebensweise und der Gesinnung als ernste
Lebensaufgabe entgegenhielt*).

8. Hallers aufopfernde Thätigkeit.

Nach Hallers Rückkehr von Roche wurde er Mitglied mehrerer
Oberbehörden, unter andern des großen Kirchenrathes, und die wichtigsten Verfügungen des Sanitätsrathes in dieser Zeit gingen von ihm aus.
Namentlich aber wurde er für Staatsgeschäfte in Anspruch genommen
und daher dem geheimen Rathe beigeordnet. In dieser Stellung war
er mit dem Entwurfe aller wichtigen diplomatischen Akten beauftragt,
vornämlich bei den Verhandlungen mit dem französischen Hofe während
der Genfer Unruhen. Und als der Minister Choiseul den Hafen und
die Stadt Versoir zu gründen unternahm, um für Frankreich am Genfer-
see einen blühenden Handelsplatz zu gewinnen, so war der große Namen
Hallers die Zuflucht, der sich die Eidgenossenschaft durch Bern bediente,
um diese Beeinträchtigung abzuwenden; und wirklich erreichte Haller
durch seine Verbindungen und als eines der acht auswärtigen Mitglieder
der Akademie der Wissenschaften von Paris, was einem schweizerischen
Magistrate nicht gelungen wäre. Merkwürdiger Weise machte dieser
berühmteste und einflußreichste Berner sich vergebliche Hoffnungen, seinen
liebsten Wunsch zu erreichen, nämlich Mitglied des kleinen Rathes der
Republik Bern zu werden. Allerdings wurde ihm die Erreichung
dieses Ziels durch die bestehenden Staatsformen erschwert, aber ein
noch größeres Hinderniß stellte ihm die patricische Eifersucht entge-

---

*) Revue Suisse. 1854. Septembre. Neuchatel. Alb. de Haller (fragment
d'un cours sur l'histoire littéraire nationale) par Aimé Steinlen. p. 585 — 606.
Wir erhalten hier eine vortreffliche Darstellung von Haller als Dichter und Schriftsteller. Ueber sein Verhältniß zu Voltaire wird dort S. 599 bemerkt: „Sa position
scientifique et son immense réputation le disposaient assez peu à courber la tête
devant l'idole du siècle: la résistance naturelle qu' oppose la fierté suisse
à l'omnipotence française entrait aussi pour quelque chose dans sa froideur. Il
était enfin frappé de la légèreté des doctrines des philosophes, de leur peu de
solidité et de vraie pratique; et la prétention de ces hommes à se poser en ar-
bitres des idées réligieuses et politiques révoltait sa conscience."

4*

gen*). Mit einer Geduld und Hingebung, deren Ursache nicht in ehr=
geiziger Schwäche, sondern in seiner Vaterlandsliebe und seiner Bürger=
tugend gesucht werden muß, hielt Haller in ungewissen Verhältnissen aus,
welche ihm nicht einmal ein genügendes Auskommen für seine zahlreiche
Familie darboten. Wenn er sich daher in der ersten Zeit nach der Rück=
kehr in das Vaterland durch den Ruf zur Würde eines Kanzlers und
Kurators der Universität Halle, womit ihn Friedrich der Große von
Neuem beehrte, nicht bewegen ließ, so setzte ihn dagegen die Aufforderung
Georgs III., der ihm schon als Kronprinz eine ausgezeichnete Gewogen=
heit geschenkt hatte, zur Rückkehr nach Göttingen unter den glänzendsten
Bedingungen, wobei der König auch die Regierung von Bern um
Unterstützung seines Wunsches anging, in lange und peinliche Unruhe.
Denn sein Schwanken, ob er der Neigung seines Herzens, oder der
Nothwendigkeit, für seine Kinder zu sorgen, folgen sollte, dauerte nicht
weniger als fünf Jahre: da er nicht begreifen konnte, daß seine Mit=
bürger seinen bescheidenen Erwartungen, um ihn zu fesseln, nicht ent=
sprechen würden. Er war zwar von Anfang an entschieden: „Wenn
meine Mitbürger mir nur einige Freundschaft zeigen, ziehe ich dieselbe
allen Annehmlichkeiten der Welt vor." Das ganze Spiel der Ge=
müthszustände Hallers während dieser langen Zeit der Unruhe spie=
gelt sich in seinen Briefen an Bonnet**). Als die zu seinen Gunsten
erwarteten Schritte nicht erfolgen wollten, weiß er auch so den rechten
Standpunkt zu finden: „Wenn es nicht sein kann, so werde ich anderswo
fortkommen müssen. Und am Schlusse der Rechnung ist eine Akademie
mein natürliches Vaterland; das ist der einzige Beruf, den ich gelernt
habe. Ich habe nur mit dem Herzen und durch die natürlichen Ein=

---

*) „Es muß bemerkt werden, daß durch eine solche Beförderung alles wissenschaft=
liche und schriftstellerische Wirken ihm durchaus unmöglich geworden wäre. — Eine der
Ursachen war, daß seine Tochter Mariane einem jungen Mann aus der zahlreichen und
mächtigen Familie F........ eine Leidenschaft eingeflößt hatte, die jedoch ohne Erfolg
blieb, weil eine Heirath bei dieser Familie nicht für vortheilhaft genug galt. Eben diese
blieb fortan Hallern abgeneigt." Anmerkung eines zweiten Enkels von Haller.
**) Siehe das vortreffliche Werk: „Albert de Haller. Biographie. Par l'auteur
des soirées de famille (Fräulein Chavannes). Lausanne" — welches bereits die
zweite Auflage erlebt hat. Allein dieser biographische Versuch berücksichtigt vorzüglich
Hallers patriotisches und religiöses Verdienst, giebt also keine umfassende Uebersicht
seiner geistigen Entwicklung, seiner Gedanken und seiner allgemeinen literarischen
Thätigkeit. Eine genaue Biographie Hallers mit Aufsuchung seiner Briefe an seine
nähern Freunde und mit Benutzung der Briefe seiner Freunde an ihn, wäre daher eine
der schönsten und verdienstlichsten Aufgaben eines bernerischen Historikers.

sichten regiert, ohne daß ich mich in dieser Kunst habe unterrichten können." Allein wenn er seiner Hoffnungen gedachte, seine Projecte für
die Akademie von Lausanne und für die waadtländische Kirche dennoch
ins Leben zu setzen, so wurde er wieder ganz warm: „Wenn ich in
meinem Vaterlande einiges Gewicht hätte, so würden mir die glänzendsten Entdeckungen weniger schmeichelhaft scheinen, als das köstliche
Gefühl, meinem Geschlechte und den nachfolgenden Geschlechtern, welche
aus demselben hervorgehen werden, wohl zu thun." Und als die eine
seiner Bestrebungen sich in der That verwirklichte, indem für die Verbesserung der waadtländischen Pfründen jährlich 17000 Franken verwendet wurden, schöpfte er wieder neuen Muth ob dieser „wahrhaft seltenen Freigebigkeit in einem Zeitalter des Unglaubens und der Pracht."
Als aber nach langen Prüfungen und schweren Erfahrungen der endliche
Entscheid i. J. 1769 erfolgte, nahm ihn der Rath in lebenslänglichen
Staatsdienst und creierte zu diesem Zwecke eine Stelle, welche nach
Hallers Tode wieder eingehen sollte. Die Schadloshaltung aber für
alle die glänzenden Anerbietungen des Auslandes bestand in 1000
Franken (nur eine kleine Anzahl von Stimmen hätte gerne 1600 Franken ausgesetzt —)! Auch so ist Haller zufrieden und schreibt an Bonnet:
— — — „Nun ist Ihr Freund unveränderlich an Bern gefesselt und
an den Wagen der Geschäfte gebunden, wo er den größten Theil seiner
Muße verlieren wird, wenn das ein Verlust ist, dieselbe für sein Land
anzuwenden." — — — Allein Haller hatte wenig Dank von Seite
der Regenten für seine Aufopferung. Zwar wurde ihm die Ausfer-
tigung der wichtigsten Depeschen zugewiesen, weil „der Styl der Kanzlei
zu wenig fließend und zu trocken" war, allein er nennt es „eine schwere
und unlustige Arbeit, wegen der Beurtheilungen, welchen diese Ausfer-
tigungen unterliegen." Daher freut sich Haller der von seinen Geschäften
erübrigten Studienzeit, nicht aber der Geschäfte selbst. In diesem Sinne
schreibt er ein Jahr später an Bonnet: „Ich befinde mich sehr gut in
meinem Kabinete, alles gelingt mir daselbst; alles unterrichtet mich und
zwar in aller der Stille, an welche ich gewöhnt bin. Ich habe keinen
Geschmack an den schreienden Versammlungen meiner Mitbürger; ich
finde mich bei den Repräsentanten angeschwärzt; man sieht mich nur
ungerne. Warum soll ich hartnäckig darauf beharren, den Steuer-
mann eines Schiffes zu machen, dessen Mannschaft nach einem andern
Hafen zielt als ich?"

Es ist nothwendig, diese Lebensverhältnisse und die sie begleitenden

Ansichten Hallers anzuführen, um seine geistigen Bestrebungen und die
damit verbundene literarische Thätigkeit seiner letzten Jahre zu verstehen.
Wir haben gesehen, wie er bereit war, jede wissenschaftliche Arbeit dem
Staatsdienste und der Wohlfahrt seiner Mitbürger unterzuordnen;
als man ihm aber absichtliche Hindernisse in den Weg legte, so that er
zwar seinem Amte ferner ein Genüge, allein er versenkte sich wieder mit
aller Liebe in die Einsamkeit seiner Studierstube, und verfolgte eine
doppelte literarische Aufgabe. Auf der einen Seite arbeitete er an seinen
großen wissenschaftlichen Unternehmungen fort; auf der andern aber
wollte er als populärer Schriftsteller für Aufrechthaltung der Gesetze,
der Sitten und der Religion wirksam sein, da der freudige Erfolg einer
unmittelbaren Wirksamkeit im Staatsdienste ihm versagt war. Haller
hatte eben vor dem Abschlusse seiner Lebensbestimmung die Geschichte der
schweizerischen Pflanzen vollendet, ein Werk, das zwar durch die wissen=
schaftlichere Begründung seines Freundes Linné veraltet und an Voll=
ständigkeit durch spätere schweizerische Naturforscher weit hinter sich ge=
lassen worden ist; allein die Vorrede zu demselben, worin Haller eine
Uebersicht der Gebirge, der Erdarten und der Pflanzen Helvetiens giebt,
bleibt immer noch eine der frischesten und anmuthigsten Beschreibungen
der schweizerischen Gebirgswelt und ihres Pflanzenwuchses*). Kurz
zuvor war die Hauptarbeit seines Lebens erschienen, wodurch er sein
wissenschaftliches Verdienst und seinen Ruhm auf das Dauerhafteste
gegründet, nämlich seine Physiologie, worüber Troxler urtheilt**):
„Nicht nur die erste wissenschaftliche Physiologie, sondern auch die erste
Grundlage zu einer wahren Psychologie verdanken wir Schweizer und
mit uns die Nationen unserm einzigen Albrecht Haller. Sie liegt in
jenem geistigen Riesenwerke, das jetzt noch wie ein fester Dom gegen
die empirischen Magazine und speculativen Luftschlösser unserer Tage
glänzend absticht.“ Außerdem war Haller bis zu seinem Tode in seinen
Berufswissenschaften ganz unendlich thätig: und wenn es auch größten=

---

*) Gaullieur in seinen anziehenden „Etudes sur l'histoire littéraire de la Suisse
française" bezeichnet Haller als denjenigen, welcher den Anstoß zu den schweizerischen
Gemälden gegeben, welche in der französischen Literatur mit besonderer Vorliebe aus=
gebildet wurden. S. 193: „Le créateur du genre, si l'on veut remonter aux origi-
nes, est, à vrai dire, le grand Haller, qui, dans son poëme des Alpes, dans ses
opuscules botaniques, dans son histoire des plantes de l'Helvetie, se montre à la
fois poëte, paysagiste et savant."

**) Troxler, Natur= u. Lebenskunde. Rede an die schweizerische naturforschende
Gesellschaft. S. 39 ff.

theils nur Sammelwerke waren, so zeigten sich dieselben doch in ihrem
Plane so gediegen und in der Ausführung so sorgfältig, daß sie auch
heut zu Tage beständig noch ihren Werth behaupten. In den Mußestunden aber beschäftigten ihn seine politischen und religiösen Werke.

9. Hallers Schriften allgemeinen Inhalts.

Denn Haller gehörte zu jenen großen und starken Seelen, welche
durch keine äußern Verhältnisse niedergedrückt und durch keine wider-
wärtigen Erfahrungen entmuthigt werden können. Obgleich ihm
nämlich nur in geringem Maße vergönnt war, was er nach seinem Ausdruck „außer sich leben" nannte, um helfend und fördernd in das
Dasein Anderer einzugreifen, so bewährte er doch unverdrossen jenen
Sinn reiner Menschlichkeit, der ihn in der Jugend beseelt hatte. Kaum
würde er als Regent weder sich befriedigt gefunden, noch den Verhältnissen entsprochen haben. Denn da er, wie er selbst sagt, nur dem
Herzen nach Staatsmann war, so möchte der Spielraum, den ihm eine
kleine Republik dargeboten hätte, mit seinen Bestrebungen in einem
sehr ungünstigen Verhältnisse gestanden haben. Dagegen war er weit
besser geeignet, als Schriftsteller zu wirken und der hereinbrechenden
Fluth radikaler Grundsätze als ein fester Damm sich entgegenzusetzen.
Noch besaß die deutsche Literatur kein Werk, welches auf eine anziehende
und anregende Weise die Pflichten des Fürsten gegen das Volk behandelt hätte. . Er unternahm es also, bei seiner Nation in die Fußtapfen von Fenelon und Montesquieu*) zu treten, um im Bilde eines
edeln Fürsten den Segen desselben für sein Volk darzustellen. So
entstand der erste seiner politischen Romane, „Usong," ein Spiegel
für den Beherrscher einer unumschränkten Monarchie. Daß Haller
seinen Helden in Asien wählte, kommt von der Vorliebe damaliger Zeit
für morgenländische Sittengemälde her; auch eignete sich dieser Schauplatz für seine besonnene Vorsicht, der zufolge er alle individuelle Be-
züglichkeiten auf damalige europäische Zustände vermeiden wollte. Freilich benimmt die Allgemeinheit der Gemälde und die Ueberschwänglichkeit der Tugenden dem Werke an praktischem Interesse. Dennoch lassen
sich in Nuschirwani und Ismael Beziehungen auf die Kaiserin Maria

*) Steinlen p. 600: „Admirateur de Fénélon, il voulait encadrer ses leçons
politiques dans un tableau; disciple de Montesquieu, il fondait tous ses principes
sur l'histoire."

Theresia und ihren eben damals hoffnungsvoll sich entfaltenden Sohn
nicht verkennen. Er selbst konnte es sich nicht versagen, in der Person
des chinesischen Weisen Oel-su Charakterzüge und Erfahrungen aus
seinem eigenen Leben zu vereinigen, welche durch einen trüben Schatten
eigener Betheiligung noch bezeichnender werden. Ueber den Zweck des
Buches berichtet er selbst: „Große Fürsten nehmen sich vor, wie Väter
zu herrschen, und einige davon erfüllen die Absicht. Vielleicht sind eben
diese Vermahnungen auf deutsch, noch nicht oft genug, nicht lebhaft
genug gegeben worden. Vielleicht ruft die wiederholte Stimme der
Wahrheit die Fürsten von der Jagd, von den Tänzen und der Muste-
rung zurück in den Verhörsaal, und zur Arbeit eines Fürsten.“ Der
Kaiser Joseph II. mochte, als er Hallern in dessen letztem Lebensjahre
besuchte, während er an Voltaire und dem Regimente von Bern vorüberging, mit dem Gefühle kommen, der Hoffnungen, welche der
Schriftsteller in ihn gesetzt, nicht unwürdig zu sein, und er scheint auch
bei der Idealität seines Strebens einzelne Räthe Hallers nicht unbeachtet gelassen zu haben. Daß der Usong in wenigen Jahren fünf
deutsche und mehrere französische und englische Auflagen erlebte, und
außerdem in drei andere europäische Sprachen übersetzt wurde, liefert
den Beweis, daß ein so mäßiges und die Fürsten schonendes Buch
damals noch den öffentlichen Beifall gewinnen konnte. — Gleichgültiger wurde der folgende Roman, „Alfred,“ aufgenommen,
worin die Bestandtheile und Vorzüge einer constitutionellen Monarchie,
und namentlich der englischen, ganz im Sinne von Montesquieu's
politischem Systeme, hervorgehoben waren: denn schon die unbedingte
Verherrlichung König Georgs III. in der Zueignung ließ eine unbefangene Freimüthigkeit des Urtheils kaum erwarten. In einem
noch engern Kreise blieb der dritte politische Versuch „Fabius
und Cato“ und doch ist derselbe das eigenthümlichste der Erzeugnisse Hallers dieser Art. Hier handelte er nämlich von den Vorzügen der Aristokratie in einem mittelmäßigen Staate: er sprach also
Ansichten und Vorschläge aus, welche ihm zunächst am Herzen lagen,
indem er die Schweiz und besonders die eigene Republik Bern im Auge
hatte. Rousseau's Schriften, gegen die er in den Göttingischen Anzeigen
längst die kräftigste Oppositionsstimme in Deutschland erhoben, die
Unruhen zu Genf, welche ihn mehrere Jahre beschäftigt, und der Zustand
benachbarter Demokratien, so wie die Folgen der Herrschaft des Volkes
in den griechischen Städten, waren für Haller die entscheidenden Be-

stimmungsgründe, unter den republikanischen Verfassungen der Aristokratie den Vorzug zu geben, und er erkannte in diesen Gründen „die
Nothwendigkeit, daß Freunde des menschlichen Geschlechtes auftreten,
um die Sache der Regierungen, die Rechte der Societäten, wider die
unersättlichen Ansprüche der Fürsprecher der Rechte einzelner Bürger, und
wider die allgemeine Gleichheit der Menschen zu vertheidigen." So
erhob Haller, der mit der Klarheit seines Blickes das nahe Hereinbrechen der Revolution voraussah, die letzte Stimme zur Rettung seiner
geliebten Republik und wußte derselben einen besondern Nachdruck zu
geben. Das Gemälde, dem er seine politischen Betrachtungen einflicht,
bildet eine historisch genaue Erzählung des zweiten punischen Krieges.
Als der alte Fabius in der Erhebung des Scipio Gefahr für die
Republik erblickte, stellte ihm Cato, der Jüngling, die Vortheile einer
unbeschränkten Beförderung des Verdienstes entgegen; worauf jener
zeigte, wie die Tugend oft die Ursache zum Ausschlusse von höhern
Würden sei, und wie ein freier Spielraum des Ehrgeizes dem Staate
Verderben bringe. Dann legt der Verfasser Rousseau's politische Ideen
in den Mund des griechischen Redners Karneades. Cato, der unterdessen gereifte Mann, weist derselben Unstatthaftigkeit nach und zeigt,
wie wohlthätig für einen kleinen Staat die Herrschaft der Edeln sei.
Offenbar der interessanteste Theil des Buches sind die Vorschläge, welche
er giebt, um ein billiges Gleichgewicht in der Aristokratie herzustellen. Zu
diesem Behufe verlangt er, daß alle Bürger der Hauptstadt regiments-
fähig seien, daß dieselben einen Rath von wenigstens dreihundert Mitgliedern bilden, daß dieser Rath sich selbst wähle, daß er die Wahl für
alle wichtigen Aemter habe, daß auch die Bürger der untergebenen
Städte und der Landadel an der Herrschaft Theil nehmen, daß den
Bürgern, welche keinen Sitz im Rathe haben, das Recht zu Vorstellungen gestattet sei, daß in Kriegsfällen und bei neuen Auflagen
auch die Stimme des Volkes vernommen werde, daß für Befähigung zu
einem Amte eine Prüfung stattfinde, daß in den Beamtungen ein
Steigen von unten auf verlangt werde, und daß die hohen Würden
wandelbar seien. Endlich greift er den später zu besprechenden Gedanken Bodmers auf, dem zufolge künftige Regenten ihre Schule in zu
diesem Zwecke errichteten politischen Instituten durchzumachen hätten.
— Es ist merkwürdig, daß, so sehr Haller der Aristokratie zugethan
war, so daß er z. B., der selbst Gutsherr war, allein im Großen Rathe
zu Bern für den Fortbestand des Gesetzes sprach, daß die „Löber", eine

gewisse Abgabe beim Verkaufe herrschaftlicher Güter, fortbestehe, — er
dennoch die Schwierigkeit fühlte, die reine Aristokratie länger aufrecht zu
erhalten, und dem zufolge Modificationen in die Verfassung bringen
wollte, welche das System selbst in seinen Grundfesten erschüttern und
bald weitere Anforderungen nach sich ziehen mußten. — Wir haben
früher schon Hallers Verdienste um die deutsche Prosa gedacht. Auch
seine letzten deutschen Schriften zeichnen sich durch Würde und Wohllaut,
durch Einfachheit und gedrungene Kürze aus. Allein noch deutlicher
als in den frühern Schriften stellt es sich hervor: es ist nicht eine
Sprache, die er dem deutschen Genius abgelauscht hat, sondern sie bewegt sich in der ruhigen Majestät der lateinischen Sprache. Oft wird
man daher die Angemessenheit des Ausdruckes erst inne, wenn man
manche Stelle in das Lateinische übersetzt.. Eben weil ihm diese
Sprache die geläufigere war, worin er sich also mit aller Sicherheit
und Schönheit ausdrückte, so findet er sich häufig in der Wahl deutscher
Wörter und Wortformen ungleich und schwankend. Doch achtete Haller
die deutsche Sprache und kannte ihre eigenthümlichen Vorzüge. Wenn
er also vergeblich den Wunsch wiederholte, daß für wissenschaftliche
Gegenstände allein die lateinische Sprache gebraucht werden sollte, so
wendete er gleichwohl auch der deutschen die gründlichste Sorgfalt zu,
und so konnte es nicht anders sein, als daß er die Klarheit und Kraft,
womit er seine Gedanken durcharbeitete und abrundete, auch auf seinen
deutschen Ausdruck übertragen mußte. Zwar fällt in seinen größern
Schriften, den Romanen namentlich, die etwas eintönige Feierlichkeit
und Abgemessenheit auf, allein in seinen praktischen Aufsätzen und in
seinen Göttingischen Anzeigen zeigt er eine völlige Freiheit und Angemessenheit. Daher darf mit Recht behauptet werden, daß in der
Mitte des vorigen Jahrhunderts noch kein anderer deutscher Schriftsteller
eine so reine und zwanglose Prosa schrieb, wie Haller.

10. Hallers religiöse Schriften.

Namentlich herrscht eine schmucklose Einfalt in allem demjenigen,
was Haller über die Religion schrieb. Da er ursprünglich dem geistlichen Stande bestimmt war und also auch seine frühere Erziehung
diese Richtung beförderte, so mußte in Haller frühe schon eine religiöse
Gesinnung geweckt werden. Diese fand aber die beste Nahrung in der
eigenthümlichen Anlage seines Wesens selbst: denn sein stiller Ernst,

seine sittliche Kraft und seine aufopfernde Humanität machten auch eine entschiedene Religiosität zur innern Nothwendigkeit. Dieser im Elternhause gepflegte Keim wurde namentlich gestärkt durch seinen großen Lehrer Boerhaave, der sich oft auf den berief, „der den Menschen besser kannte, als Sokrates." Allein Haller war ein zu freier und selbständiger Geist, als daß er sich durch Jugendeindrücke hätte leiten und fesseln lassen. Man thut ihm daher sehr Unrecht, wenn man seine Frömmigkeit zum Theil einer geistigen Befangenheit und einer hypochondrischen Aengstlichkeit beimessen will. Denn seine Gedichte sind der beste Beweis, daß es auch für Hallern eine Zeit gab, wo er gegen jede höhere Erkenntniß gleichgültig war, welche in der philosophischen Prüfung nicht bestand, und wo er, in der Unmöglichkeit, die Glaubenslehren mit der natürlichen Erkenntniß zu vereinigen, seine Ruhe in der allgemeinen Ueberzeugung eines philosophischen Deismus suchte. Diesen Skepticismus drückt besonders sein Gedicht über „Vernunft, Aberglauben und Unglauben" aus. Denn nachdem er die Abwege des Aberglaubens wie des Unglaubens hervorgehoben, fährt er fort:

> Unseliges Geschlecht, das nichts aus Gründen thut!
> Dein Wissen ist Betrug, und Tand dein höchstes Gut.
> Du fehlst, sobald du glaubst, und fällst, sobald du wanderst,
> Wir irren allesammt, nur jeder irret anders.

Am Ende ruft er seinem Freunde zu:

> Wer will, o Stähelin! ist Meister des Geschickes,
> Zufriedenheit war stets die Mutter wahres Glückes,
>   Wir haben längst das Nichts von Menschen-Witz erkennt,
>   Das Herz von Eitelkeit, den Sinn von Tand getrennt:
> Laß albre Weise nur, was sie nicht fühlen, lehren,
> Die Seligkeit im Mund, die Angst im Herzen nähren,
>   Uns ist die Seelen-Ruh und ein gesundes Blut,
>   Was Zeno nur gesucht, des Lebens wahres Gut.

Allein bevor Haller noch von schweren Schicksalsschlägen betroffen ward, welche allerdings auch auf seine religiöse Lebensansicht Einfluß hatten, gewann ihn Dittons Schrift, „Die durch die Auferstehung Jesu bewiesene christliche Religion", für das Christenthum. Er berichtet daher in der Vorbemerkung zu dem in den kleinen Schriften enthaltenen Auszuge aus Dittons Werke: „Es sind 40 Jahre, daß ein längst in der Ewigkeit belohnter Freund mir rieth, in Ditton die Ueberzeugung der Wahrheiten der christlichen Religion zu suchen. Ich fand sie in solcher

Stärke, daß ich zu meinem eigenen Gebrauche, und zur bequemen Wie-
derholung des Beweises diesen Auszug für mich schrieb: und gesegnet
wird die geringe Arbeit mir scheinen, wenn nur ein einziger Mensch die
Kraft der Gründe so lebhaft fühlt, als ich sie gefühlt habe." Von
diesem Zeitpunkte an, der schon in sein vierundzwanzigstes Lebensjahr
fällt, gehörte die Vertheidigung der christlichen Religion zu Hallers
Lebensaufgabe. Wenn er sich von der Poesie keine Waffen dafür
reichen ließ, so geschah es eines Theils allerdings, weil ihm jener höchste
Begriff von der Würde der Poesie noch fehlte, den erst Klopstock derselben geben sollte; andern Theils aber insbesondere, weil seine tiefe
Pietät eine gewisse Scheu trug, in einer unbeholfenen Sprache von den
göttlichen Geheimnissen zu singen. Dagegen trugen alle seine kritischen
Arbeiten in der Göttinger gelehrten Zeitung, wie die wissenschaftliche,
so auch die religiöse Weihe, und indem er auf dem ganzen Gebiete der
Gelehrsamkeit, namentlich in Naturwissenschaft, Geschichte und Philosophie, beharrlich und mit der ganzen Macht seines Wissens gegen den
Materialismus und den Unglauben ankämpfte, war sein Wort von
großer Wirksamkeit. Allein Haller begnügte sich nicht nur mit einem
beiläufigen Zeugnisse für das Christenthum, sondern er bethätigte seine
Gesinnung auch in einläßlichern Arbeiten. So gab er schon im
J. 1744 einen ausführlichen Bericht von der Thätigkeit der Mission
auf der dänischen Kolonie Trankebar, um zu protestantischen Missions-
versuchen in größerm Umfange aufzumuntern. Mit offener Entschiedenheit und mit einer überraschenden Kraft tritt er dann aber 1751 in der
schon oben erwähnten Schrift „Zur Prüfung der Sekte, die
an Allem zweifelt," auf: wo er eingangs erklärt: „Meine
Absicht ist nicht aus einer bloß theoretischen Liebe zur Wahrheit entstanden, obwohl ich diese im geringsten nicht mißbillige. Aber meine
vornehmste Rücksicht geht auf die praktischen Folgen des Unglaubens,
auf das in unsäglicher Geschwindigkeit zunehmende Verderbniß, das
aus der Aufnahme der Gottesverläugnung quillt." Wir entheben
dieser ausgezeichneten Abhandlung eine feine, auch für unsere Tage
noch beherzigenswerthe Bemerkung: „Es bleibt auch bey den verdor-
bensten Ländern, und in den Gemüthern der Freygeister selbst, noch viel
Gutes, das eigentlich dem Christenthum zu verdanken ist. Sie treffen,
selbst wenn sie groß und mächtig sind, eine Menge guter Einrichtungen
und Anstalten schon gemacht an, die sie umzustoßen bedenklich finden,
und deren guter Nutzen für den Staat gar zu augenscheinlich ist. Sie

sind selber, von der Erziehung, aus dem Lesen guter Bücher, noch voll
von moralischen Begriffen, deren sie sich so wenig, als der epikuräische
Lukretius, entschütten können. Die Scham zwingt sie, sich zu verstellen,
und der noch nicht genugsam erleuchteten Welt nicht zu früh zu erkennen
zu geben, daß die Freygeisterey die Religion des Lasters sey."

Der Ernst der höhern Jahre bestimmte endlich Hallern in den
„Briefen über die wichtigsten Wahrheiten der Offenbarung" (1772)*) zu einer ausführlichern Arbeit. Die unmittelbare
Veranlassung war, wie er selbst berichtet, das Todtbett eines der Häupter
der Bernerschen Republik, eines Freundes von Haller, an welchem ein
Geistlicher letztern aufforderte, „in Zeiten, da das Christenthum in seinen
wesentlichen Theilen so häufig angegriffen werde, die Gründe seiner
Ueberzeugung an den Tag zu legen". Eine innere Aufforderung fand er
in der Betrachtung, daß, wenn „ein Laye über den Glauben schriebe,
wenn er dabey nichts als die allerunläugbarsten Begebenheiten zum
Grunde seines Vortrags legte, wenn er sonst in einem langen Leben seine
Liebe zur Wahrheit, auch mit seinem größten Nachtheil, thätig bezeugt
hätte," seine Arbeit nicht ohne Nutzen sein könnte. Ferner fand er, „daß
die Gottesgelehrten und auch die frommen Christen, Gott etwas zu sehr
in seinem Verhältnisse gegen den Menschen betrachteten, und ihn daher
oft zu klein, ihnen selbst zu ähnlich vorstellten, fast wie einen Schutzgeist
einer Erde oder eines Volkes. Mich hat die Kenntniß der Natur gelehrt, höher von Gott zu denken ꝛc." Um seiner Arbeit eine populäre
Haltung zu geben, kündigte Haller dieselbe nur als eine Fortsetzung der
letzten Reden Usongs an, und entsprechend dem daselbst erwähnten Vermächtnisse des Vaters an seine Tochter giebt er nun seinen Briefen diese
gemüthliche Gestalt. So sehr er sich verwahrt, daß man in dem Vater
nicht ihn suchen solle, so theilt er doch in den Briefen seine eigenste Erfahrung mit **), indem er unter Anderm sagt: „Dein Vater hat in einem
langen, einem bemühten Leben die ihm freygebliebenen Stunden auf die
Erforschung der Wahrheit gewendet, und diese wichtigste der Wahrheiten ist

---

*) Auberlen hat diese Briefe 1858 aufs Neue mit einer einleitenden Charakteristik
Hallers herausgegeben; und Hundeshagen hat in den Prot. Monatsblättern, Juni 1858,
„Zur Erinnerung an A. v. H.", den Hauptinhalt der Briefe hervorgehoben. •

**) Wirklich waren diese Briefe zunächst seiner ausgezeichneten Tochter Charlotte,
Frau Zeerleder, gewidmet, welche den Anlagen und Neigungen nach dem Vater am
nächsten stand. Frl. Chavannes schöpfte im 7. Cap. von Hallers Biographie über
Fr. Z. aus Familienmittheilungen.

alle Jahre ihm heiterer, verehrungswürdiger, unzweifelhafter geworden,
so wie er ihre Gründe näher eingesehen hat." Und das Schlußwort
enthält folgende Herzensergießung: „Weisere Menschen, Männer, die
glücklich genug sind, einen größern Theil ihres Lebens den wichtigsten
unter allen Wahrheiten zu leihen, könnten diese Vorstellungen bündiger,
schlüssiger, lebhafter vortragen. Nimm du, meine Geliebte, sie von
deinem dem Grabe sich nähernden Vater, als die reichste Gabe seiner
Liebe an, die er vollkommener geben würde, wenn sein Vermögen größer
wäre. Sie ist die Frucht seines Nachdenkens, seiner uneingenommenen
Bestrebung nach der Wahrheit, seiner zwingenden Ueberzeugung. Auch
er, dein Vater, hat gezweifelt, hat geirrt, sein Herz hat gewünscht, daß
Gott nicht so heilig, daß die Sünde nicht so verwerflich wäre. Auch
er ist verdorben, er ist ein Knecht der Sünde gewesen. Aber Gottes
Gnade hat ihn ergriffen, er sieht nunmehr ohne feiges Zittern sein nahes
Grab, er sieht jenseits desselben die Hoffnung, die ihm zur Ewigkeit winket, zu welcher weder der Tod durchbringen, noch die Sünde sich einen
Weg bahnen kann." — Gerade weil diese Schrift auch für unsere Zeit
ihrem ganzen Inhalte nach bedeutend ist, sind übersichtliche Auszüge
kaum möglich. Ueber Plan und Absicht des Werkes spricht sich Haller in
seinen Briefen an Bonnet folgender Maßen aus: „Mes petites lettres
sont écrites pour mes concitoyens. Je n'ai visé qu'à prouver
maintenant, et par l'accord de l'histoire et des prophéties, que
Jesus Christ n'a été, en effet, que celui que les prophètes avaient
annoncé; que par conséquent, il faut en croire ses paroles; qu'il
s'est manifestement attribué des qualités divines et qu'il est mort
pour les hommes." „Ce que je n'avais pas éspéré, les Lettres sur
la Révélation, ont été reçues très favorablement, mieux qu'Usong,
par mes concitoyens: la jeunesse même les a lues; je souhaite
qu'elle en profite; c'est pour elle que j'ai écrit." Allein diese
Schrift erreichte weit mehr, als das bescheidene Ziel, welches der Verfasser sich vorgesteckt hatte, denn es wurde dieselbe in mehrere europäische
Sprachen übersetzt, und übte sowohl durch ihre innere Klarheit und
Wärme, als durch die Persönlichkeit des Verfassers ein großes Gewicht
aus *).

*) Steinlen p. 604: „Les arguments particuliers de Haller sont de même
nature que sa manière générale de penser. Toujours le fait, la réalité: bien
rarement un raisonnement abstrait. L'ouvrage abonde en idées aussi simples
que frappantes et profondes."

Zum Schluffe über Hallern, als religiöfen Volksfchriftsteller, dürfen wir der Fragmente aus feinem geheimen „Tagebuche" nicht vergeffen, welche von 1736 bis 47, und von 1772 bis wenige Tage vor feinem Ende nach feinem Tode auszugsweife herausgegeben worden. Diefes Tagebuch ift die treufte Beftätigung deffen, was Haller öffentlich bekannt, und das vollftändigfte Zeugniß für eine in feinem ganzen Leben fich gleich= bleibende Gefinnung. Man hat feine immer wiederkehrenden Selbft= anklagen und feine Zweifel an feiner Begnadigung einer hypochondrifchen Aengftlichkeit und einer kleinlichen Todesfurcht beimeffen wollen. Allein es liegt diefer bemüthigen Selbftprüfung zunächft das reine Gefühl der hohen Würde und Beftimmung zum Grunde, wozu der Menfch von Gott auserfehen ift; und in dem reuevollen Bekenntniß feiner Fehler offenbart fich das Sehnen und Ringen nach höherer Vervollkommnung. Auch wird niemand diefen Geftändniffen die tiefe Wahrheit und Redlich= keit abfprechen können, wenn Haller über die Anfechtungen des Welt= finnes, der Lieblofigkeit, der Ehrfucht trauert. Doch eben in den letzten leidenvollen Jahren Hallers, da nach feinem eigenen Ausdrucke „die Seele mit der traurigen Empfindung des Verwefens ihres Körpers be= fchäftigt war", tritt uns aus feinem Tagebuche bisweilen die Macht des im Glauben ruhenden Friedens hervor, indem er fich z. B. über die Ver= eitelung feiner letzten Hoffnung auf „weltliche Größe" beruhigt, oder die Heilfamkeit feiner Leiden erkennt. In der letzten Stelle des Tagebuches, die feinen Abfchied von der Welt ausfpricht, nachdem das Urtheil der Aerzte ihm den nahen Tod angekündigt, erwartet er mit gefaßter Er= gebung „den fürchterlich feierlichen Augenblick." Es mag hier nicht unerwähnt bleiben, daß man auch noch in jüngfter Zeit zur Ehre der religiöfen Gefinnung Hallers feine letzten Aeußerungen in Abrede ftellen zu follen meinte. Es wird nämlich erzählt, er habe bis auf den letzten Augenblick den Schlag feines Pulfes mit den Worten beobachtet: il bat, il bat, il bat — und endlich ausgerufen: plus! den Augenblick an= deutend, wo derfelbe ftille ftand. Allein wie einfach und natürlich ift es, daß der bis an den Rand des Grabes thätige Naturforfcher die Auf= gabe feines Lebens bis zum letzten Augenblick und in der Beobachtung feiner felbft verfolgte; vielmehr kann man in diefer Aufmerkfamkeit auf die Löfung des letzten Geheimniffes diefes Lebens einen Beweis der Gelaffenheit des Sterbenden nicht verkennen.

11. Hallers Charakter.

Nachdem wir Hallers eigenthümliche Bestrebungen und Leistungen
in den verschiedenen Gebieten der Literatur erörtert, haben wir noch einen
zusammenfassenden Rückblick auf seine Persönlichkeit und auf sein Verhältniß zu seinen Zeitgenossen im Allgemeinen zu werfen. Haller hat
sowohl bei seinen Zeitgenossen als bis auf unsere Tage unter allen
Schweizern die ungetheilteste, andauerndste und am weitesten verbreitete
Anerkennung gefunden. Er war zwar kein erfindungsreicher oder mit
glänzenden und kühnen Gedanken hochbegabter Genius; ihm stand
keine die Masse blendende und hinreißende Beredtsamkeit zu Gebote; er
war nicht darauf bedacht, weder seiner persönlichen Individualität eine
besondere Bedeutsamkeit beizumessen, noch Aufsehen zu erregen. Allein
seine Größe bestand darin, den einmal festgehaltenen Gedanken, die lieb-
gewonnene Aufgabe nach allen Richtungen zu verfolgen und zur mög-
lichsten Klarheit und Nutzbarkeit zu bringen. Wissenschaft und Gelehrsamkeit war ihm stets nur Mittel zu einem höhern Zwecke; oder Antrieb
oder Ziel des wissenschaftlichen Strebens mußte ihm wenigstens eine
gemüthliche Befriedigung gewähren. So entzündete ihn die Liebe zu
seinem Vaterlande zur Beschreibung von dessen Pflanzen; und so sehr er
der ausübenden Arzneikunst abgeneigt war, so ließ er doch die unaufhörlichen Konsultationen einer sehr großen Zahl von Aerzten aller Länder nie ohne Antwort. Sein Herz, wie er selbst sagt, machte ihn zum
Dichter und zum Staatsmanne, d. h. durch Belehrung und Begeisterung zu wirken und für die unmittelbare Wohlfahrt des Volkes thätig
zu sein. Als Letzteres ihm nicht, wie er wünschte, gelang und er daher
vier Jahre vor seinem Tode seine Staatsstellen niederlegte, blieb er
gleichwohl bis ans Ende Präsident der in schönster Blüthe befindlichen
ökonomischen Gesellschaft, welche alle vorzüglichen Berner in ihrer Mitte
zählte und für Landwirthschaft und Kultur des Volkes besonders wirksam
zu werden versprach. Hallers Vorschlägen maß B. B. von Tscharner, in
der feierlichen Lobrede, welche er im Namen der Gesellschaft auf deren Präsidenten hielt, beinahe jeden Erfolg in den Unternehmungen derselben bei.
Aus seinem Herzen erwuchs auch die innige Gottesfurcht; daher erscheint
er sein ganzes Leben hindurch als ein unermüdlicher Vorkämpfer gegen
den Materialismus der Naturforscher und Geschichtschreiber, der Philosophen und Belletristen; daher war es ihm mitten in seiner wissenschaft-

lichen Thätigkeit ein großes Anliegen, in Göttingen eine reformirte
Kirche zu stiften, welche Stiftung er vorzüglich durch freiwillige Bei=
träge aus der Schweiz und aus Holland bewerkstelligte; daher begegnen
wir in der Kraft seiner Jahre unter seinen kritischen Arbeiten dem Aus=
spruche: „Die Religion ist immer das Einzig=Nothwendige des Menschen.
Ihre Wirkungen gehen bis in die Ewigkeit fort, und dies Bedürfniß
nimmt beständig zu; denn einst bleiben doch alle Arbeiten hinter uns."
Allein während Haller durch Wissenschaft und Religiosität mit einem
universellen Blicke Welt und Menschheit umfaßte, so fühlte er sich doch
nach Art und Gesinnung seinem innersten Wesen nach als Deutscher
und vertheidigte bei jedem Anlasse mit bescheidener Unbefangenheit die
Würde und Ehre deutscher Nation, ihrer Sprache und ihrer Schrift=
steller. Eine noch unberührte Seite, wo sein Herz, wie sein Geist und
seine Gelehrsamkeit sich in gleich vortheilhaftem Lichte zeigen, bilden
Hallers Briefe, von welchen leider nur eine kleine Zahl zur öffentlichen
Kenntniß gekommen und über welche Johannes Müller urtheilt, Haller
habe nirgends mehr Geist gezeigt und er selbst habe nie eine größere
Mannigfaltigkeit wichtiger Gedanken beisammen gesehen. Der sonst
vorsichtige und abgemessene Haller eröffnete seinen vertrauten Freunden
das Innerste seiner Seele und zeigte sich ganz einfach und naiv, offen
und wahr. Den längsten und ununterbrochensten Briefwechsel führte er
mit seinen Jugendfreunden Joh. Geßner (von 1728 bis 77) und Sam.
Engel von Bern (1737 bis 77); in seinen reifern Jahren vorzüglich mit
den Schweizern Bonnet, Tissot, Zimmermann, König 2c. und mit den
Göttinger Freunden Münchhausen und Werlhof, welch Letzterem Haller
vor Allen das innigste Vertrauen geschenkt zu haben scheint. Während
die sämmtlichen Briefe an Haller, größtentheils von ihm selbst geordnet,
auf der Bibliothek in Bern aufbewahrt sind, scheinen seine eigenen mei=
stens zerstört oder verloren zu sein. Daß aber die wenigsten dieser
Briefe die Literatur beschlugen, geht daraus hervor, daß der Briefwechsel
mit den damals lebenden deutschen und schweizerischen Schöngeistern
nur gering war. So erwiederte er Bodmers warmes Entgegenkommen
etwas kurz, kühl und ausweichend, so daß dieser seine Empfindlichkeit
darüber gegen seine Freunde nicht unterdrücken konnte und Hallers Zu=
rückhaltung einem Mangel an Freimüthigkeit beimaß. Allein Haller
erscheint dem rührigen, kecken, unternehmenden Zürcher gegenüber als
entschiedener Berner. Denn so wie Haller im geselligen Leben durch
seine hohe Gestalt, durch den durchdringenden und seelenvollen Blick

seiner schönen Augen, und durch seine einnehmende Beredtsamkeit impo-
nierte, so daß, als er einst in Lausanne mit Voltaire gesellschaftlich zusammentraf, die Gunst der Frauen sich entschieden auf seine Seite wendete: so
befliß er sich auch als Schriftsteller und Gelehrter einer gemessenen Würde
und Vornehmheit, welche in ihrer gleichmäßigen Feierlichkeit bisweilen
etwas ungelenk und steif, nie aber weder anmaßend und herausfordernd,
noch nachlässig und unbedacht erschien. Dem zufolge ist es auch begreiflich, wenn Haller sich alle Mühe gab, nicht in Bodmers literarische Streitigkeiten verwickelt zu werden, so wie er es sich zur Regel machte, leidenschaftlichen Angriffen und harten Urtheilen ein ruhiges Schweigen entgegenzusetzen.   Indem Haller sich solchermaßen immer mehr auf sich
selbst zurückzog, und mit zunehmenden Jahren auf sein Studierzimmer
sich abschloß, nur im Briefverkehr mit den alten Freunden sich aufschlie-
ßend, wurde er der neuen Richtung der deutschen Literatur in der zweiten
Hälfte des achtzehnten Jahrhunderts ferner gerückt, allein sein Ruhm war
fest gegründet; so daß Lessing von ihm sagen konnte: „Haller gehört unter
die glücklichen Gelehrten, welche schon bei ihrem Leben eines ausgebreitetern
Ruhms genießen, als nur wenige erst nach ihrem Tode theilhaft werden.
Dieses Vorzugs hat er sich unwidersprechlich durch überwiegende Verdienste
würdig gemacht, die ihn auch noch bei der spätesten Nachwelt eben so
groß erhalten werden, als er jetzt in unpartheiischen Augen scheinen muß.
Sein Leben beschreiben, heißt nicht, einen bloßen Dichter, oder einen
bloßen Zergliederer, oder einen bloßen Kräuterkundigen, sondern einen
Mann zum Muster aufstellen.“

II. Drollinger und Spreng.

1. Drollinger.

Nachdem Haller seine Studien vollendet und große Städte und die größten Gelehrten Europas besucht hatte, brachte er noch ein glückliches Jahr unter den Gelehrten Basels zu, wie er selbst sagt — „gleichsam durch den Genius des Ortes von einem wundersamen Eifer beseelt." Denn Basel hat sich zu allen Zeiten durch ein treues Zusammenhalten und den edeln gegenseitigen Wetteifer seiner wissenschaftlichen Männer bemerkenswerth gemacht. Wir haben oben gesehen, wie Haller in Basel wieder zum Dichten angeregt wurde und wie diese Anregung von Drollinger ausging. Ohne etwas von dieser Einwirkung zu wissen, fällt die Verwandtschaft dieser beiden Dichter auf, welche gleichsam auf dem gleichen Boden großgezogen wurden. Denn Karl Friedrich Drollinger*) (1688—1742), obgleich in Durlach geboren, hielt sich doch von früher Jugend an in Basel auf. Spreng sagt daher in seiner Gedächtnißrede auf Drollinger von dieser Stadt: „Sie kann sich berühmen, daß sie ihn großgezogen, gelehrt und aufgestellt; diese ist vorzüglich berechtigt, ihn, als ihr Schooßkind, sich zuzueignen und Ihren Drollinger zu nennen. Billig mag er also der erste schweizerische Dichter heißen." Denn Spreng sagt von Haller: „Er sang später, obschon er der Welt durch frühern Druck bekannt worden." Beide Dichter, Haller und Drollinger, betraten eine neue Bahn, indem sie von den englischen Dichtern ihren Poesien einen tiefern Gehalt geben lernten, und beide wetteiferten mit einander in kräftiger und gedrungener Sprache.

---

*) K. Fr. Drollinger. Akad. Festrede von Wilh. Wackernagel, 1771, wo nebst der Charakterisierung dieses Dichters zugleich die Stellung der Schweiz zur deutschen Literatur im Anfange des 18. Jahrhunderts in klarer Uebersicht gegeben ist.

Beide sind vorzugsweise philosophische Dichter, mit dem Unterschiede jedoch, daß der Eine Gegenstände mehr aus dem Gebiete des sittlichen, der Andere mehr aus demjenigen des religiösen Lebens wählt. Beide sind Naturdichter: Drollinger nicht so neu und die Natur in großen Beziehungen auffassend wie Haller, aber doch nicht mehr wie Brockes nur ein Naturmaler, sondern von der Anschauung der Natur zu höhern Betrachtungen übergehend. Allein Drollinger hat das eigenthümliche Verdienst, daß er ohne Vorgänger der religiösen Ode die Würde der alten Sprache und zugleich den Schmuck der Poesie zu geben verstand und daß er in reinen Versen Hoheit mit Ungezwungenheit verband. Drollingers Sprache ist nicht nur weicher und fließender, sondern auch seelenvoller und wärmer als diejenige Hallers, während der Gedankengang eben so klar und übersichtlich ist. Seine Ode „L o b d e r G o t t h e i t“, welche 1733 in den „Beiträgen“ der deutschen Gesellschaft zu Leipzig erschien, brachte ihn in Verbindung mit Gottsched und dadurch zur ehrenvollen Aufnahme in jene Gesellschaft. Diese Ode zog auch die Aufmerksamkeit Bodmers auf den bescheidenen Mann, daher Drollinger von dieser Zeit an in unausgesetzter Verbindung mit den Zürchern stand und namentlich seine fernern Versuche dem Urtheile und der Verbesserung Bodmers unterwarf. Bodmers Ermunterung gab ihm auch den Muth, sich zur Veröffentlichung seiner Gedichte zu entschließen. Spreng erhielt den Auftrag, die Verbesserung nach den Sprachregeln und der Rechtschreibung vorzunehmen und die Herausgabe zu besorgen. Der Beauftragte entledigte sich nach dem Tode des Dichters seiner Aufgabe auf eine etwas willkürliche und selbstgefällige Weise, namentlich fügte er der von Drollinger gebilligten Auswahl einen zweiten Theil von „Leichen= und Trost=Gedichten“ bei, wodurch der Dichter in eine sonderbare Stellung zu dem Spotte kommt, den er selbst über die Lobgedichtschreiber ausgießt. Denn Drollinger wollte nur mit einer auserwählten kleinen Zahl von Gedichten bei dem Publikum erscheinen, würdig seines ersten Auftretens.

Was den Inhalt der „D r o l l i n g e r s c h e n G e d i c h t e“ (vom Jahr 1743) betrifft, so bilden jene Ode auf Gott und die beiden andern „Ueber die Unsterblichkeit der Seele“ und „Ueber die göttliche Fürsehung“ einen Cyklus, welcher die poetische Behandlung der höchsten religiösen Ideen auf dieselbe Weise versucht, wie Haller die poetische Lösung der seine Zeit beschäftigenden philosophischen Fragen in einen innern Zusammenhang bringt. Vergebens hat man die Einflüsse früherer Dichter auf

Drollinger nachzuweisen versucht: denn er schöpfte aus einer höhern
Quelle und stellte sich kein geringeres Ziel als die Nachahmung der Psalmen, daher er im Eingange seines Lobes der Gottheit steht:

Und fülle mich mit jenem Triebe,
Der deinen David einst entflammt!

Demnach versuchte er auch die freie Bearbeitung einiger Psalmen. —
Allein eben so glücklich wie in der inhaltschweren Ode ist Drollinger
auch in den verschiedenen Gattungen des scherzhaften Gedichtes. In
dieser Beziehung ist der Einfluß Boileau's nicht zu verkennen, indem
Drollinger von diesem französischen Dichter namentlich eine leichte und
sinnige Handhabung des Witzes und der Laune sich aneignet und darin
seine Mäßigung beweist. Besonders giebt sich in seinen Urtheilen über
deutsche Poesie nicht weniger Einsicht und Geschmack kund als bei Bodmer, allein die Sprache steht ihm besser zu Gebote. Ueber die Tyrannei
des deutschen Reimes, namentlich des Alerandriners, spricht er sich mit
den Zürcher Kritikern übereinstimmend aus. Fernere Proben eines gewandten und zwanglosen Scherzes geben auch seine Sinngedichte, die
einzigen, worin sich eine Spur des Hinblicks auf die norddeutschen
Dichter jener Zeit entdecken läßt. In einigen kleinen prosaischen
Stücken ist die leichte Anwendung der Prosa bemerkenswerth; namentlich in der „Klage des Buchstabens i wider den Buchstaben e" ist sowohl
die Sprachkenntniß als besonders die anmuthige Handhabung der Volkssprache in so früher Zeit überraschend, so daß dadurch Drollinger auch
zu den frühesten bessern Prosaisten des vorigen Jahrhunderts gehört.

2. Spreng.

Mit Drollingers Namen verbunden ist Johann Jakob Spreng
(1699—1768), Professor der deutschen Beredtsamkeit und Dichtkunst
in Basel, desselben Freund und einziger Schüler in der Poesie. Spreng
ist beinahe von gleichem Alter mit Bodmer und nahm sich diesen in
Beförderung deutscher Sprache offenbar zum Muster. Allein sein großer Eifer war nicht mit zutreffendem Geschick und Glück begleitet wie bei
Bodmer; denn er war von den äußern Verhältnissen eben so wenig als
von den Gaben des Geistes in gleichem Maße wie jener begünstigt.
Zuerst als Pfarrer bei einer Waldenser-Gemeinde in Würtemberg lebend,
mochte er nöthig haben, seinem armen Pfründlein durch die Feder nachzuhelfen; allein indem er alle möglichen Potentaten besang und daher

schon i. J. 1724 als kaiserlich gekrönter Poet figurierte, hat man diesen
Lorbeerkranz nicht hoch anzuschlagen. Bemerkenswerth ist, daß Spreng,
Bodmers Anstoße folgend, bei seiner feierlichen Bekränzung eine deutsche
Rede über die Beschaffenheit und die Säuberung der schweizerischen
Schreibart hielt. Er ist überhaupt voll guter Vorsätze und Pläne, aber
die Ausführung hält immer nicht Schritt. Schon frühe klagt er daher
über Abnahme seiner Glut, hofft aber von Drollingers Anregung,

> Daß Rauracis wohl einst den ersten deutschen Schwan,
> Den Tellens Land erzeugt, an mir bewundern kann.

Sprengs Hauptwerk ist die Bearbeitung der „Psalmen Davids"
für den Kirchengesang (1741). Es ist ein vieljähriges Werk und verdiente den Vorzug, welcher demselben von mehrern Kirchen der Schweiz
vor den Lobwasserschen Psalmen zu Theil wurde. Er ist gewandt im
Gebrauch einer gereinigten deutschen Schreibart und seine Verse fließen
weich und leichtverständlich dahin. Allein er begnügt sich zu sehr, vom
gefälligen Klange der Versifikation sich fortziehen zu lassen, thut häufig
dem natürlichen Ausdrucke um des Verses willen Gewalt an und bleibt
in Kraft und Bestimmtheit des Gedankens allzu weit hinter der Sprache
seines hohen Vorbildes in den Psalmen zurück. Diese wesentlichen
Mängel hinderten indessen Spreng nicht, von sich selbst Großes zu
denken; denn in seiner allerdings vortrefflichen Charakteristik der geistlichen Dichter Opitz, Rist und Schmolke stellt er sich selbst als einen
neben sie, welcher dieselben übertroffen zu haben meint. Allein seine
eigenen geistlichen Lieder sind keine Belege für diese gute Meinung von
sich selbst. Er hatte nämlich schon dem Psalmenwerke „Auserlesene,
geistreiche Kirchen- und Haus-Gesänge, theils verbessert, theils neu
verfertigt" — beigefügt. Dabei stellt sich nun heraus, daß er weder
in Bearbeitung älterer Gesänge glücklich ist, noch daß seine eigenen
Lieder sich für spätere Zeiten Anerkennung zu verschaffen vermocht
haben. Denn die Gedanken sind erkünstelt und phrasenhaft; was sich
namentlich in seiner einst belobten Ode auf den „Messias" kund thut.
— Im Jahre 1748 erschien ein erster Theil „Geistlicher und weltlicher
Gedichte." Hier kommt eine Reihe von Psalmen in neuer Bearbeitung
vor, ferner eine Auswahl seiner mit der Psalmenübersetzung erschienenen
geistlichen Gesänge, Andachten aus dem Französischen; auch versucht er
sich in französischen Oden und Psalmen nach J. B. Rousseau's Vorbild.
Seine „Heldengedichte" schwingen sich nicht höher hinauf, als zur Verherrlichung irdischer Machthaber; und auch die Themata seiner „Ver-

mischten Oden" sind Lobpreisung zahlreicher Gönner und Freunde. So ist begreiflich, daß ein bereit liegender zweiter Theil seiner gesammelten Gedichte im Pulte liegen blieb.

Wenn demnach Sprengs Poesien von den Wellen der Zeit völlig verschlungen worden, so verdient doch sein redliches Streben die Anerkennung der Geschichte. Besonders bilden seine Bemühungen für deutsche Sprache eine bemerkenswerthe Seite. Zu diesem Behufe stiftete er nämlich in Basel eine deutsche Gesellschaft, zu deren Mitgliedern unter Andern auch noch Isaak Iselin gehörte, und suchte dieselbe in Verbindung mit ähnlichen Vereinen in Zürich und Bern zu bringen. Einige Zeitschriften, welche er in gleicher Absicht zur Beförderung der deutschen Sprache unternahm, machten freilich wenig Glück, und Zürcher und Berner spotteten darüber. Auch das Interesse für altdeutsche Literatur, worin er wieder mit Drollinger, dem einsichtigen Ordner der im markgräflichen Hofe zu Basel niedergelegten Schätze des badischen Archives, zusammentraf, theilte er ebenfalls mit Bodmer, und widmete, von diesem ermuntert, einen Theil seines Lebens der Sammlung eines schweizerischen Idiotikons. Von einer vortrefflichen Seite zeigt sich Spreng endlich in seinen Briefen an Bodmer, worin er diesem mit edler Freimüthigkeit die Fehler seiner Kritik vorhält, aber freilich kein Gehör fand.

III. Bodmer.

1. Bodmers Jugend und Bildung.

Johann Jakob Bodmer wurde i. J. 1698 zu Greiffensee geboren, wo sein Vater Pfarrer war. Im väterlichen Hause waltete eine patriarchalisch fromme Stille: denn die Briefe der Seinigen geben das Bild eines schönen, in Gott heitern Friedens, der von der Welt weder berührt noch gestört wurde. Das gleiche Gepräge friedlicher Stille trug das Gelände, in dem Bodmer seine erste Jugend verlebte: er freute sich im Blick auf den ruhigen „Landsee," die Alpen, den herrlichen Wald, die heitern Hügel und die alten Burgen. Daher vergegenwärtigte er im höchsten Alter sich und seinen Freunden diese lebhaften Bilder seiner Kindheit. Einsam in Wald und Feld herumzustreifen, im See zu baden, oder noch lieber mit den Schlittschuhen über denselben hinzufliegen, war seine höchste Lust. Jugendgespielen hatte er keine, oder nur vorübergehend. Daher versenkte sich der lebhafte Knabe früh in die Bücher. Vor allen zog ihn die Bibel an, indem ihn vornämlich die Erzväter und Helden und die Wunder der Propheten erfüllten; im neuen Testament fesselte ihn hauptsächlich die Offenbarung. Bald auch nahmen ihn Ovids Verwandlungen und alte Heldenromane in Anspruch. Ueber solchen Unterhaltungen kamen freilich die grammatikalischen Studien zu kurz. Allein als er nach Zürich versetzt wurde und bald mit Jakob Zimmermann und Heinrich Meister eine Freundschaft schloß, die nur durch den Tod getrennt wurde, ging ihm allmählig das Licht für die Alten auf. Stets aber fesselte ihn das Wunderbare und Abenteuerliche am meisten und darum warf er sich mit Eifer auf das Studium der Dichter, unter denen Virgil und Homers Odyssee ihn vorzüglich anzogen: so wurde ihm im Interesse für den Inhalt auch die Sprache bald leicht und geläufig. Neben den Alten

aber übte die romanhafte Poesie fortwährend ihren Reiz auf den Jüngling aus, wofür er im Hause seines Oheims, des Vaters des nachherigen Bürgermeisters Orelli, hinlängliche Nahrung fand, indem er
hier in die deutsche poetische Literatur des 16. und 17. Jahrhunderts
eingeführt wurde. Die Bekanntschaft mit dem Telemach gewann ihn
für die französische Sprache. Die deutsche aber sollte er erst durch
Opitz kennen und lieben lernen. Diesen Dichter führte er Jahre lang
in der Tasche; daher seine Mitschüler den Namen dieses Dichters auf
ihn übertrugen und dem einsamen Romantiker oft zuriefen: „Opitz,
komm hinter dem Ofen hervor!" Bei diesem Hange auf der einen, und
bei der starren Schulweisheit seiner Lehrer auf der andern Seite, mußte
Bodmer dem Wunsche seines Vaters, daß er sich dem geistlichen Stande
widme, wenig entsprechen. Dazu kam, daß schon im Anfang des
vorigen Jahrhunderts durch den Einfluß französischer und englischer
Philosophen und namentlich durch die Universität Leyden, wo ein
großer Theil der jungen Schweizer studirte, ein kritischer Geist unter
den denkenden Köpfen sich verbreitete, der um so tiefere Wurzeln faßte, als
die damaligen Schulen demselben keine Waffen der Wissenschaft, sondern
nur Eifer und Verbote entgegenzusetzen wußten. Schon damals traten
daher die besten unter den Studiengenossen Bodmers in eine engere
Verbindung zusammen, wo sie auf dem Wege freier Forschung ihre
eigenen Wege gingen. Von dieser Zeit her schreibt sich die treue und
aufopfernde Freundschaft des drei Jahre jüngern J. J. Breitinger für
Bodmer. Diese Verbrüderung stärkte die Jünglinge von frühe an, in
der Wissenschaft eine selbständigere und kühnere Bahn zu gehen, als
man dessen bisher in Zürich gewohnt war. Bei Bodmer bedurfte es
eines geringen Anstoßes, der ihm durch die Bekanntschaft mit Bayle
gegeben worden zu sein scheint, um über sein Leben zu entscheiden und
ihn von der Theologie abzuziehen. Die dadurch dem Vater verursachte
Betrübniß scheint zwischen Vater und Sohn eine dauernde Entfernung
und Entfremdung veranlaßt und diesen in religiösen Dingen zu einer
desto rücksichtslosern Entschiedenheit gebracht zu haben.

Nun sollte sich Bodmer, obgleich widerstrebenden Herzens, der
Handlung widmen und daher nach einem Aufenthalte in Genf in Ober-
italien eintreten. Der Eintritt in die Welt gab dem bisher schüchternen
Jünglinge Kraft und Selbstgefühl, daher sind seine Mittheilungen aus
dieser Zeit an die Freunde voll frischer, gedankenreicher Kühnheit.
In schönen lateinischen Gedichten, welche am besten beweisen, wie tief

er von den Alten durchdrungen war, spricht er sein Heimweh nach der
Wissenschaft aus und seine Betrübniß, seine Freunde nicht nach
Deutschland begleiten zu können, das er, zum großen Nachtheile seiner
Bildung, nie sehen sollte. Dagegen benutzte Bodmer den Aufenthalt
in Italien zu seiner geistigen Entwicklung auf die beste Weise. Freilich
haben Uebelberichtete, und unter diesen selbst der Bodmern vieljährig
nahestehende Wieland, in spätern Tagen ihr Bedauern ausgesprochen,
daß derselbe in Italien, statt mit „frommen Ascetikern", sich nicht mit
den großen Dichtern jenes Landes bekannt gemacht. Allein seine
eigenen Briefe aus Italien an die Freunde geben das bestimmte Zeugniß, mit welch heiterem und freiem Auge er daselbst in das Leben ge-
schaut. Denn nicht nur nennt er unter den wenigen Büchern, deren
er habe habhaft werden können, den Tasso, sondern er macht sich
namentlich über die „spitzfindige Scholastik finsterer Jahrhunderte"
lustig, welche in Italien als allgemeine Lehrweise gelte. In zierlichem
Französisch entwickelt er den Freunden seine heitere Lebens- und Glaubens-
ansicht; unter Anderm: „Ist es nicht der Zweck unserer Religion, lernen
recht zu thun und an das Evangelium zu glauben; sich der Tugend zu
weihen und das Laster zu hassen? Warum das nicht einfach sagen?
Wozu so viel Galimathias?" Zugleich aber spottet er auch des höfisch
lügenhaften Wesens der französischen Dichter. Auf einer Reise von
Lugano nach Mailand und Genua geht er gleichgültig an den Büchern
der ambrosianischen Bibliothek vorüber; spricht dagegen sein Entzücken
aus über die daselbst befindlichen Werke deutscher Kunst, die Gemälde von Holbein und Dürer. Einem italienischen Liebesliede aber,
womit er seine Freunde nach einem vierteljährigen Aufenthalte in Italien
überrascht, fügt er in einem scherzhaften Briefe die ausdrückliche Bemerkung bei: „Wenn ich nicht weise geschrieben, so habe ich doch
galant geschrieben wie Anakreon." Dieß mag genug sein, um
Bodmers früheste Richtung gegen die Hinneigung zu einem finstern
Zelotismus zu vertheidigen. Unterdessen aber hatten die Seinigen
hinlängliche Gelegenheit, sich zu überzeugen, daß von seiner kauf-
männischen Thätigkeit wenig zu hoffen sei, und daher ließen sie ihn in
die Heimat zurückkehren.

Wenn Bodmer seine Zeit im Auslande mit ihm widerstrebenden
Geschäften zugebracht und wenn es dem schüchternen Jünglinge nicht
vergönnt gewesen, die Bekanntschaft irgend einer bedeutenden und ihn
fördernden Persönlichkeit zu machen, so hatte sich wenigstens unterdessen

sein Urtheil geschärft und sein Blick für das Leben sich geöffnet. In Folge seines Geschäftslebens und seines Umgangs mit den praktischen Italienern hatte er sich von einer unbestimmten Leserei und vom scheuen Vergraben in den Büchern frei gemacht und sich über die bloß schulmäßige Gelehrsamkeit erheben gelernt. Dazu hatte namentlich auch die Bekanntschaft mit Abbison*) und Montaigne beigetragen, welche ihn den ersten Blick in das menschliche Herz thun lehrten. In diesem Sinne wünschte er sich unter seinen Mitbürgern eine neue Laufbahn zu eröffnen, indem er nicht nur die Wissenschaft popularisieren, sondern das Nachdenken über das öffentliche, bürgerliche und gesellige Leben wecken und anregen wollte. Dabei wählte er sich als besonderes Fach die Geschichte aus, namentlich die vaterländische; und um zu diesem Behufe die Einsicht in die öffentlichen Angelegenheiten zu gewinnen, so schlug er den gewöhnlichen Weg ein, um sich für öffentliche Geschäfte vorzubereiten, er besuchte nämlich die Kanzlei. Zugleich trug er sich mit dem Plane, eine Buchhandlung zu errichten, sowohl um sich eine ökonomisch unabhängige Lage zu verschaffen, als um seine geistigen Bestrebungen zu verwirklichen. Denn schon jetzt darf nicht verschwiegen bleiben, daß Bodmern von der Handlung her die berechnende Spekulation geblieben war und daß dieselbe lange Zeit mehr oder minder ihren Einfluß auf seine literarischen Bestrebungen und Unternehmungen ausübte. Allein ehe er sich zur Ausführung dieser Pläne in Zürich niederließ, übte er sich in seinem heimatlichen Greiffensee in mancherlei philosophischen und poetischen Versuchen und hatte im Sinne als Erstlinge seiner Muse „Gedichte eines Unbekannten" herauszugeben. Daraus geht hervor, wie irrig der Vorwurf ist, als wenn Bodmer erst in später Zeit und wohl gar aus Eifersucht zum Dichter geworden wäre. Allein wie wenig diese unterbliebene Herausgabe seiner Jugendgedichte zu bedauern ist und wie tief die schulmäßige Auffassung der Poesie in ihm gesteckt, geht daraus hervor, daß Bodmer schon damals fand, ein Poet sei nach seinem Begriff kein so großer Zauberer, und daß, weil er viele Stellen aus den Alten und den Franzosen nachgeahmt, er seine Gedichte mit Anmerkungen und Parallelstellen ausrüsten wollte. Dagegen be-

---

*) S. Bodmers Apollinarien, herausgeg. v. F. Stäudlin. Tüb. 1783.
    Addison hatte mein Herz; mit ihm, in seinen Papieren
    Ging ich aus meinem Winkel und that die ersten Besuche
    Bei den handelnden Menschen, den Bürgern, denen vom bon ton,
    Denen die in der Mask' in der Kirch', im Rathhaus erschienen.

wies er schon damals in einer kurzen Charakteristik der zu jener Zeit be-
kanntesten Dichter ein richtiges Urtheil, und schon damals zeigt sich die
erste Spur des Strebens, das er sich allmählig zur Lebensaufgabe gemacht: „Ich möchte gern den Gout der Deutschen verbessern, wenn es
möglich wäre; — ich wollte daneben auch, daß die Franzosen von den
Deutschen vortheilhafter urtheilten und nicht länger Ursache hätten,
ihnen den bel esprit abzusprechen, sonderbar den Schweizern nicht . . . ."
Zu eben dieser Zeit hatte sich bei ihm auch schon die Ansicht über den
Reim gebildet, welche er sein ganzes Leben festhielt und verfocht: „Ich
will alle Kräfte meiner Eloquenz und Authorität anspannen, damit eine
Bill aus der Canzley des Parnasse, signé Apollo, ausgewirkt werde,
welche die Reime für eine Pedanterey erkläre, und alle Poeten von
ihrer usurpierten Herrschaft frey und ledig spreche."

Wenn die Spekulation, wie schon bemerkt, eine der Triebfedern
war, welche Bodmern bei seinen literarischen Plänen leitete, so sind
nichts desto weniger seine Briefe an die Freunde Beweise, mit welch
ernster Sorgfalt er sich auf seine erste literarische Unternehmung vorbereitete. Diese nämlich sollten die Diskurse der Maler sein. Den Anstoß dazu hatte ihm zwar eine aus Italien mitgebrachte französische
Uebersetzung des englischen Zuschauers von Steele gegeben, allein er
ruhte nicht, sich den Gedanken nach allen Seiten so auszubilden, bis
seine ganze Lebensansicht und Eigenthümlichkeit damit verwoben war.
Zwar hatten seine Freunde schon vor seiner Rückkehr aus Italien sich
mit der Herausgabe einer neuen Zeitschrift beschäftigt, allein sie kamen
mit ihren Gedanken nicht über die Gränzen einer handwerksmäßigen
Gelehrsamkeit hinaus; Bodmer dagegen wußte ihnen den Blick auf ein
neues Feld und ein freieres Ziel zu eröffnen, indem er sie einlud, mit
vereinter Kraft das Laster und die Ignoranz zu bekämpfen und vor allem
aus das Publikum an das Denken zu gewöhnen, indem sie sich vorzüglich an den Bürgerstand wendeten und auch das weibliche Geschlecht zu
gewinnen trachteten. Heinrich Meister, welcher mit den guten Köpfen
unter den Bernern in Verbindung war, rieth seinem Bodmer, nach Bern
zu kommen, um diese für seinen Plan zu gewinnen. Allein Bodmer
antwortete ihm: „Ihr würdet wenig Ehre mit einem Freund auflesen,
der so geartet ist, wie ich: Ich thue das Maul nicht gern auf; es thut
mir weh, wenn man mich hart anschaut, und ich werde confus in
meinen Discursen, wenn mir Leuthe von Authorität und Ansehen wider-
sprechen." Diese Sonderbarkeit Bodmers ist bezeichnend, indem sie

auf seine ganze geistige Richtung und Thätigkeit nicht ohne einen ver-
engenden Einfluß blieb.

2. Die Diskurse der Maler.

Mit dem Jahre 1721 begann die Herausgabe der Diskurse der
Maler. Diskurse hießen die einzelnen Abhandlungen, weil die Herausgeber Bodmer und Breitinger nebst Johannes Meister, welcher indessen
nur der Sekretair der Verhandlungen war, sich wöchentlich in regel-
mäßiger Sitzung versammelten und ihre eigenen Arbeiten oder die einge-
sandten der Freunde besprachen und verbesserten oder einzelne Artikel
in jugendlich muthwilliger Fröhlichkeit gemeinschaftlich ausarbeiteten.
Maler nannten sie sich, weil sie in naturgetreuen Sittengemälden auf die
gesellschaftlichen und sittlichen Zustände zunächst ihrer Vaterstadt einwirken wollten, daher unterzeichneten sie sich mit dem Namen eines berühmten Malers, Bodmer führte gewöhnlich denjenigen des Rubens.
Ihr Bemühen, die bessern Köpfe der Schweiz allmählig für ihren Zweck
zu gewinnen, gelang ihnen nur in geringem Maße, daher fast sämmtliche
Arbeiten von Bodmer und Breitinger herrühren, nur einzelne hingegen
von Zellweger und Lauffer, Zollikofer und H. Meister. Um sich einiger
Maßen gegen die Strenge der Censur und die Amtsmiene der Magistraten zu schützen, stellten sie sich unter die Obhut eines einflußreichen
Protektors. In der Ankündigung erklärten die jungen Männer, daß sie
den englischen Zuschauer zum Muster nehmen, und die Absicht haben,
„die Tugend und den Geschmack in ihren Bergen einzuführen. Sie
schreiben nicht für den großen Haufen, sondern für einen engen Cirkel
politer Menschen, ihr Object sei der Mensch. Die Bücher von den
Sitten der Menschen in deutscher Sprache seien rar und in fremden
Sprachen verborgen: ihr Unternehmen sei daher kühn, groß und wohl-
gemeint, und verdiene die Beihilfe aller derjenigen Personen, welchen das
Interesse der deutschen Musen und des Vatterlandes angelegen sei.“ Ihre
Arbeiten umfaßten demnach vorzüglich drei Punkte, Moralphilosophie,
Geschichte und Literatur. Allein namentlich in Betreff des ersten Gegenstandes und des Hauptzweckes entsprechen die Aufsätze der zuversichtlichen
Kühnheit nicht, mit welcher sie aufgetreten waren. Wir sehen die Sittenmaler mit gehemmtem und beschnittenem Flügel in oft gewundenen und
verhüllten Betrachtungen dahinschweben, indem ihr Tadel nur die Oberfläche und die Außenseite berühren durfte, wie z. B. die Pedanterei, die

Klatscherei, die Kleidertracht, die Koketterie, die Leckerhaftigkeit u. s. w.
In mehrern allgemeinen Gedankenentwicklungen, wie über die Todes-
furcht, die Freundschaft zeigt sich dagegen ein tieferer, ansprechender
Gehalt. Namentlich aber entfaltet Breitinger unter Anderm in seiner
Abhandlung über den Mißbrauch der Wissenschaft in Beziehung auf die
Kritik der Bibel eine Klarheit und Gediegenheit nebst einem Scharfsinn,
wodurch er sich vortheilhaft über den leichtern Ton erhebt, von dem
Bodmer nicht frei ist und der bei den Freunden oft in Leichtfertigkeit
überschlägt. Wenn Bodmer im Allgemeinen einen derben und schwerfälligen Witz spielen läßt, so fehlt es doch bisweilen nicht an schönen und
feinen Zügen, worin sich ein freier und glücklicher Natursinn kundgiebt.
So zeigt er sich z. B. in einem Gespräche zwischen der Nachtigall und
der Lerche über die Armseligkeit des Menschen auf eine auffallende Weise
als Vorläufer Rousseau's. Er läßt die Vögel ihren Naturtrieb und
ihre Werke denen der Menschen entgegensetzen und über deren Wissenschaften sich lustig machen. „Diese Natur, diese Neigungen, Künste und
Wissenschaften, von welchen die Menschen ihre Bücher machen, sind nicht
diejenigen, welche sie in der Geburt von dem Schöpfer empfangen haben;
sondern sie haben dieselben von der Auferziehung, der Gewohnheit, dem
Caprice, der ungeförmten Phantasie, die ihnen gleichsam eine neue Natur,
Passionen, die ganz außgelassen sind, Künste und Wissenschaften erfunden
haben, die sie so wenig nöthig hätten, als wir, wenn sie dem Instinkt
der puren Natur folgeten." — Allein nur ungern und widerstrebend
hielten sich die Freunde in den Schranken dieser Allgemeinheiten. Dagegen wäre Bodmer auf der Fährte der Geschichte viel eher im Falle gewesen, einen eigenthümlichen Gang zu gehen, wenn es nicht mit den nächsten
Absichten der Zeitschrift und noch mehr mit der politischen Gebundenheit
seiner Zeit im Widerspruch gewesen wäre. Denn in einem Briefe an
Breitinger aus jener Zeit schreibt er: „Unsere Historienschreiber sind
unter die einfältigste Art zu zählen, welche nichts Eigenes haben; von
welchen nichts weiter prätendiert wird, als die Sorgfalt und der Fleiß,
zusammenzulesen was zu ihrer Wissenschaft gelangt, und Alles getreulich, ohne Gefährde und unerlesen zu registrieren." Dann fährt er mit
der richtigsten Einsicht fort die Hauptpunkte hervorzuheben, worüber er
in einer Geschichte der Eidgenossenschaft Aufschluß verlange, nämlich über
die ursprüngliche Verfassung der drei Länder, über ihr Verhältniß zum
Reiche in den verschiedenen Zeiten, über das alte Kriegswesen. — Später
läßt er an seine Freunde die Aufforderung ergehen, damit sie sich mit ihm

Mühe geben, Sittenbilder aus allen Kantonen über die eigenthümlichen Gewohnheiten und Gebräuche des Schweizerlandes zu erhalten. Aus Ungeschick und Furcht damaliger Zeit wurde nicht entsprochen. Denn von Anfang an hatten manche dem Unternehmen der Jünglinge mit Bedenken zugesehen: Lauffer unter andern, der vorsichtige Weltmann, welcher sonst seinen jungen Freunden vielfach mit gutem Rathe bei der Hand war, erklärte ihnen am Ende ebenfalls, „der Zwang, in dem man in der Schweiz lebe, hindere ihn, viele Diskurse zu schreiben. Zudem könne man ohne Schilderung der Politik und Religion keine vollständigen Sittenbilder machen; allein er möchte um den Preis der Folgen nicht homme d'esprit sein." — So in die Enge getrieben und vom ursprünglichen Ziele verrückt, machte sich die muntere Gesellschaft viel mit dem Frauenzimmer zu schaffen, indem sie aussprach, „eine ihrer vornehmsten Sorgen sei, daß sie die Imagination des Frauenzimmers bereinige, und ihm einen Ekel vor dem Gothischen Geschmack beibringe." Die Satyre jedoch, welche dabei gehandhabt wurde, war weder leicht noch fein. Indessen gab dieses Bestreben den Verbundenen eine größere gesellige Freiheit, so daß sie ihre literarischen Sitzungen allmählig in peripatetische Unterhaltungen umwandelten und ihre Diskurse im Platze (dem bekannten Spaziergange Zürichs) spazierend ausbildeten, daher sie sich etwas darauf zu Gute thaten, daß einer derselben „mitten in einem Kranze aufgeweckter blühender Mädchen entworfen worden." Unter diesen ersten schwachen Bemühungen, bei dem schönen Geschlechte ihrer Vaterstadt ein höheres geistiges und literarisches Interesse zu erwecken, ist das merkwürdigste Zeugniß das Verzeichniß einer Bibliothek für Damen. Dasselbe enthält unter 35 Titeln nur 10 deutsche gegen 25 französische. Sie haben ihren Damen noch keine andern deutschen Bücher zu empfehlen als die Schriften von Opitz, Canitz und Besser; sie müssen sogar noch Gotthard Heideggers Acerra Philologika und seine Schrift von den Romanen hinzunehmen; dagegen sind sie genöthigt, an französische Uebersetzungen von Virgil, Horaz, Terenz u. s. w. zu verweisen.

Unter solchen Umständen blieb den jungen Männern allein auf dem Felde der schönen Literatur eine freie Entfaltung ihrer Ansichten und ihrer Gesinnung möglich; daher sind auch die Leistungen des Malers der Sitten allein von dieser Seite von Interesse und Bedeutung: dieses Verdienst aber kommt ausschließlich Bodmern zu, indem alle dahin einschlagenden Artikel ihn zum Verfasser haben, einen einzigen über die Fabel ausgenommen, wo Breitingers ordnende Klarheit mithalf. Doch

auch hier begegnen wir nur noch sehr unentwickelten Gedanken, deren
Werth jedoch darin besteht, daß sie schon die ganze, nachmals berühmte
Kritik der Schweizer im ursprünglichen Keime enthalten. Das größte
Verdienst war, daß die Zürcher Maler den Muth hatten deutsch zu
schreiben, mit möglichster Vermeidung der damals zur allgemeinen Mode
gehörenden Beimischung fremder Wörter, und daß sie sich, durch Lauffer
darin ermuntert, von den andern Freunden nicht abwendig machen
ließen, wie z. B. Rodolf, der selbst ein geschliffenes Französisch schrei-
bend, „das Deutsche zu keiner Darstellung tauglich" findet; und eben
so wenig durch Zellweger, der sich gegen seine Berner Freunde öftern
Scherz über den harten und gezierten Styl der Zürcher herausnimmt.
Dagegen weiß Bodmer gar gut, daß die Sprache allmählig durch „die
Reden politer und witziger Männer klar und rein werde, und daß sie sich
mit guten Wörtern, die bei ihrer jetzigen Vernachlässigung durch den allgemeinen Gebrauch des Lateinischen fehlen, bei fortgesetztem Schreiben
in derselben bereichern werde." Allein eben weil er einsieht, daß nur
die mit der Natur übereinstimmende Wahrheit der Sprache einen Werth
hat, so eifert er vornämlich gegen die leeren Wortspiele der Hoffmannswaldau'schen Schule, und sein gesunder Sinn giebt seinem Urtheil feste
Zuversicht: „Hoffmannswaldau ist der erste gewesen, der die falschen
Imaginationsspiele und die ungemessenen, unvollkommenen und ohne
Ende zurückkommenden Metaphoren von einigen grotesquen Italienern
angenohmen hat. Lohenstein hat geholffen mit seiner pedantischen Gelahrtheit und seinen zusammengeflickten kleinen Sentenzen die Rede verdunkeln, und sie in Phebus und Galimathias einzukleiden. Neukirch ist
ihr Affe und glaubet, daß in diesem unvernünftigen Geschwätze, das sie
machen, die Hohheit der Poesie bestehe." Dagegen hofft er, das Publikum zu überzeugen, daß alle Poesie nur darin bestehe, daß man natürlich schreibe. — Unter diese falschen Wortspiele zählte der unmusikalische
Bodmer dann freilich auch den Reim, der „ein Erbe der barbarischen
Poeterei unserer Alten sei, einen schlechten Einfall nicht gut mache; dagegen den Gedanken hemme und die besten Ausdrücke entkräfte." Mit
dieser verständigen Auffassung der Poesie steht auch Bodmers Verehrung
für Opitz in genauster Verbindung; daher er erklärt: „Wir haben beschlossen, Opitz für den größten Poeten Deutschlands zu erheben, dieweil
wir finden, daß er der größte Philosophus dieses Landes gewesen."
Allein während Bodmer Opitzens korrecte Sprache und seine klaren Gedanken hoch schätzte, wußte er mit richtigem Takte zu unterscheiden, daß

die Poesie in etwas ganz Anderem als in logischer Planheit bestehe, indem er erkannte, daß die Quelle derselben die Phantasie sei. Daher er den Grundsatz aufstellt: „Eine Imagination, die sich wol cultiviert hat, ist eines von den Haupt-Stücken, durch welche sich der gute Poet von dem gemeinen Sänger unterscheidet, maßen die reiche und abändernde Dichtung, die ihr Leben und Wesen einzig in der Imagination hat, die Poesie von der Prosa hauptsächlich unterscheidet." Beim eigenen gänzlichen Mangel an Phantasie und origineller Schöpfungskraft zeigte also doch Bodmer schon in frühester Zeit jene vielseitige Empfänglichkeit und jenen natürlichen Scharfsinn, welche sein Urtheil unbefangen und gesund machten. Allein auf diese Auffassung der Erfordernisse zur Poesie hatte ihn vornämlich das Studium der Franzosen geführt, und von ihnen hatte er gelernt, daß die Poesie ein Gemälde sein müsse. Daher findet sich schon im Sittenmaler jene Vergleichung der Poesie mit der Malerei. „Die Natur ist in der That die einzige und allgemeine Lehrerin derjenigen, welche recht schreiben, mahlen und ätzen; ihre Professionen treffen darinne genau überein, daß sie sämmtlich dieselbe zum Original und Muster ihrer Werke nehmen, sie studieren, copieren, nachahmen." — Aus dieser Werthschätzung der Naturgemälde ging dann auch die Vorliebe für die Fabel hervor, indem Bodmer und Breitinger von der Ansicht ausgingen, „die ganze Natur sei eine Schule, in welcher uns der Schöpfer unter mancherlei Emblemen unsere Pflichten vorhalte; zudem haben die Thiere eine gewisse Gattung von Sprache; sie können sich klagen, freudig stellen, einander liebkosen, zu Hülfe rufen; sie schmeicheln, drohen, bitten uns." Besondern Werth aber legten sie darauf, daß „der gute Geschmack in der Fabel nicht nur eine nüchterne Moral, sondern auch die physischen Eigenschaften der Dinge anzutreffen suche." Wir werden später sehen, welche glückliche Anwendung letztere Auffassung in ihrer Schule fand.

Indem diese kritischen Aussprüche dem Sittenmaler einen historischen Werth gaben, verloren sie sich doch allzusehr unter der Menge bedeutungsloser Abhandlungen oder versteckter, kleinlicher, matter Satyren, da sie die Censur immer mehr in die Enge trieb und jede freie Entfaltung muthiger Wahrheit und Kraft unmöglich machte. Indessen muß man gestehen, die Arbeiten der Maler waren im Durchschnitt zu unreif, zu jugendlich unbesonnen, oft auch für die damaligen Zeiten in sittlicher oder religiöser Beziehung zu anstößig, als daß nicht die Censur ohne Bedenken manches hätte unterdrücken dürfen. Wie sehr jedoch die jungen Talente in ihrer Entwicklung durch diesen Zwang gehemmt wurden, zeigen am besten die gleichzeitigen Briefe der Freunde, und namentlich diejenigen Bodmers, indem sich darin viel mehr geistige Eigenthümlichkeit, naiver Witz und Gedankenreichthum kund geben, als in den Diskursen. Lange suchte sich die Gesellschaft durch Spott über die oft albernen Bemerkungen des Censoren=Collegiums schadlos zu halten, und namentlich jubelte sie, als der Verleger durch ein halbes Dutzend Zuckerstöcke die vom Antistitium ausgehenden Donnerkeile zu beschwichtigen wußte. Allein endlich würde sie der geringen Theilnahme des Publikums und jener Plackereien müde und Bodmer schloß die Schrift mit einem Scherz. Er läßt nämlich den Albrecht Dürer in eine Stadt kommen, wo er ein Gemälde verfertigen soll. Allein gleich anfangs wird er ein vorzügliches Kunstwerk ansichtig, wobei er vernimmt, daß der Meister desselben für einen seltsamen Phantasten gegolten und im Spital gestorben sei. „Als unser guter Albrecht dieses vernahm, gab er gleich Befehl, daß ihm sein Pferd wieder zugeführt würde, und indem er sich darauf schwang, sagte er: Wenn hier die Verdienste nicht besser erkannt werden, so arbeite euch wer da will; ich reite wieder davon." — Wenn Bodmer sein erstes literarisches Unternehmen zu rechter Zeit und mit guter Art aufzugeben wußte, so hatte er hingegen wenig Geschick gezeigt, die geistigen Kräfte in der Schweiz für sich zu gewinnen und zu gemeinsamer Thätigkeit zu vereinigen. Denn daran hinderte ihn nicht nur die früher erwähnte Schüchternheit und Unbeholfenheit, sondern noch mehr verdarb sein zu ungebundener Hang zur Satyre. Er verletzte nämlich gleich anfangs durch einen Streich gegen die Pedanten, wo der Witz gering, aber die persönliche Absicht unverkennbar war, zwei seiner Mitarbeiter, Hagenbuch in Zürich und Altmann in Bern. Daher entfernte sich Letzterer von den Zürchern und gründete für Bern eine abgesonderte „Gelehrten=Cotterie." Wenn die Leistungen derselben unbedeutend waren, so verdienten doch ihre Bemühungen für eine reinere Sprache Anerkennung und keineswegs den zanksüchtigen und muthwilligen Spott, den Bodmer oft über ganz gute Gedanken und Ausdrücke ergehen ließ. Durch diese Gegenüberstellung war in literarischen Dingen ein gutes und zusammenstimmendes Vernehmen mit Bern auch für spätere Zeiten sehr erschwert. Allein Bodmer fühlte bald diesen Verstoß so sehr, daß er selbst nach einigen Jahren öffentlich erklärte: „Es ist wahr, daß der Verfasser die meistenmahle auf den rechten Weg gerathen, aber er beschimpfte auch nicht selten die Bernischen Blätter auf eine Manier, welche vielmehr eine Begier zu spotten, als das Abgeschmackte zu verbessern, an den Tag legte."

Gleichwohl sollten die Diskurse der Maler auf eine andere Weise ihren Weg machen und ihre Belohnung finden. Denn Bodmer, im Gefühl mit seinen Freunden nicht Gewöhnliches geleistet zu haben, und namentlich in Betreff der ausgesprochenen Ansichten über die deutschen Dichter damaliger Zeit, begann schon bei diesem Anlasse seine wohlberechnete Geschäftigkeit zu entfalten, um angesehene Stimmführer in Deutschland für sich zu gewinnen. Daher wurden die Diskurse zunächst an den Philosophen Christian Wolf in Halle geschickt, welcher nicht ermangelte, sich durch höfliches Lob und leisen Tadel dankbar zu erzeigen. Ferner wußte ihm sein Buchhändler in Leipzig zu berichten, daß der Hofpoete König „in den größesten Assemblen bey Hofe jederzeit mit großem Ruhme von ihrer Arbeit spreche." Dadurch veranlaßt, trat Bodmer in unmittelbare Verbindung mit dem Schwaben entstammten Ulrich König. Der richtige Takt, mit dem der allem lebendigen Verkehr mit Deutschland entrückte Bodmer die guten Eigenschaften der Caniz, Besser und König herauszufinden wußte, indem diese statt der Schulpoesie einen reinern Geschmack und Welt- und Menschenkenntniß in die deutsche Dichtung zurückführen wollten, — dieser Takt darf ihm um so höher angerechnet werden, als er für ihre Fehler nicht blind war und Freimüthigkeit genug besaß, sich darüber auszusprechen. Dieß hinderte indessen nicht, daß König, der Hofpoet, und der freisinnige Schweizer sich in einen dauernden Bund gegen die philisterhafte Plattheit und die Schulfuchserei vereinigten. Auch dem höher stehenden Brockes empfahlen sich die Diskurse der Maler dermaßen, daß er fundet, es seien dieselben „mit so vielem Geist, Gelehrsamkeit und tugendhaften Absichten angefüllt, daß er gegen die Verfasser alle mögliche Hochachtung hege, unerachtet er darin kein gar zu vortheilhaftes Urtheil von seinen eigenen Gedichten angetroffen." Er bedauert, daß er „so braven Leuten zu mißfallen das Unglück gehabt." Somit war es den jungen Schweizern durch ihr erstes literarisches Auftreten gelungen, ihrem Urtheile Geltung zu verschaffen und bedeutende Verbindungen mit den damaligen beiden Mittelpunkten der deutschen Literatur, mit Sachsen und Hamburg, zu knüpfen, welche für die Zukunft für sie von großer Wichtigkeit wurden.

3. Bodmers Freunde.

Nachdem Bodmers erster Versuch, auf Leben, Sitten und Denkungs=
art seiner Mitbürger einen unmittelbaren Einfluß auszuüben, aus Man=
gel an eigener Reise und Durcharbeitung und durch den lähmenden Zwang
der Censur mißlungen war, wendete sowohl er als Breitinger sich wieder
den strengern wissenschaftlichen Studien zu, um durch gründliche Vor=
bereitung das einmal gewonnene Ansehen ihres Urtheils über deutsche
Literatur zu sichern und wirksamer zu machen. Denn wenn auch der
fleißige und scharfsinnige Breitinger eine Reihe von Jahren sich
größtentheils auf philologische und theologische Arbeiten legte, welche ihm
in diesen Fächern einen bleibenden Ruhm gesichert haben, so stand er doch
sein ganzes Leben seinem Freunde in dessen schönwissenschaftlichen Be=
mühungen zur Seite und gab sowohl in Arbeit als in anhänglicher Treue
den Beweis einer so zarten, innigen und aufopfernden Freundschaft, wie
ein solcher in der Gelehrtengeschichte selten ist. Denn zu jeder ausdau=
ernden Hülfe und Mitwirkung bereit, trat er doch immer gerne hinter
seinem rührigen, vordringlichen, ruhmbegierigen Freunde zurück, und
was noch mehr war, bot er sein ganzes Geschick auf, um dessen Blößen
und Verstöße zu decken: daher er auch den reizbaren und bisweilen un=
besonnenen Freund nie preisgab, sondern alle Anfeindungen und Wider=
wärtigkeiten mit ihm theilte, bestand und durchfocht. Auch Breitinger
war ein geselliger Mann, welchem jedermann wohl wollte, der ihn
näher kannte, und welcher zugleich durch Milde, Vorsicht und Gleich=
muth Freund und Feind Achtung einflößte. Daher hielt er manches
Verhältniß für sich aufrecht, welches sein rücksichtsloserer Freund gestört
hatte. Gleichwohl hatte er als Geistlicher manche Widerwärtigkeit zu
bestehen, welche ihm die Befangenheit jener Zeit zuzog. Denn schon
während der Herausgabe der Diskurse wollte ihm die fernere Theilnahme
an denselben durch den Antistes untersagt werden, bis er diesen durch
den Muth und die geistige Ueberlegenheit seiner persönlichen Vertheidi=
gung in die Enge trieb und entwaffnete. Allein er zeigte sich namentlich
in seinen religiösen Ansichten als ein Mann von der tüchtigsten Gesin=
nung, indem er sein ganzes Leben hindurch und bei aller Mannigfaltig=
keit seiner verschiedenen Bestrebungen den Kern einer festen und lautern
christlichen Frömmigkeit nie verleugnete. Wenn sein Altersgenosse und
Freund, Joh. Jakob Zimmermann, nach Bodmers Urtheil in Zürich

der erste gewesen, welcher „die dem Evangelium so nachtheilige Lehrweise
abgelegt, daß es die philosophische Untersuchung nicht aushalten möge":
und wenn derselbe in seinem Aufsehen erregenden Werke — „Apologie
der fälschlich des Atheismus verdächtigten Gelehrten" die im Namen der
Religion begangenen Sünden aller Zeiten aufgedeckt und unter Anderm
die Gläubigkeit von Jakob Böhme, Paracelsus und Christian Wolf nach=
gewiesen: so war dagegen Breitinger vorsichtiger und zurückhaltender
und zeigte sich bei aller Vorliebe zur philosophischen Prüfung, in reli=
giösen Dingen weniger eifrig aufzuklären als zu befestigen. Wie
Haller sich berufen fühlte, die höchsten Resultate der Naturwissenschaft
zur Vertheidigung der christlichen Wahrheiten zu benutzen; so ergiebt sich
bei Breitinger ein ähnliches Bemühen, die philosophische Kritik und
Sprachkunde im Dienste der Religion zu verwenden, daher er schon sehr
frühe als ein vorzüglicher Kämpfer gegen die Voltaire'schen Ansichten
auftritt. Nichts desto weniger wurde er in mehrere harte Streitigkeiten
verwickelt, als er sich verpflichtet fühlte, die Irrthümer einer frommen
Unwissenheit entschieden und freimüthig aufzudecken. Allein ungeachtet
seiner zurückhaltenden Besonnenheit gehörte Breitinger unter die ersten
jener freisinnigen Zürcher, welche sich der Bande enger Vorurtheile entle=
digten und Talent und Bildung auch unter den verschiedensten Gestalten
hochschätzten. Als er daher in frühester Zeit Vikar im Thurgau war,
trug er kein Bedenken in einen dauernden Freundschaftsbund mit Zolli=
kofer und Zellweger, den Bekennern einer freigeistischen Philosophie,
einzugehen, die er auf dem benachbarten Schlosse Alten = Klingen kennen
lernte, das einem gefeierten Sänger der alten Zeit den Namen gegeben*).
Denn die fröhlichen und geistreichen Lebemänner wußten die strengern
Ansichten und Grundsätze ihrer beiden Freunde in Zürich eben so sehr zu
ehren, als diese die gesunde Lebenserfahrung, den tiefern Blick in mensch=
liche und bürgerliche Verhältnisse und die vielfache Gelehrsamkeit jener
zu benutzen verstanden. Mit diesem Streben nach einer freiern Bildung
im Allgemeinen mag in Verbindung zu bringen sein, daß Breitinger
sich manches Jahr mit dem Plane trug, Deutschland zu besuchen, um
dort seine Studien fortzusetzen und Verbindungen anzuknüpfen; ein
Plan, dessen Ausführung auch Bodmern sehr am Herzen lag, während
er nach seiner Eigenthümlichkeit sich nicht bewogen fand, seine heimat=
liche Zurückgezogenheit zu verlassen.

---

*) S. Walther von Klingen, acad. Programm von Wilh. Wackernagel. 1845.

Wenn der fleißige, stätige Breitinger dem beweglichen, vielthätigen, von Einem zum Andern eilenden Bodmer einen Gedanken festhalten, ergründen und nach allen Seiten ausbilden half und somit dessen Gedankenreichthum die philosophische Gründlichkeit hinzufügte: so war Bodmer so glücklich, einen zweiten Freund zu besitzen, der sich ihm durch seine Weltkenntniß und heitere Lebensphilosophie als Rathgeber und Führer nicht weniger förderlich erwies, nämlich den Doktor Laurenz Zellweger in Trogen*). Dieser war sechs Jahre älter als Bodmer und hatte zu dieser Reise vor ihm voraus, daß er seine Jugend zu Lyon verlebt, wo sein Vater sich niedergelassen hatte. Sein Aufenthalt in Leyden und Paris hatte ihn zum ausgezeichneten Arzte gebildet und einen großen wissenschaftlichen Eifer in ihm geweckt, allein bei seinem lebhaften und muntern Wesen ihn auch gewöhnt, das Leben frei und leicht zu nehmen, so daß es seines edeln und gewissenhaften Sinnes bedurfte, wenn er durch die Sophistik frivoler Freunde nicht weit über die Gränzen sittlicher Grundsätze und einer weisen Lebensphilosophie hinausgerissen werden sollte. Offenbar sagten der tiefere Gehalt und das ernstere Streben seiner neuen Freunde in Zürich sowohl seiner edeln Natur als seinem Wissensdrange besser zu, als der kecke Cynismus und die Freigeisterei seiner schweizerischen Universitätsfreunde; allein dennoch sehen wir ihn lange zwischen beiden schwanken, und er kann sich nicht enthalten, auch nachdem die Korrespondenz und die literarische Verbindung mit den Zürchern längst eingeleitet ist, sich wiederholt bei den Bernern über derselben Steifheit und Affektation lustig zu machen. Allein der empfängliche und enthusiastische Bodmer klammerte sich so fest und treu an den geistreichen Mann voll Mutterwitz und jovialer Laune an, schloß sich ihm so offen und ergeben auf und trug ihm eine so warme und schwärmerische Verehrung entgegen, daß Zellweger sich immer näher zu diesem Freunde hingezogen fühlte. Die rechte Innigkeit konnte der Freundschaftsbund jedoch erst erhalten, als Zellweger i. J. 1723 nach Zürich kam und die Beiden sich von manchen Seiten in der Gleichheit des Wesens und der Gesinnung begegneten. Denn auch Zellweger war beim ersten Zusammentreffen schüchtern und redete wenig, allein im traulichen Kreise belebte er sich bald und ließ seinen muntern Appenzeller-Witz spielen. Dadurch fühlte sich Bodmers

---

*) Denkmal Hr. Dr. L. Zellweger von der Helvetischen Gesellschaft errichtet durch Dr. J. C. Hirzel. 1705. Mit Zellwegers Bildniß.

satyrische Ader und seine kühne philosophische Freimüthigkeit frisch
und kräftig angeregt, denn er hatte den Mann gefunden, dem er seine
innersten Gedanken ohne Rückhalt aufschließen durfte, und der den oft
wenig abgemessenen Ausdruck augenblicklicher Erregung gehörig zu
fassen wußte. Indem sie übereinstimmten in der Bewunderung der
Schönheit und Lebenstüchtigkeit der Alten, im furchtlosen Bekenntniß
philosophischer Denkfreiheit und eines vernunftmäßigen Glaubens und
in der Ueberzeugung von den engen und für die Länge unhaltbaren
Zuständen ihres Vaterlandes, trafen sie sich nicht weniger in treuer
Anhänglichkeit und Thätigkeit für ihre Heimat und im unermüdlichen
Forschen nach den Wegen geistiger Erhebung. Allein Beiden war es
Bedürfniß, unterdessen durch eine bald scherzende, bald geißelnde Satyre
sich über den engen Geist der Gegenwart zu erheben. Während nämlich
ihre bis zum Tode ununterbrochen fortdauernde häufige Korrespondenz
hauptsächlich philosophische Gegenstände umfaßt, enthält sie zugleich
auch einen fortlaufenden Kommentar zur Politik ihrer Zeit, wo Zellweger dem oft stürmischen Reformeifer Bodmers das kühlere und be-
gütigende Zusehen und Lächeln des Weltmanns entgegenstellt. Ein
äußeres Band des Verkehrs war ein beständiger Handel und Tausch
mit Büchern, indem eine auserwählte Bibliothek für Zellweger der Stolz
seines hölzernen Hauses war. Er schrieb einen nach Montaigne's und
Charrons Styl gebildeten französischen und einen geistreich naiven
deutschen Brief: allein um Bücherschreiberei bekümmerte er sich nicht
und ließ sich nur zuweilen von Freunden irgend eine Mittheilung ab-
nöthigen, welche dann sowohl Geist als Keuntniß beurkundet. Ein
Hauptzug beider Freunde war, in charakterfester Selbständigkeit und
Unabhängigkeit durch das Leben zu gehen, nicht durch Meinungen,
Menschen oder Verhältnisse gebunden, und in zwangloser Freiheit sich
der Wissenschaft zu widmen. Wenn daher bei Bodmer die Prätention,
das Nachbild einer antiken Freundschaft aufzustellen, unverkennbar ist,
so offenbart sich dagegen in der Gesinnung treugemeinte Aufrichtigkeit,
und deßwegen ist auch wohl die „Ode an Philokles," in welcher
Bodmer seinen Freund besingt, die schönste und gefühlteste seiner
Poesien. Wir kommen auf dieselbe später zurück, schalten aber hier
das Charakterbild Zellwegers ein. Nachdem der Dichter einleitend das
geliebte Land und Volk von Appenzell, des Freundes ehrwürdigen
Vater, den Landammann, und dann des Sohnes Heilkunde gepriesen,
fährt er fort:

Doch kennt er nicht allein die Tiefen des Körpers,
Er sieht ihn durch bis in die innerste Seele,
Sieht der Gedanken Wesen in ihm entstehen,
　　Und mit ihm erwachsen.

Wer kennt so gut als er die Schwäche des Menschen,
Die Ohnmacht seines himmelstürmenden Stolzes,
Die Hölle, die des Aberglaubens Gespenster
　　Für Thoren erbauen?

Noch mehr halt ich auf sein freundschaftliches Herze,
Das meine schwersten Sorgen mit mir getheilet,
Als ich die schöne Hälfte von meinem Leben
　　Frühzeitig verloren.

Ihm darf ich meiner Seele Innerstes zeigen,
Den stärksten so, wie den unreifsten Gedanken,
Er bringet den zu seiner Zeitigung nahe,
　　Den hebt er noch höher.

Wir haben oft auf des Gaberius Höhen,
Im Angesichte des Camers und des Meßmers,
Die Häupter freier Staaten und die Monarchen
　　Gelehrt und gezüchtigt.

Dieses Mannes Winke und Rathschläge übten stets einen großen und wohlthätigen Einfluß auf Bodmern aus und leiteten ihn in Allem, was Leben und gesellschaftliche Verhältnisse anging, sicher und gut; freilich, was die schöne Literatur betraf, begab er sich des Urtheils und bescheidete sich, einzelne Fingerzeige abgerechnet, gegen seinen Freund, einer zu nachsichtigen und unbedingten Verehrung. Gleichwohl hatte er schon auf Sprache und Haltung der Diskurse bedeutend eingewirkt, indem er theils auf einen natürlichen und reinen Ausdruck drang, theils die Freunde zum Bemühen um eine leichte und scherzhafte Einkleidung vermochte. Namentlich aber hatte Zellweger das Verdienst, Bodmern auf das Studium der englischen Dichter hinzuweisen, und er gab ihm zuerst Milton in die Hand.

4. Miltons Einfluß auf Bodmer.

Milton besaß alle Eigenschaften, um für Bodmern Ideal zu sein. Ihm war jene malerische, plastische Schönheit eigen, welche Bodmer an Virgil bewunderte und worin er die wesentlichste Eigenschaft der Poesie setzte. Milton befriedigte Bodmers religiöses Gefühl, indem er sein Epos der heiligen Geschichte enthob; und er sagte wieder seiner philosophischen Kritik zu, indem er seinen Gegenstand kühn und frei behandelte, dagegen aber in Betreff der sittlichen Hoheit unantastbar sich erwies. Milton zog Bodmern an durch seine bilder- und gedankenreiche Erhabenheit, und noch mehr durch das idyllisch Liebliche und anschaulich Menschliche seiner Gemälde. Ein eigenthümliches Interesse gewährte dem durch manche Unfreiheit der vaterländischen Zustände verletzten Jünglinge der in Verfolgung und Noth ergraute Republikaner, sowie Milton wieder als strenger Puritaner den der bestehenden Kirche vielfach widerstrebenden Bodmer fesselte: und wie mußten die schönen Gemälde vom Urzustande der Menschheit den für Natureinfalt schwärmenden und für die Verbesserung der gesellschaftlichen Zustände begeisterten Bodmer entzücken. Ohne vorher einen englischen Prosaiker gelesen zu haben, warf sich nun Bodmer mit glühendem Eifer auf Miltons verlornes Paradies und überraschte den Freund mit der Nachricht, daß er an einer Uebersetzung desselben arbeite. Man begreift, daß dieselbe Bodmern bei der mangelhaften Kenntniß der englischen Sprache und bei der Unbeholfenheit in Handhabung der deutschen Prosa anfangs nur sehr unvollkommen gelingen konnte. Meint er doch selbst, seine erste Bearbeitung des v e r l o r n e n P a r a d i e s e s (1732) sei schweizerisch, allein die zweite (1742) deutsch und die dritte (1769) poetisch herausgekommen*). Es wäre daher unbillig, sowohl das Uebersetzertalent als die Sprache Bodmers nach der ersten Ausgabe Miltons beurtheilen zu wollen, denn gerade durch eine Vergleichung der vier von ihm selbst besorgten, jedesmal verbesserten Ausgaben, welche im Laufe von achtundvierzig Jahren erschienen, zeigt sich, wie sorgfältig und achtsam Bodmer der Ausbildung der Sprache gefolgt war. Es stellt sich vielmehr seine Sprache in den spätern Uebersetzungen des verlornen Paradieses von der günstigsten Seite dar, indem sie allmählig schwungvoll und reich an bezeichnenden, sehr gut gebildeten Ausdrücken wird; andere freilich sind häufig zu eigenmächtig erfunden und zusammengesetzt, ohne genugsame Berathung der Volkssprache. Und wenn der Diktion der Rhythmus fehlt, so rührt das weniger von undeutscher Beimischung der schweizerischen Mundart her, als weil dieselbe an sich oft hart und willkührlich war.

---

*) Handschriftliche Briefe Bodmers an Zellweger auf der Bibliothek in Trogen, welche auch ferner, ohne genannt zu werden, oft als Quelle dienen.

Es ist nöthig, bei Milton noch etwas länger zu verweilen, weil durch ihn bei Bodmer eine neue Periode beginnt, indem derselbe auf dessen ganze künftige Richtung bestimmend einwirkte. Denn Bodmer war unschlüssig, für welche literarische Thätigkeit er sich entscheiden solle, und die bald darauf, im Jahre 1725, erlangte Professur der eidgenössischen Geschichte und Politik schien seine Kräfte von dieser Seite in Anspruch nehmen zu wollen. Allein Milton zog ihn auf eine andere Bahn. Er nahm erstlich seine Zeit und sein Herz so ganz in Anspruch, daß auch die Briefe aus dieser Periode großentheils in milton'scher Erhabenheit daherschreiten: er war nämlich überzeugt, er mache durch seine Uebersetzung Deutschland seit langem zuerst wieder mit ächter Poesie bekannt; dann wurde er in der Vertheidigung des verehrten Dichters veranlaßt, seine ganze Theorie der Dichtkunst wesentlich auf die Grundanschauungen Miltons aufzubauen; und endlich führte ihn der siegreiche Kampf für diese milton'schen Grundsätze und das Hineinleben in milton'sche Sympathien dahin, daß er sich selbst den Uebergang zum Dichter leicht machte. Es ist daher merkwürdig, zu beobachten, in welche enge Beziehung Bodmer bei der Einführung Miltons sich mit dessen Person und mit den Motiven des Dichters setzt, und wie er sich mit demselben identificiert. Denn überall blickt es hindurch, wie Bodmer in der Charakteristik Miltons zugleich sich selbst zeichnet und für sich selbst spricht. Wenn die folgenden Mittheilungen der dritten Ausgabe enthoben sind, so geben sie nichts desto weniger die ursprünglichen Gesichtspunkte an, welche Bodmern in der Auffassung Miltons geleitet. Indem er Milton als Bürger schildert, bemerkt er: „In den Bewegungen, welche die englische Nation gegen Karl I. erregte, erwies sich Milton als einen Anwalt von allen Arten der Freiheit, der Kirchenfreiheit, der häuslichen und der bürgerlichen Freiheit; die Liebe zur Freiheit war die beliebteste Neigung seiner Seele. Er war ganz und gar ein Republikaner, und dachte von dem gemeinen Wesen, wie ein Grieche oder Römer, mit welchen er vollkommen gute Bekanntschaft hatte. . . . Er fürchtete vor allen Dingen die geistliche Sklaverey, und trat darum zu Cromwell und den Independenten, unter welchen er eine größere Gewissensfreiheit erwartete." Ueber Miltons Gedicht selbst läßt sich Bodmer also vernehmen: „Gleichwie es ein Meisterstück des poetischen Geistes ist, und kaum ein höherer Gipfel ist, auf welchen sich das Gemüthe des Menschen erheben kann, so kann man aus den Würkungen, die es thut, einiger Maßen abnehmen, auf welchen Grad der Geschmack am Vortrefflichen bey gewissen Personen, Classen ter Menschen, und ganzen Nationen gestiegen ist. Das Schicksal, welches das verlohrne Paradies hier oder dort empfangen hat, ist das Schicksal, welches die Gaben des freisten Geistes, die schönste Weisheit, und die würdigste Tugend allda empfangen." Miltons Verhältniß zur Bibel wird also bezeichnet: „Der Verfasser zeigt sich durch das ganze Werk als einer der gründlichsten Leser und der gerührtesten Bewunderer der heiligen Schrift. Er ist der Bibel unendlich mehr verbunden als Homer und Virgil und allen andern Büchern. Nicht nur seine Haupt-fabel, sondern alle seine Episodien sind auf die heilige Schrift gegründet. Die Bibel hat ihn nicht allein mit den vortrefflichsten Einfällen versehen, seine Gedanken erhöhet und seine Einbildungskraft angefeuert, sondern auch seine Sprache sehr bereichert, seinem Ausdrucke eine gewisse Festlich-keit und Majestät mitgetheilt, und ihm manche von seinen auserlesensten und glücklichsten Redensarten angewiesen. Darum kann man wohl von ihm diese heiligen Schriften hochachten lernen. Wir sind überzeugt, wer wahren Geschmack und einiges Genie hat, wird dieses Gedicht für das beste unter den Werken der Neuern, und die Bibel für das beste unter allen Werken der Alten erkennen." — Obgleich Bodmer schon im Jahre 1724 die in der Literargeschichte bedeutende Orell'sche Buch-handlung gründete, der ein im Geschäfte betheiligter Verwandte den Namen gab, so zeigte er doch von Anfang an die immerfort beobachtete kaufmännische Klugheit, sich vor gewagten Buchhändlerunternehmungen zu hüten. Seine Uebersetzung Miltons machte daher die Runde durch Deutschland, um einen Verleger zu finden; da sie indessen unverrichteter Sache zurückkehrte, wagte er die Herausgabe derselben erst im Jahre 1732. — In der gleichen Absicht, Deutschland mit den englischen Volks-dichtern bekannt zu machen, gab Bodmer einige Jahre nachher, die zwei ersten Bücher von Butlers Hudibras heraus (1737). Er fühlte es selbst, daß der burleske Ton des Originals in seiner schwerfälligen Ueber-setzung verloren ging, allein er wollte vielmehr durch seinen Versuch nur die Aufmerksamkeit auf diesen Dichter lenken. Daneben aber fesselt ihn vornämlich die Tendenz des Werkes, von dem er mit besonderm Bei-fall bemerkt: „Die Hauptabsicht desselben ist, die Feuerbläser in der Kirche und dem Staate durchzuhecheln, welche unter dem Vorwand der Religion den König Carl ermordet, ein eigenmächtiges Reich eingeführet, und Gleichßnerey, Heuchelei, und Schwermerey auf den Thron gesetzet." Auch zu dieser Arbeit wurde Bodmer durch Zellwegern veranlaßt.

5. Anfang der Streitschriften der Zürcher.

Während Bodmer so allen Fleiß darauf verwendete, die deutsche Nation mit den englischen Dichtern bekannt zu machen, hatte Breitinger sich bewogen gefunden i. J. 1723 seinen „Gestäupten Leipziger Diogenes" als eine Art Nachläufer der Maler-Diskurse herauszugeben. Es war nämlich in Leipzig unter dem Titel des „Leipziger Spectateur" eine schlechte Nachahmung der Zürcher Maler erschienen, deren Blößen Breitinger aufdecken wollte, indem er eine Theorie der Eigenschaften aufstellte, welche der Autor einer solchen Volksschrift haben müsse, und nachwies, wie sehr dieselben dem Leipziger in Vergleich mit den Zürchern fehlen. Merkwürdiger Weise ging also die erste der zürcherschen Streitschriften unmittelbar nicht von dem streitfertigen Bodmer, sondern von seinem zurückhaltendern Freunde aus *). Ferner machte Breitinger zu gleicher Zeit den verdienstlichen Versuch, für die Schweiz eine Literatur-Zeitung zu gründen, unter dem Titel: „Neue Zeitungen aus der Gelehrten Welt, zur Beleuchtung der Historie der Gelehrsamkeit" (1725). Dieselbe wollte nebst einer Uebersicht der hauptsächlichsten Erscheinungen in deutscher und französischer Sprache namentlich eine vollständige Nachricht über die literarischen Erscheinungen der Schweiz geben. Das Bemerkenswertheste darin ist eine kühne Vertheidigung des eben aus Halle verbannten Philosophen Wolf gegen die Angriffe der damaligen Theologen. Das Unternehmen hatte jedoch das gleiche Schicksal, wie ähnliche in neuerer Zeit, es scheiterte an der Kleinheit und Getheiltheit der Schweiz.

Zu den fernern Nachahmungen der Zürcherschen „Mahler" gehörten in jener Zeit der „Patriot" und die „Tablerinnen", welche in

---

*) Das Verhältniß zwischen „Gottsched und den Schweizern" ist von schweizerischer Seite noch nie mit Benutzung des im Bodmer'schen Nachlasse vorhandenen Materials historisch behandelt worden. Die bisher zu Gebote stehenden Quellen, Jördens Lexikon und Manso's 8. Band der Nachträge zu Sulzers Theorie der schönen Künste hat Gervinus mit mehr Fleiß und Urtheil benutzt als jeder Andere. Seither ist Th. W. Danzels „Gottsched und seine Zeit" — 1848 — herausgekommen. Der Verfasser hatte damals seine Arbeit über Bodmer schon vollendet: er lernte aus Danzels Werk sehr viel; sah sich aber zu keinen Veränderungen in seiner Darstellung veranlaßt. Er glaubt vielmehr dadurch entschuldigt und berechtigt zu sein, mit Hülfe der unbenutzten Quellen die Stellung der Schweizer zur deutschen Literatur in ausführlicher Uebersicht und aus neuen Gesichtspunkten zu beleuchten.

den beiden Mittelpunkten des damaligen geistigen Lebens in Deutschland, jener in Hamburg, diese in Halle und Leipzig erschienen. Mit
letzterer Wochenschrift eröffnete Gottsched seine literarische Laufbahn,
und trat in der Wahl der Gegenstände und in der nach Witz sich be-
mühenden Schreibart völlig in die Fußtapfen der Zürcher ein, ohne ihre
Originalität zu erreichen. Schon hier entwickelte Gottsched einen seiner
Kunstgriffe, um sich überall Anhang und Gönner zu verschaffen, daß er
mit Lobeserhebungen nach allen Seiten nicht karg war; und so erhielten
auch seine schweizerischen Vorgänger ihr gebührendes Theil. Allein er
bewies in seinem anerkennenden Urtheile über diese zugleich auch Unbefangenheit und Offenheit, indem er sich folgender Maßen ausspricht:
„Vor wenigen Jahren haben sich in der Schweiz etliche muntere Köpfe
gefunden, die einen guten Anfang zu öffentlichen Beurtheilungen gemacht haben. Sie haben die gebundene Beredsamkeit vorgenommen,
und in manchem großen Poeten und Redner Schweizer gewiesen, die
vorhin niemand bemerket hatte. Sie haben dieses auf eine so sinnreiche
Art gethan, daß sich kein Vernünftiger des Lachens enthalten kann,
wenn er es liest. Und es ist nicht zu sagen, was sie bereits an verschiedenen Orten vor gutes gestiftet. Ein einziges hat diesen geschickten
Männern noch gefehlet, nemlich das Vermögen sich in einer reinen hochdeutschen Schreibart auszudrücken. Ihr Vaterland hat sie gehindert,
daß sie in Worten und Redensarten die Richtigkeit nicht beobachten
können, die sie in ihren Gedanken und Vernunftschlüssen erwiesen. Dieses sollte aber bey einem öffentlichen Beurtheiler der Scribenten von
Rechtswegen sein. — — Es wäre also nichts mehr zu wünschen, als
daß sie ihre Schrift noch einmahl übersehen, und mit Beyhülffe eines
rechten Kenners der Zierlichkeit unserer Muttersprache alle diejenigen
Stellen, die mehr nach der Schweiz, als nach Deutschland schmecken,
ausbessern mögten. Daß es ihnen leicht sei, ihre eigenen Fehler zu erkennen, haben sie schon selbst gewiesen." — Weichmann, der Herausgeber des Hamburger Patrioten, welcher sonst den Zürchern ebenfalls
seine Achtung bezeugte, vertheidigte ihnen gegenüber den Vers und
wollte es nicht in der Ordnung finden, daß sie einige wenige Dichter
nur rühmten, und neben diesen alle andern nur tadelten. — Allein die
zürcherischen Kunstjünger fühlten sich schon zu sehr, als daß sie von,
wie sie glaubten, ihnen Nachstehenden ein, wenn auch gerechtes, Urtheil
hingenommen hätten. Wie daher Breitinger im „Gestäupten Leipziger
Diogenes" angefangen hatte, so schrieb nun Bodmer die „Ankla-

gung des verderbten Geschmacks oder Anmerkungen über den
Hamburgischen Patrioten und die Hallischen Tadlerinnen",
worin er mit richtigem Takte die Blößen beider Schriften aufdeckte und
dort den in niedrige Spaßmacherei ausartenden Witz und hier die un=
klaren Begriffe über Poesie, namentlich die unzulänglichen Erklärungen
vom Sinnreichen und Scharfsinnigen geißelte. Bodmer ließ sich in
aller Stille Gottscheds Rath gesagt sein und suchte wirklich in Leipzig die
nachhelfende Feder auf, um seine Schrift von Sprachfehlern zu reinigen,
so wie er dieselbe in Leipzig gedruckt wünschte.   Allein die Handschrift,
deren rücksichtsloser und scharfer Ton Bedenken erregte, kam daselbst in
mehrere Hände und auch in Gottscheds, und so wurde der Druck nicht
nur hintertrieben, sondern auch die Handschrift selbst zwei volle Jahre
vorenthalten, so daß sie erst i. J. 1728 zu Zürich erschien, bevorwortet
durch ein Schreiben an König, worin er die gegenwärtige Schrift als die
Frucht der mit diesem gemeinschaftlichen Anschläge erklärt, um damit
„der Deutschen Lust an Critischen Schrifften zu probieren."   Gegen die
ihm von Leipzig her vorgerückte Grobheit, eine Bezeichnung, die wirk=
lich nicht unverdient war, sucht sich Bodmer also zu rechtfertigen:
„Die Worte müssen fallen, wie die Gedanken urtheilen, und keines ver=
gebens hingesetzet werden.   Stellet das Urtheil eine Sache als häßlich,
lächerlich, gering oder abgeschmackt vor, so müssen Worte gesucht wer=
den, die Haß, Hohn, Verachtung, Eckel gegen dieselbe erwecken.   Von
dergleichen Aufrichtigkeit ist die Höflichkeit entfernt, sie verstellt, verkehrt
und verkleistert die Wahrheit, so offt es wehe thut sie zu hören; Ein
Höfflicher darff mit heraussagen der Wahrheit weder beschämen, noch
betrüben, noch erzörnen, noch erschröcken, noch auslachen. Er muß
freundlich thun, wenn er zörnt, und lachen, wenn er traurig ist." Man
sieht also, Bodmer rechnet sich seine „aufrichtige Grobheit" zur Ehre an,
indem er rücksichtslose Freimüthigkeit als ein Vorrecht und als ein cha=
rakteristisches Merkmal des Schweizers betrachtet: man darf sich also
nicht wundern, wenn dieses an sich löbliche Bestreben leicht zum Miß=
brauch umschlug.

    Diese polemischen Gelegenheitsschriften, in denen „die Zürcher mit
überströmendem Selbstgefühl ihren Beruf zu erkennen gaben, Deutsch=
land über das Wesen der Poesie aufzuklären", machten ihnen die Noth=
wendigkeit eines gründlichern Studiums dieses Gegenstandes fühlbar.
Sie gingen daher an die umfassende Arbeit einer deutschen kritischen
Dichtkunst, von der sie schon 1727 den ersten Theil erscheinen ließen.

Dieß war das erste Werk solcher Art in Deutschland: allein so neu und theilweise anziehend die Behandlung war, so fand es doch nicht den erforderlichen Eingang, der die Verfasser zur Fortsetzung ermuntert hätte. Der Titel des Buches ist: „Von dem Einfluß und Gebrauch der Einbildungskraft; zur Ausbesserung des Geschmacks: Oder genauere Untersuchung aller Arten Beschreibungen, Worinne die auserlesenste Stellen der berühmtesten Poeten dieser Zeit mit gründlicher Freyheit beurtheilt werden." Am Ende der Vorrede sind die beiden Zürcher mit ihren Anfangsbuchstaben als Verfasser bezeichnet, und wirklich ist das Ganze dermaßen in Einem Ton und Geist durchgearbeitet, daß man aus den einzelnen Theilen keinerlei Verschiedenheit herausmerkt. Offenbar gehört die Grundauffassung und die Feststellung der Hauptgesichtspunkte Bodmern an, dagegen aber scheint Breitinger sein Ebenmaß und seine ausführende Klarheit hineingebracht zu haben: sehr oft fühlt man daher die Ueberarbeitung eines Bodmer'schen Gedankens durch Breitingern heraus. Um die Identität recht bestimmt hervorzuheben, spricht darum der Verfasser auch nur in der Einzahl. Statt der Vorrede geht dem Werke ein Schreiben an Christian Wolf voran, worin er in dankbarer Erkenntlichkeit ausspricht, wie er die Grundsätze der „Beredtsamkeit", worunter er zunächst die Poesie begreift, aus seiner Philosophie abgeleitet. „Denn auch die Beredtsamkeit gehört mit zur Philosophie, weil sie die Gedancken und Begriffe von den Dingen deutlich und kräftig ausdrücken lehrt, wodurch die Wahrheit erst ihr wahres Licht und den rechten Nachdruck bekömmt." Ueber den Zustand der deutschen Kritik vor Bodmer erhalten wir folgendes anschauliche Bild: „Was unsere Deutschen insonderheit anbetrifft, so sind ihnen fast alle Arten critischer Aufsätze über Werke der Beredtsamkeit noch etwas unbekanntes, und diejenigen, welche über Beredtsamkeit überhaupt geschrieben haben, halten sich einzig bei der äußerlichen Form der Rede auf, und richten nicht mehr aus, als daß sie mit leeren Sinnen lange schwatzen lehren: die Figuren der Rede sind ihre Rhetorick, und die Lexica der Bey = Wörter versehen ihnen die Kunst, Beschreibungen zu machen. Erst jüngst haben sie sich unterstanden, absonderliche Stellen zu critisieren: Aber es fehlet ihnen an der critischen Wage, sie urtheilen nicht auf einen gewissen Fuß; sondern auf gerathe hin, ehe sie noch die Grundsätze der Beredtsamkeit gelegt haben." „Es ist fürwahr eine Thorheit zu hoffen, daß dergleichen Critik = Verfasser den Geschmack verbessern werden, und daß die wahre und philosophische Wohlredenheit von diesen Anführern werde hergestellt

werden: Vielmehr ist nichts anders zu erwarten, als daß diese Leute,
die von ihnen unterrichtet werden, allein lernen werden, aus dem Gedächtnisse machinalische Schlüsse zusammenzufügen und aus gesammelten Gemein=Büchern ein mannigfaltiges verworrenes Gewebe durch
einander zu knüpfen; daß sie die Gedancken von dem Reime entlehnen
werden, und sorgfältiger für die Lage und den gemessenen Fall der Syl-
ben seyn, als den Verstand ihrer Worte; daß sie mit Sachen ohne Gewicht, aber die mit gefirnißten, klingenden und verstiegenen Red=Arten
die unmündigen Leser betriegen, ihre Papiere anfüllen werden. Wenn
sie über die geringsten Gattungen Gedichte, über die Hochzeit= und
Todten=Lieder, über die Sinngedichte, Cantaten und Sonette hinaufsteigen werden, wird das Epische Gedicht und die Tragödie Romantische
Helden= und Opern=Sänger, und die Comödie Hans Würste auf-
führen.“ — Den Ernst ihres Strebens und die Gründlichkeit ihrer
Studien bezeugen die Zürcher dann ferner in folgender Weise: „Was
mich betrifft, so ist mein Geist mit einer so großen Liebe für die gründliche Wahrheit eingenommen, welche ohne höfliches Beding verwirfft,
was sich mir nach einer genauen Untersuchung nicht als wahr erzeiget:
Ich verstehe die Ceremonie nicht zuvor um Verzeihung zu bitten, ehe ich
die Wahrheit heraus sage: Ich habe mich niemal bekümmert ob ein
wol erwogenes Urtheil mein eigen, oder von andern gebilligt würde;
Ich halte für verächtlich eine Meinung durch Practicken geglaubt zu
machen, welche ich nicht mit wol befestigten Gründen andern beybringen
kan; und verlange nicht, daß jemand eines von meinen Urtheilen
annehme, dessen er nicht überführt ist: schäme mich auch nicht eine Meinung abzulegen von deren Ungrund ich überzeugt worden. Diese Ge-
müths=Art habe ich zu meinem lange bedachten und spät entschlossenen
Vornehmen gebracht, alle Theile der Beredtsamkeit in mathematischer
Gewißheit auszuführen, und den wahren Quellen sowol des Ergötzens,
das uns gute Schrifften geben; als der Kaltsinnigkeit, in welcher uns
schlimme Schriften stehen lassen, nachzuspühren.“ Dann wird der Inhalt der fünf Bücher angegeben, wovon das erschienene Werk das erste
enthielt, und ausdrücklich bemerkt, daß die Eintheilung sich auf die verschiedenen Kräfte der Seele gründe. Das Werk selbst enthält eine
Zusammenstellung und kritische Vergleichung der bedeutsamsten poetischen
Gemälde der vorzüglichsten deutschen Dichter von Opitz an. Die Gemälde werden in äußere und innere eingetheilt, und von jenen hervorgehoben die verschiedenen Beschreibungen der Schlange, der Jungfrau,

des Morgens, des Krieges, des Sturmes, der Pest und des Todes.
Bei den Charaktergemälden wird den Deutschen durch die Alten und die
Engländer nachgewiesen, wie arm jene gegen den Geist und den Reich=
thum dieser seien. Diese Prüfung ist mit gesundem Sinn und kräftiger
Laune behandelt, und so wollten die Verfasser im weitern Verlauf eine
vollständige Kritik sämmtlicher deutscher Dichter aufstellen. Man sollte
in derselben „eine hinlängliche Anweisung finden, wie der gute Geschmack
erlangt und der schlechte verbessert werden könne, und sie erwarteten von
ihrer Arbeit die Wirkung, daß unphilosophische, gedankenlose und seichte
Köpfe in Zukunft sich scheuen würden, das Publikum mit ihren schlechten
Schriften zu belästigen, indem dieses nunmehr in den Stand kommen
würde, die Schlechtigkeit derselben sogleich zu erkennen.“

Der geringe Eingang, den das erste Buch dieser Schrift fand,
schreckte die Zürcher von der Fortsetzung derselben ab, und veranlaßte
sie, den Gegenstand derselben überhaupt längere Zeit ruhen zu lassen.
Nur gab Bodmer einige Jahre nachher noch seinen „B r i e f = W e ch s e l
v o n d e r N a t u r d e s P o e t i s ch e n G e s ch m a ck e s“ mit dem italie=
nischen Grafen Conti heraus (geschrieben 1729, erschienen 1736),
worin er gegen diesen durchführt, daß die Schönheit der Poesie nicht
nur von einem allgemeinen poetischen Geschmack abhänge, welcher nur
eine blinde Empfindung sei, sondern daß sich die Regeln der Wohl=
redenheit unter „allgemeine, in der Natur des Menschen und der Dinge
gegründete Haupt= und Grundsätze müssen bringen lassen.“ Leibnitz
habe dem „mechanischen System der Wohlredenheit von der Metaphora,
das die Cartesianische Philosophie aufgebracht, und zugleich der unbe=
stimmten Empfindung einen tödtlichen Streich beigebracht, er habe diese
ihres so lange Zeit wider Recht gebrauchten Richter=Amts entsetzet, und
allein zu einer mitwirkenden und gelegentlichen Ursache des Urtheils der
Seele gemacht.“ Zugleich spricht sich Bodmer hier deutlicher als in
den frühern Schriften über seinen Vorsatz und sein vermeintliches Ver=
mögen aus, durch seine kritischen Bemühungen Dichter zu bilden.
„Fassen wir es so, daß eine geübte, fertige und selbst in den kleinsten
Stücken behutsam=gehende Ueberlegung der Empfindung des poetischen
Geschmackes vorgehen solle, und geben wir derselben das Richteramt
über die Streitigkeiten der Redner und Poeten auf, so wird die Geschick=
lichkeit im Beurtheilen mit der Geschicklichkeit im Schreiben in einem
Paar gehen. Der Criticus wird eben so viel Verstand zum Beurtheilen,
als der Poet Witz zum Schreiben bringen. Wer andere in der Kunst

zu schreiben unterrichtet, wird selbst darinne vortrefflich seyn. Auf diese
Weise werden die Schrifften der jetzt-lebenden zu der Vollkommenheit,
die wir in den Wercken der Alten bewundern, nähern, weil sie denn nach
einerley Gründen werden geschrieben seyn." Seine Ansicht über die
Verwandtschaft zwischen Poesie und Malerei hat sich bei ihm unter=
dessen folgender Maßen ausgebildet: „Die ganze Redekunst und Poesie
ist eine Nachahmung, eben wie die Mahlerey, die Musik, die Bildhauer=
Kunst." „Die Ursache des Ergetzens rührt nicht unmittelbar von der
Empfindung, sondern von der Ueberlegung her, von welcher die Em=
pfindung eine bloße Folge ist. Denn das Ergetzen entsteht nicht von
der bloßen Vorstellung nach dem Leben abgeschilderter Bilder und der
Empfindung, die von ihnen entspringt. Dieses Ergetzen aber kann
keine andere Ursache haben, als die Harmonie und vollkommene Ueber=
einstimmung der Bilder mit der Sache, die sie vorbilden; und diese
Uebereinstimmung muß nothwendig ihren Grund in der geschickten Ver=
knüpfung, Zusammensetzung und Ebenmaße der Wörter, Figuren und
Gleichnisse haben, welche ohne Ueberlegung und Vergleichung der Bilder
mit dem Urbilde nicht können entdeckt werden." — Zudem enthält die
Schrift viele gute und richtige Bemerkungen über die Natur der Em=
pfindungen und Leidenschaften.

Gleichwohl fanden die beiden Zürcher mit diesen kritischen Ver=
suchen unter den Deutschen wenig Beachtung; und selbst der Hofpoete
König, welcher Gottsched haßte und die Schweizer gegen denselben
insgeheim aufgestachelt hatte, gerieth beim offenen Kampf ins Gedränge
und desavouierte sie. Die beiden Freunde ließen daher diesen Gegen=
stand für eine lange Reihe von Jahren beinahe ganz fallen und wendeten
sich strengern wissenschaftlichen Arbeiten zu, wobei sich Breitinger auf
dem philologischen und theologischen Gebiete, namentlich auf letzterm,
ein dauerndes Verdienst erwarb. Bodmers Thätigkeit dagegen schloß
sich unmittelbar der Aufgabe seines Amtes als eines Professors der
eidgenössischen Geschichte und Politik an. Daher verengte sich auch
für diese Jahre seine frühere, nach allen Seiten angesponnene Korre=
spondenz und beschränkte sich mehr auf seine schweizerischen Freunde.
Auch in diesem vorübergehenden Bestreben bewies Bodmer, daß ihn ein
tiefer Gedanke leitete. Wir haben nämlich gesehen, welch ein gering=
schätziges Urtheil er über die schweizerischen Geschichtschreiber seiner Zeit
fällte, indem die Erinnerung an die große Vorzeit der Eidgenossen bei
seinen Zeitgenossen getrübt und das Bewußtsein der alten Volksrechte

und der Muth zur Behauptung derselben allmählig entrückt worden war. Nun gab er zu gleicher Zeit, während der Basler Dr. J. Rud. Iselin Tschudi's Chronik zu Tage förderte, im „Thesaurus der Schweizergeschichte" (1735) eine sorgfältige Sammlung der ältesten lateinischen Chroniken heraus, um die Liebe zum gemeinsamen Vaterlande neu zu beleben. Dabei war es nicht zufällig, daß er den „Richtbrief," die älteste Verfassung Zürichs, und Frickarts Zwingherren-Streit zu Bern darin aufnahm, indem es Muth brauchte, solche den damaligen Regenten mißbeliebige Urkunden zur öffentlichen Kenntniß zu bringen. Allein früher schon bereitete Bodmer eine Zeitschrift vor, welche nicht nur Gegenstände der ältern Geschichte behandeln, sondern namentlich auch die Gegenwart beleuchten sollte. Für dieses Vorhaben suchte er namentlich Dr. J. Christoph Iselin in Basel zu gewinnen, und so erschien die „Helvetische Bibliothek" (1736 — 1744), welche freilich weit hinter dem zurückblieb, was Bodmer beabsichtigt hatte, indem die Mithülfe sehr kärglich blieb, trotzdem, daß Bodmer in der Vorrede versichert, daß die Verfasser mehr als zwanzig Hände haben. Das Werthvollste und Eigenthümlichste darin ist Bodmers Lebensbeschreibung von Felix Hemmerlin*), jenes „Meister Hämmerli," dessen Andenken in der östlichen Schweiz noch im Munde des Volkes geehrt wird. Er behandelte diesen Gegenstand mit jener Wärme, mit welcher er sich sein ganzes Leben stets der Verfolgten angenommen, um die Hoffnung des Märtyrers zu erfüllen, „der mit dem Vertrauen gestorben, die Nachkommen werden von seiner Unschuld Zeugniß geben." Auf das letzte, spätere, in den vierziger Jahren erschienene Heft werden wir nachher wieder zurückkommen.

6. Bodmers Gedichte.

Unterdessen waren Hallers Gedichte erschienen und hatten eine Aufnahme gefunden, wie solche den kritischen Schriften der Zürcher über die Poesie nicht von ferne zu Theil geworden. Bodmer war von den ersten gewesen, welche den tiefsinnigen und kühnen Landsmann mit Freuden begrüßt, und er fühlte in Folge seiner vielseitigen Empfänglichkeit und seiner unbefangenen Würdigung der Verdienste Anderer ganz

---

*) Felix Hemmerlin, neu nach den Quellen bearbeitet von Dr. B. Reber. Zürich 1846. Eine jener gründlichen Monographien, wie solche seit längerer Zeit aus dem Schooße der historischen Gesellschaft zu Basel hervorgehen.

wohl, daß eine solche Ausübung der Poesie viel wirksamer sei, als alle seine Regeln über dieselbe. Daher sah sich auch Bodmer zur Nach= ahmung Haller's veranlaßt und ermuntert; allein in sehr richtiger Würdigung seines Vermögens versucht er sich nur in einem Gebiete, wo er längst heimisch war. Nachdem Haller dem philosophischen Ge= dichte in Deutschland eine neue Bahn gebrochen, durfte Bodmer sich nicht bedenken, in den Fußtapfen eines großen lateinischen Dichters, die Entwicklung der deutschen Poesie selbst zu besingen. Das Gewicht seines Vorgängers vermochte ihn sogar, die Abneigung gegen den Reim zu besiegen und sich des Alexandriners zu bedienen, mitten indem er denselben bekämpfte. Bemerkenswerth ist Bodmers Verhalten gegen seine gereimten Gedichte. Denn indem das bedeutendste derselben anfangs ohne seinen Namen erschien und alle zusammen erst mehr als zehn Jahre nach ihrer Entstehung durch einen jüngern Freund heraus= gegeben wurden, — „Kritische Lobgedichte und Elegien, von J. G. Schultheß besorgt," 1747 — bezeugte er damit für diese frühere Zeit, daß seine Lebensaufgabe sich auf einem andern Felde bewege und daß er nicht als Dichter angesehen und beurtheilt werden wolle. Allein da die meisten dieser Dichtungen in die Mitte der dreißiger Jahre fallen, so ist hier der Ort, einen nähern Blick auf dieselben zu werfen. Das erste, „die Wohlthäter der Stadt Zürich" (1733), ein nach Form und Inhalt gleich werthloses Gelegenheitsgedicht, verdient höchstens eine historische Beachtung. Dagegen von bleibender Bedeutung in der deutschen Literatur und daher auch in neuester Zeit in vollem Werthe anerkannt*) ist sein „Charakter der deutschen Gedichte" (1734), weßwegen wir dessen Inhalt einläßlicher zu berühren haben.

Dieses Gedicht war von ganz neuer Art und erregte großes Auf= sehen sowohl durch die Sicherheit und Kühnheit des Urtheils, als durch die philosophisch übersichtliche Darstellung der Entwicklung der deutschen Poesie, vorzüglich aber durch die glücklichen und bezeichnenden Skizzen, in welchen er vermittelst weniger, kecker Pinselstriche mehrere, bisher als Muster verehrte Dichter für immer ihres Nimbus beraubte. Offenbar schwebten Bodmern bei diesen Gemälden die Satyren Hallers vor, und wie dieser seine republikanische Kühnheit gegen die Verderbniß der Großen seiner Vaterstadt an den Tag gelegt, so wollte jener sich die

---

*) Gervinus beruft sich im dritten Theile seiner Literaturgeschichte wiederholt auf die vortreffliche Zeichnung der Dichter nach Opitz.

gleiche Palme des Ruhmes dadurch erringen, daß er die Unnatur und Geistesarmuth der deutschen Dichterschule seiner Zeit geißelte. Was diese Strenge für die Deutschen Verletzendes hätte haben können, wurde durch den warmen Eifer für das deutsche Geistesleben sogleich wieder gut gemacht: denn das Gedicht beginnt mit dem Aufruf an die deutschen Dichter:

> Auch Deutsche können sich auf den Parnassus schwingen
> Und nach des Südens Kunst geschickt und feurig singen.

Nachdem dann der Dichter die Muse angerufen, daß sie ihn vor Schmeichelei und falscher Höflichkeit bewahre, geht er zum Ursprung der deutschen Poesie in die älteste Zeit zurück, schildert den Bardengesang, die Dichtkunst der Mönche und die Entstehung des Reimes. Dann fährt er fort:

> Von Hohenstaufens Haus — — —
> Entsprang aus finstrer Nacht der ungewohnte Stral
> Und schimmerte von dar durch Deutschlands weiten Saal.

Darauf theilt er der Windsbeckin Rath an ihre Tochter mit, weist auf den schnellen Verfall hin, über den sich nur Brand und Fischart noch erhoben. Mit Erasmus und der Buchdruckerkunst (von Luthern schweigt er) kehrte auch die Poesie und der Geschmack in den Norden zurück:

> —˙— — Nachdem man von den Alten
> Desselben wahre Spur und rechtes Maaß erhalten.
> Gemach legt' auch die Sprach ihr wüstes Wesen ab,
> Und wuchs izt schöner auf, nach Richtschnur, Maaß und Stab:
> Doch langsam und mit Müh, immaßen der Gelehrte
> Das ewige Latein mit mehrer Frucht verehrte:
> Als wenn das Deutsche ganz an Wiz und Anmuth leer,
> Für weiblichen Verstand und Handgeschäfte wär.

Endlich zeigte Opiz, daß es der deutschen Sprache an Reichthum und Kraft nicht gebreche, wie dieselbe erhaben sein und wieder erdwärts lenken könne: daher sein Geschick in allen Gattungen. Deßwegen sah ihm eine große Zahl von Dichtern nach; allein

> Sind die Gedanken wahr, so sind sie auch gemein.

> — — —
> An Wörtern sind sie mehr, als an Gedanken reich.
> Fern ist's, daß selbige sich'in einander senken;
> Sie geben auch nichts heim zu fühlen und zu denken.

Nachdem er dann des Andreas Gryphius gedacht und wie es seinen
Trauerspielen an innerer Handlung und Einheit fehle, kommt er auf
Hoffmannswaldau, der sich frech und unbedacht von Opitz entfernte.

> Metaphern pflanzet er aus metaphorschen Worten;
> Hier wird er ungereimt und unerträglich dorten. —
> Ist stets an Tropen reich, wenn er sie stets vergeudet,
> Und ohne Ziel und Maaß das Ding und Wort verkleidet.
> Er hüllet die Begriff' in Gleichniß und Figur,
> Als einen Kerker ein, verbirgt uns die Natur
> Und haßt die Deutlichkeit, die uns nichts Fremdes bringet.

Von Lohenstein wird berichtet, er brauche seine Gleichnisse nicht, um zu
verdeutlichen, sondern um seine Gelehrsamkeit zu zeigen, und die Helden
seines Trauerspiels zeigen nur Lohensteins gelehrte Schulfigur.

> Und was er nur berührt muß Mosch und Ambra werden,
> Er gräbt sich Erz und Stein aus einer fremden Erden;
> Schifft, wie sonst Günther that, auf Dielen über Meer,
> Und holt ein Gleichnißwort aus Mißißippi her,
> Sucht Feuer in der See, und Wasser in den Flammen,
> Packt sein Excerptenbuch in einen Reim zusammen,
> Sein vollgestopfter Vers ist matt und ohne Kraft,
> Und wo er doch sich dünkt, da ist er schülerhaft.

Dann wird Postels Verworrenheit und Amthors Schwulst und Wind
gezüchtigt. Bodmer entblödet sich sogar nicht, mitten in seinen Versen
eine Stelle aus dessen Uebersetzung von Virgils Aeneis einzuschalten
und dann seine eigene, verbesserte folgen zu lassen. Das waren lange
die herrschenden Dichter:

> Geputztes prächtigs Volk in güldenem Gewand,
> Das mehr durch äußern Schein, als durch Verdienst, bekannt.
> Doch die versaurte Stirn schien von verlornen Sorgen
> Und Schulgelehrsamkeit manch tiefen Falt zu borgen.

Indessen fehlt es doch nicht an Kunst, Geschmack und schöner Rede,
und nun skizzirt Bodmer Canitz, Günther, Besser, König u. s. w.
Auch Gottscheds wird mit Lob erwähnt. Ferner wird mit besonderm
Ruhme Brockes gedacht, doch eben so freimüthig gefragt, ob er die
Natur nie mit falschem Putz betrogen, und die Bewunderung derselben
durch prosaischen und anmuthlosen Vortrag verhindere. Endlich werden
die jung aufblühenden Dichter ermuntert, nach neuen Dichtungsarten zu
ringen, die noch kein Deutscher getroffen. Noch bleibe Molière's Lorbeer
unberührt: man stelle die Sitten der Menschen dar, lasse sich aber aus

Begier nach Beifall zu Possen verleiten. Auch die Liebe stelle sich dem
Dichter in einem neuen Lichte dar,

> Wann er bei Seite setzt der Liebe irdschen Brand,
> Ihr äußerliches Thun und wandelbaren Stand,
> Wann er die Liebe malt, die im Verstand entspringet,
> Die nur ein Weiser fühlt, der sich zum Himmel schwinget.
> Wo du der Schönheit Quell und ew'ger Brunnen bist,
> Von dem die weibliche ein bloßer Ausfluß ist.

Hier schon also die volle Theorie jener später so berüchtigten und ge-
geißelten himmlischen Liebe! — Eines der folgenden Stücke, „die Ent-
zauberung, eine Ekloge" betitelt, ein mattes Schäfergedicht, ohne
Feinheit und Anmuth, soll ein solches Mustergedicht ohne Liebesge-
schichte sein. — Allein wenn sich irgend einmal in Jemanden die glücklichste Vereinigung der Kräfte zusammenfinde, so werde derselbe das
Meisterstück der Poesie, das Epos, beginnen. Als empfehlenswerthe
Gegenstände aus diesem Gebiete giebt er an Hero und Leander, das
schiffbedeckte Meer, die Verschiedenheit der Geister und vor allen Ko-
lumbus. Als unerläßlich aber verlangt Bodmer, damit das Gedicht
nicht menschlich und gemein sei, sondern geoffenbaret erscheine, daß der
Dichter Geister einführe. — Dieser ästhetisch-kritische Reimversuch ist
zur ganzen Beurtheilung Bodmers um so wichtiger, als derselbe sein
poetisches Glaubensbekenntniß enthält, indem er später die darin ausge-
sprochenen Grundsätze theils als Kritiker entwickelt und vertheidigt,
theils als Dichter bethätigen und mit denselben eine neue Bahn betreten will.

Eine Fortsetzung dieses Stückes bildet die „Drollingerische
Muse", in Drollingers Todesjahre (1742) verfaßt. Bodmer schätzt
sich glücklich, daß in einer Zeit, wo wenige Dichter sind und viele den
Namen tragen, lobenswerthe Werke erscheinen, und läßt sich dann weitläufig über die unangenehme Nothwendigkeit des Tadels aus. Hierauf
frägt er, wo jetzt der Dichter lebt, der durch künstlerische Freiheit das
Herz rühre, nicht bloß die Werke der Natur kenne, sondern auch in ihre
Gesetze eindringe und der die Empfindungen über Welt und Menschen
im rechten Schlaglichte zu malen verstehe. Dann wird Haller genannt
und Hagedorn, der Sänger der Fröhlichkeit:

> Wovon er nur erzählt, das krieget plötzlich Sitten;
> Annehmlichkeit und Reiz wächst unter seinen Tritten.

Endlich Drollinger, der sich nicht begnügt, todte Stoffe zu beleben, sondern in einen Kreis von fühlenden, denkenden und handelnden Wesen

verſetzt. Dieſe ſind faſt allein Dichter und würdig des Tempels des
Ruhms, wo Opitz als Meiſter auf goldenem Stuhle ſitzt. Allein er er=
laubt noch folgenden jungen Dichtern am Eingange des Tempels zu
ſtehen: Schlegel, Baumgarten, Roſt, Sukro, den Schülern Hallers,
ferner Gleim, dem Sänger der Mädchen, und Lange und Pyra.

Wenn Bodmer in einer Art von Dichtung gedankenreich und
eigenthümlich war, wo die verſtändige Kombination und der Witz vor=
walten durfte, ſo konnte es ihm dagegen in einer andern nicht gelingen,
wo es das Herz, die zarte Empfindung galt. Wir begegnen daher nicht
nur ſeinem Liebesklang, ſondern vielmehr jener ſchon erwähnten „Ent=
zauberung“. Dagegen veranlaßte ihn der Tod eines hoffnungs=
vollen Knaben, ſeines noch allein übrig gebliebenen Kindes, zu wieder=
holten dichteriſchen Verſuchen. Da der Tod dieſes Sohnes in dasſelbe
Jahr fiel, da Hallers Mariane ſtarb, ſo begreift man leicht, daß er auch
im Ausdrucke ſeines Schmerzes dieſem nachſtrebte: rechtete er doch
ſogar in dem an Hallern gerichteten Trauergedichte mit dieſem über die
Größe des Schmerzes. Doch weit entfernt von jener ſeelenvollen
Wahrheit in Hallers berühmter Trauer=Ode ſucht Bodmer in der „Ele=
gie, Trauer eines Vaters“, durch die leidenſchaftliche Beredtſamkeit
im Sinne der ovidiſchen Trauergeſänge ſich mit jenem zu meſſen. Allein
ungeachtet der wahren und·tiefen Trauer, die er empfand, bleibt das
ſorgfältig und wohlberechnet angelegte Gedicht nur ein kaltes, künſt=
liches, ausgeklügeltes, aus vielfachem philoſophiſchen Kram zuſammen=
geflicktes Schauſtück. Während im erſten Theile ein Aufwand von
Grübelei in allen möglichen Gründen gegen die Ergebung ausgelegt
wird, erhebt ſich im zweiten der Troſt nicht über die kühle Abſtraktion
des Alterthums. Wie rührend kontraſtieren mit dieſer antiken Nüch=
ternheit, mit dieſer nach einem Haltpunkte umhergreifenden Aufklärung
die glaubensſtarken Troſtbriefe ſeines alten Vaters, ſeiner Mutter und
ſeiner ſinnigen Schweſter, über deren zuſammentreffendes Verſtändniß
er freilich längſt hinausgerückt war. Wenn „die gerechtfertigte Trauer“
noch matter und geſuchter, und „das Mitleiden des Leidenden“ an
Hallern eine nicht weniger unpoetiſche Klügelei iſt, ſo hat hingegen
„der eheliche Dank“ an ſeine Gattin für den nun beweinten Sohn in ſofern
ein näheres Intereſſe, als Bodmer hier durch die poeſieloſe, faſt ver=
letzende Dürre in Auffaſſung des ehelichen Verhältniſſes ſich eigenthüm=
lich charakteriſiert.

Wenn Bodmern bei ſeinem ſpröden und zerſetzenden, unruhigen

und phantasielosen Wesen der Zauber der Liebe fremd war, so haben wir
dagegen schon gesehen, wie die Freundschaft zu seinem Leben gehörte.
Daher athmet auch im letzten Stücke der Sammlung, in der schon angeführten „Ode an Philokles", seinen Zellweger, eine sonst ungewohnte Wärme und eine männliche Innigkeit des Gefühls. Daher
nicht nur das trefflich gezeichnete Charakterbild des geliebten Mannes,
sondern auch eine eben so lebendige, anmuthige und eigenthümliche Darstellung des Landes und Volkes, welches den Freund hervorgebracht.
Wie sehr mußte es den nach Natur und Freiheit verlangenden Bodmer
freuen, von diesem Volke zeugen zu können:

> Hier schämet sich der Mensch noch nicht vor dem Menschen,
> Und hat noch nicht gelernt, sein Herz zu verbergen,
> Hier zeigt sich das Bedürfniß und das Gefühl
> Des menschlichen Herzens*).

Leider gelang es dem Dichter auch da nicht, bis zum Ende seinen höhern
Flug zu behaupten. Dagegen ist bemerkenswerth, daß, wenn Bodmer
in allen vorigen Gedichten in einem bequemen und nachlässigen Aleran-
driner sich hingehen läßt, und somit auch darin hinter dem an einem
mannigfaltigen und zweckmäßig gewählten Versbau reichen Haller zu-
rückbleibt, er wenigstens für den Gegenstand dieses letzten Gedichtes
einen kräftigen antiken Vers findet und regelrecht durchführt.

7. Bodmer und Gottsched.

Es ist nun der Ort, auf den Ursprung und den Verlauf des berühmten Streites zwischen Gottsched und den Schweizern einzugehen. In Folge desselben maß man Bodmern lange das Verdienst
bei, der Wiederhersteller des guten Geschmackes in Deutschland gewesen
zu sein, und man ließ daher mit seinem Auftreten eine neue Periode in
der deutschen Literatur beginnen. Allein in neuester Zeit hat sich das
allgemeine Urtheil in der Geschichte gegen ihn gewendet, und man war
bemüht, ihn des lange behaupteten Ruhmes zu berauben, so daß er mit
dem nun günstiger beurtheilten Gottsched ungefähr auf die gleiche Linie
zu stehen kam. Denn überschaute man Bodmers Werke, so trat aus
der ganzen Masse derselben kein befriedigendes hervor. Der zusammen-
geflickte, schwerfällige, abenteuerliche Noah mit der Fluth der noch übler

*) Dieselbe Gesinnung spricht Bodmer noch in den spätesten Tagen aus, indem
er im Helvetischen Almanach die frischeste und anmuthigste Schilderung von diesem an
geistiger Empfänglichkeit vorzüglich begabten Bergvolke der Schweiz giebt.

gerathenen Nachfolger war geeignet, sein Dichterverdienst bedeutend herab-
abzustimmen; und wenn sich unter der Menge seiner kritischen Schriften
keine einzige finden wollte, die sorgfältig angelegt und wissenschaftlich
durchgeführt worden wäre und zu klar ausgesprochenen Ergebnissen und
Anhaltspunkten geleitet hätte, so mußte auch das Ansehen des Kritikers
sehr verlieren.   Rechnet man noch vollends, welche nicht nur schiefe,
sondern feindselige und anmaßende Stellung er der neuern Literatur
gegenüber, seit dem Auftreten Lessings und Herders, einnahm, so mußte
man an seiner Befähigung, für die Wiederherstellung der deutschen
Literatur Wesentliches beigetragen zu haben, noch mehr zweifeln.   Dagegen mußte in dem Grade, als Bodmer sank, Gottsched gewinnen.
Wenn dieser allerdings ein blöder Dichter war, so war doch seine Sprache
fließend; dagegen konnte man seinen vielen Schulbüchern Gelehrsamkeit und praktische Brauchbarkeit nicht absprechen, und er hatte zudem
ein unläugbares Verdienst um das deutsche Theater.   Dabei machte
man noch obenein die Entdeckung, daß er mit Bodmern die gleichen
Tendenzen theilte für Reinhaltung der deutschen Sprache, für Erhebung
des Opitz gegen den Lohenstein'schen Schwulst, für Anwendung des
philosophischen Denkens in der Poesie, für moralische Belehrung durch
dieselbe. — Wir werden uns bemühen, uns weder für noch gegen den
Einen oder Andern von einem Vorurtheile leiten zu lassen, sondern uns
nur sorgfältig bestreben, alle Thatsachen und Aufschlüsse, welche uns
über Bodmern zu Gebote stehen, in ihrer Reihenfolge zusammenzustellen
und zu beleuchten, um einen Beitrag zur richtigen Würdigung jener
Zeit zu liefern.   Wir werfen zuerst einen Blick auf den Kampfplatz, auf
die Verhältnisse und Mittel der beiden Kämpfer.   Gottsched war ein
Preuße: er trat zuerst als der Herold seines Lehrers Pietsch auf und
hatte so die ganze Königsberger Schule auf seiner Seite.   Nach Leipzig
übergesiedelt und in Menckens Hause aufgenommen, welcher der Begründer der ersten deutschen gelehrten Zeitung und der Stifter der
deutschen Gesellschaft zu Leipzig war, wurde Gottsched durch diesen in
günstige Verhältnisse eingeführt und rückte später in jenen beiden Instituten als sein Nachfolger ein.   Indem er bei jeder Gelegenheit den
Opitz feierte, gewann er auch die schlesische Schule für sich und angelte
auf gleiche Weise nach der Gunst der Hamburger.   Er wurde nicht
müde, Sachsen als das Land der feinen Sitte und der reinen Sprache
anzupreisen und jede blöde Erscheinung seiner Anhänger und Schüler
maßlos zu loben; und eben so wenig stand er an, seinem Leipzig in

Sachen des Geschmacks ein eben so tonangebendes Urtheil beizumessen, wie Paris es für Frankreich hatte. Indem er ferner sowohl durch unermüdliche Thätigkeit als durch sein einschmeichelndes Wesen vermittelst seiner Schüler und zahlreicher Korrespondenten nach allen Seiten Kolonien deutscher Gesellschaften anlegte, welche mit der Leipziger in enger Verbindung standen, streckte er seinen Arm nicht nur von der Nordsee bis zum Oberrhein aus, sondern gewann auch in Wien und in der Schweiz lange Zeit Anhang. Die damaligen deutschen Universitäten endlich, ausschließend mit den Fachwissenschaften beschäftigt, waren nicht geeignet, seiner Herrschaft irgend eine Gränze zu setzen, während er dagegen den höchsten Aufwand und die zierlichste Künstlichkeit seiner Poesie aufbot, die Großen zu preisen und den Hofpoeten Weihrauch zu streuen, wie es namentlich auch gegen König geschah, bis er dessen nicht mehr zu bedürfen glaubte. — Bodmer dagegen lebte in einem Lande, das von jeher, und besonders zu seiner Zeit, dem literarischen Verkehre Deutschlands ferne stand und das für deutsche Literatur nur geringe Theilnahme zeigte; in einem Lande, dem ebensowohl ein Mittelpunkt für geistige Bestrebungen fehlte, als ein Organ, durch welches er auf das Publikum hätte wirken können; in einem Lande endlich, dessen rauhe Sprache ihm unüberwindliche Schwierigkeiten darbot, welchen er durch keinen lebendigen Umgang, sondern nur allmählig durch mühsame Studien zu begegnen vermochte. Ferner kannte Bodmer Deutschland selbst nicht, es mußten ihm daher die literarischen Zustände desselben in manchen Beziehungen dunkel bleiben, und zwar um so mehr, als es ihm lange Zeit an jeder persönlichen Bekanntschaft mit deutschen Schriftstellern gebrach. Daher kam es, daß niemand sich fand, der mit ihm gemeinschaftliche Sache machen wollte, niemand, der sich seiner entschieden annahm. Zudem waren seine ersten Bemühungen zur Reinigung der deutschen Literatur mißglückt und vergessen, während sein Gegner selbst in Bern und zum Theil in Basel Anhang fand. So stand Bodmer beim Beginn des Kampfes gegen Gottsched in unläugbarem Nachtheile; und wenn er daher am Ende dennoch den Sieg errang, so lohnt es sich der Mühe, genau auseinander zu setzen, auf welche Weise ihm derselbe unter so ungünstigen Verhältnissen gelungen ist.

Wir haben gesehen, wie es Bodmer in der Anklagung des verderbten Geschmacks nicht an Beziehungen auf Gottsched fehlen ließ, zwar ohne denselben zu nennen. Daher denn auch Gottsched im „Biedermann", welcher an die Stelle der Tadlerinnen trat, mit seinen Zurecht-

weisungen über die rauhe Sprache und die Unhöflichkeit der Schweizer
fortfuhr. Sonst war Gottsched nicht der Mann sich um einzelner Sätze
willen in einen weitläufigen Streit einzulassen. Denn im Bewußtsein
einer seltenen und umfassenden Gelehrsamkeit war es ihm vornämlich
darum zu thun, sich durch dieselbe Ansehen, Wirksamkeit und Geld zu
verschaffen. So wie er sich daher die mannigfaltigsten fremden Gedanken aneignete und dieselben verarbeitete, so nahm er es auch mit abweichenden Ansichten nicht genau, wofern man nur im Allgemeinen zu
ihm hielt. Im Jahre 1730 wurde er Professor der Philosophie und
Dichtkunst und in demselben Jahre erschien sein „Versuch einer critischen
Dichtkunst vor die Deutschen", das erste Handbuch dieser Art, welches
seine Brauchbarkeit durch vier bald auf einander folgende Auflagen bewährte. So war Gottsched im Fall, zugleich durch Wort und Schrift
sich als poetischen Lehrmeister zu bethätigen. Seine kritische Dichtkunst
ist einfach, ungezwungen und für jene Zeit ziemlich gefällig geschrieben.
Gottsched will übrigens in derselben gar nicht eigenthümlich sein, sondern
nennt eine lange Reihe von alten und neuen Schriftstellern, aus denen
er seinen Versuch zusammengefaßt, den er, wie er versichert, „gewiß nicht
aus seinem Gehirn gesponnen." Ausdrücklich werden die Diskurse der
Maler genannt, welche ihn zur gründlichen Untersuchung der poetischen
Schönheiten geführt, und namentlich werden Bodmers dahin einschlagende Schriften mehrmals gelobt. Man muß sich daher nicht wundern,
wenn Gottsched in manchen Ansichten über die Poesie mit den Zürchern
zusammentrifft, weil er nicht anstand, im Ganzen zu ihren den Alten
enthobenen Grundsätzen und ihren Folgerungen sich zu bekennen. Dagegen bleibt ihm das selbständige Verdienst, ein größeres Publikum zuerst auf den Werth der altdeutschen Dichtung aufmerksam gemacht zu
haben, so wie er die ersten Proben eines wohlgebauten Herameters in
deutscher Sprache gab (worauf er sich im Verfolg nicht wenig zu Gute
that) und überhaupt über Vers und Reim viel richtiger und umsichtiger
fühlte und urtheilte als die Schweizer. Allein so bald es sich um eine
tiefere Auffassung der Poesie handelte, oder sowie er den Horaz und die
Franzosen verließ und sich erkühnte, eigenthümlich zu sein, so gab er
stets große Blößen und zeigte sich seicht und oberflächlich. So wenig
klar Bodmer in seinen frühern Schriften sich über das Wesen der Poesie
und über den Einfluß der Einbildungskraft auf dieselbe ausgesprochen
hatte, so war er doch in der Beurtheilung der Dichter mit richtigem Takte
zu Werke gegangen. Allein Gottsched hatte ihn so wenig verstanden,

daß er nach alter französischer Mode fortfuhr, das Wesen der Poesie in die genaue Nachahmung der Natur zu setzen und daher zu behaupten, „die größte Geschicklichkeit in der Nachahmung beweise auch die größte Fähigkeit zur Poesie." Das Studieren ist ihm folglich das Haupterforderniß „poetische Geister zu formieren." „Denn das muß man nothwendig wissen, daß es mit Einbildungskraft, Scharfsinn und Witz bei einem Poeten nicht ausgerichtet ist; sondern es gehört zu dem Naturelle auch die Kunst und Gelehrsamkeit. Weil ein Poet also Gelegenheit hat von allen Dingen zu schreiben; so muß er zum wenigsten von allem was wissen, in allen Theilen der unter uns blühenden Gelahrtheit sich ziemlicher maßen umgesehen haben." Ferner verwirft Gottsched in den Dichtungen Alles, was nicht „glaublich und wahrscheinlich" ist; und demnach läßt er sich beigehen, in dieser Beziehung „die Gedichte der größten Meister scharf zu prüfen" und in vielen Stellen bei Homer und Virgil, Tasso und Ariost, Camoens und Milton, und nicht nur bei Sophokles, sondern sogar bei Voltaire „weder Wahrscheinlichkeit noch Ordnung," sondern „eine unglaubliche Menge verlorenen Verstandes" herauszufinden. Natürlich ist Gottsched auch gegen die Aufnahme sowohl alter als neugebildeter Wörter in die Poesie, indem er findet: „Man kan alle seine Gedanken gar leicht in üblichen und gewöhnlichen Redensarten zu verstehen geben;" — obgleich er wohl einsieht, daß man „einem Poeten nicht alle neue Wörter verbieten kann." Dann wird dieser Natürlichkeit zu Gefallen auch gegen die Wortversetzung geeifert (wobei wieder die Alten schlecht wegkommen) und gesagt: „Ich bleibe also bei unserer alten Regel, ein Poet müsse eben die Wortfügung beibehalten, die in ungebundener Rede gewöhnlich ist." Man hat Gottscheds Streben nach dem Natürlichen damit vertheidigen wollen, daß man hervorhob, er habe dabei vorzüglich das Drama im Auge gehabt, während hingegen die Zürcher das Wunderbare für das Epos in Anspruch nahmen. Allein auch darin erhob sich Gottsched nicht über die herrschenden Ansichten seiner Zeit; denn während er in den Kapiteln über das Drama nur die hergebrachten Sätze überliefert, ist auch ihm das Epos der Gipfel aller Poesie. Er beginnt daher den Abschnitt vom Heldengedicht: „Nunmehr kommen wir an das rechte Hauptwerk und Meisterstück der ganzen Poesie rc."; er sucht auch seine Beispiele von Verstößen gegen die Natürlichkeit selten in Dramen, sondern hauptsächlich in Epen auf. Nicht weniger auffallend tritt seine geringe Kenntniß der Alten in der Uebersetzung der Dichtkunst des Horaz hervor, welche er

seinem Werke statt einer Einleitung voranstellte, und wo ihm nachgewiesen wurde, daß er statt des Originals eine französische Uebersetzung
nachgebildet. Allein am schlagendsten zeugt Gottsched gegen sich selbst,
indem er in dürren Worten bekennt, wie fremd ihm die Würde der Poesie
war, wie z. B.: „Da ich die Poesie allezeit für eine Brodt-lose Kunst
gehalten, so habe ich sie auch nur als ein Neben-Werck getrieben.‟
Gleichwohl entblödet er sich nicht, als Muster für die verschiedenen
Dichtungsarten lauter eigene Erzeugnisse aufzunehmen, welche unter
allen Formen und Gestalten nur Gelegenheitsgedichte zur Verherrlichung
seiner Gönner und Freunde sind. Als Grund giebt er freilich an: „Ich
hatte mir die Regel gemacht, gar keine lebenden Dichter zu tadeln oder
zu critisiren.‟ Vollends aber setzte Gottsched seinem poetischen Berufe
durch die Zueignung seiner Dichtkunst die Krone auf. Diese nämlich findet an einen Kammerherrn statt, wobei es ganz ausdrücklich heißt: „Es
ist den größesten Leuten niemahls gleichgültig gewesen, ob ihre Leibes-
gestalt wohl oder übel abgeschildert gewesen.‟ — — — „Dieses Buch
enthält unter andern auch diejenigen Regeln, darnach sich alle Verfasser
der Lobgedichte, und folglich auch diejenigen werden zu achten haben, die
sich künftig an Dero hohes Lob machen dörften.‟ — — — „Da nun
die Absicht dieses Buches auch diese hauptsächlich ist, den Großen dieser
Welt geschickte Herolde ihrer Thaten zu verschaffen:‟ — so tröstet er sich,
daß er durch dasselbe, wenn nicht unmittelbar, doch mittelbar zur Verewigung seines Patrons beitragen könne.

Den Zürchern mußte diese flache und niedrige Auffassung der
Poesie mißfallen und sie mußten sich durch ein Werk, das ihre lang-
samen und schrittweisen Bemühungen zur Hebung der deutschen Poesie
mit Einem Zuge überholen wollte, gestoßen fühlen. Allein sie waren
zu klug und fühlten das Nachtheilige ihrer Stellung zu gut, als daß
sie vorschnell ihre Stimme gegen Gottsched erhoben hätten. Auch ließ
es dieser nicht fehlen, diejenigen zu begütigen, welche damals in Deutschland die einzigen waren, deren Widerrede er zu befürchten hatte, und
setzte sich demnach mit Bodmern in Briefwechsel. Ein großes Ansehen
und auch ein wesentliches Verdienst erwarb sich Gottsched im Jahre 1732
durch die Begründung der „Beyträge zur kritischen Historie der deutschen
Sprache, Poesie und Beredtsamkeit,‟ für welches Unternehmen er die
besten Kräfte des nördlichen Deutschlands gewann und daher dasselbe
für deutsche Sprache und Literaturgeschichte werthvoll machte. Von
dieser Zeitschrift berichtet Bodmer: „Die richterlichen Sprüche in diesem

Werke haben etliche Jahre nach einander das Schicksal der poetischen
Schriften bei den Deutschen regiert." „Die Zürcherischen Kunstrichter
können sich rühmen, daß sie von den Verfassern dieser Leipziger Bey=
träge eine lange Zeit hochgehalten worden. Diese gedenken ihrer selten,
daß sie dieselben nicht sich selbst an die Seite setzen." Als daher im
Jahre 1732 Bodmers Uebersetzung des Milton erschien, so fällte Gott=
sched darüber folgendes Urtheil: „Hr. Prof. B. hat eine solche Stärke
unserer Sprache gewiesen, daß man sagen könnte, daß Milton durch
diese Verdollmetschung noch mehr Kraft und Nachdruck gewonnen habe,
als er in seiner Muttersprache besitzt. Indessen hat es ihm aus Be=
scheidenheit beliebt, sich über den Mangel genugsamer Kundschaft in
unserer Sprache zu beschweren, der doch in Absehen auf die Stärke seiner
überall prächtigen und erhabenen Ausdrückungen gewiß nirgends zu
spüren ist." Indessen konnte er es doch nicht lassen, neben Bodmers
Uebersetzung auf eine verschollene alte aufmerksam zu machen, und in
einem gleichzeitigen Briefe an den Zürcher bemerkt er: — — — „Ich
wünsche ehestens das versprochene Werk zur Vertheidigung Miltons zu
sehen. Ich gestehe, daß ich begierig bin, die Regeln zu wissen, nach
welchen eine so regellose Einbildungskraft, als des Miltons seine war,
entschuldigt werden kann." Sehr bezeichnend ist ein Brief Gottscheds,
aus dem wir sehen, daß Bodmer denselben durch Clauder, seinen Sprach=
bereiniger in Leipzig, hatte ermuntern lassen, lieber bei der Dichtkunst
zu bleiben, als sich in die Philosophie zu vertiefen. — — — „Das
Lob solcher Kenner kann Niemanden, und am wenigsten mir gleich=
gültig seyn. Allein ein Poet und weiter nichts zu sein, nährt bey uns
den Mann nicht. Wir können nicht alle Professoren der Poesie werden;
und der Ausgang hat es letztlich gewiesen, daß ich die Logick und Meta=
physick zu lehren bestimmt gewesen. Ich habe also nicht vergeblich mein
philosophisches Buch (seine Weltweisheit) herausgegeben: denn hält es
gleich nicht viel besonderes in sich, so hat es doch bei Hofe seine Wirkung
gehabt, wo man auf solche Proben sieht." Gleichwohl wünscht er sich
Glück, daß er auch den Titel eines Professors der Poesie nicht habe
fahren lassen, denn durch beides zusammen erst habe er in Leipzig einen
festen Fuß bekommen. In Folge fortwährender Verbindung und gegen=
seitiger Artigkeiten rückt Gottsched endlich mit dem Antrage heraus,
Bodmern als Mitglied für die deutsche Gesellschaft in Leipzig zu ge=
winnen. Dieser nahm nach Hallers neulichem Vorgange die Er=
nennung an; wobei Gottsched „versichert, daß er die Schweiz glücklich

schätze, indem sie jetzo solche Geister besitze, die ganz Deutschland trotzen können." Er ersuchte Bodmern darauf, seine Charaktere deutscher Gedichte in die Beyträge aufnehmen zu dürfen, nachdem er bei der Erscheinung derselben ihm sowohl „die scharfsinnige Art der Beurtheilung, als die critische Einsicht gelobt, daraus sie geflossen; und sich dabei sehr verbunden findet, daß jener ihn, da er keinen rühmlichen Carafter haben konnte, auch keines verwerflichen werth geschätzt habe." Er geht selbst in seiner Bescheidenheit so weit, daß, nachdem er Bodmern einige übersendete „Kleinigkeiten" von ihm selbst und andern empfiehlt, er hinzufügt: „Hier möchte es mit Haller heißen:

> Ganz Leipzig quillt von nüchtern Schreyern,
> Die Gasse tönt von feilen Leyern,
>   Davon der beste Name stinkt*)."

8. Gründliche Arbeiten der Zürcher.

Dem Vorhergehenden zufolge darf man sich nicht wundern, wenn die Zürcher in Gottsched die Gesinnung und den Charakter eben so wenig als den Schriftsteller achteten. Auch hatte er es, ungeachtet aller Höflichkeit und alles Lobes, wiederholt an kleinen Tücken nicht fehlen lassen, so unter andern indem er sie mit der Entdeckung überraschte, daß in Betreff des „Ursprungs deutscher Kritik ihnen Werenfels den Rang abgelaufen." Allein die Zürcher waren zu würdige Männer und faßten ihre Aufgabe zu ernst, um Gottscheden eine kleinliche und persönliche Kritik entgegenzustellen. Vielmehr ist es bemerkenswerth und wahrhaft bedeutend, wie dieselben in aller Stille Jahre lang arbeiteten, um durch gründliche, auf ein denkendes Publikum berechnete Werke ihren Ansichten Eingang zu verschaffen, wobei sie im bessern Selbst-

---

*) Eine ähnliche Gottsched'sche Naivetät findet sich in Leonhard Meisters „Meisterianis." Dessen Oheim, Heinrich Meister, war i. J. 1727 Hofprediger in Baireuth und hatte die Uebergabe einer Ode Gottscheds an den Markgrafen übernommen. Voll Dank für diese Gefälligkeit schreibt nun der Magister unter Anderm: „Inskünftige werde ich mir die Zeilen:

> D'un poéte flatteur l'ame basse et servile
> Est toujours pour les Grands en louange fertile —

zur Lehre dienen lassen. — Ich wäre es wohl zufrieden, daß die mittelmäßigen Poeten aus der Republik verbannt würden, wenn ich nicht selbst mit darunter begriffen wäre."

gefühl Gottscheden geflissentlich ignorierten. Ehe sie indessen mit ihren
Arbeiten vorrückten, hatten sie die Befriedigung, daß das berühmte Buch
von Liskow, „Die Vortrefflichkeit und Nothwendigkeit der elenden
Scribenten" — 1738 — erschien, welches in Ton und Streben so genau
mit ihnen zusammentraf. Sie besorgten daher einen neuen Abdruck
dieser Schrift und begnügten sich beiläufig, Gottsched einem Verzeich-
nisse elender Scribenten im Anhange einzuverleiben, womit sich Liskow
nachher einverstanden erklärte. Sie selbst traten endlich mit drei der
längst vorbereiteten Werke zugleich auf, welche unter einander im engen
Zusammenhange waren und ihre Gedanken auf einmal vollständig darlegen sollten. Wie man auch den Antheil der Zürcher an der Wiederherstellung der deutschen Literatur würdigen möge: darüber ist jedermann einig, daß mit dem Erscheinen dieser Schriften im Jahre 1740
für die deutsche Literatur eine neue Periode beginnt: es muß daher auf
den Inhalt derselben näher eingetreten werden. Zwei dieser Werke, und
darunter das entscheidende, sind von Breitinger; daher man in neuerer
Zeit geneigt ist, diesem beinahe das ausschließende Verdienst der Begründung der poetischen Kritik beizumessen. Allein auch bei diesen
Erzeugnissen, wie wir schon bei frühern Arbeiten uns überzeugt haben,
kann die Thätigkeit und das Verdienst der beiden Freunde nicht getrennt
werden. Offenbar gingen sowohl der Anstoß als die Grundgedanken
sämmtlicher Werke von Bodmer aus; allein die philosophische Bildung,
Klarheit und Formgewandtheit Breitingers machten diesen zur Ausarbeitung der gemeinsam durchgeprüften Gedanken fähiger. Wirklich
beweisen auch eine Menge noch vorhandener gewechselter Zettelchen die
Gemeinschaft der Arbeit; und im letzten derselben aus dieser Zeit spricht
sich Breitinger also aus: „Ihr werdet sehen, daß ich mich Euerer zufälligen Gedanken so viel möglich bedient, und darauf gebauet habe;
aber zugleich, daß ich meine Kritik systematischer ausgeführt, und viele
neue Anmerkungen habe einfließen lassen." Bodmer hinwieder giebt
in seiner Vorrede zu der Abhandlung Breitingers von den Gleichnissen
Aufschluß über seinen Antheil an dieser Arbeit, welcher gleichmäßig
von dieser wie von allen übrigen Schriften Breitingers gilt: „Die
vergnügtesten Stunden, so ich in einigen von denen jüngst verflossenen
Jahren gezählet habe, waren diejenigen, welche mir der Verfasser gegenwärtigen Werkes verschaffet hat, indem er mir dasselbe von seinem ersten
und rohen Saamen bis zu seiner Zeitigung in allen denen verschiedenen
Graden des Wachsthums gewiesen, durch welche es hat fortgehen müssen.

Es war die beständige Materie unserer Unterredungen, wenn ich mit
diesem meinem werthesten Freunde an dem Gestade der Lindemag oder
der Siel einsam gespazieret, da ich denselben durch meine Fragen und
Einwürffe zu vielen ausführlichen Erklärungen vermocht, oder zu Unter=
suchungen ganz neuer Abschnitte seiner Materie veranlasset, und ihn
überhaupt aufgemuntert habe, daß er die Lust diese Arbeit zu vollenden,
unter der Menge seiner ordentlichen Amtsgeschäfte nicht verloren hat;
Womit ich verdienet habe, daß er mir die letzte Aufputzung desselben,
was vornehmlich die Sprache anbelangte, überlassen hat. Ich sehe mich
derowegen als den Pflegevater dieses critischen Werckes an."

Die früheste, längst angekündigte dieser Schriften ist Bodmers
„Abhandlung von dem Wunderbaren in der Poesie und dessen Ver=
bindung mit dem Wahrscheinlichen, in einer Vertheidigung des Ge=
dichtes J. Miltons von dem verlohrnen Paradiese." Da der Verfasser
zugleich Addisons Abhandlung von den Schönheiten des Milton bei=
fügte, worin dieser den Engländer über Griechen und Römer erhebt,
geht aus der Vergleichung hervor, wie viel feiner und vorurtheilsfreier
Bodmer seinen Lieblingsdichter gewürdigt, indem er sich wohl hütet,
demselben vor den Alten den Vorzug zu geben, sondern nur beflissen ist,
denselben durch Parallelen mit diesen zu vertheidigen. Diese Ver=
theidigung mischt Gottscheden nur von ferne ein (dessen Name kommt
nur im Register vor), sondern wendet sich unmittelbar an die Tonan=
geber der poetischen Dürre, die Franzosen, und namentlich gegen
Voltaire. In der Vorrede aber werden die Ursachen angegeben, warum
Milton den Deutschen noch nicht bekannt sei, unter andern vorzüglich
„ihre Neigung zu den philosophischen Wissenschaften und abgezogenen
Wahrheiten: diese macht unsere Deutschen so vernünftig und regelrecht,
daß sie zugleich matt und trocken werden." Die Abhandlung selbst erhielt
Leben und Wärme, weil es nicht nur eine Vertheidigung der poetischen
Grundsätze Miltons, sondern der Bibel selbst gegen die Angriffe der
Franzosen galt. Wenn daher Voltaire überhaupt die Gemälde von
Dingen verwirft, die nicht in die Sinne fallen, so thut hingegen Bodmer
dar, daß Milton die Engel als wirkliche Wesen, welche durch die Schrift
bezeugt werden, auch habe schildern dürfen und können. Wenn Voltaire
ferner gegen die Engel einwendet, daß sie dem Leser fremd und unbekannt
seien und er an ihnen keinen Antheil nehme, so rechtfertige Bodmer die=
selben durch die Sympathie des Menschenherzens für diese höhern Freunde.
Wenn Voltaire sich auf den Spott der Gebildeten über den Sündenfall

stützt, so weist Bodmer jenen Grund zurück, indem er jene Gebildeten den Abschaum einer Nation nennt. Den nochmaligen Vorwurf, daß geistliche Wesen nicht sollten mit irdischen Körpern bekleidet werden, widerlegt Bodmer mit folgender Hauptstelle seiner Schrift: „Der Dichter verleiht den Engeln die Sichtbarkeit vermittelst einer Art Schöpfung, die der Poesie eigen ist. Das sichtbar werden der Engel ist für die Einbildung nicht ohne Wahrheit, es hat nämlich dieselbe Wahrheit, welche die möglichen Dinge haben, und diese nimmt die Phantasie statt der eigentlichen Wahrheit und Würcklichkeit, welche die Engel, ob sie gleich unsichtbar sind, eben so wohl haben, als die Dinge aus der unsichtbaren Welt. Diese Art der Schöpfung ist das Hauptwerck der Poesie, die sich eben dadurch von den Geschichtschreibern und Natur=kündigern unterscheidet, daß sie die Materie ihrer Nachahmung allezeit lieber aus der möglichen als aus der gegenwärtigen Welt nimmt. Der Dichter thut mit den Engeln nicht mehr, als wenn er Gegenden, Flüsse ꝛc. mit Vernunft und Gedanken begabt; er darf es, weil sie sicht=bare Gestalt angenommen. Dasselbe thaten Dante und Tasso." Indem also Bodmer das Wesen der Poesie, welche durch die seichte Aufklärung und platte Weltverständigkeit der Franzosen aus der Literatur wie aus dem Gemüthe allmählig verscheucht worden, gegen die Begriffe der Zeit rechtfertigt, weiß er mit zartem und tiefem Gefühle die eigenthüm=lichen Schönheiten Miltons hervorzuheben und namentlich das Vor=trefflichste derselben, die idyllischen Gemälde des Paradieses, wobei er mit tiefem psychologischem Blicke den Ursprung der Vorstellungen und Empfindungen der ersten Menschen entwickelt.

Das Hauptwerk der Zürcher — Breitingers Critische Dichtkunst, mit einer Vorrede von Bodmer, ist eine durchaus selbständige Arbeit; denn wenn Gottsched den Zürchern vorwerfen wollte, daß Breitingers Werk eigentlich nur eine weitere Ausführung seines Buches sei, so zeigt eine flüchtige Vergleichung die Grundlosig=keit dieses Vorwurfs, indem beide Schriften nur dasjenige gemein haben, was Gottsched aus den frühern Versuchen der Zürcher sich angeeignet hatte. Breitinger überträgt die schulmäßige, systematische Behandlung der Philosophie durch Wolf auf die Kritik, oder was wir Aesthetik nennen würden, und führt wie jener Alles in gleicher Breite und Umständlichkeit aus. Allein er hat sich die Ansichten der Alten und der Neuern über die Poesie gründlich zu eigen gemacht, zeigt überall Verstand, Maß, Umsicht und bescheidenes Urtheil, beweist eine durch=

8*

weg gleichmäßige Bearbeitung und eine sichere Beherrschung des Gegen=
standes, und bewährt sich als leichten, gewandten, vielseitigen Arbeiter:
daher das Werk einen folgerichtigen, bündigen innern Zusammenhang
an den Tag legt. Bodmers Vorrede, welche eine Rechtfertigung der
Kritik im Allgemeinen enthält, sticht durch Härte und Unbeholfenheit
merklich gegen das Werk selbst ab. Im ersten Theile, welcher unter
dem Namen der poetischen Malerei von dem Wesen der Poesie handelt,
leitet Breitinger mit der zu jener Zeit beliebten Vergleichung zwischen
Poesie und Malerei ein, entwickelt dann aber im zweiten Abschnitte
seinen Begriff der Poesie, wobei er die Phantasie in ihr volles Recht
einsetzt und als den eigentlichen Quell poetischer Schöpfung und Auf=
fassung feststellt, folgender Maßen: „Ich nenne die Poesie eine poetische
Mahler=Kunst, weil dieses lebhafte und Herz=bewegende Schildern das
eigenthümliche Werck der Dicht=Kunst ist. Die Poesie ist ein beständiges
Gemählde, denn der Poet ist sowohl, wenn er den Lauf und Zusammen=
hang der Begebenheiten erzehlet, als wenn er sich verweilet, das Ver=
wundersame in den Gegenständen und Handlungen ausführlich zu be=
schreiben, immer bemühet, die Bilder, die ihm seine glückliche Phantasie
lehret, mit solchem Nachdruck und Klarheit, solcher Lebhaftigkeit und
Empfindlichkeit vorzustellen, daß das Gemüthe dadurch eben so stark ent=
zündet wird, als durch die sichtbare Vorstellung eines lebhaften Ge=
mähldes. Die poetischen Schildereyen empfangen ihr rechtes Licht,
und ihren erforderlichen Nachdruck daher, wenn die glücklich gewählten
Gedanken und Begriffe des Poeten nach ihren wichtigsten, erhabensten
und beweglichsten Umständen, unter angenehmen, fremden Bildern und
Figuren vorgestellet, und dadurch ganz sichtbar und sinnlich gemachet
werden.“ „Die Historie suchet, als Zeugin, von der Wahrheit zu
unterrichten; die Poesie aber als eine kunstvolle Zauberin auf eine
sinnliche, und unschuldig=ergetzende Weise zu täuschen.“ Mit wahrer
Theilnahme sieht man dieses Forschen und Ringen mit Sprache und
Gedanken, um über einen abhandengekommenen Begriff zur Klar=
heit zu gelangen und denselben von Neuem ins Leben zu rufen.
Namentlich bezeugt folgende Stelle, welche tiefe Empfindung Breitinger
für die Poesie hatte: „Das poetisch Schöne ist ein hell leuchtender
Strahl des Wahren, welcher mit solcher Kraft auf die Sinnen und das
Gemüthe eindringet, daß wir uns nicht erwehren können.“ Wenn
zwar Breitinger dem Vorwurfe nicht entgeht, die Aufgabe der Poesie zu
enge gefaßt und ebenfalls den Maßstab moralischer Zweckdienlichkeit

angelegt zu haben, so läßt sich dann doch wieder nachweisen, daß die
Ansicht der Zürcher so befangen nicht war, wie man gewöhnlich voraus=
setzt; dafür spricht unter andern folgende Stelle: „Die Poesie war in
ihrem Ursprunge und rechten Gebrauche zur Verehrung Gottes, zur
Besserung des Nebenmenschen und zu einer unschuldigen Aufmunterung
und Belustigung des Gemüthes gewiedmet: Aber so bald diese edle
Gabe des Himmels durch den schädlichen Mißbrauch entweyhet worden,
ward sie nach und nach zu einem schändlichen Werkzeuge der Laster
gemachet. — Was die kleinern Gattungen der Lyrischen Gedichte be=
trifft, so kann man nicht immer fordern, daß sie allemahl großen Nutzen
schaffen, allermassen sie zu einer unschuldigen Kurzweil dienen, und
daher genug ist, wenn sie nur den vornehmsten und Hauptzweck der
Poesie, nehmlich das Ergetzen, gewähren. Alleine die großen Haupt=
stücke der Poesie, als die Epopee, das Trauerspiel, die Komödie, die
Satyre, anbelangend, ist unstreitig, daß diese Gattungen Gedichte nicht
das bloße Ergetzen, sondern die Besserung des Willens zum Zwecke
haben." Im Folgenden freilich, wo Bodmer über die poetischen Stoffe
und die Behandlungsweise derselben sich aussprechen will, berührt er
zwar wohl das Richtige, bleibt aber in dieser schwierigen Auseinander=
setzung auf einem mühsamen, im Zirkel sich herumdrehenden Standpunkte
hängen. Das Neue, die Erfindung nämlich, ist ihm das hauptsäch=
lichste Merkmal der schöpferischen Einbildungskraft, und dieses findet er
im Wunderbaren, daher sagt er: „Je neuer, unbekannter, je uner=
warteter eine Vorstellung ist, desto größer muß auch das Ergetzen seyn.
Nun aber kann nichts neueres seyn, als das Wunderbare, das uns durch
das bloße Ansehen entzücket und mit Verwunderung erfüllet, und folglich
ist auch nichts angenehmer." Dieser Ansicht fügt er dann aber sogleich
die aus der richtigen Auffassung der Aufgabe des Dichters hervorgehende
Bemerkung hinzu: „Die verwundersame Neuheit in den Vorstellungen
lieget eigentlich nicht in den Sachen, die uns vorgestellet werden, sondern
in den Begriffen dessen, der von einer Vorstellung nach seiner Empfin=
dung urtheilet: das ungleiche Urtheil über das Neue hängt also theils
von Persönlichkeit und Verhältnissen, theils von der Fähigkeit und dem
Maaß der Erkenntniß ab." — Um sich aber mit der Hervorhebung des
Wunderbaren in der Poesie nicht bloßzustellen und der Anforderung
der Gegner an das Natürliche ein Genüge zu thun, muß sich Breitinger
nun Mühe geben, dieses Wunderbare mit dem Wahrscheinlichen in Ein=
klang zu bringen, daher er folgenden Gesichtspunkt aufstellt: „Die eigen=

thümliche Kunst des Poeten besteht darinnen, daß er die Sachen, die er
durch seine Vorstellung angenehm machen will, von dem Ansehen der
Wahrheit bis auf einen gewissen Grad künstlich entferne, jedoch allezeit
in dem Maaße, daß man den Schein der Wahrheit auch in ihrer wei=
testen Entfernung nicht gänzlich aus dem Gesichte verliehret.   Folglich
muß der Poet das Wahre als wahrscheinlich, und das Wahrscheinliche
als wunderbar vorstellen, und hiemit hat das poetische Wahrscheinliche
immer die Wahrheit, gleichwie das Wunderbare in der Poesie die Wahr=
scheinlichkeit zum Grunde." — Dieses vorausgesetzt, kommt der Kritiker
dann weiter auf die Zulässigkeit der allegorischen Figuren, und mit der
Begriffsbestimmung der Allegorie hat er ferner den Uebergang zur Fabel
gefunden, worin er, wenn auch in der Definition der Fabel unbestimmt
und ungenügend, doch Mittel, Umfang und Zweck derselben sehr richtig
trifft.   Die Fabel mußte den Zürchern von der höchsten Wichtigkeit sein:
einerseits weil sich darin die poetische Erfindung und Malerei bethätigen
konnte, und anderseits weil dieselbe für diejenige Didaktik, welche ihnen
zunächst am Herzen lag, die Belehrung über die kleinern Lebensverhält=
nisse, die Entwicklung bürgerlich republikanischen Sinnes, sich besonders
eignete.   Wenn sie dieselbe, wohl irrthümlich, mit dem Epos vermeng=
ten, so ist ihr Irrthum um so verzeihlicher, weil nachher Grimm, von
den gleichen Gesichtspunkten ausgehend, in ihre Fußtapfen trat *).   Fol=
gender Maßen entwickelt also Breitinger seine Theorie der Fabel: „Die
Fabel ist in ihrem Wesen und Ursprung betrachtet nichts anders, als
ein lehrreiches Wunderbares.   Durch eine unschuldige List soll die bittere
Wahrheit verhüllt und annehmlich gemacht werden.   Die Fabel ist dem=
nach nichts anders, als eine Erinnerung, die unter die Allegorie einer
Handlung versteckt wird, sie ist ein historisch = symbolische Morale.   Die
Lehre ist die Seele der Fabel, da die Erzählung nur der Cörper davon
ist."   Sehr bemerkenswerth ist, mit welch gesundem Natursinn und
richtigem Gefühl das eigenthümlich Anziehende, der Körper der Thier=
fabel aufgefaßt wird, und wie nahe Breitinger in dieser Beziehung mit
Lessing zusammentrifft, welcher das Interesse an der Thierfabel in die
„allgemein bekannten und unveränderlichen Charaktere der Thiere" setzt.
„Es wird erfordert, daß die Handlungen und Reden, die den Thieren
und leblosen Dingen in der symbolischen Erzehlung zugeschrieben werden,
auch wahrscheinlich seyen: Es sind aber dieselben wahrscheinlich, wenn
sie mit unsern Begriffen, die wir von der Natur, dem Wesen, und der

*) S. Gervinus, Geschichte der deutschen Dichtung. Bd. 1. Reinhart Fuchs.

Fähigkeit solcher Dinge haben, und mit dem ordentlichen Laufe und den eingeführten Gesetzen der Natur übereinstimmen. Man muß den natürlichen Charakter der Thiere nicht aus der Acht lassen, ihre Anschläge müssen ihren natürlichen Begierden und Neigungen weder zuwider, noch von denselben allzuweit entfernt seyn." Wenn übrigens Verhältnisse und Richtung die Zürcher zur epischen Poesie leiteten, so muß man ihnen doch so viel lassen, daß sie auch das Wesen des Dramas nicht verkannten; während daher Gottsched in diesem Abschnitte seiner Dichtkunst nur überlieferte Sätze schulmäßig aufwärmte, haben jene die Sache in wenigen Zügen richtig aufgefaßt und bezeichnet: "Das Geheimniß der Poesie besteht darinnen, daß sie den verschiedenen Gemüthszustand nicht bloß historisch beschreibet und erzehlet, sondern die Personen wirklich auf den Schauplatz bringet und ihnen solche Reden und Handlungen beileget, wie es der Gemüthscharakter, der ihnen angedichtet wird, und die Umstände, in welche sie der Poet nach seinem Belieben gesetzet hat, erfordern. Darum ist der dramatische Theil der Poesie auch der vornehmste und beweglichste, weil er die vollkommenste Art der Nachahmung ist."

Im ersten Theile der kritischen Dichtkunst entwickelten also die Zürcher den Begriff und das Wesen der Poesie; im zweiten aber wurde "die poetische Mahlerey in Absicht auf den Ausdruck und die Farben abgehandelt", also die poetische Sprache erörtert, ebenfalls mit einer Einführung von Bodmer. Wenn der erste Theil sich durch richtige Beobachtung und philosophische Gründlichkeit im Allgemeinen empfahl, so hat der zweite nicht weniger Werth durch eine für jene Zeit ganz neue und selbständige Sprachforschung, welche in einzelnen Abschnitten durch Sachkenntniß, Präcision und Scharfsinn sehr anziehend und bemerkenswerth ist. Denn es zeigt sich in den speciellen Untersuchungen über den Werth und die Bedeutung der Wörter eine gegen die ausholende und herumgreifende Breite der theoretischen Abschnitte vortheilhaft abstechende Sicherheit und Gedrängtheit. Sehr gerne begegnet man an der Spitze der Untersuchung der an den Zürchern sonst bezweifelten Einsicht: "Kein Werk, das für die Ergetzung des Lesers geschrieben worden, hat sich jemals ohne die Schönheit eines geschickten Ausdruckes lange beym Ansehen erhalten können." Mit besonderer Lebhaftigkeit und Wärme aber rückt Breitinger gegen den platten Purismus zu Felde, der mit ekler Willkühr eine Menge von "Machtwörtern" der frühern Sprache aus der Poesie verbannen wollte; er sagt daher in dieser Beziehung eben so schön als treffend: "Der cörperliche Theil (die Form) der Wörter ist ganz flüchtig und hinfällig; hingegen der geistliche Theil derselben (die Grundbedeutung) ist, wie die Seelen der Menschen, unsterblich. Die Bedeutungen der Wörter sind gewisse Begriffe und Vorstellungen in den Gedanken, diese aber können niemals gänzlich verloren gehen." "Man kann mit Recht kein Wort als alt und verlegen verwerfen, so lange man in einer Sprache nicht ein anderes gleichgültiges aufweisen kann, welches dienet, den Begriff desselben in einem gleichen Lichte vollkommen auszudrücken." "Kein Wort aus einer Sprache kann verloren gehen, es sey denn, daß die bei einer Nation einbrechende Unwissenheit und Trägheit auch die Gedanken und Begriffe selbst, die einmal nationalisiert gewesen, schändlicher Weise verwahrlose." Man begreift den Unwillen des Verfassers, wenn er sich unter andern nachstehender verfolgter Ausdrücke annehmen muß, als: frommen, sich weiden, sich ausmergeln, auflohen, lechzen, abmerken, unterjochen, verpicht, betreten, verlustig werden, einheimisch machen, behagen, Mißbehagen, Mißton, Mithafte, Unbill u. s. w. In dem vortrefflichen Abschnitte von der Uebersetzungskunst heben die Zürcher vornämlich die Vortheile hervor, welche durch die Uebertragung klassischer Werke in die deutsche Sprache für diese entstehen, und bevorworten somit eine Thätigkeit, worin sie sich unverkennbare Verdienste erwerben sollten. Indem Breitinger gegen das Ende dem malerischen Ausdrucke noch ein= mal das Wort redet, faßt er die Eigenthümlichkeit der poetischen Sprache folgender Maßen kurz zusammen: "Da die Poesie auf die Entzückung der Phantasie, und auf die Erweckung derjenigen Lust losgehet, die das menschliche Herz in der Bewegung und dem Kampfe der Leidenschaften unmittelbar findet, so wird dasjenige, was bey dem Redner nur ein Nebenwerk und ein Mittel ist, seinen Zweck zu befördern, sein einziger Zweck und sein Hauptwerk. Seine Erzehlung muß als ein sichtbares Gemählde die Sachen nicht bloß erzehlen, sondern zeigen, und das Ge= müthe in eben diejenige Bewegung setzen, als die würckliche Gegenwart und das Anschauen der Dinge erwecken würde. Dazu ist die gemeine und gewohnte Art zu reden viel zu schwach: Sein ganzer Ausdruck muß darum ganz neu und wunderbar, d. i. viel sinnreicher, prächtiger und nachdrücklicher seyn."

So unentwickelt und mangelhaft Breitingers Werk sein mag, so enthielt es doch das Ergebniß der Einsicht und Gelehrsamkeit seiner Zeit über Dichtkunst und Aesthetik im Allgemeinen und blieb von unbestrit= tenem Ansehen, bis zwanzig Jahre später Lessing eine neue Bahn brach.

Allein selbst Lessing gedenkt seines Vorgängers stets mit Achtung, nennt
ihn einen großen Kunstrichter und bekennt, von ihm gelernt zu haben
und in Prüfung seiner Gedanken weiter gekommen zu sein, und er giebt
ihm dadurch den höchsten Beweis der Anerkennung, daß er den Lehren
desselben seinen Laokoon entgegenstellt. Zu nicht minderer Ehre gereicht
den Zürchern, daß Winckelmanns Ansichten über die Kunst unmittelbar
aus denselben Grundsätzen herfließen, daher Gervinus ihn theilweise den
Schüler der schweizerischen Aesthetiker nennt *). Ueberhaupt ist sehr
zu beachten, daß die Zürcher Schule einen bedeutenden Einfluß auf die
Kunst ausübte, indem durch ihre Anregung nicht nur ihre Mitbürger,
wie namentlich Salomon Geßner und Martin Usteri, sowohl als Dichter wie als Maler, ihre Richtung erhielten, sondern auch noch in späterer
Zeit Künstler wie Tischbein und Philipp Hackert unter ihrer Einwirkung
standen.

Von weit geringerm Werthe als die Dichtkunst ist Breitingers
„Kritische Abhandlung über die Gleißnisse", indem dieser magere
Stoff in einem dicken Buche mit ermüdender Weitschweifigkeit durchge-
führt wird. Die ganze Arbeit bezweckt vornämlich die Hervorhebung der
malerischen Schönheiten der Alten und die Vergleichung, in wiefern die
Deutschen denselben nachgefolgt. Besonders einläßlich wird daher
Homer geprüft und namentlich in einem trefflichen Abschnitte eine
Schilderung des Lebens und der Sitten der homerischen Zeit gegeben.
Der Grundgedanke und die Absicht des Werkes spricht sich aber am klarsten
in folgender Stelle aus: „Ich muß meinen Landsleuten das gebührende
Lob nicht vorenthalten, daß sie den übermäßigen Pomp der Lohensteini-
schen Schreibart aus ihren Schriften größtentheils verbannet haben,
dabey aber will ich auch nicht verschweigen, daß einige dagegen so seicht,
dürr und trocken geworden, und in eine so niedrige Plattheit verfallen
sind, als ob sie alles Zutrauen zu ihren eigenen Kräften verloren hätten,
und nicht hoffen dürften, sich mittelst der bescheidenen Anwendung der
Figuren, Metaphoren und Gleichnisse höher zu erheben als die gemeine
Schreibart steigen mag. Sie gehen nicht, sondern kriechen vielmehr mit
einer zaghaften Behutsamkeit, obgleich nach einer gemessenen Bewegung
im Staube einher; ihre Poesie ist nicht besser als eine abgezehlte und
reimende Prosa. Darum wäre mir es lieb, wenn ich ihnen einen neuen
Muth einflößen, und sie bereden könnte, daß die Gleichnisse, wenn sie

---

*) Gervinus, Geschichte der deutschen Dichtung, Bd. 4. S. 434.

neu, wohl erfunden und geschickt ausgeführt sind, wenn sie daneben am
rechten Orte stehen, uns nicht anderst als wohl gefallen können; ferner
daß der Mangel und die Kargheit, insonderheit in Lehrschriften, was
die gemeldeten Stücke anbetrifft, eben so viel Ekel bringet, als die Ver-
schwendung; endlich daß dieser Mangel allezeit einen frostigen und
witzlosen Kopf verräth."

Diese Stelle ist überhaupt bezeichnend für die Art und Weise, wie
die Zürcher sich über die Gottsched'sche Schule aussprachen. Denn wenn
auch Breitinger den Leipziger Aristarchen mehrmals beiläufig widerlegt
hatte, so zollte er ihm doch auch wieder eben so unbefangen seinen Beifall und war offenbar mit Behutsamkeit und Schonung bemüht, jeden
persönlichen Zusammenstoß zu vermeiden. Auch war es klar, daß
Breitinger mit seiner Dichtkunst die Gottsched'sche nicht ausstechen
wollte, indem er die Aufgabe verschmähte, ein Schulhandbuch zu
schreiben. Allein innerlich gedrungen, nach Vermögen zu wirken, daß
die armselige Gottsched'sche Poesie sich nicht fernerhin als Regel aufstelle,
und im ruhigen Vorsatz, dieser gegenüber Deutschland für eine bessere
Poesie zu wecken und empfänglich zu machen, konnte Breitinger gegen
Gottsched kaum rücksichtsvoller sich benehmen. Dagegen konnte er freilich
nicht umhin, Gottscheds Schützlinge scharf zu zergliedern, was besonders
gegen Schwarz, den unglücklichen Uebersetzer der Aeneide, und gegen den
elenden Triller geschah, und zwar bisweilen nicht ohne eine merkbare
zerfleischende Lust. Wenn indessen der oft derbe Ton der Schweizer
in Deutschland theilweises Mißfallen erregte, so nahm dagegen ihre gedankenreiche Kritik die aufstrebenden Geister in lebhaften Anspruch und
erregte selbst in Gottscheds nächster Umgebung Zweifel über seine
Autorität.

9. Gottsched und seine Schüler.

Gottsched fühlte sich nämlich offenbar zu schwach, gegen die von
den Schweizern aufgestellten Grundansichten über die Poesie in einen
Kampf sich einzulassen, und brachte es ebenso wenig über sich, das
Richtige ihrer Lehren anzuerkennen. Er nahm daher seine Zuflucht zu
kleinlichen Künsten und suchte durch kurze, wegwerfende Urtheile das
Publikum zu täuschen. So fertigte er Breitingers kritische Dichtkunst
nur mit diesen wenigen Worten ab: „In diesem Buche sind einige
Materien, die zur Dichtkunst überhaupt gehören, sehr weitläufig, andere

aber gar nicht berührt. Dagegen ſind einige Capitel eingeſchaltet, die
man hier gar nicht ſuchen würde; darinn ein par unſerer berühmteſten
Poeten angegriffen werden. Vielleicht geben wir mit der Zeit noch
ausführliche Nachricht davon." Ein ander Mal höhnt er Bodmers
geäußerte Hoffnung, daß Breitingers Dichtkunſt zur Aufnahme Miltons
beitragen werde, auf gleiche Weiſe: „Künftige Dinge ſind ungewiß und
wir wollen ihm alſo nicht alle Hoffnung abſprechen. Allein nach vielen
Wahrſcheinlichkeiten, die wir hier beſſer als in der Schweiz haben können,
zu urtheilen, ſollte man eher das Gegentheil glauben; indem dieſe neue
Dichtkunſt vielleicht noch ein Buch bedürfen wird, welches ſie anpreiſe
und beliebt mache." Ueber die Milton'ſche Ueberſetzung wird, im Gegen-
ſatz zu dem frühern Lobe, anfangs mit Geringſchätzung und bald mit
bitterm Tadel geſprochen. Gottſched giebt ſich das Anſehen, für die
Selbſtändigkeit Deutſchlands zu ſtreiten, und will daher „den eigen-
mächtigen Zürcheriſchen Kunſtrichter zurückweiſen, welcher die Deutſchen
zwingen will, ein ausländiſches Buch zu bewundern." Dieſer Hochmuth und dieſe Unredlichkeit mußte die Zürcher gleicher Weiſe erbittern.
Dazu kam noch die ſehr einladende Gelegenheit zum Spotte, welche
Triller darbot. Es giebt in der deutſchen Literatur nicht leicht einen
geiſtloſern, abgeſchmacktern und affectiertern Schriftſteller als dieſen
Triller, ſo daß es kaum zu begreifen iſt, wie ſich die Schweizer mit ihm
einlaſſen konnten. Allein wenn Haller ihn ſeiner Freundſchaft würdigte,
und Gottſched ihn unter die „berühmteſten Dichter" zählte, ſo war für
die Zürcheriſche Satyre zu viel Aufforderung, ſolch einen Gefeierten zu
züchtigen. Triller gab eben neue äſopiſche Fabeln (1740) heraus und
begleitete dieſelben mit einer geharniſchten Vorrede gegen die Schweizer,
welche er zwar, auf Erneſti's Zureden, nicht drucken ließ, allein in Ab-
ſchriften herumbot. Freunde in Leipzig ermangelten nicht, dieſe Schrift
in die Hände der Zürcher zu bringen. Nun gab Bodmer dieſe Schrift,
unter dem angenommenen Namen eines Konrektors Erlebach, mit beißen-
den Anmerkungen verſehen heraus, und zugleich ſchrieb Breitinger eine
kurze Vergleichung zwiſchen ſeiner und Gottſchebs Dichtkunſt. Und
ſomit kam der vieljährige Streit in vollen Zug. Wenn die Veranlaſſung
dazu von Seite der Zürcher eine Art Nothwehr war, ſo kann dagegen
nicht geläugnet werden, daß die beiden Freunde zur literariſchen Fehde
nur zu bereitwillig waren, indem ſich Bodmer auf ſeinen Witz und
Breitinger auf ſeinen zerſetzenden Scharfſinn nicht wenig zu Gute that.
Auch iſt es eine bekannte Erfahrung, daß ſchüchterne und zurückgezogene

Menschen mit der Feder leicht keck, streitluſtig und übermüthig werden. Zudem fühlten ſich die Zürcher als Schweizer, welche in Folge freier und mannigfaltiger bürgerlicher Verhältniſſe einem vielſeitigen Lebens= verkehre näher ſtanden, gegen die Leipziger Schulmagiſter zu ſehr im Vortheile, um deren ſchwache Seiten nicht ſcharf aufzufaſſen und bloß= zuſtellen.　Dazu bot ſich ihnen bald die günſtigſte Gelegenheit dar. Denn S ch w a b e, Gottſcheds treuer Schildknappe, gab mit dem Jahre 1741 eine neue Zeitſchrift, die „B e l u ſ t i g u n g e n d e s V e r ſ t a n d e s u n d W i ß e s,“ heraus, welche eine Sammlung origineller deutſcher Geiſtesprodukte ſein ſollte, und in ſofern einen Werth hat, als die erſten Erzeugniſſe der beſſern Leipziger Schule, wie Gellerts, Zachariä's, Elias Schlegels, Spaldings, Käſtners darin niedergelegt waren.　Allein die Borniertheit der eigentlichen Herausgeber ſprach ſich ſchon in dem aus= drücklich hervorgehobenen Plane aus, „die Franzoſen (gegen welche dieſe Schrift beſonders gerichtet war) in der Geringſchätzung alles Fremden nachzuahmen;“ daher an die Spitze eine Vignette mit einem an der Pfote ſaugenden Bären nebſt dem Motto geſetzt wurde: „Sich ſelbſt genug!“ Was demnach von Gottſcheds nächſten Freunden ausging, war über die Maßen blöde, und bald konnten ſie es nicht laſſen, wider den Zweck der Monatſchrift, in derſelben die Kriegsfahne aufzupflanzen, um, im Gefühle ihrer Unfähigkeit, den Gegnern auf wiſſenſchaftlichem Boden Stand zu halten, dieſelben durch Spott zu erniedrigen: und ſo erſchien der „D i ch t e r k r i e g“, ein langes, proſaiſches Epos, worin Bodmer unter dem Namen Merbod wegen deſſen anmaßender Grobheit und abenteuerlichem Geſchmacke verhöhnt wird.　Indem Dreyer in Ham= burg oder Schwabe in dieſem Stücke Bodmers Styl nachahmen wollte, wurde er ſo hochtrabend, leer und langweilig, daß er Jedermann mißfiel.

Ehe wir auf die Schritte Bodmers gegen dieſe Kriegserklärung neuer Art eingehen, iſt es der Mühe werth, deſſen Gemüthsſtimmung kennen zu lernen, wie ſich dieſelbe zu dieſer Zeit in den Briefen an Zellweger aufſchließt.　Wiederholt hatte Bodmer dem Freunde ſeine Freude über die Werke ausgedrückt, welche er mit Breitinger in den frühern Jahren in aller Stille vorbereitete, und ſeine Hoffnung von der Wirkung derſelben.　Allein als nun dieſelben erſchienen waren, ohne einen entſcheidenden Einfluß auf das deutſche Publikum auszu= üben und ohne Gottſcheds Anſehen für den Augenblick merklich zu er= ſchüttern, wurde Bodmer faſt muthlos und er ſchrieb an Zellwegern: „Wir ſehen uns verlaſſen, allein, beinahe verrathen.“　Unter dieſen

Umständen verlor er auch die Hoffnung, auf dem Wege des Buch=
handels Bedeutendes zu wirken und zog sich daher von demselben zu=
rück, „weil er sich nicht gern mit der Krämerei belade." Zu eben
derselben Zeit lehnte er auch die Aufforderung ab, der deutschen Ge=
sellschaft in Bern beizutreten, „weil solche Gesellschaften leicht zu
Faktionen werden und die Sachsen und Niederdeutschen auf den Wahn
gerathen möchten, daß wir ihnen diese schweizerische Gesellschaft ent=
gegensetzen wollen." Wir sehen daraus, daß Bodmer weit entfernt
war, durch Machinationen seinen Gegnern Abbruch zu thun, um so
weniger, weil er immerhin den Glauben an den Sieg des guten Ge=
schmackes nicht aufgeben konnte, und daher seinem Freunde die Hoffnung
aussprach, daß gleichwie die Reformation des Glaubens in der Schweiz
zuerst sich angebahnt, so auch die Vereinigung der Poesie daselbst ihren
Anfang nehmen könnte. Er ermunterte sich also von Neuem, um seine
Bemühungen in einer regelmäßigen Zeitschrift fortzusetzen, und begann
daher die „Sammlung kritischer, poetischer und geist=
voller Schriften" (1741—1744). Gleich die ersten Stücke
enthielten eine sehr ruhige, klare und gründliche Nachricht von dem
Ursprung und Wachsthum der Kritik bei den Deutschen von Opitz bis
auf die neuesten Zeiten, um zu beweisen, daß Bodmer und Breitinger
die Kritik unter den Deutschen zuerst wieder hergestellt. Diese über=
sichtliche und unbefangene Abhandlung ist für die Literaturgeschichte von
bleibendem Werthe, und es ist nur zu bedauern, daß er sich aus der
würdigen Haltung derselben herausheben ließ. Allein leider kam ihm
Gottscheds muthwillige Herausforderung im Dichterkriege zu erwünscht
und eröffnete seinem Hang zur Satyre ein zu günstiges Feld, als daß
der vielfach Gereizte sich nun länger hätte zurückhalten sollen; und leider
gaben Gottsched und seine Parthei dem leicht beweglichen, einmal auf=
gestachelten Bodmer bald durch ihre Anmaßung, bald durch ihre Tücke
und bald durch ihre Unbeholfenheit immer wieder neuen Anlaß, die=
selben zu züchtigen und zu zerfleischen. Wenn es aber Bodmers Sa=
tyren an Witz und treffender Wahrheit nicht fehlte, so war er doch zu
heftig und in der Form zu nachlässig, als daß Unbetheiligte des lang
hingezogenen Streites nicht hatten müde werden sollen. Daher kam
es auch, daß seine Absicht, in dieser Sammlung für deutsche Schrift=
steller eine schönwissenschaftliche Zeitschrift zu gründen, mißlang und
er fast allein stand, indem auch Breitinger nur in geringem Maße
mitwirkte.

Um indessen eine Probe jenes Witzes zu geben, vermittelst dessen
Bodmer seinen Gegner so gänzlich besiegte und für ein Jahrhundert
zum Gespötte machte, mag ein Auszug aus jenem Stücke folgen,
welches er dem Dichterkrieg entgegenstellte, nämlich dem „Complot
der herrschenden Poeten und Kunstrichter," unter dem
Namen Henrich Effinger. Gottsched wälzt sich schlaflos auf seinem
Bette und klagt der besorgten Gattin seine Noth, wie er bisher in
aller Gemächlichkeit gedichtet und der Schrecken seiner Feinde gewesen,
wie ihm aber jetzt die Schweizer hart auf dem Nacken liegen. „Seine
geschickte Freundin richtete ihn mit trostvollen Worten auf. Aengste
dich nicht ohne Noth, mein Freund, es ist noch lange nicht an dem,
daß die Deutschen von den Schweizern werden lernen wollen, wie sie
schreiben sollen. Sie werden es lieber von dir lernen: Sie haben die
ersten Eindrücke schon von dir empfangen. Deine Art zu denken, deine
Verstandes- und Einbildungskräfte stimmen mit ihrer Fähigkeit, mit
ihren Gemüthsgaben, am besten überein. Es ist keine so leichte Sache,
ihnen den Kopf in ein anderes Gelenke zu setzen. Sie können sich von
dem Ergezen nicht so leicht entwöhnen, das ihnen geläufig ist. Wer
hat mehrere und stärkere Proben von ihrer Gebuld in Händen, als du
selber in dem Beifall findest, den sie deinen Schriften noch täglich geben;
diese ist dir davor gut, daß sie von den Schweizern noch nicht bekehret
worden. — — — Endlich kanst du dich damit stärken, daß deine Ehre
an die Ehre so vieler anderer Scribenten gebunden ist. Du kanst nicht
alleine fallen. Dein Fall würde hundert andrer Fall nach sich ziehen.
Und dieses führet mich auf den Gedanken, daß wohl der beste Rath
seyn würde, wenn du die herrschenden Poeten Deutschlandes in einen
Synodus zusammenberiefest, damit sie gemeinschaftlich berathschlageten,
mit was vor Mitteln sie die neue Dichtkunst unterdrücken, und den
herrschenden Geschmack beym Ansehen erhalten wollten." — Gottsched
folgte diesem Rathe und erließ Mahnungsschreiben an die Häupter der
Dichter in den verschiedenen deutschen Provinzen. König lud er aus
Mißtrauen nicht ein und Brockes kam nicht; dagegen ihrer gegen hundert, begleitet von Buchhändlern, Buchdruckern, Zeitungsschreibern rc.
„Die Dichter setzten sich auf Bänke, aber Schottgeb nahm seinen Sitz
auf einer Cathedra. Der Anblick so vieler großen Männer, des Aus-
bundes der Geister Deutschlandes, die ihn theils bewunderten, theils
fürchteten, hatte ihn mit Stolz und Muth erfüllet; er eröffnete die Ursache dieser Zusammenkunft mit folgenden Worten. Niemand unter

euch, herrschende Poeten, wird mir diesen höhern Sitz mißgönnen, der bedenket, daß der föderste Rang mich nur zuföderst stellet, wie die spitzigen Pfeile der Critik, die wir in reinem Deutsch Schmähsucht und Zanklust heißen, von allen Seiten auf mich losgedrückt werden. Ich habe diesen Sitz auch nur darum so dreist eingenommen, damit ich mit meiner Brust die Stiche und Schläge auffienge, die einem andern unerträglicher seyn würden, welcher nicht so gut als ich mit der Unempfindlichkeit, wie mit einem Panzer von dreyfachem Ochsenleder bewapnet wäre. Bisdahin haben wir unsere Schriften nach Regeln verfertiget, welche wir selbst gemacht hatten; unser Gehorsam gegen dieselben war freywillig, wie der Grund, worauf sie gebauet waren, nur unsere Willkür und freyer ungebundener Wille war. Der Maßstab des Schönen und Angenehmen lag in unserer Empfindung, und diese ward von unsern eigenen Affekten und keiner anderer Menschen erwecket. Daran hatten wir unser Vergnügen; wir fanden unser Glück bey uns selbst, und hatten nicht nöthig, es an etwas Frembdes außer uns zu binden. Wir hatten das Lob, den Ruhm, den Beyfall und die Bewunderung in unserer Gewalt, und theilten sie mit freyem Willen denjenigen aus, die uns eben so viel davon zurückgaben. Künftig soll dieses alles aufhören. So scheint es. Denn man will uns eine neue Dichtkunst, neue Regeln dessen, was schön, angenehm, geistreich, neu und wunderbar heißen soll, auferlegen. Nach diesen Gesetzen will man uns richten, in die wir doch niemals gewilligt haben. Man meint sie zwar damit zu behaupten, daß sie aus der Natur des Menschen, und der Dinge hergeholet wären, und daß sie sicher zu dem wahren Endzweck der Poesie führten. Aber was thut es uns, daß sie aus der Natur des Menschen hergeleitet worden, nachdem sie nicht aus unserer Natur hergenommen sind? Und daß dieses nicht sey, giebt uns unsere Abneigung dagegen, genugsam zu verstehen. Für den Endzweck der Poesie sind uns unsere Regeln auch gut genug; maßen wir aus der Erfahrung wissen, daß unsere Leser sich an denen Schönheiten, die ihren Ursprung unserm freyen Willen zu danken haben, belustigen, daß sie in unsern Gedichten finden, was sie darinnen suchen; daher wir zu gleicher Zeit auch unsere Absicht dabey erreichen, allermaßen sie uns für Lieder, Häuser und Güter, Aemter und Weiber, geben. Das sind die Sachen, die izo auf dem Spiele stehen, und es ist um dieselben geschehen, wenn wir die Herrschaft verlieren, wenn wir uns des willkürlichen Urtheiles von dem, was Geschmack sei, berauben lassen; wir müssen dann den Beyfall, den

wir bisdahin unter uns getheilt hatten, bey andern suchen, welche nicht
geneigt sind, uns denselben zu geben, oder doch den theuren Preis darauf
setzen, daß wir ihn durch die Beobachtung ihrer schweren und uns un-
erträglichen Regeln gewinnen müssen.   Können wir dieses nicht, so
werden sie uns durch ihre critischen Aussprüche, alle Schönheit, allen
Witz absprechen.   So viel Witzes, Geistes, Geschmackes sie dann uns
wegnehmen, eben so viel muß ihnen als ein Erb von uns zufallen.   Ich
kenne euch besser als daß ich fürchten sollte, ihr würdet euern unge-
lenkigen Geist unter dem Joche der Critik biegen können; euer Eifer
für den herrschenden Geschmack, der vielmehr unter euerer, als ihr unter
seiner Herrschaft stehet, gestattet es euch nicht: Und ihr habet noch
Muthes genug, die Hoheit desselben mit des Feindes oder eurer eigenen
Schande zu versiegeln. Unsere Gegner sind voll Hasses und Stolzes; sie
geben und verlangen kein Quartier.   Ihr sehet und empfindet, wie übel
sie uns schon zugerichtet haben. — — — Das Glück, das ihnen ein
wenig günstig gewesen, hat sie unversöhnlich gemacht, Freund und Feind
gelten ihnen gleich, sie schonen weder Lebendige noch Todte.   Niemand
ist ausgedungen. Welcher von uns sieht seinen Nahmen in ihren beißen-
den Registern; wer ist ohne ein paar Ohrfeigen davon gekommen? In
dieser anwachsenden Gefahr lasset uns vor allen Dingen unsren absonder-
lichen kleinen Fehden, womit wir nur uns selber durch innerliche Zer-
theilungen schwächen, einen Anstand geben, lasset es Frieden und
Einigkeit unter uns sein, damit wir uns den verderblichen Anschlägen
unsrer gemeinen Feinde mit gemeinschaftlichem Rath und vereinigter
Macht wiedersezen.   Wir wollen Lob und Tadel, Ehre und Schande,
Schönheiten und Fehler, mit einander gemein haben.   Eines Ruhm
soll Aller Ruhm, eines Schmach Aller Schmach sein.   Wenn einer
getroffen wird, sollen Alle schreyen, Alle sollen den Streich empfinden,
und rächen.   Hierzu wollen wir uns erstlich mit feyerlichen Ceremonien
verbinden, hernach wollen wir Rath halten, mit was vor Mitteln wir
dem Feinde am meisten Abbruch thun, wie wir ihn unterdrücken, und
die mit uns gebohrene Freyheit ungetadelt nach unserm Kopfe zu schreiben
behaupten wollen. — Darauf schwuren sie bei den furchtbaren Nahmen
Moraths, Stelpos und Kirchneus (Amthor, Postel, Neukirch), daß sie
ihren Geschmack, der allein untrüglich urtheilete, um keinen Erweis, um
keine Vernunftschlüsse, auch um keine Spötterey der satyrischen Critik ändern wollten.   Bei der Anfrage trat Hekenei (Heineke) auf und schlug
vor, die Schweizer mit Vergessenheit zu bedecken.   Auch Tiller (Triller)

will, daß diefelben keine Widerlegung verdienen.   Allein der muthige
Jüngling Waschbe (Schwabe) findet, fie haben felbft fchon zu laut ge-
fchrien und den Mund zu weit aufgethan; er fchlägt vor, die Schweizer
auf alle mögliche Weife zum Gelächter zu machen.   Worauf Schottged
antwortet, daß fchon alles von feinem erfchaffenden Wize erfunden fey,
um ihre Gegner mit Schande zu bedecken, und legt feine Entwürfe zu
ihrer Vernichtung vor.   Werzafch (Schwarze) findet noch nicht genug,
fondern will, daß man die Grundfätze der Schweizer auf den Kopf ftelle,
und das wolle er übernehmen.   Seine Rede wurde durch das Beyfalls-
getümmel bedeckt, und fie beglückwünfchten einander über den künftigen
Untergang der Schweizer.   Da erhob fich eine Dunftgeftalt, der herrfchende
Gefchmack, und rieth ihnen, höflich zu fein und den Gegnern den Geift
des Widerfpruchs vorzuwerfen; ihre Gedanken mit ungeheuren Vor-
ftellungen zu verfpotten; und fich der Critik zu bemeiftern.   Trunken
giengen die Dichter aus einander."

Diefe wenn nicht fehr geiftreiche, doch bezeichnende und dramatifch
gehaltene Ironie wurde gut aufgenommen und brachte die Lacher auf
Bodmers Seite.   Dadurch fühlte fich diefer ermuntert in der genannten
Zeitfchrift unter dem Titel „Echo des deutfchen Wizes" mit feiner
fatyrifchen Kritik fortzufahren, wobei er fich unter Anderm namentlich bemüht, das Recht und die Würde der Kritik gegen den Vorwurf der
Grobheit und Ungerechtigkeit darzuthun.   „Ich habe mich beredet, daß
die Critik niemals unhöflich und unbefcheiden feyn könne, fo lange fie
gerecht ift.   Die Kritik muß ihre Abficht von dem äußerlichen Range,
Anfehen und Credit, und andern dergleichen Vorzügen gänzlich abkeh-
ren, fie muß nur auf das innerliche Vermögen des Geiftes, Verftandes
und Wizes fehen, und ihre Beurtheilung auf die Wahrheit gründen.
Geift, Verftand und Wiz aber find nicht an einen gewiffen Rang oder
an gewiffe Aemter in der Welt gebunden; fie werden nicht angeerbt,
fie können nicht mit Geld erkauft, noch wie Titel und Ehrenftellen verliehen oder verpachtet werden.   Es ift keiner gezwungen, feinen Geift
und Verftand durch öffentliche Schriften auf die Probe zu fetzen, und
es kann einer ein ehrlicher und nützlicher Patriot, ein kluger Staatsmann, ein erfahrener Arzt, und doch daneben ein fchlechter Reimheld,
ein matter Dichter, ein elender Scribent feyn, gleichwie es hingegen nicht
unmöglich ift, daß einer bey einem fchlechten äußerlichen Credit und
Anfehen, ein geiftreicher Poet, Redner oder Schriftfteller feyn kann.
Aber wenn einer fich durch offene Schriften freywillig zum Lehrer des

menschlichen Geschlechtes aufwirft, und den Nahmen eines geistreichen
Schriftverfassers affectiert, so muß er von der gerechten Critik erwarten,
daß sie ihm den verdienten Rang unter den Scribenten anweise." Eine
solche Sprache war damals neu und kühn und Bodmer durfte sich auf
sein Vaterland etwas zu Gute thun, welches ihm solche Freiheit gewährte. Nun erlebte Bodmer bald die Freude, daß der scharfsinnige
Lißkow*) und der boshafte Rost sich öffentlich gegen Gottsched erklärten, und nahm es nicht allzu genau, wenn Letzterer, abenteurend und
leichtfertig, sich bald veranlaßt sah, um ein Unterkommen in der Schweiz
nachzusuchen**). — Doch ein noch weit willkommnerer Fund für Bodmern war die Annäherung und bald enge Freundschaft mit den beiden
jungen Hallensern, Pyra und Lange, deren Erster den Erweis schrieb,
daß die „Gottschedianische Sekte den Geschmack verderbe." Diese beiden
waren die Stifter der Anakreontischen Schule, welche als Dichter den
Reim verließen und jenen Odenton anstimmten, der Langen theilweise
in einer würdigen und warmen Sprache nicht übel gelang, daher ihn
Bodmer in seiner Ode an Philokles zum Muster nahm. Von ganzem

*) In der Vorrede zu Heineckens verdeutschtem Longin findet sich folgende Stelle
Lißkows: „Nach der Meinung dieser Herren ist Breitinger nichts gegen Gottsched.
Man darf sich darüber nicht verwundern: denn ihren Gottsched verstehen sie. Sie
können ihn lesen, ohne dabei zu denken. Seine Regeln sind leicht, und die Beispiele,
die er giebt, von der Art, daß auch der ärgste Stümper nicht verzagen darf. Breitinger hingegen ist ihnen zu hoch. Wenn sie ihn lesen, so müssen sie nachdenken, und
wenn sie nachgedacht haben, so machen sie doch keine andere Entdeckung, als die traurige,
daß sie und sogar ihr Meister nimmer Poeten gewesen sind, noch werden können."
**) Das Bild, welches Bodmer in der „Drollingerischen Muse" von Rost ent-
wirft, gehört zu den besten Skizzen desselben.
Ein Schäfer, jung an Jahren,
An Witz und Listen alt, an Schalkheit wohlerfahren,
Der in der Schönen Herz verwegne Blicke schickt,
In finstre Gründe dringt, und was er da erblickt,
Durch eine Busch verbirgt, woran die Blätter weichen,
Und einen vollen Blick dem kühnen Auge reichen.
In seinen Versen strömt der Jugend frisches Blut,
Und jede Zeile brennt in unbewachter Glut.
Ihr spröden Schönen flieht, flieht zarte Schäferinnen,
Sonst wird euch diese Glut in Mark und Adern rinnen.
Ein Satyr kömmt mit ihm, der eine Geißel trägt,
Womit er peitschend spielt, und lachend Wunden schlägt.
Der Dummheit Patriarch hat seine Streich' empfunden,
Doch, statt des Blutes, floß nur Schande von den Wunden.

Herzen stimmte damals noch Bodmer der schwärmerischen Freundschafts-
und Liebespoesie der beiden Jünglinge bei, daher er nach Pyra's Tode
derselben Lieder herausgab (1745), zu derselben Zeit, als er sogar die
von Opitz selbst unterdrückten freien erotischen Lieder wieder ans Licht
hervorziehen zu sollen glaubte. Die Wuth, mit der die Gottschedianer
den armen Pyra noch im Tode verfolgten, schlug sehr zu ihrem Nachtheil
aus; weßhalb Bodmer der getrosten Hoffnung lebte, daß es mit Gottsched nun so viel als aus sei. Daher ließ er diesen im „Strukaras
oder die Bekehrung" ein Sündenbekenntniß ablegen, worin derselbe
urkundlich Punkt für Punkt seine bekannten Mängel und Verstöße gegen
den Geschmack und die Poesie aufführt, der Nation Abbitte thut und
dem Schreiben und Dichten für immer absagt. Dagegen wird er Buch-
binder und bindet nur Schriften gegen seine eigenen Werke, was ihn ganz
vergnügt macht.

10. Bodmers Sieg.

Wenn in der Sammlung der kritischen Schriften der
Zürcher der Streit mit Gottsched einen unverhältnißmäßig großen Raum
einnimmt, so begegnet man doch wieder andern Arbeiten, in welchen
Bodmer neu und bahnbrechend war. Namentlich findet sich eine Abhandlung, „Von den vortrefflichen Umständen für die Poesie
unter den Kaisern aus dem schwäbischen Hause" (1742),
welche die erste Nachricht und Empfehlung der Minnesänger und zugleich
eine einsichtsvolle Charakteristik jener Zeit und ihrer Poesie enthält.
Als Fortsetzung dazu kann betrachtet werden die fernere Abhandlung
„Von der Poesie des fünfzehnten Jahrhunderts", worin
er vorzüglich Sebastian Brand und Fischart hervorhebt, und diejenige „Von dem Zustande der deutschen Poesie bei Ankunft
des Mart. Opitz." Freilich muß man gestehen, daß auch hier
keinerlei ausgebildete und durchgeführte Ansichten sich vorfinden, sondern
daß Bodmer nur im Umsehen einige Blicke thut und einige Gedanken
hinwirft, welche so lose und unfertig gedacht als geschrieben sind. Was
dagegen von schönwissenschaftlichen Versuchen vorkommt, ist mit wenigen
Ausnahmen kläglich und ein nicht zu verkennender Beweis, daß die
Zürcherische Kritik lange für die nächste Umgebung von geringer Wirkung blieb. Daher klagt auch Bodmer seinem Freunde Zellweger, daß
ihm seine Satyren Verdruß machen, und daß die Mehrheit in Zürich
dieselben mißbillige. Denn der praktische, nach schnellen Resultaten

strebende Sinn der Schweizer wendet sich von jedem hartnäckigen literarischen Gezänke bald mit Mißmuth ab. Bodmer fand daher gerathen,
die Zeitschrift mit 1744 zu schließen, indem Gottsched nun genug gezüchtigt sei; während er dagegen seinem Freunde gestehen mußte, Gottsched
sei in den Augen der Menge fast Sieger*). In diesem Gefühle führte
daher auch Gottsched eine neue Auflage seiner Dichtkunst mit dem Jubel
ein: „Und meine Dichtkunst lebet noch; sie lebet, sag ich!" Zudem
hatte Gottsched das Vergnügen, zwei Briefe aus der Schweiz mittheilen
zu können, in deren einem die Grobheit und Anmaßung der Zürcher
gerügt, und im andern die Theilnahmlosigkeit der Schweiz an dem
Kriege gegen die deutsche Nation versichert ward. Ueberdieß fügte er
ferner hinzu, daß wer Breitingers Dichtkunst in der Absicht kaufen
wollte, um Gedichte machen zu lernen, der werde sein Geld zu spät
bereuen, zumal dieselbe doppelt so stark und folglich doppelt so theuer
sei als die seinige: was Lessing**) einen unverschämten Kniff nannte.
Allein in unempfindlicher Keckheit begnügte sich Gottsched mit solchen
Künsten. Als daher der Philosoph Meier in Halle zur Vertheidigung
seines Lehrers Baumgarten die Ursachen des verdorbenen Geschmackes
der Deutschen untersuchte und eine derselben in Gottscheds Dichtkunst
finden wollte, bekümmerte sich Gottsched um Meier eben so wenig als
um Bodmer, lobte die glatten, fließenden Verse seiner Dichter und die
Deutlichkeit der Prosaisten seiner Schule nach wie vor, und war zufrieden, daß immer noch ein großes Publikum seine Zeit- und Schulschriften
kaufte. Unterdessen war es für die Gottschedianer ein großer Aerger,
daß all ihrem Geschrei zum Trotz Hallers Gedichte die ihrigen weit über-
flügelten; daher rückten sie immer unverholener gegen dieselben zu Felde
und spotteten über ihre dunkeln Gedanken und ihre schweizerisch-solöcis-
mischen Ausdrücke. Wie hätten die Zürcher schweigen sollen, da sie

---

*) Es hat sich die irrige Angabe verbreitet, als ob Wieland aus den kritischen
Streitschriften der Zürcher eine Auswahl getroffen und herausgegeben. Indem man
daher die Sammlung der zufälligen Stücke einer Zeitschrift in ihrem ungeordneten
Gemische als eine geflissentliche Auswahl des Besten aus derselben betrachten zu müssen
glaubte, konnte das Urtheil nicht anders als ungünstig ausfallen. Allein diese ver-
meintliche spätere Ausgabe war nichts als eine Aufwärmung der liegen gebliebenen
Exemplare, von Bodmern selbst eingeleitet.

**) Noch im Jahre 1738 nahm Lessing in so weit Parthei gegen Gottsched für die
Schweizer, daß er sich auf die Verwendung von Geßner und Gleim zur Herausgabe
der „Ankündigung einer Dunciad für die Deutschen" brauchen ließ, daher Gottsched
dieselbe mit aller Gewalt auf Lessings Rechnung setzte.

mit ihrem großen Landsmanne sich selbst und ihre Grundsätze siegreich vertheidigen konnten? Daher tritt auch Breitinger wieder hervor mit seiner „Vertheidigung der Hallerischen Muse" (1744), durch den Drang der Umstände, durch die Macht der Ueberzeugung getrieben, indem er sich eingangs also ausspricht: „Man kann es dermahlen der Wahrheit nicht füglich überlassen, den Irrthum durch die Stärke ihres eigenen Lichts zu besiegen. Sie hat zwar eine unüberwindliche Gewalt über die Menschen, wenn sie von ihnen erkannt wird: aber der Irrthum weiß sich so geschickt in ihre Gestalt zu verwandeln, daß man ihn leicht für die Wahrheit ansieht und ehret. Ueberdem begünstigt die Kurzsichtigkeit der Leute diese Täuschung nur zu sehr. Daher muß man ihm die Larve von dem Gesichte reißen und ihn in seiner eigenen Farbe zeigen, damit er Abscheu erwecke, — eine Absicht, die sich ohne Mühe und Kampf nicht erreichen läßt." — Beide Freunde vereint gaben ferner die „Critischen Betrachtungen über die deutsche Schaubühne" (1743) heraus, da Gottsched und seine Frau nebst ihren Nachtretern in ihrer „Deutschen Schaubühne nach den Regeln der Alten" in unerschöpflicher Fabrikation theils eigener, theils übersetzter Stücke nicht müde wurden, und Gottsched meinte namentlich in seinem sterbenden Cato ein deutsches Original= und Musterstück geliefert zu haben. Die Zürcher wiesen nun schlagend nach, wie dieses Stück in dem, was es Gutes enthalte, nur aus Stellen der frühern dramatischen Bearbeiter dieses Gegenstandes, Addison und Deschamps, zusammengeflickt sei, wie aber das Eigenthümliche darin der Geschichte und der Menschennatur widerstreite. Nicht weniger überzeugend thaten diese genauen Kenner der Alten die Unfähigkeit Gottscheds dar, das Trauerspiel der Alten zu verstehen und zu übersetzen. Auf dieses hin schickte Elias Schlegel, der einzige vorzügliche Dramatiker unter Gottscheds Mitarbeitern, der erste, welcher in seinen Stücken deutsches Wesen und deutschen Charakter hervorhob, Bodmern seine Schauspiele zur Beurtheilung zu, obgleich er sich noch Gottscheds Freund nannte; worauf sich mit ihm und seinem Bruder Adolf, dem Vater der berühmten Romantiker, ein freundschaftlicher Verkehr entspann, der bis zum Tode dauerte. Noch früher trat auch Hagedorn, der feine, fröhliche Weltmann, dessen Bedeutsamkeit Bodmer schon beim ersten Erscheinen seiner Gedichte erkannt hatte, mit diesem in ein näheres Verhältniß, freilich, wie die Schlegel, ohne an dem Streite Theil zu nehmen, sondern bisweilen zur Milde mahnend. Allein Hagedorn

ehrte Bodmers vielseitige Kenntnisse und wurde von ihm näher in die
italienische Literatur eingeführt, so wie er Bodmern von den Engländern
Kunde gab.   Noch enger verband sich Bodmer zu gleicher Zeit mit dem
heitern Gleim, dessen von Liebe überfließender Mund den gemessenen
Schweizer damals noch um so weniger störte, weil Gleim bisweilen
seinen Witz gegen Gottsched spielen ließ: daher Bodmer mit ihm bisweilen nur darum schmollte, weil er denselben nicht zu größerer Schärfe
aufstacheln konnte.   Während diese deutschen Freunde Bodmers
Kämpfen aus der Ferne zusahen und bisweilen ihr glimpfliches Bedenken einmischten, ließ es auch Zellweger nicht fehlen, mitten unter
den Verherrlichungen seines Freundes, bald Ernst, bald Scherz anzuwenden, um denselben in seinem Eifer zu mäßigen; als aber Alles
nicht fruchten wollte, rückte er endlich einmal als derber Alpensohn
heraus, daß ein Bauer oder ein Kuhhirt dem Menschengeschlechte wahrhaftig nützlicher sei als ein Kritiker.   Allein wenn auch Bodmer sich bisweilen einige Zeit zurückhalten ließ, so brachte ihn jedoch jene Bethätigung der Gegner wieder in Harnisch, und so sehen wir den unruhigen
Mann immer wieder im Kampfe mit einem Feinde, den er so oft vernichtet zu haben behauptete.   Allein diese verschiedenen Angriffe, welche
alle sich in einer oft schwerfälligen Satyre bewegen, bieten zu wenig Abwechslung dar, als daß dieselben einzeln genannt zu werden brauchten*).

Neben den Bodmerschen Streitschriften und nach dem Schlusse der
Sammlung der kritischen Schriften bildete sich in Zürich eine längst
vergessene, aber für die damaligen Zeiten sehr beachtenswerthe literarische
Zeitschrift, nämlich die „Freymüthigen Nachrichten"**), welche
von 1744 bis 1763 erschienen.   Es konnte nicht fehlen, daß auch hier
die beiden berühmten Zürcher mitwirken mußten, wenn das Unternehmen
gelingen sollte,   und wirklich nehmen Bodmers Artikel über deutsche
Sprache und Literatur darin die eigenthümlichste Stellung ein.   Diese
Zeitschrift zog, mit Ausschluß der speciellen Fachwissenschaften (Theologie und Philologie z. B., worin sonst in Zürich Namhaftes geleistet
wurde, fanden nur in so fern eine einläßliche Behandlung, als die dahin
einschlagenden Werke von allgemeinem Interesse waren), alles das-

*) Diese Schriften finden sich einzeln in Jördens Lexikon Deutscher Dichter und
Prosaisten unter Bodmer, und im 8. Bande der Charaktere der vornehmsten Dichter
von Manso aufgeführt.
**) Freymüthige Nachrichten von neuen Büchern und andern zur Gelehrtheit ge-
hörigen Sachen, 1744—63.   Zürich, Heidegger und Co.

jenige in ihren Kreis, was den Mann von Bildung im Allgemeinen
ansprechen kannte, daher wurden nicht nur die schönwissenschaftlichen
Schriften Deutschlands, sondern auch alle bedeutenden Erscheinungen
der Franzosen, Italiener und Engländer, ferner Philosophie und Natur=
wissenschaft besprochen, und zwar meistentheils mit Vielseitigkeit und
Gründlichkeit: was für die Bildung und die geistige Bedeutsamkeit
Zürichs in jener Zeit ein sehr günstiges Zeugniß an den Tag giebt.
Während die meisterhaften Einleitungen der ersten Jahrgänge von
Breitinger verfaßt sind, beklagt sich sonst Bodmer über dessen geringe
Mitwirkung. In den folgenden Jahrgängen stand vorzüglich der Buch=
händler Sal. Wolf der Redaction vor. Ursprünglich war die Zeit=
schrift für die Schweiz bestimmt, in der Voraussetzung, daß, „da sich
in den reformierten Kantonen etwa tausend Gelehrte annehmen lassen,
man den Absatz für die Schweiz auf 200—300 Exemplare berechnet
habe." Allein beim Schlusse des ersten Jahrganges vernehmen wir,
daß die Herausgeber sich in dieser Erwartung getäuscht, und daß da=
gegen der Fortbestand des Unternehmens durch die von Deutschland
her kommende Aufmerksamkeit gesichert ward. Der ganzen Haltung
nach ersieht man, daß die Zeitschrift allmählig die höher gestellte, ge=
bildete Welt in Anspruch genommen haben und also auf diese berechnet
gewesen sein muß. Daß übrigens das Ganze gar nicht nur Bodmers
Ansichten und Bestrebungen sich bequemte, geht daraus hervor, daß die
spätern Jahrgänge bisweilen Artikel lieferten, welche mit den seinigen,
mehrmals über denselben Gegenstand, in mehr oder weniger entschiedenem
Widerspruche stehen. Indessen finden sich manche Artikel von Bodmer,
welche zu seinen besten kritischen Arbeiten gehören und sowohl seiner
Gründlichkeit als seinem Scharfsinne Ehre machen*). Die Frei=
müthigen Nachrichten geben unter Anderm eine sehr günstige Probe
von Bodmers richtigem Urtheile und seiner Wahrheitsliebe in Betreff
der „Bremischen Neuen Beyträge" (1745—49). Diese gingen von eh=
maligen Schülern und Mitarbeitern Gottscheds aus, welche, unzu=
frieden mit den Belustigungen der Gottschedianer, die so manche lahme
Streitschrift und schlechte Verse lieferten, eine besondere Monatschrift
gründeten und frei von Streit und Partheiwesen, nach Hagedorns

---

*) Ein Theil derselben wurde nachher im Archiv der schweizerischen
Kritik, 1. Bändchen, 1768, gesammelt; indessen nicht gerade das Beste, weil nur
die Abhandlungen über das Epos herauskamen, dann aber das Werk nicht fortgesetzt
werden konnte.

Vorbild, strenge Kritik üben, sich über das Mittelmäßige erheben und
für Freundschaft und Tugend begeistern wollten. Gärtner, Cramer,
die Schlegel, Rabener, Ebert, Zachariä, Gellert,
Schmidt und endlich Klopstock bildeten den schönen Bund. Bod=
mer, der durch Hagedorn mit diesen vielversprechenden Jünglingen in
Bekanntschaft kam, war freilich etwas ungehalten, daß sie von ihm
schwiegen, als wäre er nicht vorhanden, daher er sich unter der Hand
eine kleine Demonstration nicht versagen konnte; allein die Freimüthigen
Beiträge gaben bald sein Interesse und seine Anerkennung in Betreff
dieser neuen Erscheinung kund, denn er fühlte sogleich, wie sich diese
Schriftsteller frei über Gottsched weghoben, und er berichtet daher an
seine Freunde in Halle: „Der gute Geschmack steht doch in Leipzig in
guten Händen . . . . Wir müssen jedermann, der es gut meint, und
aufrichtig handelt, Recht wiederfahren lassen.“ Wiederum hatte er die
Befriedigung, daß einzelne dieser aufstrebenden Geister, wie Gellert und
Rabener, sich ihm freundlich zuwendeten, und das Gedicht über die
„Vortrefflichkeit der Dichter, die schwer zu lesen sind,“ war offenbar eine
Erklärung zu Gunsten der Schweizer. Denn es findet sich darin
folgende Stelle:

> Wo ist des Sprachrechts Sitz? Wes Beispiel soll man wählen?
> Der Sachse kann so oft, als selbst der Schweizer fehlen.
> Wenn niemand klagen kann: so ist die Mundart frey,
> Ein ungewohnter Ton ist keine Barbarey*).

So war es Bodmern in der Mitte der vierziger Jahre gelungen,
daß er die besten Köpfe Deutschlands zu Freunden gewonnen hatte, un=
geachtet sie seine literarische Streitsucht mißbilligten. Allein dieselben
ehrten dabei seine Kenntnisse, seine Gesinnung und seinen Muth. Denn
so gering die unmittelbaren Ergebnisse des Streites angeschlagen werden
mögen, da die Theorie der Zürcher zunächst keine poetischen Werke in
Deutschland hervorrief, so fühlten sie doch dankbar die würdige Stel=
lung, welche von Zürich aus für die Dichtung und den Dichter vorbe=
reitet wurde. Vorher hatte Deutschland lange Zeit nur zwei Klassen
von Dichtern gesehen, nämlich Hofpoeten und Schulpoeten: jene, an
die Stelle des abgedankten Hofnarren tretend, in steifem Ceremoniel und
lähmender Unterwürfigkeit verkommend; diese auf dürren Gemeinplätzen
sich herumtreibend und seelenlose Schulstücke zusammenflickend: beide

---

*) Neue Beyträge zum Vergnügen des Verstandes und Witzes. Jahrg. 1746.
S. 106.

um Gunst und Brod singend. Beide hatten die deutsche Poesie zum nichtsnutzigen Zeitvertreib herabgewürdigt und den gebildeten Weltleuten zum Spott und Ekel gemacht; beide hatten die Poesie zum handwerks= mäßigen Gewerbe erniedrigt und dieselbe durch zunftmäßige Gesellschaf= ten und deren literarische Organe eingezwängt; beide hatten derselben die nationale Kraft und Selbständigkeit und den freien Adel geraubt; beide hatten die Sprache durch nüchterne Abglättung abgeschwächt und durch die Verbannung der alten Kraft sowohl als des Volkstons ver= dünnt und verarmt; beide hatten ihr alle Macht auf Leben und Ge= müth entzogen und sie um jenen veredelnden Einfluß auf das Volks= leben gebracht. Dieses Verderben jedes guten Geschmacks war durch die damaligen Hof=, Gelehrten= und Schulverhältnisse so festgebannt, jedes Beikommen so schwer, daß es eines seltenen Muthes und einer rücksichtslosen Beharrlichkeit bedurfte, um dieses Netz, das den deutschen Geist umstrickt hielt, zu zerreißen. In Deutschland fand sich damals nicht leicht der geeignete Mann. Am Fuße der Alpen sollte derselbe erstehen, durch Haus und Heimat für jede Art von Freiheit begeistert und doch wieder in der Schule strenger Zucht und Ehrbarkeit erzogen; ihm gab sein freies Land den Muth rücksichtsloser Wahrhaftigkeit und die Willenskraft für eine den Altvordern ähnliche Streitbarkeit gegen die Feinde geistiger Freiheit. Erfüllt nicht nur vom Buchstaben, son= dern vom Leben und Hochgefühl der Griechen und Römer, und noch mehr gehoben von der Majestät der heiligen Schriften, hatte er einen Sinn für das Große, Erhabene und Schöne. Frühe Neigung zum Alterthum seines Volkes hatte ihn zu dessen Sprache und Sitten mit Liebe hingezogen, er forschte emsig nach dessen glänzenden Zeiten und schöpfte daraus die Hoffnung auf das neue Wiedererwachen eines ur= kräftigen Geistes. Die Dichter sollten ihm die Herolde der Nation sein, die Lehrer der Fürsten und Völker, durch Freundschaft und Begeisterung für Tugend eng und stark verbunden. Mit jugendlicher Frische glaubte er an die Zukunft der deutschen Nation: er unterdessen wollte den Weg bahnen für die künftig sich erhebenden Geister. Er lauschte daher acht= sam auf jeden Klang, um denselben als eine Stimme der neuen Zeit zu begrüßen: mit seinem Sinne wog er jede jugendliche Kraft und suchte dieselbe an sich heranzuziehen und zu heben. Wenn auch anspruch= voll und ruhmbegierig, behielt er doch fest ein höheres Ziel im Auge. Im Gefühl, für eine große Wahrheit, für den Ruhm des deutschen Geistes zu kämpfen, ließ er sich weder irre machen, noch ermüden: er

blieb einer einmal ergriffenen Lebensaufgabe treu. Die niedrige Gesinnung seiner Gegner ließ ihn ihre Gelehrsamkeit, ihre praktischen Verdienste vergessen. Dieser charaktervolle Muth, die sittliche Würde und
die gesellschaftliche Selbständigkeit, welche er für den Dichter in Anspruch
nahm, war es, welche die bessern Schriftsteller Deutschlands, die selbständigen Köpfe, die Leben und Dichtung mit freiem Blicke überschauten
und über die alte Pedanterei sich erhoben, auf seine Seite brachten und
ihm deren Anerkennung und Verehrung gewannen. Diese wußten, was
es auf sich hatte, das Richteramt über die Literatur dem an Ort, Würden
und Personen gebundenen Richterstuhle zu entziehen: in Ehrung der
sittlichen und wissenschaftlichen Thatkraft, welche das literarische Zunft-
wesen aufgehoben, gönnten sie daher dem unerschrockenen Kämpfer gerne
den Titel des Wiederherstellers der deutschen Literatur. Es ist wirklich
sehr zu beachten, daß sämmtliche deutsche Freunde Bodmers keine Pro-
fessionsgelehrte waren, sondern als unabhängige Männer oder als Geschäftsleute sich den schönen Wissenschaften widmeten. Zu dieser Klasse
gehörten auch die frühern Dichter, welchen er seine besondere Aufmerksamkeit schenkte und die er durch genaue Ausgaben bei den Freunden deutscher Dichtung wieder auffrischen wollte. Es war also nicht zufällig,
daß er gerade die Dichtungen zweier Diplomaten und Zöglinge der
großen Welt, nämlich des von Canitz und Wernike herausgab;
besonders findet er in letzterm „bey einem mächtigen Witze eine sehr feine
und tiefe Einsicht in das menschliche Herz und die Sitten, und beynahe
die erste deutsche Kritik." Beide Zürcher wollten vor Allem Opitz
durch eine neue kritische Ausgabe ehren, welche sie ganz so wie die alten
Klassiker behandelten. Allein auch in dieser Arbeit wurden sie durch die
leichtfertige Fabrikation der Gottschedianer durchkreuzt. Lessing bemerkt
daher darüber Folgendes: „Daß die vortreffliche schweizerische Ausgabe
des Opitz durch die Dazwischenkunft der elenden Trillerschen ins Stocken
gerathen, ist ein wahrer Verlust für die deutsche Literatur." Diesem
ersten Bande des Opitz wurde zugleich der H. Anno beigefügt, das erste
von den Zürchern herausgegebene altdeutsche Gedicht, welches denn sofort von Triller auf die ungereimteste Weise lächerlich gemacht werden
wollte.

Um die Mitte der vierziger Jahre hatte Bodmer ferner die Befriedigung, die Diskurse der Maler unter dem Titel: „Maler der Sitten" (1746), von Neuem herauszugeben, wobei er indessen das Werk
in eine neue Form goß, manche frühere Aufsätze ganz verwarf und eine

nicht geringe Zahl neuer hinzufügte. Die bedeutendste der neuen Arbeiten mag diejenige sein, welche unter dem Titel · „Klagen über die sächsischen Kunstrichter," das Recht verficht, in der Schreibart die schweizerische Nationalität nicht zu verläugnen. Unter Anderm heißt es : „Die Frechheit dieser Sprachverderber ist so groß, daß wir in dreißig Jahren, wofern niemand ihrem Unternehmen Einhalt thut, eine von den abgeschmacktesten Sprachen haben werden. Alles geht darauf los, sie matt, nervenlos, weitläufig, unbestimmt, zu machen; wozu ich noch setze, hart und unbiegsam. Man giebt die Regel, daß die fremden Wörter ausgemustert werden sollen; sie auf eine abergläubige Art in Obacht nehmen, nennt man geschickt schreiben; damit verfällt man auf Umschreibungen, auf übelpassende Ausdrücke, auf Verwechselung der Wörter, auf andere schädliche Mittel mehr, nur damit man dieser unumschränkten Regel ein Genügen thue. Man machet neue, theils zusammengesetzte, theils abgeleitete Wörter, welches ich gewissermaßen lobe; aber niemand betrachtet zuvor, ob diese Wörter geschickt und bequem seyen, ob sie tonreich, biegsam, kurz seyen; welches doch Eigenschaften sind, ohne welche ein solches Wort zu nichts dienen kann, als die Sprache zu verstellen; denn was nicht gelenke, tönend, kurz ist, das ist zum Gebrauche nichts nütze." Dann wird dargethan, wie die alleinige Herrschaft des meißnischen Dialektes, mit Ausschluß der Benutzung der übrigen Mundarten, Armuth in die Schriftsprache bringen müsse, und wie die schweizerische Aussprache eine eigenthümliche Fülle von Lauten enthalte und namentlich der Rechtschreibung sehr zu statten komme. „Ich füge nur noch dieses hinzu, daß die Schweizer und alle die deutschen Völker, welche sich der meißnischen Mundart unterwürfig machen, zu gleicher Zeit sich der Hoffnung begeben müssen, daß sie jemahls die Schreibart erwischen werden, welche man in Frankreich die naïfe nennt. Denn wie wird derjenige naïf, das ist, in der Sprache der Empfindungen schreiben können, der das Sächsische, so wie etwann das Lateinische aus den Büchern erlernen muß? — Man kan nicht sagen, daß die deutsche Sprache in Deutschland, oder nur in einigen Provinzen Deutschlands allgemein sey; denn wie kan sie da allgemein seyn, wo unter den verschiedenen Ständen und Classen der Einwohner keine Gemeinschaft ist; wo der hohe Adel nichts mit dem geringern, der geringere nichts mit dem neuern, dieser nichts mit den Bürgern, die Bürger mit den Bauern nichts gemeinschaftliches haben, wo einer den andern ausschließet, vermeidet, wo jeder einen Stand für sich ausmacht, und in seinem Kreise

bleibt. Wie kan unter ihnen die Sprache cirkulieren, wie können die
Wörter und Redensarten der einen zu den andern überkommen, und von
ihnen genutzet werden? Muß nicht die schweizerische Sprache, wo die
Freyheit alle Einwohner unter einander so genau verbindet, daß sie
solche beynahe zu seines gleichen machet, dadurch allgemeiner, gleich-
mäßiger werden? Muß sie nicht so viel weiter ausgebreitet, und für so
viel mehrere Leute brauchbar werden, je mehrere Arten Leute daran arbeiten?" Daraus ersehen wir, wie frühzeitig vor allen Andern und wie
richtig Bodmer den Werth der Volkssprache für die Schriftsprache aufgefaßt, und es wird sich später ergeben, wie fruchtbar und glücklich diese
Lehre von seinen Schülern angewendet worden. Am Ende schließt
Bodmer freilich seinen Aufsatz mit der Aufmunterung an die Schweizer,
sich durch Reinigung und Erweiterung ihres Dialektes eine selbständige
Sprache zu schaffen, wie die Holländer. Darauf warnten ihn die deutschen Freunde, wie Hagedorn, Liskow, vor einem solchen Beginnen.
Allein damit konnte es Bodmern nicht Ernst sein; auch beharrte er nicht
ferner darauf: denn seine Landsleute, deren besondere Eigenschaft und
Richtung eben in der vielseitigen Aneignung der Sprachen und Denk-
weisen der sie umgebenden großen Völker besteht, waren schon zu weit
über diesen Partikularismus hinaus, daher Haller sich so sehr bemühte,
seinen Gedichten allmählig das deutsche Bürgerrecht zu erwerben.

11. Bodmer der Geschichte zugewendet.

Bodmer fühlte indessen bei seinen bisherigen Bemühungen wohl,
daß es zur Belebung der Poesie nicht genüge, theoretische Schriften über
dieselbe zu verfassen; er gab sich daher Mühe, durch seine Anleitung
Dichter zu bilden. Er selbst hatte bisher in richtiger Würdigung seiner
Kräfte nur gelegentlich in Poesien sich versucht, dagegen immer gehofft,
daß von ihm erweckt, junge Dichter sich erheben werden. Für diese zunächst war er schon 1741 zur Zeichnung des Planes eines Epos ge-
schritten — „Grundriß eines epischen Gedichtes von dem
geretteten Noah." Als Einleitung dazu bemerkt er, daß die Schönheit eines epischen Werkes insbesondere in der Zeichnung, dem Grundrisse und der Zusammenordnung des Ganzen bestehe, daß also die Anlage des Gedichtes die Hauptsache sei und der Dichter sich weniger um
die sorgfältige Ausschmückung des Einzelnen zu bekümmern habe. Alle
dichterischen Schönheiten müssen also der Einbildungskraft ihre Ent-

stehung verdanken. Wer die Gabe der Erfindung besitze, dem werde auch die Kunst nicht entstehen, den Stoff geschickt zu verarbeiten. Glückselig der Poet, bei welchem die Erfindungsgabe und das Ordnungstalent einander die Hand reichen! Wir sehen daraus, wie sich Bodmer schon zum Voraus in der Theorie über seine schwache Seite hinweghilft, indem er das Gelingen eines poetischen Werkes von der Wahl des Gegenstandes und der Anordnung abhängig macht und die Ausführung für untergeordnet hält. Nach Miltons Vorgang konnte er auch über den Kreis, dem dieser poetische Gegenstand zu entheben sei, nicht unschlüssig sein. Daher er also argumentiert: „Eine Materie aus der wahren Religion hat vor einem Gedichte, das auf die heidnische Mythologie gegründet ist, den Vortheil der Wahrscheinlichkeit in seinen wunderbarsten Erfindungen. Hierzu kommt, daß die wahre Religion eine andere Hoheit, eine andere Würde, eine andere Majestät, sowohl in den himmlischen und höllischen Vorstellungen, als in den Wahrsagungen und feyerlichen Solennitäten mit sich führt, als die Heidnische thun würde." Zudem hält er die Schweizer für besonders geschickt und berufen, sich die Natur des heiligen Landes zu vergegenwärtigen: „Der Eindruck, den unsere Alpen, und die Firsten der Alpen, und die Ungewitter, die darüber fahren, auf unsere Gemüther machen, sind schon mächtig, uns zu den Bildern von Hermon und Libanon emporzuheben." Um aber den poetischen Stoff vor dem Vorwurfe der Ueberschwänglichkeit und Unwahrscheinlichkeit zu retten, der den Milton betroffen, soll derselbe nicht himmlisch sondern menschlich sein. Der Noah bot Bodmern vorzüglich drei Seiten dar, welche genau mit seiner Lebensanschauung und seinen Bestrebungen zusammenhingen: das Strafgericht über das Geschlecht vor der Sündfluth sollte ihm Gelegenheit bieten, die Laster seiner Zeit zu zeichnen; der Patriarch selbst und sein Haus, eine schöne Unschuldswelt darzustellen; und Noahs Nachkommen, die Entwicklung der Künste und Wissenschaften zu schildern! Die Sammlung der kritischen Schriften, welche diesen Grundriß enthielt, wies dann wirklich das erste biblische Epos der Bodmer'schen Schule auf, den David, welches indessen schon eine Warnung hätte sein können, wie wenig ein geeigneter Stoff dieser Art das Gelingen sichere.

Gegen Ende der vierziger Jahre wurde in dem unabhängigen Republikaner der Entschluß vollends fest, sich von Staatsgeschäften und Aemtern fern zu halten. Zwar gelangte Bodmer schon 1737 in den Großen Rath; allein zu schüchtern, um als Redner aufzutreten, konnte seine Wirksamkeit in demselben nur gering sein. Eine, wie es schien, sehr angemessene Aufgabe wurde ihm dagegen zu Theil, indem die Regierung ihn, den Professor der vaterländischen Geschichte und Politik, beauftragte, die Schweizergeschichte von Anfang des achtzehnten Jahrhunderts zu schreiben. Allein nachdem er die ersten Jahre ausgearbeitet und der seine Arbeit beaufsichtigenden Kommission eingereicht hatte, wurde er der Fortsetzung enthoben, ohne daß man ihm seine Handschrift zurückstellte; denn Bodmer war zu freimüthig und zu rücksichtslos, um im Sinne seiner Obrigkeit zu schreiben. Er tröstete sich indessen leicht über diese Entziehung des Vertrauens, indem er an Zellweger schrieb: „Die Materie ist zu mager, und ihrer Natur nach nicht so beschaffen, daß etwas Großes und Schönes daraus zu machen wäre. Wo noch in einem Canton etwas Interessantes gehandelt worden, so sind die Leute, welche die beste Wissenschaft davon haben, damit zu hinterhältig und furchtsam. In der Zeit, daß ich vergebens nach Materialien werbe, wollte ich einen Roman geschrieben haben, welcher vielleicht mehr Gewisses hätte, vielleicht auch nützlicher wäre, als eine solche erbettelte und doch arme Geschichte." Bald darauf zerfiel er auch mit dem einflußreichen Statthalter Füßli, welcher bisher sein Gönner gewesen und sich beim ersten literarischen Auftreten der jungen Zürcher als ihr Beschützer gezeigt hatte. Nun wendete sich Bodmer ungetheilt der Wissenschaft zu, und berichtete daher in dieser Zeit dem unter unfreiwilliger Geschäftslast seufzenden Haller mit frohem Selbstgefühl, er sei seit Jahren sein eigener Herr und alle seine Geschäfte seine freie Wahl. Denn ganz im Gegensatze mit Hallers patriotischer Hingebung bestärkten sich Bodmer und Zellweger voll stolzer Unabhängigkeit in der Geringschätzung jeden Staatsdienstes. Dagegen sollte er sich in den Staatsgeschäften nicht vergeblich umgesehen haben; denn er trug auf eine neue und eigenthümliche Weise, die Art und Kunst diplomatischer Unterhandlung auf die Wissenschaft über, indem er sich allmählig eine Schule literarischer Agenten heranbildete. Die deutsche Gesellschaft in Bern hatte sich nämlich auch unter der dortigen Studentenschaft verzweigt, und bald waren die Studenten in Zürich diesem Beispiele gefolgt. So bestand schon 1714 in Zürich eine deutsche Gesellschaft, die wachsende genannt, deren Mitglieder J. Caspar und Salomon Hirzel, zwei Ulrich, J. Georg Schultheß, Schinz, Landolt, Bullinger, J. C. Heß waren, und welche Bodmer zu ihrem Patron erbeten hatten. Als nun diese jungen Freunde allmählig die deutschen Universitäten bezogen, oder nach

Vollendung ihrer Studien auf Reisen sich ausbildeten, bevollmächtigte Bodmer mehrere derselben als literarische Unterhändler und Gesandte, um durch sie namentlich eine Vereinigung der Zürcherischen Kunstrichter mit den Musen an der Elbe zu bewerkstelligen.   Im Jahre 1747, in ebendemselben, als es ihm gelang, J. Georg Sulzer, einen seiner getreuesten Schüler und Verehrer, nach Berlin zu versetzen, empfahl er J. C. Hirzel in der ersten derartigen Mission an alle Dichter Norddeutschlands.   Hirzel hatte alle Eigenschaften, um als Stellvertreter Bodmers seinem Meister Ehre zu machen.   Er wurde daher in Berlin von Gleim, Ramler, Spalding und Sack, in Leipzig von Gärtner und Gellert gefeiert; vor Allem aber brachte er glückliche Tage mit Hagedorn, Kleist und Klopstock zu.   Bodmer war entzückt über die Berichte seines Abgesandten, und sah sich bald im Fall, durch dessen Bruder eine neue Rundreise veranstalten zu lassen.   Noch besser gelang es ihm, indem er 1749 den rührigsten und entschlossensten seiner Schüler, J. Georg Schultheß, den Herausgeber seiner kritischen Gedichte, nach Deutschland senden konnte, welcher sich die Aufgabe, mit der ihn Bodmer betraute, zum Hauptziel seiner Reise machte, und daher keine bedeutende Stadt Norddeutschlands, wo literarische Freunde und Genossen zu finden waren, unbesucht ließ.   Der gewissermaßen officielle Charakter, in welchem Schultheß reiste, macht es erklärlich, daß der schweizerische Jüngling in Berlin der Stifter eines literarischen Klubbs sein konnte, der nach dem Muster desjenigen seiner Vaterstadt gebildet, die ersten Geister Deutschlands, Lessing an ihrer Spitze, in sich faßte, und dessen sämmtliche Mitglieder ihm bleibenden Dank wußten.   In solcher Weise begrüßte ihn auch Hagedorn: „Ich sehe Ihnen mit Verlangen entgegen, in Ansehung Ihrer eigenen Verdienste, Ihrer Freundschaft mit Bodmer und Ihrer Schweizerschaft, wenn ich so sagen darf."   Schultheß sollte auch der Herold sein, der Klopstock Bodmern zuführte.

Bodmers Verhältniß mit Klopstock*) bildet einen neuen Abschnitt in seinem Leben und theilt seine literarische Thätigkeit gleichsam in zwei verschiedene Hälften.   Vor der Bekanntschaft mit Klopstock ist Bodmer vorzugsweise Kritiker, der das dichterische Talent belehren und befruchten möchte und daher nur bisweilen anonym einen dichterischen Versuch wagt.   Allein von Klopstock entzündet ringt er, bereits fünfzig Jahre

---

*) „Klopstock in Zürich im Jahre 1750—1751" ist hier größtentheils aufgenommen, jedoch so, daß Einzelnes verkürzt ist und einige Abschnitte ganz weggelassen sind, weil jene Ausführlichkeit über Klopstock dieser Aufgabe nicht entsprochen hätte.

alt, endlich selbst noch nach dem Dichterkranz. Es ist daher bemerkenswerth, die allmählige Entstehung dieses späten Dichtermuthes und die
Reihe der Eindrücke, welche denselben erzeugten, genau und im Einzelnen
zu verfolgen.

12. Bodmers Theilnahme und Bemühungen für Klopstock.

Klopstock war das späteste Mitglied jenes schönen Freundschaftsbundes, der sich in den Bremischen Beiträgen sein Organ gebildet;
allein mit Verehrung und Bewunderung schauten bald die Freunde alle
zu dem kühnen Jüngling empor und verfolgten, durch ihn angeregt, ein
höheres Ziel. Zugleich aber sahen sie wohl ein, daß für den Dichter
des Messias von den Höfen der deutschen Fürsten, wo man an französische Artigkeiten oder Gottsched'sche Lobspenden gewöhnt war, nichts zu
hoffen sei. Gärtner wendete sich daher zunächst an Hagedorn, unter
dessen Schutz und Leitung sich die Verbündeten gestellt hatten, damit
derselbe durch seine amtlichen Verbindungen mit England dem jungen
Dichter zu einer Unterstützung von Seite des Königs verhelfe. Allein
Hagedorn findet, zufolge seines Briefes an Bodmer im Frühlinge 1747,
die Proben des ihm mitgetheilten Gedichtes zu fremdartig und sonderbar; der Inhalt ist ihm zu schwer; er befürchtet noch größere Anfechtung als bei Milton und namentlich die Anschuldigung der Ketzerei.
Er wagt also nicht zu dem Gedichte zu stehen und daher auch nicht den
Dichter zu empfehlen; dagegen giebt er Gärtnern den Rath, sich an
Bodmern zu wenden, und verheißt bei diesem seine Fürsprache. Das
Urtheil dieses verehrten Mannes mußte Klopstocks Freunde herabstimmen
und entmuthigen. Erst nach längerm Zögern ließen sie daher die drei
ersten Gesänge des Messias im Jahrgang 1748 der Bremer Beiträge
erscheinen. Allein es ist ein großer Irrthum, dem zufolge man gewöhn-
lich glaubt, es habe das erste Erscheinen des Messias wie ein elektrischer
Schlag gewirkt. Vielmehr blieb diese neue Gattung von Poesie völlig
unbeachtet und die Kritik beobachtete darüber ein tiefes Schweigen.
Dieses Verhalten des Publikums machte nun sogar Klopstocks nächste
Freunde und Bewunderer irre, so daß Sulzer in Berlin von einigen
derselben das Urtheil vernahm, Klopstock habe etwas unternommen, das
über seine Kräfte sei; sie werden ihn daher nicht ermuntern, mit dem
Gedichte fortzufahren. Ja sie ließen selbst merken, daß es sie reue, den
Anfang gedruckt zu haben.

Allein der ablehnende Hagedorn hatte Gärtnern den Rath gegeben, sich an Bodmern zu wenden, und bei diesem seine Fürsprache verheißen. Gärtner hatte daher eine handschriftliche Probe des Messias an den Zürcherischen Kunstrichter eingesandt, wobei er mit seinem Urtheile sehr zurückhielt und sich wohl hütete, dem Kritiker gegenüber jenen Ton anzuschlagen, mit dem die Freunde zuerst die neue Schöpfung begrüßt hatten. Er schreibt nämlich an Bodmer, daß sie bloß in der Absicht ein Bruchstück drucken lassen, um das Urtheil der Kenner zu erfahren. Bodmer gerieth in das höchste Entzücken und verkündete seinen Jubel alsobald seinen Freunden, um ihnen den Triumph mitzutheilen, daß „ein Dichter lebe, auf dem Miltons Geist ruhe." Er ist namentlich von dem Inhalte des Gedichtes erfüllt und „dankt dem Himmel für den Ruhm, welchen er der deutschen Muse zugedacht, indem der Dichter das Werk der Erlösung besinge." In einem Briefe aus jener Zeit spricht er unter Anderm seine Freude also aus: — — — „Vor allem wird die Menschenliebe des Erlösers auf dem höchsten Grade der Liebenswürdigkeit hervorleuchten. Die Menschheit wird in einer Würde vorgestellt werden, welche den Rath der Erschaffung rechtfertiget, und den Leser in eine so hohe Gemüthsverfassung setzet, die ihn vor das Angesicht Gottes nähert. Die Stunden sind schon vorhanden, in welchen alle diese Dinge in die Erfüllung kommen sollen. Die große Seele, die sie empfangen und an das Licht bringen soll, ist wirklich mit einem Leibe bekleidet, sie arbeitet wirklich an dem großen Werke. Ich könnte Ihnen den Namen melden, der izt noch so dunkel und so schwer auszusprechen ist, der doch in die späteste Nachwelt erschallen soll; ich könnte Ihnen den unansehnlichen Ort nennen, wo er den Großen, den Glücklichen, und dem Pöbel unbemerkt, auf Verse von einem Inhalt sinnt, der weit über die Großen, über die Glücklichen, und über den Pöbel weg ist*)." Unterdessen hatte Bodmer an Gärtner seinen vollen Beifall über das Gedicht und seine warme Theilnahme für den Dichter ausgesprochen und alles Mögliche für denselben zu thun verheißen. Klopstock befand sich nämlich damals in engen Verhältnissen als Hofmeister zu Langensalza, welche indessen durch seine Liebe zu Fanny versüßt wurden. Einsam, fern von allen Freunden, von einer Liebe gequält, deren Erfolg sehr ungewiß war, von seinem Vaterlande ohne Beachtung und Ermunterung und daher in tiefe Traurigkeit versunken, mußte ihn das Wohl-

---

*) Archiv der schweizerischen Kritik. 1768.

wollen, die begeisterte Freundschaft des schweizerischen Republikaners, des berühmten Schriftstellers, mächtig ergreifen und zu innigem Danke verpflichten. Zudem war unter den damaligen Schriftstellern, keiner, mit dem Klopstock in Studien und Bestrebungen so zusammenstimmte wie Bodmer. Beide hatten den Anstoß von Milton empfangen; für Beide war dieser mehr als Homer; Beide behielten das deutsch Vaterländische, das antik Klassische und das christlich Universelle gleich fest im Auge; Beiden war die moralische Schönheit der Endzweck aller Poesie, daher ein gleicher Eifer für die Tugend und die Erhabenheit der Gesinnung, und darum trafen auch Beide im Hasse gegen die Franzosen und namentlich Voltaire's zusammen. Wie Klopstock sich ein Lebenswerk vorsetzte, das ein Symbol der Erlösung und Befreiung des gedrückten Menschen sein sollte, so schwärmte auch Bodmer für Zurückführung der Unschuld der Sitten und der Freiheit der Völker. Beide endlich schöpften ihre Sprache wie aus den Klassikern so auch aus der alten deutschen Volkssprache und pflanzten daher Liebe für Volkspoesie; Beide aber waren gleich entschieden in der Vorliebe für die antike Versform.

Im Gefühle dieser innern Gemeinschaft und der daraus hervorgehenden Verehrung schrieb daher Klopstock seinen ersten (lateinischen) Brief an Bodmer vom 10. Aug. 1748*): „Schon lange würde ich an Sie geschrieben haben, mein theurer Bodmer, hätten mich nicht immer die großen Lobeserhebungen abgeschreckt, mit denen Sie mich in einem Briefe an Gärtnern überhäuft haben. Ich sah, wie Sie mich Neuling auf die Schwelle des Olympus setzten, und erröthete. Die Abstattung des Dankes hätte den Schein auf mich werfen können, als ob ich mich dessen würdig hielte, wofür ich dankte. So wie ich Sie für aufrichtig halte und glaube, daß Ihnen Alles, was Sie gesagt, von Herzen geht, eben so möchte ich Sie bitten, auch mich dafür zu halten und versichert zu sein, daß die Bescheidenheit, mit der ich von mir selbst rede, nicht geheuchelt ist. Und nun kein Wort mehr davon! Ihr Urtheil über mich mögen Sie vor dem Richterstuhle der Kritik verantworten. Jetzt — hören Sie mich an, wie ein Vater seinen Sohn — muß ich Ihnen sagen, daß ich Sie nicht nur verehre, sondern daß ich Sie liebe, und daß Sie, so wenig Sie es selbst wissen mögen, die größten Verdienste um mich haben. Ich war ein junger Mensch, der

*) Isis, eine Monatschrift von deutschen und schweizerischen Gelehrten. 1. Bd. Zürich, 1803. S. 355 u. ff.

seinen Homer und Virgil las, und sich schon über die kritischen Schriften
der Sachsen im Stillen ärgerte, als mir Ihre und Breitingers kritische
Schriften in die Hände fielen. Ich las, oder vielmehr ich verschlang
sie; und wenn mir zur Rechten Homer und Virgil lag, so hatte ich jene
zur Linken, um sie immer nachschlagen zu können. O, wie oft wünschte
ich damals Ihre versprochene Schrift vom Erhabenen schon zu besitzen,
und wie wünsche ich es jetzt noch! Und als Milton, den ich vielleicht
ohne Ihre Uebersetzung allzuspät zu sehen bekommen hätte, mir in die
Hände fiel, loderte das Feuer, das Homer in mir entzündet hatte, zur
Flamme auf und hob meine Seele, um den Himmel und die Religion
zu besingen. Wie oft habe ich das Bild des epischen Dichters, das Sie
in Ihrem kritischen Lobgedichte aufstellten, betrachtet und weinend ange-
staunt, wie Cäsar das Bild Alexanders. Das sind Ihre Verdienste
um mich, freilich noch schwach genug dargestellt. Doch, wenn Sie
wollen, können Sie noch Größeres an mir thun. Der Messias ist
kaum angefangen. Habe ich so gesungen, daß ich Ihren Beifall verdiente, so werde ich fernerhin noch Größeres singen. Aber es fehlt
mir an Muße. Und da ich von sehr gebrechlichem Körper bin, und,
wie ich vermuthen kann, mein Leben nicht hoch bringen werde, so ist
meine Hoffnung, den Messias vollenden zu können, sehr klein. Es
wartet meiner irgend ein lästiges Amt; wie wollte ich unter dessen
Druck den Messias würdig besingen können? Mein Vaterland bekümmert sich nicht um mich, und wird sich auch ferner nicht um mich
bekümmern. Aber hören Sie meinen Plan, nach dem ich, unter Ihrem
Schutze, mein Mißgeschick zu überwinden hoffen darf." Nun bittet er
Bodmern um die Verwendung bei dem diesem bekannten van Haaren,
damit durch dessen Vermittlung der Prinz von Oranien ihm einen
Jahrgehalt aussetze; und schließt diese Angelegenheit: „Ich möchte
mein Glück nicht Fürsten, ich möchte es Bodmern zu danken haben."
Endlich macht er ihn noch mit seiner Liebe bekannt und wie er ohne
sein „heiligstes" Mädchen nicht glücklich sein könne. „Ich beschwöre
Sie demnach bei den Schatten Miltons und Ihres seligen Knaben, bei
Ihrer großen Seele beschwöre ich Sie, machen Sie mich glücklich, mein
Bodmer, wenn's Ihnen möglich ist!"
   Von nun an trägt Bodmer seinen Klopstock auf dem Herzen, wie ein
Vater seinen Sohn, und bietet in seiner ganzen Vielthätigkeit Alles auf,
um den Jüngling zu fördern. Zu diesem Zwecke geräth er auf einen merk-
würdigen Einfall. Er will nämlich nicht eben den Brautwerber machen,

10*

allein Klopstocks Fanny die heilige Pflicht ans Herz legen, dem Dichter
des Messias durch seelenvolle Theilnahme zur Vollendung seines großen
Werkes behülflich zu sein. Der ernste Mann richtet daher an das
junge Mädchen im Herbste 1748 einen Brief, der in seiner anbring-
lichen und hyperbolischen Weise für die Schreibart Bodmers zu charakteristisch ist, als daß wir denselben nicht mittheilen sollten*). „Ich kenne
Sie nicht mehr, als daß ich weiß, daß der Poet des Messias Sie zur
Vertrauten und Richterin seines Werkes gemacht hat. Dieses ist genug,
mir einen unbetrüglichen Begriff von Ihren Tugenden zu machen, und
mich in meiner Unruhe wegen des Messias aufzurichten. Die geringste
Sache kann mir nicht gleichgültig seyn, welche den Messias angeht;
wie sollte mir gleichgültig seyn können, was für eine Person der Dichter
zu seiner Vertrauten, zu seiner irdischen Muse bei dem Werke der Erlösung gewählt hat. Ein ehrfurchtsvoller Schauer überfällt mich, wenn
ich gedenke, was für eine herrliche Rolle das Schicksal, Mademoisell,
Ihnen zugedacht hat. Sie sollen den Poeten mit den zärtlichsten Empfindungen von himmlischer Unschuld, Sanftmuth und Liebe beseelen;
Sie sollen ihm einen Geschmack der Freundschaft mittheilen, die macht,
daß die ewigen Seelen von himmlischer Freundschaft erzittern; Sie
sollen seine Seele mit großen Gedanken anfüllen: ein jedes Glück zu
verachten, das pöbelhaft ist, weil es nur irdisch ist, und eine jede Weisheit zu verwerfen, die kein Gefühl für die Liebe und Tugend hat.
Dieses Alles sollen Sie thun, damit sein Herz in den Vorstellungen
der liebenswürdigen himmlischen Personen nicht erschöpft werde! Wiewohl ich ihn stark am Gemüthe sehe, so wird er doch herrlicher empor-
steigen, wenn er von Ihnen unterstützt wird. Das ist das himmlische
Vorrecht der Tugend, daß sie die Herzen der Jünglinge durch Blicke,
durch süße Reden, durch kleine Gunstbezeugungen zu erhabenen Unternehmungen geschickter macht. Dadurch bekommen Sie an dem Werke
der Erlösung Antheil. Die Nachwelt wird den Messias nie lesen,
ohne mit dem zweiten Gedanken auf Sie zu fallen, und dieser Gedanke
wird allemal ein Segen seyn! Wenn ich die Nachwelt sage, was für
eine Menge von Geschlechtern verstehe ich, die auf einander folgen
werden! Ganze Nationen, die ihre Lust am Messias finden, und, neben
der Lust, göttliche Gedanken und Empfindungen darin lernen werden,

---

*) S. Briefe der Schweizer Bodmer, Sulzer, Geßner, aus Gleims literarischem
Nachlasse von W. Körte. Zürich, 1804. S. 98 u. ff.

welche sie mit dem Mittler vereinigen, und zu dem versöhnten Gott er=
heben: Nationen werden Ihnen dann nicht das Gedicht auf den
Messias allein, sondern die Seligkeit mitdanken, welche sie durch
das Gedicht gefunden haben. Welche Last von Glückseligkeit ist daran
gelegen, daß der Poet das große Vornehmen vollende! Wie kostbar ist
sein Leben Welten, die noch nicht geboren sind! Was für eine Verant=
wortung liegt auf denen, die ihn durch unwitzige Geschäfte, durch
widrige Sorgen, durch stumme Wehmuth in seinem Umgange mit der
himmlischen Muse stören, die das göttliche Gedicht dadurch an seinem
Wachsthum verzögern. Wenn das Werk der Erlösung durch den
Poeten nicht zu Ende gebracht würde, so würd' es bei mir einen Kummer
verursachen, als wenn dem Satan seine finstere Entschließung ge=
lungen wäre, den Messias zu tödten, und die Befreiung des Menschen=
geschlechts zu hintertreiben."

„Der Poet hat sich und sein Werk in gute Hände vertraut, da er
sie Ihrer Aufsicht, Mademoisell, vertraut hat. Es ist nicht möglich,
daß Sie nicht mit einem sorgfältigen, wachenden Auge auf dasselbe
schauen. Da Dieselben die Freundin seiner Seele sind; da Sie in
dem vertraulichen Umgange mit ihm öfters Ihre Gedanken mit seinen
Gedanken von dem großen Messias vereinen, so ist Ihre Person und
Ihr Leben mir so schätzbar, als er selbst, oder als ihm selbst; und es
wäre ein Verbrechen gewesen, wenn ich Ihnen diese Empfindungen
nicht in einigen Zeilen entdeckt hätte." Allein dieser Brief hätte kaum
bewirkt, was Klopstocks unsterblichen Oden an Fanny nicht gelungen
war: er übergab daher denselben nicht. — Am gleichen Tage schrieb
Bodmer auch an Haller nach Göttingen, damit die Engländer auf
Klopstock, als den Nachfolger Miltons, aufmerksam werden. In dieser
Absicht soll Haller dem Prinzen von Wales und andern Hohheiten
Exemplare der ersten Gesänge übermitteln, ob sich irgend ein Reicher
fände, der die Kosten für eine erste Auflage des Messias hergäbe und
den Gewinn dem Dichter überließe. Bodmer fügt hinzu: „Sie dienen
damit mir, dem Poeten, der jetzigen deutschen Welt, der Nachwelt, dem
Messias, der durch dieses Werk in seiner liebenswürdigsten Gestalt ver=
herrlicht wird." Auch Heinr. Meister, damals in Erlangen, wurde
angegangen, um irgend eine Hülfsquelle für Klopstock auszumitteln.
Ferner meldet Bodmer dem jungen Freunde, daß er der Evangelist des
Messias werden und in der Sprache des Tasso Kunde von demselben
geben wolle; während er zugleich den jungen Bernhard Tscharner von

Bern, den Uebersetzer von Hallers Gedichten, aufgefordert, durch eine
Uebersetzung den Messias bei den Franzosen einzuführen.

Solches that Bodmer, ehe sich irgend Jemand in Deutschland
für Klopstock bemühte. Denn Anfangs schwieg man ziemlich lange zu
dessen überraschender Erscheinung. Der junge Lessing erwies sich in
seiner zersetzenden Kritik der ersten Verse des Messias sogleich als
scharfsinnigen und feinen Denker, allein er stellte sich gerade der Empfindung entgegen, welche Klopstocks Dichtung den eigenthümlichsten Werth
gab. Es war daher ein sehr ungerechter Spott, den Lessing nachher
in einem bekannten Epigramm über Bodmer ergoß, indem der Schluß
desselben eben gar nicht paßt:

> Sein critisch Lämpchen hat die Sonne jüngst erhellet,
> Und Klopstock ward durch ihn, wie er schon stand, gestellet.

Denn Klopstock stand damals keineswegs, als sich Bodmer seiner zuerst
mit ungetheilter Wärme annahm, vielmehr lauschte er begierig auf jede
Stimme des Beifalls und bat Bodmern förmlich um schnelle Mittheilung seiner Recension, freilich mit der Beifügung eines eigenthümlichen, speciellen Grundes: „Vielleicht daß das liebe, göttliche Mädchen
die Trophäen anlächelt.“ Denn gerade als Klopstock ob einer immer
hoffnungsloser werdenden Liebe in tiefe Schwermuth versank, gereichte
es ihm zum großen Troste, daß er in den Schooß eines so würdigen
Freundes zugleich auch den ganzen Schmerz seiner Liebe mit den Gedanken über den Messias niederlegen durfte, wie er es damals gegen
keinen seiner jüngern Freunde vermocht hätte. Wie wenig er aber
in der damaligen Zeit noch des Beifalls im Vaterlande gewiß war,
geht aus der fernern Bemerkung hervor: „Aber haben Sie nicht bei
Ihren Zweifeln selbst noch ein zu gütiges Vorurtheil für unsere Nation?
Ich glaube, daß man sie oft aufwecken müssen wird, ehe sie nur merken,
daß ein Messias da ist*).“ Wirklich war auch das erste volle Zeugniß des Beifalls und der Bewunderung für den Messias in Deutschland durch Bodmer veranlaßt, nachdem man dort das Gedicht beinahe
ein Jahr lang unbeachtet gelassen hatte. Bodmer hatte nämlich den
schon erwähnten Philosophen Meier in Halle zur Beurtheilung des
Messias aufgefordert. Kaum aber hatte dieser, auf eine freilich sehr
steife und oberflächliche Weise, diesem Rufe Folge geleistet, als die Gottschedianer mit Wuth den Feldzug gegen Klopstock eröffneten und das

---

*) Fernere Briefe Klopstocks in der Isis. 1. S. 363.

Urtheil des größern Publikums irre machten. Um so mehr lag daher Bodmers warme Freundschaft seinen nächsten Freunden an, das Ihrige zur Verherrlichung Klopstocks beizutragen. So erschienen die „Zufälligen Gedanken" über den Messias von Pfarrer Heß von Altstetten, einem der Vertrautesten Bodmers, worin derselbe auf eine zwanglose und anmuthige Weise von den Gefühlen und Gedanken Rechenschaft giebt, welche das Gedicht in ihm erweckte. Man hat freilich finden wollen, daß dieses übermäßige Lob der Bewunderer dem Dichter mehr geschadet als genützt. Daß indessen Klopstock selbst es nicht so faßte, sondern dafür dankbar war, geht aus seinen Briefen an Bodmer hervor. Allein auch Heß behielt so viel freies Urtheil, um nicht Alles göttlich zu finden: er führt daher unter Anderm, was ihm nicht gefällt, an — „daß mein Dichter so gar viel auf das Weinen hält. In der That, er weinet nicht nur selbst bey allen Anlässen, in der Freude und im Leide, sondern er läßt auch alles weinen, was ihm vorkommt: Gott, Engel, Menschen, Teufel, ꝛc. Alles muß ihm weinen, und dieses so oft, daß in seinem Werke des Weinens kein Ende ist, daß bald keine einzige zärtliche Empfindung ohne Weinen ausgedrückt wird." Um den Posaunentönen der klopstockischen Herolde etwas dämpfend entgegenzutreten, hauptsächlich aber, um jene Gefahr des Ketzergerichtes, vor dem gleich anfangs Hagedorn bange war, durch die Hervorhebung der Lächerlichkeit dieser Auffassung zu beseitigen, bediente sich der Satyriker W a s e r in Winterthur des Scherzes. Er schrieb nämlich „Briefe zweier Landpfarrer" über die Messiade und machte seine Sache so gut, daß nicht nur neuere Literarhistoriker seinen Scherz für baaren Ernst nahmen, sondern daß selbst Bodmer sich anfangs über die tiefere Absicht der Satyre täuschen ließ. Er schreibt nämlich darüber an Zellweger: „Ein paar unbekannte Landprediger haben mir und Heß in Altstetten ein paar Briefe in die Hände gespielt, in welchen sie seltsame und predigermäßige Einwürfe gegen die Messiade machen." Das Erstaunen nämlich, mit dem die Bornierten die Messiade aufnahmen, ist unter Anderm in folgenden Stellen der Briefe trefflich gezeichnet: „Es ist klar, daß der Autor sagen muß, er halte dasjenige, was er so zur Historie der Erlösung hinzugeflickt habe, entweder für wahr oder für unwahr. Wenn er es für wahr ausgiebt, so ist er gewiß der allergrößte Schwärmer und Fanaticus, der jemal in der Welt gelebt hat; denn woher will er doch sein Propheten=Amt erweisen? Hat er denn ein Gesicht oder einen Traum gehabt, darinne sich Gott der Herr

ihm unmittelbar geoffenbaret hätte? Zwar thut er gerade bey Anfang
seines Buchs ein kurzes Gebet an den Heiligen Geist, und bittet ihn,
er wolle seine Dichtkunst, die er gleichsam als ein wirkliches Wesen,
wie eine Heydnische Göttin vorstellt, ausrüsten mit jener tiefsinnigen,
einsamen Weisheit, „mit der du," (sagt er) „forschender Geist! die
Tiefen Gottes durchschauest; also werd' ich durch sie Licht und Offenbarungen sehen." Und dann fährt er drauf eben so getrost zu, als
wenn er erhört worden wäre. Aber er wird doch wohl denken, daß
ihm kein vernünftiger Mensch auf sein bloßes Wort glauben wird. So
lang er sich aber nicht besser legitimirt, bleibt er ein elender Fantast;
ein Mensch, der, kurz zu sagen, in den Spital gehört. In Ewigkeit
wird er es aber nicht können. Würde er aber sagen, wie ich, lieber Herr
Gevatter! es viel ehender vermuthe, daß es nur Dichterey sey und von
ihm so ersonnen und geschrieben worden, damit die Historie des Evangeliums desto lieblicher und angenehmer zu lesen sey, so wäre ja die
Antwort wieder parat: Wie darf Er so gottlos und frech seyn, und
Lügen erdichten? Denn daß es sein eignes, elendes Hirngespinst sey,
bekennt er selber; und wie darf er besonders so frech seyn, und dasselbe
ohne einiges Zeichen der Unterscheidung dem Christenvolk vorlegen;
aus dem was er ersinnet, und aus dem was er aus der Heiligen Schrift
von Wahrheit noch beybehalten, einen unbesonnen Mischmasch machen,
und seine elenden Dichterpossen eben so gut für Wahrheit darlegen, als
das ewige unlügenhafte Wort Gottes? Denn so ist es, lieber Herr
Gevatter! Da wird in seinem Buch Licht und Finsterniß, Christus und
Belial, alles unter einander gewurstet; der Leser soll eines so gut glauben
als das andere; kein Jota, kein Pünktli zur Unterscheidung. Er er-
zählet einem zum Exempel nicht nur die Wahrheit, daß unser Heiland
ganze Nächte durch im Gebet verharret, sondern er sagt auch precis,
was er gebetet, und was ihm der himmlische Vater zur Antwort gegeben habe. Nicht nur weiß er, daß eine Höll und Teufel seyen, und
was die Schrift sonsten offenbaret, sondern er kennt die bösen Geister
und nennet sie alle mit Namen. Er sagt auch besonders wo, wann und
wie sie eine Versammlung gehalten, den Rath Gottes zur Erlösung der
Menschen zu hintertreiben; item, was ein jeder böser Geist in der
teuflischen Versammlung geredet, und wie er sich gebehrdet habe,
alles haarklein bis auf die geringsten Umstände; nicht anders, als
wenn er hinter dem Ofen gesessen wäre, und alles da ruhig in sein
Schreibtäfelein hätte aufzeichnen können. Alles aber, sage ich noch

einmal, mit dem was die Heilige Schrift Wahres sagt, so vermengt und verbunden, als ob es eben so wahr wäre, als die Wahrheit selber."

Bodmer selbst lieferte seine Beiträge zur Kundmachung der Messiade auf verschiedene Weise. Außer mehrern gedruckten Briefen enthalten hauptsächlich die Freimüthigen Nachrichten eine weitläufige Anzeige und Kritik der ersten Bücher des Messias, welche indessen zu beifallsreich und in den Ausstellungen zu äußerlich waren, um von der Eigenthümlichkeit der Klopstock'schen Schöpfung den rechten Begriff zu geben. Dagegen ist ein Stück der „Neuen kritischen Briefe" für Bodmer sehr bezeichnend. Bodmer nämlich denkt sich Klopstock so gerne als einen von ihm Erweckten und Gebildeten und führt daher in poetischer Darstellung einen Dichterjüngling die verschiedenen Stadien des Unterrichtes und der Anregung hindurch, bis er zum Messiassänger gereift ist. Und Klopstock macht ihm wirklich die Freude, dieses Bild auf sich zu beziehen und ihm darüber zu melden: „Mit dem jungen Menschen, auf dessen Angesicht alle Scenen aus dem Milton so lebhaft sich vorgestellt haben, stehe ich auch in einiger Bekanntschaft; er läßt Ihnen sagen: Dann (wann Bodmers Hoffnungen erfüllt sein werden) sollen erst meine Freunde und die Engel mein Grab mit Lorbern und Palmen umpflanzen." — Als sich immerhin der Mäcen für Klopstock nicht finden wollte, schlug Bodmer eine Subscription vor, welche jedoch Klopstocks Freunde aus Mißtrauen gegen das deutsche Publikum mißriethen. Als alle Mittel fehl zu schlagen schienen, wurde Bodmer dennoch nicht müde, obgleich ihm Klopstocks Art und namentlich seine ihm unbegreifliche Liebestiefe viel zu denken gab. Er schrieb daher gegen Ende des Jahres 1748 Folgendes an Zellweger: „Klopstock ist ein sonderbarer Liebhaber: er hat nicht das Herz gehabt, meinen Brief an seine Geliebte derselben zuzustellen, ungeachtet ihr Bruder, der sein Vertrauter ist, es ihm gerathen. Er schreibt Oden an sie, die ein Seraph einem Seraph schreiben dürfte: hernach hat er das Herz nicht, sie ihr zu übergeben. Er muß von einem melancholischen Temperamente sein, so melancholisch, so traurig schreibt er. Er hat an einen Freund eine Ode geschrieben, in welcher er sich vorstellt, daß er alle seine Freunde und seine Geliebte selbst überlebet hätte: es kann kein Zustand trauriger vorgestellt werden. In dieser Ode sind etliche Zeilen für mich, die ich nicht für die Souverainetät im Lande Appenzell geben wollte; sie lauten:

Wenn der, den ich nie sah, der dennoch ein redlicher Freund war,
    Und von der Vorsicht geführt,
Mit großmüthigem Herzen mein Schicksal ändert' und umschuf,
    Wenn mein Bodmer auch stirbt,
Und noch weinend zum Haupte des Sohns sein senkendes Haupt legt,
    Ebert, was sind wir alsdann*)?

Würde dieser Poet nicht durch seine göttliche Geliebte daheim behalten, so wollte ich ihn in mein Haus nehmen, daß er seinen Messias bei mir in der stillesten Ruhe vollendete."

13. Bodmers Noachide.

Unterdessen war Bodmer aus einem Beschützer Klopstocks zugleich dessen Schüler geworden. Längst nämlich hatte es ihn geschmerzt, daß keiner seiner jüngern Freunde (er hatte hauptsächlich auf Schulheß oder Hirzel gerechnet) sich von ihm zum Dichter hatte bilden lassen, um den Plan des Noah auszuführen. Als er nun aber in Klopstocks Messias alle Anforderungen, welche er an ein episches Gedicht that, erfüllt sah, und als sich ihm darin die erwünschteste Form zu leicht scheinender Hand-habung darbot, so machte sich endlich Bodmer selbst, ungeachtet er „den Punkt der Mittagshöhe bereits beschritten hatte," mit jugendlichem Muthe ans Werk. Er meinte, das einfach Menschliche, die Anschau-lichkeit und die Anmuth des patriarchalischen Lebens müsse den von ihm gewählten Gegenstand anziehend machen und demselben auch neben Klopstocks Gedicht die gehörige Anerkennung verschaffen. Eine der spätern Vorreden giebt folgende Charakteristik dieses Werkes: „Die Noachide ist nicht olympisch, nicht ätherisch, sie ist irdisch und hat kaum die Kühnheit, sich aus dem körperlichen, sinnlichen Weltall in die Ge-genden zu schwingen, wo über den Orion und Sirius hinaus die reinen, leiblosen Intelligenzen schweben. Die Personen sind nicht über die Würde oder die Empfänglichkeit der Erschaffenen, und wenn es Geister von höherer Natur sind als der menschlichen, so erscheinen sie in körper-licher Gestalt und lassen sich zu den freundschaftlichsten Diensten der Menschen herunter. Ob sie gleich Patriarchen sind, Lieblinge Gottes, von Gott außerordentlich begünstiget, und sie verdienen diese Ausnahme durch ihr göttliches Leben, so ist ihre Gemüths- und Denkungsart doch den irdischen natürlichen Menschen nicht unerreichbar; die mehrern sind

---

*) Klopstock unterdrückte nachher diese Verse.

an Kopf und Herz Charakter, welche wir in den Jahrbüchern aller
Jahrhunderte und aller Nationen nach der großen Flut erblicken. Was
sie von den Menschen der folgenden Jahrhunderte unterscheidet, ist et=
was von der ursprünglichen Einfalt des Lebens; es ist, wenige Bedürf=
nisse, einige Künste und viel Mangel an Kenntnissen. Wer aus den
Geschichten, die Moses geschrieben hat, oder aus Homers Gedichten mit
der Einfalt der uralten Völker bekannt ist; noch mehr, wer selbst Ein=
falt der Sitten, des Gemüthes hat, wird in der Noachide sich mit sanf=
tem Gefühl in die Gesellschaft von Menschen gebracht sehen, die wie die
Familien der beyden Erzväter so sanft mit seinem Geist übereinstim=
men *)." Um einen Begriff von dem Grundrisse dieses Gedichtes zu
geben, ist die Angabe des wesentlichen Inhaltes desselben nothwendig.

Sipha bewohnt mit seinen drei Töchtern die verschlossenen Berge
des Paradieses. Der Felsen öffnet sich Japhet, dem Sohne Noahs,
er findet die Mädchen und wird von ihrer Schönheit und Tugend ent=
zückt. Diese führen den Jüngling zu ihrem Vater, welcher in ihm den
Sohn seiner Schwester Milka begrüßt. Siphas Wohnung liegt in der
Mitte eines herrlichen Gartens, von Cedern erbaut, reich an Gold,
Tapeten und musivischen Fußböden. Als Japhet sich wundert, daß er
so einsam auf diesen Höhen wohne, erzählt Sipha, wie er nach Noahs
Auszug nicht mehr habe in Eden leben mögen und wie er mit seinen
fünfzig Söhnen in die Ebene gezogen. Hier trafen sie zum Feste des
Sonnengottes ein und Siphas Söhne wurden in Liebe zu den fünfzig
schönen Töchtern des Sonnenpriesters entzündet. Sie zwangen den
Priester, ihnen die Töchter zu Gattinnen zu geben. Allein auf den Rath
des Vaters ermordeten in der Nacht die Priesterinnen der Sonne die
Jünglinge, welche den Sonnengott entweiht hatten. Der verlassene
Sipha mit seinem Weibe wurde von Gott in das Paradies geführt, wo
ihm Jemina drei Töchter schenkte. Am Abend kehrt Japhet nach Hause
zurück, in das Thal am Fuß der Berge des Paradieses. Noah war
unterdessen von einer fünfzigtägigen Reise in die Heimat zurückgekom=
men. Ein Engel hatte ihn über die Erde geführt, um die Gräuel der
Völker zu sehen, unter denen überall Knechtschaft, Wohllust und Mord
herrschte. Als der Engel dieses vor dem Throne Gottes verkündet, be=
schließt der Herr den Untergang dieses Geschlechtes. Noahs Söhne
gehen darauf „unter verliebten Gesprächen" zu der paradiesischen Höhe,

---

*) Ausgabe der Noachide vom Jahre 1781.

finden die Töchter Siphas mit Gesang beschäftigt und sprechen ihr Ent=
zücken aus. Diese entschließen sich mit den Söhnen Noahs in das Thal
zu ziehen. Während Noah der Ankunft des Freundes am Altare war=
tet, thut ihm Gott das Nahen der Sündflut kund und seine Begnadi=
gung. Die Wanderer langen an und die Töchter erzählen unter Anderm
Leben und Tod ihrer Mutter. Die Eltern vereinigen Söhne und Töch=
ter und die Neuvermählten besuchen die verschiedenen Stätten des
Paradieses. Unterdessen ziehen die Riesen heran und rüsten sich zum
Sturme gegen den Garten Gottes; aber hervorbrechendes Feuer treibt
sie zurück. Nun wollen sie durch Menschenopfer den Zweck erreichen,
allein Noah, gesandt Buße zu predigen, kommt dazu, und vor seinem
Worte stürzt die aufgebaute Treppe zusammen. Darauf kommen die
verworfenen Geister überein, den Riesen zu helfen, mit einem Luftschiff
den Berg Gottes zu ersteigen. Aber ein Engel fängt in einem unsicht=
baren Netze die höllischen Geister auf und bannt sie in den Meeresgrund,
und die schiffenden Riesen fallen herunter. Der Engel, Noahs Beglei=
ter, berichtet diesem, daß, ehe die Flut komme, jemand der Seinigen
sterben werde. Jetzt bestellt der Engel zwei der entronnenen Riesen, die
Balken für die Arche zu zimmern. Unterdessen besuchen Noahs Söhne
mit ihren Frauen die heiligen Stätten des Paradieses, wo Eva erschaffen
ward, wo Adam, wo der verdorrte Baum der Versuchung stand. In
der Erzählung vom Sündenfalle läßt der Dichter den Adam aus Liebe
und Mitleid in den Apfel beißen, um mit Eva das Loos des Todes zu
theilen. Während ihres Umherwandelns sehen sie das fliegende Kriegs=
schiff und seinen Sturz. Auch die Alten kommen hinauf und die Söhne
Noahs beginnen den Bau der Arche, während die Frauen Früchte
sammeln. Nach Vollendung der Arche wird das Versammlungszimmer
der Menschen mit Tapeten geschmückt, den Werken eines göttlichen Mei=
sters, welche die Geschichte der Zukunft enthalten, die Kaiser und Päbste.
Endlich naht sich der Sonne allmählig ein Komet, welcher mit seinem
Dunstkreise die Erde übergießen soll. Nun erhält Sipha den Befehl
zum Todesgange nach dem Gebirge. Er stirbt: Trauer der Seinigen.
Diese verlassen das Paradies. Noah stößt in eine ihm vom Engel
überreichte Posaune, und nun kommen die Thiere zur Arche, wo jede
Gattung ihr Zimmer findet. Darauf erscheint der Tag nicht mehr und
der Komet zieht die Wasser des Oceans empor. Mannigfaltige Scenen
der sündigen Menschen, in denen der Tod sie ereilt; die Riesen dagegen
bauen, um sich zu retten, ein Wolkenschiff. Allmählig hat die Flut

alle Höhen erreicht. Unterdessen schifft die Arche ruhig dahin, von goldenen Lampen erleuchtet; ihre menschlichen Bewohner aber verkürzen sich die Zeit mit Gesprächen und sehen mit Wehmuth in das Grab alles Lebens hinaus. Das Wolkenschiff naht sich, bisher erhalten. Allein als sich die Riesen gerettet wähnen, entsteht ein wüthender Kampf um den Besitz der Frauen, in welchem alle Männer fallen. Nun stürzen sich die Weiber ins Meer. Og, das einzig übrig gebliebene Oberhaupt, landet auf einem Berge, aber es öffnet sich der Abgrund und verschlingt ihn. Raphael bringt Kunde in die Arche von den geretteten Seelen; und wie dagegen die Verworfenen zu Dunkel und Finsterniß geführt worden. Noah und sein Haus lebte indessen heitere Tage dahin, und er offenbarte den Seinigen die Geschicke der Zukunft, den Erlöser, die neuentdeckten Welten. Allmählig zertheilen sich die Wolken, die Felsen tauchen wieder auf und Grün bedeckt die Erde. Doch Noah wartet, bis für jedes Geschlecht die Speise gereist ist. Der Schutzengel nimmt nun Abschied, nachdem er Noahs Stamme verheißen, daß er sich in unzähligen Geschlechtern über die Erde ausbreiten werde. Nachdem sie die Vögel zur Kundschaft ausgesandt, ziehen die Bewohner aus der Arche und die Frauen der Söhne Noahs gebären Zwillingspaare. Lamechs Geist besucht das neue Geschlecht seiner Nachkommen; auf seiner Rückkehr zum Himmel aber sieht er auf einem Planeten am äußersten Ende des Weltraums die Larven der durch die Sündflut Gerichteten, von denen er einige aufweckt und sich ihre Sünden erzählen läßt. Unterdessen wird Sem ausgesandt, eine Stätte für den neuen Wohnsitz zu suchen. Er findet im Gebirge die Trümmer des Gartens Gottes und in der Ebene an einer Pyramide den Schlüssel im Schlosse, in deren Innerm er Verhungerte antrifft. Als er endlich das heilige Land betritt, erscheint ihm Raphael und bezeichnet dasselbe als das Land der göttlichen Gnade und als die Heimat des Gottmenschen. Darauf führt ihn der Engel an die durch jenen geheiligten Stätten. Nach Sems Rückkehr zieht das Geschlecht Noahs in das Land der Verheißung, von den Geschlechtern der Thiere begleitet, und singt beim Eintritt in dasselbe Loblieder. Sie bauen aus Cedern, die vor der Sündflut gewachsen, ein hohes Haus und hängen die Tapeten der Arche hinein. Nachdem sich die Thiere vermehrt, bringt Noah sein Opfer und Gott stellt den Friedensbogen an den Himmel. Seine Nachkommen lebten um den Sion wie im Paradiese, und er sah ein Geschlecht von Patriarchen um sich entstehen.

Bodmer hatte die erste Bearbeitung des Noah im Frühlinge 1748

begonnen und in weniger als einem Jahre vollendet. Es ist offenbar,
daß er sich einen glänzenden Erfolg verspricht. Daher sagt er keiner
Seele etwas von seinem Unterfangen; läßt dann aber bei der allmäh=
ligen Entdeckung gegen seine Freunde in seiner naiven Weise durchblicken,
daß er sich fast fürchte, den Messias zu verdunkeln. Dann aber meint
er auch wieder, daß er diesem Bahn breche, indem der Noah „mensch=
licher und gewisser Maßen lustiger" sei. Ueber die schnelle Bearbeitung
entschuldigt er sich. „Ich eilte, theils weil ich fürchtete, daß mir etwas
Menschliches begegnete, ehe ich das schöne Geschöpf zur Welt gebracht
hätte; theils weil ich selbst eine gewisse heftige Neugierigkeit hatte zu
sehen, ob und wie ich mit dem Werke auskommen könnte." Ueber die
Art und Weise, wie Bodmer zu seinen Gedanken gekommen, belehrt
uns am besten Hirzel: „Da sein Gedächtniß mit den Bildern und
Metaphern aller Poeten angefüllt war, boten sie sich ihm ungesucht von
selbst dar; er bediente sich daher aller in den besten Dichtern gefundenen
Charaktere von einzelnen Menschen und Nationen und merkwürdigen
Handlungen, die sich zu seinem Gegenstande schickten, so wie er sich der
Kenntniß der Naturforscher seiner Zeit bediente, den Aufenthalt des Noah
in dem Paradies, und die Wirkungen des Cometen auf dem Erdball
bei der einbrechenden Sündfluth zu schildern, worin ihm Sulzer wichtige
Dienste leistete. Bodmer hat mir es selbst gesagt, daß die Begierde,
sein Gedicht zu vollenden, ihn angetrieben, alles was sich zu seinem
Plane schickte, von andern Dichtern aufzunehmen. Es erhielt sein
Gedicht dadurch einen zweifachen Nutzen, den ersten, daß es zu einem
Denkmal der Kunst und Gelehrsamkeit seiner Zeit worden; den zweiten,
der noch wichtiger, daß der moralische Einfluß seines Gedichts einen
großen Eindruck erhalten mußte, wenn der Leser entdeckt, daß die Laster,
welche mit so viel poetischer Wahrheit die Vorsehung gereizt, die erste
Welt zu vertilgen, die Laster seiner Zeit seien, und daß die Sinnlichkeit
durch die lächerlichsten Sitten zu den größten Lastern führe." — Bod=
mer erwarb sich mit seinem Versuche für seine Zeit unstreitig ein großes
Verdienst und regte sehr vielseitig an; allein er beweist durch seine Noa=
chide, wie sehr er im Irrthum war zu glauben, daß die Einsicht in die
Erfordernisse der Poesie und das Gefühl für dichterische Schönheiten
genüge, um poetisch schöpferisch zu sein, und wie sehr er sich in der Vor=
aussetzung täuschte, daß der Kritiker auch zum Dichter befähigt sei.
Denn so reich sein Gedicht an mannigfaltigem Stoff und poetischen
Motiven war, so reichte er dagegen mit all seinem Wissen und seinen

Regeln nicht aus, seinen Gegenstand frisch, kräftig und lebenswarm zu
durchbringen und zu beseelen. Denn Gedichte selbst schweben zwei
Muster vor: Homer und Milton. Allein statt homerischer Einfalt und
Kraft zeigt das Nachbild Schwerfälligkeit und künstliche Zierlichkeit,
statt Naturwahrheit und Leben verworrene Gemälde und einförmigen
Wortschmuck, statt Handlung moralische Betrachtungen und sentimentale
Rhetorik. Milton aber ist weder in seinen Engeln noch Teufeln auch
nur von ferne erreicht, und eben so wenig in seinen lieblichen idyllischen
Gemälden. Namentlich entbehrt sowohl das ganze Gemälde als die
einzelnen Personen eines bestimmten individuellen Charakters; die
Männer, die Frauen haben alle dieselbe ungelenke Feierlichkeit. Weder
der biblische Charakter noch das Morgenland sind in ihrer Eigenthümlichkeit aufgefaßt; die Laster der vorsündfluthlichen Menschen sind so
über alle mögliche Theilnahme hinaus ungeheuer, leer und bestandlos,
daß sie nur wie gräuliche Nebelbilder vorüberziehen; die Engel ermangeln der Hoheit, wie die bösen Geister der Furchtbarkeit. Wohl überzeugt man sich, welche warme Liebe der Dichter für patriarchalische Unschuld und für das Glück des häuslichen Lebens im Herzen trägt, allein
auch diesen Scenen vermag er keine Klarheit und Anmuth zu geben, und
es ist auch den besten Gemälden so viel Unnatürliches und selbst Lächer-
liches beigemischt, daß dadurch die poetische Täuschung immer wieder
ungeschickt gestört wird. Wohl sind einzelne Theile anziehend, wie z. B.
das von der sündigen Welt abgeschlossene Leben des Sipha mit seinen
Töchtern im Garten Gottes, das Bild schöner Häuslichkeit nach der
Verbindung dieser mit Noahs Söhnen, die gelungene Darstellung der
wachsenden Flut, die Gefühle der Bewohner der Arche, die Verkündigung eines fernen Geschlechtes freier Menschen: allein auch die besten
Stücke sind wieder plötzlich gestört durch einen harten oder trivialen
Ausdruck, durch ein falsches Bild oder eine zerstreuende Lehre. Doch
das Alles fühlte Bodmer so wenig, daß er an der Form dreißig Jahre
lang feilte, ohne die Gebrechen der Poesie selbst einzusehen und ohne
daher an dieser selbst Wesentliches zu bessern. Dagegen zeigen die vier
verschiedenen Ausgaben der Noachide, welche Fortschritte Bodmer allmählig im Studium der Sprache und des Herameters gemacht und mit
wie viel Fleiß und Kunst er allmählig seine Verse gereinigt, so weit
solches bei seinem unmusikalischen Ohre immer möglich war.

Wie sehr indessen Bodmers Komposition seine Zeitgenossen beschäftigte, beweist das erst neulich gedruckte Fragment eines großen Kritikers,

Herders nämlich, welcher den Epiker Bodmer einer genauen Vergleichung mit Homer unterwirft und darin ein Meisterstück von Scharfsinn und Laune aufstellt. Er gesteht zwar zu, daß, wenn Noah anfangs an „Schweizerworten, fremden, oft lächerlichen Ausdrücken, possierlichen Gleichnissen und Kunstwörtern aus fremden Sprachen und fremden Wissenschaften überfloß," Bodmer das Gedicht im Verlauf von diesen Uebelständen so ziemlich gereinigt habe. Dagegen sagt er vom Inhalte: „Im ganzen Gedicht ist der Occident in den Orient, unser Jahrhundert vor die Sündfluth, Sprachen und Denkarten, und Künste und Gewächse von Amerika nach Ararat übertragen: die Noachide ist Geographie, Historie, Kunstkammer, Galanteriebude geworden." Nachdem Herder ferner die Eigenthümlichkeit der homerischen Darstellung entwickelt, sagt er dagegen von Bodmer: „Aber Bodmer ist immer in Kleinigkeiten groß, in Einstreuungen schön, immer im Detail beschäftigt. Alles ist bei ihm Episode: die Erzählung, die Reden, die Charaktere, die Blumenstücke: jedes abzutrennen, und unter seinem Titel eine eigene Schilderei. Dies die Lebensart der Familie nach Noah's Abreise: jenes die Aussicht Japhets: dann eine Allee von Bäumen und Lauben: jetzt das Gebäude, die Wirthschaft, die Bewirthung des Patriarchen: hier ein Komplimentenzimmer des wiederkommenden Noah: jetzt seine Reisebeschreibung, nach Ordnung und jedesmal mit religiösen oder politischen Anmerkungen begleitet: hier erbauliche Betrachtungen bei Eva's Quelle: dort bei Adams Laube: hier bei dem Baum der Verführung: dort bei Gelegenheit einer vorbeilaufenden Schlange: jetzt ein Opfer: jetzt ein Luftschiff: jetzt ein Komet: jetzt englische Tapeten — und meistens über jede dieser Scenen die guten Gedanken der sämmtlichen Anwesenden — wo ist hier der fortreißende Strom, aus dem man ja keine Welle herausheben kann? Zudem sind nicht blos die Reden in das Epos gleichsam eingeleimt, sondern in jeder Rede stehen wieder ganze Reden, in dieser Person eine andere, und in dieser eine dritte, in männlicher Größe. Wo bleibt nun das Gesicht, die Seele, die einer jeden eigen sein soll: wenn Noah den Sipha, und Sipha seine Söhne, diese den Michal, Michal den Abiram, und Abiram wieder seinen Gott reden läßt: wer spricht endlich? Keiner, denn sie reden alle durch einander. Noah und sein Laomer und sein Magir, und sein Seraph, oder vielmehr überall — Johann Jakob Bodmer *)." Nichts desto weniger nennt Herder die

---

*) Herders Lebensbild, mitgetheilt von seinem Sohne Dr. E. G. v. H. Erlangen 1846. 1. Bandes 3te Abthl., zweite Hälfte. „Die Noachide 2c." 1765. S. 147—168.

Noachide „ein Meisterstück kritischer Ausbesserung und die Ausbesserung
eines der merkwürdigsten Produkte deutscher Poesie."

Wenn indessen das Publikum die Noachide kalt aufnahm und die
Kritik dieselbe verurtheilte, so ließ sich doch Bodmer in der Ueberzeugung
nicht stören, daß er einen guten Stoff gewählt habe. Und wirklich kann
man nicht läugnen, daß gerade in jener Zeit eine besondere Empfänglichkeit für die biblische Poesie lag, welche daher dem lange vergessenen
Milton wieder Eingang verschaffte und Klopstocken eine Verehrung zollte,
wie solche selten einem Dichter zu Theil geworden. Denn nachdem
englische und französische Kritiker, Schöngeister und Weltleute den Bibelglauben erschüttert hatten, war man für die Rechtfertigung der christlichen
Grundwahrheiten, welche aus der Ueberzeugung eines frommen und
poetischen Gemüthes hervorging, doppelt dankbar und freute sich dessen
als eines fast unverhofften Sieges *). Allein hier zeigt sich ein wesentlicher Unterschied zwischen Klopstock und Bodmer. Denn während
Klopstock von einem tiefen und feurigen Glauben erfüllt war, der sich
jedoch frei und groß über die Engherzigkeit der Schule erhob: hatte dagegen bei Bodmer die rationelle, neologische Kritik die Oberhand. Er
brachte nicht die Bewunderung und Verehrung für die Geschichte des
Volkes Gottes mit zur Ausführung seines Werks, wie Klopstock, der
voll heiliger Ehrfurcht sein Leben dem Preise des Erlösers widmete; sondern es war vorzüglich der ideale Naturzustand und die Sittenreinheit
der patriarchalischen Zeit, was ihm am Herzen lag. Die Bibel war ihm
weniger die Quelle religiöser Erkenntniß, als ein Schauplatz tugendhafter
Erhabenheit und eine Fundgrube des Wunderbaren, daher er sich gegen
seine Freunde etwas darauf zu Gute thut, mit Klopstock eine „biblische
Mythologie" gegründet zu haben. Wohl walten in ihm die Erinnerungen eines frommen Hauses und einer frommen Kindheit; allein weil
seiner Lebensansicht und seinem Gemüthe die innerlich belebende Kraft
des Glaubens fehlte, so konnte er durch alle seine willkürlichen Erfindungen und poetischen Motive diesen Mangel nicht von ferne ersetzen,
und darum mußten, wie der Noah, so alle seine künftigen Patriarchaden
mißglücken. Doch mit der Idee selbst stand er auf einem volksthümlichen Boden und darum fand er auch der Nachahmer so viele: genug
zu seiner Rechtfertigung, daß sogar Goethe in viel späterer Zeit sich da-

*) S. in Gözingers Deutsche Sprache und Literatur, 2. Bd. 1. Theil. §. 70,
die treffliche Einleitung „Ueber das Verhältniß der neuen Literatur zu Kirche, Sitte
und Gelehrsamkeit."

mit trug, den Joseph episch zu bearbeiten. Dagegen bleibt es ein schöner
Beweis von Bodmers vielseitiger Empfänglichkeit, daß er die religiöse
Tiefe, die ihm selbst fehlte, in Klopstock so ernst und entschieden aner=
kannte.

Nachdem an diesem Orte zusammengestellt worden, was über den
Noah im Allgemeinen und sein Verhältniß zur damaligen Zeit zu sagen
war, kehren wir wieder zum historischen Faden zurück und besprechen noch
einige besondere Umstände, unter denen das Gedicht ins Leben trat.
In Betreff des Geheimnisses, das er aus seiner Arbeit machte, gab Bod=
mer den Freunden die Auskunft, „daß er die Kritik einiger Kunstrichter
habe auf die Probe stellen wollen, ob dieselben ein Werk anerkennen
würden, das in Miltons und Homers Geist gedichtet sei, ohne deren
Namen an der Spitze zu tragen; und daß er einigen seiner geschätztesten
Freunde eine Huldigung habe darbringen wollen, indem er ihre Gesinnun=
gen geschickt in Verse gebracht.“ Während Schulthesens Aufenthalt in
Berlin überraschte er nun diesen mit den zwei ersten Gesängen des Noah
und brachte ihm bei, daß er dieselben gleichsam ohne sein Wissen heraus=
geben könne. Schulthes theilt das Geheimniß Sulzern mit, und dieser
geräth über das neue Werk in großes Entzücken, um so mehr, da er
selbst zu den im Gedichte verherrlichten Freunden gehört. Zwar theilt
er dem Dichter billige Bedenken über allerlei Wunderlichkeiten und
Lächerlichkeiten mit; findet sich jedoch gleichwohl veranlaßt ihm zu
schreiben: „Ich kann Ihnen aufrichtig sagen, daß ich mich noch über
kein Werk so gefreut habe, wie über dieses. Es hat mir nicht nur
Thränen der Zärtlichkeit über den Inhalt, sondern Thränen der Freude
über seine Existenz fließen gemacht. Ich sehe dieses Werk als ein Ge=
schenk der Vorsehung an, jetzt und in künftigen Zeiten die Herzen junger
Leute zur Tugend zu bilden, und ihnen Erkenntniß und edle Gesinnungen
einzupflanzen. Meine künftigen Söhne und Töchter sollen es zu ihrer
Encyclopädie machen. Sie können sich wohl vorstellen, daß ich recht
stolz auf die Ehre bin, die Sie mir erwiesen, daß Sie dem Sipha Worte
in den Mund gelegt, die ich für die meinigen erkenne. Ich möchte dafür
sorgen, daß künftige Ausleger dabei meines Namens gedächten, damit
ich mit Ihnen, oder auf Ihren Armen, auf die Nachwelt käme.“ Dann
läßt Sulzer den Druck der beiden ersten Gesänge ohne Angabe des Ver=
fassers in Leipzig besorgen. Nachdem nun die Exemplare in Bodmers
Hände gekommen, läßt er sie an seine Freunde vertheilen, und unter
Anderm auch an die jungen Tscharner, die Söhne des Bernerischen

Landvogts im Thurgau, bei denen damals der nachherige Professor Joh. Stapfer, ein Mann von Geist und Bildung, als Hofmeister lebte. Wir haben den einen Tscharner schon als den Uebersetzer von Hallers Gedichten kennen gelernt, und bereits arbeitete er, auf Bodmers Aufforderung, an einer französischen Uebersetzung der Messiade. Die Jünglinge hielten den Noah für eine verfehlte Nachahmung Klopstocks von einem Leipziger und glaubten Bodmern mit der Züchtigung desselben einen Gefallen zu thun. Sie schickten daher Bodmern eine parodierende Kritik gegen den Noah ein und baten ihn, dieselbe, wofern er es gut finde, zum Drucke zu befördern. Nicht nur versteht sich Bodmer dazu, sondern er macht sich auch anheischig, die Korrektur zu besorgen; meldet ihnen aber zugleich, daß er an dem Noah einen so starken Antheil nehme, als wenn er ihn selbst verfaßt, und läßt durchblicken, daß auch er einen Noah bearbeitet habe, und daß er fürchten müsse, nicht besser von ihnen beurtheilt zu werden. Wollten sie sich gegen Klopstock ein solches Urtheil herausnehmen, so wären sie dazu allzu seicht; den Noah dagegen dürfe man schon anrühren. Allein die Berner lassen sich nicht irre machen und verlangen die Herausgabe ihrer Schrift; so daß Bodmer endlich mit dem wahren Sachverhalte ausrücken muß. Nun drücken die Jünglinge ihre große Reue über die Beleidigung gegen den Freund aus, ohne indessen ihr Urtheil zurückzunehmen, und vergessen in ihrer Verwirrung, die Unterdrückung der Schrift zu verlangen. Bodmer aber war ein zu strenger Ehrenmann und achtete die freie Oeffentlichkeit zu sehr, um solches von sich aus zu thun. Schon hatte er daher Befehl zur Absendung des Ballens nach Leipzig gegeben, als noch zu rechter Zeit Gegenbefehl kam. Während Bodmern solches von nahen Freunden und Zöglingen widerfährt und die Freunde in Deutschland schweigen: berichtet ihm auch Schultheß von Berlin, „daß man den Noah für ein seltsames Phänomen ansehe, in welches man sich noch nicht wohl finden könne. Die postdiluvianischen Sitten der Antidiluvianer verursachen am meisten Streit. Kleist verwirft sie, Gleim vertheidigt sie." Allein Bodmer lebte noch immer der Ueberzeugung, daß irgend Jemand den rechten Gesichtspunkt für den Noah herausfinden würde, und hoffte das im Stillen von Klopstock; wenigstens bittet er Heß in Altstetten, „daß er den Noah abschreiben möchte, weil er daran denke, Klopstocken damit ein Geschenk zu machen."

11 *

14. Bodmer ladet Klopstock nach Zürich.

Klopstock hat unterdessen Bodmern vertraut, daß man es nicht ungerne sehen würde, wenn er seine Hofmeisterstelle aufgäbe. Zugleich war jede andere Bemühung für ihn vergeblich geblieben; nur Haller hatte ihm den Wunsch eröffnen lassen, daß er den Unterricht seines Sohnes in den schönen Wissenschaften übernehmen möchte. Nun endlich trat Bodmer mit dem Anerbieten hervor, ihm ein stilles Asyl in seinem Hause zu eröffnen. Wie Klopstock diese Einladung annahm, wollen wir ihn selbst sprechen lassen: „Zu einer Zeit, da ich von Fürsten unbeachtet bleibe, sind Sie, mein theuerster Freund, so großmüthig, und laden mich nach Ihrer freyen Schweiz ein! Wenn das einigermaßen eine Belohnung für Ihre Edelmüthigkeit seyn kann, daß ich sie in ihrem ganzen Umfange empfinde: Wohlan, so nehmen Sie die Kleinigkeit dieser Belohnung an! Lassen Sie mich Ihnen noch was Zärtlicheres sagen. Ich will kommen, Sie bei den Gebeinen Ihres Sohnes zu sehen. Ich will kommen, Ihnen Ihre Thränen, die ich Ihnen vielleicht von neuem erregt habe, abzutrocknen." Nachdem sich unterdessen wieder eine Hoffnung auf ein festes Unterkommen zerschlagen hatte, kündigt Klopstock gegen Ende des Jahres 1749 an, daß er den nächsten Frühling nach Zürich kommen werde. — — „Ich freue mich den süßen Namen Bodmer, Breitinger, Heß, Muße, Freundschaft entgegen. Aber hören Sie die Bedingungen, unter denen ich zu Ihnen komme. Meine körperliche Gegenwart muß in Ihrem Hause beinahe unmerklich seyn; sie muß da auch nicht die mindeste Veränderung hervorbringen. Dies vorausgesetzt, und als wenn Sie mirs mit dem Handschlag der Freundschaft im goldenen Weltalter versprochen hätten, komme ich zu Ihnen. Ich bin schon in Gedanken sehr bekannt mit einer gewissen Gegend, die ich die Zürchische nenne. Vielleicht irre ich sehr; unterdeß kenne ich doch nun eine reizende Gegend mehr in der Welt. Zu einer schönen Gegend gehören bei mir zwar auch Berge, Thäler, Seen, aber viel vorzüglicher die Wohnungen der Freunde; wie weit und in welcher Situation wohnen Breitinger, Hirzel, Waser, Tscharner, um Sie her? Und noch eine Frage, die auch einigermaßen bei mir mit zur Gegend gehört; denn

Mein Leben ist nun zum Punkt der Jünglingsjahre gestiegen —

wie weit wohnen Mädchen Ihrer Bekanntschaft von Ihnen, von denen

Sie glaubten, daß ich einen Umgang mit ihnen haben könnte? Das Herz der Mädchen ist eine große, weite Aussicht der Natur, in deren Labyrinth ein Dichter oft gegangen sein muß, wenn er ein tiefsinniger Weiser seyn will. Nur dürften die Mädchens so nichts von meiner Geschichte wissen, denn sie möchten sonst vielleicht sehr ohne Ursache zurückhaltend werden." — Wenn der gemessene Klopstock seinem Verlangen nach Bodmer einen solchen Ausdruck verlieh; so wird man dem weniger abgewogenen, stets dem Augenblicke sich überlassenden Bodmer das Gefühl einer schwärmerischen Freude um so eher verzeihen. Es ist zwar nicht zu verkennen, daß er in der Verherrlichung des Dichterjünglings zugleich sich selbst verherrlichte; allein es tritt in diesem Zuge von einer andern Seite Bodmers republikanischer Sinn hervor, der in einer Zeit, wo sonst nur Macht oder Geburt, oder höchstens noch die Schulgelehrsamkeit gefeiert wurden, dem Dichtergenius eine neue Bürgerkrone aufs Haupt setzen wollte. Die Zukunft hat gezeigt, daß Bodmer einem richtigen Gefühle gefolgt und mit Bedacht sich benommen: denn die außerordentliche Verehrung, welche das deutsche Volk Klopstocken darbrachte, war gleichsam nur eine Fortsetzung der ersten Huldigungen Bodmers. Freilich so sehr man in der Gelehrtenrepublik an nicht karge Lobeserhebungen gewöhnt war, so mochte man sich doch immerhin über die Ausdrücke Bodmers wundern, welche er auf Klopstock anwendete, und die er zum Beweise, wie ernst es ihm war, auch in den Briefen an die vertrautesten Freunde eben so wenig sparte. Denn um sich nach Herzenslust über das neue Verhältniß mit Klopstock aussprechen zu können, hat er einen besondern Briefwechsel mit Heß eingeleitet. Da wird von dem heiligen Jünglinge gesprochen; von der großen Scene, welche sich vor ihm eröffne und die für sein ganzes Leben eine Epoche sein werde. Er preist Schulthessen glücklich, daß er der Trabant des Sternes sein soll; namentlich aber ist er nicht weit entfernt, in dem Messiassänger einen zweiten Messias zu erkennen, der die Gedanken des frühern Messias in verherrlichter Gestalt gleichsam von Neuem erzeuge. Dieser Gedanke spricht sich vorzüglich in der Ode aus, welche Bodmer im „Verlangen nach Klopstocks Ankunft" gedichtet.

Komm! Offenbare die denkenden Züg im sichtbaren Körper
　　Auch am Gestade der Sihl und der Limmat,
Daß wir mit unseren Augen das Wunder beglaubigen können,
　　Welches für unsere Tage bewahrt war:

> Eine Seel' in dem Kerker des irdischen Stoffs noch gefangen,
>   Die des Messias Gedanken zu denken,
> Die göttliche Liebe des menschenfreundlichen Gottes
>   In dem unendlichen Umfang zu fühlen,
> Und in den herrlichsten Tönen, den würdigen Kindern der Dichtkunst
>   Und Harmonie, zu beleben vermochte!

Diese Ode verdient schon darum einige Beachtung, weil Klopstock in derjenigen auf den Zürichsee darauf Bezug nimmt, wie aus folgender Stelle erhellt:

> Eile! Dir hat schon die Wege der Lenz überstreuet mit Blumen,
>   Dir die Zephyre mit Weihrauch beladen.
> Sipha wird an des Zürichbergs Fuße mit freudigem Jubel
>   Zwischen dem Land und der Stadt dich empfangen.
> Hinter dir hebt sich der Berg mit Reben bekleidet gen Osten,
>   Dunkel mit Fichten den Gipfel umwunden.
> Uto ragt gegen dir über, erhöhter, wie seine Gefährten,
>   Albis und Heitel, empor zu den Wolken.
> An seinen Wurzeln erblickst du des Zürichsees glänzendes Becken,
>   Und an der Mündung die fruchtbaren Ebnen,
> Welche die Limmat, nachdem sie den Wällen der Stadt sich entrissen,
>   Mit der verschwisterten Sihle durchgleitet.
> Fern an dem südlichen Himmel, auf sonnenbenachbarten Alpen,
>   Schimmert ein ewiger Schnee, der mit neuem
> Immer sich thürmt, doch von weitem zu deiner stillen Behausung
>   Kühle dir sendet und freundliches Glänzen.

Allein es soll dem Freunde nicht nur eine von Seite der Natur bedeutende Gegend winken, sondern auch eine, wo noch die alte Sängersprache lebt.

> Komm, und höre, wie sie nach manchem Fluge der Jahre
>   Zwischen dem Rhein und der Limmat noch lebet.
> Hier ist poetisches Land, das Klima war ehmals gesegnet,
>   Dichter in seinem Schooß zu gebähren.
> Kein anmuthig Gefild, da nicht ein Dichter gesessen,
>   Da er die Muse nicht hingebracht hätte.

Allein alles Entzückens ungeachtet beschäftigt den ernsten Freund doch einige Unruhe über jenen Wunsch Klopstocks nach dem Umgange mit Mädchen. Er möchte ihn incognito haben. „Vor allen Dingen wollen wir ihn einige Tage allein und ohne Nebenbuhler genießen, und mit ihm Abrede treffen, wie wir ihn am ruhigsten, mit dem wenig-

sten Ceremoniel haben können.   Ich wollte ihm gerne alle sanfte Er-
götzungen machen, aber ihn vor den brausenden bewahren; vielleicht
weil ich nicht fähig bin, an den brausenden Antheil zu nehmen."
Unterdessen hatten Unpäßlichkeit und einige vergebliche Aussichten Klopstocken noch schwankend erhalten, ob er die Reise unternehmen solle.
Noch in der Heimat ist der Noah in seine Hände gekommen und er berichtet an Schultheß: „Der Noah ist sehr nach meinem Geschmack."

Endlich langte Klopstock mit seinen beiden Reisegefährten, Sulzer und Schultheß, den 23. Heumonat 1750 in Zürich an. Das erste
persönliche Zusammentreffen scheint wenigstens auf Bodmer nicht ungünstig gewirkt zu haben; denn er berichtet noch an Heß: „Gestern
Abend um 9½ Uhr sind die lieben Freunde wirklich bei mir angelangt.
Ich bin die ganze Nacht in Ecstase gelegen, mich alle Augenblicke von
neuem in der Wahrheit zu befestigen, daß Klopstock, Sulzer nun wirklich bei mir wären."   Dagegen läßt sich aus Allem schließen, daß der
feine, zartsinnige Klopstock sich schon beim ersten Anblick seines Freundes
nicht angesprochen gefunden.   Bei dem nicht häckeligen, wohlwollenden
Bodmer aber scheint der Noah die Veranlassung gewesen zu sein, daß er
abgekühlt wurde.   Aus den Briefen an Zellweger geht nämlich hervor,
daß Bodmer für die Verbesserung desselben viel aus den Unterredungen
mit Klopstock hoffte.   Allein als Bodmer diesem nun aus dem Gedichte
vorlas, blieb er ganz stumm.   Eben so war in Klopstock von der Ergebenheit des stillen, seraphischen Jünglings, der zu den Füßen des kritischen Altmeisters säße, keine Spur.   Denn der Dichter war fünfundzwan-
zig Jahre alt und seinem Wesen nach ein vollendeter Mann.   In seinem
äußern Benehmen lag etwas Würdevolles, Vornehmes, Weltmännisches.
Mit geselliger Anmuth und sicherer Selbstbeherrschung ausgestattet,
wußte er kühn und frei die Poesie in das Leben überzutragen, und wollte
nun namentlich in der freien Schweiz sich für den Druck der bisherigen
beengenden Verhältnisse schadlos halten.   Unmöglich konnte dieser dem
an eine enge Stille gewöhnten, mit einer höchst einfachen blinden Frau
lebenden, schüchternen, steifen, in Wort und Benehmen oft wenig maß-
haltenden Bodmer zusagen; und in diesem Gefühle scheint er sich auch
sogleich mit entschiedener Selbständigkeit bezeigt zu haben.   So hätte
es des lebhaften und lebensfrohen Schultheß nicht bedurft, um Klopstocken aus der Stille und Dürre des Bodmerschen Hauses in ein mannigfaltiges Leben hineinzuziehen.   Denn eine muntere Schaar gebildeter,
eng verbundener Freunde, zum Theil mit stark französischem Zuschnitte,

warteten mit Sehnsucht auf den Umgang des Dichters. Gleich am andern Tage wurde daher Bodmer mit Bitten bestürmt, daß er ihnen erlauben möchte, den Dichter zu besuchen; und damit er in die fröhlichen Gesellen kein zu großes Mißtrauen setze, versicherte Rudolf Werdmüller: die Bewunderung für Jenen habe den Vert-Vert, Lafontaine und Crebillon aus seiner Phantasie verbannt; er sei Jetzt nur mit dem Noah und dem Messias beschäftigt. Bodmer durfte seine vornehmen jungen Freunde nicht zurückweisen, und so wurde gleich anfangs der Hausfrieden gestört. Der unruhige, neckische Bodmer aber konnte diesem Treiben, das seinen Wünschen und Hoffnungen so wenig entsprach, nicht stillschweigend zusehen: daher entzog sich Klopstock der Verstimmung gleich in den ersten Tagen durch einen Besuch bei seinem treuen Verehrer Heß in Altstetten. Von hier aber wurde er durch die Einladung zu der berühmten Fahrt auf dem Zürichsee zurückgerufen. Welch heiterer Ton sich gleich anfangs unter den neuen Freunden angebahnt hatte, beweist das Einladungsbillet, das Hartmann Rahn, Klopstocks nachheriger Schwager, in schlechtem Französisch an ihn erließ *). Da der mitgeladene Bodmer sich nicht herbeiließ, so blieb die junge Welt ungestört für sich allein. Diese Lustfahrt bildete nicht nur für Zürich eine Art geselliger Revolution, sondern das Gemälde, welches Dr. Hirzel im höchsten Entzücken seinem Freunde Kleist davon entwarf, bezauberte Deutschland dermaßen und erweckte dort eine so günstige Vor-

---

*) Monsieur. Nous sommes vne Trouppe, les deux Hirzels, Werdmiller, Schinz cadet, Keller, bonne trempe d'homme, et moy, associés pour Vous féter jeudy prochain sur nôtre Lac. La Journalière de nôtre Docteur, reservée pour l'Heros de la fête, tentera de Luy étaler ses attraits avec assés de variété, qu'il ne nous vienne pas effleurer tour à tour à chacun son Aimable. Nous peut elle garantir, tant mieux pour Elle, n'y suffit Elle pas, tant mieux pour nos Tendrons.

Nottés, mon cher Monsieur, que tous ces Tendrons sont déjà priés, qu'il ne s'agit plus que de Votre approbation. Mes gens m'ont forcés de Leur promettre que j'iray à Altstetten Vous jnviter, mais je ne puis me resoudre d'être jndiscret dans l'Esprit de Votre digne hôte en le venant troubler dans Votre possession, qu'il suffise à mes Importuns, que je Vous écrive. Vous voyez, m. ch. M., que si Vous me refusiez, je serois forcé de Vous venir encor ce soir lacher une bordée de cette Eloquence de Supliant, que ces Messieurs me supposent bonnement.

Ms Breitinger a promis a Ms Werdmuller que si Vous persuadiez Ms Bodmer d'être des nôtres, qu'il en seroit aussy. De grace point de refus, vn gracieux Ouy. Je me souscris etc.

stellung von dem freien, poetischen Natur- und Schäferleben, das in der
Schweiz geführt werden könne, daß sich die Nachwirkung davon namentlich auch bei dem ersten Besuche Goethe's mit den Stollbergen in Zürich
kund zu geben scheint. Wir theilen daher das Wesentliche jenes Briefes mit *).

15. Klopstocks Fahrt auf dem Zürichsee.

„Unser neun Freunde entschlossen uns, Herrn Klopstock durch eine
Lustschifffahrt die Schönheit der Gegenden am Zürcher-See und
zugleich die Schönheit unserer Mädchen kennen zu lehren. Jeder von
uns verband sich, ein Mädchen auszusuchen, welches freundschaftlicher
Empfindungen fähig wäre, und die Schönheiten der Natur und des
Geistes fühlte. Wir waren in der Auswahl glücklich. Die meisten
hatten den Frühling mit Ihnen gefühlt; einige kannten den Werth unsers
theuersten Klopstock schon aus seinem göttlichen Gedichte. Die süße Harmonie achtzehn edler Seelen machte diesen Tag zu einem der glücklichsten
unseres Lebens. — Der gesegnete Tag (der 30. Heumonat) erschien,
an welchem sich morgens um fünf Uhr die neun Freunde, und von ihnen
geführt, eben so viele Freundinnen versammelten, alle beseelt vom gleichen Triebe, diesen Tag durch das reizendste Vergnügen merkwürdig zu
machen. Klopstock würdigte meine zärtliche Doris an seiner Hand
zu führen. Ihre redenden, blauen Augen zeugen von dem edelsten Gemüthe, welches lieber stilleschweigend den Witz in andern bewundert,
als den seinen zu zeigen sucht. — Werbmüller, eine Geißel der
Lächerlichen, fähig der edelsten Freundschaft, dessen Geist mit dem lebhaftesten Witze der Franzen geschmückt ist, begleitete eine ehrwürdige
Dame, in welcher die Tugend durch seinen Verstand, durch den edelsten
Witz und den besten Geschmack auch in Kleinigkeiten, selbst den niedrigen
Seelchen süßer Herren reizend wird, und so viel auf sie vermag, daß sie
schöne Sentiments — auswendig lernen, um wenigstens diese Sprache
führen zu können. — An meiner Hand gieng die Gemalin des zärtlichsten Ehegatten, der kein menschliches Unglück ohne Thränen ansehen
kann. — Mein liebster Bruder (Salomon Hirzel), der mehr denkt
als spricht und nie vergnügter ist, als wenn er es am wenigsten sagt,
brachte mit sich die würdige Gemalin unsers W..rs, eine stille Schöne;

*) Helvetischer Calender für das Jahr 1796. Zürich. S. 77—95.

ihr reizendes Lächeln drückt die Ruhe der sanften Seele aus. — Wolf, der Bewunderer der Vollkommenheiten in der besten Welt des Schöpfers, vielleicht der einzige Schüler des Hallensischen Lehrers, dessen Empfindungen mit den Lehrsätzen übereinstimmen, Wolf wählte sich eine seiner würdigsten Schülerinnen zur Gesellschaft aus; sie war weise genug, den edeln Geist und das noch edlere Herz in dem schlechtesten Körperbau nicht zu verkennen. — Schultheß, ein gelehrter Geistlicher, den sein ehrliches Gemüth und seine Wissenschaft sehr empfehlen, war der glückliche Gefährte der würdigen Gattin meines W...; mit ihrer Menschenfreundlichkeit gewinnt sie die Herzen, und von einem philosophischen Bruder und Gatten gebildet, ist sie, ohne gelehrt zu scheinen, selbst in den schwerern Theilen der Weltweisheit zu Hause. — Schinz, ein Kaufmann, der nie von den Messen nach Hause kommt, ohne einen Gewinn von moralischen Erfahrungen; der meinem Bruder ein Freund ist, wie Sie mir waren, kam in Begleit einer lebhaften Schönen, die aus eigenem Trieb ihren Geist durch das Lesen der besten Schriftsteller angebaut hat. Ihre sprechenden Blicke fordern dreist unsre Hochachtung, die wir eben so gerne ungefordert ihren Vorzügen opfern. Sie hat alle die hohen Empfindungen, die Sie, mein Theuerster, in Ihrem göttlichen Gedichte schilderten, mit Ihnen gefühlt, und achtete mich hoch, nur weil Sie mich würdig fanden, in Ihrem Gedichte mich anzureden. — Rahn, der nach Ihnen mein Herz besitzt, der mir meine Fehler frey vorhalten darf; ein dem Pöbel lächerlicher Mensch, weil er das Aeußere eines unglücklichen Petitmaitre an sich hat, und alle seine Gedanken, die von den gewohnten so sehr abweichen, daß sie öfters bey dem ersten Anblick auch Vernünftigen ausschweifend scheinen, allenthalben frey heraussagt; im Grunde der redlichste und tiefsinnigste Mensch, der die feinsten Regeln der Kritik in seinem empfindenden Herzen trägt, und mit dem Vorurtheil der Franzen für ihre Dichter eingenommen, doch unpartheiische Einsicht genug hatte, beym ersten Anblick den wahren Werth der deutschen Dichter zu schätzen: war so glücklich, Schinzens, des edeln Kaufmanns Schwester (die nachherige Gattin des Antistes Heß), mit sich zu bringen. Sie hatte Reize genug, Klopstock seine erste Liebe, die er im zwölften Jahr für ein ihr ähnliches Mädchen fühlte, wieder rege zu machen. — Keller, ein Kenner des Schönen, den die musikalische Harmonie, deren Vertrauter er ist, nicht mehr rührt, als die göttliche Harmonie der Freundschaft, kam in Gesellschaft eines Mädchens, das des Sieges seiner Blicke gewiß, sein größtes Vergnügen darin findet, die Ueberwundenen ihrer Hoffnungen spröde zu berauben; ihre Reden und Handlungen sind kunstlos und voll Grazie."

„Sie kennen nun so ziemlich die vergnügte Gesellschaft, welche gleich nach fünf Uhr des Morgens vom Lande abfuhr. Ein vorhergegangenes Donnerwetter hatte die allzu schwüle Luft gereinigt und die brennende Hitze dieser Jahreszeit gemildert. Sanft blasende Weste folgten uns nach, trieben unser Schiff sachte fort und heiterten den Himmel, der anfangs noch mit leichtem Gewölke bezogen war, vollends auf, so daß wir bald die Natur im hellesten Sonnenglanze prangen sahen. „Wer wird uns, rief jenes Mädchen, das den Frühling mit Ihnen gefühlt hat, die Schönheit dieser glänzenden Wasserfläche und dieser reizenden Landschaft würdig schildern?" Klopstock fand es unmöglich, beym Anblick der Naturschönheiten eine Schilderung anzubringen, welche rühren könnte, weil die Natur jedes Gemälde weit übertreffe. — Das glückliche Schiff, dergleichen Zürich noch keines gesehen, rückte allgemach weiter. Wiesen, Weinberge, gelbe Kornfelder, auf denen fröhliche Schnitter jauchzten, Landhäuser von Bauern und Städtern, flohen hinter uns, um andern Platz zu machen. Vorzüglich weilten unsre Blicke auf dem prachtlosen Suburbanum unsers theuersten Landesvaters, Escher. Nicht weit davon kamen wir an das Landhaus der trefflichen Eltern unsers Gesellschafters Keller. Hier stiegen wir aus, um ein Frühstück zu nehmen. Das ehrwürdige Paar (— viele Jahre nachher drückt Klopstock seine besondere Verehrung für Frau Keller aus, „diese simple, ernsthafte, wahrhafte und weise Frau" —), — noch sind Züge jugendlichen Frohsinns, gleich der Abenddämmerung eines schönen Tages auf diesen Greisen=Gesichtern, — empfieng uns mit heiterm Lächeln, erfreut, den geliebten Sohn in solcher Gesellschaft zu sehen. Beyde begrüßten unsern Klopstock auf eine Art, die ihn überzeugte, daß sie die hohen Gedanken seines Gedichtes empfunden haben: Sie priesen uns ihr Glück, in diesem Aufenthalt, ferne von städtischem Geräusch und Verdruß, befreit vom glänzenden Joche der Ehrenstellen leben zu können!"

„Klopstock rühmte die Schönheiten unserer Gegenden; doch schien er weniger davon gerührt, als von der Mannigfaltigkeit der menschlichen Charaktere, die sein Scharfblick auszuspähen vorfand. Da lernte ich einsehen, warum Klopstock die meisten Gleichnisse in seinem göttlichen Gedichte aus der Geisterwelt hernimmt. Nie sah ich jemanden die Menschen aufmerksamer betrachten, er gieng von einem zum andern, mehr die Mienen zu beobachten, als sich zu unterreden. Noch war uns ein

neues Vergnügen bereitet; der ältere Sohn unsers ehrwürdigen Gast-
wirths, der eine nicht gemeine Stärke besitzt, den Flügel zu spielen, gab
uns ein italienisches Solo zu hören. · Klopstock belauschte auf den Ge-
sichtern unserer Mädchen den Eindruck, den die Musik machte; er schien
darnach bestimmen zu wollen, welche die Zärtlichste wäre.   Endlich
stiegen wir, von den Segnungen unsrer ehrwürdigen Wirthe begleitet,
wieder zu Schiffe und verließen voll Liebe und Dankbarkeit gegen dies
theure Paar ihren glücklichen Wohnplatz.   Von muntern Scherzen begleitet, schlich die Vertraulichkeit sich in unsere Gesellschaft; die Mädchen
waren bekannter mit einander geworden.   Klopstock hatte durch seine
einnehmenden Sitten und geistvollen Reden ihre allgemeine Hochachtung
gewonnen und sie wünschten alle aus den Fragmenten zum vierten und
fünften Gesang etwas von ihm zu hören.   Der gefällige Klopstock entsprach dem einstimmigen Wunsch und las eine Stelle (Meff. V. Gef.
V. 136—178) vor, die in unsere Seelen noch nie gewohnte Wehmuth
senkte." — — — „Die ganze Gesellschaft ermunterte sich nach und nach
wieder.   Lachender Scherz umhüpfte uns, jeder suchte seine Schöne
witzig zu unterhalten und der schlaue W.....r haschte schalkhaft flüchtige Einfälle, die er der lustigen Gesellschaft zum Gelächter vorlegte.
So rückten wir von einer angenehmen Gegend zur andern.   Der Anblick
verschiedener Landhäuser gab uns Stoff, den ungleichen Geschmack ihrer
Besitzer zu recensieren.   Dies verhinderte indessen nicht, daß wir unsere
Aufmerksamkeit nicht immer wieder auf unsern Helden sammelten, den
wir stets seiner würdig fanden.   Ueber seine Fröhlichkeit herrschte freye
Vernunft, wie über seinen Ernst; seiner Witz begleitet seine Reden alle,
deren Seele Gefälligkeit und Freude ist.   Wenn uns seine rührenden
Gedichte in eine zärtliche Wehmuth versetzten: so erheiterte uns bald
wieder sein aufgeweckter Geist und führte die vorige Freude zurück.   Jene
erste Vorlesung machte uns nach einer zweiten begierig.   Er willfahrte
und las uns jetzt die hohe Liebes-Geschichte, Lazarus und Cidli,
(Meff. IV. Gef. V. 619—889) vor, wo er seine eigene Liebe für die
göttliche Fanny im Auge gehabt zu haben scheint."

    „Unsere Schönen fanden sich in einer ganz neuen Welt.   Solche
Gedanken hatte ihnen noch keiner ihrer Verehrer eingeflößt; sie belohnten
unsern göttlichen Dichter dafür mit Blicken voll Liebe.   Man wagte
nicht über jene himmlische Liebe zu sprechen, bis Einer von der Gesellschaft das Stillschweigen mit der gelehrten Anmerkung unterbrach:
„Nirgends hätte er noch die platonische Liebe so prächtig geschildert ge-

sehen!" Klopstock verwarf diesen Beyfall und versicherte, daß er hier ganz eigentlich die zärtlichste Liebe im Auge gehabt habe, die ungleich höher wäre, als die platonische Freundschaft; Lazarus liebte seine Cidli ganz und gar! — Wir stimmten ihm aus vollem Herzen bei und Plato war nicht unser Mann. Die süßesten Gefühle waren in uns rege und beseelten die Unterhaltung. So langten wir unvermerkt zu Meilen an. Hier stiegen wir hochvergnügt aus dem Schiffe und brachten noch ein Paar Stunden vor dem Mittagessen mit traulichen Gesprächen zu." —

—— „Als wir von unserm Spaziergange zurück in den Gasthof kamen, fanden wir unsere Schönen im ernsthaftesten Gespräche über die Erziehung, u. s. w. Unter solchen harmlosen Reden verstrich die Zeit bis zum Mittagessen, wo wir die Tafel trefflich besetzt fanden. Da hatten wir keinen Mangel an Freude! der Wein übte seine schönste Kraft an uns aus; die Vertraulichkeit wuchs mit der Fröhlichkeit; satyrische Scherze umgaukelten uns, ein fröhliches Gelächter begleitete sie. Zum erstenmale bedauerte mein Bruder seine Unwissenheit im Weintrinken: doch feierte er mit uns das Andenken an die abwesenden Freunde, auf deren Gesundheit wir tranken, und, was die angenehmste Abwechslung gewährte, charakteristische Erzählungen von ihnen einmischten. Da klangen die Gläser auf Ihre Gesundheit, mein Kleist, und auf Gleims und Eberts; bey der Gesundheit der göttlichen Schmid herrschte tiefe Ehrfurcht; er erwiederte mit einem sanften Ernst, der die Empfindungen seiner großen Seele verrieth: doch ließ er den Ernst diesmal nicht siegen; er sah die frohe Gesellschaft an, und trank und scherzte. Nach Tische rüsteten wir uns zur Ueberfahrt auf eine kleine, jenseits Meilen liegende Halbinsel, wo man die angenehmste Aussicht über den Zürichsee hat. Ein kühlender Wind blies in unser Segel und trieb das Schiff sanft nach dem vorgesetzten Port; die Schiffer verließen das Ruder, saßen vergnügt auf den Bänken und sahen die lachende Freude über uns schweben. Eines der Mädchen sang. Wir klatschten der schönen Sängerin zu und erweckten unsre übrigen Begleiterinnen zu edelm Nacheifer, gleichen Beyfall zu verdienen. Allein in diesem Augenblicke kamen wir unvermuthet bei der kleinen Halbinsel an. Wir fanden an dem Gestade eine anmuthige Ebene, über welche kühlende Schatten von Eichbäumen schwärmten. Diesen Platz wählten wir zu unserm Speisesaal, wo wir uns eine Tafel mit Erfrischungen zurüsten ließen, die wir nach einem Spaziergang durch den Eichenwald genießen wollten." ——— „Jeder theilte mit seinem Gefährten auf einem beson-

bern Spaziergange sein Vergnügen. Klopstock, von Freude belebt,
hüpfte mit seinem Mädchen durch den Wald und half meiner Doris das
Lied auf Hallers Doris singen. Ich folgte ihnen eine Weile nach;
aber die brennende Sonnenhitze gab mir ein Gefühl des höhern Alters;
ich suchte meinen R...., dem Klopstock sein Mädchen genommen
hatte, der half mir den Alten machen. Doch bald verjüngten wir uns
wieder, und was mein Herz am meisten erfrischte, war Klopstocks Freude
und der Dank, den er mir, als dem Urheber dieser Lustreise, auf die
Wangen küßte. — Man sammelte sich bey der frohen Tafel, zerstreute
sich dann wieder und genoß die Annehmlichkeiten dieses Ortes, bis verlängerte Schatten uns die Rückreise antreten hießen. Kaum waren wir
eingeschifft: so wurde Klopstock noch um eine Vorlesung gebeten. Er
gab uns ein Fragment, Abbadona (Meff. V. Gef. V. 486—702),
den redlichsten Teufel, den je die Hölle sah. Voll zärtlichsten Mitleidens baten unsre Freundinnen einmüthig den Dichter, jenen Elenden,
Reuevollen doch in seinen Schutz zu nehmen und ihm die Seligkeit zu
schenken. Klopstock erzählte, daß schon eine ähnliche Gesellschaft in
Magdeburg für die Beseligung dieses Teufels einen förmlichen Syno-
dalschluß gefällt habe, unter dem Präsidium des Herrn Hof-Prediger
Saf; doch hätte er sich damals durch keine Unterschrift seine poetische
Freiheit rauben wollen und würde es auch heute nicht thun. — Klopstock sah nicht gerne den Ernst so sehr überhand nehmen. Er las uns
eine anakreontische Ode seines Schmid, ganz in Gleims Geiste, dann
sang er uns Lieder von Hagedorn vor; so schön fand ich sie noch nie:
aber es ward auch kein Gedanke unempfunden gesungen; dies ersetzte,
was an musikalischer Kunst mangelte. Die Sonne war allmählig
niedergegangen, einmal noch schien sie sich zu erheben und lächelnd uns
anzublicken; endlich sank sie ganz hinter die Berge hinab; das wallende
Feuer, das noch eben auf dem Wasser schwebte, erlosch in ein dunkles
Grün. Noch sahen wir an den entfernten Schneebergen beleuchtete
Stellen. Doch die Dämmerung überzog auch diese mit ihrem grauen
Flor, und goß eine feierliche Stille über die Natur: sie wollte sich unser
bemächtigen, wir widerstanden ihr aber tapfer. Begleitet von schwatzen-
dem Witze waren wir unvermuthet wieder bei dem Kellerschen Landhause
angelangt, wo wir gefrühstückt hatten. Lächelnd kam uns die ehrwürdige alte Dame entgegen. Unsere Freude hatte sich in ihr theilnehmendes Herz ergossen; sie gab uns Lichter, damit wir nicht aufhören müßten, die Grazien der Fröhlichkeit und Freundschaft in den Blicken und

Mienen zu sehen. Doch ließen wir von hier das Schiff eine ziemliche Strecke vorausfahren und giengen mit unsern Schönen in der kühlenden Dämmerung dem Gestade nach. Klopstock erblickte von ungefähr eine kleine Insel; diese besetzten wir; fünf Freunde mit ihren Mädchen nahmen den ganzen Raum ein; Gleims Schöpfung ist nicht schöner, als jetzt unser Inselchen war! Hier endlich eroberte Klopstock von dem spröbesten der Mädchen einen Kuß; und wir eroberten auch Küsse; denn wie wollten sie sich retten, die guten Mädchen, ohne die zarten Füße zu benetzen? — Von diesem glücklichen Eilande eilten wir zu dem kleinen Port, wo wir uns zum letzten Male einschifften. Auch die Dämmerung war dem Schatten der Nacht gewichen; helle flimmerten die Sterne aus dem dunkelblauen Gewölke. Mich befiel eine Traurigkeit über das Hinscheiden dieses Tages: Ach, rief ich, ach, daß wir so der Ewigkeit zufahren könnten! Klopstock fand diesen Wunsch zu ausschweifend, wünschte sich für einmal nur eine Ewigkeit von vier Tagen, und forderte meine Doris auf, noch einmal Hallers Doris zu singen. Sie sang: Hallers Gedanken verloren nichts an ihrer Stärke. Indessen näherten sich die Lichter der Stadt, und so sehr wir auch die Schiffer baten, langsamer zu fahren, befanden wir uns doch gleich nach zehn Uhr in der Stadt, und die glücklichste Schiffahrt war geendigt! Möchte, mein Theuerster, diese Erzählung Ihnen nur einen kleinen Theil der Wonne gewähren, die ich in vollem Maße genoß: es würde Sie reizen, ein ähnliches Vergnügen bei uns zu suchen. Eilen Sie zu uns! Bodmer, der schon vor zwei Jahren den Punkt der Mittagshöhe beschritten hat, sehnt sich nach Ihnen, alle Kenner des Schönen, alle unsre Freunde sehnen sich nach Ihnen; und am stärksten

Ihr

Hirzel, Dr."

Zürich den 4. August 1750.

In frischerm, poetisch gesteigertem, jugendlich übermüthigem Tone, welcher Klopstocks damalige Stimmung am besten charakterisiert und Bodmern kaum zusagen konnte, berichtet der Dichter selbst an Fanny's Bruder über jene Fahrt *).

Winterthur, den 1. August 1750.

„Ich bin hier, Sulzer, Schultheß, Waser und Künzli zu besuchen, und die ersten beyden wieder mit zurück nach Zürich zu nehmen. Bodmer

---

*) Morgenblatt. 1809. Nr. 160.

ift auch mit hier, und ich nehme ihnen eine schöne Morgenstunde, an
Sie zu schreiben."

„Ich hätte Ihnen sehr viel zu schreiben, ich will mich aber nur
bey der Fahrt auf dem Zürcher‑See aufhalten, die mir ehegestern un‑
gemein viel Vergnügen gemacht hat. Ich kann Ihnen sagen, ich habe
mich lange nicht so ununterbrochen, so wild und so lange Zeit auf ein‑
mal, als an diesem schönen Tag, gefreut. Die Gesellschaft bestand aus
sechszehn Personen, halb Frauenzimmer. Hier ist es Mode, daß die
Mädchen die Mannspersonen ausschweifend selten sprechen, und sich
nur unter einander Visiten geben. Man schmeichelte mir, ich hätte das
Wunder einer so außerordentlichen Gesellschaft zu Wege gebracht. Wir
fuhren Morgens um fünf Uhr auf einem der größten Schiffe des Sees
aus. Der See ist unvergleichlich eben, hat grünlichhelles Wasser,
beyde Gestade bestehen aus hohen Weingebirgen, die mit Landgütern
und Lusthäusern ganz voll besäet sind. Wie sich der See wendet, sieht
man eine lange Reihe Alpen gegen sich, die recht in den Himmel hinein‑
gränzen. Ich habe noch niemals eine so durchgehends schöne Aus‑
sicht gesehen."

„Nachdem wir eine Stunde gefahren waren, frühstückten wir auf
einem Landgute dicht am See. Hier breitete sich die Gesellschaft weiter
aus, und lernte sich völlig kennen. D. Hirzels Frau, jung, mit viel‑
sagenden blauen Augen, die Hallers Doris unvergleichlich wehmüthig
singt, war die Herrin der Gesellschaft; Sie verstehen es doch, weil sie
mir zugefallen war. Ich wurde ihr aber bei Zeiten untreu. Das
jüngste Mädchen der Gesellschaft, das schönste unter allen, und das die
schwärzesten Augen hatte, Mademoiselle Schinz, eines artigen jungen
Menschen, der auch zugegen war, Schwester, brachte mich sehr bald
zu dieser Untreue. Sobald ich sie das Erstemal auf zwanzig Schritte
sah, so schlug mir mein Herz schon: denn es sah derjenigen völlig
gleich, die in ihrem zwölften Jahre zu mir sagte, daß sie ganz mein wäre.
Diese Geschichte muß ich Ihnen nicht auserzählen. Ich habe dem
Mädchen dies alles gesagt und noch viel mehr. Das Mädchen in seiner
siebzehnjährigen Unschuld, da es so unvermuthet so viel, und ihm so
neue Sachen hörte, und zwar von mir hörte, vor dem es sein schwarzes
schönes Auge mit einer so sanften und liebenswürdigen Ehrerbietung
niederschlug, öfters große und unerwartete Gedanken sagte, und ein‑
mal in einer entzückenden Stellung und Hitze erklärte, ich sollte selbst
bedenken, wie hoch derjenige von ihm geschätzt werden müßte, der es

zuerst gelehrt hätte, sich würdigere Vorstellungen von Gott zu machen, — — — — (Ich muß hier noch die Anmerkung machen, daß ich dem guten Kinde auch sehr viele Küsse gegeben habe, die Erzählung möchte Ihnen sonst zu ernsthaft erscheinen.)"

"Wir hatten zu Mittage etliche Meilen von Zürich auf einem Land-hause gespeist. Wir fuhren hierauf, dem See gegenüber, auf eine mit einem Walde bedeckte Insel. Hier blieben wir am längsten. Wir speisten gegen Abend an dem Ufer. Da wir abfuhren, stieg meine Untreue gegen Madame Hirzel auf den höchsten Grad: denn ich führte Mademoiselle Schinz statt ihrer ins Schiff. Wir stiegen unterwegs verschiedenemal aus, gingen an den Ufern spazieren, und genossen den schönsten Abend ganz. Um zehn Uhr stiegen wir erst in Zürich aus. Madame Muralt ist diejenige, bey der ich künftig Frauenzimmer-Gesellschaften antreffen werde."

16. Die Entfernung und die Versöhnung.

Der patriarchalische Bodmer hatte wohl gethan, sich nicht mit den Jünglingen in den Kreis der Mädchen zu mischen. Dagegen veran-staltete er einen Tag nach jener Fahrt eine Zusammenkunft aller nähern Freunde und Verehrer Klopstocks in Winterthur, wo Bodmer und Brei-tinger, Klopstock und Schultheß, Sulzer und Heß, Waser und Künzli acht Tage in der fröhlichsten Geselligkeit verlebten. In diesem Kreise überraschte nun Klopstock seine Freunde mit dem „Zürichsee", seinem herrlichen Denkmale auf jene Fahrt und seines Aufenthaltes in der Schweiz, nebst der „Ode an Bodmer", einer poetischen Huldigung indessen, worin das Verhältniß, in welchem er zu seinem Gastfreunde stand, schon offen dargelegt ist, indem er nur von der frühern Sehnsucht spricht und schließt:

> „Also freuet' ich mich, da ich das erstemal
> Bodmers Armen entgegen kam."

Wenn indessen Bodmer sich in seinen persönlichen Erwartungen getäuscht fand, so nahm er an Klopstocks poetischer Lebensaufgabe ein zu tiefes Interesse, als daß er sich nicht zufrieden gegeben hätte, wenn durch ihn wenigstens diese gefördert worden wäre. Allein er sollte nicht einmal die Befriedigung haben, daß sein Haus dem Sänger des Messias unmittelbar dafür behülflich gewesen wäre. Denn die nächste, für

den Dichter förderlichste und von diesem auch vollkommen anerkannte
Wohlthat, die ihm in Zürich zu Theil werden konnte, war, daß er in
freier Geselligkeit Menschen und Verhältnisse kennen lernte und dadurch
von seinem Liebesschmerz und seiner melancholischen Sentimentalität
wieder genas: allein gerade diese Seite konnte Bodmer, dessen Lebensgenuß in unablässiger Arbeit am Schreibtisch bestand, nicht verstehen.
Und doch hatte Klopstock ihm selbst bekannt: „Erst in Zürich sei er in
die Welt gekommen, vorher sei er nur auf den Schulen gewesen." In
seiner Bekümmerniß, den Jüngling so in den Strudel rauschender Gesellschaften fortgerissen zu sehen, ließ Bodmer demselben von seinen
Freunden Heß und Zellweger zusetzen und ihn beschwören, daß er ja
alle begeisterten Augenblicke zur Förderung seines Werkes benutzen solle.
Als jedoch alle diese Bemühungen fruchtlos waren, konnte Bodmer sich
allerlei Spöttereien gegen den brausenden Jüngling nicht versagen, und
auch gegen die Freunde rückte er allmählig mit Aeußerungen der Unzufriedenheit heraus; auch ließ er, der Verächter des Weins, sich ein-
fallen, eine Parodie auf Klopstocks Lob des Weins im „Zürichsee"
zu dichten. Gegen dieses Alles beobachtete Klopstock ein stolzes und
beharrliches Schweigen. Unterdessen war die Einladung nach Däne-
mark gekommen und diese scheint hinwieder auf das Benehmen Klopstocks gegen seinen Gastfreund nicht ohne Einfluß gewesen zu sein.
Während er sich so kalt von dem ältern Freunde entfernte, wurde er
immer mehr von den Huldigungen der Jugend berauscht und fühlte sich
zu demjenigen seiner Bewunderer am meisten hingezogen, der ihm die
unbedingteste Verehrung zollte und es sich zur phantastischen Aufgabe
stellte, „Klopstocken an Liebe zu übertreffen." So verließ dieser endlich
Bodmers Haus und begab sich zu Hartmann Rahn, später sein Schwager
und Fichtes Schwiegervater, wo er allerdings in einem zahlreichen,
heitern, gemüthlichen und liebevollen Familienkreise den Gegensatz von
dem Leben in Bodmers Hause fand. Merkwürdiger Weise lag diesem
Verhältnisse beinebens eine ökonomische Spekulation zu Grunde. Klopstock war nämlich mit Rahn, zur Verbesserung seiner ökonomischen Umstände, in eine Art Handelsverbindung getreten, indem er, der des
Zeichnens Kundige, es übernommen hatte, die Desseins in der von
Rahn angelegten Tafftdruckerei zu revidieren.

Ueber das Verhältniß Bodmers zu Klopstock während dieser Zeit
haben wir einen höchst merkwürdigen Brief an Zellweger, worin Bodmer
sich selbst eben so genau und naiv wie Klopstocken zeichnet.

"Den 5. Sept. 1750."

"Mein liebster Freund."

"Hr. Klopstock ist nicht mehr bey mir, aber er ist doch noch allhier, und wird auch über den Winter hier bleiben. Er hat sein Logis bey Hr. Hartmann Rahn, einem jungen Manufacturier bezogen, der seit einem Jahre die Kunst erfunden hat, Blumen von allen Farben nach der künstlichsten Zeichnung auf Tafet zu druken. Hr. Kl. hat sich dieser Manufactur halber mit ihm in eine Verbindung eingelassen, die ihn diesen Winter noch bey uns behält. Es ist für mich noch ein Geheimniß, von welcher Natur diese Verbindung sey. Vorigen Donnerstags ist Kl. von mir ausgezogen."

"Wir waren den 10. Aug. von Winterthur zurück gekommen: Sulzer kam etliche Tage später. Mit den ersten deutschen Briefen nach unserer Ankunft erhielt Klopstock ein ungemein höfliches Schreiben von dem Baron von Bernsdorf, der ihm die Nachricht gab, daß der dänische König ihm einen jährlichen Gehalt von vierhundert Reichsthalern gratificiert hätte, damit er die Messiade mit guter Muße und ohne Distraction verfertigen könnte. Zugleich wäre ihm ein Reisegeld geordnet worden, damit er nach Kopenhagen käme, wo man ihn vor dem Winter erwartete. In den ersten Stunden schien Herr Klopstock von dieser königlichen Gnade ganz eingenommen. Hernach aber machte er die Betrachtung, daß er sich in Kopenhagen würde einschließen müssen, daß er entfernt von seinen Freunden und in der Sclaverey würde leben müssen. Er ließ schier drey Wochen vorbeygehen, ohne daß er dem Baron von Bernsdorf antwortete. Er antwortete zuletzt, ohne daß er mir seine Antwort zu lesen gab. Inzwischen lebte er hier ganz dissipiert. Die jungen Herren von seinem Alter, die mit ihm auf dem See gewesen, verschafften ihm täglich Gesellschaften. Er aß hier oder dort zu Mittag, öfters zu Nacht, blieb die ganze Nacht durch daselbst und kam erst folgenden Morgens nach Haus; gieng spät zu Bette, und stand noch später auf. Er trinkt sehr stark und mag den Wein wol vertragen, wiewol mit vielen Beschwerden seines Magens. Am vergnügtesten war er, wenn er bei Mädchen gewesen war. Er sagt, er hätte ein großes Vergnügen die Charakter der Mädchen auszuforschen. Auf der Seefahrt hat er ein Mädchen kennen gelernt, deren Unschuld und natürlichen Witz er ungemein bewunderte. Es schien, daß er in rechtem Ernst verliebt wäre. Er gab es nur für Galanterie,

12*

die mit seiner Liebe zu Langensalz sich sehr gut vertrüge. Er hat an
diesem Ort eine Geliebte, die ihn, wie er sagt und schreibt, vor Liebe
schwermüthig machte. Seine Lust war, den Mädchen Mäulchen zu
rauben, Handschuhe zu erobern, mit ihnen zu tändeln. Wir haben
ihn wegen der Strophen in der Ode auf die Seefahrt angegriffen, wo
es heißt, der Wein winke Empfindungen und Gedanken. Er schützte
diese Lehre mit einem Eifer, daß wir bald glaubten, er verstühnde sie
nach dem Buchstaben. Er hat die beiden Oden zu Winterthur geschrieben, und uns unbewußt in Zürich drucken lassen. Ich sende euch
Exemplare für euch und eure Freunde. Er hat sich ordentlich bey ernsthaften Männern, zu denen ich ihn nöthigen mußte, ennuyiert. Keine
Neugierigkeit über die Staats- und Civil-Verfassungen von Zürich,
oder von andern Cantons. Keine Neugierigkeit die Alpen von weitem
oder in der Nähe zu betrachten. Wenn Sulzer den Tubum nach den
Schweizerbergen richtete, so war seiner nach den Fenstern der Stadt gerichtet. Kein Verlangen meine Bücher ꝛc. zu sehen, viel weniger zu
lesen. Ein halbes Dutzend galopins hatten keine Mühe, ihn von mir
zu führen. Er schien in meinem Hause und in meiner Gesellschaft
düster und verdrießlich, bei den jüngern Herren war er ganz badin.
Herr Breitinger ist oft zu ihm gekommen, aber bisher hat er ihm nicht
einen Besuch gemacht. Von Egards, von Consideration weiß er sehr
wenig, und er hat mich nicht selten an seinem Rücken stehen lassen,
wenn er Jünglingen seine ganze Aufmerksamkeit gegeben hat. Wenn
ich über Tische oder bey dem Nachtessen allein bey ihm war, so mußte
ich ihn fragen, wenn er reden sollte, und seine Antworten waren ganz
launisch. Erst ward er gesprächiger, wenn er von einem Mädchenbe-
such heimkam, oder frölich getrunken hatte. Er versteht weder Englisch
noch Italienisch. Seine Belesenheit ist schwach, und er fürchtete sich
schier vor der Gelehrsamkeit als vor der Pedanterei selbst. Er hat sechs
Jahre auf einer Landschule zugebracht, ein Jahr zu Jena, zwei Jahre
in Leipzig, und zwei Jahre in Langensalz als ein paedagogus. Er ist
höflich genug in den äußerlichen Manieren, doch nach der Höflichkeit
der Leipziger Studenten. Er hat zween neue Röcke mit sich gebracht,
und ein rothes Sommerkleid. — Mosen und die Propheten versteht er
vollkommen. In denselben hat er seine Poesie formiert. Seine
Imagination ist in der höchsten Stärke. Er hat sein sujet völlig in
seiner Gewalt. Er hat den Plan bis auf die kleinsten Theile ausge-
dacht. Er war noch auf der Landschule, als er zuerst daran dachte.

Er weiß von der kleinsten Dichtung, von der geringsten Ausbildung die richtigste Antwort zu geben. Alles ist in der besten Proportion ange= ordnet, das Bessere ist allemal dem Guten vorgezogen. Seine Er= findungen sind einnehmend, wunderbar. Das Weltgericht ist sehr ge= schickt damit verbunden und soll vier Gesänge einnehmen. Die Aufer= stehung der Heiligen bey der Kreuzigung giebt ihm einen ungemeinen Stoff zu zärtlichen, gottseligen und erhabenen Gesängen. Das Gedicht soll zwanzig Gesänge bekommen. Er arbeitet sehr langsam. In den letzten zwey Jahren hat er nicht mehr als zwey Gesänge geschrieben, und diese sind noch nicht ausgearbeitet. Er giebt seiner Langensalzischen Liebe Schuld. Die wahre Schuld werden wol seine Zerstreuungen sein. Ich nenne Zerstreuungen sein attachement an alle Kleinigkeiten mit Mädchen und rauschenden Gesellschaften. Er behauptet, daß er in rauschenden Gesellschaften am wenigsten distrahiert sey, und davon am besten disponiert werde, an seinem Gedichte zu arbeiten. Er arbeite nur in den poetischen Stunden, diesen könne er nicht rufen; doch kom= men sie am liebsten nach dem Nachtessen, wenn er den Abend in einer starken Gesellschaft gewesen. In den Morgenstunden kann er nicht wol arbeiten. Er ist bey mir oft und insgemein bis eilf Uhr Nacht aufge= blieben, er hat geraucht, geschwiegen, an einen Ort hingesehen: aber wenn er in solchen Stunden an dem Messias gearbeitet hat, so habe ich doch wenig von seinen Productionen gesehen. Fünfzig oder sechzig Verse sind alles, was er bisdahin am Messias gearbeitet hat. Aber dieses wenige ist vortrefflich, heilig und himmlisch. Er ist gleichsam zwey Personen in einem Leib: der Messiasdichter und Klopstock. Ich bemerke sonst ein gutes Gemüth bey ihm, wenn er nur strenger und nicht so leichtsinnig wäre. Was ich hier leichtsinnig nenne, mag nur Zerstreuung der Gedanken seyn, und eine gewisse Facilität, die er selbst Menschlichkeit nennt, die ihn nicht erlaubt, eine Einladung, ein Mittag= oder Nachtessen auszuschlagen. Er unterscheidet nicht zwischen den zwar unschuldigen aber kleinen Freuden, viel weniger zwischen den würdigen und den würdigern Freuden. Er denket nicht nach, was für ein gutes, großes Exempel der Messiasdichter der Welt schuldig ist. Daher steht sein Wandel mit der Messiade ziemlich im Widerspiel: er ist nicht heilig. Als ich ihm erzählt, daß wir an dem Dichter des Messias einen heiligen, strengen Jüngling erwartet hätten, fragte er: Ob wir geglaubt hätten, er äße Heuschrecken und wilden Honig. Gott gebe, daß die Leute nicht glauben, alle die himmlischen Gedanken, die

in der Messiade sind, seyen nur in seiner Phantasie entstanden, und der
Verstand oder das Herz haben wenig Antheil daran. Wie lange wird
die Messiade noch verzögern? Ich habe wenig Hoffnung, daß ich ihr
Ende erleben werde. Und Gott gebe nur, daß die Erlösung durch den
poetischen Messias einmal vollführt werde! — Der Dr. Hirzel hat
eine rechte aemulation bezeigt, Klopstock mir zu entführen; und dieser
hat sich nur allzu leicht entführen lassen. Man hat Sulzer und mich
für Leute bey ihm angegeben, die ihn hofmeistern wollten, für Sauer=
töpfe, für Alte. Ich soll neidisch darauf gewesen seyn, daß Klopstock
lieber bey den Jünglingen als bey mir gewesen sey. — — Ihr seht,
daß ich die Zeit her sehr aus meiner stillen Ruhe gesetzet worden.
Klopstock, der sich doch zuerst zu mir eingeladen hat, hat nichts weniger
als Wort gehalten, da er mir den 28. Nov. 49 schrieb: Meine körper=
liche Gegenwart muß in Ihrem Hause beynahe unmerklich seyn; sie
muß da auch nicht die geringste Veränderung hervorbringen."

„Inzwischen bin ich mit Herrn Klopstock im Frieden geschieden.
Ich glaube er hat für mich Hochachtung und Ehrfurcht, aber mehr für
sich selbst; Liebe kann darunter nicht sehr groß seyn; und was ich eben
Ehrfurcht nannte, ist vielleicht nur Furcht allein. Das ist gewiß, daß
die petits soins, welche Freundschaft und Liebe in die Gebehrden und
Handlungen legen, ihm etwas Unbekanntes sind, wenigstens hat er
gegen mich keine gehabt. Er hat mich vor den jungen Freunden schlecht
distinguiert. Mich hat er wenig angeredet, wenig oder nichts an mich
gebracht, wenig geantwortet, wenn ich ihn fragte, ausgenommen was
die Messiade und seine Liebe zu Langensalz angieng. In diesen Stücken
hat er mir alle Satisfaction gegeben. — — Im Uebrigen ist er vom
Schöpfer wie geschaffen, die Messiade zu schreiben. Das ist seine Be=
stimmung und er ist dem Werk gänzlich gewachsen. Er ist gewiß ein
wunderbares Phänomen von einem Menschen: so groß in seinem Ge=
dichte, so klein in seinem Leben! Ich zweifle nicht, daß er des merkan=
tilischen Lebens, vielleicht auch des losen Lebens bald werde überdrüssig
werden: dann wird er sich wieder zu mir wenden. Es ist schon eine
starke Jalousie unter seinen Jugendfreunden, denen allen er Rahn so
distinguiert vorzieht. Es hat diesen Herrchen überaus gefallen, daß ein
so großer Dichter, unser Homer, äße, tränke, lachte, scherzte, küßte,
Mäulchen raubte, Handschuhe eroberte, Schuhe schüpfete, spränge, liefe,
wie sie dieß alles thun. Sie sahen sich in allen diesen Stücken mit dem
Poeten in Vergleichung." — Endlich sagt er, daß er nun die auf

Klopstock, den Heiligen, gedichtete Ode zurücknehmen müsse, dagegen er eine andere gedichtet, deren Schluß also laute :

> „Gläser mit schäumendem Bacchus, ihr habt von meinem Gesichte
>   Ihn in die duftende Brustwehr genommen.
> Machet mir Platz, damit ich das Haupt des Heiligen sehe,
>   Welches olympische Stralen umkränzen !
> Rauschet nicht, Küsse, damit ich die göttlichen Lieder vernehme,
>   Die von des Heilands Erlösungen klingen."

Der fernere Verlauf des Verhältnisses ist mit gleicher Umständlichkeit, aber weniger Ruhe in einem Briefe an Heß erzählt. Bodmer fühlte sich nämlich über Klopstocks Auszug verletzt und in den Augen Deutschlands verunehrt. Er forderte daher ein kleines Anleihen, welches Klopstock als ein Geschenk betrachtet hatte, zurück. Nun ließ sich Klopstock zu einem übermüthigen und unbesonnenen Briefe hinreißen, aus welchem Bodmer selbst seinem Freunde folgende Stelle mittheilt: „Wenn Sie sich Ihr ganzes Verfahren gegen mich, von Ihrem unfreundlichen Argwohn an, bis auf die kleinen, oft sehr unedeln Spöttereien vorstellen wollen, ohne die Stelle eines scharfen und edelmüthigen Richters zu vertreten, so werden Sie zum mindesten mein anhaltendes Schweigen Ihrer Aufmerksamkeit würdig finden. Wenn Sie dieses Stillschweigen nicht verstanden haben, so sage ich Ihnen mit eben der Freimüthigkeit, daß es Großmuth gewesen, mit welcher Freimüthigkeit ich Ihnen sage, daß Sie zu einer solchen Großmuth unfähig sind." Dieser Bruch brachte Bestürzung unter die jungen Freunde. Hirzel und Werdmüller wendeten sich auf Bodmers Seite; um so mehr, da Breitinger erklärte, er nehme die Verantwortung auf sich, indem die Aufkündigung des Depositums auf seinen Rath geschehen sei. Schultheß dagegen stand entschieden zu Klopstock, was Bodmer am meisten verübelte, „weil er am meisten Hoffnung und Liebe zu ihm gehabt." Während Klopstocks Entfernung Bodmern mit tiefem Kummer erfüllte, der stets, ob er bisweilen in Spott, oder häufiger in großem Schmerze sich Luft macht, die herzlichste Theilnahme ausdrückt, immer in Hoffnung auf Wiederkehr; so scheint dagegen Klopstock die Sache leicht genommen zu haben. Daher er unter Anderm an Schultheß schreibt: „Machen Sie sich unsertwegen nur keine Sorge, was Bodmer auch thun mag. Ich habe Ihnen viel was anderes zu erzählen, was das Herz sanfter athmen läßt, als die Vorstellung von Bodmers kränklichem Zustand." Und dann giebt er süße Berichte aus dem Kreise seiner Freundinnen, von denen einige

indessen durch größere Zurückhaltung ihm unangenehme Empfindungen
gemacht zu haben scheinen.   So suchte sich Klopstock die Vergangenheit
aus dem Sinne zu schlagen und bereitete sich, muthig vorwärts strebend,
auf seine nordische Reise vor. — Unterdessen hatte Bodmer freilich
allerlei für ihn Bedenkliches über den Abtrünnigen an Zellweger zu berichten: bald wie er mit den Studenten zeche, wie er ein ander Mal
bei einem lustigen Gelage Kohlen verschlungen, Glas gegessen u. s. w.;
ferner: „Klopstock übt sich zuweilen im Fahren auf der Limmat, worin
er große Geschicklichkeit besitzt." Ein ander Mal: „Er reitet oft auf
dem Münsterplatz spazieren, wo er bald galopiert, bald hundert gamba-
des macht." Allein mitten unter solchen Nachrichten kommen wieder
Stellen folgender Art: „Er ist mir allezeit lieb, wegen seiner großen
Talente; die mich glauben machen, daß seine Seele auch dem lieb sei,
der ihm diese großen Talente gegeben hat."

Unterdessen hatte sich die Kunde von dem Schmollen der Dichter
in Zürich nach Deutschland verbreitet, und Sack, ein Freund Klopstocks und Vertrauter Sulzers, schrieb darüber an erstern einen Brief,
der zugleich ein Beweis ist, welche Achtung sich Bodmer bei den besten
Deutschen erworben haben mußte*).

Berlin, 8. Jan. 1751.

„E. H. werthes Schreiben vom 2. Dec. a. p. hat mich erfreut
und auch betrübt. Erfreut, daß ich bei Ihnen noch in gutem Andenken
stehe, und von Ihrer Gesundheit Nachricht erhalte; betrübt aber, daß
eine Zwiestigkeit entstanden, die ich sonst für unmöglich gehalten. Wie!
Bodmer und Klopstock lieben sich nicht mehr! Die zwei Dichter, die von
der Freundschaft so erhaben, so schön denken, und derselben göttliche
Reizung und Rechte aus Einem Herzen und Einer Seele besingen, und
zwar so stark und zärtlich besingend singen, daß dies himmlische Feuer
auch die kältesten Herzen entzünden kann. Dies ist mir eine so unerwartete Seltenheit, daß ich fast an eine gewisse poetische Erbsünde
glauben sollte, wenn ich nicht zugleich als gewiß glaubte, Bodmer und
Klopstock sind schon wieder ausgesöhnt, und lieben sich stärker als jemals.
Nie werden die Verfasser des Messias und des Noah dem besten und
frömmsten Theil des menschlichen Geschlechts den betrübenden Anstoß,
und dem boshaftesten Unglauben die Freude geben, zu sehen, daß man
zwar von der Religion und Tugend sehr hoch und einnehmend, ja be-

---

*) Isis, 1805. S. 573 f.

meisternd schön denken, und doch sich entzweien könne. Mein Herz blutet, wenn der quälende Gedanke mir einfällt: Nun wird der Messias und der Noah nicht mehr erbauen. Nein! Klopstock muß das Herz seines Bodmers wieder gewinnen, und nie wieder verlieren. Er muß hingehen, und wäre er auch der Beleidigte, und Thränen der zärtlichsten Wehmuth weinen, die ich so oft weinte, wenn ich den Messias las. Klopstock muß dies thun; er muß aus Zürich als Bodmers Freund reisen, oder mein Herz wird kalt bleiben, und mein Auge wird nicht mehr weinen, wenn ich gleich die stärksten Stellen des Messias lese. Meinem Sohne werde ich sein Bildniß zeigen, und sagen: „So sah Klopstock aus, den dein Vater als den schönsten Geist, als das beste Herz liebte; der so schön dachte, der aber" — — — Ja, Klopstock muß aus Zürich als Bodmers Freund reisen, oder kein Mensch fühle die Stärke seiner Gedichte, sein Messias werde ein mittelmäßiges Stück, und seine Oden kriechend, und Schmiedtin gedenke nicht mehr an ihn! Bodmer muß Klopstocken wieder lieben, oder die ganze Welt müsse glauben, Klopstock hat unrecht und Bodmer hat recht. Mein werther Freund, so denkt mein Herz, und Ihr Herz wird diese Sprache der wahren Freundschaft fühlen und sich wieder in Bodmers Arme werfen, und dadurch mich wieder beruhigen." — Auf diesen Brief hin suchte Klopstock durch Breitinger eine Annäherung mit Bodmer zu erreichen. So erschien er endlich wieder bei diesem, nachdem ihm Bodmer hatte sagen lassen: „es würde ihm sehr lieb sein, wenn der stille, gottselige Messiasdichter ihn besuchen wolle." Klopstock zeigte sich unbefangen und aufgeräumt, so daß Bodmer seine beabsichtigte Strafpredigt nicht anbringen konnte. Nachdem sich die Beiden noch einige Male gesehen, nahm Klopstock endlich Abschied, den Bodmer an Heß folgender Maßen erzählt: „Er blieb etwa Dreiviertel Stunden bei uns, sehr gut und liebreich. Der Abschied geschah mit vieler Zärtlichkeit. Ich begleitete ihn an der Hand bis an die Straße, und blieb stehen, bis ich ihn nicht mehr sehen konnte. Er selbst sah vielmal zurück und rief von weitem Lebewohl. Er versprach mir zu schreiben. Das Herz ward mir sehr groß." — Mitte Hornungs verließ Klopstock Zürich*). Ueber den Brief, welchen er an Bodmer

---

*) Hartmann Rahn, Klopstocks Associé in Zürich, folgte diesem schon im Sommer 1751 nach Kopenhagen, nachdem er sich in Langensalza mit Klopstocks Schwester verlobt hatte. Der Dichter, der, wie aus Rahns Briefen hervorgeht, gerne auch äußerlich sein Glück gemacht hätte, wußte durch seine Gönner auch seinen Freund zu empfehlen, so daß derselbe vom Könige beträchtliche Summen zur Begründung

schrieb, berichtet dieser an Heß: „Er steht einer Zeitung nicht unähnlich:
doch bin ich wohl damit zufrieden." In der Folge blieben die beiden
Dichter in Briefverkehr, obgleich das Verhältniß begreiflicher Weise
etwas kühl war. Allein Klopstock trug die Schweiz in angenehmer
Erinnerung, daher er eilf Jahre später an Schultheß schrieb: „Sie
wissen doch, wie lieb ich die Schweiz hatte, da ich bei Ihnen war?
Diese Liebe währt fort, ob ich gleich mein zweites Vaterland, in dem
auch Freiheit, wiewohl auf andere Art ist, sehr liebe. Diese Liebe zu
Ihrer und auch meiner Schweiz macht, daß ich mich auch sogar der
meisten Bekannten, die ich dort gehabt habe, mit Vergnügen und nicht
selten erinnere. Bodmer, Breitinger, auch Heß haben meine beständige
Hochachtung." Ferner nennt er unter denen, die sein Herz und seine
Verehrung haben, Tobler, Steinbrüchel, Dr. Johannes Geßner und
Salomon Geßner. Endlich blickt sogar die leise Frage hindurch, ob
sich vielleicht in Zürich ein Ersatz für seine Meta finden könnte.

17. Bodmers weitere Patriarchaden.

Bodmer fühlte sich durch die Entfremdung Klopstocks und durch
die dadurch veranlaßte Bewegung und theilweise Entfernung seiner
jüngeren Freunde sehr beunruhigt und verlassen. Er suchte daher die
entstandene Lücke zunächst durch freundschaftliche Mittheilungen auszufüllen: und so enthält von dieser Zeit an sein Briefwechsel mit
Zellweger und Heß in Altstetten, und einige Jahre später mit
Heinrich Meister, nachdem dieser in das Vaterland zurückgekehrt
war, eine ununterbrochene, rückhaltslose Eröffnung alles dessen, was er
auf dem Herzen hatte. Es giebt derselbe jede Regung der Eitelkeit

einer Seidenfabrik erhielt. Allein der phantastische Rahn mochte kaum zum Gewerbsmann geeignet sein; daher auch das Geschäft sehr bald wieder zu Grunde ging. Die
einträgliche Stelle eines dänischen Unterstatthalters in Westindien wollte er nicht annehmen, weil er seine Frau nicht hätte mitnehmen dürfen: was ihm das Mißfallen
des Königs zuzog. Später war er in bedrängten Umständen in Zürich, mit Unterricht im Französischen und mit französischen Uebersetzungen beschäftigt; von Klopstock
aufgegeben, klagend, „daß er sich seiner schäme." — Nachdem er jedoch die einträgliche
Stelle eines Waagmeisters erhalten hatte, wurde er ein wohlhabender Mann und
bildete ein geselliges Haus, in welches Fichte durch Lavater eingeführt wurde. Rahns
einzige Tochter wurde Fichtes Gattin, bei welcher er hochbetagt in Jena starb. Sein
Bruder Heinrich, umgeben von seinen zahlreichen, vorzüglichen Kindern, gründete das
einst gutgedeihende Rahnische Institut in Aarau.

und des Unmuthes, jede Zuckung des Spottes und der augenblicklichen
Aufregung, so wie jeden aufkeimenden, flüchtigen Gedanken und jeden
frischen Eindruck, den ihm begegnende Menschen und das ganze geistige
Leben der damaligen Zeit auf ihn machte, in ungekünstelter, voller, oft
sonderbarer und schroffer Naivität; er giebt zugleich aber auch reiche
Zeugnisse einer sehr vielseitigen Strebsamkeit, einer treuen, für Menschenwohl warmen und kräftigen Gesinnung, einer kühnen Selbständigkeit
als Mensch und Bürger: alles nur sehr nachlässig hingeworfen und
gerade so hart, als die Schrift eine merkwürdig häßliche Schmiererei
ist *). Er machte zwar jeden dieser Vertrauten mit seinem ganzen
Denken und Thun bekannt und suchte sie anregend in den Kreis seiner
Bestrebungen hineinzuziehen: allein er hatte doch für jeden derselben
ein besonderes Gebiet, das er mit demselben des Nähern besprach. So
mit Zellweger neben der allgemeinen Wissenschaft und namentlich der
Philosophie jede Seite des bürgerlichen Lebens und der Politik; mit
Heß vorzüglich die Poesie und mit Meister vor allem die Vorgänge der
gelehrten Welt in Zürich und das kirchliche Gebiet. Vornämlich sieht
man in diesen Mittheilungen jede seiner Arbeiten mit den eigenthümlichen Motiven und Beziehungen auftauchen und sich gestalten. Daraus
ersieht man zunächst den unüberwindlichen Drang, seine Einsamkeit mit Arbeit auszufüllen, zugleich mit der durchblickenden Absicht,
den überirdischen klopstockischen Gebilden menschlich faßbarere an die
Seite zu stellen. Daher er in der sonderbaren Zilla (Potiphars Frau)
singt:

> Mir ist die Muse nicht fremd, mit der Theocles bekannt ist,
> Und ich hatte die Kühnheit nach ihrem Umgang zu streben,
> Und die erhabene Sprache zu hören.

Daher denn die Eile, womit Bodmer seinen Noah vollendet, um
wenigstens etwas vor dem Gefeierten voraus zu haben. Während
Klopstock ihm die Zeit zu vertändeln scheint, will er sich gleichsam durch
eine außerordentliche Thätigkeit rächen und sich durch seine Patriarchaden in der Gunst des Publikums festsetzen, das nun Klopstocks
Langsamkeit um so auffallender finden soll. Während also Klopstock
noch in Zürich war, förderte Bodmer eines seiner biblischen Epen nach
dem andern zu Tage: die Sündfluth, den Jakob, die Rahel, den
Joseph, Jakobs Wiederkunft von Haran, die Dina; und

---

*) Bodmer behauptete nur auf rauhes und hartes Papier schreiben zu können:
in diesem Gewande erscheinen daher auch alle seine Briefe.

einige Jahre später, unmittelbar auf Klopstocks Gebiet übergreifend, die kleinen Stücke das Weltgericht und Cibli: das sind aber auch alle, und solche biblische Gedichte, welche sich noch handschriftlich vorfänden, giebt es nicht. Die Episode von Sunith in der von Lessing verspotteten Sündfluth, „womit Bodmer den Helikon bedroht," ist wohl das beste Stück aus den Bodmerschen Patriarchaden, denn hier zeigt sich wirklich frisches poetisches Leben und Handlung. Sunith nämlich, die Tochter Noahs (Bodmer erlaubt sich hier so viel poetische Willkür, daß er Noah eine andere Familie und Verwandtschaft giebt, als in der Noachide!), blickt von der einsamen Höhe Sions hinüber nach Sedom und verlangt dessen Gärten und Tempel und die Chöre der Jugend zu schauen, und die Warnung der Mutter vermag ihre leidenschaftliche Sehnsucht nicht zu beschwichtigen. Während sie ihre Wünsche nach der verbotenen Stadt hinübersendet, kommt von dorther ein Reiter, Dison. Zwischen dem schönen Paare entzündet sich schnell gegenseitige Liebe, und er verheißt dem Mädchen, sie nach Sedom und vor Abend zurück zu bringen. Nachdem aber die Geliebte in der Gewalt des Sedomiters ist, vermag er es nicht über sich, sie wieder zu entlassen. Allein ihre Würde und Unschuld besiegt ihn so, daß sie, ihres veredelnden Einflusses froh, bleibt. Endlich will Dison selbst der Geliebten nach Sion folgen, wird aber von Feinden tödtlich getroffen, und auch Sunith stirbt, indem sie das Gift aus seiner Wunde saugt.

Im Allgemeinen wollte Niemand an diesen poetischen Paraphrasen der biblischen Erzählungen mit ihren wunderlichen Zuthaten ein Gefallen finden. Vergeblich wartet Bodmer auf ein ermunterndes Urtheil seiner Freunde: Haller antwortet ausweichend; Gellert „mehr liebreich, als kritisch"; Ramler und Rabener schweigen; das anfängliche Wohlgefallen am Noah von Seite Gleims verwandelt sich später in Mißbilligung dieser Art Poesie. Nur Kleist und Sack gewähren ihm durch ihren Beifall einigen Trost. Bodmer sucht sich indessen in sein poetisches Unglück zu fügen, indem er schreibt: „Wenn ich ein elender Scribent bin, so kann ich doch aus eigener Erfahrung sagen, daß ein solcher ein glücklicher Mensch ist." Es mag zu seiner Entschuldigung dienen, daß nebst vielen andern Schriften alle diese größern Patriarchaden in den Zeitraum zweier Jahre (1751 und 52) zusammenfallen, während dessen sein Gemüth einer aufmunternden Arbeit bedurfte, die ihn aus sich selbst herausführte. Daß ihm selbst die Bedenken hintennach kamen, geht aus folgender Mittheilung an Heß hervor: „Nach-

dem ich sechs Epen geschrieben habe, so fange ich an darüber ernsthafter
nachzudenken, ob es auch gute Werke seien, und ob ich sie verantworten
könne. Es geht mir wie allen Sündern, sie sinnen der Moralität
ihrer Handlungen erst nach derselben Verrichtung nach." Wenn der
getreue Sulzer und der gefällige Wieland ganze Bücher zur Empfehlung
der Bodmerschen Poesien schrieben, so waren auch diese Bemühungen
ohne Erfolg: es blieb im Publikum bei dem Beifall über die moralischen Tendenzen und der Billigung des geschickten Baues einzelner
Verse. — Natürlich erhoben sich Gottsched und seine Genossen von
Neuem gegen diese Patriarchaden, und wenn sie die günstige Gelegenheit zur Satyre über dieselben zu benutzen verstanden hätten, so würden
sie des Erfolges beim Publikum ziemlich sicher gewesen sein. Allein
auch diese Angriffe fielen so übel aus, daß sie mit einer völligen Niederlage der Gottschedianer endigten. Denn es mangelte ihnen so sehr an
Takt und Scharfsinn, daß sie Klopstocken von Bodmer nicht zu unterscheiden wußten und auch Hallern nicht besser behandelten als diesen,
ja daß sie arme Gesellen, wie einen Buttstett und Naumann, in gleiche
Linie stellten, wie diese drei. Der Hauptschlag gegen diese neue „sehr-
affische" Dichtkunst sollte durch Schönaich geführt werden, in dem
„Neologischen Wörterbuch, oder Aesthetik in einer Nuß", dessen Witz aus
der Zueignung ersichtlich ist: „Dem Geistschöpfer, dem Seher, dem
neuen Evangelisten, dem Träumer, dem göttlichen St. Klopstocken, dem
Theologen; wie auch dem Syndfluthenbarden, dem Patriarchendichter,
dem Rabbinischen Märchen-Erzähler, dem Vater der mizraimischen
und heiligen Dichtkunst, dem zweihundertmännischen Rathe Bodmer
widmen diese Sammlung neuer Accente die Sammler." Indem hier
das Schöne und Glückliche der neuen Dichtersprache hirnlos mit dem
Verfehlten und Verstiegenen in Einen Tiegel geworfen wurde, sprachen
alle guten Köpfe ihren Unwillen und ihren Spott über diese Frechheit
aus. Auch die äußere Ausstattung der Patriarchaden hatte zu kleinlichen Bespöttelungen Veranlassung gegeben. Bodmer nämlich, durch
die Schönheit der deutschen Liederhandschriften des Mittelalters gewonnen, hatte seinen Neffen Orelli veranlaßt, die hexametrischen Gedichte
mit lateinischen Buchstaben zu drucken und denselben zugleich eine so
zierliche Ausstattung zu geben, wie nicht leicht eine Schrift jener Zeit
derselben an Papier, Lettern, Anordnung und Druck sich rühmen kann.
Allein da das fehlende ü durch ein y ersetzt wurde, so erging man sich
in einem übelangebrachten Spott. Wenn Bodmers Freunde ihm an-

gelegen hatten, einmal die biblische Poesie ruhen zu lassen und die Befreiung seines Vaterlandes zu besingen, so wollte ihm eine solche Aufgabe zu beschränkt vorkommen; dagegen bestimmte ihn der Gedanke,
wie viel Gutes die Spanier Amerika hätten thun können, zur „Kolom-
bona" (1753), welche indessen bei einer veränderten Scene dieselben
Gebrechen wie die Patriarchaden theilt, allein wie diese sich durch die
Sehnsucht nach einem Lande der Unschuld und durch die Weihe der
Sitten eines geträumten Naturvolkes bemerklich macht. Doch alle
diese vielfach angefochtenen Werke wurden gleichwohl nicht sofort durch
die Flut der Vergessenheit bedeckt; vielmehr hatte Bodmer die Befriedigung, dieselben nach fünfzehn Jahren, zugleich mit den besten seiner
Uebersetzungen und einigen Bearbeitungen altdeutscher Gedichte, unter
dem Titel „Calliope" (2 Bde. 1767), in schöner Ausstattung, nunmehr mit deutscher Schrift, wieder herauszugeben. — Ein bemerkens-
werthes, kleineres poetisches Stück aus dieser Zeit ist Bodmers „Schreiben über die Würde und die Bestimmung eines schönen
Geistes" (1752), worin er würdiger und kräftiger, als es ihm anderswo gelang, die Anakreontiker züchtigt. Wir theilen folgende Stelle
daraus mit.

Die Nachwelt wird euch hassen:
Noch nicht geborene Enkel, in deren wächsernen Herzen
Eben so leicht die Unschuld als wie das Laster sich drückte,
Werden euch lesen, und jedes Bild, das die Seele beflecket,
Jede unheil'ge Begier, die ihr zeugt, die wird euch verdammen.
Trauriger Ruhm, die Neigungen, die von Gott uns entfernten,
Mit ovidischer Kunst in zärtliche Seelen zu gießen!
Ruhm, von Teufeln beneidet zu werden würdig, des Mädchens
Unerfahrenes, leichtschmelzendes Herz zur thierischen Liebe
Und phantastischen Freuden mit täuschenden Worten zu laden.
Ja viel besser ist's, aus dem Riß der Schöpfung getilgt seyn,
Als mit dem Ruhm des Guarini und Lafontaine dahingehn.
Wisset, ihr Priester des Unsinns, die Seelen, die ihr vergiftet,
Sind im Auge des Ewigen werth, von Euch wird Er fodern,
Wenn sie den Armen der Unschuld zum reizenden Laster entschlüpfen.
Freund, du liebest die Tugend: kannst du den Eifer verwerfen,
Der mein menschenliebendes Herz auf die Thoren erzürnet,
Welche so schamlos die Tugend ins Reich der Feen verweisen,
Und nur an Rosen und schäumenden Bechern den Weisen erkennen?
Sollt' ich um ein anmuthiges Lied die Tugend verrathen? —

Sehr unbedeutend und wenig treffend war dagegen die spätere
Schrift „Von den Grazien des Kleinen, im Nahmen und zum

Besten der Anakreontchen" (1769), wo er selbst den alten Freund Gleim nicht schont.

18. Bekanntschaft Bodmers mit Wieland.

Kaum ein halbes Jahr, nachdem Klopstock Zürich verlassen hatte, erhielt Bodmer von einem Ungenannten ein größeres Gedicht, Hermann betitelt, zur Beurtheilung. Mit Jubel verkündet er nun seinen Freunden, „daß er einen neuen Klopstock bekommen, dem die Geheimnisse der Poesie alle bekannt seien, der von den Musen in einem wenig geringern Grade begünstigt sei, der mehr Lectüre habe, logischer denke und gern ein Schweizer geboren wäre." Noch mehr wächst sein Entzücken, als sich in dem Jüngling, Namens Wieland, der Dichter der Natur der Dinge und des Lobgesangs auf die Liebe offenbart; und schon wagt er zu hoffen, „daß dieser neue Klopstock ihm von der Vorsehung gesendet sei, damit er an diesem den früher mißlungenen Vorsatz ausübe." Um indessen nicht wieder getäuscht zu werden, nimmt sich Bodmer große Vorsicht vor. Denn nicht nur besingt er den jungen Freund nicht, sondern er beobachtet auch in seinen Briefen eine geflissene Zurückhaltung und unterstellt die poetischen Ansichten des jungen Dichters, deren Ausdruck eine zu glühende Färbung hatte, um ihn ganz ruhig zu lassen, einer ernstlichen Kritik. Allein Wieland vertheidigte dem verehrten Manne gegenüber seine abweichenden Gesinnungen mit heiterm Sinne und liebenswürdiger Offenheit: so daß Bodmer aus diesen Briefen Wielands Wesen besser kennen und wissen konnte, wie er mit ihm würde zu stehen kommen, als bei Klopstock. Denn Jener nimmt den Reim, die anakreontische Poesie und mit derselben den Kuß, ferner Klopstock und Gellert gegen Bodmers Ausstellungen in Schutz und tadelt die kleinliche Kritik des Crito, einer im Jahre 1751 erschienenen, aber schnell wieder verschwundenen Monatsschrift, und dessen fehlerhafte Schreibart. Wo er aber im Widerspruche mit sich selbst nachzugeben scheint, ist es nur die bescheidene Unterordnung eines noch nicht gereisten und entschiedenen Urtheils unter das Ansehen eines berühmten Kunstrichters. Als dessen ungeachtet Bodmer sich mit immer größerer Neigung zu diesem neuen Jünger wandte, glaubte der scharfblickendere Zellweger ihn warnen zu sollen, indem er ihm unter Anderm vorstellte: „Mir scheint W. von sehr verliebter Complexion; seine Ausdrücke sind im Betreff der Küsse zu saftig und über die Liebe im Allgemeinen zu zärtlich, um aus der

Feder eines rein speculativen Dichters hervorgegangen zu sein." Daß
auch Bodmer indessen das sehr gut gefühlt hatte, geht aus dem Urtheile
hervor, welches er vor der nähern Bekanntschaft mit dem Dichter gefällt: „Ich fürchte, daß unsere Poesie fanatisch werden wolle. Diese
Furcht ist bei mir über dem Lesen des Lobgesangs auf die Liebe entstanden. Die Liebe ist da ein Taumel, ein Vergessen, ein Verlieren
seiner selbst, eine Betäubung, ein Quietismus in Wollust — übrigens
ist das Ding ganz poetisch." Allein Wielands Briefe eröffneten ein
so glückliches und schönes Gemüth, daß Bodmers Verlangen nach ihm
stets größer wurde. Ehe indessen Bodmers Einladung, nach Zürich
zu kommen, ergeht, läßt er einen seiner jüngern Freunde Wielanden von
Angesicht zu Angesicht sehen: und dieser versichert ihn, daß derselbe
nach Gemüthsart, Sitten und Umgang ganz sittsam und bescheiden sei.
So wird Bodmer seines Freundes, ungeachtet dessen Freimüthigkeit,
sicher und bemerkt unter Anderm: „Wenn mich diese meine Hoffnung
täuschet, so gebe ich es mit der menschlichen Aufrichtigkeit auf."

Das Verhältniß zwischen B o d m e r und W i e l a n d ist in neuster
Zeit gewöhnlich unrichtig aufgefaßt und dem Spotte Preis gegeben
worden. Denn es wird Bodmern Schuld gegeben, er habe Wielanden
gemißbraucht und tyrannisiert und so auf falsche Wege geleitet; Wieland
dagegen soll wider seine Natur und Ueberzeugung, von Bodmer fana-
tisiert, dessen poetische Aufgaben ausgearbeitet, endlich aber, des Zwangs
und der Selbsttäuschung müde, die Maske abgeworfen und nun, gleichsam zur Rache an Bodmer, den Faun haben hervortreten lassen. Allein
es wird nicht schwer halten, an der Hand theils bekannter, theils neuer
Quellen zu zeigen, wie zwanglos, herzlich und schön das Verhältniß
zwischen dem alternden Bodmer und dem strebsamen, von den Eindrücken
der jeweiligen Gegenwart lebhaft ergriffenen, aber innerlich kräftigen
und reinen Jünglinge war, so daß dieser Abschnitt aus Wielands Leben
nur eine Bestätigung des tiefen Charakterbildes darbietet, welches Goethe
von seinem Wesen und seiner Gesinnung überhaupt entwirft. Wieland,
in einem eben so frommen und patriarchalischen Geburtshause wie Bodmer erzogen, lebte als Jüngling in Klosterbergen und Tübingen in
höhern Regionen, glaubte an eine vollkommene Welt der Unschuld und
Tugend, schwärmte und lebte für sie als für eine Wirklichkeit und fühlte
sich berufen, dieselbe wieder als Wahrheit in das Leben einzuführen.
Er hatte eine Geliebte (die nachherige Sophie La Roche), in deren
Seele er die reinste Tugend fand und welche daher seine Muse und

das Ideal seiner Liebe war. Für sie, oder aus Unterredungen mit
ihr waren Wielands erste Poesien entstanden. Einen Freund hatte
der Jüngling bisher nicht gefunden. Wie glücklich war er also, diesen
in einem verehrten und gefeierten Manne zu finden, der ihm der deutsche
Homer war, der erste Kunstrichter, der gründlichste Kenner der Alten
und der Neuern aller Nationen. Er war daher besorgt, Bodmer möchte
zu viel von ihm erwarten, er werde den Erwartungen nicht entsprechen.
Allerdings versichert er, daß er ganz Bodmers sein und sich von ihm
bilden lassen werde; aber zugleich auch, daß er offen und keiner Verstellung fähig sei. — So kam Wieland, neunzehn Jahre alt, zu
Bodmer nach Zürich im Herbste 1752. Das Vernehmen mit diesem
mußte ein gutes sein und namentlich sich bewähren, was Goethe so be-
deutungsvoll von ihm sagt, daß er das schönste Gemüth und der reinste
Charakter von ihnen (den Weimaranern) gewesen. Denn der zarte,
in sich gekehrte, jedem Weltverkehr fremde Jüngling, welcher höchst
einfach und mäßig war, weder rauchte noch Wein trank, die Stille und
die Arbeit liebte, war so ganz, wie es Bodmer wünschte und wie er
selbst lebte. Eine fernere Uebereinstimmung war, daß Beide für eine
reine, unschuldige Liebe schwärmten und voll Eifers gegen eine niedrige,
sinnliche Auffassung des Lebens waren; Beide endlich hatten eine vor-
herrschende Neigung für philosophische Prüfung und waren dadurch in
Zwiespalt mit dem Glauben der Kirche gekommen; dagegen hatten sich
Beide eine poetische Religion zugerichtet, welche indessen, da es derselben an einem tiefern, innern Kerne mangelte, bei Wieland bisweilen
zum Fanatismus sich verstieg, bei Bodmer in sonderbare Grillen aus-
artete. Bei dieser Uebereinstimmung der Gewohnheiten und der Richtung war daher Wieland glücklich in dem Hause seines väterlichen
Freundes, welcher ihn gewähren ließ und sich seines emsigen Eifers
freute, mit dem er verwandten Studien oblag. Wie frei von Bodmers
Einwirkung Wieland von Anfang an lebte und arbeitete, beweist ein
Brief des erstern an Heß acht Tage nach Wielands Ankunft: „Ich
lebe mit Hr. W. angenehme und ruhige Tage, in welchen mich keine
jungen schlimmern Anacreonten stören, oder mir den Besitz und Genuß
dieses Freundes zu rauben auflauern. Anstatt dieser Jünglinge hat
er gute Freundschaft mit Hr. Rathsherr Heidegger und Kanonicus
Breitinger gemacht, für welche er mit Hochachtung erfüllt ist. H. W.
will diese Woche noch an einem philosophischen Gedichte anfangen zu
arbeiten, wovon er mir nichts Näheres entdeckt hat. Er gehet nicht

leicht vom Lesen zum Schreiben über; aber wenn er einmal die Feder ergriffen hat, so geht es mit Adlersflügeln und Adlersstärke." Die Dichtung, deren Bodmer erwähnt, sind die „Briefe von Verstorbenen an hinterlassene Freunde" (1753), nach dem Muster der Rowe, in welchen sich die weiche Frömmigkeit dieser mit den platonischen Idealen verschmelzen muß. Indem er durch dieselben zarten Seelen die Würde und Unsterblichkeit der Seele einprägen wollte, sollten sie zugleich der fernen Geliebten ein Zeugniß sein, wie er gleichsam als ein der Welt Abgestorbener nur den höhern Welten lebe. Wie selbständig diese Briefe entstanden, beweist am besten Wielands eigene Vorrede, der zufolge dieselben entworfen waren, bevor er nach Zürich kam. „Der Entwurf dieser Briefe war die Frucht einsamer Stunden im Jahre 1752; die Ausführung aber der unmittelbar folgenden glücklichen Zeit, an die ich mich niemals ohne die angenehmste Empfindung erinnere, da ich in dem Hause meines theuersten Hrn. Bodmers, von seiner und des vortrefflichen Hrn. Canonicus Breitingers Freundschaft beglückt und aufgemuntert, und um und um gleichsam von den ehrwürdigen Schatten der Weisesten und Besten unter Alten und Neuern umringt, in sorgenfreyer Ruhe, der Erforschung der Wahrheit und dem Dienste der Musen oblag." Wenn die Geliebte im Allgemeinen die Muse dieser Briefe war, so ist dagegen der erste derselben, wo ein im Leben Blinder die Glückseligkeit des Schauens im ewigen Leben darstellt, nicht ohne seine Beziehung auf die blinde Gattin seines Hauswirthes. Wie sehr übrigens Bodmer nicht nur der sentimentalen Verstiegenheit der Briefe der Verstorbenen fremd war, sondern auch im Stillen den Kopf dazu schüttelte, beweist folgende Mittheilung an Heß: „Hr. W. ist gerade jetzo beschäftigt, die Ohren zu den Reden zu spitzen, die über seinen Briefwechsel in den Himmel und mit dem Himmel geführt werden. Hr. Canonicus Zimmermann will nicht glauben, daß man im Himmel so unnatürlich rede." Waser scheute sich nicht, seine satyrische Laune öffentlich gegen die Briefe laut werden zu lassen. Dagegen wünschte Bodmer allerdings, das herrliche Talent seines Freundes für den heiligen Gesang zu benutzen. Allein so wie Wieland schon vor seiner Anwesenheit in Zürich das Ansinnen Bodmers, die Sündflut fortzusetzen, abgelehnt, eben so selbständig zeigte er sich auch in dessen unmittelbarer Nähe. Wie aber auch Bodmer die Unabhängigkeit seines Freundes zu ehren wußte, ergiebt sich aus einer andern Briefstelle, der zufolge Jener wünschte, daß dieser ein Gedicht unter dem Titel: Der Knabe.

Jesus, ausarbeite, wozu er ihm den Plan, den Charakter und die Sitten schon ziemlich arrangiert habe; aber Wieland meinte, „er sei zu einem epischen Gedicht nicht aufgelegt. — Wenn er so blöde von seinen Kräften redet, so verstehe ich ihn nicht genug." Wenn er endlich dennoch seinem Mentor zu Gefallen und um ein früheres Versprechen zu erfüllen, ein biblisches Epos dichtete und so nach Bodmers Plan die „Prüfung Abrahams" (1753) ausarbeitete, so geschah es zugleich in der Ueberzeugung, daß er ein gutes und würdiges Werk unternommen: daher er auch noch neun Jahre später die neue Auflage dieses Gedichtes also einleitet: „Es ist unter allen Gedichten des Verfassers dasjenige, welches er für das geschickteste hält, einen moralischen Nutzen hervorzubringen, und wovon ihm auch die schönsten Würkungen bekannt worden sind." Wenn indessen Wieland bei einer andern Gelegenheit scherzend bemerkt, daß dieses sein einziges biblisches Gedicht sei, das er zu verantworten habe, wiewohl ihm noch verschiedene andere vor die Thüre gelegt worden seien: so begegnen wir auch hier wieder jenem schon erwähnten Hange Bodmers zur Mystification über seine Schriften, um ein desto unbefangneres Urtheil zu vernehmen *).

Wenn Wieland als Schriftsteller in Bodmers Hause seine Selbständigkeit zu wahren verstand, so war er dagegen als Hausgenosse und Freund desto rücksichtsvoller: so daß er ein ganzes Jahr lang von jedem Umgange mit Frauenzimmern und Jünglingen fern blieb und sich nur an Bodmers ältere Freunde hielt, welche ihn dagegen auch in seinem ganzen Werthe zu schätzen wußten. Nach Verfluß eines Jahres erließ nun Wieland an Bodmer einen Brief, welcher das Verhältniß zwischen Beiden hinlänglich charakterisiert und ein unzweideutiges Zeugniß herzlicher Anhänglichkeit ist**). „Es ist nun schon über ein Jahr, daß ich in Ihrem Hause und unter Ihren Augen lebe, Ihres liebreichen und nützlichen Umgangs genieße, und von Ihnen und Ihrer

---

*) Bodmer selbst berichtet an Zellweger, wie er einen seiner Versuche, angeblich unter dem Namen eines Jünglings, durch Steinbrüchel Wielanden habe zustellen lassen. Wieland merkt den kleinen Betrug wohl, will aber Bodmern die Freude nicht verderben und bricht in den Ausruf des Entzückens aus. Allein als er zu Breitinger kommt, wo auch Werkmüller sich eben befindet, fallen diese über das Gedicht her und treiben damit ihren Possen, so daß Wieland endlich auch einstimmt und nicht mehr mit Bodmern davon spricht. — So harmlos giebt er sich nur seine Arbeiten zum Besten!

**) Ausgewählte Briefe von C. M. Wieland. 4 Bde. Zürich, 1815—16. Bd. 1. S. 125 ff.

zärtlich von mir geschätzten Gattin so viele Wohlthaten, Freundschaft,
Fürsorge und Nachsicht empfangen habe, als immer ein Freund, ja als
ein Kind von den liebreichsten Eltern erwarten könnte. Wie ich zu
Ihnen reisete, so konnte ich mir, ob ich gleich von angenehmen Vorstellungen voll war, weder alles das Gute einbilden, was ich von
Ihnen selbst und durch Ihre Vermittlung hier genossen habe, noch
glauben, daß ich das Glück, um Sie zu seyn, so lange haben würde.
Wie sehr haben Sie in dem, was Sie mir gütigst versprachen, meine
Erwartung übertroffen! Die Monate, die ich bey Ihnen verlebt habe,
sind wie einzelne Wochen vorbeygegangen: wie glücklich wäre ich, wenn
ich glauben dürfte, daß Sie an mir nicht weniger, als Sie vermuthet
hatten, gefunden hätten. Ich darf und will aber nichts versprechen,
als daß Sie die Redlichkeit meines Herzens erkannt haben und gewiß
glauben werden, daß ich den einzigen Weg, der mir offen steht, meine
innigste Dankbarkeit für Ihre gütige Freundschaft zu offenbaren, nicht
verfehlen werde, indem ich mich bemühen will, den besten mir möglichen
Gebrauch von allen Ihren Wohlthaten zu machen, und also zu bewirken, daß es Sie jeder Zeit vielmehr erfreue als reue, so oft Sie sich
erinnern, daß Sie einem Menschen von meinem Alter so viel Liebe,
Achtung und Vertraulichkeit erwiesen haben." — Am Ende eröffnet er
die von Bodmer mit Freuden gewährte Bitte, noch über den Winter in
dessen Hause bleiben zu dürfen.

19. Wielands Verbindungen in Zürich.

Allein nicht nur Bodmers Haus, sondern Zürich selbst, die freie
Schweiz zogen Wielanden so sehr an, daß er auf Mittel und Wege
dachte, sich daselbst einen dauernden Wirkungskreis zu schaffen. Er
hatte nämlich eine große Abneigung gegen die Gebundenheit eines
akademischen Lehramtes; dagegen hatte ihn Bodmer in der Liebe für Erziehung befestigt, und so kündigte er einen P l a n z u e i n e m P r i v a t -
i n s t i t u t an, dem zufolge er vier Zöglinge wenigstens drei Jahre lang
zu bilden sich anheischig machte. Diese Bildung sollte von der bisherigen sich durch eine naturgemäße Entwicklung der innern Anlagen
unterscheiden und ihr Zweck die Befähigung für das Leben sein, in
Uebung der freien Thätigkeit der Seele und des eigenen Beobachtens
und Denkens. Es fand sich die erforderliche Zahl von Zöglingen nach
Wunsch zusammen, und so bezog Wieland das Haus des Amtmanns

von Grebel, des Vaters eines derselben, in welchem er von 1754 bis 59 glückliche Jahre verlebte. Das Verhältniß aber zwischen den beiden Freunden war von Anfang bis zum Ende des häuslichen Zusammenseins dasselbe geblieben; das ergiebt sich aus folgenden Stellen von Wielands Abschiedsbrief: „Alles Angenehme und Nützliche meines hiesigen Aufenthalts ist gewissermaßen ein Geschenk von Ihnen, und Sie haben sich durch Ihre in unsern Tagen so ungewöhnliche Freundschaft gegen mich weit mehr als nur Ein edles Gemüth verpflichtet. Es wäre vielleicht einem andern unangenehm, sich mit so unzähligen Wohlthaten nur von einem Menschen überhäuft zu sehen; mir aber ist es recht angenehm, alle Verbindlichkeiten die ich gegen Sie habe, alle Proben Ihrer Liebe mir wieder vorzustellen, und ich fühle es, daß es angenehm ist, einem Bodmer verpflichtet zu seyn. Sie haben meine Bestimmung erkannt; und hier preise ich die Güte Gottes, die mich endlich zu solchen Menschen gebracht hat, welche zu einer solchen Einsicht geschickt, und zugleich so geneigt waren, meine wahrgenommene Bestimmung kräftig zu befördern." — Wielands neue Verhältnisse gaben nun auch seiner schriftstellerischen Thätigkeit eine neue Richtung, deren fehlerhafte Seite ganz ohne Grund Bodmern zur Last gelegt wird. Am Ende des Jahres 1753 hatte sich nämlich durch gegenseitige Mißverständnisse das Band mit seiner Geliebten gelöst und sie wurde die Gattin eines Andern. Nachdem die erste Erschütterung vorüber war, welche dieses Ereigniß in Wieland hervorbrachte, und er sich von der Unschuld der unter dem Namen Serena Gefeierten überzeugt hatte: machte er es sich zur Aufgabe, die geistige Gemeinschaft mit ihr fortzusetzen, indem er sich erklärte: „Meine größte Freude ist hiebei, eine Probe einer wahren Liebe abzulegen, und zu zeigen, daß die platonische Liebe bei mir keine Schimäre ist." Er gelobt sich eine starke Entsagung und tröstet sich mit der Hoffnung des Wiedersehens und einer ewigen Vereinigung. Allein ein so bewegliches, reizbares, wohlwollendes und hingebendes Gemüth, wie dasjenige Wielands, konnte sich in der frischesten Jugendkraft nicht nur in ätherischen Regionen bewegen. Er bedurfte des weiblichen Umgangs; allein um zum Zwecke zu gelangen, mußte er jenes freien, burschikosen Benehmens sich entrathen, wodurch Klopstock einst von sich zurückgescheucht hatte. Denn das damalige häusliche und bürgerliche Leben in Zürich war ernst und streng und wurzelte tief in einem religiösen Boden: auf diesem beruhte namentlich die ganze Bildung des weiblichen Geschlechtes. Dieses war also nur für eine Poesie zugänglich, welche dem frommen Gefühle, dem Gemüthe Befriedigung verhieß. Diese besondern Verhältnisse, und keineswegs Bodmers Einwirkung, waren daher die Veranlassung der am meisten angefochtenen Werke Wielands aus seiner Zürcherischen Periode. Dieses ergiebt sich genugsam aus Wielands eigenen vertraulichen Mittheilungen an Dr. Zimmermann in Brugg, woraus wir deutlich sehen, wie Bodmer durch mächtigere Impulse in den Hintergrund trat. — — — „Ich wurde mit Frauenzimmern bekannt, wovon eine oder zwey mich wegen des Verlusts meiner Göttin zu trösten fähig waren." — — — „Die Damen sind ehmals der Haupt-Ressort meines Geistes gewesen. Ohne gewisse drey Damen würden die Natur der Dinge, die moralischen Briefe, die Erzählungen, die Sympathien, der Theages und selbst die christlichen Empfindungen nie von mir geschrieben worden sein." Die nähern Umstände, welche Wieland über das Verhältniß zu seinen Freundinnen angiebt, zeigen genugsam, wie ferne seine Gemüthsstimmung war, um sich von Bodmer inspirieren zu lassen. Nachdem er nämlich seinem Zimmermann versichert, daß er die jungen Mädchen nicht leiden könne, fährt er also fort: „Die wenigen Damen, mit denen ich hier einigen Umgang habe, sind alle über vierzig Jahre; keine davon ist jemals eine Beauté gewesen; alle sind einer unverstellten Tugend wegen hochachtungswürdig, eine davon hat viel Witz und Lebhaftigkeit, sie ist sehr belesen, ohne es gegen Leute, die nicht ihre intime Freunde sind, anders als durch vorzügliche Bescheidenheit merken zu lassen — eine andere hat eine recht Englische Unschuld und Güte des Herzens, alles was man unter dem Worte Schönheit der Seele versteht; mit einer Demuth, die den Werth ihres Herzens und ihrer natürlichen Fähigkeiten und Vorzüge halb verhüllet; diese ist die Eulalia und die Ungenannte der Sympathien. Noch eine meiner liebsten Freundinnen ist ein Satyrischer Kopf, eine halbe Philosophin, ein thinker, ein naseweises spitzfündiges Geschöpf, das sich sehr geschickt albern stellen kann, um einem jeden andern seine Thorheiten zu insinuiren. Wissen Sie nicht bald genug von meinem Serail? Ich bin in der That gewissermaßen der Großtürk unter ihnen, ich gebe ihnen wenig gute Worte und zwinge sie durch die natürliche Superiorität meines Genie über die ihrigen mich bon gré mal gré zu lieben." Allein jene Eulalia, eine Frau Gr. G., wurde bald vorzugsweise die Königin seines Herzens. Ueber dieses Verhältniß läßt sich Wieland als Greis also vernehmen: „Wir be-

fanden uns beide, die Dame sowohl als ich), in einer mehr als ge=
wöhnlichen Stimmung zu der Art von Schwärmerei, die sich das Ueber=
sinnliche gern versinnlichen möchte. Kurz, unsere Seelen zogen einander
an; unvermerkt entspann sich eine zärtliche Freundschaft zwischen uns;
unvermerkt verwandelte sich diese in eine Art von platonischer Liebe, und
zuletzt würde auch diese sich in eine reinmenschliche Art zu lieben herab=
gestimmt haben, wenn die Dame nicht besonnener als ich gewesen wäre,
und in ihrer Weisheit beschlossen hätte, mich allmählig mit guter Art zu
entfernen, und die Frau eines Zürichschen Magnaten zu werden." —
Nebst diesen äußern Verhältnissen wirkten Wielands Studien mit, ihn
immer mehr von dem natürlichen Boden der wirklichen Welt zu ent=
rücken, indem er neben Grandison und Young sich eifrig mit den My=
stikern und Kirchenvätern beschäftigte. So entstanden die strengen,
gegen alle Weltlust bittern „Sympathien" (1754) und die redne=
rischen „Empfindungen eines Christen"*) (1755) nebst einer
Reihe anderer Stücke dieser Art. Nicht nur hat Bodmer an diesen
Schöpfungen keinerlei Antheil, sondern nach seiner eigenen Versicherung
hatte ihm Wieland ein Geheimniß daraus gemacht. Auch fehlt er
nicht, über die Entstehung einzelner Sympathien historische Nach=
weisungen zu geben und seinen Scherz darüber walten zu lassen, indem
er hinzufügt: „Wie die Amadise, die Lancelote, bis auf Don Quixote,
den Muth, womit sie die Riesen schlugen und die bezauberten Schlösser
eroberten, ihren Orianen schuldig waren, also muß Wieland den Sere=
nen und Melissen das Feuer danken, womit er die Natur der Dinge,
den Antiovid rc. verfertigt hat." — Auf diese Weise konnte von einem
so schmiegsamen, erregbaren, vielseitigen Geiste wie Wielands nicht zu
erwarten sein, daß derselbe in seinen Schöpfungen nicht bald Bodmers
Einfluß sich entzogen hätte: vielmehr zeigt sich schon in Zürich der
Grundzug seines ganzen Wesens und seiner spätern Richtung. Er
war hier schon völlig der Dichter der Liebe; und so wie bei ihm Leben
und Poesie Eins war, so fühlte er sich auch, bei aller Reinheit der
Sitten, gedrungen, eine reiche Lebenserfahrung durchzumachen. Von
der mütterlichen Freundin, in deren Hause er lebte und deren Sohn er
erzog, bis zu dem „Landfräulein, die in einem Leibe, aus dem man

---

*) Wieland hatte „Gebet eines Deisten" als Pendant zu Klopstocks drei Ge=
beten eines Freigeistes geschrieben, welches indessen nicht gedruckt werden durfte.
Durch die „Empfindungen" setzte er sich wieder in guten Geruch.

wenigstens drei engländische Mädchen machen könnte, eine sehr idealische
Seele hatte;" von der geistreichen Prima Donna bis zu dem jungen
Mädchen, das nichts als hübsch und schlicht war, wurde ihm jedes Verhältniß zu einer eigenthümlichen Liebe. Welchen ganz andern Hintergrund daher der philosophische Tiefsinn und die religiöse Schwärmerei
hatten, die in seinen Schriften sich spiegelten, das fühlte Lessing in der
Ferne sehr gut heraus und geißelte daher den platonischen Asceter
schonungslos. In der That findet sich auch in den heitern, sinnreichen,
von muthwilliger Lebenslust überströmenden Briefen an Zimmermann
keine Spur von dem Zelotismus der gleichzeitigen öffentlichen Schriften,
so wie auch in jenem merkwürdigen Bilde seiner Zürcherischen Freundinnen
gerade die Bezeichnung jener religiösen Gemüthsseite fehlt, welche
voraus zu schätzen und zu bilden er den Anschein haben wollte*). —
So ergiebt sich klar, daß Bodmer auf den größten Theil der Erzeugnisse
Wielands aus dessen spätern Zürcherischen Periode eben so wenig Einfluß ausübte, als er überhaupt mit der Richtung seines jungen Freundes
einverstanden war, an dessen platonische Liebe, in der Nähe besehen, er
nicht recht glauben wollte. Ueber diese Erzeugnisse selbst spricht sich
Bodmer in einem Zusammenhange, welcher den Ernst höchst zweifelhaft
macht, kurz darüber hinweeilend aus: „Er ist sehr fromm, sehr christlich geworden."

Bodmer begriff den Verkehr mit der weiblichen Welt nicht und
hielt ihn für bloße Zeitverschwendung. Er unterließ daher nicht, seinen
jungen Freund wiederholt an größern Fleiß und ernstere Studien zu
erinnern: und gegen solche Ermahnungen hatte Wieland wenig einzuwenden. Allein mit Wärme vertheidigt er sich gegen die Zumuthung,
von seinen Freundinnen zu lassen. Er erklärt, daß Frau G. ihn zum
Manne gemacht; und wenn die Seele des Menschen nach Shaftesbury
ein musikalisches Instrument sei, so habe dieses bezaubernde Wesen ihn
gestimmt. So war Wieland aus der strengen Schule Bodmers in die
heitere und freie eines fröhlichen Lebensgenusses und einer stets neu sich
versuchenden Liebe übergegangen; und so rücksichtsvoll und ehrerbietig er
sich gegen seinen Freund bezeigte, so war er doch allmählig ein ganz Anderer geworden. Bodmer konnte dieses nicht verwinden und er bemühte
sich auf seine Weise, Wielanden in das alte Geleise zurück zu bringen.

---

*) Daher man sich auch nicht wundern darf, wenn Frau G., als Wieland nach
vierzig Jahren wieder nach Zürich kam, den unterdessen so ganz anders Gewordenen
mit eisiger Kälte empfing, so daß es ihn „ganz schauerlich überlief."

Allein es gelang natürlich nicht, und der Umgang wurde seltener. Gleich=
wohl zeigte sich Wieland fortwährend gefällig, und so wie er im Anfang
seines Aufenthaltes in Zürich die Abhandlung von den Schönheiten des
Noah geschrieben, so ließ er sich, von Bodmer wiederholt gemahnt,
herbei, im Jahre 1756 „die Ankündigung einer Dunciade für die
Deutschen" zu schreiben. Es hatte nämlich Schönaichs Neologisches
Wörterbuch Bodmern sehr geärgert und er machte mehrere schwache Ver=
suche, um sich daran zu rächen; unter Andern sollte eine Uebersetzung
von Popes Dunciade dazu dienen; und nun wünschte er ein ähnliches
Stück zur Berichtung der Deutschen. Allein es blieb bei der Ankün=
digung. Diese aber schickten Wieland und Sal. Geßner vereint an
Gleim, damit dieselbe, durch diesen in Deutschland verbreitet, desto bessere
Wirkung thäte. Der dabei geäußerten Hoffnung, daß sich vielleicht
auch Lessing mit der Herausgabe und der Fortsetzung des Streites be=
theiligen würde, hatte dieser keine Lust zu entsprechen, indem ihm Bod=
mers Kampfweise so wenig zusagen konnte, als die scharfen Angriffe
auf die Anakreontiker und namentlich auf Uz, welche Wieland auf eigene
Faust und in allem Ernste beimischte. Bald jedoch treibt Wieland seinen
Scherz mit dem Eifer, in welchen er sich habe jagen lassen, und läßt sich
nun auch weiter auf Bodmers Streitigkeiten nicht ein; er hat daher
auch, wie oben bemerkt worden, an der angeblichen neuen Sammlung
der Zürcherischen Streitschriften keinen Theil. — Eine sehr beachtens=
werthe Schrift aus Wielands letzter Zeit in Zürich ist dagegen der
„Plan einer Academie zu Bildung des Verstandes und
Herzens junger Leute" (1758). Denn wenn die Abfassung auch
ganz ihm angehört, so ist der Inhalt doch zugleich der Ausdruck der An=
sicht und Gesinnung der bedeutendsten Männer des damaligen Zürichs
und zunächst Bodmers, so wie der ausgezeichnetsten Zürcherischen Staats=
männer des vorigen Jahrhunderts, Heideggers und Blaarers. Wieland
tritt nämlich in dieser Schrift als ein Vorläufer jener Ansicht auf,
welche sich gegen die ausschließliche humanistische Bildung erklärt, in=
dem er dieser den Vorwurf macht, daß sie sich nicht auf die Natur der
menschlichen Seele gründe, und das Gedächtniß überlade, während die
höhern Fähigkeiten unbebaut bleiben, so daß die Jugend nur wortge=
lehrt werde, dagegen Freiheit des Geistes und Selbständigkeit des
Charakters nicht kenne. Er will den Weg eingeschlagen wissen, den
die Griechen bei der Erziehung der Jugend gegangen, und daher die
eigene Fertigkeit und Kraft der Jünglinge im Reden und Schreiben

üben. Damit war ein von Bodmer langgehegter Plan, mit welchem
er später ernstlich hervortrat, zur öffentlichen Sprache gebracht, und er
rechnet es daher auch später noch zum Verdienste an, daß der Gedanke der Gründung eines politischen Seminars für die Eidgenossenschaft von Wieland angeregt worden. Diese Schrift erregte damals
großes Aufsehen, indem das große Publikum derselben lebhaften Beifall schenkte, während sie dagegen von anderer Seite und namentlich
auch von Lessing hart bekämpft wurde. Wohl mögen diese in der
Schweiz geschöpften, von dem gewöhnlichen Schulgange deutscher
Gymnasien abweichenden Ansichten Wielanden jenes Vertrauen zugewendet haben, dem zufolge er später zum Erzieher der Weimarischen
Prinzen auserwählt wurde.

Außer Bodmer und Breitinger, Heidegger und Blaarer hatte
Wieland in Zürich auch jüngere Freunde gefunden, nämlich den Fabeldichter Meyer von Knonau, den ältern Maler J. Kaspar Füßli
und Salomon Geßner. Dessen Manier scheinen sich auch die
beiden Stücke, „Gesicht von einer Welt unschuldiger Menschen" und
„Gesicht des Mirza" zu nähern, obgleich er in denselben Geßners zier-
licher Leichtigkeit und Herzenseinfalt ziemlich ferne steht. Einen vorzüglichen Einfluß aber übte die ebenfalls durch Bodmer und Breitinger
eingeleitete Verbindung mit dem welterfahrnen, damals noch in Brugg
lebenden Dr. G. Zimmermann aus, welcher mit kräftigem und
freiem Lebensblicke der platonischen Ideale seines Freundes spottete und
ihn auf die Beobachtung von Welt und Menschen hinwies, eben zu der
Zeit, als Wieland durch die Hinneigung zu den Schriften des philosophischen Lebemannes Shaftesbury schon einer Wendung seiner Gefühle
nahe war. Nicht daß Zimmermann im Stande gewesen wäre, Wielanden zu überschauen und zu leiten; allein indem er sich selbst mit
aller Wärme und derben Offenheit vor Wieland aufschloß und sich über
sich selbst wie über seinen Freund ganz unbefangen vernehmen ließ, veranlaßte er in der Dargebung seines genialen und kraftvollen, aber unklaren, herben und heftigen Wesens den kühlern und umsichtigern Wieland zu einer so tiefen und vielseitigen Beobachtung und Prüfung der
beiderseitigen Charaktere und zu einer so feinen, liebenswürdigen und
aufrichtigen Mittheilung seiner Ansichten und Urtheile, daß er durch die
allmählige Ueberlegenheit, welche er über seinen Freund gewann, zu
einer klaren Selbsterkenntniß und heitern Zuversicht für sich selbst gelangte. So wie er aber seinem Freunde sich näherte und des steigenden

Einflusses auf denselben sich freute, so stand er unvermerkt selbst mit
seiner Auffassung der Welt und Menschen mitten im Leben. Daher
rückt er endlich, nachdem er Zimmermann lange mit den Räthseln der
Theorie seiner Liebe und mit seinen platonischen Entdeckungsreisen auf
dem Felde derselben in Zürich bekannt gemacht, im Jahre 1758 mit dem
Bekenntniß heraus: „Ich bin nicht so sehr Platoniker, als Sie glauben;
ich fange mehr und mehr an, mich mit den Leuten dieser Unterwelt vertraut zu machen. — Ich fürchte in der That, in dem, was man Pla-
tonismus nennt, zu weit gehen zu können. Vollkommen erkenne ich
alle vorigen Verirrungen meines Geistes und Herzens." Bald verläugnet er nun seine bisherigen Vorbilder, indem er unter Anderm von
Young sagt: „Seine Werke sind ganz geeignet, den Leuten den Kopf
zu verdrehen und den Geschmack junger Schriftsteller zu verderben."
Dann sagt er auch seiner Vorliebe für die Feenmährchen und die Heiligen
ab: „Ich habe keine Lust mehr, vor der Zeit in den unsichtbaren
Sphären zu wandern. Ich verlange nicht mehr, daß Jedermann ein
Kato sei und ich werde nicht mehr junge Mädchen in der platonischen
Philosophie unterrichten." Allein ungeachtet er im Schooße der Freund-
schaft seiner platonischen Liebe absagt, bewegen sich gleichwohl die letzten
Stücke, welche Wieland in Zürich geschrieben, noch in diesem Kreise,
von dem sich zu lösen seinem Herzen so schwer wurde. Noch sind
„Theages," „Araspes und Panthea" und selbst die „Johanna
Gray"*) Huldigungen an seine Freundinnen in Zürich. Erst der
noch in Zürich begonnene „Cyrus" (1759) sollte seine Entstehung
keiner persönlichen Veranlassung verdanken.

20. Ferneres Verhältniß zwischen Bodmer und Wieland.

Bei dieser Anhänglichkeit an Zürich und seine dortigen Freunde,
mußte es Wielanden sehr daran gelegen sein, daß das durch seine allmählige Verwandlung getrübte Verhältniß mit Bodmer nicht zerfalle.
Denn er war ein zu liebendes, für jeden wahren Werth und jede geistige
Eigenthümlichkeit zu empfängliches Gemüth und fühlte zu sehr, daß
Bodmer ihn von verschiedenen Seiten mißbilligen mußte, als daß er seine
bisweilen herben und unfreundlichen Mahnungen nicht hätte hinnehmen
sollen. Allein es war kaum möglich, selbständig seines Weges zu gehen

---

*) Dieses Schauspiel wurde 1758 in Winterthur aufgeführt, als erstes und letz-
tes vor der französischen Revolution.

und zugleich Bodmern zu befriedigen. Wenigstens sollte sein Vertrauter
allmählig vernehmen, daß er nicht mehr unter Bodmers vermeintlicher
Vormundschaft stehe. Als daher Zimmermann noch in der letzten Zeit
von Wielands Aufenthalt in Zürich diesen scherzweise einen Bodmerianer
nannte, war es ihm als Mensch und Schriftsteller zu sehr daran gelegen,
seinen Freund nicht länger im Irrthum zu lassen. Er beginnt daher sich
lustig zu machen, wie Bodmer Tragödien auf Tragödien schreibe, indem
er hinzufügt: „Unsere Urtheile hierüber weichen ein wenig von einander
ab, und ich nehme mir die Freiheit zu sagen, was ich denke." Als
Zimmermann sich über Wielands Selbständigkeit ungläubig stellt, rückt
dieser endlich mit einer vollständigen Erklärung über sein Verhältniß zu
Bodmer heraus: „Wir wollen künftig nicht mehr von Herrn Bodmer
sprechen. Er hat Verdienste, er hat Tugenden, er ist mein Wohlthäter
gewesen. Diese Rücksichten müssen alles andere überwiegen. Ich
habe Sie im Innersten meiner Seele lesen lassen, weil Sie mein anderes
Ich sind. Wir wollen dem guten Greise vergeben, daß er der Natur
zum Troß ein Dichter sein will, und seinen Absichten, seinem Charakter,
seinem wirklichen Verdienste Gerechtigkeit widerfahren lassen. Ich befinde mich hinsichtlich seiner in einer sehr delikaten Lage, und wenn mir
die gemessenste Klugheit nicht zu Hülfe kommt, so sehe ich wohl, daß die
Redlichkeit und Güte meines Herzens mir bei ihm nichts helfen werden.
Er ist ein gar sonderbarer Mann! Ich werde mich nach und nach so
zeigen, wie ich bin; der Schleier wird fallen, der Fanatiker, der
Bodmerianer werden zu dem werden, was aus allen Phantomen wird:
aber ich werde Rücksicht gegen Herrn Bodmer beweisen und die Vernünftigen meine Beweggründe in Betrachtung ziehen. Das ist ungefähr
mein System über diesen Punkt." Es ist nicht zu vergessen, daß sich
Wieland also ausspricht, um sich gegen Zimmermanns Vorwürfe zu
vertheidigen, so wie er an einem andern Orte erklärt, er dürfe nicht
länger schweigen, um nicht stets fort in die Händel seiner Zürcher
Freunde verwickelt und für ihre Sünden gestraft zu werden. — Nachdem unterdessen Wieland seine Zöglinge auf die Universität vorbereitet
hatte, war seine Aufgabe in Zürich vollendet, und da ihm weitere auswärtige Verbindungen noch fehlten, nahm er gerne eine durch Zimmermanns Vermittlung an ihn gelangte Einladung nach Bern an, ebenfalls
um daselbst als Hofmeister einzutreten, da sich ihm dort durch Zimmermann und die Freunde in Zürich, verbunden mit seinem schriftstellerischen
Ruhme, die Verbindung mit allen gebildeten Bernern eröffnete. Allein so

zufrieden Wieland mit der Aufnahme und den geselligen Verhältnissen
in Bern sein konnte, und so sehr die engere Gemeinschaft mit der geistreichen Julie Bondeli ihn fesselte, so fühlte er doch bald eine schmerzliche
Sehnsucht nach seinem Zürich, so daß er nach kurzer Zeit an Zimmermann schrieb: „Bern ist zu sehr von dem geliebten Zürich verschieden,
als daß es mir ein anderes Zürich werden könnte!" Und nach einem
längern Aufenthalt in Bern fühlt sich Wieland gedrungen, Bodmern
die ganze Wärme seiner Anhänglichkeit zu bezeugen; und es steigerte
sich dieselbe noch, als Wieland in seine einsame Vaterstadt Biberach zurückgekehrt war, von wo aus er sich also an ihn wendet: „Ach! mein
theurer Freund! die glücklichen Zeiten, die wir im Schooße der philosophischen Ruhe mit einander gelebt haben, sind für mich auf ewig ent-
flohen, diese goldnen, der Weisheit gewidmeten Tage, diese glückliche
Entfernung vom Getümmel und den Geschäften der Welt, diese Freiheit
von Sorgen und Leidenschaften, diese heilige Stille, worin sich unsere
Seelen bald mit den Geistern verstorbener Weisen besprachen, bald in
heiterer Entzückung den Eingebungen einer himmlischen Muse entgegen-
lauschten. Diese Stunden des vertraulichen Umgangs, worin wir in
freundschaftlichem Streit die Wahrheit entdeckten, oder den Irrthum aus
seinen labyrinthischen Höhlen hervortrieben, oder mit sokratischer Freyheit
der menschlichen Thorheit und unserer eigenen lächelten, bald Könige
und bald Dunsen züchtigten, bald den Entwurf eines glücklichen Staats,
bald den Plan eines Trauerspiels anordneten. Diese dreymal glückliche
Zeit ist für mich dahin, und hat mir nichts als ein trauriges Andenken
und vergebliches Bedauern zurückgelassen."—Mit noch größerer Innigkeit gedenkt er dieser Zeit in späten Tagen, seine Briefe an Bodmer athmen Liebe und Dankbarkeit, und er sucht diesen zu überzeugen, daß er
der Gleiche geblieben, den seine Zürcher Freunde einst geliebt. Nach
vierundzwanzig Jahren schaut er also zurück auf jene glücklichen Tage
seiner Jugend: „Da saß ich in seliger, ach! nimmer, nimmer wieder-
kehrender Beschränktheit, Weltunerfahrenheit und jugendlicher Herzens-
fülle, in eben dem Museum, und schrieb an eben dem Tische, wo Bodmer
wechselsweise bald den Eingebungen seiner patriarchalischen Muse
horchte, bald sich von der Homerischen, ihrer Schwester, tiefer hinab in
das Heldenalter der Griechen führen ließ, und schon damals einige
Bücher der Ilias und Odyssee zu übersetzen anfieng. Die nicht bei und
mit ihm gelebt haben wie ich, nicht Vaterzärtlichkeit und Vaterfürsorge
von ihm genossen haben wie ich, nicht Gelegenheit gehabt haben seinen

ganzen Charakter, seinen ganzen Geist und Sinn, sein so zartfühlendes, unverborbenes, von keiner Thorheit, keinem Laster seines Jahrhunderts angestecktes, allem Guten, das ihm allein Schön war, offenes Herz, die Reinheit seiner Sitten und die wahrhaft Homerische Einfalt seiner Lebens= art so manche Jahre lang anzuschauen wie ich, die kennen auch den vor= trefflichen Mann nicht so, diesen Mann, der mir einst so viel war." Endlich weilt Wieland in seinen höchsten Jahren, wie Böttigers be= kannte Plaubereien beweisen, mit besonderer Liebe bei jenen Jugenderin= nerungen aus Zürich. Offenbar war dieses die glücklichste Zeit seines Lebens, viel glücklicher und befriedigender als jene, da er der gefeierte Modeschriftsteller Deutschlands geworden war; und so galt denn auch jener wehmüthige Rückblick nicht nur einer unwiederbringlichen Vergangen= heit, sondern noch mehr seinem bessern, reinern Selbst jener Zeit, aus welchem zwar jugendlich unreife Werke hervorgegangen waren, das aber in höherer und schönerer Glorie über seinem späteren Leben und dessen Erzeugnissen stand.

21. Bodmer der Vater der Jünglinge.

Nachdem Bodmer die beiden berühmtesten Dichter seiner Zeit in seinem Hause beherbergt und für ihre Entwicklung mittelbar oder un= mittelbar nicht ohne bemerkenswerthen Einfluß gewesen war, fühlte er nach Wielands Auszuge in seinem einsamen Hause eine große Leere und eine tiefe Sehnsucht nach dem Umgange mit einem Jünglinge, dem er alle Pflege eines Vaters, Freundes und Lehrers angedeihen lassen könnte. Es verdient daher zur Beurtheilung seines Herzens bemerkt zu werden, daß er sich lange mit dem Gedanken trug, da Triller eben seine Frau verloren hatte, dessen Sohn bei sich aufzunehmen, damit der Vater mit den Zürchern versöhnt würde. Denn mit zunehmendem Alter wurde ihm Freundschaft und freundschaftlicher Umgang immer mehr Bedürfniß, und das Erscheinen eines bedeutenden Mannes, na= mentlich wenn es ein Dichter war, in seinem Hause machte ihn in hohem Grade glücklich. Dieses Glück bereitete ihm bald nach Wie= lands Ankunft Kleist, der Freund Hirzels, der sich einige Zeit in Zürich *) aufhielt, nachdem er ihm früher schon unter Anderm durch die Aufforderung zur Bearbeitung einer Geschichte der schönen Wissenschaf=

---

*) Ueber das damalige Leben in Zürich schrieb Kleist im Jahre 1752 Folgendes an Gleim: „Zürich ist wirklich ein unvergleichlicher Ort, nicht nur wegen seiner vor=

ten Beweise seiner Achtung gegeben hatte. Bald hernach hatte Bodmer
das wohlthuende Gefühl, daß Hagedorn mit sterbender Hand von ihm
Abschied nahm und dadurch dem Sänger der Patriarchen die billigende
Huldigung seines Herzens darbrachte*). Da sich indessen der Einzelne nicht finden wollte, der sich Bodmern ganz zu eigen gegeben hätte,
ergriff er den näher liegenden Ausweg, daß er mit mehrern Jünglingen
seiner Vaterstadt in ein engeres trauliches Verhältniß trat. Und somit
begann mit dem Jahre 1755 eine neue, und vielleicht unter allen verschiedenartigen Bestrebungen Bodmers seine schönste und einflußreichste
Wirksamkeit, indem er von nun an bis zu seinem Tode der treue Pfleger
und Ermunterer jedes Talentes in Zürich wurde und auf diesem Wege
mit einer Liebe, Treue und Beharrlichkeit fortfuhr, daß von nun an
alle jungen Zürcher mit Liebe und Begeisterung an ihm hangen und ihn
als ihren Lehrer und Meister verehren. So gelangte er unvermerkt
dazu, eine Schule zu bilden, welche allmählig und ohne bestimmte Absicht in Wissenschaft, Kunst und Politik in immer weiterem Kreise wirkte,
indem ihr Einfluß sich nicht nur auf Zürich, sondern auf die ganze
Schweiz erstreckte, so daß jene schöne Ode, worin Lavater „den Vater
der Jünglinge" besingt, der wahre und allgemeine Ausdruck seiner
Schüler ist**). Zwar sein Unterricht als bestellten Professors scheint
nicht sehr einbringend gewesen zu sein; überhaupt eignete sich Bodmer
für jene Stetigkeit historischen Sammelns und Forschens eben so wenig

trefflichen Lage, die einzig in der Welt ist, sondern auch wegen der guten und aufge-
weckten Menschen, die dort sind. Statt daß man in dem großen Berlin kaum drey
bis vier Leute von Genie und Geschmack antrifft, findet man in dem kleinen Zürich
mehr als zwanzig bis dreyßig derselben. Es sind zwar nicht lauter Ramler; allein sie
denken und fühlen doch alle, haben Genie, und sind dabey lustige und witzige Schelme.
Ich mag zwar in der Lust nicht zu weit gehn, damit ich nicht Klopstocks Schicksal habe,
und ich kann auch meinem Temperament nach nicht; indessen profitir' ich davon, so viel
ich kann, und bringe meine Zeit sehr angenehm hin. Bodmer ist für seine Jahre sehr
vergnügt und aufgeweckt; ich glaube, daß ihm sein Ruhm sein Leben verlängern wird,
weil er ihn vergnügt macht. Breitinger ist ein Mann von Einsicht, wie Sie
wissen, aber auch ein Weltmann und ein Erz-Politikus, welches Sie nicht wissen."
*) Hagedorn vermachte Bodmers Bild, das er sich eigens hatte malen lassen, der
Rathsbibliothek seiner Vaterstadt.
**) Wir entheben jener Ode Lavaters vom Jahre 1772 folgende Strophen:
Väterliche Geduld! Sanftmuth und Weisheit im
Tadel! Weisheit im Lob! Heiterkeit! Lockender
Blick der zärtlichen Liebe!
Sanfter attischer Tugendlehrer!

als für die ruhige, objective Auffassung und Dargebung der Geschichte, und es interessirte ihn diese nur in sofern, als sich daraus eine unmittelbare politische oder moralische Lehre ergab. Ueberhaupt fand er sich in eine streng wissenschaftliche, systematisch abgerundete Behandlung irgend eines Gegenstandes nicht hinein, daher auch alle seine Arbeiten einen zufälligen und fragmentarischen Charakter haben; zeigt sich doch selbst in seinen poetischen Plänen, auf welche er sich etwas zu Gute thut, nur eine sprunghafte, willkührliche Zusammenstellung, während sein langes Leben auch nicht Eine, was man nennt, gelehrte Arbeit aufweist. Desto mehr aber eignete sich sein ganzes Wesen, so wie die Masse seines mannigfaltigen Wissens zu freier, anregender, seelenvoller Mittheilung. Wo sich irgend eine Empfänglichkeit kund gab, da war er stets mittheilsam in Wort und Schrift. Dieser vertraute und herzliche Umgang mit der Jugend erhielt dann auch bei dem alternden Manne eine merkwürdige Jugendfrische; so daß, wenn er auch allmählig in der Literatur die fortschreitende Gestaltung derselben nicht mehr begriff und hinter derselben zurückblieb, er doch in Allem, was die ihn berührenden Kreise, was das Vaterland anging, mit Leben, Muth und Kraft, streitend und beseelend, und oft als Tonangeber und geheimer Leiter wirkte. Diese neue Seite seiner Thätigkeit begann Bodmer damit, daß er in eine Gesellschaft junger Männer trat, in welcher von

---

Stiller flammender Ernst wider das Laster im
Sanften lichtvollen Auge! Freyheits-Vertheidigung
   Von des Ruhigen Lippen!
   O was lehrtet ihr, Tugenden,

Eure Zeugen! Was uns, horchende Jünglinge?
Wir, wir faßten sie auf; voll von Entschließungen,
   Voller Freude, voll edler
   Triebe giengen wir weg von Dir!

Niemals sahe Dein Aug mit dem entfernenden
Blick des Stolzes uns an! Höhere Weisheit, Du
   Schrecktest niemals die Schwachen,
   Die die Tugend nur suchten, weg!

Liebreich eilte Dein Aug, eilte die sanfte Hand
Uns entgegen, Dein Mund redete brüderlich!
   Deiner Einsamkeit Wohllust,
   Vater, opferst Du Jünglingen!

Weisheitlehrer sind itzt, die Du einst bildetest!
Tugendlehrer sind itzt, die Du einst bildetest.
   Deine Söhne, sie glänzen
   Wie Gestirn' um Dich, Vater, her!

Klopstock her ein kräftiges Geistesleben und ein höheres Selbstgefühl, verbunden mit Witz und Fröhlichkeit, sich geltend machte, so daß Bodmer diese Gesellschaft „die fröhliche Bande" nennt. Derselben machte er nun den Antrag, sie mit freien Vorträgen über Montesquieu's Esprit des lois zu unterhalten. Es waren der jungen Herren zwölf, unter denen, wie Bodmer bemerkt, sich nur drei oder vier Konsonanten befanden, die vorzüglichsten aber Hirzel und Werdmüller waren. Diese jungen Männer, von denen später ein Theil zu höhern Staatsämtern berufen wurde, wollte Bodmer durch diese politischen Unterhaltungen über die damals herrschende, enge empirische Staatsroutine erheben. Er freut sich wiederholt des Gelingens seines Unternehmens und berichtet unter Anderm an Heß: „Sie müssen nicht glauben, daß ich in der Zusammenkunft der jüngern Freunde den Professor spiele; wir sind alle Professoren." Ferner spricht er mit Befriedigung von den täglichen Unterhaltungen mit einigen begünstigten Zöglingen, denen er nach Tische einige Stunden eigene oder fremde Arbeiten vorlas und dieselben kommentierte. Zudem war er an schönen Abenden täglich mit Breitinger und Zimmermann in der anmuthigen Einsamkeit des Sihlhölzchens oder unter den Linden an der Limmat zu finden, wo auch jüngere Freunde sich anschließen durften; so daß jene Stellen auf lange Zeit die geweihten Stätten für die schönen Geister Zürichs wurden.

22. Bodmer für die Poesie des Mittelalters.

Bodmer liebte sein schönes Zürich besonders auch darum, weil er sich desselben als einer Wiege und eines Mittelpunktes des Gesangs in der glänzendsten Zeit des Mittelalters freuen zu können glaubte, und weil er voraussetzte, seine Heimat sei die lebendige Bewahrerin der Sprache jener Poesie. Daher er in jenem angeführten Zurufe an Klopstock mit freudigem Stolze ihn auffordert —

Komm doch, die Sprache zu hören, die vormals der fürstliche Herrmann
Mit dem von Veldeck und Eschilbach redte.

Merkwürdiger Weise verdankte Bodmer die erste Bekanntschaft mit den alten Dichtern seinem Gegner Gottsched, denn vor dem Erscheinen von dessen Dichtkunst zeigt sich keine Spur von jener Kunde. Allein was bei Gottsched nur eine beiläufige gelehrte Notiz gewesen war, wurde bei Bodmer zur fruchtbaren Quelle wissenschaftlicher Forschung

und lebendiger Gedanken. Es war ihm genug zu wissen, daß sein ver-
ehrter Opitz sich mit den alten Dichtern beschäftigt hatte, um demselben
eine dauernde Aufmerksamkeit zu schenken. Ehe er noch ein größeres
Stück der vorzüglichsten Poesien des Mittelalters gesehen, schloß er aus
wenigen Bruchstücken mit vortrefflichem Blick und Urtheil, daß die Zeit
der Hohenstaufen eine für die Poesie höchst günstige gewesen sein müsse.
Daher er schon im Charakter der deutschen Dichter in Bezug auf die
Winsbekin singt :

> Von Hohenstaufens Haus — — —
> Entsprang aus finstrer Nacht der ungewohnte Stral
> Und schimmerte von dar durch Deutschlands weiten Saal.
> Wir hören noch mit Lust die edle Mutter singen,
> Die für der Tochter Wohl, ein Danklied Gott zu bringen,
> Die sanfte Laute stimmt.

Schon im Jahre 1742 hatte er die Abhandlung in der Sammlung der
kritischen Schriften verfaßt — „Von den günstigen Umständen
für die Poesie unter den Kaisern aus dem schwäbischen
Hause" — bevor er weder den Minnesänger-Kober noch denjenigen
der Nibelungen in St. Gallen gesehen, sondern nur nach dem, was
ihm einige alte Drucke, Boner und ein Fragment aus dem Sagenkreise
Karls des Großen („die schöne Meliure") dargeboten hatten. Er
findet jene günstigen Umstände „im damaligen Streben der Deutschen,
sich Roms Joch zu entschütten, in dem vollen ungebändigten Freiheitsgefühl, in der Selbständigkeit der damaligen kleinen Staaten, im gewaltigen Kriegsgeiste, indem auch die Sprache die unter diesen Umständen „starken und tapfermuthigen Fühlungen" habe ausdrücken
müssen. Ferner haben die verschiedenen Abstufungen der Herrschaft,
das mannigfaltige Leben der Städte auch eine reiche und nachdrückliche
Sprache mit sich bringen müssen. Der politische Styl wachse mit den
Verfassungen und die Versammlungen eines freien Staates geben der
Beredtsamkeit Schwung und Werth. Da die Poesie auf den Sitten
beruhe, so habe der Dichter zur Zeit der Hohenstaufen in der damaligen
Sprache nur getreulich schildern müssen, was er gesehen und empfunden,
um gewiß zu sein, daß sein Werk auch anmuthig und nachdrücklich
werde. Die Züge nach Italien, die Kreuzzüge haben die Phantasie
des Dichters mit einer wunderbaren Mannigfaltigkeit von Sitten,
Manieren und Religionen, welche mit seinen eigenen so stark abstachen,
bereichert." Ein anderer glücklicher Umstand war, daß die Fürsten

nicht nur die Sänger begünstigten, sondern selbst sich unter diese gesellten, so daß der Dichter den Charakter großer Männer und ihre
Sitten in vertraulichem Umgange kennen lernen konnte. Daß die
Dichtung zugleich Gesang war, bewahrte dieselbe vor einer undeut-
lichen und gelehrten Sprache und machte, daß die Erzählung deutlich,
die Sitten und menschlichen Leidenschaften natürlich dargestellt werden
mußten. Zum Schlusse macht er namentlich auf den Gewinn aufmerksam, welchen „eine Anzahl geschickter Wörter und Ausdrücke der prosaischen Sprache gewähren könne."— So fühlte Bodmer zuerst die geistige
Größe der hohenstaufischen Zeit und die Herrlichkeit ihrer Sprache
wieder heraus, und demgemäß verwendete er von nun an den größten
Fleiß auf die Auffindung alter Dichter und nahm alle seine Freunde
für diesen Zweck in Anspruch. Namentlich leistete ihm auch hierin
Zellweger getreuen Beistand, indem er ihm nicht nur die wichtigsten
mittelhochdeutschen Handschriften aus der Klosterbibliothek von St.
Gallen verschaffte, sondern auch die verschlossenen Schätze von Hohen-
ems öffnete. Bald auch gelangte er durch die französische Gesandtschaft in den Besitz der Pariser Handschrift der Minnesänger und lernte
später den Kober gleichen Inhaltes aus Weingarten kennen. Aus der
Bibliothek zu Florenz erhielt er den Tristan, und durch Hagedorn den
Wigalois und den Freidank: und so wurde er durch ein glückliches
Geschick gleich anfangs mit den besten der alten Dichter bekannt. Schon
die Verwandtschaft zwischen der alten Sprache und der lebenden Mundart der Heimat zog ihn mächtig an, so daß er schon im Anfange dieser
seiner Bemühungen an Zellwegern schrieb: „Ihr versteht ohne Zweifel
mehr von den alten Poeten als hundert andere, nachdem der alte Dialekt
in euern Bergen noch viele Reste behalten hat." Auf diesem Felde
gelehrter Forschung, das sich Bodmern in den alten Handschriften eröffnete, stand ihm Breitinger nun wieder mit aller Liebe und Hingebung
zur Seite, und dessen Gründlichkeit und Scharfsinn brachte in diese
Thätigkeit das erforderliche philologische Geschick. Welch ein Kleinod
mußte aber die Pariser Handschrift der Minnesänger für Bodmer
werden, als ihn durch einen verzeihlichen Irrthum der alte Zürcher
Sänger Hadloub, der von einer durch den Sohn des Helden Rüdiger
Manesse veranstalteten Sammlung von Sängern spricht, zur Voraussetzung veranlaßte, gerade diese Sammlung sei die Manessische. Er
wurde in seiner Voraussetzung bestärkt, weil die St. Galler Goldast
und Schobinger und der Zürcher Stumpf eine ähnliche Sammlung

gekannt hatten. Am Ende des Jahres 1746 hatten die Zürcher den
Kober erhalten, und ehe ein halbes Jahr verflossen, war die Abschrift
mit wenigen, ihnen unwesentlich scheinenden Auslassungen größtentheils
durch Breitinger vollendet. Im Jahre 1748 gaben die beiden Freunde
„Die Proben der alten schwäbischen Poesie des drei=
zehnten Jahrhunderts aus der Manessischen Samm=
lung" heraus. Der Vorbericht Bodmers gab die Geschichte der so=
genannten Manessischen Handschrift. Dann ließ er Nachrichten von
den persönlichen Umständen der alten schwäbischen Poeten folgen und
mit besonderer Freude hob er diejenigen des „eigenen Vaterlandes"
hervor. Die einläßlichen Studien, welche Bodmer zugleich den proven=
zalischen Dichtern zuwendete, ließen ihn schon jetzt Spuren der Ge=
meinschaft zwischen diesen und den Minnesängern nachweisen. Brei=
tinger fügte nebst einem kurzen Wörterbuche grammatische Anmerkungen
über die Sprache der schwäbischen Poeten bei, welche als erste gramma=
tische Studien über die alte Sprache gelten können und seine Bemerkungen
und Unterscheidungen enthalten. Ueber die wesentlichste Wirkung, welche
sich Bodmer von der Bekanntmachung der alten Dichter versprach, drückt
er sich in den Freimüthigen Nachrichten also aus: „Tiefsinnigere Köpfe
mögen untersuchen, ob nicht in der alten verlorenen Sprache, der Mutter
der gegenwärtigen, noch viele gute, bequeme und nöthige Wörter,
Redensarten und Schwünge sind, die man, ohne die wirkliche Ver=
fassung der jetzigen Sprache in ihrer Natur zu verderben, in dieselbe
wieder hervorholen könnte." — Allein seine Hoffnung blieb unerfüllt.
Die deutschen Gesellschaften, deren Unterstützung er zur Herausgabe der
Minnesänger zu gewinnen suchte, blieben gleichgültig, und die Dichter
ließen dieselben unbeachtet. Bodmer bot seinen ganzen Scharfsinn auf,
namentlich in den „Kritischen Briefen" (1746 und 1749), um für die
Zeit, den Inhalt und die Sprache der Minnesänger zu gewinnen.
Gottsched indessen konnte seinem Gegner das von ihm selbst zuerst er=
öffnete, so neue und eigenthümliche Feld nicht unbestritten lassen, daher
enthalten seine Zeitschriften, sowohl der „Neue Büchersaal" (1745—54)
als das „Neueste aus der anmuthigen Gelehrsamkeit" (1751—62) viele
Nachrichten und Abhandlungen von ihm und seinen Mitarbeitern über
die alte Literatur, allein mehr als antiquarische Kuriositäten, während
ihm die Einsicht der tiefern poetischen und nationalen Bedeutung der
alten Sänger abging. Seine Rede über den „Flor der deutschen Poesie
zur Zeit Kaiser Friedrichs des Ersten" (1749) ist offenbar eine Wieder=

holung Bodmer'scher Gedanken; auch fand er mit seiner fehlerhaften
Uebersetzung des Reinecke Fuchs (1752) wenig Eingang. Ueberhaupt
hatte er weder das richtige Urtheil noch das Glück Bodmers, die Literatur mit Ausgaben trefflicher alter Dichtungen zu bereichern. Da
Bodmer vornämlich zum Studium und zum Genusse der alten Sprache
selbst Gelegenheit und Anleitung geben wollte, so sträubte er sich lange
vor Bearbeitungen. Allein, vielleicht nicht ohne Rücksicht auf Gottscheds Vorgang, im Jahre 1753 erschien „der Parcival, ein Gedicht in Wolframs von Eschilbach Denkart, eines Poeten aus den
Zeiten Kaiser Heinrichs des Sechsten," worin er mit Weglassung aller
Episoden in zwei Gesängen die Sage frei bearbeitet. Aus einem Briefe
an Zellweger zu schließen hatte er dabei einen doppelten Zweck: „Meine
Absicht dabei ist, unsern Dichtern die Kunst und den Geschmack solcher
Zeiten zu entdecken, welche sie für ganz elend halten. Auch wird man
nicht mehr sagen, daß wir nur immer auf den biblischen sujets sizen."
Später ließ er den Wilhelm von Oranse und die Rache der
Schwester (Chriemhildens) folgen, worin er in der Auffassung viel
Geschick bewies, allein mit seinen losen Herametern wenig geeignet war,
für eine so ganz neue Poesie und Anschauungsweise zu gewinnen. Wie
wenig man sich indessen an dem Versmaße stieß, beweist genugsam,
daß Goethe für den Reinecke Fuchs kein anderes zu wählen wußte.
Uebrigens waren diese Arbeiten für den fleißigen Bodmer nur Er-
holungen, wobei er „mehr an sein Vergnügen und die Sache, als
an das Urtheil der Welt gedacht." Allein diese Uebersetzungsversuche
von Fragmenten alter Gedichte sollten wenigstens dazu dienen, um
durch das Interesse für den Inhalt zum Interesse für die Sprache selbst
einzuleiten. Indessen hatte er sich Jahre lang vergeblich bemüht, in
Deutschland für seine alten Dichter Theilnahme zu erwecken: während
vor und nach viele Bände über die Handschriften des Boner und über
die Entstehung seiner Gedichte herauskamen, ließ sich niemand finden,
der zur Herausgabe des Dichters selbst Hand geboten hätte. Bodmers
öffentliche Aufforderung an die geschlossenen deutschen Sprachgesellschaften
vom Jahre 1753 blieb ohne Erfolg. Umsonst bemühte sich Hagedorn in
Hamburg, umsonst suchte Gleim durch einzelne Uebertragungen auf die
Lieblichkeit der Minnesänger aufmerksam zu machen und durch seinen sonst
in weiten Kreisen wirksamen Einfluß Gönner für dieselben zu werben.
Endlich brachte Bodmer in seinem Zürich eine Gesellschaft zusammen,
welche die Kosten bestritt, und so erschienen im Jahre 1757 zuerst die

„Fabeln aus den Zeiten der Minnesänger", denn noch kannte er
den Namen des Verfassers nicht und ahnete nicht, daß er einen Dichter
seiner Heimat vor sich habe, auch hatte er sogar die Unvorsichtigkeit,
über den vermuthlichen Dichter eine flüchtige Bemerkung Gottscheds
nachzusprechen, indem er erst Lessingen die Ausmittelung Boners danken
sollte. Das beigefügte Glossar und das grammatische Schema sind von
Breitinger; von Bodmer ist nur die Vorrede, worin er unter Anderm
sagt: „Wir wollen uns glücklich schätzen, wenn wir von der Literatur
des Schwäbischen Zeitpunktes durch das Mittel der Presse so viel werden
retten können, als genugsam sein wird, die wenigen sonderbaren Männer,
denen die Geschichte des teutschen Geistes am Herzen liegt, in den Stand
zu setzen, daß sie sich davon durch eigene Einsicht unterrichten können."
— In demselben Jahre folgte auch „Chriemhilden Rache und
die Klage sammt Fragmenten aus dem Gedichte von den Niebe-
lungen." Sobald Bodmer dieses Gedicht kennen gelernt hatte, schrieb
er an Zellweger: „Es ist eine Art von Ilias, und wenigstens etwas,
so die Grundlage einer Ilias in sich enthält. Dieses Ding ist mir
etwas zu spät in die Hände gefallen, als daß ich den Gebrauch davon
machen könnte, den ich vor zwanzig Jahren noch davon gemacht hätte."
— In den Jahren 1758 und 1759 endlich gelang es ihm durch die
Unterstützung derselben Freunde in Zürich dem deutschen Publikum die
„Sammlung der Minnesinger" in einer schönen Ausgabe
vorzulegen. Mit eben so feinem, sicherm und darum in die Zukunft
blickendem Urtheile, als mit einem wahrhaft großartigen Patriotismus
bezeichnet er die Bedeutung des eröffneten Fundes für die deutsche
Literatur: „Wir sind ohne Sorge, wenn wir erst getreue Abdrücke der
besten poetischen Werke aus den Zeiten der schwäbischen Kaiser haben,
daß nicht fertige und nachdenkende Köpfe einen vielfältigen, nützlichen
und angenehmen Gebrauch davon machen werden . . . . . Die Ver-
muthung ist nicht unwahrscheinlich, wenn man die Beispiele in andern
Arten der Gelehrsamkeit betrachtet, daß die deutschen Gelehrten die Begierde wie eine Sucht anfallen kann, die witzigen Werke des Schwäbischen Zeitpunctes aus dem Moder zu erretten . . . . Wenn man dieses
poetische Zeitalter wird erschöpft haben, so wird man da nicht stille
stehen, sondern nach dieser starken Grundlegung in die Zeiten des
Poeten, der den heil. Anno besungen, und ferner zu Willeram und
Notkern hinaufsteigen." Nachdem Bodmer die Geschichte des ver-
meintlichen Manessischen Koder nach den ihm zu Gebote stehenden

Hülfsmitteln angegeben, fügt er der vorangeschickten Bemerkung, daß
die Werke der alten Dichtkunst bisher durch Rechtsgelehrte hervorge-
zogen worden, welche nur nach alten Rechtsübungen suchten, den
Schluß bei: „Unser Vergnügen darüber entstand von ihrem innerlichen
und poetischen Werthe, von den Empfindungen, Bildern und Gedanken;
und diese Art Freude ist es, die wir durch unsere Bemühungen gerne
unter unsern witzigen Landsleuten weiter ausbreiten möchten." — Das
Verdienst, das sich Bodmer durch die treue, begeisterte und aufopfernde
Liebe zu den alten Dichtern erworben, war und ist allgemein anerkannt
und unbestritten, und die größten Kritiker, Lessing wie Herder, zollten
ihm dafür ihren Dank. Der Letztere läßt sich in einer Parallele mit
Gottsched·also darüber vernehmen*): „Wie kommts, daß ein Gottsched
bei aller Kenntniß altdeutscher Schriftsteller, von ihrer innern Stärke
so wenig hat können ergriffen werden, daß er es wenigstens unterlassen
hätte, unsere Sprache zu entnerven? Keine Parthei hat in diesem Stück
dem wahren Genie der deutschen Sprache so sehr geschadet, als die
Gottschedianer . . . . Hätte der Patriotische Bodmer auch kein anderes
Verdienst um unsere Sprache, als daß er uns die Gedichte aus dem
schwäbischen Zeitpunkte geliefert hätte; wie hoch hat man Rammlern
und Lessingen ihren Logau angerechnet — und aus jenen ließe sich doch
in Absicht auf die Sprache weit mehr lernen. Die Schweizer sind zu
dem rühmlichen Geschäfte die ersten, uns die Machtwörter jener Zeit
zu zeigen, zu prüfen und kritisch einzuführen. Sie verstehen diese
Wörter mehr als wir, weil sie den Kern der deutschen Sprache mehr
unter sich erhalten haben. So wie überhaupt in ihrem Lande sich die
alten Moden und Gebräuche länger erhalten, da sie durch die Alpen,
und den Helvetischen Nationalstolz von den Fremden getrennt sind: so
ist ihre Sprache auch der alten Einfalt treuer geblieben. Sie haben
unstreitig manches übertrieben; aber ihr Gutes ist noch zu wenig geprüft." — Auch diejenigen deutschen Schriftsteller, welche zwanzig
Jahre später in Bodmers Fußtapfen in der Bemühung für die alte
Literatur traten, Anton, Boie und Eschenburg, anerkennen ihn als ihren
Führer und Vorgänger. Seine Freude über diese Anerkennung spricht
Bodmer in späten Tagen an Gleim aus: „Ich habe immer mehr Winke,
daß meine Ahndungen erfüllet worden; man wird täglich mehr aufmerksam auf die schwäbischen Musen! Möge man nur nicht jeden Cober,

---

*) Herder, Fragmente zur Deutschen Literatur. 1. Sammlung. 6.

den man aufspürt, für wichtig halten. In dem Zeitpunkt der Alt-
schwaben waren Dunse, wie in dem gegenwärtigen; wenige Misnere,
wenige von der Vogelweide!" Darin hat man zugleich die Widerlegung des Vorwurfs, als wenn Bodmer ein blinder Verehrer des
deutschen Alterthums gewesen wäre. Dagegen will man wenigstens
darin eine Beschränkung seines Verdienstes finden, daß es ihm nicht
gelungen, durch Hervorziehung der alten Dichter einen Einfluß auf die
Literatur seiner Zeit auszuüben. Wir wollen Herdern sprechen lassen,
ob das damals irgend möglich war *): „Als der Manessische Kober
ans Licht kam: welch ein Schatz von deutscher Sprache, Dichtung,
Liebe und Freude erschien in diesen Dichtern des schwäbischen Zeitalters! Wenn die Namen Schöpflin und Bodmer auch kein Verdienst
mehr hätten, so müßte sie dieser Fund und den letzten die Mühe, die er
sich gab, der Eifer, den er bewies, der Nation lieb und theuer machen.
Hat indessen wohl diese Sammlung alter Vaterlandsgedichte die Wirkung gemacht, die sie machen sollte? Wäre Bodmer ein Abt Millot,
der den Seelenfleiß seines Cürne de St. Pelaye in eine histoire
literaire des Troubadours nach gefälligstem Auszuge hat verwandeln
wollen; vielleicht wäre er weiter herum gekommen, als jetzt, da er den
Schatz selbst gab und uns zutraute, daß wir uns nach dem Bissen
schwäbischer Sprache leicht hinaufbemühen würden. Er hat sich geirrt: wir sollen von unserer klassischen Sprache weg, sollen noch ein
ander Deutsch lernen, um einige Liebesdichter zu lesen — das ist zu
viel! Und so sind diese Gedichte nur etwa durch den einigen Gleim in
Nachbildung, wenig andere durch Uebersetzung recht unter die Nation
gekommen; der Schatz selbst liegt da, wenig gekannt, fast ungenutzt,
fast ungelesen." Wenn ein solcher Mann, welcher die alte vaterländische Literatur kannte und förderte, also sprach, wie konnte Bodmern
eine Schuld beigemessen werden, wenn er mit seinen Bemühungen nicht
durchdrang? Wie konnte es aber auch anders sein? Denn die Gelehrten
beharrten darauf, die klassische Literatur der Griechen und Römer allein
als musterhaft und nachahmenswerth anzusehen, so daß es ihm nicht
einmal gelang, seine nächsten Vertrauten, Klopstock und Wieland, für
die deutschen Sänger zu beseelen, von denen jener doch für das nordische
Alterthum schwärmte und dieser sich der Landsmannschaft mit den
schwäbischen Sängern schmeichelte, allein nicht einmal Lessings Rüge

---

*) Herder, Stimmen der Völker. Stuttg. 1846. S. 45.

zu beachten wußte, daß er, statt der Einmengung französischer Wörter, „so viele gute Wörter aus dem schweizerischen Dialekte zu retten" versucht hätte. Die Gebildeten und die Weltleute aber bewegten sich so ganz in französischen Ansichten und Formen, daß ihnen für jene altdeutschen Vorstellungsweisen jedes Verständniß mangelte. Hätten also auch damalige Dichter einen Versuch machen wollen, den Weg einzuschlagen, den ein halbes Jahrhundert später die Romantiker verfolgten, so wäre es ihnen gegangen, wie dem Maler Tischbein, der sich durch die Zürcher zur Entwerfung altdeutscher Bilder, wie des Konradin, aufmuntern ließ, allein wegen Mangel an Absatz diese Bahn wieder verlassen mußte. Wenn also Bodmer zu einer Zeit für altdeutsche Art und ein großes deutsches Volk in der höchsten Blüthe der Kaisermacht begeistert war, wo die Nation ihn noch nicht verstand: so kann es ihm nur zu desto größerer Ehre gereichen, daß er zur Zeit einer noch traurigen Unselbständigkeit Volksmann und Deutscher zu sein verstand. Beweise, daß wenigstens in seiner Heimat seine Anregungen nicht ohne Frucht geblieben, ist unter Anderm des Zürcherischen Kanonikus, Baptist Ott, Bericht von den geschriebenen deutschen Uebersetzungen der Heil. Schrift vor der Reformation, wo er unter Anderm mit Breitingers Beihülfe Proben und Nachweise aus Ulphilas, Tatian, Ottfried, Notker u. s. w. giebt. Auch regte Bodmer schon im Jahre 1756 zur Sammlung eines schweizerischen Idiotikons an, woran der ihm vertraute J. J. Spreng in Basel arbeitete, und worauf sich Stalder, der erste Herausgeber eines derartigen Werkes, beruft. Welche schöne Früchte aber Bodmers Anregung unter dem jüngern Geschlechte seiner Vaterstadt hervorbrachte, werden wir im Verfolge sehen.

23. Bodmers Schauspiele.

Unterdessen war Bodmer in das Greisenalter vorgerückt, zwar immer gleich munter und thätig, allein äußerlich zu abgeschlossen und innerlich in einem zu engen und selbstgefälligen Kreise sich bewegend, als daß er den mit den sechziger Jahren beginnenden neuen Aufschwung der deutschen Literatur hätte würdigen können. Es fehlte ihm daher der unbefangene Standpunkt und das richtige Urtheil über die neuen Erscheinungen, und doch konnte er es nicht lassen, als Alt = Meister der Kritik seine Stimme geltend zu machen: der Erfolg mußte übel ausfallen. In dieser Zeit (1759) waren Lessings Fabeln erschienen.

Nach den von den Zürchern aufgestellten Ansichten über diese Dichtungsart konnte ihnen das nüchterne, knappe, dürre Gewand derselben
nicht gefallen.   Hätten sie Lessings Standpunkt gewürdigt, welcher die
Fabel, nach dem Vorgange der Alten, in das Gebiet der Philosophie
und Rhetorik versetzt, und dieser Ansicht gegenüber die poetische Auffassung ihres Boner und ihres Zöglings, Meyers von Knonau, geltend
gemacht, so würden sie sich auf einem haltbaren Boden bewegt haben.
Allein der gemeinsame Versuch Bodmers und Breitingers, — „Lessin-
gische unäsopische Fabeln" (1760), worin jener zu einer Parodie der Lessing'schen Fabeln und dieser zu einer Gegenkritik von
Lessings meisterhaften „Abhandlungen über die äsopische Fabel" sich
verstieg, konnte nur kläglich ausfallen und mußte ihrem kritischen Ansehen für die Zukunft den Eingang in Deutschland verschließen. Lessing,
der früher Bodmern mehrmals geneckt und dadurch gereizt hatte, war
billig und wahrheitsliebend genug, in diesem Falle das Richtige in der
Auffassung der Zürcher wenigstens dadurch anzuerkennen, daß er die
Gegner sehr schonend behandelte.   .

Man liest vorn in einem Bande Bodmer'scher Schauspiele
von dessen eigener Hand: „Die Lessingischen unäsopischen Fabeln
sammt den Parodien der Weißischen Schauspiele, so wie alle seine un-
theatralischen Gedichte sind Bodmers Namen unwürdig."   Dieses
Urtheil Manso's aus später Zeit vernahm Bodmer durch andere Kritiker
gleich anfangs, als er sich auf das dramatische Feld wagte: und dennoch beharrte er achtundzwanzig Jahre lang auf demselben und lieferte
etwa vierzig kleinere und größere Stücke, kein einziges gelungen und die
meisten von allen Seiten mißrathen.   Woher nahm er das Herz zu
solchem Beginnen? Man verzeiht der Schweiz, daß sie nicht hat, was
sie nicht leicht haben kann, ein gutes Drama. Allein warum jagte denn
Bodmer gerade nach dieser unerreichbaren Palme? Schon früher sah er
nicht ohne Neid auf das Glück, welches Gottsched auf dem Theater
machte, und es genügte ihm nicht, dessen Blößen zu zeigen.   Später
trat Lessing auf und löschte wie durch seine ganze Wirksamkeit, so namentlich auch durch seine Schauspiele recht sichtbar das Interesse für die
Patriarchaden und was damit zusammenhing aus.   Allein angriffig
wie Bodmer war, goß er schnell ein Paar seiner Patriarchaden um,
und war mit einem „erkannten Joseph" und einem „keuschen Joseph"
in dramatischer Form bei der Hand.   Doch konnte man ihm zu auffallend nachweisen, daß diese Dramen nichts taugen und ihm noch

weniger Ehre machen als seine Epen, als daß er in dieser Gattung
weiter fortzufahren gewagt hätte. Allein Bodmers Zählgkeit ließ sich
von dem einmal betretenen Wege nicht leicht abwendig machen. Als
daher Nikolai und Mendelssohn im Jahre 1756 bei der Ankündigung
der Bibliothek der Wissenschaften einen Preis auf das beste Trauerspiel
aussetzten, folgte Bodmer sogleich diesem Beispiele und forderte eben=
falls durch eine Preisaussetzung zur Bearbeitung eines Trauerspieles
auf. Als sich jedoch der dramatische Dichter für seine Aufgabe nicht
finden wollte, stachelte es ihn, seinen Preis selbst zu verdienen. Nach=
dem er sich wirklich versucht, jedoch in richtigem Bedenken seine Stücke
zurückhielt und sich begnügte, dieselben seinen Freunden vorzulesen; ließ
der lobpreisende Zellweger nicht nach, bis er damit öffentlich hervortrat.
Allein er war bei diesem Unterfangen von der Kritik nicht weniger als
von den Musen verlassen, denn überall fehlte eben so sehr Handlung als
Charakterzeichnung, und nur selten ehrte er mit Sorgfalt und Treue den
historischen Charakter seiner Helden. Freilich achtete er auch gar nicht
auf die scenische Wirkung seiner Stücke und wollte nichts anderes als
moralisch = politische Dialogen geben. Wie er daher meinen konnte,
sein erstes weltliches Schauspiel, „Ulysses", sei ein „Trauerspiel nach
einer neuen Ausbildung", wird nicht leicht klar, als in so fern sich
dabei das Bemühen kund giebt, es anders zu machen als die deutschen
dramatischen Dichter seiner Zeit. Er verirrte sich so weit, daß er den
bedeutendsten derselben Gegenstücke oder vielmehr Parodien ihrer Schau=
spiele entgegenstellte: so Lessings Philotas und Emilia Galotti einen
„Polymet" und einen „Odoardo Galotti"; Weißes Romeo und Julia
einen „neuen Romeo"; Gerstenbergs Ugolino einen „Hungerthurm in
Pisa"; Klopstocks Adam und Salomo einen „Tod des ersten Menschen"
und „die Thorheiten des weisen Königs." Alle diese höchst flüchtigen
Machwerke sind so kläglich und unverzeihlich, daß nicht nur die deutsche
Kritik sie einstimmig verwarf, sondern auch die Schweiz, auch Zürich
sich von dieser Thätigkeit Bodmers abwandte und seine Freunde darüber
in Verlegenheit geriethen; nur Sulzer blieb, wie bei seinen Epen, so
auch hier sein getreuer Schildknappe. Es ist tragi=komisch, wie er
seinem Heß, dem alten, guten Famulus aus der Klopstock'schen Zeit,
seine Noth klagt: „Mein Marcus Brutus ist drei Jahre von Stadt zu
Stadt herumgezogen, einen Verleger zu suchen. Er hatte wirklich in
Berlin, in Leipzig, in Karlsruh, in Stuttgard solche gefunden, die aber
alle Male von der Weißischen Cabale und den Lessingischen Busch=

klopfern wieder abspennig gemacht worden. Es ist ein Elend, daß
Deutschland keine Kraft mehr hat, einen Liskow zu zeugen. Würden
Sulzer, Klopstock für das Gute nur ein Drittel so viel arbeiten, als der
phantastereireiche Wieland für den sybaritischen Geschmack, so würden die
Lessinge, Klotze, Michaelis, Weißen sich der Empfindung der deutschen
Nation nicht bemeistert haben. Sie werden doch wohl denken, daß
meine Schauspiele nicht für die Sybariten in den Logen, und die Scla-
ven in dem Parterre geschrieben sind. Ich sehe zuvor, daß die Leipziger und Hamburger und die Brandenburger zuerst, meine Epaminon-
dasse für Undinge, die uns nicht mehr angehen, als der Glauben an die
Mythologie, ansehen werden. Die Helden, deren Existenz diese Leute
wahrscheinlich finden, sind Lieutenante der Reichsarmee." Allein auch
der edle Gemmingen, der sonst wenigstens die Gesinnung lobt, in der
sein alter Freund arbeitet, warnt ihn ernstlich und möchte ihn auf ein
anderes Feld hinüberleiten. Doch Bodmer fuhr nicht nur fort, sondern
er ließ seine Schauspiele in Masse vorrücken, indem er je einen Cyklus
historischer Gegenstände bearbeitete, jedoch mit der bestimmt ausgesprochenen Absicht, daß er nicht für die Schaubühne arbeite, die er verachten
zu dürfen meinte. Er wollte mit seinen Stücken politischer Volkslehrer
sein: vom Jahre 1768 an schreibt er daher „Politische Schauspiele" und belehrt darüber seinen Freund Meister: „Auf die Schaubühne zu treten ist über meinen Wunsch. Ich hoffe es sei so viel Ernst
und gesunde Politik in meinen Schauspielen, daß man die Logen und
das Parterre leer stehen ließe. Ich nehme mir allein vor, politische
und moralische Wahrheiten zu schreiben, und dann sie wirken zu lassen,
was sie können. Die scenische Form hat ihre Vorzüge: ich kann so
in Anderer Mund Wahrheiten sagen, was positiv und in meiner Person gesagt, Satyre oder gefährlich wäre." Rousseau und die durch
diesen in den sechziger Jahren veranlaßten Unruhen in Genf haben den
Greis in Feuer gesetzt, und er tritt als kühner Vorkämpfer für die Volksrechte und die Demokratie, und für die Freiheit in Staat und Kirche auf.
Von dieser Seite wenigstens sind Bodmers politische Schauspiele bemerkenswerth, weil sich in denselben eine glühende Freiheitsliebe, ein kühner
Haß gegen jede Tyrannei kund giebt, wie er sich damals in Deutschland
nicht leicht hätte Luft machen dürfen. Daher hat ihm sein Buchhändler in Lindau über einen Theil dieser Stücke, worunter namentlich
Kaiser Heinrich IV., worin vorzüglich über Verstellung und Priester-
gewalt geeifert wird, von einem reißenden Absatze vornehmlich nach dem

unter Joseph II. freien Ideen sich öffnenden Oesterreich zu melden. Mit seinen politischen Tendenzen gewinnt Bodmer wenigstens einen festen und bestimmten Boden, und mag auch Rousseau der Prophet sein, der ihn erfüllt und in seinen Vorstellungsweisen befängt, so tritt doch nicht selten die Eigenthümlichkeit und Kraft des schweizerischen Republikaners hervor. Den Cyklus Politischer Schauspiele griechischen Inhaltes leitet er daher also ein: „Laß es dich nicht befremden, Leser, daß der Dichter den Stoff und die Sitten in den Tagen der griechischen Republiken gesucht hat. In unsern Jahrhunderten fand er ihn nicht; nicht da, wo die Historie nicht die Geschichte der Nation, sondern des Königs, des Ministers, des Feldherrn ist. In unserm Weltalter fehlen die Thaten und öfters die Idee der Tugend. Der Charakter der Nation ist zu Grunde gegangen; man macht sich nicht mehr eine Ehre daraus, daß man von der Nation sei; man hat den Stolz verloren, der Wetteifer, Eintracht und Stärke in den Staat bringt." In demjenigen Bändchen, welches die Stücke „Aus den Zeiten der Cäsare" enthält, schildert er alle möglichen Gräuel, welche aus der Tyrannei hervorgehen, so in Octavius: das Unglück des Tyrannen durch seine eigene Schuld und durch die Laster der Seinigen; im Nero: des Tyrannen Troß und Verzweiflung; in Thrasea Pätus: das muthige Zeugniß und den edeln Tod für die Freiheit, u. s. w. Man hat annehmen zu sollen geglaubt, daß ungeachtet des Beisatzes: „von verschiedenen Verfassern", doch alle diese Stücke Machenschaften Bodmers seien. Allein Markus Brutus, eines der bessern, ist wirklich von Salomon Hirzel, dem Bruder des Doctors, und aus den Briefen geht hervor, daß noch andere Jünger mitgewirkt haben, welche aber als Geistliche ihre Namen nicht verlautbaren durften. Am besten und eigenthümlichsten sind ihm die Stücke aus der deutschen Geschichte und aus derjenigen seines Vaterlandes gelungen. Er schrieb einen Wilhelm Tell, ferner Geßlers Tod, Heinrich von Melchthal, u. s. w. Doch alles dieses sind nur bruchstückartige, kleine, flüchtige Scenerien, wobei sich die Nachahmung Shakespeare's frazenhaft genug ausnimmt. Dagegen ist es ihm weit besser geglückt, in seinen größern dramatischen Stücken Seele und Gedanken hineinzulegen. Offenbar das beste ist „Italus": denn hier konnte er seiner von frühe an genährten Begeisterung für die Urwelt, die ihm den Noah und den Columbus eingegeben, eine feurige Sprache verleihen und dem neuen, von Rousseau empfangenen Anstoße nach Herzenslust folgen. Italus nämlich, ein Zögling fremder Sitten, will römische Bildung bei den Cheruskern einführen und daher eine Stadt in deren Landmarken anlegen. Dadurch entsteht ein großer Zwiespalt im Volke über den Werth der römischen Lebenseinrichtungen im Verhältniß zur altdeutschen Volkssitte; bis Sigoveses, ein anderer Neffe des Arminius, letzterer den Sieg verschafft und dabei seine Geliebte einem romanischen Belgen abringt. Auch hier ist zwar der Lehrton vorherrschend; allein daneben doch Leben und Handlung. Von wahrem Gefühle zeugt auch Kaiser Heinrich IV. Mit besonderer Vorliebe aber behandelte er die beiden Stücke Arnold von Brescia in Zürich und in Rom. Ueber seine nähern Absichten spricht er sich nämlich an Meister also aus: „Arnold hat vor mehr als siebenhundert Jahren den guten Zürchern das Recht gegeben, mit ihrem Verstande zu denken. Er wollte kein Rosenkreuzer sein, der mit den Ohren sähe, mit der Nase hörte. Er war zufrieden, daß er den Sensum boni et recti hatte, und fand ihn mit den Lehren des Heilands vollkommen gleich gestimmt. Er hat ihnen die Furcht benommen, daß sie sich der Heresie und folglich der Hölle schuldig machten, wenn sie den Verstand in der Religion brauchten. Ist es stolzer Unverstand, daß unsere Mitbürger ihren ersten Zwingli kaum mehr kennen, oder ist es Geringschätzung der Freiheit zu denken, die machet, daß sein Andenken in keinem Werth gehalten wird? Verdient er nicht von allen Freunden der Wahrheit und der Aufrichtigkeit unauslöschliches Lob, daß er die Enthaltsamkeit gehabt hat, so wenig ein Heiliger und Wunderthäter als ein Zauberer zu sein affectiert zu haben, in einem Zeitalter, wo ihm so leicht gewesen wäre, in der Einbildung der Weibchen und der Männchen den Schein eines Santo oder Nekromanten zu erhalten." Es ist unschwer zu enthüllen, daß diese versteckten Streiche des im Jahre 1775 erscheinenden Arnold gegen Lavater geführt sein sollen. — In seinem letzten Stücke, „Brutus und Kassius," veranlaßt durch die Preisgebung der Volkspartei in Genf von Seite der Kantone, verherrlicht der vierundachtzigjährige Bodmer noch zum letzten Male Helden der Freiheit und gießt dabei seinen ganz besondern Zorn über das damalige Landvogteiwesen seines Vaterlandes aus. Wenn also Bodmer mit seinen Schauspielen als Dichter in keiner Weise besteht, so dient ihm dagegen ihr patriotischer Sinn und Verstand zu einiger Ehrenkettung als Bürger. Begreiflich aber waren die gnädigen Herren mit diesem unermüdlichen Freiheitsprediger unzufrieden und veranlaßten ihn deßhalb, mit der Herausgabe einzelner

Schauspiele oft lange zurückzuhalten, und mehrere gar nicht zu veröffentlichen. Denn 1774 schreibt er an Meister: „Meine politischen Dramen, Schön, Stüßi, Brun, Stauffacher, habe ich im Pult behalten, aus Furcht die Finger zu verbrennen, weil sie republikanischer und historischer sind, als unsere Kadaver von Republiken vertragen können."

Zum Schlusse über diesen Abschnitt theilen wir folgende, von Bodmers eigener Hand aufbewahrte Stelle Canzlers mit, worin dieser seine naive Schadenfreude ausspricht, daß Bodmer durch seine Tragödienfabrikation sich selbst auf gleiche Linie mit Gottsched herabgesetzt.

> Ich weis es, daß dein Kiel nunmehr gottschedisch sündigt;
> Nicht durch Sündfluthen mehr, nein, durch Catone izt,
> Hast du der Tugend Ruhm im grauen Haar verletzt.
> Zum Pöbel ward der Held durch mich auf Deutschlands Bühnen
> Und Knaben giebst du ihm in Heinrichs und Tarquinen.

24. Bodmers Arbeiten für die Jugendbildnng.

Glücklicher Weise sollte der letzte Theil von Bodmers Leben nicht in den Verirrungen befangen bleiben, in welche die Fabeln und die Trauerspiele ihn hineingezogen hatten, sondern nach verschiedenen Seiten eine Thätigkeit aufweisen, die ihm eben so sehr zur Ehre gereicht, als irgend eine seiner frühern Bestrebungen. Kein anderer Schriftsteller hatte den republikanischen Bodmer so tief ergriffen, als der berühmte Bürger von Genf. Wenn jener bisher mit einer gewissen Vornehmheit über die Schule und die Schulwissenschaften sich erheben zu sollen glaubte, so gab er doch schon mehrmals Gelegenheit, uns zu überzeugen, daß Menschenbildung und Volkserziehung im Allgemeinen ihm sehr am Herzen lag. Als daher durch Rousseau's Emil (1762) die Erziehung eine der großen Zeitfragen zu werden begann, wendete sich auch der alte Bodmer mit jugendlicher Begeisterung der Jugendbildung zu, so daß er in Verbindung mit Breitinger eine ganze Reihe von Schulschriften bearbeitete, um die im Anfange der siebziger Jahre durch den trefflichen Bürgermeister Heidegger betriebene Reorganisation des ganzen Zürcherischen Erziehungswesens nach Kräften zu unterstützen. Schon vorher hatte er sich lange mit einer deutschen Grammatik beschäftigt, welche 1768 unter dem Titel erschien: „Die Grundsätze der deutschen Sprache," mit dem Motto aus Caniz: „Ein Deutscher ist gelehrt, wenn er sein Deutsch versteht." Im

Vorworte bemerkt er, daß er den Grundsätzen und der Methode gefolgt,
womit der Abbé Girard die französische Sprache behandelt habe, indem
man sich vor allen Dingen der Gewohnheit entschlagen müsse, die
deutsche Grammatik nach dem Geschmacke der lateinischen zu behandeln.
Voran steht darauf die Abhandlung: „Von den Verdiensten Dr.
Martin Luthers um die deutsche Sprache." Es ist merkwürdig, die freimüthigen und eigenthümlichen Einwürfe zu vernehmen, welche der schweizerische Sprachforscher gegen die Autorität
des Begründers der neuern Schriftsprache geltend zu machen versucht.
„Um über Luthers Verdienst zu urtheilen, müsse man die Sprache vor
demselben kennen, namentlich wie dieselbe zur Zeit der schwäbischen
Kaiser gewesen. Gegen Ende des fünfzehnten Jahrhunderts seien der
Parcival, Freibank, S. Brands Narrenschiff erschienen, noch mit
der alten starken Biegung und mit der gleichen Syntax. Gleichwohl habe bald darauf der Untergang einer Menge einzelner Wörter
stattgefunden, indem man die Ideen von vielen Sachen und Geschäften verloren, da die Poesie und Wohlredenheit in keiner Achtung
mehr gestanden. Als Luther zu schreiben anfieng, bequemte er sich nach
dem gemeinen Sprachgebrauch. Er hätte besser gethan, wenn er dem
Genius der Sprache, wie er sich bei den Minnesängern und den Pro-
saikern jener Zeit geoffenbart, durch die Stärke seines Geistes nachge-
holfen: dadurch wären die Minnesänger erhalten worden und ihr
begrabener Schatz jedermann offen geblieben. Wäre die schwäbische
Sprache herrschend geblieben, so befände sich das lächerliche, platte,
altfränkische Zeug nicht in Wörtern, Wendung und Aussprache. Die
Muse der Minne und der Abentüre hatte nichts nährendes für seine
theologische Seele. Oder findet man einige Spur in seinen Schriften,
daß er mit ihnen Bekanntschaft gehabt habe? Mit den Gelehrten, die
ihm bei seiner Bibelübersetzung halfen, hatte es dieselbe Bewandtniß,
und alle gaben sich mehr mit lateinischen Werken ab. Demnach lernte
Luther die Sprache hauptsächlich aus dem Gebrauche und dem Umgange,
der, ob er gleich sehr ausgebreitet war, doch weit unter der Würde und
der Genauigkeit blieb, welche die Sprache von den frühern classischen
Schriftstellern empfangen hatte. Daher nahm er vielfache Veränderungen in dieser verlassenen Sprache vor, welche jedoch nicht sowohl in
der eigenthümlichen Anwendung eines Wortes oder Ausdruckes bestehen,
als vielmehr in der Verwerfung derselben. Nur das Ansehen der Bibel
diente ihm dazu, daß seine Veränderungen von der Nation als

Verbesserungen anerkannt und aufgenommen wurden." So wenig diese
Einwürfe geeignet sind, Luthers Leistungen und Verdienste um die
deutsche Sprache zu schmälern, so gebührt doch auch wieder dem Bod=
mer'schen Standpunkte seine Geltung und sein Recht. — In der Gram=
matik selbst giebt Bodmer in vierzehn Abschnitten eine gedrängte, doch
freie und belebte übersichtliche Darstellung der Sprache mit sinniger
Einführung in die Organisation und das innere Leben derselben, wobei
er namentlich darin neu ist, daß hier zuerst eine durchgeführte Verglei=
chung der ältern Sprachformen mit den neuen vorkommt. Bei Gelegen=
heit der Idiotismen stellt er folgende Betrachtung an: „Der Dichter, der
Prosaist hat in seiner Dunkelheit, in seiner Entfernung von Land, von
Feld und Wald, von Himmel und Erde tausend Nahmen verfehlt, und
so viel an ihm stand, untergehen lassen, von welchen dennoch mehrere
noch da sind, und die er da holen könnte, wenn er aus seinem Winkel
hervorgehen dürfte, oder wenn die Kunst wüßte, durch einen geschickten
Gebrauch ihnen die poetische Würde zu geben." — Diesem wissenschaft=
lich gehaltenen Büchlein ließ er dann in den eigentlichen Schulbüchern,
unter dem Titel „Die Biegung und Ausbildung der deutschen
Sprache," eine ganz kurze Formenlehre von vierundzwanzig Seiten
folgen, welche sich in den schweizerischen Schulen nahe an ein halbes
Jahrhundert erhalten hat. Daneben erschien die etwas ausführlichere
„Anleitung zur deutschen Sprache," worin es in einem An=
hange heißt: „Die Schweiz ist durch ihre Unabhängigkeit, ihre beson=
dere Staatsverfassung, und selbst durch ihre Lebensart von Deutschland
so weit abgesondert, daß ihre Mundart von den Veränderungen, die
in andern Provinzen in der Sprache vorgegangen, desto weniger ge=
litten hat. In unsern Gebirgen vornehmlich sind viele Wörter geblieben,
die aus dem Gebrauche gekommen sind, und viele haben ihre Würde
behalten."

Nicht weniger anerkennenswerth sind Bodmers Leistungen für die
Geschichte. „Die sittlichen und gefühlreichen Erzählungen"
geben kleine Bilder aus der Bibel und dem klassischen Alterthum, wo der
Verfasser mit besonderer Vorliebe die patriarchalischen Sitten hervorhebt
und feine Lehren für die Gesellschaft und das häusliche Leben, nament=
lich über Einfachheit und Genügsamkeit, giebt. Wenn zwar hier durch
besondere Liebhabereien allerlei Mißgriffe vorkommen, so haben dagegen
die „Historischen Erzählungen, die Denkungsart der Alten zu
entdecken," einen eigenthümlichen Werth, weil sie der erste Versuch einer

Einführung der vaterländischen Geschichte in die Schule sind. Er läßt die Darstellung der politischen und kriegerischen Ereignisse bei Seite, indem nur der Mensch hervortreten solle. Er bedauert, bei den eidgenössischen Geschichtschreibern „keine solche vertraulichen Kleinigkeiten, solche Familien-Anekdoten zu finden wie bei Plutarch; denn nicht große Handlungen, sondern kleine Geschichten können auf das Leben und die Gemüther den nützlichsten Einfluß haben. Historische Begebenheiten aber haben einen großen Vortheil vor den erdichteten; es ist mehr Gewißheit dabei, daß sie richtig nach der Natur gezeichnet sind, und weniger betrügen." — Eine von Bodmers besten Schriften endlich ist die „Geschichte der Stadt Zürich," wo er mit weiser Weglassung bloß äußerer Thatsachen gedrängt und übersichtlich in die innern Zustände einführt und daher über Speise und Trank, Polizei, Rath und Gericht, Gesang, Luxus, Bürgerklassen, Handwerk, Kleidung des vierzehnten Jahrhunderts, Einkünfte, Herrschaften, Häuser, Bauart, Kriegsdienst Aufschluß giebt; voll politischen Geistes, mit entschiedenem Widerwillen gegen demokratische Willkür. Ueber den Kulturgang Zürichs giebt er folgendes Bild: „In Bullingers Jahrhundert gab man sich hauptsächlich mit denjenigen Wissenschaften ab, die eine genaue Beziehung auf die Religion hatten. Als der Glaube seine Festigkeit erhalten, stand man dabey stille. In dem folgenden Jahrhundert ward alle Gelehrsamkeit angewandt, den Arrianismus und Pelagianismus zu bestreiten. Darauf ward die Religion allegorisch und sinnbildlich gemachet. So sah sie aus, bis große Männer in die gesunden Köpfe Licht und Heiterkeit brachten. Zuvor hatte man sich vor der kritischen Exegetik und der logikalischen Kritik gefürchtet. Natürliche Religion, Naturrecht, Philosophie, selbst die Moral und Physik wurden für unnütz, und öfters gar für gefährlich ausgeschrien. Literatur, schöne Wissenschaften, deutsche Sprache hielt man für überflüssig oder verächtlich. Viele Gelehrten lasen die Griechen und Römer nicht um des Inhaltes, sondern um der Grammatik willen. Sehr spät hatte das goldene Zeitalter der Literatur von Ludwig XIV. einen belebenden Einfluß auf einige bessere Köpfe; sie lieferten Schriften in Prosa und Versen, in welchen das Annehmliche der Grazien war, doch dem Wahren und Nützlichen untergeordnet, und die Empfindlichkeit nicht zum Ueberfluß erhöhet. Die häufigen Reisen der jungen Herrchen in Frankreich brachten zwar Moden und Leichtsinn, doch auch Artigkeit, Bekanntschaft mit den Classischen Schriftstellern der Franzosen und Geschmack in unsere

Stadt. Die Liebe zum Lesen ward nicht mehr das Geschäfte derer allein, die von der Gelehrsamkeit leben, sondern Personen von allen Ständen macheten sich damit eine angenehme und lehrreiche Beschäftigung.". — In einer Zugabe, „Unterredungen von den Geschichten der Stadt Zürich," werden noch die Zustände unter den Römern, Alemannen und Burgundern, die Lebensart des Adels und die älteste Beschaffenheit der Stadt hinzugefügt. — Alle diese Schriftchen waren für die Realschule (Kunstschule) seiner Vaterstadt bestimmt und auf die Beförderung eines geistigern und edlern Bürgerlebens berechnet, so wie er diesen geistigen Gaben am Ende seines Lebens für einen gleichen Zweck einen Theil seines Vermögens hinzufügte.

Wir haben gesehen, wie die Zürcher frühe schon einen großen Werth darauf legten, daß die griechischen und römischen Klassiker durch gute Uebersetzungen in die deutsche Literatur eingeführt würden, und sie hörten nie auf, für diesen Zweck thätig zu sein, und ihre Schüler dafür zu ermuntern. Wirklich hatten sie auch die Befriedigung, dieses Bemühen wenigstens theilweise mit vorzüglichen Erfolgen gekrönt zu sehen. Schon in den fünfziger Jahren versuchte J. J. Steinbrüchel eine Uebersetzung des Pindar, worüber Lessing bemerkt: „Pindar hat in der Schweiz einen jungen kühnen Geist erweckt, der uns mit den Begeisterungen des thebaischen Sängers bekannter machen will: der Versuch, den er gemacht hat, ist sehr gut ausgefallen." Daß die Uebersetzung prosaisch ist, findet die Billigung des deutschen Kritikers. Später ließ derselbe tüchtige Sprachforscher auch eine vollständige Uebersetzung der Werke des Sophokles und des Euripides folgen (1763). Sophokles wurde (1782) auch von J. Christoph Tobler verdeutscht. 1769 erschien J. Wasers deutscher Lucian; und J. G. Schultheßens Uebersetzung Platos von den Gesetzen hat sich bis auf diesen Tag in Ansehen erhalten. Bodmer selbst aber ließ es sich in seinen späten Tagen eine Lieblingsaufgabe sein, den Homer zu übertragen, der bei allen seinen poetischen Bestrebungen sein höchstes Vorbild war, und dessen Namen er so gerne unter den deutschen Dichtern sich beilegen ließ. Ueber zwanzig Jahre hatte er an seiner Uebersetzung gearbeitet, denn schon in der Calliope gab er die sechs ersten Gesänge der Ilias. Zu gleicher Zeit mit Bodmers Uebersetzung erschien diejenige von Fr. Leop. v. Stolberg: allein jedermann erkannte derjenigen des Schweizers in Beziehung auf gründliche Auffassung und Treue den Preis zu, und Viele freuten sich dieser gelungenen Arbeit des redlichen Altvaters der

15*

deutschen Literatur.   Wir wollen darüber Herders Zeugniß vernehmen:
„Darf ich ein ziemlich verkanntes Geschenk unserer Sprache, einen
Nachgesang Homers, wenn nicht von seinem Freund und Mitsänger,
so doch gewiß von einem ehrlichen Diener, der ihm lange die Harfe
getragen, rühmen: es ist die Uebersetzung Homers von Bodmer.   Freilich leidet sie, wie keine Uebersetzung auf der Welt Vergleichung mit dem
Urgesange; wenn man indessen diesen vergißt, und sie nicht mit dem
Auge liest, sondern mit dem Ohre hört, hie und da die Fehler menschlich
verzeiht, die sich bisweilen auch dem Ohr nicht verbergen und ihm sagen:
„so sang wohl Homer nicht!"   Dieß abgerechnet, wie man bei jedem
menschlichen Werk, und bei Homers Uebersetzung gewiß, etwas ab-
rechnen muß, wird man, dünkt mich, auf jeder Seite den Mann gewahr, der mit seinem Altvater viele Jahre unter Einem Dache gewohnt
und ihm redlich gedient hat.   Die Odyssee insonderheit war ihm, so
wie uns allen, näher, und ist viele Gesänge durch gar hold und vertraulich.   Dieß ist meine Meinung und etwa ein kleiner Dank für das
Werk vieler Jahre, dessen Arbeit sich im Genusse wohl über allen Dank
belohnt hat *)."   — Schon frühe hatte Bodmer die „geraubte Helena"
von Koluthus, die „geraubte Europa" von Moschus und die „Argo-
nauten" des Apollonius nebst manchen andern Fragmenten aus alten
Dichtern übersetzt, und spät noch in „Telemach und Nausikaa," in
„Evadne und Kreusa" und namentlich in dem sonderbaren Einfall,
einen Besuch des „Menelaus bei David" zu besingen, einen Homerischen
Klang zu geben versucht.
        Wenn Bodmers Arbeiten in den letzten zwanzig Jahren mehr einen
Stillstand, eine Nichtachtung der sich unterdessen entfaltenden deutschen
Literatur zeigten, so war er dagegen noch empfänglich und glücklich
genug, mit seinen letzten Bemühungen wieder in die seine Zeit bewegenden Gedanken und Stimmungen einzugreifen und namentlich den Bestrebungen der spätern Romantiker nahe zu rücken, so wie die Absichten
eines Theiles seiner frühern Leistungen auch mit den ihrigen in näherer
Berührung stehen.   Denn wie die Romantiker durch die Poesie die
Religion fördern wollten, so Bodmer durch seine Patriarchaden; wie sie
durch Belebung des deutschen Geistes, durch Hinleitung auf alte Art
und Kunst das Vaterlandsgefühl zu heben suchten, so er durch seine
Bemühungen für altdeutsche Literatur und durch seine Trauerspiele:

wie sie dem Volksliede und der Ritterpoesie Eingang zu verschaffen sich bestrebten, so er durch seine spätesten Produktionen. Die Bemühungen Herders, Goethes und Mösers für deutsche Art und Kunst, Herders Volkslieder und Goethe's Göß von Berlichingen, der Eindruck, den diese in Deutschland hervorbrachten und Goethe's dem Patriarchen persönlich erwiesene Freundlichkeit belebten auch den deutschen Sinn des empfäng-lichen Greifes von neuem, und er nahm daher eine Reihe kleiner romantischer Epen vor, wie „Konradin von Schwaben," „Hed-wig von Gleichen," „Wilhelm von Oranse," „Maria von Brabant" und andere, freilich alle in leidigen Herametern und ohne den Duft und die Farbenglut der ritterlichen Poesie. Dagegen that er ganz zuletzt einen guten Griff mit den „Altenglischen Balladen" (von Percy), in zwei Bändchen 1780 und 81, in denen die „gerade Einfalt des Herzens ohne Kunst und Absicht" ihn so sehr anzog. Hier endlich entledigte er sich seiner Herameter, griff zum lange verschmähten Reime und übertrug in „Eschilbachs Versart." Den englischen Balla-den fügte er noch altschwäbische und Zugaben von Fragmenten aus dem altschwäbischen Zeitalter hinzu, z. B. aus den Nibelungen Sigfrits Mord, die wahrsagenden Meerweiber, der Königinnen Zank; aus Parcival Jestute; ferner „Die Mädchen (von Zürich) in Harnisch" und die „Schlacht von Murten" nach Veit Weber. Die Uebersetzung ist freilich oft ungelenk und hart, und nicht immer genau; allein einzelne Stücke lesen sich doch auch jetzt noch ganz gut und sind ein Beweis, daß der alte Dichter in dieser Poesie wieder frisch aufgelebt war. Dank-bar nahm seine Zeit diese letzte Gabe des Unermüdlichen auf. Freund-lich begrüßt unter Andern Herder diese Spätfrucht: „Bodmers Be-mühungen aus neuern sowohl ausländischen, als unserer alten deutschen Sprache uns einen größern Reichthum an Gedanken, Bildern, Fabeln, Einkleidungen und Ausdrücken als Kunstrichter und Dichter zuzuführen, haben ihren Zweck nicht verfehlt. Er hat viel aufgeregt, und sich fast über Vermögen bemühet, indem er bis in sein greises Alter wie der frischeste Jüngling an jedem neuen Produkt unserer Sprache Theil nahm." Und an einem andern Orte sagt Herder: „Wie wünschte ich, daß Bodmer in jüngern Jahren auf Sammlung dieser Art Gedichte und Lieder gefallen wäre!"

Wir schließen damit die Uebersicht über Bodmers literarische Lauf-bahn, eine unzählige Menge kleinerer Schriften und Dichtungen über-gehend, welche ohne Bedeutung sind und sogleich in Vergessenheit fielen.

Daß indessen dieser Altvater der Literatur selbst über den Tod hinaus getreue Verehrer bewahrte, beweist die Herausgabe von „Bodmers Apollinarien" (eine Sammlung nachgelassener Dichtungen, vorzüglich bemerkenswerth durch die Beziehungen auf seine Freunde) durch G. Fr. Stäublin (1783) und die von demselben herausgegebenen „Briefe berühmter und edler Deutscher an Bodmer" (1794), und mehr als zwanzig Jahre nach dessen Tode gab Körte seine Briefe an Gleim heraus.

25. Bodmer als Bürger.

Um Bodmern als Schriftsteller zu verstehen, oder vielmehr um verschiedene seiner Richtungen und Bestrebungen sich klar zu machen, muß man ihn auch als Bürger und Menschen etwas näher ins Auge fassen. Es ist merkwürdig, daß der warme Freund seines Vaterlandes, dessen Streben und Wirken auch in der Literatur so enge mit seiner Heimat verbunden war, dennoch als Schweizer mit einem so engen Kreise der Anschauung und der Lebenserfahrung sich begnügte. Denn außer seinem Ausfluge als Handelslehrling in den ersten Jugendjahren besuchte er niemanden als seine Freunde in Winterthur und in den Appenzeller Bergen: er kannte Bern nicht, und hatte Basel nie gesehen; und so blieben seine Erlebnisse allein auf Zürich beschränkt. Allein je mehr er sich, bei aller Anhänglichkeit an seine Vaterstadt, durch die alten, starren Formen der politischen Verhältnisse beengt und gestoßen fühlte, desto freier und kühner brachen sich seine Gedanken Bahn und desto rücksichtsloser kehrte er dem Bestehenden den Rücken. Dagegen lebte er frisch und freudig in seinen Idealen, und war glücklich, sich als Mensch und Bürger frei zu fühlen. Freiheit des Denkens war das große Losungswort der kräftigen und unabhängigen Geister seiner Zeit, und republikanischer Stolz war der Nerv, der ihn bei all seinem Thun beseelte. Dieses Gefühl gab dem erwachenden Jünglinge zuerst ein freudiges Selbstbewußtsein und war die Seele seiner ersten schriftstellerischen Thätigkeit in den Diskursen der Maler. Er gehörte einem der angesehenen Geschlechter seiner Vaterstadt an und erfreute sich, vornämlich durch seine Gattin, eines bescheidenen, aber bei seiner Genügsamkeit unabhängigen Wohlstandes. Seine Arbeitsamkeit und seine Talente gaben ihm Ansprüche auf Ehren und Aemter in der Republik. Allein bald sträubte sich sein Freiheitssinn gegen jede Fessel, und so wie er auf diese Weise den ängstlichen Formenmännern seiner Zeit öfters

Anstoß gab, rückte er immer mehr in eine oppositionelle Stellung. Denn
dem idealen Manne war das kleine Getriebe einer Stadtpolitik zu enge,
und wenn auch seine unmittelbaren Erfahrungen nicht weit reichten,
so hatte er sich doch als Denker gewöhnt, mit seinen Gedanken und
Bestrebungen die Nation zu umfassen. Namentlich war er über die
konfessionellen Gegensätze erhaben. Als daher die katholischen Stände,
durch die nachtheiligen Bedingungen des Landsfriedens von 1713 er-
bittert, unter sich ein Separatbündniß schlossen und mit Frankreich in
eine geheime Allianz traten, so verfaßte Bodmer schon 1730 ein Memorial, welches er aber erst 1744 in der Helvetischen Bibliothek veröffentlichte, worin er, abweichend von der festgehaltenen Politik Zürichs, zu
einem anständigen Bündnisse mit Frankreich rieth, weil durch längern
Widerstand eine noch größere Trennung der Eidgenossen zu gewärtigen
sei. Damit jedoch die Vortheile eines Bündnisses nicht nur einzelnen
Partikularen zu gut kommen, verlangt er, daß die Unterhandlung frei
und öffentlich, gemäß der Würde einer Republik geführt werde. Diese
und ähnliche öffentliche Aeußerungen machten den freimüthigen Mann
bei den Gewalthabern mißbeliebig. Als ihm ferner in Folge dessen der
oben erwähnte Auftrag zur Abfassung einer Zürcherischen Geschichte der
Gegenwart wieder entzogen wurde und er zu gleicher Zeit mit dem einflußreichsten seiner Zunftgenossen, seinem bisherigen Gönner, zerfiel,
verzichtete er von nun an auf obrigkeitliche Stellen. Von dieser Zeit
an läßt er nicht selten, theils öffentlich, theils vertraulich eine geißelnde
Satyre walten. So bemerkt er in Beziehung auf seine aufstrebenden
Freunde an Zellweger: „Der Mann von Verdienst, der kein Vetter ist,
nicht kriecht, wird nur gelobt, aber nicht befördert." Ein ander Mal:
„Die hiesige Politik geht allein auf den Erwerb eines Amtes. Keine
Freiheit zu reden! Die Großen nehmen es als Mangel an Achtung,
wenn man das Herz hat, anders zu denken als sie, und lassen es bei
allen Gelegenheiten entgelten." — Im Anfange der fünfziger Jahre
macht er durch geheime und öffentliche Schriften den Agitator für die
Rechte der Toggenburger gegen den Abt von St. Gallen, was er um
so eher durfte, als Zürich stets für die Rechte und Freiheiten jener
Landleute sich verwendet hatte. Allein weil Bodmer sich immer entschiedener zum republikanischen Liberalismus bekannte, wurde er mit
seinen Zumuthungen seinen gemäßigtern und erfahrnern Freunden oft
unbequem; hatte doch auch die ästhetische Ruß nicht ermangelt, ihm
sein Politisieren und sein Strafen der Monarchen als Frechheit auszu-

legen. Gleichwohl zeigte sich im Jahre 1756 Geneigtheit, ihn in den kleinen Rath zu wählen, worüber er sich gegen Zellweger also ausspricht: „Mir wäre es ein saurer Bissen gewesen, wenn ich meine Süßigkeit hätte verlassen, und über die Bäume und Stöcke herrschen müssen. Ich bin es gar zu wol gewohnt, mir meine Geschäfte selbst zu erwählen; die Civilia haben gar nichts anzügliches für mich. Meine Regeln von Staats- und bürgerlichen Sachen sind oft ganz andre als die angenommenen. In meinem Alter geht man nicht gerne aus seiner stillen, ihm eigenen Sphäre. Zu allem Glück hat man mich nicht nothwendig, es sind Kandidaten da, die das Ding besser können, als ich es lernete." — Früher war Montesquieu's Geist der Gesetze Bodmers politisches Handbuch, worüber er seinen jüngern Freunden Vorlesungen hielt; allein nach Rousseau's Auftreten war er einer von dessen feurigsten Verehrern und ging namentlich in alle seine demokratischen Ideen ein. Er verwendet sich daher angelegentlich bei Zellweger, um dem Verfolgten in den gemeinen Herrschaften, im Rheinthal oder Thurgau, eine Freistätte zu öffnen: der vorsichtigere Zellweger aber will sich nicht darauf einlassen. Auf gleiche Weise, wie früher an die deutschen Dichter, ordnet er dann einen seiner jüngern Freunde an Rousseau ab, nämlich den jungen Joh. Schultheß, nachher einige Zeit Pestalozzi's Geschäftsassocié, den er unter der Leitung des St. Gallers Wegelin einen Besuch bei demselben abstatten läßt. Um ferner Rousseau's Ideen über politische Erziehung zu verwirklichen, griff Bodmer den lange gehegten, schon mit Wieland besprochenen Wunsch der Gründung eines gemeinsamen helvetischen Instituts zur Bildung von Staatsmännern wieder auf. Da nämlich die im Landsfrieden von 1713 abgetretene Grafschaft Baden von den Katholiken nicht verschmerzt werden wollte und die Unzufriedenheit bei denselben stets nachwirkte, auch Frankreich sich für die Rückerstattung bemühte, so suchte Bodmer den Vorschlag zu belieben, daß man die Einkünfte der Grafschaft zu obigem Zwecke benutzen und in Baden diese Anstalt gründen sollte; wozu dann die reformierten Stände eine gleiche Summe aus eigenen Mitteln beizutragen hätten. Dieses politische Institut sollte dann von Schweizern aller Kantone besucht werden, damit dieselben für die Staatsämter gebildet und für eine nationale Gesinnung gewonnen würden, indem diese gemeinschaftliche Erziehung unter den künftigen Regenten Freundschaft und Vertrauen für ein späteres Geschäftsleben stiften sollte. Er legte diesen Gedanken 1762 der neugestifteten Helvetischen Gesell-

schaft vor, welche sich indessen nicht in der Stellung zu befinden glaubte,
um dafür wirken zu können; die Staatsmänner aber lächelten zu
diesen „platonischen Träumen." Allein solche vergebliche Versuche
kühlten Bodmers Patriotismus nicht ab; vielmehr steigerte sich mit
zunehmenden Jahren seine Begeisterung für die Freiheit. Daher
hatte er auch bei dem berüchtigten Grebel'schen Handel seine Hand mit
im Spiele und spornte namentlich seine jungen Freunde, Lavater
und Füßli, zur Entlarvung des Landvogts. Er schrieb daher
an den damals in Genf sich aufhaltenden ältern Heinrich Füßli:
„O wenn Sie diese Tage bei uns gewesen wären, durch was für ein
hinreißendes Exempel des Patriotismus wären Sie in volle Flammen
gesetzt worden! Wie hätten Sie da die Unschuld, die Redlichkeit, die
Unerschrockenheit, die Gegenwart des Geistes in ihrer schönsten Gestalt
unüberwindlich würken gesehen! Jünglinge haben alte Männer aus
dem politischen Schlafe geweckt; Söhne haben den Vätern, den Landes-
vätern, Wahrheiten gesagt, die vielen von diesen unangenehm waren;
sie haben Entdeckungen von Sachen gemacht, die nicht zu wissen ein
größer Uebel war, als sie zu wissen und dem Uebel zu steuern. Die
Reinigkeit der Absicht hat mit der Ungerechtigkeit gestritten und obge-
siegt. Auch unsere Regenten haben in diesem Handel eine solche Größe
bezeigt, die ihrem patriotischen Herzen bei der gegenwärtigen und der
Nachwelt Zeugniß giebt; und sie sind jetzt noch beschäftigt aus der Ungerechtigkeit Gutes, Sicherheit, Liebe, Treue herauszuleiten." — Ein
sehr schöner und zweckmäßiger Gedanke, den er demselben Füßli (1763)
eröffnete, war folgender, der, wenn er auch nicht zur Ausführung kam,
doch ein getreues Bild von Bodmers Bürgersinn giebt: „Ich habe einen
Entwurf gemacht, eine Gesellschaft Insulaner zu stiften, die in der
Wasserkirche zusammenkämen, und monatlich politische Abhandlungen
der Besten unter den Alten und Neuern läsen und darüber redeten.
Man würde zu diesen Vorlesungen den Handwerkern den Zutritt ge-
statten, und selbst auf Mittel bedacht sein, sie zu uns einzuladen. Weil
wir doch Handwerker im Senat haben müssen, so sollen wir bedacht
sein, ihnen den Muth zu erhöhen, den die mühsame Lebensart niederschlägt. Und schlägt die Handelschaft die Großmuth nicht eben so sehr
zu Boden?" — Die Genfer Unruhen brachten Bodmern in der Mitte
der sechziger Jahre in die höchste Aufregung, so daß er im Großen Rathe
sein bisheriges Schweigen brach und mit Dr. Hirzel für die Rechte des
Volkes redete. „Allein man setzte uns, berichtet er, unläugbare Wahr-

heiten, natürliche Rechte, kleine Marimchen, falsche raisons d'état, falsche Prudenz, Mißdeutungen entgegen. Wir durften nicht begehren, daß die Stimmen gezählt würden, weil wir auf nicht mehr als fünf oder sechs zählen konnten und fürchteten, daß ein Hohn entstehen würde, welcher diejenigen, die sonst gut denken, selbst für ein ander Mal erschrecken würde." Was ihm so im engern Kreise nicht gelang, wollte er dann im weitern durch seine Schauspiele versuchen und daher warf er in ungemessenem Eifer Stück auf Stück in die Welt hinaus; so daß ihn selbst Gemmingen warnte: „Ich weiß nicht, ob die ewigen Bestrebungen der Tribunen, aus dem Staat eine Demokratie zu machen, welche endlich in Erfüllung gekommen, und ihrer Natur gemäß gleich darauf in Despotismus übergegangen, des Dichters Lob verdienten, besonders des Helvetischen." — Man kann sich dem Bisherigen zufolge denken, daß Bodmer ein eifriger Freund des freien Wortes war; daher er schon damals diese bemerkenswerthe Aeußerung über die Preßfreiheit an Meister schrieb: „Ich würde das oberkeitliche Censuramt gänzlich abschaffen. Ich halte für einen albernen Begriff, daß Bücher gefährlich seien. Die Wahrheit kann von keinem Angriffe leiden. Kenntniß derselben kömmt durch Betrachtung derselben von allen Seiten. Ich hoffe, mich darauf verlassen zu dürfen, daß der Eifer, für Religion und Tugend Bücher zu schreiben, eben so feurig sein würde, als der Eifer für das Gegentheil. Und welcher Kleinmuth, welcher Unglauben an die Stärke der Wahrheit, an die Güte des Herzens, fürchten, daß sie nicht die Oberhand erhalten! Der Despotismus allein zieht Vortheile von dem Verbot zu drucken. Die Erleuchtung der Menschheit ist nicht sein Spiel. Die größten Wahrheiten müssen dem Volk hinterhalten werden, weil sie das menschliche Gefühl schärfen, ihm edle Empfindungen einflößen, ihm seine Kräfte kennen lehren, und ihm den Muth erheben würden. Das würde dem Despoten einen tödtlichen Streich versetzen. Welche Seltenheit ist nicht ein Handwerker, ein Bauer, der etwas von der Geschichte der Leibeigenschaft, von der Befreiung der Bürger und dem Zurückbleiben der Bauern weiß? Ein Bißchen Religion hat der Unterdrücker dem gemeinen Mann noch gelassen, aber so entstellt, daß sie von der Würde und den Rechten der Menschheit in irdischen Dingen abgelenkt wird: denn er weiß wohl, daß das Volk sich in unsern Zeiten allein noch durch Religions-Meinungen leiten läßt." In diesem tiefen Mißbehagen an den öffentlichen Zuständen war er daher vom Verlangen einer völligen Umschaffung des Staatslebens namentlich auch im

Vaterlande so erfüllt, daß er sich selbst die Geschichte desselben verleiden ließ und demnach im Jahre 1775 schrieb: „Man giebt der Schweiz ein goldenes Zeitalter, wo Mäßigung, Gemüthsruhe, Religion geherrscht haben; und in dieses goldene Zeitalter fallen die einheimischen Kriege um die Erbschaft von Toggenburg, die Unterwerfung des Aargaus und Thurgaus, die Aufwieglung des Pöbels gegen Schöno und Wald mann, die von den Eidgenossen geschah, die Feldzüge um eine geringe Miete." In diesem Gefühle hatte er auch ein Jahr vorher ohne Mühe von seinem Lehrstuhle der Geschichte Abschied genommen. Dagegen verfolgte er mit lebhafter Theilnahme jedes Ereigniß, das der Freiheit Triumphe brachte; so schrieb er im Jahre 1780: „Genf ist in diesen Tagen eine Schule der natürlichsten, richtigsten und besten Politik;" so begrüßte er mit jugendlicher Freude die Freiheit Nordamerikas; hin wiederum hatte sich seine frühere Bewunderung für Friedrich den Großen abgekühlt, der ihm nun der Fürst war, „welcher die Könige seiner Zeit Despotie lehre." Tief erschütterte ihn das Schicksal des unglücklichen Pfarrer Waser. Zwar sah er dessen unruhigem und maßlosem Treiben mit Besorgniß und Mißbilligung zu und schrieb daher schon einige Jahre vor dessen tragischem Ende an Meister: „Waser hat Kühnheit bis zur Frechheit, Standhaftigkeit bis zur Halsstarrigkeit, einen guten Willen bei weniger Klugheit der Welt; Ideale die über unsre Macht sind. Er weiß nicht, daß wir so sein wollen, wie wir sind." Allein er verwendete sich für ihn und nach seinem Tode drückt er seine tiefe Theilnahme unter Anderm also aus: „Mein Herz ist über die Geschichte unsers Waser immer so beklommen, daß es mir blutet, wenn ich nur daran denke." Er erlebte noch das Erscheinen des Anfangs von Müllers Geschichte der Eidgenossen und urtheilte darüber: „Dieses Werk ist nicht nur der Stolz der historischen Literatur, sondern ein Bollwerk der Schweiz." — So lernen wir Bodmern, den man oft im alten Herkommen befangen hielt, als einen höchst freisinnigen Mann und als einen der Vorkämpfer für liberale Ideen kennen, dessen Ein fluß daher auch auf seine Schüler und jüngern Freunde wirksam sein mußte.

26. Bodmers religiöse Ansichten.

Man hat ferner den Patriarchadendichter und den bittern Feind
der Anakreontiker nicht selten für einen Zeloten angesehen; allein so
wie er in politischer Beziehung ein freier und kühner Denker war, so
auch in seinen religiösen Ansichten. Wir haben gesehen, wie er
schon in den ersten Jünglingsjahren mit dem Glauben der Kirche zerfiel und daher die Theologie verließ, wie seine Briefe aus Italien schon
den prüfenden Denker kund geben, wie er in den Diskursen der gläubigen Beschränktheit zu Leibe geht, wie die philosophische Forschung das
Band war, das ihn in enge Gemeinschaft mit dem skeptischen Zellweger
brachte, wie er mit dem kritischen Breitinger und dem kühnen Zimmermann gegen die orthodoxe Phalanx seiner Vaterstadt sich zum gemeinsamen Kampfe verband, wie er zu Wielands religiösen Phantasien
ungläubig lächelte. Klopstocks erhabene Frömmigkeit hatte ihn nur
vorübergehend erfaßt, und als dieser immer ernster und strenger wurde,
konnte sich der nüchterne Bodmer vielfacher Aeußerungen seiner Unzufriedenheit nicht enthalten; so wie er meinte, Hallers religiöse Schriften
seien eher eines Dorfpfarrers als eines Naturforschers würdig. Es ist
merkwürdig, wie zugleich mit der politischen Ansicht auch seine religiöse
immer rücksichtsloser und feindseliger wird, wie er den braven Heinrich
Meister, der als würdiger Pfarrer zum Evangelium steht, das er zu
verkündigen berufen ist, mit unaufhörlichen Angriffen und kalten Necke-
reien quält, und wie er mit zunehmenden Jahren einen gewissen Heroïs-
mus auf das Bekenntniß des Heidenthums setzt. Denn im Anfange
des Briefwechsels mit Meister ist ihm der Ausdruck einer religiösen und
christlichen Gesinnung noch ein Anliegen. So will er nicht glauben,
daß Pestalozzi's geistreicher Jugendfreund, Bluntschli, auf seinem Todbette kalt bezeugt, er sei über die Unsterblichkeit der Seele ziemlich ungewiß, indem er hinzufügt: „Ich hoffe, er wird doch erkannt haben,
daß die Unsterblichkeit auf dem Willen Gottes beruhe, und daß tausend
Wahrscheinlichkeiten, Gott wolle sie, für eine seien, Gott wolle sie nicht.
Mich dünkt, die sagen, sie seien davon nicht überzeugt, sagen weiter
nichts, als sie begreifen die Weise nicht, wie Gott Sterbliches unsterblich mache. Lasset uns genug an dem haben, was er selbst von sich
geoffenbaret hat, und wenn uns dieses selbst noch dunkel scheint, so
müssen wir es unserer Schwachheit beimessen, welche nicht mehr fassen

konnte *)." — Und ein ander Mal bemerkt er: „Von den letzten Reden
der Dame von G. möchte das je ne crois rien nur sagen wollen: es
dünkt mich nicht wahrscheinlich, es dünkt mich unglaublich, ob ich es
gleich herzlich wünsche und gerne zugebe, daß der Schöpfer es könne,
wenn er will. Ihre Sünde ist freilich groß, daß sie dem Evangelio
nicht glaubte. Ich denke doch, daß sie nicht ohne Trost gewesen, weil
sie hinzusetzte, je ne crains rien: aber sie hat Trost nicht nöthig gefunden, weil sie glaubte, daß Alles, was der Schöpfer mit ihr vor-
nähme, selbst die Zernichtung, allen Falls, gut sein würde." — Allein
immer mehr giebt er sich einem dürren Rationalismus hin, der sich
unter Anderm also kund thut: „Ich bekenne, daß ich in dem Ideal von
populären Predigten die Dogmen, die NB. wenig oder keinen Einfluß
auf die Moralität haben, beynahe ausschließen, und in die Katechismen
und Systeme verweisen wollte; hingegen müßten die Texte die genausten Beziehungen auf die alltäglichen Geschäfte, die besondern
Lebensarten, die populären Umstände und Meinungen haben, um die
Leute so rechtschaffen und glücklich zu machen, wie sie im irdischen Leben
werden können." Und ferner: „Wir andre guten Leute, die jenseits
des Stromes sich befinden, haben die Brücke nicht nöthig herüber zu
kommen, wie jene, die am andern Gestade noch stehen. Lasse man die
Lehre von dem Opfertode, als eine Brücke, denen, welche da stehen, wo
sich die Juden zur Zeit der Apostel befanden; wir denkende Christen
wohnen schon über dem Fluß. Wer von Gottes Güte ohne Blutver-
gießen oder Geschenke Verzeihung hoffet, werde nicht erst auf die finstern
jüdischen Begriffe zurückgestoßen." Und selbst im letzten Briefe an
Meister, in welchem er ihn: „Mein liebster Sterbensgenosse!" anredet,
setzt er dem, was er dessen „Speculationen seiner christlichen Metaphysik"
nennt, „die göttliche Gabe der Vernunft" entgegen, überläßt sich für
Gegenwart und Zukunft dem unbedingtesten Vertrauen auf die Vorsehung, „zufrieden, wenn sie ihn gleich nach dem Tode zu keiner puren
Intelligenz, ohne Sinnen und Körper machen, sondern nur umgestalten

---

*) Dem sterbenden Bluntschli ließ Bodmer durch einen Freund ein Gedicht vor-
lesen, in welchem unter Anderm folgende Stelle vorkommt:

Bluntschli jammerte nicht kleinmüthig, er lachte den Tod an.
Gerne gehe ich, so sprach er, den Weg, den mein Bruder vorher gieng,
Und mir winket, daß ich nicht zögre. Ich ruh in der Wahrheit,
Daß der Tod mir allein die Pforten des Lebens eröffnet,
Schon erblick ich sie offen und sehe mein Heil auf mich warten.

würde." Auch versichert er, daß er sich nicht die geringste Klage erlauben würde, daß seine Erwartungen betrogen seien, wenn die höchste
Güte ihn nach diesem Leben für einmal in die Gesellschaft Miltons,
Tasso's, Corneille's und selbst Apollonius und Homers brächte." —
Diese kalte Entfernung von der christlichen Lebens- und Glaubensan-
sicht scheint sich in Bodmers spätern Jahren deßwegen um so greller
hervorgestellt zu haben, weil er mit seinen jüngern Freunden Hottinger,
Steinbrüchel, Ulrich im lebhaften Streite mit Lavater ebenfalls gegen diesen Parthei nahm, daher er auch in den Briefen an Meister häufig seine
Mißbilligung gegen denselben ausspricht und die scharfen Angriffe der
Gegner in Schutz nimmt, wie unter Anderm in Folgendem: „Wer läug-
net, daß Lavater nicht viel Genie und noch mehr Activität hat? Wer
ihm diese zum Dienst einer eitlen Schwärmerei anzuwenden abräth,
handelt der nicht verbindlich und dem gemäß, was Liebe für Wahrheit
und Abscheu gegen die Schwärmerei von ihm fordern, wenn er die
Feder ergreift? Wir wissen, daß die rechtschaffensten und einsichtsvollsten
Männer in Lavaters außerordentlichem Schnappen nach Wundern, in der
Allmacht, die er dem Gebet zuschreibt, Fanatismus bemerkt haben.
Wenn also der Fanatiker an seinem Autorruhm verkürzt wird, was ist
das Mehreres, als daß ihm genommen wird, was ihm nicht gehörte?"
Allein diese Befehdung hindert Bodmern nicht, in Lavater den vollen
Werth des Charakters anzuerkennen, daher er ein ander Mal schreibt:
„Lavater hat einen Vortheil, den sich wenig andere zumessen dürfen,
den Credit, den Anhang, den er sich durch seine Geschäftigkeit, Dienstfertigkeit, Gutthätigkeit gemacht hat. Man muß im Civilleben so
untadelhaft sein, wie er ist, wenn man gegen ihn aufstehen, und allenfalls Wahrheiten selbst annehmlich und glaubwürdig machen will."

27. Bodmers Freunde im Alter.

Wenn also eine frostige Negation und eine gewisse Herzensdürre
Bodmers über die höchsten Angelegenheiten des Menschen einen peinlichen Eindruck machen, so mag er doch einiger Maßen damit entschuldigt werden, daß dieses die allgemeine Richtung und Gesinnung der
denkenden und strebsamen Köpfe jener Zeit war, und daß alle diejenigen,
welche nach neuen Grundlagen für die geistige Bildung und die bürgerlichen Verhältnisse ihrer Zeit suchten, leicht diesem dürren Pragmatismus verfallen mußten. Uebrigens war Bodmers Wesen und Charakter

nach allen Seiten so tüchtig, ernst und gediegen, daß Niemand in
seiner Freidenkerei eine Ermunterung für sittliche Frivolität hätte finden
dürfen. Ein milder und versöhnender Hauch weht dagegen in der
treuen und warmen Anhänglichkeit Bodmers an seine Freunde. Denn
mit den Altersgenossen dauerte das Band enger Gemeinschaft, bis der
Tod es löste. Von seinen Jugendfreunden überlebte ihn nur H.
Meister. Der von Bodmer verehrteste Mitbürger war Hans
Blaarer von Wartensee (geb. 1685, gest. 1757), dem Dr. Hirzel
in dem Bilde „eines wahren Patrioten" ein Denkmal gestiftet, durch
die Alten, Reisen und den Umgang mit Künstlern gebildet, ein denken-
der Staatsmann und ein anmuthiger Gesellschafter, der Beschützer der
Wissenschaft und jedes aufstrebenden Talentes, ein Beförderer der Land-
wirthschaft und der Gewerbe und der Leiter des Schulwesens, den
Kleist mit seinem großen Könige verglich und den Wieland besang.
Schon im Jahre 1764 war auch der vertraute Zellweger heimge-
gangen; und mit dem frühern Tode des lebhaften und gelehrten
Künzli und dem spätern des humoristischen Waser war ihm das
liebe Winterthur ausgestorben. Am tiefsten aber erschütterte ihn des
eng verbundenen Breitingers plötzlicher Tod (1776); daher er
Meistern darüber folgende Mittheilung macht, wo unwillkürlich auch
eine tiefere religiöse Empfindung sich kund giebt: „Der Vertraute meines
Lebens, der Mitwisser meiner entstehenden, wachsenden und vollendeten
Gedanken, der reifen und der unreifen, mein Mitdenker, ist von mir
genommen. Er ruft nicht mehr in der Hülle von Staub den Herrn
mit uns an, er lebt näher bei Gott und betet ihn an mit Zellweger,
Hessen, Wyssen. Er hat die Bitterkeit des Todes nur in geringem
Grade geschmeckt. Ich kann nicht sagen, daß ich diesen Verlust mit
stoischem Muthe ertrage. Ich ertrage ihn nur mit christlicher Gelassen-
heit und Ergebung; ich würde heftiger fühlen, wenn der Gedanke mich
nicht unterstützte, daß er mir nur auf kurze Zeit in die göttliche Ruhe
zu meinem Schöpfer, Erhalter und Erbarmer vorher gegangen ist.
Jetzt bin ich beinahe auf mich selbst abgeschlossen, denn ob ich gleich
immer noch Gönner, Vertraute, Gesellschafter habe, so sind es, Einen
ausgenommen, den Sie kennen, Männer von den mittlern Jahren;
meine Seele ist nicht so offen vor ihnen; Jahre, Geschäfte, Umstände
halten uns entfernter. Und Breitinger war noch voller Munterkeit,
noch munter selbst vor der Stunde, da ihn der Schlagfluß getroffen.
Ich muß Ihnen nicht sagen, welche Stütze die Kirche, die Schulen, das

Stift, die Theologie, die Literatur mit unserm Freunde verliert; ich
lasse Sie auch selbst denken, was für Uebel, für Gefahr verschiedener
Art bevorstehen, da der entgegengesetzte Damm jetzt viel schwächer ge=
worden ist. Weder er noch ich hatten Vorempfindungen, Ahnungen,
daß wir einander das letzte Mal mit irdischen Augen sähen, als er
voriger Woche, Dienstag Abends von vier bis sieben Uhr bei mir war.
Er stieg diese Winterabende mehrmals nicht ohne Mühe in den Berg,
da ich nur wenige Male zu ihm hinuntergehen konnte. Er hatte auch
Freitag Abends den festen Vorsatz gefaßt, zu mir zu gehen; und wäre
gekommen, wenn ihn nicht ein langer Besuch Pf. Wasers abgehalten
hätte. Es war nicht in der Vorsehung, daß der Todesengel ihn in
meinem Zusehen wegholen sollte." — Zwei Jahre nachher sah Bodmer
auch den Bürgermeister H e i d e g g e r dahin gehen, an Geist, vielseitiger
Bildung, volksfreundlicher Gesinnung einer der ersten Zürcher, daher
ihn seine Zeitgenossen den Großen nannten: der vorzüglichste Stifter
der naturforschenden Gesellschaft, der dieser einen Fond verschaffte und
dieselbe für den Landbau wirksam zu machen wußte; der zuerst einen
durchgebildeten Plan für das eigentliche Volksschulwesen zu Stadt und
Land entwarf; der Gründer der Bürger= und Kunstschule; in eidge=
nössischen Dingen durch unermüdliche Thätigkeit, versöhnendes Geschick
und vorurtheilsfreie Einsicht der einflußreichste schweizerische Staatsmann
seiner Zeit. Er war so sehr Zögling im Sinne Bodmers, daß er als
Bürgermeister keine andern Gesellschaften mehr besuchte als literarische,
und auch bloße Geschäftsbriefe an gebildete Männer höher zu halten
und denselben einen geistigen Klang beizumischen pflegte. Ihm hielt
daher der achtzigjährige Greis eine öffentliche Denkrede, welche zugleich
das schönste Denkmal von der frischen Geisteskraft und dem liebenden
Herzen Bodmers ist. Wir führen daraus folgende Stelle an*): „Ich
habe den Knaben zum Jüngling, zum Mann, zum Regenten empor=
wachsen gesehn; und mit Unmuth, mit Bangigkeit, mit Verlegenheit
sah ich eine Länge von Jahren, wo die Gunst seinen Verdiensten nicht
entsprach. Nimmer hätte ich gewußt, daß Superiorität der Talente
so tüchtig wäre, den Neid, die Mißgunst, nicht kleiner Männer, ins
Spiel zu bringen, wenn Blaarers, wenn Heideggers Größe mir nicht
auffallende Beispiele davon an die Stirne geworfen hätte. Viele große
Männer verlieren von ihrer Größe, wenn sie das Staatskleid ausziehen.

---

*) Schweizerisches Museum. 1784. Dritter Band. S. 639.

Heidegger blieb Heidegger an dem Theetische, unter den Linden an der Limmat, in seinem Landhause, in seinen Gärten, im Krankenbette. Und er war Heidegger schon lange zuvor, eh er an dem Staatsruder saß; schon da er auf dem Gaberius mit Zellweger, Breitinger, Lavater, Rahn Molken trank. Schon in denselben seligen Tagen prävalierte er durch die Grazien seines schönen Geistes über seine Lieblinge, die Literaten, die philosophischen Denker, Künzli, Waser, Heß, Sulzer, wie er in folgenden Zeiten über seine Pairs im Staate durch sanfte, einnehmende Manieren sich ausnahm. Durch dieses anmuthige Betragen, nicht weniger als durch seine überwiegenden Einsichten gewann er zuerst die Herzen hernach den Geist unsrer Schwester-Republik Bern. Er legte den Grund zu einer Vertraulichkeit, die zwischen beiden Ständen nicht gewesen war, und die ihren günstigen Einfluß bis auf die letztvergangenen Jahre erstrecket hat. Und wollte Gott, daß der Mann bald aufstände, der diese Vertraulichkeitsbande von neuem anzöge und befestigte!" — Im Jahre 1777 hatte Bodmer noch einmal die Freude, seinen treuen Sulzer zu sehen, dessen dahinschwindende Kraft indessen ihn den nahen Verlust fürchten ließ, der 1779 erfolgte.

Allein der fröhliche, lebendige Greis stand auch nach dem Tode seiner Zeitgenossen nicht verlassen da, sondern lebte im vertrauten Umgange mit einer beträchtlichen Zahl jüngerer Freunde und Verehrer, von denen vor allen Dr. Hirzel stets mit größter Ehrerbietung an ihm hing. Bodmer nennt J. G. Schultheß auch noch in spätern Jahren als seinen „starken Mauerbrecher." Salomon Geßner blieb seinem Meister beständig dankbar zugethan. J. J. Hottinger ließ sich durch Bodmer zum Kampfe gegen Lavaters „Schwärmereien" ermuntern, und weihte nach dessen Tode dem Kämpfer für die Freiheit ein rühmliches Denkmal. Zu den treusten Verehrern gehörten die beiden Heinrich Füßli, der Maler und der Geschichtsforscher, von denen der erste ihn in geistreicher Auffassung, in Unterhaltung mit dem Künstler selbst, dargestellt, der andere sein Leben in nur zu liebevoll umständlicher Gründlichkeit zu beschreiben angefangen (Schweizerisches Museum 1783, 84 und 94). Dieser und Leonhard Usteri gewannen Winckelmann und Mengs für Bodmers Gedanken über Geschmack und Schönheit. Bürkli folgte Bodmers Fußtapfen als dramatischer Dichter. Auf Heinrich Pestalozzi ging Bodmers Begeisterung für Rousseau über. Selbst der von Bodmer in letzter Zeit befeindete Lavater ließ sich dadurch in der Verehrung für seinen

Lehrer nicht stören; und der oft derb zurechtgewiesene Leonhard
Meister war einer der ergebensten Anhänger*). — Aus der übrigen
Schweiz schenkten Bodmern eine fortdauernde freundschaftliche Theilnahme vornämlich Isaak Iselin, wie er für die Erneuerung der
Sitten und des Staatslebens der Republiken des Vaterlandes begeistert; Bernhard Tscharner in Bern war ihm immerfort herzlich
zugethan; Georg Zimmermann vergaß den Freund seines Sul-
zer auch in der Ferne nicht; Joh. Müller bezeugte Bodmern große
Verehrung und strebte nach seinem Beifall; Ulrich von Salis erfreute sich Bodmers Beihülfe zur Beförderung seines basedow'schen
Philanthropins in Marschlins. Ueberhaupt war kein Zürcher, kein
Schweizer, welcher sich in irgend einem Anliegen an ihn wendete, dem
er nicht die freundlichste Theilnahme geschenkt hätte: daher bis ans
Ende der ausgedehnteste Briefwechsel nach allen Seiten fortdauerte.

Auch in Deutschland bewahrte sich Bodmer eine große Zahl von
Freunden bis zu seinem Tode. Namentlich die Süddeutschen, und besonders die Schwaben, hielten sich an Bodmers ernste Bestrebungen im
Gegensatze gegen Wielands ihnen widerstrebende Frivolität. So
schreibt ihm Gemmingen in späten Jahren: „Daß Sie und Haller
hier unter meine Freunde gewesen, ist mein Stolz, und ist das Einzige,
welches ich wünsche, daß die Nachwelt von mir erfahre." Sophie La
Roche sendet ihren Sohn, damit Bodmer ihn segne. Conz und der
nachherige französische Minister Reinhart bemühen sich um seinen
Beifall. J. G. Schlosser, Goethe's Schwager, huldigt Bodmers
literarischen und gemeinnützigen Bestrebungen und möchte von ihm als
dessen Sohn angesehen sein. Lichtenberg nimmt herzlichen Antheil

---

*) Als dieser um einiger losen Streiche willen sich einige Zeit aus Zürich entfernen
mußte, verschrieb ihm (dem Geistlichen) Bodmer folgendes „Recept gegen den Leichtsinn", welches letztern als Lehrer charakterisiert: „Im Sommer um 5 Uhr, im Winter
um 6 Uhr aufstehen. Sein christliches Gebet verrichten. Drei Capitel in der Bibel
lesen mit und ohne Commentar, und die moralischen Anmerkungen, die man gemacht
hat, zu Papier bringen. Ein Capitel in Wolfs Logik, dann Metaphysik, Moral ꝛc.
lesen und wieder seine Observationen zu Papier bringen. Die Geschäfte, die man
denselben Tag vornimmt, in Gedanken fassen und sich darüber festsetzen. Es sollen
Geschäfte sein, die nebst dem Nutzen für Andere auch die Unterhaltung des Lebens
verschaffen, in allen Absichten nützliche, sittliche Geschäfte. Nach dem Nachtessen mit
sich berechnen, was man den Tag über gethan: ob man das Vornehmen, das man am
Morgen gefaßt, erfüllt habe. Nachdenken, ob man dieses oder jenes hätte besser
machen können. Noch etwas Unschuldiges, Angenehmes lesen, Briefe an Freunde
schreiben. Beten, zu Bette gehen."

an dem rüstigen Alten und findet sich durch seinen Beifall „tausendfach
für den pedantischen Eigendünkel entschädigt, womit die Klicke der Ger-
manen an der Elbe ihn behandelt." Niemeyer fordert ihn in späten
Tagen zu einer Geschichte der Dichtkunst im achtzehnten Jahrhundert
auf. Denis reicht ihm von Wien aus die Hand zu gemeinsamem
Streben. Selbst Fr. Nikolai gesteht ihm zu: „Nebst Wolfen sind
Sie es und Breitinger, die aus einer undenkenden Nation eine denkende
gemacht haben." Und Weiße und Uz versöhnen sich mit dem kritischen Altmeister, und dieser nennt ihn dabei „den Vater der Poesie und
Kritik und seinen ersten Lehrer." Unter diesen Verhältnissen durfte der
Schwanengesang des Altvaters sein: „Bodmer, nicht verkannt." —
Bis ans Ende war sein Haus im Berge (jetzt die Wohnung des geistreichen Historienmalers Ludwig Vogel) von Einheimischen und Fremden viel besucht. So unter Andern von Goethe, der Bodmern zwar
ein Kind nennt, allein zugleich auch einen bedeutenden Mann, und mit
großem Behagen seinen Besuch schildert. Ein merkwürdiges Bild des
Alten giebt Wilhelm Heinse in einem Brief an H. Jakobi vom Jahre
1780: „Bodmer ist die lebendige Chronik unserer Literatur, zwar Kind
und eitel wie ein Kind, doch äußerst unterhaltend, und noch voll leichter
Blitze von Witz und Verstand und feiner Bosheit. Bodmer ist ein
altes Greislein mit kahlem Vorhaupt und grauen Augbraunen, die bis
in die Augen hineinhängen, und eingefallenen Backen, zusammenge-
schrumpften Lippen, die kaum noch die Zähne bedecken. Er kömmt
herangestabelt mit seinem kurzen spanischen Rohre im Schlafrock und in
Pantoffeln von Tuch, das schwarzseidene Käppchen auf der hohen hin-
tergehenden Stirn über der scharfen Nase, als eine von den interessan-
testen Figuren von der Welt." Diese Charakteristik fällt genau mit
den Bildern zusammen, welche drei bedeutende Künstler, Tischbein*),

---

*) Wir theilen aus Tischbeins handschriftlichem Tagebuch die nähern Umstände
mit, unter denen derselbe Bodmers Bild malte. Der dreiundsiebzigjährige Künstler
erlaubte im Jahre 1823 dem früh verstorbenen Sohne von David Heß beliebige Auszüge aus seinen Aufzeichnungen zu machen, die er während seines Aufenthaltes in der
Schweiz im Jahre 1781 und 82 niederschrieb.

„Mein Lieblingsumgang, außer Lavater, war mit Bodmer, dem ehrwürdigen
Altvater der deutschen Gelehrten und Dichter. So sehr wir auch an Jahren verschie-
den waren, so gewann mich der Greis doch innig lieb, weil ich so viele Liebe für den
Homer hatte und ihn auswendig konnte. Anfangs glaubte ich nicht so lange in
Zürich zu bleiben, als sich mein Aufenthalt nachher dort verlängerte. Wie ich nun
Lavaters Porträt und einige andere angefangen hatte, sagte er zu mir: „Sie müssen

Graff und H. Füßli, von dem Greise in auffallender Zusammenstim-
mung ausgeführt haben, aus welchen uns freilich weniger die patriarchalische Würde, die innere Ruhe entgegentritt, als eine merkwürdige

mir den Gefallen thun und den alten Bodmer malen." Wer ist das? fragte ich.
„Man nennt ihn, sagte Lavater, den Vater der deutschen Gelehrten; er ist von ganz
Zürich geehrt und geschätzt, und man würde mir es übel nehmen, wenn ich mich malen
ließe und Bodmers Portrait würde nicht auch von Ihnen gemalt." Als jedoch Tischbein vernahm, daß Bodmer ein Kritiker sei, und daß, wenn er ihn malen wolle, derselbe nichts davon merken müsse, indem er nicht werde sitzen wollen, schlug er es rund
ab. Allein Lavater stellte ihm vor, daß der Mann ein sehr bedeutendes Gesicht habe
und daß er sehr leicht zu treffen sei; worauf Tischbein einwilligte. — „Eines Morgens sagte Lavater: „Heute wollen wir zum Bodmer gehen und das Portrait in Stand
bringen. Ich werde Sie begleiten und den Alten, so gut ich kann, zu bereden suchen,
und während ich ihn durch ein Gespräch beschäftige, müssen Sie ihn malen." So
ungern ich dies Wagestück unternahm, so mußte ich ihm nun doch einmal seinen Willen
thun. Wir stiegen nun den Berg hinauf zu seiner Wohnung und ließen den, welcher die Leinwand und den Farbenkasten trug, auf der Hausdiele warten, um es auf
Verlangen sogleich hereinzureichen. Ich hatte mir den Bodmer vorgestellt als einen
dicken, satyrischen Mann, und als wir nun die ausgetretenen Stufen hinauf waren
und die Thüre aufgieng, sah ich einen würdigen Greis mit langen, weißen Augen-
wimpern, unter denen blitzende Augen hervorleuchteten, in der Mitte des Zimmers
stehen, der L. mit vieler Freundlichkeit empfieng, und als dieser ihn nun anredete und
mich als einen jungen Maler aus Rom vorstellte, der sein Portrait zu machen wünsche,
und auch seinen Wunsch, daß er es zugeben möge, äußerte, so erwiederte er: „Ja, mit
Freuden will ich dazu sitzen. So muß denn von der Tiber her ein Maler an die Ufer
der Limmat kommen, um den alten, nun bald hinscheidenden Bodmer zu malen, damit
sein Bild den Freunden zum Angedenken bleibe! Ich will recht gerne dazu sitzen; Sie
können nur den Tag bestimmen." Lavater sagte: „Wenn es angienge, so wünschten
wir es jetzt; auch ist Alles schon dazu vorbereitet." „Nun auch das, wenn Sie wollen, antwortete B., und wie und wo soll ich mich denn setzen?" — Die Farben und
die Leinwand wurden nun hereingetragen; ich stellte ihm einen Stuhl, so wie mir das
Licht vortheilhaft zu fallen schien, setzte mich auf eine Bank unter dem Fenster, nahm
die Leinwand auf die Knie, hielt sie mit der Hand, worin ich die Palette hatte, und
fieng nun an zu malen und während des Malens von Homer zu sprechen. Wie er
hörte, daß ich die schönen Stellen so gut kannte, wurde der Alte ganz lebhaft, seine
Augen wurden voll Feuer; ich suchte die lebhaften Züge zu erhaschen, und er fieng
nun auch an, malerische Stellen herzusagen." — Während Lavater unterdessen mit
Bodmer sprach, wurde zufällig ein Journal gebracht, in welchem Briefe von Tischbein aus Rom abgedruckt waren. — „Nun stand ich auf und sagte: „Ich bin fertig!"
Drei Viertelstunden hatte ich zum Malen gebraucht. Beide waren im höchsten Grade
verwundert und L. sagte, es müsse weiter an dem Bilde kein Strich gemacht werden;
diese genialisch aufgefaßte Darstellung, wozu mich der alte Dichter begeistert habe,
dürfe man nicht wieder anrühren; man würde sie verderben. Bodmer gewann mich
von dem Augenblick an lieb und ich ihn über alle Maßen. Er gieng in sein Arbeits-

Bewegung und Spannung der ausgeprägten Züge, ein ungewöhnliches
Feuer des lebhaften Auges und ein scharfes und launiges Beobachten
und Forschen.   Bodmer selbst schreibt an Meister: „Werden Sie mich
weniger lieben, wenn sich richtig fände, was De Luc, Lector der Königin
von England, mir gesagt, daß meine Gesichtsbildung der Voltaire's
wunderbar gleiche, ausgenommen, daß aus der meinigen Gutmüthigkeit, aus der seinigen Schelmerei hervorblicke? Schon mehr Reisende
haben mit De Luc's Augen gesehen *)." — Seine Munterkeit hielt aus
bis ans Ende, und er sah dem Tode längst mit heiterm Muthe entgegen,
daher er singt:

> Noch ist mir der Kopf nicht schwer;
> Alt, nicht schwach, bin ich
> Wenig nur erquicket mich
> Rebensaft; Scherz mehr!

zimmer, holte seine aus dem Griechischen übersetzten Werke und schenkte sie mir zum
Andenken dieses Tages." — Den andern Morgen schickte Bodmer dem Künstler
ein Dankgedicht. — „Ich besuchte ihn nun sehr oft, saß bei ihm auf der Bank
und sah aus dem Fenster die schöne Gegend über den Zürichsee hin, und die
pfeilschnell fließende Limmat und die hohen Gebirge, aus eben dem Fenster, wo
Kleist, Wieland, Klopstock, Goethe und Stolberg gesessen und dieselbe Gegend gesehen hatten. Schon dieser Gedanke begeisterte, und dazu kam nun noch der alte
begeisterte Dichter, der mit jugendlichem Feuer von den Homerischen Göttern und
Helden sprach, so daß man unter ihnen zu wandeln glaubte. Er schenkte mir auch
ein Werk, welches er über die Vergleiche und Bilder des Homer geschrieben hatte, und
dieß war die Hauptveranlassung, daß ich die Homerischen Vergleiche und die Hauptbegebenheiten seiner Gesänge zeichnete. Diese Zeichnungen machten dem alten Bodmer
viele Freude, weit mehr aber noch ein Bild von Götz von Berlichingen, wie er den
Weislingen gefangen hat, für den Herzog von Weimar bestimmt. Als er dieses Bild
sah, rief er: „Du stellst mir ihn vor die Augen, den alten, treuherzigen, ehrenfesten
Berlichingen, wie ich ihn noch nie gesehen, und Thuiskons Söhne schweben vor meiner
Seele. Lange habe ich Germaniens Dichter ermahnt, die Thaten ihrer Helden zu
singen, den gewaltigen Kaiser Karl, den Löwen von Braunschweig, den Helden Bernhard von Weimar, aber sie haben meinen Anruf nicht befolgt!" Er sprach viel und
mit Eifer darüber, man solle die Thaten edler und großer deutscher Männer der Nation
in Werken der Dichter und Maler als Heiligthum aufstellen, dies bilde den Charakter
des Volkes, erwecke und nähre die Vaterlandsliebe und errege den Geist und die Kraft
edler Nacheiferung; — er nannte viele, welche es verdienten, von talentvollen
deutschen Künstlern in würdiger Darstellung verewigt zu werden. Ich machte in dieser
Zeit, hiedurch ermuntert, skizzirte Entwürfe zu dergleichen Bildern aus der Schweizergeschichte und aus der deutschen unter andern den Conradin von Schwaben."
    *) Als der Dichter und Maler Ramond Bodmern von dieser Aehnlichkeit sprach,
antwortete dieser: „Es würde zu meinem Ruhme nichts mangeln, wenn ich in Allem
Hrn. von Voltaire gliche; aber vielleicht wäre er glücklicher, wenn er mehr mir gliche."

Feſt die Hand, der Leib iſt ſchlank;
Scharf ſind Aug' und Ohr.
Klopft der Tod an meinem Thor,
Hör' ich ihn, nicht krank:

Mach' ihm auf, die Stirne warm,
Grüß ihn mit Geſang;
Und ich hänge mit Geſang
Mich an ſeinen Arm!

Sein Haus und eine Geldſumme vermachte er der neugeſtifteten
Töchterſchule, eine andere Summe nebſt einer beträchtlichen Zahl von
Büchern der Stadtbibliothek (dieſelbe enthält auch ſeinen ſchriftlichen
Nachlaß), wo ſein Bruſtbild neben denjenigen ſeiner Freunde Brei=
tinger, Heidegger, S. Geßner und Lavater aufgeſtellt iſt.

28. Bodmers Wirkſamkeit.

Nun ein Rückblick auf Bodmers Wirken und ſeine Perſönlichkeit.
Bodmers literariſche Thätigkeit umfaßte volle ſechzig Jahre. Er war
der Erſte unter den deutſchen Schriftſtellern, der ſich die poetiſche Kritik
zu einer ernſten Aufgabe machte, der die Würde der Poeſie fühlte und
ihr Geltung verſchaffte: ſo daß ſein Urtheil dreißig Jahre lang von Ge=
wicht und Einfluß war. Mit Glück und Einſicht zog er die Schätze
alter Dichtung zuerſt wieder ans Licht hervor und gab dadurch dem
Studium deutſcher Poeſie einen neuen Anſtoß. Er wirkte redlich mit,
die Poeſie der Engländer und der Alten zum Gemeingute der deutſchen
Nation zu machen. Er übte auf viele bedeutende Perſönlichkeiten einen
ermunternden und anregenden Einfluß aus, und war namentlich in
Beziehung auf ſeine Vaterſtadt und die Schweiz bei allen aufſtrebenden
Geiſtern der belebende Mittelpunkt für deutſche Bildung und Liebe zu
den ſchönen Wiſſenſchaften. Er wirkte als Lehrer, Rathgeber und
Freund höchſt wohlthätig auf ſeine nähere Umgebung, legte den Grund
zu Zürichs literariſchem Ruhme und hatte unmittelbaren Antheil an der
geiſtigen Entwicklung ſeiner vorzüglichſten Männer im achtzehnten Jahr=
hundert. Er war eine Stütze freier Forſchung, humaner Bildung und
bürgerlicher Freiheit, und trug dazu bei, die Wiſſenſchaft in der Schule
und im Leben populär und fruchtbringend zu machen. Seine will=
kürlich gebildete Sprache, welche er weder den Alten abgelernt noch der
Volksſprache entnommen, war zwar nie rein und noch weniger ſchön

und wohllautend; und sein Mangel an ruhiger Selbständigkeit und
geistiger Originalität nebst seiner hastigen Arbeitseligkeit verhinderte ihn
an der Vollbringung irgend eines in Anlage sowohl als Ausbildung
harmonischen Werkes: so daß alle seine poetischen Arbeiten nur als
Spiegelungen der Richtungen und der Bestrebungen seiner Zeit Interesse
haben, oder nur den Werth leicht hingeworfener, unvollendeter Versuche
in Anspruch nehmen, und er also nicht unter die deutschen Dichter ge=
zählt werden darf; allein durch seine ästhetischen und sprachforschenden
Versuche gebührt ihm ein ehrenvoller Rang unter den Pflegern und
Beförderern der deutschen Sprache und Poesie. Er war oft zu eitel,
ruhmbegierig, eigenwillig und streitfertig, allein in Verfolgung
dessen, was er für gut und schön hielt, so ausharrend und muthvoll,
so treu und unermüdlich; im Eifer für Menschenwohl und geistige
Erhebung des Volkes so begeistert und aufopfernd, so wohlmeinend,
redlich und kühn; ein so warmer und liebevoller Freund, ein so treu=
bemühter Vater der Jugend, ein so hoffnungsmuthiger Vorschauer und
Vorbereiter der Zukunft: daß zwar Jedermann über die auffallenden
Schwächen des Mannes lächelte, allein Niemand, der ihn näher be=
obachtete, ihm seine Theilnahme und Achtung versagen konnte. Und
so bleibt Bodmern eine nothwendige und anerkannte Stelle und ein
dauerndes Verdienst in der Geschichte der deutschen Literatur, und in
der Entwicklungs= und Kulturgeschichte der Schweiz.

IV. Sulzer.

Vor Bodmer waren die geistigen und wissenschaftlichen Bestrebungen in der Schweiz vereinzelt und unzusammenhängend; jede Stadt mit ihrem Kanton bildete eine gesonderte Abgeschlossenheit und nur besondere Verhältnisse und freundschaftliche Verbindungen überschritten diese Schranken. Durch Bodmer aber ward zuerst das Streben nach freier, geistiger Association unter den Gebildeten angeregt, und es gelang dem zurückgezogen lebenden Manne für die Schweiz ein Mittel = und Vereinigungspunkt geistiger Kräfte zu werden, wie vor und nach ihm keinem. Wir werden daher sehen, wie die verschiedensten Talente durch irgend einen Faden mit B o d m e r zusammenhängen, und wie ihre Entwicklung und Bildung durch ihn einen eigenthümlichen Anstoß und Charakter gewonnen. Neben Zürich entfaltete sich auch in dem von Bodmer oft besuchten W i n t e r t h u r (eine seiner Schwestern war daselbst verheirathet) eine bisher ungewohnte geistige Regsamkeit, indem auf einmal Literaten und Künstler*) entstanden, wodurch von dieser Zeit an das Leben daselbst ein durch vielseitige geistige Interessen gehobenes blieb. Das älteste Glied dieses Kreises ist der schon mehrmals erwähnte, aus Zürich gebürtige Pfarrer Joh. Heinrich W a s e r, ein hypochondrischer Mann, jedoch von großem Verstand und ächtem Humor. Anfangs ließ er sich in den Streit mit Gottsched hineinziehen und führte einige, freilich nicht sehr schlagende Streiche; bald aber war er mit unter denjenigen, welche Bodmern durch allerlei neckischen Scherz vom Zanke abnehmen wollten. Wir haben oben gesehen, welchen ergötzlichen Muthwillen er mit Klopstock und Wieland getrieben, an dem beide ihre Freude hatten. Namentlich kam Waser mit Wieland

---

*) Graf, Rieter, Schellenberg ꝛc.

in ein vertrautes Verhältniß, daher auch in Wasers Schriften dessen
freundliche Nachhülfe sichtbar ist. Es kamen nämlich im Jahre 1757
die „Moralischen Beobachtungen und Urtheile" heraus,
zwar ohne Wasers Namen. Das Buch besteht aus witzigen Aphorismen, vornämlich über Schriftsteller, worin er besonders mit Philologen,
Schulmeistern und Pedanten seinen Spaß treibt. Es ist vortrefflich
geschrieben, voll gesunder Beobachtung und einfacher Lebensweisheit,
freisinnig und muthig, ohne keck und unbesonnen zu sein; wobei sich
namentlich ein reines, inniges, heiteres Christenthum kund thut. In
demselben Jahre erschien seine Uebersetzung von Forbyce, „Anfangs-
gründe der moralischen Weltweisheit." In der Vorrede
sagt er, diese Schrift „sei weder für Herrenhutische Christen, noch für
die, welche nichts als Blut und Wunden im Munde führen, sondern
für solche, welche von manchen Vorurtheilen frei sind; die sich bei der
Moral nicht in einem fremden Lande befinden; die vernünftig denken
können; die ein Gott und Menschen liebendes Herz haben." Wasers
satyrisches Talent machte ihn auch zum nicht unglücklichen Uebersetzer
des Hubibras und der Schriften von Swift. Zu der früher schon erwähnten Uebersetzung Lucians ward er veranlaßt, weil er diesen
„wegen der Freimüthigkeit eines wahrheitsliebenden Mannes" schätzte.
— Künzli, einen sonst gelehrten und tüchtigen Schulmann, hätten
wir um einiger unbedeutenden Schriften willen nicht anzuführen, wenn
nicht Bodmer wiederholt ein besonderes Aufhebens von ihm machte;
allein die ganze literarische Wichtigkeit scheint nach Gedrucktem und Un-
gedrucktem eben nur in der unbedingten Willfährigkeit gegen Bodmer
bestanden zu haben.

1. Sulzer in Magdeburg und Berlin.

Ein sehr beachtenswerther und verdienstvoller Mann dieses Kreises
dagegen, der in neuerer Zeit oft nicht genug Würdigung gefunden, ist
Joh. Georg Sulzer, 1720 in Winterthur geboren. Seine Bildung fiel in die frischeste Jugendblüthe Zürichs, indem er vom Jahre
1736 bis 1739 im Hause des Naturforschers Joh. Geßner lebte, und
sich der besondern Theilnahme des Theologen Zimmermann, Bodmers
und Breitingers erfreute. Er studierte ursprünglich Theologie, allein
seine Neigung, so wie die Richtung seiner vorzüglichsten Lehrer leitete
ihn auf andere Gebiete, daher er sich besonders der Mathematik und

Naturwissenschaft und der Wolfischen Philosophie widmete. Seine kräftige, liebenswürdige Persönlichkeit, in welcher sich Körper und Geist gleichmäßig ausgebildet hatte, verbunden mit geselligem Talent, wobei sich namentlich eine bedeutende Unterhaltungsgabe bemerklich machte, gab ihm frühe schon Freiheit und Sicherheit und einen auf praktische Wirksamkeit gerichteten Sinn. Wir sehen ihn daher von der ersten Entwicklung an bis ans Ende in allen seinen Bestrebungen Einem Ziele zugewendet, nämlich die Wissenschaft gemeinnützig zu machen und zur Lehrerin des Schönen und Guten zu weihen. Demnach war er als Gelehrter und Philosoph weniger geeignet, in besondere wissenschaftliche Forschungen sich zu vertiefen und neue Bahnen zu brechen, als hingegen die Gedanken der Wissenschaft zum Gemeingut der Gebildeten und im Leben fruchtbar zu machen. Darum hat seine ganze literarische Thätigkeit vorzugsweise eine erzieherische Tendenz, und alle seine Leistungen wollen demnach hauptsächlich aus diesem Gesichtspunkte beurtheilt sein. Es war ihm stets um den Zweck und die Wirkung zu thun; daher hat keines seiner Werke eine Reinheit der Sprache und eine Abrundung der Darstellung, wodurch er den deutschen Klassikern beigezählt werden könnte; allein viele seiner Schriften zeichnen sich durch große Klarheit der Begriffe, Einfachheit und Verständlichkeit aus. Da Sulzer als Nicht-Zürcher keine Aussicht auf eine wissenschaftliche Stelle in der Heimat hatte, begann er seine Berufsthätigkeit als Vikar in der Nähe der Alpenwelt. Diese Natur veranlaßte den zwanzigjährigen Jüngling zu seinen ersten schriftstellerischen Versuchen, nämlich zu der „Anleitung zu nützlicher Betrachtung der schweizerischen Naturgeschichte,“ und zu seinen „Moralischen Betrachtungen über die Werke der Natur.“ Letztere Schrift erschien in mehrern Auflagen und wurde auch ins Französische übersetzt. Die Darstellung ist auf ein gebildetes Publikum berechnet, warm und schwunghaft, und hat offenbar den Zweck, die religiösen und sittlichen Wahrheiten, statt auf das Fundament der christlichen Offenbarung, auf das große Leben der Natur zu gründen, um so in den erkalteten Sinn der Zeit von einer neuen Seite Ernst und Erhebung zu bringen und die Religion in Verbindung mit der Philosophie auch dem Freidenker ehrwürdig zu machen. Diese Versuche gaben dem Jüngling einigen Ruf und verschafften ihm den Auftrag einer neuen Ausgabe der Naturgeschichte Scheuchzers, wozu dessen ursprünglich lateinisch geschriebene Bergreisen kommen sollten. Zu diesem Behuf unternahm Sulzer mit dem jungen

Kaspar Hirzel einige Alpenreisen, als deren Ergebniß er dem Scheuch=
zer'schen Werke mehrere seiner eigenen Abhandlungen beifügte. Ueber
diesen naturwissenschaftlichen Beschäftigungen verlor er das Interesse für
den geistlichen Beruf und wendete sich völlig dem Lehrfache zu. Allein
zunächst suchte er einen weitern Spielraum für seine eigene Ausbildung
und fand diesen als Haushofmeister bei einem gebildeten Kaufmann in
Magdeburg, dessen Hausfreund der damals in dieser Stadt lebende
Prediger Sack war. Durch diesen kam er in genaue Verbindung mit
Gleim und wurde von demselben so eingenommen, daß der später so
strenge Moralist sich mit einem Aufsatze „Von dem Nutzen der scherz=
haften Gedichte" beschäftigte. In diesen Verhältnissen wurde Sulzer
das Mittelglied zwischen dem Halberstädtisch = Hallischen Kreise und den
Schweizern, woraus sich für ihn des Angenehmen und Anregenden so
viel ergab. Allein wenn er mitten in die Gemeinschaft der Poeten
hineingezogen wurde, so blieb er doch seiner Aufgabe getreu und be=
thätigte sich vornämlich für die Pädagogik. Er arbeitete daher in
Magdeburg seinen „Versuch einiger vernünftigen Gedanken
von der Auferziehung und Unterweisung der Kinder" aus.
Sulzer war der Erste, welcher die Wolfische Philosophie klar und prak=
tisch auf die Erziehungswissenschaft anzuwenden verstand. Besonders
setzt er mit großer Einsicht den Anschauungsunterricht als die Basis der
Elementarbildung auseinander; auch giebt er sehr gut die Grundzüge
der Formenlehre. Nicht weniger trefflich ist, was er über die Anleitung
zur eigenen Bethätigung des Kindes sagt. Schon hier zeigt sich der
einfache, klare, stets unmittelbar auf das Leben gerichtete Sinn, womit
er Gedanken zu entwickeln und zu einem überschaulichen und ansprechen=
den Ganzen, zu einer aufhellenden Uebersicht zu bringen verstand. In
demselben Jahre mit dieser Schrift (1745) erschien auch eine andere
Schulschrift: „Kurzer Inbegriff aller Wissenschaften,"
worin die Anleitung über die Behandlung der Naturwissenschaften in
der Schule besonders bemerkenswerth ist. Sein Aufenthalt in Magde=
burg brachte den jungen Mann mit einem auserwählten Kreise von
Frauen in Verbindung, denen er sich durch seine beständige Fröhlichkeit
und seine vorzügliche Gabe zu erzählen werth machte; daher lernte er
auch in höhern Kreisen sich leicht bewegen und verschaffte sich zu Berlin
in der Gesellschaft einen einflußreichen Eingang. Ein besonders schönes
Ergebniß dieser Bestrebungen ist unter Andern auch seine in späterer
Zeit verfaßte und erst nach seinem Tode herausgegebene „Anleitung

zur Erziehung seiner Töchter," eine Schrift voll gründlicher Erfahrung, Gemüth und ungekünsteltem Sachverstand, worin er den Beweis giebt, daß er sich zum vorzüglichen Erzieher ausgebildet, weil er ein durchgearbeiteter, edler Mensch war, der seine ganze Seele in seine Aufgabe setzte. Besonders ist das Kapitel über den Anstand und das Verhältniß der Kinder zu Andern unübertrefflich, nicht weniger dasjenige über Gemüthsbildung.

Sulzer hatte außer Sack auch Spalding und Euler zu Freunden gewonnen, und diese in Verbindung mit Gleim verschafften ihm im Jahre 1747 den Ruf als Lehrer der Geometrie an das Joachimsthaler Gymnasium zu Berlin. Sulzers Vorgänger an dieser Stelle war sein Landsmann Beguelin (aus Thun) gewesen, welcher zum Erzieher des Prinzen von Preußen befördert worden war und Sulzern auch für diese Aufgabe zu seinem Gehülfen wählte. Sulzer war ein so gediegener und ehrenwerther Mann, daß er sich die Besten zu Freunden gewann, wie Ramler und Kleist. So sehr ihn das gesellige Leben in Berlin anzog und ihn nur in zu viele zerstreuende Verbindungen verwickelte, so sträubte sich doch sein gesunder Sinn gegen die leere und leichtfertige Nüchternheit der preußischen Residenz, so daß er unter Anderm im Anfange seines dortigen Aufenthaltes die Geschichte der Auferstehung Jesu Christi von Gilbert West aus dem Englischen übersetzte. In der Vorrede spricht der in Glaubenssachen so unbefangene Sulzer die Ueberzeugung aus, daß man mit diesem Werke eines Staatsmannes „einem jeden rechtschaffenen und vernünftigen Menschen kein kostbareres Geschenk machen könne, als einem Mittel zur Ueberzeugung von der christlichen Religion, dem wahren Grundsatze unserer ursprünglichen Natur, welche allen unsern Bedürfnissen vor allem aus angenehm und erwünscht sein müsse, da sie das ganze Verlangen des vernünftigen Menschen so sehr befriedige und ihm den gewissesten und sichersten Trost in allen Angelegenheiten gebe." — Im Jahre 1750 erschienen die „Unterredungen über die Schönheiten der Natur," wobei er von dem Gedanken ausgeht, daß alles andere Wissen und Denken nur mittelbare Erkenntniß Gottes sei, die Naturbetrachtung aber unmittelbare. In der Darstellung bleibt er freilich hinter seinen Mustern Plato und Shaftsbury zurück, denn seiner zwar beseelten und warmen Sprache hängt doch zu sehr die Wolfische Steifheit und die Bodmer'sche Härte und Unbeholfenheit an. Bald darauf nahm ihn der König in die Akademie der Wissenschaften auf, und zwar wurde er der Klasse für die

speculative Philosophie zugetheilt. Sulzer war bis zu seinem Ende
ein sehr thätiges Mitglied der Berliner Akademie, indem er in
derselben eine zusammenhängende Reihe philosophischer Abhandlungen
vortrug, welche alle zum Zwecke hatten, die Gebildeten jener Zeit vom
herrschenden Materialismus zu idealer Gesinnung und sittlicher Kraft
zu leiten. Neue Ideen gab er nicht, allein er machte die philosophischen
Gedanken seiner Zeit auf eine klare und ansprechende Weise zum Gemeingute der gebildeten Klassen und erwarb sich dadurch in ganz
Deutschland ein allgemeines Ansehen. Unter jenen Abhandlungen
verdienen namentlich diejenigen über die Entwicklung des Begriffs
des Genies (ein Ausdruck, welcher durch Sulzer vorzüglich in Schwung
kam), „von der Energie in den Werken der schönen Künste," „vom
ewigen Wesen," „über einige Eigenschaften der Seele," und „über
die Unsterblichkeit der Seele" Beachtung. Es waren dieselben ursprünglich in französischer Sprache geschrieben, und von Sulzer erst
später ins Deutsche übergetragen.

2. Sulzer für die Kunst.

Eine Schrift anderer Art, seine „Gedanken von dem vorzüglichen
Werth von Bodmers epischen Gedichten für Gottesfurcht, Tugend und Gelehrsamkeit," ist eine Huldigung der Freundschaft, welche
ihm nicht unverdienten Tadel zuzog. Allein er betrachtete das Gedicht
seines Freundes weniger von der poetischen als von der pädagogischen
Seite, indem er darin ein Handbuch zu finden glaubte, welches „die
Herzen junger Leute zur Tugend bilden, und ihnen Erkenntniß und
edle Gesinnungen einpflanzen würde." Auch war Sulzer Bodmers
Rathgeber in den physikalischen Gemälden der Urwelt im Noah gewesen, und wir haben früher gesehen, wie dankbar er für die eigene
vermeinte Verewigung in diesem Gedichte war. Wenn hierin sein
freundschaftlicher Patriotismus zu weit gegangen war, so ist das Verdienst sonst nicht zu verkennen, daß er es sich zur Pflicht gemacht hatte,
seinem Vaterlande und dessen geistigen Kräften in Deutschland Geltung
zu verschaffen. Er bildete daher bei zunehmendem Einfluß immer mehr
den Mittelpunkt zwischen Norddeutschland und der Schweiz, und es gelang ihm auch in hohem Grade, einer beträchtlichen Zahl seiner Landsleute nützlich zu sein. Durch seine Vermittlung brachten Lavater
und Felix Heß beinahe ein Jahr in Spaldings Hause zu, wo-

durch jener den Grund zu seinen deutschen Verbindungen legte, und
ward der mit jenen Beiden nach Berlin gekommene Heinrich Füßli
mit Sulzers Freunde Mitschel bekannt, durch dessen Verwendung er
nach England kam, um sich für die Malerei auszubilden. Durch
Sulzer erhielt der St. Galler Wegelin eine Anstellung an der Ritterakademie, und der Zürcher Müller, Bodmers Gehülfe bei der Herausgabe der mittelhochdeutschen Dichtungen, am Joachimsthaler Gymnasium; durch ihn wurde Merian von Basel, den Müller allen andern
Gelehrten Berlins vorzog, für die Philosophie berufen, und Lambert,
als Mülhauser damals ein Schweizer, in die Akademie aufgenommen,
der Nacheiferer des Leibniß, der Tiefsinn mit Frömmigkeit, Sittenein-
falt und Bescheidenheit verband.

Unterdessen hatte Sulzer längst die Materialien für das Hauptwerk seines Lebens zu sammeln begonnen. Er war in den gesellschaftlichen Kreisen der großen Welt der preußischen Hauptstadt beliebt, weil
seine offene, kräftige Persönlichkeit die volle Würde des Charakters mit
der Anmuth leichter und lebhafter Unterhaltung zu verbinden wußte.
Allein er wünschte die höhern Stände auf eine nachhaltige Weise in
Anspruch zu nehmen, und glaubte das vornämlich dadurch erreichen zu
können, wenn die Kunst als Mittel zur National-Erziehung benutzt
würde. Er wurde nämlich schon 1756 durch das Wörterbuch der
schönen Künste von dem Franzosen La Combe zur Unternehmung eines
ähnlichen Werkes veranlaßt. Daher erschien nach fünfzehnjähriger
Arbeit im Jahre 1771 der erste Theil von Sulzers „Allgemeiner
Theorie der schönen Künste." Um das Publikum auf den
richtigen Standpunkt zur Auffassung seiner Arbeit zu stellen, gab er
im folgenden Jahre den Artikel des zweiten Theiles, „Künste," als
eine besondere Schrift heraus, unter dem Titel: „Die schönen Künste
in ihrem Ursprung, ihrer wahren Natur und besten Anwendung betrachtet." Wir heben die Hauptstellen dieser Schrift heraus, welche
die beste Fürsprache für Sulzer sind, dem oft vorgeworfen wurde, er
habe ein Werk über sein Vermögen unternommen. Denn die hier
folgenden Ansichten, wenn sie auch nicht neu waren, beleuchteten Wesen
und Werth der Kunst aus einem Gesichtspunkte, welcher der damaligen
raffinierten Welt ganz abhanden gekommen war.

„Alles in der Welt hat einen doppelten Zweck, durch Nutzbarkeit
oder durch Schönheit zu dienen. Durch die Schönheit sollte unser
Gemüth gemildert und gemäßigt werden; unsre Thätigkeit wird durch

das Interesse für die Dinge angeregt und vermehrt, wir erlangen dadurch einen feinern Lebensgenuß und werden zu edlern Menschen. Durch die Schönheit, besonders der menschlichen Gestalt, entsteht unser Glück. Das Schädliche dagegen ist auch durch die Gestalt zurückschreckend. Die schöne Kunst muß also denselben Zweck haben, alle Werke der Menschen in derselben Absicht zu verschönern, in welcher die Natur die Werke der Schöpfung verschönert. Durch Wohnung, Gärten, Geräthschaften, Sprache in ihrer Schönheit soll Geist und Herz durch Eindrücke des Schönen eine edlere Wendung nehmen. Das Wesen der schönen Künste liegt daher darin, daß sie den Gegenständen unserer Vorstellungen sinnliche Kraft einprägen; ihr Zweck ist lebhafte Rührung der Gemüther, und in ihrer Anwendung haben sie die Erhebung des Geistes und Herzens zum Augenmerke. Denn der Verstand wirkt nichts als Kenntniß, und in dieser liegt keine Kraft zu handeln. Soll die Wahrheit wirksam werden, so muß sie in Gestalt des Guten nicht erkannt, sondern empfunden werden; denn nur dieses reizt die Begehrungskräfte. Allein die reizende Kraft der schönen Künste kann leicht zum Verderben der Menschen gemißbraucht werden; darum müssen sie in ihrer Anwendung nothwendig unter der Vormundschaft der Vernunft stehen. Wegen ihres ausnehmenden Nutzens verdienen sie in der Politik durch alle ersinnlichen Mittel unterstützt und ermuntert, und durch alle Stände der Bürger ausgebreitet zu werden, und wegen des Mißbrauchs, der davon gemacht werden kann, muß eben diese Politik sie in ihren Verrichtungen einschränken. Wenn die schönen Künste, so wie sie in ihrer Natur sind, als Mittel zur Beförderung der menschlichen Glückseligkeit sollen gebraucht werden, so muß nothwendig ihre Ausbreitung bis in die niedrigen Hütten der gemeinsten Bürger bringen, und ihre Anwendung als ein wesentlicher Theil in das politische System der Regierung aufgenommen werden, und ihnen gehört ein Antheil an den Schätzen, die durch die Arbeitsamkeit des Volks zur Bestreitung des öffentlichen Aufwandes jährlich zusammengetragen werden."

Dann entwirft Sulzer einen Abriß von dem Schicksale der schönen Künste und von ihrem gegenwärtigen Zustande: "Man muß sich nicht einbilden, daß die Künste, wie gewisse mechanische Erfindungen, durch einen glücklichen Zufall, oder durch methodisches Nachdenken von Männern von Genie erfunden worden, und sich von dem Ort ihrer Geburt aus in andere Länder verbreitet haben. Sie sind in allen Ländern,

wo die Vernunft zu einiger Entwicklung gekommen ist, einheimische
Pflanzen, die ohne mühsames Warten hervorwachsen; aber so wie die
Früchte der Erde nehmen sie nach Beschaffenheit der Himmelsgegend, wo
sie aufkeimen, und der Wartung, die auf sie gewendet wird, sehr verschiedene Formen an." Es folgen nun historische Notizen über die schönen
Künste im Alterthum. „Die Griechen hatten von den schönen Künsten
den richtigen Begriff, daß sie zu Bildung der Sitten und zu Unterstützung
der Philosophie und selbst der Religion dienen. Darum ließen sie es
auch an Aufmunterung der Künstler durch Ehre, Ruhm und andere
Belohnung nicht ermangeln. Daher haben auch die Griechen ihre
Kinder zuerst in der Dichtkunst unterrichten lassen, keineswegs zur Belustigung, sondern zur Bildung des Gemüths. Dieses Verdienstes
rühmen sich auch die Tonkünstler — sie halten sich für Lehrer und Ver-
besserer der Sitten — darum nennet auch Homer die Sänger Hofmeister. Ueberhaupt kann man von den Griechen sagen, daß sie alle
Künste zum gemeinen Besten angewendet haben. Man brauchte die
Künstler, jede Feierlichkeit, jede öffentliche Veranstaltung, jedes wichtige
öffentliche Fest zu unterstützen. Die öffentlichen Berathschlagungen,
die durch Gesetze verordneten feyerlichen Lobreden auf Helden und auf
Bürger, die ihr Leben im Dienste des Staates verloren hatten, die
öffentlichen Denkmäler, womit große Thaten belohnt wurden, die große
Menge religiöser Feste, die mit so viel Ceremonien begleitet waren, und
die Schauspiele, die zu einigen dieser Feste gehörten, und auf die von
Seiten der Regierung so viel Sorgfalt gewandt und so großer Aufwand
gemacht worden: alles dieß verschaffte den Künstlern Gelegenheit, ihr
Genie und die Kraft der schönen Künste auf die Gemüther der Menschen
in voller Würkung zu zeigen. Es wurden Gesetze gemacht, um den
guten Geschmack zu befördern, das Einreißen des schlechten Geschmackes
und die noch schädlichere Uebertreibung des Feinen zu hemmen." —
— „Aber so wie sich allmählig die edeln Empfindungen für den allge-
meinen Wohlstand verloren, wie die Regenten und Vornehmen ihr
Privatinteresse von den Angelegenheiten des Staates absonderten; als
Liebe zum Reichthum und Geschmack an einer üppigen Lebensart die
Gemüther geschwächt hatten: wurden die schönen Künste von dem
öffentlichen Dienste des Staates abgerufen, bloß als Künste der
Ueppigkeit getrieben, und allmählig verlor man ihre Würde aus dem
Gesichte." — — —

„Der Liebe zur Pracht und Ueppigkeit ist man in neuerer Zeit die

Wiederherstellung der schönen Künste schuldig; und man wird schwerlich
finden, daß ihre neuen Beschützer und Beförderer jemals aus wahrer
Kenntniß ihres hohen Werthes etwas zu ihrer Vervollkommnung und
Ausbreitung gethan haben. Darum sind sie noch gegenwärtig ein
bloßer Schatten dessen, was sie seyn könnten. Ueberhaupt sind ihnen,
nach den heutigen Verfassungen, viel von den ehmaligen Gelegenheiten,
ihre Kraft zu zeigen, benommen. Unsern politischen Festen fehlet die
Feierlichkeit, wobei die Künste sich in ihrem besten Lichte zeigen können.
Selbst unsre gottesdienstlichen Feste fallen nicht selten sehr ins Kleine.
Es geschieht bloß zufälliger Weise, daß der ursprünglichen Bestimmung
der schönen Künste bei den gottesdienstlichen Festen etwas übrig geblieben ist. — — Daß die Neuern überhaupt die göttliche Kraft der
schönen Künste ganz verkennen und von ihrem Nutzen niedrige Begriffe
haben, erhellet am deutlichsten daraus, daß sie kaum zu etwas anderm,
als zum Staat und zur Ueppigkeit gebraucht werden. Ihren Haupt-
sitz haben sie in den Pallästen der Großen, die dem Volke auf ewig
verschlossen sind; braucht man sie zu öffentlichen Festen und Feyerlichkeiten, so geschieht es nicht in der Absicht, einen der ursprünglichen
Bestimmung dieser Feyerlichkeiten gemäßen Zweck desto sicherer zu erreichen, sondern dem Pöbel die Augen zu blenden und die Großen
einiger Maßen zu betäuben, damit sie den Ekel elend ausgesonnener
Feyerlichkeiten nicht fühlen. Insofern sie dazu dienen, werden sie ge-
schützt und genährt; aber wo sie noch aus Beybehaltung eines alten
Herkommens zu ihrer wahren Bestimmung sich einfinden, bei dem
Gottesdienste, bei öffentlichen Denkmälern, bey den Schauspielen, da
werden sie für unbedeutend gehalten, und jedem wahnwitzigen Kopfe,
dem es einfällt, sie zu mißhandeln, Preis gegeben. Wenn noch hier
und da auf unsern Schaubühnen etwas Gutes gesehen wird; wenn
unsere Dichter noch bisweilen auf den wahren Zweck arbeiten, so geschieht es doch ohne alle Mitwirkung öffentlicher Veranstaltungen. —
— Würde der Künstler nicht bloß in das Cabinet des Regenten, wo
dieser nichts als ein Privatmann ist, sondern an den Thron gerufen,
um dort einen eben so wichtigen Auftrag zu hören, als der ist, der dem
Feldherrn oder dem Verwalter der Gerechtigkeit, oder dem, der die allgemeine Landespolizei besorgt, gegeben wird; wären die Gelegenheiten,
das Volk durch die schönen Künste zum Gehorsam der Gesetze und zu
jeder öffentlichen Tugend zu führen, in dem allgemeinen Plane des
Gesetzgebers eingewebt; so würden sich alle Kräfte des Genies ent-

wickeln, um etwas Großes hervorzubringen; und alsdann würden wir
auch wieder Werke sehen, die die besten Werke der Alten vermuthlich
übertreffen würden.   Dort öffnet sich also der Weg, der zur Vollkommenheit der schönen Künste führt.   Will man große Künstler haben
und wichtige Werke der Kunst sehen, so darf man nur Veranstaltungen
machen, daß solche Werke bey einem ganzen Volke Aufsehen erwecken
können; daß der Künstler von Genie Gelegenheit bekomme, sich in dem
hellen Lichte zu zeigen, das den redlichen Staatsmann umgiebt.   Die
Ehre, etwas zur Erhebung einer ganzen Nation beyzutragen, ist edeln
Gemüthern ein hinlänglicher Reiz, alle Kräfte des Genies anzustrengen.
Und darauf kommt es allein an, um große Künstler zu haben.“

     Gewiß ist diese Grundansicht Sulzers von der Kunst in jener
höfischen, volksverachtenden Zeit, diese Liebe zum Volke und diese hohe
Auffassung seiner Entwicklungsfähigkeit, merkwürdig: dadurch wird
Sulzer als Mensch und Schriftsteller für unsere Zeit viel bedeutender:
denn diese Erhebung über die engen Schranken der Gesinnung seiner
Zeitgenossen, dieser wahrhaft philosophische, seiner Zeit vorauseilende
Blick von der Würde des Volkes läßt die Mängel seines Werkes, welche
dem technischen Gesichtspunkte aufstoßen, verzeihlich finden.   Sulzer
hat also das Verdienst, in der neuern Zeit das Verhältniß der Kunst
für das öffentliche Leben zuerst richtig bestimmt und hervorgehoben zu
haben.   Diese Tüchtigkeit und Tiefe der Gesinnung, diese praktische
Zurückführung der Wissenschaft auf das Leben war es, was Sulzers
Freunde in Berlin, Lessing, Mendelssohn, Nikolai, besonders ehrten,
daher nahmen sie auch Sulzers Theorie der schönen Künste in den
Literatur-Briefen und in der Bibliothek der schönen Wissenschaften mit
Beifall, und wo sie von ihm abwichen, mit Schonung auf.   Dagegen
unterlegte Goethe dieselbe einer schärfern Prüfung; denn dem Dichter,
dem Kritiker, dem Vertrauten der Kunst mußte dieses Werk nur zu
viele Mängel darbieten, um so mehr, als Goethe sich selbst zu denjenigen
zählte, von denen Sulzer gerügt, daß sie mit der Kunst „Unzucht treiben.“
Er sagt daher unter Anderm*): „Es enthält dieses Buch Nachrichten
eines Mannes, der in das Land der Kunst gereist ist, allein er ist nicht
in dem Lande geboren und erzogen, hat nie darin gelebt, gelitten und
genossen, nur Observationen, aber nicht Experimente hat er angestellt.“
Dann vermißt er vorzüglich die Charakteristik einzelner Künste.   Noch

---

*) Goethe's Werke, 12. Ausg. Bd. 33. S. 1.

schärfer und schlagender zersetzt er ferner die Ansicht Sulzers über das
Wesen der Kunst in einer Kritik jener angeführten kleinen Schrift,
worauf er folgendermaßen abschließt*): „Ihm mag sein Publikum von
Schülern und Kennerchen treu bleiben, wir wissen, daß alle wahren
Künstler und Liebhaber auf unserer Seite sind, die so über den Philosophen lachen werden, wie sie sich bisher über die Gelehrten beschwert
haben." — Gegen diese und alle andern Angriffe rechtfertigte sich
Sulzer nicht, sondern er ließ sich in der Fortsetzung seines Werkes für
ein und alle Male also vernehmen: „Was in meiner Theorie wahr ist,
wird ohne mühsame Vertheidigung oder Rechtfertigung sich von selbst
gegen allen Tadel schützen. Der Theil meiner Theorie, der sich nicht
durch seine eigene Kraft halten kann, mag in Vergessenheit fallen.
Ich halte überhaupt dafür, daß ein Werk, das nicht aus eigenen innern
Kräften gegen Zeit oder Tadel bestehen kann, seinen Fall verdiene, und
durch keine Schutzschrift vor demselben verwahrt werden könne." Und
Sulzer irrte sich nicht: sein Werk blieb bis in das gegenwärtige Jahrhundert hinein in Anerkennung und erlebte daher vier verschiedene, durch
geschickte Hände vermehrte Auflagen. Wie Herder sich darüber aussprach,
werden wir am Schlusse sehen. Die unbedingte Verwerfung, mit der
sich in neuster Zeit ein großer Kritiker über die Sulzer'sche Theorie vernehmen läßt, ist daher eine zu große Härte. Ueberdieß scheint ein
Theil derjenigen Artikel, welche am meisten Anstoß gaben, nicht von
Sulzer herzurühren. Denn aus Bodmers Briefen geht hervor, daß
er sechzig Artikel zum Werke seines Freundes geliefert, vorzüglich über
die Alten, allein daneben kommen offenbar von ihm auch diejenigen
über Dichtkunst, Fabel, Lied u. s. w., wo er seine Härten und Ein-
seitigkeiten nicht verläugnen kann. Uebrigens anerkennt selbst Goethe
die Vortrefflichkeit einzelner Artikel und mehrere derselben, welche die
Grundlagen der Gedanken des Verfassers enthalten, wie Geschmack,
Beredsamkeit, Rede, Schauspiel, Satyre, Ode, Musik, Charakter,
Moral rc. werden auch jetzt noch ein günstiges Zeugniß für den psychologischen Blick und die kernhafte Denkungsart des Verfassers ablegen,
namentlich aber beweisen, in welcher Mannhaftigkeit und eigenthümlichen Tüchtigkeit sich Sulzer als Republikaner (— er hatte sich glücklich geschätzt, einen Theil seines Werkes in einem Landhause seiner
Heimat auszuführen —) zu bewähren wußte, wofür freilich die Kritiker
der damaligen Zeit keinen Sinn hatten. Daß sein Werk aber auch

---

*) Goethe's Werke, Bd. 33. S. 31.

für Künstler bedeutend war, dafür liefert eben Goethe in seinem Philipp Hackert ein Zeugniß, indem er unter Anderm in Betreff Sulzers anführt: „Diesem Manne verdankt Hackert einen großen Theil seiner frühern Bildung; auch sprach er immer mit ausgezeichneter Verehrung von ihm, und dessen Wörterbuch blieb dem Künstler bis an sein Ende kanonisch *)." — Es spricht ferner günstig für Sulzer, daß Friedrich von Blankenburg, ein naher Verwandter Kleists, aus persönlicher Hochachtung für den Mann es zur Hauptaufgabe seines Lebens machte, dessen Theorie mit literarischen Zusätzen zu vermehren und so dieselbe durch eine möglichst vollständige Sammlung der einschlagenden Literatur zu einem Repertorium für schöne Künste und Wissenschaften zu machen, dergleichen sich damals keine andere Nation rühmen konnte. Ein noch größeres Zeugniß für das Ansehen des Sulzer'schen Werkes ist, daß selbst zwanzig Jahre nachher „die Charaktere der vornehmsten Dichter aller Nationen," an welchen Männer wie Fr. Jakobs und Manso vorzüglich thätig waren, sich als „Nachträge" zu Sulzers Theorie einführten. Von besonderer Bedeutung endlich ist der Einfluß, welchen Sulzers Werk auf Kant ausgeübt hat, wovon sich entschiedene Beweise in dessen Kritik der Urtheilskraft ergeben **). Dieses Werk erreichte also gewissermaßen den von dem Verfasser beabsichtigten Zweck und machte ihm bei den Gebildeten der höhern Stände, denen es bestimmt war, einen ehrenvollen Namen, dem zufolge erhielt er bald nachher nebst Lessing eine Aufforderung nach Wien zu kommen, da Kaiser Joseph II. die bedeutendsten Männer Deutschlands um sich versammeln wollte. Allein Sulzer hatte eine solche Verehrung und Anhänglichkeit für den großen Friedrich, daß er dessen Residenz nur mit dem Aufenthalt in seiner Heimat vertauscht hätte. Seine „Lobrede auf den König" im Jahre 1758 erhob sich daher durch die Wärme der Ueberzeugung und die würdevolle Haltung über die gewöhnliche Gattung und galt damals für eine der gelungenen rhetorischen Schriften. Er erfüllte seine Freunde

---

*) In seiner „Italiänischen Reise" macht Goethe mit Rücksicht auf Hackert die fernere Bemerkung: „Welch ein Unterschied ist nicht zwischen einem Menschen, der sich von innen aus auferbauen und einem, der auf die Welt wirken und sie zum Hausgebrauch belehren will! Sulzers Theorie war mir wegen ihrer falschen Grundmaxime immer verhaßt und nun sah ich, daß dieses Werk noch viel mehr enthielt, als die Leute brauchen. Die vielen Kenntnisse, die hier mitgetheilt werden, die Denkart in welcher ein so wackrer Mann als Sulzer sich beruhigte, sollten die nicht für Weltleute hinreichend seyn?"

**) Siehe Lessings Leben und Werke von Danzel. II. 87.

in der Schweiz mit Bewunderung für seinen König und nahm warmen Antheil an Allem, was Preußen zum Ruhme gereichte. So ließ er sich von dem damaligen Zuge der Berliner Welt, Außerordentliches zu sehen, hinreißen, ein Bewunderer und der erste Beschützer der vorübergehend gefeierten K a r s ch i n zu werden, welche als schlesisches Bauernmädchen die Rinder gehütet, durch Elend aller Art sich hindurchgekämpft und endlich die Aufmerksamkeit der großen Welt zu fesseln gewußt hatte. Sulzer gab daher ihre Gedichte heraus (1763) und machte weit mehr aus denselben, als eine genauere Kritik gelten lassen konnte.

Ungeachtet seiner Liebe zu Preußen hatte doch im Jahre 1764 die Sehnsucht nach der geliebten Heimat, nebst einer allmählig wachsenden Verstimmung, weil er den unterdessen in der deutschen Literatur eingetretenen Umschwung nicht gehörig verstand und demselben Rechnung zu tragen wußte, ihn zum Entschlusse bewogen, seinen Abschied zu nehmen, und er bestand darauf, obgleich der König ihm eigenhändig meldete, daß er ihn gerne behalten würde. Allein als der König die Verwendung des Grafen von Bork, eines Freundes von Sulzer, in Anspruch nahm, als auch der Prinz von Preußen in ihn drang und seine Verhältnisse ihm so angenehm als möglich gemacht wurden (nebst einer Gehaltsvermehrung hatte ihm der König dem Thiergarten gegenüber ein beträchtliches Stück Land geschenkt, um ein Landhaus bauen und einen Garten und eine Meierei anlegen zu können*): fürchtete er den Schein des Undankes auf sich zu laden und blieb. Nun verwendete ihn Friedrich vorzüglich zur Einrichtung der neuen Ritterakademie, welche unter des Königs unmittelbarer Aufsicht und auf seine Kosten eine Anzahl Edelleute zu seinem und des Landes Dienste bilden sollte. Sulzer erhielt an derselben den Unterricht in der Philosophie**), sein Freund

---

*) Sulzer bewies, wie auch schon zu jener Zeit ein Gelehrter mit Comfort zu leben verstand. Durch seine Frau ökonomisch unabhängig, baute er 1750 ein schönes Haus mit einem großen Garten (ein Bild desselben, gezeichnet von Lambert, gestochen von Chodowiecki, ist in der Theorie dem Artikel Perspective beigefügt). Ein Minister fand es für sich selbst nicht zu gering; denn nach dem Tode von Sulzers Gattin verkaufte es dieser an den Grafen von Bork.

**) Friedrich hatte damals an Lambert und Sulzer zwei schweizerische Philosophen, welche ein gutes Vorurtheil hinlänglich rechtfertigten. Allein da die Schweiz sich seither mit wenigen Ausnahmen auf diesem Gebiete nicht in ihrer Stärke zeigte, so nimmt sich der Ausspruch des Königs etwas komisch aus, welcher beim Vorschlage des Hannoveraners Rehberg zur Aufnahme in die Akademie antwortete: „Aus Hannover nehme ich meine Köche, meine Philosophen aber aus der Schweiz."

Wegelin denjenigen in der Geschichte. Man sieht daraus, welchen
Werth Friedrich auf einen soliden und gewissenhaften Mann legte, und
wie er bemüht war, die öffentliche Erziehung, und namentlich diejenige
seiner nächsten Umgebung, in solche Hände zu legen statt in freigei-
stische. Ueberhaupt machte das praktische Geschick, der Fleiß, die Anstelligkeit und Zuverlässigkeit der Schweizer den großen König diesen besonders gewogen, so daß er außer einer beträchtlichen Zahl von Officie-
ren namentlich auch gerne schweizerische Gelehrte und Geschäftsleute in
sein Reich zog. Außer den oben angeführten haben wir früher gesehen,
wie gerne er Hallern gewonnen hätte, und selbst noch in den letzten
Tagen schenkte er dem Arzte Zimmermann ein besonderes Vertrauen;
endlich erhielt Sulzer ebenfalls einen Schweizer zum Nachfolger, den
Genfer Prevost, einen Schüler Bonnets.

3. Sulzers einflußreiche Stellung.

In seiner neuen Stellung behielt Sulzer nicht nur die Aufsicht
über das Joachimsthaler Gymnasium, sondern der König vertraute
ihm nebst den Predigern Sack und Spalding die Untersuchung und
Verbesserung der preußischen Gymnasien überhaupt. Später erhielt er
auch vom Herzog von Curland eine Einladung, ihm bei der Bildung
eines neuen Gymnasiums behülflich zu sein; er folgte zwar dem Rufe
nicht, allein er arbeitete die Organisation der Anstalt aus. Um indessen als Pädagoge wirklich zu leisten, was seine Anlage dafür erwarten ließ, hätte seine Thätigkeit weniger getheilt und seine Willfährigkeit geringer sein müssen, sich für allerlei Verwaltungsgeschäfte
brauchen zu lassen, wozu seine vielfachen geselligen Verbindungen ihn
immer wieder veranlaßten. Wegelin bedauert daher diese Gesellschaftlichkeit, welche ihn in seiner besten Zeit an einer fruchtbaren Thätigkeit
gehindert, und Lessing ist bei aller Achtung bisweilen ungehalten über
den vornehmthuenden Sulzer. Nichts desto weniger erschienen während seiner mühsamen Vorbereitungen für die Theorie einige werthvolle
Schriften, nämlich 1765 seine „Gedanken über die beste Art die classischen Schriften der Alten mit der Jugend zu lesen," und 1767 die
„Vorübungen zur Erweckung der Aufmerksamkeit und des Nachdenkens." Letztere Schrift ist eine Art Sprachdenklehre und zugleich Real-
buch für Natur- und Völkerkunde und erhielt sich durch mehrere Auflagen
als nützliches, anregendes Schulbuch.

In den letzten Jahren litt Sulzer viel durch Krankheit und Hypochondrie, und verwendete jeden leichtern Augenblick für seine gehaltreichen, nach oben gewendeten Dissertationen für die Akademie, deren letzte, kurz vor seinem Tode verfaßte diejenige über die Unsterblichkeit der Seele war. Wenn er sich in den Jahren der Leiden nach Bodmers Beispiel durch eine Umarbeitung von Shakespeare's Chymbeline versündigte, so darf dieses nicht höher angerechnet werden, als daß dieser Versuch dazu gedient hatte, ihn seine Krankheit vergessen zu machen. Ein sehr angenehmes und verständiges Buch ist endlich das von Zimmermann nach Sulzers Tod herausgegebene „Tagebuch einer in den Jahren 1776 und 1777 gethanen Reise nach den mittäglichen Ländern von Europa," welches vorher zum Theil in deutschen Museum erschienen war und als ein Muster von Länderbeschreibung und Beobachtungsgabe angesehen worden. Der kranke Mann zeichnet nämlich seine Beobachtungen mit aller Frische und Lebendigkeit, und ist besonders in der Darstellung über Volksart und geselliges Leben sehr klar und befriedigend, so daß das Buch gegenwärtig noch unter die guten Reisebeschreibungen gezählt werden darf. — Erst kurz vor seinem Tode (1779) sah er einmal seinen König und benutzte diese Gelegenheit, um ihm freimüthig den damaligen religiösen Zustand in seinem Lande zu schildern und ihm Interesse für das Evangelium beizubringen, welches Spalding, Teller und Eberhard predigten; worauf indessen der König nichts zu sagen hatte, als: C'est respectable. Als aber beim gleichen Anlasse Sulzer Gelegenheit nahm, ebenfalls in Uebereinstimmung mit der Ansicht jener Männer von der Vortrefflichkeit der Menschennatur zu sprechen, so erhielt er vom großen Könige jene bekannte Antwort, worin seine Erfahrung mit dem Christenthum übereinstimmt: „Glauben Sie nicht daran; Ihr Herren Gelehrten könnet die menschliche Natur nicht kennen. Aber glauben Sie einem Manne, welcher seit dreißig Jahren den Beruf hat, König zu sein, es ist mit wenigen Ausnahmen eine schlechte Race; man muß sie im Zaum halten." — Daß Sulzer unter seinen zahlreichen Freunden einen tiefen Eindruck zurückgelassen, geht deutlich aus dessen beiden Biographien hervor. Denn nicht nur der liebevolle und überfließende Hirzel, sondern auch der nüchterne Blankenburg lehren uns in Sulzer einen Mann kennen, dessen Leben sich durch eine schöne Einheit und innere Uebereinstimmung auszeichnete, so daß wir ihn auf dem gleichen Wege in stets fortschreitender Entwicklung und Reife sehen; und wenn nicht einen großen Geist, doch einen achtungs-

würdigen und wohlthätig wirkenden Mann lieben lernen. Viele ihn
überlebende Zeitgenossen in Deutschland und der Schweiz hielten ihn in
hohen Ehren: das bezeugen namentlich auch die Briefe von Johannes
Müller. Allein statt anderer Zeugnisse lassen wir noch das umfassende
Urtheil Herders über Sulzer folgen *):

„Sulzers Verdienste sind die eines Pädagogen und Philosophen,
beide Worte im edelsten Verstande genommen. Der Rang, den er als
Naturkündiger und Mathematiker haben möchte, ist außer meinem
Urtheil. Als praktischen Philosophen über die Erziehung und Unter=
weisung der Kinder kündigte ihn früh ein kleiner Versuch (über Aufer=
ziehung und Unterweisung der Kinder) an; sein kurzer Inbegriff der
Wissenschaften, seine Vorübungen, die Einrichtung des Mitauischen
Gymnasiums, und viele Verdienste, die er sich um das Schulwesen in
Berlin und andern Preußischen Ländern erworben, haben durch Rath
und That diesen kleinen Versuch erhöhet. Wenn es nun wirklich keine
nützlichere Philosophie giebt, als die den Menschen, das Kind, den
Jüngling bildet, so hat Sulzer einen Rang über manchem scharfsinnigen
und nutzlosen Erfinder. Ich setze in dieses Fach auch einige seiner
Schriftchen, die er über die Werke und Schönheit der Natur, über den
Werth der Noachide, über die bessere Anwendung der Künste und sonst
geschrieben. Sie lehren keine neue Wahrheiten, aber sie wenden alte
gute Wahrheiten angenehm, faßlich, nützlich an. Ueber die Noachide
ist Sulzer eigentlich kein strenger Kunstrichter, sondern ein Freund des
Dichters, der die moralischen Schönheiten seines Gedichts entwickelt und
der Jugend anpreiset; wie er es auch im großen Wörterbuche der Künste
oft gethan hat. Der moralische Nutzen, auf den er überall die Künste und
jede schöne Wissenschaft angewendet wissen will, ist edel und wünschens=
werth, vielleicht aber nicht immer, insonderheit auf den Wegen, die er
vorschlägt, erreichbar; nicht etwa nur äußerer Hindernisse, sondern hie und
da des Begriffs der Kunst selbst wegen. Indessen sind bei der großen
Zwecklosigkeit und den zum Theil schändlichen Mißbräuchen, in die die
besten derselben gerathen sind, zu unsrer Zeit auch Platonische Gedanken
und Wünsche hierüber schätzbar. Als Philosoph war Sulzer ein Philo=
soph des gesunden Verstandes, der planen, nicht spitzfündigen Vernunft.
Psychologie war das Feld, wo ihm die Zerlegung der Begriffe am
meisten glückte. Und giebt es in der ganzen Philosophie ein ange=

---

*) Deutscher Merkur 1781. October S. 30—38.

nehmeres, nützlicheres Feld, als dieses? Seine Theorie der angenehmen
Empfindungen, seine Abhandlungen über Sprache und Vernunft, über
dunkle Begriffe und Triebe, zuletzt über das Wesen und die Unsterblich=
keit der Seele sind voll schöner Wahrnehmungen. Wenn sie die Begriffe
nicht allemahl zur vollständigsten Deutlichkeit heben, so ziehen sie doch
aus der Tiefe ans helle, klare Sonnenlicht hervor, und sind dem Leser,
insonderheit dem sich bildenden Jünglinge so unterhaltend als aufmun=
ternd. Die Leiter, auf der der Philosoph emporsteigt, läßt er stehen,
und zieht sie nicht stracks nach sich; ein anderer kann und mag weiter
steigen. Das größeste Gebäude endlich, das Sulzer errichtete, ist sein
Wörterbuch der schönen Wissenschaften und Künste; ein bädalisches,
vielleicht unvollendetes und nie zu vollendendes Gebäude, das seinen
Erbauer aber, wenn es auch nur der erste Erbauer wäre, gewiß nicht
ohne Kranz ließe. An der Peterskirche in Rom haben viele gebauet,
weil das Werk über Eines Menschen Leben hinausreichte; selbst der
Plan derselben ward einigemal geändert; das Gebäude kam indessen
doch einmal zu Stande, und auch denen, die die Vollendung nicht er=
lebten, bleibt ihr Ruhm. Es ist wohl unleugbar, daß Sulzer den
Plan, den er in den Literaturbriefen bekannt machte, nicht ganz erreicht
hat. Er war nicht der einzige Arbeiter; Ein Mann konnte bei so ver=
schiedenen Künsten nicht jedem Begriffe, jedem Hauptworte auf den
Grund kommen; noch weniger in der für jede zusammenhangende
Philosophie fatalen Form eines zertrennenden Wörterbuchs, jeden Be=
griff, dem rechten Verhältnisse nach, an Ort und Stelle führen; noch
weniger, da bei verschiedenen Künsten verschiedene Mitarbeiter waren,
die gemeinschaftlichen Ideen verschiedener Künste auf dem kürzesten Wege
zu ihrer klaren Quelle leiten u. s. f. Aber wer wird Unmöglichkeiten
fordern? Wer einem, und zwar dem ersten Versuche, das Geschäft vieler
Männer, vielleicht ganzer Jahrhunderte zumuthen? Sulzer hat ange=
fangen; man baue weiter. Man binde, leite, simplificire die Begriffe,
wo sie noch nicht recht gebunden und simplificirt sind; man stelle die Künste
und ihre Theile mit mehrerem Verhältniß gegen einander, als sich bei
dem ersten Ueberblick eines Labyrinths von Gedanken und Worten thun
ließ; insonderheit führe man auch die Begriffe der Kunst genetischer
in ihre Geschichte, und schärfe hie und da, was bei Sulzer zu rund,
zu allgemein gesagt sein möchte. Das Werk, wie es ist, ist ein Denk=
mal des philosophischen Sinnes der Deutschen, mit La Combe und
ähnlichen Büchern so wenig zu vergleichen, als der Palast mit einer

Marktbube. Wenn man Sulzer zum Theil strenge beurtheilt hat, so
kam es davon her, daß man ihn nach seinem eigenen Plane beurtheilte,
und in diesen hohen Ideen lange auf das Werk gewartet hatte; kurz,
weil man ihn als Sulzer beurtheilte. Jetzt ist wohl niemand in
Deutschland, der den Werth seines Buches verkennt; und auch selbst
die Mängel desselben, daß Sulzer sich mehr auf dem Wege des schlich=
ten, gesunden Verstandes hielt, als nach Höhen und Abgründen der
Spekulation einzelner seiner Begriffe umherkletterte, sind zum allge=
meinen Gebrauch des Buchs Empfehlung. Die schönsten Artikel in
ihm sind auch psychologisch und pädagogisch; hierunter sind manche,
die für ganze Abhandlungen der Akademie gelten möchten. In diesem
Werk ist Sulzer eine ganze Akademie selbst. In den letzten Jahren
seines Lebens that der kranke Weltweise eine Reise durch die schönsten
Gegenden Europens, um noch mit den letzten Blicken der Dankbarkeit
die Schönheit einer Natur zu genießen, die er in seinen frühern Jahren
so wahr, so fromm und edel gepriesen hatte. Er hoffte aus ihr noch
Athem der Gesundheit zu holen: sie konnte, sie sollte ihm aber denselben
für diese Welt nicht mehr geben. Er gieng mit Gesinnungen, die ein
Brief von Spalding in seinen letzten Tagen beschreibt, `in eine schönere
Natur Gottes über.„

V. Hirzel.

1. Hirzels gemeinnützige Bestrebungen.

Sulzer war der älteste Zögling der Zürcher Schule und zugleich der einzige nicht unmittelbare Mitbürger Bodmers und Breitingers. Allein auf ihn folgte eine solche Zahl in der Literatur bedeutender Zürcher, wie keine andere Stadt von ähnlichem Umfange zu gleicher Zeit aufweisen kann. Zu den allgemeinen Ursachen, welche zu jener Zeit günstig auf die Entwicklung der Literatur in der Schweiz wirkten, kamen in Zürich mehrere fördernde Umstände hinzu. Die Bevölkerung Zürichs war von jeher eine geistbegabte, denkende und geistig strebsame und hatte daher in allen Gebieten des Lebens, in Gewerb und Handel, in Staat und Kirche, in Wissenschaft und Kunst vielfache Talente an den Tag gelegt und so stets eine große Mannigfaltigkeit von Begabungen und Kräften erwiesen. Dazu gesellte sich ein außerordentlicher Wetteifer in Förderung der Ehre der Republik und das allgemeine Streben, das Mögliche zur Bewahrung eines ehrenvollen Namens der theuren Stadt beizutragen. Bodmer namentlich wußte diesen Eifer aufs Höchste zu steigern, und Staatsmänner, Förderer des Gemeinwohls, Lehrer, Schöngeister, Künstler mit einem Gemeingeist, einer Begeisterung und einer Zuversicht zu erfüllen, so daß Jeder für sich nach dem Höchsten rang und alle zusammen wieder in der Förderung und dem Ruhme der geliebten Vaterstadt sich ermunterten. Zudem hatten in der jüngst vorangehenden Zeit die Naturforscher, namentlich Johannes von Muralt und Joh. Jak. Scheuchzer die Geister aufgehellt, von den theologischen Zänkereien abgeleitet und für eine freie, heitere Lebensansicht empfänglich gemacht. Dieser frischen Regsamkeit und Strebsamkeit kam ein allgemeiner, solider Wohlstand zu Hülfe, der, während er sich bei den

Weltleuten in einem großen Luxus zu entfalten begann, es den Geistigen und Gebildeten desto leichter machte, für Einfachheit und Natureinfalt zu schwärmen, sich von einer heitern Lebensphilosophie leiten zu lassen, für alles Edle und Schöne thätig zu sein und die Beförderung des Menschenglücks und der Volkswohlfahrt insbesondere zu ihrer Lebens= aufgabe zu machen. Von der Schweiz und namentlich von Zürich aus ging der Anstoß zu jenen gemeinnützigen, auf Verbesserung der Volks= zustände gerichteten Bestrebungen, ursprünglich von Bodmer angeregt, aber dann vorzüglich von Hirzel ins Leben gerufen.

Joh. Kaspar Hirzel (1725—1803) ist in dem Zürcher Kreise ein vorzüglich beachtenswerther Mann. Der lebhafte, nach Idealen ringende, nach geistreichen und gemüthvollen Freunden verlangende, nach Ruhm dürstende Jüngling ließ sich ungeachtet aller Bemühungen Bodmers durch denselben nicht auf die literarische Bahn hinüberziehen, und war klug genug, seinen zufälligen dichterischen Versuchen keinen Werth beizumessen. Erst als eine auf thatkräftige Wirksamkeit ge= richtete Lebensaufgabe, zur Nachhülfe der That, auch das Wort ver= langte, ward er zum Schriftsteller. Wir haben schon früher gesehen, daß Bodmer Hirzels Aufenthalt in Deutschland benutzt hatte, um durch ihn im deutschen Norden Verbindungen anzuknüpfen. Er brachte näm= lich ein Jahr als Gehülfe bei einem Arzte in Potsdam zu, wo er in genaue Verbindung mit Kleist trat und Gleim, Ramler und Andere kennen lernte. Wir haben ferner gesehen, wie er nach einigen Jahren durch Klopstocks Besuch in Zürich entzückt war und jene berühmte See= fahrt an Kleist beschrieb, den er bald selbst bei sich sehen sollte. Nach Bodmers Vorbild strebte auch Hirzel nach jener idealen Freundschaft, welche sich eine hohe Verherrlichung des Freundes zur Pflicht machte, und denselben mit einem poetischen Zauber umgab. Hirzel war eine durchaus edle, für alles Schöne empfängliche, liebenswürdige und um= gängliche Persönlichkeit; noch mehr aber: sein ganzes lange Leben war einer rastlosen Thätigkeit für Menschenwohl gewidmet, und mit immer gleicher Begeisterung blieb er dieser Lebensaufgabe treu: daher ihn seine Mitbürger mit Recht „Hirzel den Menschenfreund“ nannten. Gerade bei diesem trefflichen Manne sehen wir aber in ganz besonderm Maße jene pathetische und sentimentale Rhetorik, welche den schweize= rischen Schriftstellern jener Zeit zum Vorwurfe gemacht wird. Man kann nämlich nicht läugnen, daß oft in der Darstellung etwas Ge= machtes und Geschraubtes liegt, das weder Natürlichkeit noch Empfin=

dung des Herzens war. Es wirkten aber mehrere Gründe zu dieser etwas unnatürlichen Manier. Zuerst war in der damaligen Zeit das Mißverhältniß nicht ohne Einfluß, daß die deutsche Schriftsprache von den Schweizern fast wie eine fremde Sprache erlernt werden mußte, so daß leicht eine gewisse Phrasenhaftigkeit eintrat, und daher eine leichte, scherzhafte, conversionelle Handhabung der Sprache weniger statthaben konnte. Ein specieller Grund war das enge, schaale öffentliche Leben der damaligen Schweiz, welchem gegenüber eine kleine Zahl hochsinniger Männer das Vaterland mit warmer Begeisterung umfaßten und dasselbe in seiner alten Herrlichkeit, im Glanze der Heldenzeit zu schauen sich gewöhnten, so wie sie überhaupt mit lebendiger Gemüthskraft die Welt von der idealen Seite nahmen. Dadurch traten sie zum öffentlichen Leben in eine gewisse einsiedlerische Entfernung, wurden vom Staate bisweilen als gefährlich, von der Menge als Sonderlinge angesehen; mit um so größerer Wärme flüchteten sie sich dagegen in ihre geistige Welt und weihten ihr in den Schriften eine schwärmerische Verehrung; namentlich aber trugen sie die höchste Liebe auf die kleine Zahl der Eingeweihten und Gleichgesinnten über. Dieser Geist besonderer Verbindung und Verbrüderung gab ihrer Stellung und Mittheilung im Verhältniß zum Publikum schon an sich eine gewisse Feierlichkeit: das hätte im Gefühl ihrer Ueberlegenheit, bei der bisweilen erfahrenen Unempfänglichkeit und Beschränktheit ihres Publikums oder ihrer Censur, und bei der heitern und freien Geselligkeit, welche in ihrem Kreise herrschte, zur Satyre führen müssen, wie anfangs Bodmer sie handhabte und später sie sich bei Sal. Geßner und Pestalozzi hervordrängen wollte. Allein sie waren zu wohlmeinende Patrioten und zu treue Bürger, um zu einem Mittel der Darstellung zu greifen, welches wohl züchtigt und aufregt, aber nicht bessert und bildet. Um daher neben dem größern Publikum auch auf ihre nächste Umgebung zu wirken und um den Bedenklichen keinen Anstoß zu geben, suchten sie sich vornämlich durch herzliche Ansprache, eindringliche Beredsamkeit, Gemüthserhebung und sittlichen Adel Eingang zu verschaffen. Dazu kam der besondere Umstand, daß die Klopstock'sche Poesie nicht nur vollkommen zu dieser Gesinnung und Darstellungsweise paßte und sie nähren mußte, sondern daß sie den Dichter selbst in ihrer Mitte hatten und ihn in der ganzen Ueberschwänglichkeit seiner jugendlichen Gefühle lieben lernten. Wie er auf Hirzel gewirkt, haben wir schon von diesem selbst gehört. Zur Charakteristik dieses Mannes dürfen wir nicht vorübergehen, wie ihn der

Zwiespalt zwischen Bodmer und Klopstock wahrhaft unglücklich machte. In seiner liebenden Weise hätte er Beiden mit voller Seele ergeben sein mögen; allein die Schroffheit Beider litt kein Schwanken und so erzürnte er Beide. Klopstock nannte ihn daher „zweiseelig." Auch bei Bodmer währte es mehrere Jahre, bis er ihm seine volle Freundschaft wieder schenkte, indem Zellweger ihn begütigte*). Denn so viel Werth er auf Bodmers Vertrauen setzte, so wollte er es nicht mit seiner Selbstständigkeit erkaufen, indem er bei aller Weichheit des Gemüths ein eigenthümlicher Mensch und selbständiger Charakter war, der auf Bodmer nur so viel einging, als seine persönliche Achtung und sein Verlangen nach allgemein menschlicher Bildung ihm räthlich machten. Denn er steckte sich sein Ziel genau, indem er weder auf ein specielles Gebiet der Gelehrsamkeit sich einließ, noch in allgemeine Schöngeisterei sich verflachte. Er wollte als Arzt und Bürger das rein Menschliche suchen, sich dessen freuen und es befördern: Dieses Streben sieht man schon in seiner akademischen Dissertation, welche „von dem Einfluß der Fröhlichkeit auf die Gesundheit des Menschen" handelte. Er war von frühe an eines der eifrigsten Mitglieder der neugestifteten naturforschenden Gesellschaft von Zürich, welcher Heidegger seine besondere Theilnahme schenkte und deren würdiger Vorstand Joh. Geßner, Hallers Freund, war, bis nach seinem Tode Hirzel an dessen Stelle trat. Als die Gesellschaft sich das erste Mal in ihrer seither bleibenden Wohnstätte, dem schönen Zunfthause zur Meisen, im Jahre 1757 versammelte, sprach Hirzel über die Vortheile der naturforschenden Gesellschaften für das menschliche Geschlecht und das Vaterland. Bald suchte er diese Gesellschaft für den Landbau nützlich zu machen, und daher wurden eine Anzahl verständiger Bauern zur Berathung herbeigezogen, deren verschiedene Mittheilungen mannigfache Anregung und Belehrung boten. Hirzel begnügte sich indessen nicht mit der innigsten Theilnahme an dem Verstande und der Tüchtigkeit dieser braven Landleute, sondern er verlangte nach der Richtung jener Zeit nach einem Ideal eines Bauers, nach

---

*) Zellweger läßt sich an Bodmer über Hirzel also vernehmen: „Mr le Dr. Hirzel a l'esprit juste mais le sang bouillonnant, supportez le jusqu'à ce que ses humeurs seront muris (pour ainsi dire); vous verrez qu'il deviendra un des grands génies de notre siècle: il est avide d'apprendre, il sait discerner le vrai du faux, il aime la bonne et simple nature, deteste l'artifice et l'affectation, il possède outre cela beaucoup de vivacité; s'il donne encore dans les bagatelles et les airs bruyans, imputez le à la jeunesse bouillante et à l'air Z . . . . ."

einem Genie des Landbaus: und er fand auch ein solches. So viel ist gewiß, sein „Kleinjogg" war ein vorzüglicher Mann; denn in Hirzels berühmtem Buche, „Die Wirthschaft eines philoso=phischen Bauers" (1761), sind gerade diejenigen Abschnitte die vorzüglichsten und anziehendsten, wo er nur einfach berichtet. Es war ihm nicht darum zu thun, ein Buch zu schreiben; sondern seine erste Arbeit über Kleinjogg war nur eine Rede an die naturforschende Ge=sellschaft, einen zahlreichen Verein von Gebildeten verschiedener Stände, dessen geringere Zahl aus Fachmännern bestand: daher auch die breite rhetorische Einleitung des Vortrags. Allein so wie Hirzel auf die Wirthschaft seines Bauers eintritt, wird Alles lebendig. Er führt uns denselben handelnd und redend ein, führt uns von einem Geschäfte zum andern, weiß den ganzen erfreulichen Eindruck in aller Frische wieder zu geben, welchen er selbst beim ersten Anblick dieser Zustände und dieser Thätigkeit empfand. Wir lernen den Kleinjogg auf eine leichte und anmuthige Weise kennen, indem Hirzel namentlich mit einem tiefen psychologischen Blick und einem feinen Geschicke die Sinnesart des Mannes bei der Darstellung seiner verschiedenen Verrichtungen in Haus und Feld zu entfalten weiß. So erschien gleichsam zufällig in dem Kleinjogg das erste jener Reihe eigen=thümlicher schweizerischer Volksbücher, und so wurde durch Hirzel einer der schönsten Zweige der Literatur seines Vaterlandes eröffnet. Mochte Goethe, welcher für das Volk, wie für seine Thätigkeit gleich wenig Sinn und Seele hatte, von Hirzel an Lavater*) schreiben: „Was dieser Mensch von sich giebt, ist mir scheußlich;" — Mirabeau dagegen, ein besserer Kenner von beiden, erklärte „dieses Werk für eines der nütz=lichsten, das je ans Licht kam." Daher erschien dasselbe auch in ver=schiedenen Auflagen und wurde fast in alle europäische Sprachen über=setzt. Später folgte noch eine „Beilage von Briefen" zu Kleinjogg, deren Veranlassung Hirzel also angiebt: „Meine Arbeit machte Klein=jogg vollends in unserer ganzen Stadt bekannt, und es war niemand, der ihn nicht sehen und anhören wollte. Die einen, weil sein Bild sie lebhaft gerührt hatte, die andern, weil sie sich schmeichelten durch den Umgang mit diesem Mann von der Falschheit seines Gemähldes über=zeugt zu werden. Diese konnten es nicht verdauen, daß ein einfältiger

---

*) Einen vortrefflichen Beitrag zur Charakteristik Kleinjoggs giebt Lavater selbst — Handbibliothek für Freunde. IV. 1790. S. 21—24, wo er des Bauers gesunde Urtheile in der Volkssprache anführt.

Bauer weiser und erleuchteter seyn soll als viele oberkeitliche Personen, als Geistliche von Ansehen, als Gelehrte, ja selbst als viele der reichsten Kaufleute. Sie behaupteten in allen Gesellschaften mit großem Eifer, daß dieses unmöglich sey. Man ließ also von allen Orten her Klein-joggen zu sich kommen, und aller Orten redete er mit so viel Frey-müthigkeit und mit so viel Verstand, daß der Neid selbst gezwungen wurde ihm Gerechtigkeit wiederfahren zu lassen, und alle Leute von Verstand und Tugend schenkten ihm ihre Freundschaft." — Im ersten Briefe der Beilagen giebt Hirzel das Verfahren an, welches Kleinjogg in der Verbesserung eines ihm in Pacht gegebenen obrigkeitlichen Gutes einschlug; in einem zweiten an Gleim schildert er die merkwürdige Scene, als er Kleinjoggen in die helvetische Gesellschaft einführte und unter Andern der Prinz Ludwig von Würtemberg diesen Philosophen im Kittel an seine Brust drückte. In einem fernern werden die Wir-kungen angegeben, welche Kleinjoggs praktische Versuche durch die Ver-mittelung der naturforschenden Gesellschaft auf die Landleute im Kan-ton Zürich ausübten. In einem Brief an den Grafen von Hohenwart, den Erzieher Kaiser Josephs II., giebt er den gegenseitigen Einfluß der Landwirthschaft und der Industrie an. — Dreißig Jahre nach dem ersten Erscheinen des Kleinjogg gab Hirzel „Auserlesene Schriften zur Beförderung der Landwirthschaft und der häus-lichen und bürgerlichen Wohlfahrt" heraus (1792), worin er nebst den frühern Schriften auch noch einige anziehende Nachträge über Kleinjogg lieferte, nämlich „Kleinjoggs Sandgrube" und „Ein Feiertag, bei neuer Prüfung von Kleinjoggs Philosophie." Wir stoßen zwar in allen diesen Stücken auf eine idealisierende Ueber-schwänglichkeit, welche oft um so überfließender ist, als Hirzel gewöhn-lich mit fliegender Feder schrieb. Allein er war einmal überzeugt, von der einfachen Menschennatur nicht hoch genug denken zu können, und indem der Republikaner also dem Weisen im Kittel seine ganze Liebe schenkte, stellte er sich geflissentlich den Schmeichlern der Großen ent-gegen. Unter den Aufsätzen der letzten Sammlung ist besonders be-merkenswerth die Abhandlung über die Frage: „Ist die Handel-schaft unserm Ländchen schädlich oder nützlich in Absicht auf den Feld-bau und die Sitten des Volks?" In derselben giebt er eine sehr ge-haltreiche und gründliche Beschreibung von dem Landbau, der Fabrik-thätigkeit und den Sitten in den verschiedenen Theilen des Kantons Zürich. Der Brief aber — „Etwas über Aufklärung und

Volkserleuchtung dieser Zeit" — zeigt Hirzels durchgebildete Lebensphilosophie von einer so schönen Seite, daß wir eine Stelle als Beleg anführen wollen: „Zu dem aufgeblähten Vielwissen unserer Zeit mag nicht wenig der an sich löbliche Eifer in den Schulverbesserungen beygetragen haben. Rousseau's hinreißende Beredsamkeit in seinem Emil erweckte ein allgemeines Mitleiden mit der Jugend, welche unter dem Druck tyrannischer Schulanstalten einen beträchtlichen und schönsten Theil des Lebens, den Genuß des Daseyns verliere, und unter beständigem Zwang und tödtender Langweile hinbringen müsse, und doch am Ende sehr geringen Nutzen gewinne. Er wollte seinem Emil die nöthigen Kenntnisse ohne Zwang beybringen, und ihm nun Gelegenheit verschaffen, unter Fröhlichkeit und Spiel sich solche zu sammeln. Ein Basedow verbreitete dieses Mitleiden mit seiner feurigen Beredsamkeit durch ganz Deutschland, und gab seinen Schulanstalten den Namen von Philanthropinen — menschenliebenden Anstalten. In solchen sollte das Lernen zum Spiel gemacht und aller Zwang abgeschafft werden. Diese Methode ward auch in die Häuser eingeführt. Durch Kupferstiche, Maschinen, Spielkarten, und andere Spiele, welche Darstellungen von Sachen, die man ihnen bekannt machen wollte, enthielten, wurden die Kinder zur Neugierde gereizt, die man durch Erklärung derselben befriedigte, und so unvermerkt, historische, geographische, physische auch religiöse Kenntnisse in die zarten Gemüther brachte, oder man suchte durch Erzählungen von moralischen Geschichten Empfindungen des Guten und Schönen, Hochachtung für Tugend und Verdienst, Mitleiden gegen Armuth und Elend u. s. f. aufzuwecken. In der That gibt es eines der reizendsten Vergnügen, dergleichen kleine menschliche Papageyen ihr erlerntes hersagen zu hören. Weisheit und Tugend keimen hier sehr leicht und zeigen sich in schönster Blüthe, wie in den Treibbetten die darein gesäten Pflanzen. Aber ward nicht dadurch auch ein Hang zur Gemächlichkeit, Weichlichkeit und Scheu vor allem Mühsamen und Widrigen zugleich in die zarten Herzen verpflanzet? Blieben nicht die Fähigkeiten der Seele, die nur durch Uebung und Anstrengung zu ihrer wahren Stärke gebracht werden, mehrmal schwach, und die Kenntnisse nur auf der Oberfläche liegen? Sahe man nicht mehrmal, auf das Erwarten der größten Seelenstärke, am Ende schwache, magere Halbköpfe, die durch Empfindeleyen mehr Mitleiden als Hochachtung erweckten? Wartete man nicht oft vergebens auf Früchte in großen Handlungen, und es zeigten

sich hingegen Gemächlichkeit und Schwäche, die bey dem geringsten
Sturm von Hindernissen den Sittenhelden ohnmächtig hinsinken ließen?
Und sahen wir nicht oft solch unverwahrte Seelen ganz ausarten?
Wenn sie in der großen Welt den Verführungen ausgesetzt wurden;
daß statt Tugendhelden die weichlichsten Wohllüstlinge erschienen. Die
schönsten Pflänzchen im Treibbette geben bald die schönsten Blümchen;
aber die Fruchttheilchen werden geil und arten in falsche Blumenblätter
aus, die zwar ein schönes Schauspiel geben, aber bald ohne Frucht ver-
welken. Hingegen siehet man viele Beyspiele, daß in den schlechtesten
Schulen, unter dem Zwang der grammatischen Erziehung, die besten
Eigenschaften der Seele, Fleiß, Aufmerksamkeit, Unterwerfung unter
Gesetz und Ordnung, anhaltende Geduld erweckt werden, die nachher
bei einem Geniedrang Wunderschritte im Fortgang der Gelehrsamkeit
veranlassen, wenn der Schüler sich in freyer Luft, mit den geschärften
Fähigkeiten selbst in den Gefilden derselben umsiehet, und mit besondern
Eifer arbeitet. "

2. Hirzels Biographien.

Die auf die erste Herausgabe des Kleinjogg zunächst folgende
Schrift Hirzels war ein Denkmal des Dr. Laurenz Zellweger,
womit ihn die helvetische Gesellschaft beauftragt hatte, zum Dank für
den „patriotischen Abschied," welchen Zellweger diesem neu entstandenen
Vereine gewidmet hatte. So anmuthig in dieser Schrift die voran-
gehende Beschreibung von Land und Volk von Appenzell ist und so
liebevoll Hirzel Bodmers Freund zeichnet, so ist denn doch diese Skizze
zu einer solchen idealen Höhe hinaufgeschraubt, daß von des Appen-
zellers gesundem, nüchternem Lebensblick, von seinem treffenden Verstand und seinem derben Humor, wodurch er seine Freunde von der
Verstiegenheit immer wieder zur wirklichen Welt und auf die einfachen
Erfahrungen des Lebens zurückwies und ihnen somit am meisten nützte,
— nichts mehr zu finden ist. Freilich hatten diese Freunde und Verehrer mit ihren unendlichen Verherrlichungen und Ueberhebungen es
endlich Zellwegern auch angethan, so daß er ihnen an Sentimentalität
und Pathos nichts mehr nachgab, wie gerade sein patriotischer Abschied
an die Schinznacher beweist. Eines der schönsten Verdienste Hirzels
war die Organisierung und Konsolidierung eben dieser Helvetischen,
oder vom Orte ihrer gewöhnlichen Zusammenkunft genannt, Schinz-

n a ch e r Gesellschaft. Zwar hatte auch dazu Bodmer die erste An=
regung gegeben und den Gedanken seinem jüngern Freunde Hirzel mit=
getheilt. Um zu wissen, wie wohlthätig damals dieses Unternehmen
war, muß man bedenken, daß zu jener Zeit noch keine allgemeine Ge=
sellschaft in der Schweiz bestand, daß höchst selten Jemand seinen Ort
verließ, außer in bestimmten Geschäften, daß die Regierungen mit
schelem Auge jede Aeußerung freier Gesinnung überwachten, und daß
namentlich auch die Geschichte des Vaterlandes im Allgemeinen und im
Einzelnen noch in ein tiefes Dunkel begraben war. Unter diesen Um=
ständen war es also ein großer Gewinn, daß gebildete und einflußreiche
Männer aus verschiedenen Kantonen in offener Geselligkeit zu freiem
Austausche der Gedanken zusammenkamen. Diese helvetische Gesell=
schaft war die erste regelmäßige allgemeine Gesellschaft der Schweiz, die
zu denjenigen für andere vaterländische und wissenschaftliche Zwecke den
Anstoß gegeben, und kann daher als die Mutter solcher Vereine im In=
und Auslande angesehen werden. Im Jahre 1761 kam die helvetische
Gesellschaft zum ersten Male in Schinznach zusammen, nachdem die
Verabredung zu dieser Zusammenkunft im Hause des Isaak Iselin in
Basel getroffen worden. Es waren der Freunde nur neun von Zürich
und Basel nebst einigen zufälligen Gästen. Im folgenden Jahre kon=
stituierte sich die Gesellschaft und setzte ihre von Hirzel entworfenen
Statuten fest, denen zufolge sie sich die Aufgabe stellte, eine jährliche
Zusammenkunft auserwählter Männer aus allen Kantonen zu veran=
stalten, um theils im Allgemeinen eidgenössische Freundschaft und Ver=
traulichkeit von neuem zu beleben, theils insbesondere „die Gesetze und
Staatsveränderungen der Eidgenossenschaft sowohl als die Sitten und die
Gelehrsamkeit ihrer Bürger in den verschiedenen Zeitaltern der Republik
nach den ächten Grundsätzen der Geschichtskunde in ihr wahres Licht
zu setzen, und ihre Bemerkungen zum Besten des Vaterlands fruchtbar
zu machen." Die Gesellschaft blühte und bot einen wohlthätigen
Mittelpunkt für alle aufstrebenden und freien Geister der Schweiz, bis
die Erschütterungen der französischen Revolution dieselbe unterbrachen
und die frühere Blüthe für immer unmöglich machten. Freilich wenn
man jetzt die gedruckten Verhandlungen der helvetischen Gesellschaft
etwas näher ansieht, so findet sich in den Reden und Vorträgen dersel=
ben des Vorzüglichen äußerst wenig; dagegen kann jener überschwäng=
liche Patriotismus über den glücklichen Zustand der Schweiz nicht
Worte genug finden: und doch waren, Hallern ausgenommen, alle vor=

18*

züglichen Männer der Schweiz Mitglieder dieser Gesellschaft. Allein
wenigstens glaubten jene Männer das, was sie sagten, und enthusiastische Besucher des Auslandes benahmen sich so, daß sie in ihrem Glauben bestärkt werden mußten. Doch so viel ist gewiß, daß die Schinznacher Gesellschaft in jener Zeit der Gebundenheit die einzige Gelegenheit
war, wo sich die freien Geister der Schweiz sehen und offen mittheilen
konnten, wo sie über das Wohl des gemeinsamen Vaterlandes sich be-
rathschlagen und die Mißbräuche der alten Schweiz aufdecken durften.
Daß die Regierungen zum Theil mit Mißfallen auf diesen Verein
sahen, wie denn den Bernern der Besuch mehrere Jahre untersagt war,
gab demselben neuen Reiz: jedenfalls waren jene Zusammenkünfte höchst
genußvoll und anregend, und manche geistige Blüthe, wie manches edle
Werk verdankt denselben seine Entstehung, so z. B. Lavaters Schweizerlieder, der Linthkanal. Das erfreuliche Seitenstück des pathetischen
Tones der Verhandlungen bildete die kerngesunde, derbe Fröhlichkeit der
freien Unterhaltung, die sich nach Entledigung der Formeln einem desto
muthwilligern Scherze hingab, wie z. B. eine Sammlung gedruckter
Inpromtus vom Jahre 1777 beweist, als der durch Goethe bekannte
Lenz zugegen war. Gerade diese schöne Geselligkeit der Schweizer, der
Spiegel ihrer persönlichen Tüchtigkeit, machte auf die deutschen Besucher, wie z. B. auf J. G. Schlosser, Goethe's Schwager, einen sehr
großen Eindruck und versöhnte mit dem, was ihrem schriftstellerischen
Geschick abging.

Eine andere, durch die helvetische Gesellschaft angeregte Schrift
Hirzels war „Das Bild eines wahren Patrioten," in einem
Denkmal Hans Blaarers von Wartensee (1767), indem dieselbe zur
Bearbeitung „moralischer Gemälde" aus der vaterländischen Geschichte
aufgefordert hatte, wobei Hirzel bemerkt: „Ich war überzeugt, daß
dieses die beste Methode wäre, an der Verbesserung der Sitten und Beförderung der Glückseligkeit des Vaterlandes zu arbeiten." Nachdem
man sich durch die patriotische Einleitung hindurchgearbeitet, folgt zunächst eine Beschreibung Zürichs, seiner Verfassung und seines öffentlichen Geistes, durchaus charakteristisch und vortrefflich. Nicht weniger
gelungen ist die Biographie selbst, indem das Bild Blaarers unter der
Hand des lebendigen und feinfühlenden Seelenmalers in aller Anschau-
lichkeit und Bestimmtheit hervortritt. — Ein verunglückter Versuch dagegen war sein „Philosophischer Kaufmann," indem er sich hier aufs
Philosophieren beschränkte und eines lebendigen Urbildes entbehrte. —

Ein besto schöneres Denkmal ist hinwiederum „Hirzel an Gleim über Sulzer den Weltweisen" (1778). Auch zu dieser Arbeit hatte Bodmer den Verfasser ermuntert und ihm einen reichen Stoff geliefert. Man darf zwar von dem liebenden Freunde keine kritische Würdigung von Sulzers literarischen Leistungen erwarten; dagegen ist die Charakteristik Sulzers, begleitet von einer Menge anziehender Nachrichten über Männer und Zustände jener Zeit, um so vorzüglicher, und man wird mit dem Entwicklungsgange und der ganzen Thätigkeit des Mannes so genau bekannt, daß dieß wohl die beste unter den Biographien der berühmten Schweizer des vorigen Jahrhunderts ist. — Nicht weniger gelungen sind die Denkreden auf Bürgermeister Heidegger (1778) und auf seinen Lehrer Joh. Geßner (1790), beide der naturforschenden Gesellschaft vorgetragen. Namentlich ist in jener die rhetorische Fülle und der warme Schwung vollkommen am Platze, und wir freuen uns, wie sehr Hirzel auch eine von ihm ganz verschiedene Natur, welche darum, wie er selbst sagt, sich lange von ihm ferne hielt, aufzufassen und in einem klaren und umfassenden Bilde zu geben wußte. Als daher Heidegger für seine Reformation der Zürcherischen Schulen alle geistigen Kräfte seiner Vaterstadt bethätigte, erhielt auch Hirzel seine Aufgabe, indem er unter dem Titel „Catechetische Anleitung zu den gesellschaftlichen Pflichten" (1776) einen politischen Katechismus ausarbeitete, wodurch der Bürger mit der Aufgabe des Staates und den Pflichten gegen denselben bekannt gemacht werden sollte.

Wir sehen aus Allem diesem, daß Hirzel die Schriftstellerei nicht zu einem Berufe und einer Lebensaufgabe gemacht hatte, sondern daß er die Feder nur zuweilen ergriff, wenn er sich von den Erzeugnissen derselben für seine unmittelbare gemeinnützige Thätigkeit oder für das Vaterland eine fördernde Nachhülfe versprach: es waren daher seine sämmtlichen literarischen Arbeiten Gelegenheitsschriften. Unausgesetzt wirkte er dagegen als Arzt und als Mitglied der Regierung für Beförderung der Wohlfahrt des Volkes; namentlich war er auch, als getreuer Schüler und Freund Bodmers, einer der wenigen freisinnigen Vorkämpfer jener Zeit. Er erlebte noch die Stürme, womit die französische Revolution sein geliebtes Vaterland niederschlug, allein ein weises und edles Leben erhielt in ihm den heitern Muth und die frische Kraft des Geistes. Das bewies er in einer damals kaum bemerkten Schrift, die jedoch ein herrliches Zeugniß von Hirzels Gesinnung ist und überhaupt darthut, welch ein Kern in den Männern jener Zeit lag,

die jedes Gebiet des Denkens frisch und frei angriffen, aber ein schönes
Gleichgewicht, den Frieden der Seele und einen höhern Glauben nie
verloren.   Diese Schrift hat den Titel: „Hirzel, der Greis, an
seinen Freund Heinrich Meister über wahre Religiosität." Nachdem er den Einfluß der religiösen Erziehung seiner Mutter
in ländlicher Einsamkeit geschildert, fährt er also fort: „Diese religiöse
Erziehung machte bey mir einen solch tiefen Eindruck, daß er mich auf
meinen akademischen Reisen vor allen groben Ausbrüchen der Laster
bewahrte, und mir über mancherley Verführungen siegen half.   Es
machte mich dieses der Religion so ergeben, daß bey jedem in mir entstandenen Zweifel mein Herz zurückbebte; und auch die tugendhaftesten
freydenkenden Freunde mit allen Einwürfen und Aufklärungen nichts
über mich vermochten, als das Geständniß mir abzubringen, daß ich
leider das Gewicht der Einwürfe nur gar zu schwer fühle, aber daß es
mich unendlich schmerze, meine religiösen Begriffe fahren zu lassen; da
solche mir bisher so reich an Trost in Widerwärtigkeiten, an Ermunterung zur Tugend, an Bewaffnung gegen die Laster gewesen; so daß
ich nichts sehnlicher wünschte, als einen Mann zu finden, der sich durch
alle Zweifel hindurchgearbeitet und zuletzt gänzliche Beruhigung gefunden hätte.   Und diesen fand ich lange nachher an Steinbart, der
mit Forstern, Spalding, Jerusalem, Zollikofer 2c. harmonisch dachte
und das Chaos, das in meiner Seele lag, erhellen half.   Wie
segnete ich Gott! und wie frohlockte mein Herz! daß es niemals
das Christenthum verlassen hatte, das ich nun in seiner vollen Würde
erblickte." Die Auseinandersetzung selbst ist in Gesprächen mit einem
zweifelnden Jünglinge durchgeführt, dem der Verfasser Zeugniß von
derjenigen Religion giebt, die er durch die eigene Erfahrung kennen
gelernt.   Zuerst wird gezeigt, wie die Entdeckungen des menschlichen
Geistes zur Erkenntniß Gottes leiten, ferner wie die Seele des Menschen ein Spiegel der göttlichen Eigenschaften sei; weiter die Offenbarung Gottes in den Geisteswerken des Menschen und endlich von der
Vorsehung Gottes in der Führung der Schicksale der einzelnen Menschen
und Völker.   Alles ist so seelenfrisch, eigenthümlich, und aus unmittelbarer Lebenserfahrung gegeben, daß diese Schrift eine wahre Perle
unter Hirzels literarischen Versuchen und folglich ein gesundes und
kräftiges Wort für alle Zeiten ist.
        Hirzel war so glücklich, in seinem langen Leben bei seinen huma-
nen und gemeinnützigen Bestrebungen seinen gleichgesinnten Bruder,

Salomon, zur Seite zu haben, welchen wir bei Bodmers dramatischen Bestrebungen als den Verfasser eines Junius Brutus kennen
gelernt haben und der Denkschriften auf seinen Bruder, Isaak Iselin
und einige Andere hinterlassen hat. Auch sein gleichnamiger Sohn
folgte in Beruf und Gesinnung ganz den Fußtapfen des Vaters und
erwarb sich eine gleiche Verehrung, namentlich auch als Stifter der
Zürcherischen Hülfsgesellschaft und folglich der aus dieser hervorgehenden schweizerischen gemeinnützigen Gesellschaft.

––––––––––

VI. Ludwig Meyer von Knonau.

Unter den von Bodmer zum Dichten Angeregten haben wir Joh. Rudolf Wertmüller zu nennen, welchen wir schon als einen der Verehrer Klopstocks kennen gelernt. Derselbe ließ sich zwar nur einmal vernehmen, nämlich in einem ansprechenden Gedichte über die vier Stufen des menschlichen Alters (1754), das Breitinger zugleich mit einer lateinischen Uebersetzung, oder vielmehr neuen Bearbeitung vom Bibliothekar der Ambrosianischen Bibliothek zu Mailand, Oltrocci, herausgab. Daß dieser Versuch Anerkennung fand, beweist Zachariä's Nachahmung in dessen Gedichte „Die vier Stufen des weiblichen Alters." — Ueberhaupt gab es wenige jüngere gebildete Zürcher, die, von Bodmer unaufhörlich ermuntert, sich nicht auf irgend eine Weise poetisch versucht hätten, und solche Versuche galten damals nicht weniger für Beiträge zur Volkskultur, als gegenwärtig die allgemeine Bethätigung für die Publicistik. Allein es war ein ganz besonderes Glück, daß Bodmers Ermunterungen ein so außerordentlich günstiges Ergebniß hatten: wir sehen daraus, welche frische Kraft in diesem neuen, geruhten Boden lag. In welch genauer Beziehung aber die schönen Geister Zürichs mit Bodmer standen, und wie sehr sie Schüler Bodmers waren, geht daraus hervor, daß mehrere der bedeutendsten jenen Grundsatz des Meisters, daß die Poesie Malerei sein müsse und daß beide Künste mit einander in der engsten Verbindung stehen, in buchstäbliche Ausführung brachten und daher Dichter und Mäler zugleich waren. Demnach pflegten Ludwig Meyer von Knonau, Salomon Geßner, Paulus Usteri beide Künste zugleich und brachten auch ihre Leistungen in beiden Künsten mit einander in Verbindung, indem sie ihre Poesien durch Bilder illustrierten. Der früheste von diesen ist Ludwig Meyer von Knonau. Schon hatten Hagedorn und Gellert die Fabel zur Lieblingspoesie des deutschen Volkes gemacht, und Bodmer und Breitinger den Werth dieser Dichtungsart hervorgehoben, als Meyer derselben seinen

Fleiß zuwendete, indessen auf eine neue und eigenthümliche Weise. Meyer war ein Landedelmann, der auf seinem Herrschaftsgute einer heitern und sinnigen Naturbetrachtung lebte, mit Lust die Jagd betrieb und sich mit Thier-, namentlich Vogelmalerei beschäftigte. Er gewährte nebst seiner gebildeten Familie seinen Freunden einen für Erholung und Unterhaltung anziehenden häuslichen Kreis, worin unter Anderm Wieland glückliche Tage verlebte. Seine Fabeln sind nichts anderes als poetische Darstellungen seiner sinnigen Naturanschauung, Naturstudien, Thiermalereien, wo die Liebe zur Thierwelt und die feine Beobachtung ihrer Eigenthümlichkeiten ihm dann auch eine anmuthige und ungezwungene Lehre an die Hand gaben. Meyers Fabeln sind durchaus selbständig; denn er ist eben so fern von der breiten Geschwätzigkeit der Franzosen und Gellerts, als von der Glätte und dem Weltton Hagedorns. Man interessiert sich mit ihm für seine Thierwelt und fühlt sich durch ihn zur Beobachtung derselben aufgefordert, indem er ihre verborgenen Eigenschaften und Tugenden hervorhebt und dadurch unvermerkt auch dem Menschen zur Beherzigung empfiehlt. Es duftet, um mit Grimm zu reden, in diesen Fabeln gleichsam ein Waldgeruch. Denn so wie er einmal bei einer fein ausgedachten List des Fuchses anführt: „Diese Fabel hat ihren Grund in einer wirklichen Geschichte;" so beruhen seine Fabelgemälde überhaupt auf wirklich Erlebtem und Beobachtetem. Demnach befolgt er auch wirklich die Regel des Meisters, der Dichter müsse die Natur darstellen; und so führt er eben diejenigen Thierbilder vor, deren lebendige Originale er selbst in Wald und Feld belauschte; und als Vogelmaler namentlich wählte er auch vorzüglich Vögel zu Trägern seiner Fabeln, so daß in diesen nicht weniger als zwanzig verschiedene Vogelarten auftreten. Weil er sich aber in seine Thiere so sinnig und theilnehmend hineingelebt, und ihre Gaben und Eigenschaften so gründlich erforscht hat, so ergiebt sich dann auch aus der Darstellung des Charakters der Thiere in ihren besondern Lagen und Verhältnissen ganz nahe und ungezwungen die Lehre. Auch darin ist er vortrefflich, daß er im natürlichen Kreise seiner Thierwelt bleibt, dieselbe weder über die Menschen spotten, noch überhaupt über diese sich erheben läßt, und sich von derselben keine andern Regeln geben läßt, als welche aus der Einfalt und Naturgemäßheit eines gesunden, naturgetreuen Lebens sich ergeben. Er wird weder trivial, noch läßt er seine Thiere über die Verhältnisse der feinen Gesellschaft raffinieren, noch weniger läßt er sich beikommen, bei seinen Thieren Lehren für die

Wissenschaften zu finden, ein Fehler, von dem von Hagedorn an keiner
frei blieb, und worin namentlich auch Lessing das Gebiet der Fabel
überschritt. Meyer wußte seine Fabeln ächt volksthümlich zu halten;
auch ließ er sich zum Glück von Bodmer den Vers nicht nehmen, den er
im Ganzen ziemlich leicht und geschickt handhabt. Eingemischte Provin-
zialismen sind mehrmals eine wahre Zierde dieser Fabeln. Mit Recht
wurde demnach der Werth von Meyers Fabeln allgemein anerkannt, daher
dieselben, obgleich sie in die Blüthezeit von Hagedorn, Gellert und Lessing
fielen, dennoch vom Jahre 1744 bis 1773 vier Auflagen erlebten. Die
dritte Auflage war mit vortrefflich entworfenen, aber in Kupfer etwas unbeholfen ausgeführten Federzeichnungen von der Hand des Verfassers ver-
ziert, von denen er, als er dieselben zur Beurtheilung an Bodmer über-
sandte, bemerkte: „Aber fahren Sie nur behutsam, denn hier sitze ich
fester als in der Dichterei." Zudem ist auch über die Grundsätze, nach
welchen Meyer bei Abfassung seiner Fabeln zu Werke ging, eine Nachricht an Bodmer vorhanden, welche dieser bei der sehr guten „Critischen
Vorrede" benutzte, die an der Spitze von Meyers Fabeln steht. Meyer
blieb in gutem Andenken in der Literatur, bis die Schweiz im letzten
Viertel des vorigen Jahrhunderts anfing sich selbst zu vergessen und ihr
frischer Born allmählig zu versiegen begann. Allein noch in den achtziger
Jahren schenkte ihm H e r d e r seine Aufmerksamkeit, indem nicht zu verkennen ist, daß einige von dessen gesungensten Gedichten, wie die Lerche,
Flora und die Blumen, die Raupe und der Schmetterling, die Farbe und
das Licht, durch folgende von Meyers Fabeln veranlaßt wurden: „Die
frohe Lerche;" „Die Warnung des Gärtners an seine Blumen;" „Die
Zeit und die Raupe;" „Das Licht und die Farbe*)." In neuerer Zeit
wurde ein unrichtiges Urtheil über Meyer gefällt, weil Bodmer ihn in
seinen unglücklichen Streit über die Fabel verflochten, und nicht nur mit
ihm argumentiert, sondern zur Unterstützung seiner Sache neue Fabeln
vorgebracht hatte, als wären sie von seinem belobten Fabulisten. Meyer
aber verwahrt sich in seinen Briefen an Bodmer förmlich gegen die
Theilnahme am Streit und tadelt die Fabeln von dessen eigener Fabrik.
Noch muß bemerkt werden, daß nur ein flüchtiges Versehen Bodmern
wie Meyern beschuldigen konnte, mit Gottsched für Stoppe das Wort
genommen zu haben: Bodmers Vorrede bezeugt klar das Gegentheil.

---

*) Offenbar war Meyer nicht ohne Einfluß auf Fröhlich, den schweizerischen
Fabeldichter der neueren Zeit, welcher mit Beziehung in die Fußtapfen seines rühmlichen Vorgängers eintrat.

VII. Salomon Geßner.

1. Dichter und Künstler zugleich.

Wenn Meyer von Knonau gegenwärtig verschollen ist, so sollte dagegen ein anderer Dichter aus Bodmers Umgebung hervorgehen, der noch immer in weiten Kreisen gekannt und geliebt ist und mit dem sich die Literatur stetsfort beschäftigt. Salomon Geßner (geb. 1730) nämlich hatte das seltene Glück, einen doppelten Kranz zu erringen, und als Dichter und Künstler zugleich gefeiert zu sein. Geßner freilich gehört im Vergleich mit den bisherigen Zürchern nur in fernerm Sinne der Schule Bodmers an, indem er sich nie zum Kreise seiner Vertrauten hielt, sondern mehr nur im Allgemeinen zu den von Zürich ausgegangenen kritischen Regeln sich bekannte. Auch soll Bodmer dem von seinen Lehrern lange für blöde gehaltenen Knaben nach einer erbetenen Prüfung die geistigen Anlagen ebenfalls abgesprochen haben. Geßner zeichnete sich nämlich früh unter seinen Kameraden durch allerlei neckische Possen und durch seine Neigung zum Bilden von Wachsfigürchen aus: allein ihm fehlte Trieb und Kraft für eine stete, gründlich durchgeführte Arbeit. Erst eine schöne ländliche Zurückgezogenheit und der anregende Einfluß eines der jüngern Freunde Bodmers, welcher den jungen Geßner mit den deutschen Dichtern bekannt machte, weckte dessen schlummernde Kräfte. Namentlich begeisterte ihn Brockes für die malerische Naturbeschreibung und veranlaßte ihn zu ähnlichen Versuchen, und Robinson erfüllte ihn mit den Bildern einer kunstlosen Naturwelt. Es ist indessen merkwürdig, daß seine ältesten poetischen Versuche mehr muthwilliger und satyrischer Art sind, ganz gemäß der lebhaften, fröhlichen, neckischen Weise, welche Geßnern eigen war. Denn derselbe besaß ein großes komisches Talent, so daß der Jüngling als Erzähler des Eulen-

spiegels ober der Lallenburger seine Freunde in seltenem Maße zu ergötzen verstand; und auch in spätern Jahren, wenn er sich etwa herbeiließ, eine lächerliche Persönlichkeit dramatisch zu parodieren, erregte er
ein unauslöschliches Lachen. Ueberhaupt war Geßner ein ganz kunst-
loser, offener, einfacher, heiterer, wohlwollender, liebenswürdiger
Mensch, der sich im gewöhnlichen Leben möglichst schlicht und zwanglos
gehen ließ und sich namentlich auch durch eine sehr derbe Ausdrucksweise bemerklich machte, so daß seine Derbheit unter seinen Freunden
zum Stichwort ward. Dieser gesunden, fröhlichen Derbheit entsprachen
auch die fernern Poesien des Jünglings, der unterdessen mit Hagedorn
und Gleim bekannt geworden und einen keck erotischen Ton anschlug,
und zwar auch jetzt schon in losen, um den Reim meist unbekümmerten
Versen.

In seinem neunzehnten Jahre kam Geßner als Buchhändler-Lehr-
ling nach Berlin. Allein er hatte sich in Zürich schon zu sehr dichte-
rischer Freiheit und geistigen Umgangs gefreut, um sich dort an eine
strenge mechanische Thätigkeit gewöhnen zu können. Demnach verließ
er das Haus seines Prinzipals, entschlossen, wenn seine Eltern ihn nicht
unterstützen würden, sich selbständig durchzuschlagen. In der größten
Zurückgezogenheit fing er daher an, den Pinsel zu führen und brachte
Arbeiten zu Stande, in denen ein Künstlerauge die Keime eines Talentes fand. Diese Erfolge begütigten seine Eltern und sie gewährten ihm
ein freies Jahr, während dessen er in Berlin der Kunst und Wissenschaft
leben konnte. Seinem ernsten Landsmanne Sulzer stand er ferne: denn
derselbe scheint an seiner fröhlich muntern Weise Anstoß genommen zu
haben und Geßner fühlte sich in seinem Umgange gedrückt. Desto
vertraulicher stand er dagegen mit Ramler, dem er seine dichterischen
Versuche mittheilte, und der ihm bei seiner Entfernung von einem
korrekten Verse zuerst die poetische Prosa empfahl. Auf seiner Rückreise ging er über Hamburg; und indem er sich Hagedorn näherte,
gelang es ihm, bevor er sein Empfehlungsschreiben an denselben abgab,
dessen freundschaftliche Theilnahme zu gewinnen. Als Geßner am
Ende des Jahres 1750 nach Zürich zurückkehrte, fand er Klopstock noch
daselbst, der sich von dem jungen Geßner angezogen fühlte, so daß Bodmer fast eifersüchtig dieser neuen Bekanntschaft Klopstocks erwähnte.
Allein Geßner stand dem Klopstock'schen Gedankenkreise zu ferne, als
daß sich ein engeres Verhältniß ergeben hätte. Indem Klopstock nach
manchen Jahren denselben durch Schultheß grüßen läßt, fügt er daher

hinzu: „Geßner ist mir zwar nicht näher bekannt, wir haben einander nur ein paar Mal gesehen, aber ich halte ihn für einen braven Mann und glaube, daß wir Freunde sein würden, wenn wir uns mehr kennten." Klopstock übte also keinen unmittelbaren Einfluß auf Geßner aus; nur trug er mit dazu bei, dessen frühern, leichten, lebenslustigen Ton verstummen zu machen.

Dagegen kam Geßner mit dem bald nach Klopstock in Zürich eintreffenden Kleist in ein sehr vertrautes Verhältniß, wie die Briefe Kleists in Geßners Nachlaß beweisen: daher gab jener seine Gedichte bei Geßner in Verlag und räumte dem jungen Buchhändler bei der Herausgabe große Befugniß ein, so wie er sich freute, daß seine Gedichte von Geßners Hand illustriert wurden.

Aus dieser Zeit ist das erste, im Crito veröffentlichte Gedicht Geßners, „Lied eines Schweizers an sein bewaffnetes Mädchen," in Gleims Dichtungsweise und in reimlosen, etwas harten Versen. Schon dieser erste, sehr unbedeutende Versuch ist weit entfernt, das Schweizermädchen als eine Heldin vorzuführen, sondern wir erhalten nur ein farbloses und weiches Gemälde von demselben. Doch erst zwei Jahre später erschien einzeln und ohne den Namen des Dichters dessen erste eigenthümliche Dichtung „Die Nacht," worüber ihm Kleist berichtet, daß Gleim dieselbe für ein Meisterstück halte, eben so Cramer, Sukro, Giesecke. „Trösten Sie sich also über das Urtheil der armen Theologen in Zürich, und machen Sie nur mehr dergleichen, wenn Sie für ein Genie und einen witzigen Kopf gehalten werden wollen." Auch Hagedorn schenkt der Nacht seinen Beifall. In diesem kleinen Stück zeigt sich schon ganz Geßners poetische Auffassung und Richtung. Das Gemälde der Nacht ist vortrefflich, voll treuen und feinen Naturgefühls, worin Geßners größte Meisterschaft bestand. Allein auch hier schon mischt sich eine weichliche, wohllustathmende, verzärtelte erotische Schilderung ein, welche die landschaftliche Malerei zwar belebt, allein doch wieder als etwas Fremdes, in dieses wahr und treu gezeichnete Naturbild nicht Passendes dasteht. Nachher nennt Geßner selbst dieses Gedicht „ein Karrikatur, verfaßt in einer Stunde der Thorheit und Trunkenheit."

Geßner besaß voraus ein glückliches und fein organisiertes Auge, daher zeichnete er sich hauptsächlich durch eine sinnige Beobachtung der Natur aus. Er bringt in alle Geheimnisse der stillen und verborgenen Natur ein und malt die einzelnen Erscheinungen mit lieblicher Klarheit

und Schönheit. In dieser Beziehung folgte er ganz den Regeln
Bodmers. Von diesem malerischen Standpunkte aus faßte er aber
auch den Menschen nur als Naturerscheinung; doch hier verläßt er
den Weg der unmittelbaren Anschauung, und eben so sehr denjenigen
der Geschichte. Er malt daher nur allgemeine Figuren ohne alles
charakteristische Gepräge, ohne bestimmte Heimat, ohne individuelle
Lebensweise, selbst ohne eine lebendige, Gesinnung und Eigenthümlich=
keit bezeichnende Handlung. Er theilt zwar mit Bodmer die Liebe zur
reinen, unschuldigen Naturwelt, allein so wie er für geschichtliche Auf=
fassung überhaupt keinen Sinn hat, so vermag er sich weder mit Bod=
mers Patriarchen = Welt, noch mit Klopstocks christlicher Sphäre zu be=
freunden. Um aber der poetischen Forderung des Wunderbaren zu
genügen, zieht er die griechische Mythologie herbei, weniger um die
menschlichen Schicksale durch die Einwirkung der göttlichen Mächte zu
heben und zu heiligen, als um einen geschmückten Rahmen zu ge=
winnen und um den Herzensergießungen eine nähere Beziehung zu
geben. So wie aber Geßner für seine Hirten weder bei den alten
Griechen noch bei den Morgenländern ein Urbild gefunden, so glaubte
er eigentlich auch nicht an das goldene Weltalter, welches er schilderte.
Um so willkürlicher und phantastischer bildete er sich daher seine Menschen,
und meinte natürlich und wahr zu sein, indem er seine Schäfer aller
äußern Merkmale der Natur entkleidete. Allein indem er ihnen gleich=
wohl Empfindungen und Genüsse andichtete, welche nur in der Ver=
feinerung ausgebildeter gesellschaftlicher Verhältnisse ihren Bestand
haben, wurden seine Hirten höchst maniert, und Geßners ganze
Darstellung verfing sich im sentimentalen Tone, d. h. er verließ die
wirkliche Natur, und verwarf das Leben, das ihn umgab, um in die
todte Natur und in eine erträumte Welt eine erkünstelte Begeisterung
hineinzutragen.

Um Geßnern als Dichter zu verstehen, müssen wir denselben zu=
gleich als Künstler auffassen, indem diese seine doppelte Thätigkeit in
der innigsten gegenseitigen Beziehung steht. Er machte zwar die Malerei
erst später zu seiner Hauptaufgabe, allein er blieb derselben länger zuge=
than und hatte sich in künstlerischen Versuchen verschiedener Art schon
früher geübt, ehe er zu dichten begonnen; auch wußte er von seinen
künstlerischen Bestrebungen sich selbst bessere Rechenschaft zu geben, als
von seinen dichterischen. So wie er seine Dichtungen in kleine, nied=
liche Gemälde abgränzt, ohne das Hervortreten eines bestimmten

Charakters weder der Landschaft noch der Figuren, so haben auch seine sämmtlichen Gemälde nur einen geringen Umfang und entbehren der scharf markierten, charakteristischen Vordergründe. Wie er sich zwar eine wohllautende und fließende Sprache aneignete, allein dieselbe nicht zur vollen poetischen Schönheit und Kraft auszubilden wußte, und daher bei der losen poetischen Prosa stehen blieb; so brachte er es auch in der Behandlung der Farben nicht zu der erforderlichen technischen Tüchtigkeit, und begnügte sich, nachdem es ihm mit der Ausführung in Oel nicht glücken wollte, mit matten, jetzt oft häßlich abgestorbenen Wasserfarben. Wie er in der Naturbeschreibung der Idyllen bei der Darstellung und Ausführung eigener, bekannter Anschauungen bleibt; so besteht der höchste Werth seiner Landschaften eben auch in der unendlichen Mannigfaltigkeit seiner Naturstudien, wo er dem Gewöhnlichen und Alltäglichen durch gefällige Gruppierung einen künstlerischen Zauber zu verleihen weiß.

2. Geßners Idyllen.

Geßners erstes größeres Gedicht war der 1754 erschienene „Daphnis". Den Anstoß und die Veranlassung dazu bot ihm die französische Uebersetzung des Longus von Amiot. Allein wenn man dieses lüsterne und leichtfertige Gedicht ins Auge faßt, so begreift man kaum, wie Geßner dadurch angeregt werden konnte, eine so zarte und reine Dichtung davon abzuleiten. Freilich scheint die erste Auffassung dieses Gegenstandes, nämlich die Darstellung einer kindlich naiven Liebe, wohl der ersten Zeit anzugehören, als Geßner die Liebe noch von der Seite eines jugendlich faunischen Muthwillens faßte. Allein die Aufnahme der Nacht in seiner Vaterstadt diente ihm zur Warnung, daß seine Poesie nicht so unverschleiert in jugendlichem Feuer und bebender Lust sich gehen lassen dürfe. Denn da hatte er nicht nur die geistliche Macht gegen sich, sondern zunächst auch die Schöngeister. Was Bodmer längst von der Poesie gefordert, daß sie eine Lehrerin der Sitten sei, ward von Klopstock bestätigt, und drohend schwang auch Wieland die Geißel gegen jeden Uebertreter des strengen Gesetzes. Zudem hatte Geßner einen liebevollen und sorgsamen Rathgeber an Dr. Hirzel, welcher ihm die Unerläßlichkeit begreiflich machen wollte, Moral in seine Gedichte einzuflechten. Wenn anfangs Geßner sich gegen diese Klugheit sträubte, so war er dagegen ein so feines und achtsames Gemüth und hatte sich wenigstens schon so viel vom Geschäftsmanne angeeignet, um

auf die öffentliche Stimme und ihre Wünsche zu achten. Und so haben
wir denn in Daphnis ein zart und sinnig ausgeführtes psychologisches
Gemälde der ersten Regungen der Liebe. Bereits ist aber auch in
Daphnis Ton und Gattung der Geßner'schen Poesie festgestellt und abgeschlossen. Nichts desto weniger ist darin eine sehr bemerkenswerthe
Selbständigkeit wahrzunehmen, denn seine schöne und wohllautende,
einfache und maßhaltende Sprache ist das gerade Gegentheil von derjenigen Bodmers; dagegen nahm er wie dieser und mit mehr Glück die
Griechen zum Maßstabe. Durch Klopstock ließ er sich zum sentimentalen Pathos hinüberführen; allein er bewahrte sich vor jenen über-
schwänglichen, überfinnlichen Phantasien, indem eine anmuthige Sinnlichkeit stets seine Gedichte belebte. Er hielt sich von einer streng kirch-
lichen Richtung, die ihm durchaus fremd war, fern, und wußte sich
dagegen mit eben so viel Recht und eben so viel Geschick der griechischen
Mythologie zu bedienen, wie die Idyllendichter des Alterthums, welche
längst verlernt hatten, tieferes Leben und Seele in die alte Götter-
lehre zu bringen, und daher dieselbe nur zu einem leichten Spiel der
Phantasie und zu einem Blumengefilde anmuthiger Gelehrsamkeit
ausgebildet hatten. Wer wird nicht gestehen, daß zu jener Zeit der
Gräcomanie Geßner mit seiner geringen Kenntniß des griechischen
Alterthums seinen Urbildern näher gekommen, als die meisten seiner
Zeitgenossen? Namentlich unterscheidet er sich sehr vortheilhaft durch
seine klaren, abgerundeten und ruhigen Schöpfungen von den Erzeugnissen Wielands aus jener Periode, welcher immer noch tastend
umhergriff und mit sich uneins war. Geßner ging auch neben diesem
bedeutenden und vielseitigen Geiste fest seines Weges; wir sehen keinen
merklichen Einfluß Wielands auf ihn, während wir dagegen oben gesehen, daß jener sich mit wenig Glück auf der Bahn Geßners versucht
hatte. Geßner wußte, was er wollte, er verfolgte als Dichter und
Künstler fest und unverwandt eine ausgebildete Grundanschauung.
Wohl hatte er einen engen Kreis: Naturgefühl, Lebenseinfalt, Liebe,
Häuslichkeit waren die Gedanken und Empfindungen, über welche er
nicht hinauskam, aber über welche er auch den ganzen mächtigen Zauber
seelenvoller Wahrheit ausgoß. Man hat es ihm verdacht, daß er, der
Nacheiferer des Theokrit, nicht diesem gleich die eigenen, alterthümlichen,
einfachen und kecken Sitten der Alpenhirten, welche er in der Nähe
hatte (Schlegels Werke, Bd. 10. S. 245), zum Gegenstande seiner
Darstellung gewählt. Allein er stand dem Volksleben zu ferne, war

ein zu sehr in sich lebender Mensch, um solche Volksgemälde auch nur
versuchen zu können, und wir haben auch keine Spur, daß sein Freund,
der Verfasser des Kleinjogg, ihm solches zugemuthet. Dagegen lag es
diesem sinnigen Gemüthe viel näher, nachdem das allgemein erotische
Getändel ihm kein Genüge mehr that, sich als poetische Lebensaufgabe
zu stellen, sein genußsüchtiges, üppiges, durch starre Gesellschaftsformen
verengtes Zeitalter zur Naturwahrheit und Lebenseinfalt, zum stillen
Glück des innern, heitern Friedens zurückzuführen. Die Motive dazu
aber konnte er nicht der engen Sphäre der Wirklichkeit entnehmen, sondern aus seiner innern Ueberzeugung, aus der idealen Lebensanschauung. Diese seine Richtung und Gesinnung also ist in dem vier-
undzwanzigjährigen Jüngling schon völlig ausgebildet, und er hat
derselben im Daphnis in der Person des Aristus einen schönen Ausdruck
gegeben. Wir führen daher den Monolog desselben als den Inbegriff
von Geßners Lebensansicht und den Mittelpunkt seiner poetischen Tendenz an. Nach der Anrufung und Lobpreisung der Natur fährt er nämlich also fort: „Ihr, die ihr unselig die Einfalt der Natur verließet, ein
mannigfaltigeres Glück zu suchen; ihr Thoren, die ihr die Sitten der
lachenden Unschuld Grobheit, und das wenige Bedürfniß, das die
Natur aus reichen Quellen stillet, verächtliche Armuth nennt, baut
immer Gewebe von Glück, die jeder Wind euch zerreißt! Ihr geht durch
Labyrinthe zum Glück; ewig mühsam, ewig unzufrieden irret ihr da:
Ihr glaubt die oberste Stufe des Glücks erstiegen zu haben, ihr taumelt
in seinem schmeichelnden Arm und träumt: Ihr erwachet; träumend
betäubte euch das lächelnde Gesicht der Harpye, wie im Götterglanz:
ihr saht nicht die schwarzen, ledernen Flügel, von denen sie euch itzt
Ekel und Entsetzen zuwehet, und den garstigen Rücken. Ihr, die ihr
Länder beherrschet, die ihr mit übermüthigem Blick die Gegend von den
Thürmen der Palläste durchwandert, und stolz denkt, dieß alles ist mein;
dieß mühsame Gewimmel von Bewohnern ist für mich, ihren Herrn,
vor dem sie beben: Wem quillt die süße Lust aus der stillen Gegend,
aus den fruchtvollen Feldern, aus der ganzen schönen Natur? Wem
rauschen die Quellen Vergnügen? Wen erquickt mehr der Schatten der
Bäume? Wen wärmet die Sonne entzückter? Euch, ihr Herrscher, oder
den armen Hirten, der im Grase ruht, von seiner Heerde umirret? Er
ruht da, und athmet Entzücken; zufrieden, unwissend, daß er arm ist:
Und wär er Herr der ganzen Gegend, brächte sie dem Zufriednen dann
mehr Vergnügen? Die schöne Natur ist ihm eine ewige Quelle von

reinem Vergnügen; kein Stolz, keine Herrschsucht, kein Ehrgeiz macht
ihn mit seinem Glück unzufrieden; das ruhige Gemüth und das redliche
Herz streun immer Vergnügen vor ihm her, wie du Morgensonne
vor dir her die bethaute Gegend mit Glanz überstreust. Zürnet nicht,
ihr Götter, daß ich mich unglücklich glaubte und weinte, da ich Croton
verließ; gegen den väterlichen Mauern noch einmal zurückweinte! Ihr
habt mich durch einen dunkeln sumpfichten Weg in selige Gefilde geführt.
O ihr Bäche, an euern Ufern will ich izt ruhn! Ihr Bäume, empfangt
mich in kühlende Schatten! Ihr Hütten, stehet offen einem Fremdling,
der sein graues Alter süß dahinleben wird, bey euern Bewohnern, die
beneidenswerther als Könige sind! Quillt immer, ihr Ströme der
Wohllust! Ich trag euch ein lachendes Herz, ein heitres, ein unbeflecke-
tes Gemüth trag ich euch entgegen; heiter wie der Himmel, wenn keine
Wolken ihn trüben, still wie ein glatter See, den die kleinsten Wellen
kaum befalten, in dem die ganze Gegend sich malt" u. s. w.

Indessen machte die Zürcherische Censur auch zum Daphnis bedenkliche Gesichter: sie fand solche Liebesgeschichten wenig erbaulich; und
die Einmischung heidnischer Gottheiten an einem christlichen Dichter
ziemlich anstößig. Daher wird Geßnern die Bekanntmachung des Gedichtes nur mit der Einschränkung bewilligt, daß weder der Namen des
Verfassers, noch der Ort des Druckes genannt werden solle. Bodmer
dagegen wußte den jungen Dichter sogleich richtig zu beurtheilen. Daher führen wir zur Widerlegung der von Geßners Biographen angedeu-
teten Ansicht, als hätte auch er dieses Liebesgetändel mit Befremden
aufgenommen, an, was er darüber an Zellweger schreibt: „Ein junger
Mensch hier, der es mit Wieland sehr gut kann, hat ein schäferisches
Gedicht in Prose geschrieben, worin alles Natur, Unschuld und Genie
ist. Die Deutschen werden daran eine große Idee von unsern Zürchern
bekommen, gleich als ob die Luft hier poetisch wäre." — Auch Kleist
und Gleim ermunterten den Dichter mit ihrem Beifall, und gaben ihm
den Muth, in seinem Streben fortzufahren, obgleich der Daphnis vom
großen Publikum ziemlich unbeachtet blieb.

Er gab daher im Jahre 1756 das erste Bändchen seiner „Idyllen" heraus. Diese gründeten Geßners Ruhm und machten ihm alle
fühlenden Herzen zu Freunden. Allein gerade das, was man damals
an diesen kleinen Dichtungen liebte, das Weiche, Anmuthige, Friedliche,
wendet ihm die neuere Kritik zum Vorwurf um. Am besten und auch
wieder billigsten hat Schiller in seiner Abhandlung über naive und

sentimentale Dichtung die Mängel der Geßner'schen Schäferpoesie ge=
rügt: „Ein Geßnerscher Hirt kann uns nicht als Natur, nicht durch
Wahrheit der Nachahmung entzücken, denn dazu ist er ein zu ideales
Wesen; eben so wenig kann er uns als ein Ideal durch das Unendliche
des Gedankens befriedigen, denn dazu ist er ein viel zu dürftiges Ge=
schöpf. Er wird also zwar bis auf einen gewissen Punkt allen Klassen
von Lesern ohne Ausnahme gefallen, weil er das Naive mit dem Sen=
timentalen zu vereinigen strebt, und folglich den zwey entgegengesetzten
Forderungen, die an ein Gedicht gemacht werden können, in einem ge=
wissen Grade Genüge leistet; weil aber der Dichter, über der Bemü=
hung, Beydes zu vereinigen, keinem von beyden ein volles Recht er=
weist, weder ganz Natur noch ganz Ideal ist, so kann er eben deßwegen
vor einem strengen Geschmack nicht ganz bestehen, der in ästhetischen
Dingen nichts Halbes verzeihen kann." — Wenn dem nüchternen,
jeder sentimentalen Träumerei feindseligen Lessing Geßners Idyllen
nicht zusagen konnten, so spricht er doch wieder folgende Anerkennung
aus: „Man muß den neuern schweizerischen Schriftstellern die Gerech=
tigkeit wiederfahren lassen, daß sie itzt weit mehr Sorgfalt auf die Sprache
wenden, als ehedem. Geßner und Zimmermann und Andere schrei=
ben ungemein schön und richtig." — Goethe nahm die Idyllen in
seiner Jugend mit Entzücken auf, und nennt sie auch im Alter noch
„höchst lieblich." Der für jede Individualität offene Herder endlich
spricht für Geßner in folgender Weise seine Verehrung aus: „Warum
ist Geßner von allen Nationen, die ihn kennen lernten, mit Liebe em=
pfangen worden? Er ist bei der feinsten Kunst Einfalt, Natur und
Wahrheit. In Darstellung einer reinen Humanität sollte ihn selbst
das Sylbenmaß nicht binden; wie auf einem Faden, der in der Luft
schwebt, läßt er sich in seiner poetischen Prose oder prosaischen Poesie
jetzt auf blühende Fluren hinab, jetzt schwinget er sich in die goldenen
Wolken der Abend= und Morgenröthe, bleibet aber immer in unserm
blauen Horizont gesellig, froh und glücklich. Mit Kindern ward er
ein Kind, mit den ersten Menschen einer der ersten schuldlosen Menschen,
liebend mit den Liebenden und selbst geliebt von der ganzen Natur, die
ihm in seiner Unschuld ihren Schleier wegzog. Gerade der einfachste
Dichter, dessen ganze Manier Verbergung der Kunst war, ist unser be=
rühmtester Dichter geworden, und hat manche Ausländer mit dem süßen
Wahne getäuscht, als sei alle unsere Poesie reine Humanität, Einfalt,
Liebe und Wahrheit." — Solche Zeugnisse wird eine rücksichtslos ver=

werfende Kritik nicht auslöschen, zumal als gegenwärtig noch eine
Reihe der besten Geßner'schen Idyllen stets mit Vergnügen über den
naturgetreuen Blick in das Menschenherz und die Schöpfung und über
die wohllautende Sprache gelesen werden. Allerdings sind unter den
vierundzwanzig der zuerst erschienenen Idyllen ein Theil ziemlich inhalts-
leer, indem sich zu wenig Handlung findet, und des süßen Geredes zu
viel ist; die schmachtenden Hirtinnen sind alle von zu weichlich zuvor-
kommender Liebe; die Hirten ohne eigenthümliches Gepräge, fern von
der naturfrischen und derben Naivität der Naturmenschen, in den Wett-
gesängen zeigen sie eine zu farblose Nachahmung des Theokrit. Nichts
desto weniger sind einzelne dieser Bilder von unübertrefflicher Grazie
und Anmuth, wie „Daphnis“, der in die Winterlandschaft hinausblickt
und zur Hütte seiner Phillis; wie „Mirtil“, der seinen im Mondschein
schlafenden Vater besingt; wie „Damon und Phillis“, ein Gemälde
der ersten Regungen der Liebe; wie „Der zerbrochene Krug“, den in
komischem Schmerz der gebundene Faun betrauert. Ganz besonders
werthvoll sind ferner einige Naturgemälde, namentlich die „Gegend im
Grase“, worin sich die ganze Feinheit und Lieblichkeit der Geßner'schen
Naturanschauung ausprägt, und der „Wunsch“, worin sich des Dichters ganze Seele spiegelt. Diese Stücke werden, wofür die Zeitgenossen
sie ansahen, stets als Muster einer dichterischen Prosa gelten. — Allein
es will die Geßner'sche Idyllenwelt nicht nur vom künstlerischen Standpunkte betrachtet sein, sondern es liegen derselben auch ganz bestimmte
und ausgeprägte sociale Bestrebungen zu Grunde. Denn Geßner, als
Sänger der Natur und Unschuld, stellte sich die ernste Aufgabe, zur
Einfalt der Sitten, zur Entsagung künstlicher Bedürfnisse und zu patriarchalischer Tugend zurückzuführen. Darum eben konnte er sich nicht
auf die beschränkte Darstellung einer wirklichen Welt einlassen, welche
ihm für sein ideales Streben keinen Stoff bot, sondern nur Zustände,
wo, wie Geßner in der Einleitung zu den Idyllen sagt, „der Landmann
mit saurer Arbeit unterthänig seinem Fürsten und den Städten den Ueberfluß liefern muß, und Unterdrückung und Armuth ihn ungesittet, und
schlau und niederträchtig gemacht haben.“ So wenig fiel Geßnern
zu seiner Zeit ein, Volksgemälde zu schreiben, oder den Stoff dafür
im damaligen Volke zu suchen! Dagegen fand seine Richtung wie in
weitern Kreisen, so namentlich unter den schönen Geistern Zürichs
volle Anerkennung; daher Wieland aus dieser Zeit schreibt: „Geßner ist mir sehr lieb; er ist ein Esprit im besten Sinne, ein Lieb-

ling der Natur und der feinsten Grazie. Ich liebe sein Genie und sein Herz."

3. Der Tod Abels.

Wenn Geßner sich mit seinen Idyllen für immer einen Namen in der deutschen Literatur gemacht und darin das Beste geleistet, was seiner Richtung möglich war; so wollte sich doch Bodmer damit nicht zufrieden geben, und meinte, für den Entwurf und die Ausführung eines Epos wäre sein Geist zu klein. Dadurch angespornt griff denn auch Geßner zu einem biblischen Gegenstande und wählte vortrefflich den „Tod Abels," und förderte denselben im Jahre 1758 zu Tage. Man mag mit Recht im Plane den Mangel an innerm Zusammenhang und an Handlung tadeln, und es mag der weichen Rührung und des Gejammers zu viel sein; nichts desto weniger lebt in diesem Gedichte so viel Naturwahrheit und rein menschliche Empfindung, daß es auch gegenwärtig noch seine Wirkung auf ein offenes Gemüth nicht verfehlt. Wenn ferner vermißt werden kann, daß auch hier weder der Charakter einer Zeit noch eines Volkes ausgeprägt erscheint, wenn namentlich Kains That der psychologischen Motive entbehrt; so mag es dagegen auch wieder das feine Gefühl des Dichters beurkunden, daß er sich nicht auf Versuche einließ, welche für ihn Klippen gewesen wären. Den Kain der Bibel, schrecklich und groß, entsprechend dem Namen dessen, durch welchen der Mord in die Welt kam, haben wir freilich nicht. Sondern er ist nur ein eifersüchtiger Bruder; aber in seiner Eifersucht liegt nicht eine Leidenschaft, die ihn zum Morde drängt: dieser geschieht gleichsam nur zufällig und ohne Vorsatz, und demselben folgt gleich eine Reue, welche im Widerspruch mit dem auf Kain lastenden Fluche steht, welcher auch wirklich durch die liebende Begleitung seiner tugendhaften Gattin aufgehoben wird. So spiegelt sich im Tode Abels wie Geßners heitere, weich empfindungsvolle Natur und Lebensanschauung, so die Richtung seiner Zeit, welche die Sünde und ihre Folgen leicht nimmt und durch oberflächliche Empfindsamkeit abschwächt. Freilich was Geßner wollte und konnte, hat er erreicht. Er suchte nämlich in diesem Werke antike Schönheit der Form mit der Frömmigkeit der Bibel zu verbinden und seiner Zeit ein Gemälde der Unschuld und Tugend aus der Urwelt zur Reinigung des Gemüthes darzustellen. Es ist dieses Gedicht durchaus ein Zeugniß eines schönen und gleichgestimmten Gemüthes, das sich von unpassenden und unnatür-

lichen Empfindungen frei zu halten weiß. Der reine Natursinn, das
seelenvolle häusliche Leben und die innige Gottesverehrung einfältiger
Herzen durchdringen sich in dieser kunstlos angelegten Dichtung auf
eine so wohlthuende Weise, daß der Tod Abels aus der Zeit der
Patriarchaden das anziehendste Gedicht bleibt, während der Messias
bewundert, aber nicht mehr gelesen wird. Wenn Klopstock durch eine
geschraubte und phantastische Orthodorie, Bodmer durch ein bunt zu-
sammengewürfeltes Allerlei wunderlicher Sonderbarkeiten dem gemeinen
Verständnisse fern blieben: so griff dagegen Geßner durch die Darlegung
der jedem Menschenherzen verwandten Gefühle und durch einen Gottesdienst der einfachen Empfindung, welcher Gebete voll Leben und Wahrheit entflossen, in einem großen Kreise wohlthätig ein. Der für jeden
geistigen Eindruck offene Bodmer gesteht nun nicht nur gerne Geßners
episches Geschick, sondern auch dessen besseres Gelingen ein, indem er an
Zellweger in Beziehung auf die Noachide schreibt: „Wie viel geschickter
hat Geßner gewählt. Seine Gemälde schicken sich auf den vollständigen
Zustand unserer Natur. Sie brauchen keine Zubereitung, keinen
Schmuck, als den eine jede ruhige, sanfte Fassung des Gemüthes darstellt. Die Seele wird da nicht erschüttert, sondern mit einer beständigen,
ihr vorher bekannten Lust durchdrungen. Daher der Beifall, den ihm
vorher Franzos, Engländer, Italiener, ungeachtet alle Nationalvor-
urtheile, mit vollem Munde ertheilen."

Eine der lieblichsten Dichtungen Geßners ist der im Jahre 1762
erschienene „Erste Schiffer," worin sich wieder alle seine Mängel
und Vorzüge herausstellen. Denn dieser Schiffer ist eben so sanft
sentimentaler Natur wie die Hirten, den zu seinem Unternehmen nicht
Muth und Kühnheit, sondern Amor im Traum bestimmt. Dagegen
sind die Betrachtungen, welche Melide auf ihrem Eilande über ihre
Einsamkeit anstellt, und ihre Sehnsucht nach Gesellschaft, eine wahre
Psychologie der Liebe. Die Schönheit, Präcision und Kürze der
Sprache sticht so vortheilhaft gegen die meisten poetischen Erzeugnisse
jener Zeit ab, namentlich gegen diejenigen Wielands, welche in einer
philosophischen Breite sich ergehen, die sie jetzt ungenießbar macht, während man Geßnern, welcher in jedem Zug ein lebendiges Gemälde giebt,
mit Theilnahme folgt. Die Tochter, welche vom Zuge der verlangenden Natur erfüllt ist, und die Mutter, welche das einsame Kind zu
beschwichtigen sucht, geben uns idyllische Züge von unübertrefflicher
Anmuth.

Zugleich mit dem ersten Schiffer gab Geßner zwei Schauspiele heraus, indem er sich auch in dieser Gattung versuchen wollte, welche durch Lessings Bestrebungen den ersten Rang in der schönen Literatur gewonnen hatte. Geßner, welcher nur zu schildern, nicht aber durch Handlung zu beleben verstand, konnte darin nicht glücklich sein. Das erste, „Evander und Alcimna," ist, wie Daphnis, aus dem Longus entlehnt und hat wenigstens einzelne gute Scenen, in welchen der Kontrast zwischen dem Glücke unschuldiger Genügsamkeit und der thörichten Verfeinerung treffend und launig dargestellt ist. Schwächer ist das zweite Stück „Erast;" allein gleichwohl wissen keine geringern Freunde als Wieland und Gleim von den Thränen zu erzählen, welche sie vor Entzücken über diese Stücke geweint!

Unterdessen hatte die Kunst Geßnern von der Poesie abgeführt, so daß erst im Jahre 1772 noch ein Nachtrag Idyllen folgte, welche seine poetische Thätigkeit schlossen. Allein diese spätern Idyllen stehen denjenigen aus Geßners Jugend bedeutend nach: die Bilder sind weniger natürlich und eigenthümlich, und man spürt ein verlegenes Suchen nach neuem Stoffe, der sich aber eben nicht finden wollte; auch treten die größtentheils unpassenden moralischen Tendenzen störend ein, und diejenigen Stücke, welche für Gemälde seiner eigenen glücklichen Häuslichkeit gelten, wie der „Herbstmorgen" und „Daphnis und Chloe", leiden an einer gewissen hausbackenen Absichtlichkeit und darum Frostigkeit. Denn Geßner war seinem ganzen Wesen nach doch zu sehr ein ganz Anderer, als daß er sich mit seinen Schäfern hätte identificieren wollen; daher Bodmer an Schinz bemerkt: „Es ist sonderbar, daß man sich von Geßners Gemüth und Charakter die Idee aus der Unschuld seiner Schäfer abstrahiert." Den Schluß dieser Idyllen bildet die sogenannte Schweizeridylle, „Das hölzerne Bein," welche indessen eben so wenig eigenthümlich Schweizerisches hat als alle andern, außer daß sie sich an die Schweizergeschichte anlehnt.

Es ist bekannt, daß Geßner unter dem französischen Publikum einen größern und allgemeinern Beifall fand als unter dem deutschen. Diese Bewunderung wurde zunächst dem Tod Abels zu Theil, welcher durch Michael Huber, einen Mann von Geist und Geschmack, ins Französische übersetzt wurde. Diese im Jahre 1761 erschienene Uebersetzung wurde zu Paris in den ersten vierzehn Tagen vergriffen, worauf schnell mehrere Auflagen folgten. Huber gab im nächsten Jahre auch die Uebersetzung der frühern Idyllen heraus und von 1768 bis 1772

lieferte er die Ueberſetzung von Geßners ſämmtlichen Werken.　In Ver=
gleich mit derjenigen Schäferpoeſie, welche die franzöſiſche und italieniſche
Literatur bisher geliefert hatte, mußte die vornehme Welt die Geßner'=
ſchen Naturmenſchen wahr und vortrefflich finden; daher Geßner der
Liebling der franzöſiſchen Großen und der gefeierteſte unter allen aus=
ländiſchen Schriftſtellern ſeiner Zeit wurde.　Selbſt bis auf den heutigen
Tag hat kein anderer deutſcher Dichter bei den Franzoſen ſo allgemeinen
Eingang gefunden, und noch neulich wurde Geßner bei einer amtlich
veranſtalteten Auswahl franzöſiſcher Volksbücher obenan geſtellt.　Es iſt
zu viel, mit J. J. Hottinger, dem Aeltern, dem Biographen Geßners,
dieſe Bewunderung der Franzoſen zu einer Anklage gegen das deutſche
Publikum umzuwenden; ſo wie es auf der andern Seite zu viel iſt, in
dieſer Bewunderung der Franzoſen den Beweis zu finden, daß Geßner
matt und leer ſei.　So viel freilich muß zugeſtanden werden, daß je
origineller und genialer ein Dichter iſt, er deſto mehr verliert, wenn er
in eine fremde Sprache überſetzt wird.　Zu dieſem Behuf nun kam
Geßnern zunächſt ſeine poetiſche Proſa zu ſtatten, dann aber und vor=
nämlich die ſchöne Einfachheit, Kürze und Klarheit ſeiner Sprache,
die abgerundete Satzbildung, das Ebenmaß der Gegenſätze.　Daß zu=
gleich die weiche Sentimentalität, die moraliſche Zerfloſſenheit, das
widerſtandsloſe Entgegenkommen der hülleloſen, liebeglühenden Schäfer=
welt die durch gleißende Formen, ekle Ueberfeinerung und freche Sitten=
loſigkeit abgeſtumpfte Vornehmheit jener Zeit locken und amüſieren
mußte, mit einem Worte, daß gerade Geßners Fehler mit dazu bei=
trugen, ihn den damaligen Franzoſen zu empfehlen: kann nicht in Ab=
rede geſtellt werden; allein nur weſentliche und dauernde Vorzüge konn=
ten ihm über allen Wechſel der Zeit hinaus eine bleibende Vorliebe ſichern
und ihm die Zuneigung eines Rouſſeau gewinnen, der ihn einen Mann
nach ſeinem Herzen nannte. — Es waren jedoch nicht die Franzoſen
allein, welche Geßnern ihre Theilnahme ſchenkten, ſondern alle gebildeten
Sprachen Europas ohne Ausnahme lieferten Ueberſetzungen ſeiner Werke;
namentlich erſchienen ſechs verſchiedene italieniſche Ueberſetzungen, welche
ſeine Werke ganz oder zum Theil enthielten, und mehrere engliſche: ein
Beweis, daß ſeine Poeſie Saiten anſchlug, welche unabhängig von
nationalen und literariſchen Sympathien in der Tiefe des Menſchen=
herzens ihren Nachklang fanden.　Es wurde daher auch Geßnern eine
ſeltene perſönliche Verehrung zu Theil: nicht nur kam der Neapolitaner
Bertola eigens nach der Schweiz, um den Dichter der Idyllen in der

schönen Einsamkeit des Sihlwaldes zu besuchen; sondern es enthält sein
Nachlaß zahlreiche Beweise der Liebe und Hochachtung von Besuchern
aus allen Nationen.

Freilich galt diese Verehrung, namentlich der höhern Stände, eben
so sehr Geßnern, dem Künstler, als dem Dichter. Denn auch das ist
an Geßner nicht zu übersehen, und um so mehr, da er Buchhändler war,
daß seine eigentliche poetische Thätigkeit sich in einem Zeitraume von
etwa zehn Jahren abschloß, und daß er die Harfe bei Seite legte, als
ihm dieselbe neue und schöpferische Klänge versagen zu wollen schien.
Er war Dichter als Jüngling; als Mann aber wandte er seine ganze
Neigung und Kraft der Kunst zu. Es ist daher merkwürdig, die innige
Verwandtschaft zu beachten, welche zwischen dem Künstler und dem
Dichter stattfindet. Der Dichtung seiner ersten Periode, als seine
poetischen Versuche noch komisch= satyrischer Art waren, entsprechen seine
vortrefflich gezeichneten, lebevollen Karikaturen zu Swift und Sha=
kespeare, und sind ein Beweis, wie reich und eigenthümlich er als Sa=
tyriker hätte werden können, wenn er sich nach dieser Seite ausgebildet
haben würde. Namentlich aber ist die Uebereinstimmung der Idyllen
und der Landschaften Geßners auffallend: denn auch diese waren ge=
malte Idyllen, in welchen sein feiner Beobachtungssinn, das stille
Lauschen auf die unendliche Mannigfaltigkeit der verborgenen Schön=
heiten der Natur, die Einfalt, Wahrheit und Treue sinniger Anschauung
sich unendlich reicher, sicherer, klarer und lebendiger darstellt, als in
seinen Dichtungen. Besonders auffallend ist, daß er eben so wenig als
Künstler wie als Dichter die Natur und das Leben seiner Heimat zum
Gegenstande seiner künstlerischen Darstellung wählte: denn keine seiner
Landschaften giebt die Alpenwelt, keine eine weite, große Natur; sondern
er beschränkt sich auf jene heimlichen Stillleben, in denen eine unendliche
Mannigfaltigkeit von sinnigen Beobachtungen und Studien zu einem
lieblichen Ganzen verbunden ist. Denn er giebt keine fingierte, aben=
teuerliche Natur; sondern man findet überall heimatliche Naturbilder,
klar und belebt in jeder Einzelnheit, die darum auch so traulich und
anziehend sind. In dieser nordisch=heimatlichen Natur bilden dann
freilich die Halbgötter und die idealen Hirten einen sonderbaren Kontrast
und es wollen dieselben nicht recht in diese kühle Welt hinein passen.
Man darf sich daher nicht wundern, wenn die Figuren seiner Gemälde
eben so wenig charakteristisch individualisiert sind, wie seine poetischen
Hirten. Allein Geßner hat sich wenigstens darin den Beifall der Kenner

erworben, daß er, wie seine poetischen Bilder mit Klarheit und Anmuth
dargestellt sind, auch in seine menschlichen Figuren richtige Zeichnung,
feines Ebenmaß und griechische Grazie hineinzulegen verstanden. Und so
bildet die Prachtausgabe seiner Idyllen in Quart durch die künstlerische
Darstellung der poetischen Hauptscenen, von Geßner nicht nur gezeichnet,
sondern auch radiert, eine so zusammenstimmende Harmonie von Poesie
und Kunst: daß ein solch seltener Verein mehrfacher Talente ein in seiner
Art einziges Kunstwerk hervorgebracht hat.

    Einen schönen Beweis von der Reife und Gründlichkeit seiner
Kunstbildung gab Geßner in spätern Jahren in seinem ganz vortrefflichen Brief über die „Landschaftmalerei" an Füßli, und in
seinen „Briefen" an seinen Sohn Conrad, der in einem andern
Genre der Malerei genial geworden: indem er dort auf die klarste Weise
die Geschichte seiner eigenen Kunstbildung enthüllt; und hier in Kunst
und Leben eine solche Vielseitigkeit, einen solchen Reichthum an Gedanken, eine solche Freiheit von Phantasterei und Sentimentalität, dagegen aber eine solche männliche Klarheit und Liebenswürdigkeit, einen
solchen Adel der Gesinnung und des Herzens an den Tag legt, daß
diese letztern Briefe ein unumstößliches Zeugniß bleiben, daß Geßner
ein glücklich begabter Mann war, von reinem Schönheitsgefühl, hellem
Verstand und edler Gesinnung.

VIII. Zimmermann.

1. Zimmermann, ein Repräsentant der Sturm- und Drangzeit.

Zwischen den Zürchern hinein haben wir hier einen Mann anzuführen, der zum Theil einem andern Kreise angehörte, allein doch mit denselben in vielfacher und naher Verbindung stand. Es ist dieß Johann Georg Zimmermann, 1728 zu Brugg im Aargau geboren. Weil Brugg zu jener Zeit mehrere begabte Männer, wie z. B. die Stapfer, die Rengger, auszusenden hatte, worunter vorzüglich Geistliche, so hieß es das Prophetenstädtchen. Bern mochte es nämlich wohl leiden, wenn seine Unterthanenlande ihm wissenschaftlich gebildete Männer lieferten: diese fanden Unterstützung und Beförderung, nur das Regiment behielt die Hauptstadt für sich. Zimmermanns Mutter war die Tochter eines aus dem Waadtlande abstammenden Pariser Advokaten und daher der Sohn von Kindheit an mit französischer Sprache und Bildung vertraut. In Bern bereitete er sich auf das Studium der Arzneikunst vor und ging dann nach Göttingen, wo er in Hallers Hause wie ein Sohn aufgenommen wurde. In Bern ließ er sich nach seiner Rückkehr in die Schweiz zunächst nieder und fand ebenfalls durch Hallern zusagende Familienverbindungen. Bald aber veranlaßten ihn Freunde und ein schönes Besitzthum in Brugg, dem Rufe als Stadtarzt dahin zu folgen. In der Stille der Heimat begann Zimmermann seine literarische Thätigkeit. Wie bei den übrigen Schweizern dieser Zeit und zunächst nach dem Vorbilde seines Lehrers Haller war seine Geistesrichtung eine universelle, und demnach bestrebte er sich, die Gedanken der Wissenschaft zum Gemeingut der bürgerlichen Gesellschaft zu machen. Dazu war er in hohem Grade befähigt durch lebhafte Auffassung und seine Beobachtungsgabe, durch reiche Belesenheit und blühende Darstellung. Seine Sprache übertrifft

an Kraft und Mannigfaltigkeit diejenige der bisher genannten Schweizer außer Haller, und er verstand es wie dieser Gegenstände und Verhältnisse scharf und klar zu umschreiben. Allein Zimmermann ist weit
entfernt von der innerlich freien, unbefangenen Ruhe seines Meisters,
von jenem bescheidenen Forschen nach Wahrheit, von der Treue und
Konsequenz der Ueberzeugung und Gesinnung. Es ist weder eine bestimmte Lebensaufgabe, noch ein tiefer Gedanke, welche ihn leiten;
sondern es drängt ihn mehr das Verlangen nach Geltendmachung seines
Urtheils und nach Auszeichnung und Ehre. ·Es ist das Feuer und die
Leidenschaftlichkeit des Südländers in ihm, daher er von der Gegenwart
stets heftig ergriffen und so durch augenblickliche Eindrücke und Stimmungen fortgerissen wird, so daß Umsicht und ruhige Besonnenheit des
Urtheils immer wieder getrübt werden. Dagegen gewinnt Zimmermanns Schreibart durch natürliche Frische und durch Wärme der Seele
häufig einen Schwung und eine Begeisterung, welche fesseln und fort-
reißen und ihn daher nicht ohne Grund zu einem Lieblingsschriftsteller
seiner Zeit machten.

Das abgeschlossene Leben in seiner kleinen Vaterstadt wurde für
Zimmermanns aufstrebenden Geist eine Pein; es drängte ihn daher, sich
als Schriftsteller ein weiteres Feld zu öffnen. Sein vierjähriger Aufenthalt bei Haller war für ihn eine Aufforderung, die Welt mit den Vorzügen seines großen Lehrers bekannt zu machen; und genaue schriftliche Aufzeichnungen von dem, was er täglich gesehen und gehört hatte,
gaben ihm die Materialien an die Hand, ein getreues und lebendiges
Bild eines Mannes zu entwerfen, der nicht nur als Gelehrter, sondern
als Mensch so bedeutend und einflußreich war. Es erschien daher im
Jahre 1755 von ihm „Das Leben des Herrn von Haller."
Zimmermann konnte es sich bei dieser Lebensbeschreibung nicht versagen, seine eigene Person und seine absprechenden Urtheile so vorlaut
hervortreten zu lassen, wie solches mit Hallers Milde und Würde wenig
vereinbar war. Es war vergeblich, daß Haller (nach dessen eigenen
Worten) „aus wichtigen und seine Ruhe betreffenden Gründen in zwanzig Briefen die allzu wirksame Dankbarkeit seines Zuhörers mißbilligt,
und sein Vorhaben ihm auszureden gesucht" — Haller mußte die
Pforte bilden, um ihn als Schriftsteller beim Publikum einzuführen.
Nach Hallers Tode würde Zimmermann diese mangelhafte Jugendarbeit
gerne verbessert haben: „Ich hatte Lust, Hallers Leben ganz umzu-
schmelzen, d. i. aus diesem Wust ein kleines vernünftiges Buch zu

machen." Allein Hallers Nachkommen scheinen auch vom gereiften Manne Indiscretionen gefürchtet zu haben und zur Beförderung dieses Unternehmens nicht geneigt gewesen zu sein.

Unter Zimmermanns Mißgriffen mußte auch ein poetischer Versuch in Hallers Weise vorkommen, „Die Zerstörung von Lissabon." Allein die Vorreden und Anmerkungen, in welchen die ungelenken Verse untergingen, bewiesen am besten, daß die Poesie nicht seine Sprache sei. Obgleich er wohl erkannte und es öffentlich ausgesprochen hatte, daß er zum Dichter nicht geschickt sei, so bedurfte es doch Wielands derbes Veto, um Zimmermann zu verhindern, sich abermals mit einem Lobgesang auf Friedrich den Großen herauszulassen.

Unterdessen verfolgte Zimmermann jene in Bern ihm eigen gewordene Richtung nach allgemeiner Weltbildung und machte sich daher vorzüglich mit den englischen und französischen Social = Schriftstellern bekannt. Aus ihnen schöpfte er den leichten, pikanten Weltton und das Selbstvertrauen, gebaut auf das Urtheil des gesunden Menschenverstandes und die subjective Anschauung. So bildete sich bei ihm jene wohlfeile, willkürliche und übermüthige Philosophie aus, welche seine Wahrheit kennt, aber in selbstgeschaffenen Idealen schwärmt, welche ihrer Beobachtung und Erfahrung sich rühmt, aber diese ganz launenhaft und principlos aus = und zurechtlegt. Eine solche Schriftstellerei, welche unter dem Scheine philosophischer Unbefangenheit und Freimüthigkeit Menschen und Zuständen eine beliebige Gestalt und Farbe giebt, und so Preis und Schmähung aus eigener Machtvollkommenheit keck vertheilt, eine solche Schriftstellerei mußte einem so eiteln und heftigen, einem so strebsamen und weltverbesserungssüchtigen Manne sehr zusagen. Und so schlug er bald einen Weg ein, aus dem er nicht mehr herauskam.

Je enger Zimmermanns Kreis in Brugg war, desto feuriger und stolzer schweiften seine Gedanken in die große, weite Welt hinaus; je größer das Behagen und Selbstgefühl seiner Kleinstädter war, mit desto schneidenderer Verachtung wendete er sich einem schrankenlosen Weltbürgerthum zu. Auf solchem Grund ist Zimmermanns erste philosophische Schrift „Vom Rationalstolz" (1758) entstanden. Der rohe Keim dazu, in dem sich noch die subjektive Gährung kund thut, lag schon in einem Worte der pathetischen Zueignung der Zerstörung von Lissabon an einen Berner Patricier, wo hochmüthige Ueberhebung und übertriebene Schmeichelei komisch zusammen gesellend, Zimmermann sich

unter Anderm vernehmen läßt: „Die Vorurtheile der Jugend und Auferziehung, diese grausamen Tyrannen der Vernunft, lehren uns einen
Europäer einem Irokesen, einen Schweizer einem Spanier vorziehen;
und wie sehr sind wir doch gegründet, uns oft die Leute am meisten
mißfallen zu lassen, die wir am genausten kennen."

Das Buch zerfällt in zwei Theile.   Der erste ist eine Satyre
auf den lächerlichen Nationalstolz.   Statt sich zu bemühen, ein sorg-
fältiges Bild der Nationaleigenthümlichkeit der verschiedenen Völker zu
geben und dann auf die Verirrungen des Nationalstolzes einzugehen:
begnügt sich der Verfasser, in flüchtigen Umrissen amüsante Anekdoten
und abgerissene Züge vom Adelsstolz, Religionsstolz, Freiheits = und
Tapferkeitsstolz u. s. w. zusammenzustellen, wobei ihm das Pikante
und Paradoxe immer mehr gilt als die Wahrheit, und wo ihm die
fratzenhafteste Mähre immer die willkommenste ist; daher ihm auch
wildfremde Völker, wie namentlich die Chinesen, besonders herhalten
müssen.   Im zweiten Theile, welcher von den Vortheilen des Nationalstolzes handelt, ist Darstellung und Inhalt oft anziehend und würdig,
namentlich wo er von den Vorzügen in Wissenschaft und Kunst spricht.
Die klare, gedrungene Sprache, die spannenden Gegensätze, die Wärme
des Gefühls verschafften ihm eine Anerkennung, daß selbst Lessing ihn
unter die guten Prosaisten zählte. Allein das Ganze ist doch wieder von
einer gewissen skeptischen Leichtfertigkeit durchzogen, so daß die schwunghafte Beredsamkeit vorweg durch etwas Unpassendes und Abgeschmacktes
beeinträchtigt wird.   Besonders auffallend ist, daß, indem er es nicht
fehlen läßt, die gute Seite des Stolzes auf Tapferkeit, Wissenschaft,
Verfassung ꝛc. hervorzuheben, die Religion nur in der Schattenseite
sitzen bleibt; und daß der Schweizer in den frühern Ausgaben die Republikaner nur lächerlich macht und auch nachher wenig Gutes von der
Republik zu sagen weiß, dagegen sich zum pathetischen Lobredner theils
der Monarchie, theils der Freigeister aufwirft und unter Anderm vorbringt: „Der Freiheitsgeist eines Montesquieu, eines d'Alembert, eines
Helvetius ꝛc. und so vieler andern Franzosen vom ersten Range ist die
größte Satyre auf die Denkungsart aller angeblichen Republikaner."
Mit Recht ist dagegen unter manchem andern Zeugniß eines gesunden
Blickes seine bemerkenswerthe Voraussicht der Revolution gewürdigt
worden *).

----

*) „Wir leben in der Dämmerung einer großen Revolution, in den Tagen einer
zweiten Scheidung von Licht und Finsterniß.   Man bemerkt in Europa gleichsam

Es gehört noch hieher zu erwähnen, wie Wieland, welcher durch
Bodmer und Breitinger mit Zimmermann bekannt, in jener Zeit, wie
wir oben gesehen, diesem am nächsten stand, seine philosophischen Erst=
linge aufgenommen. Er findet darin ein günstiges Zeugniß für seinen
Geist, spricht sich aber über Gesinnung und Charakter etwas zweifelhaft
aus. Zunächst entbietet er ihm: „Selbst Philosophen müssen Ihre Ab=
handlung, ungeachtet der cavalierischen Art, womit Sie philosophieren,
mit Vergnügen lesen." Ferner schreibt er ihm: „Die Logik rächet sich
manchmal ganz unbarmherzig an ihrem alten Verächter. Aber man
muß Ihren Einfällen nicht immer gar zu scharf ins Auge sehen. Es
beliebt Ihnen, sich mit dem Publiko lustig zu machen; Sie regalieren
uns mit ihren Crudtäten, es ist wahr, aber sehr oft bedomagieren Sie
uns durch ganz niedliche Bissen. Ihre Abhandlung ist ein Potpourri;
dergleichen muß man schreiben, wenn man von vielen will applaudiert
werden." Später läßt sich Wieland, zwar nicht in Beziehung auf
diese Schrift, sondern im Allgemeinen vernehmen: „Sie müssen sich
einige kleine Fehler abgewöhnen, von welchen Sie alle Augenblicke zu
großen faux-pas verleitet werden können. Sie kennen diese Flüchtig=
keit, diese seichte Art nach Anscheinungen zu urtheilen, diese Aufwal=
lungen, diese Boutaden und Capricen, denen Ihr Kopf so sehr unter=
worfen ist."

Allein aller Fehler ungeachtet war der Wurf gelungen: Zimmer=
mann hatte den Ton für Weltleute getroffen, seine Schrift blieb ein
Lieblingsbuch des Publikums bis zur französischen Revolution und
wurde nicht nur ins Französische und Englische, sondern selbst ins
Russische übersetzt, da er an der Kaiserin Katharina II. im Verfolg eine

---

einen zweiten Aufstand zum Besten des gesunden Denkens. Die Wolken des Irrthums
und der Furcht zerstreuen sich, des langen Zwanges müde wirft man die Ketten der
alten Vorurtheile ab, um von den verlornen Rechten der Vernunft und Freiheit wie=
der Besitz zu nehmen. Das allenthalben verbreitete Licht, der allenthalben ange=
wandte philosophische Geist, die daher rührende größere Kenntniß des Fehlerhaften in
der angenommenen Denkungsart, und kurzweg das Sturmlaufen auf die Vorurtheile
der Zeit, zeuget eine Dreistigkeit im Denken, die oft in eine strafbare Frechheit ausartet,
manchem sein kleines Maß von Freiheit, manchem sein ganzes zeitliches Glück, und
hie und da einen Kopf kosten wird; auch leider schon jetzt die Sophistik des Mißver=
standes und der Mißdeutung zur gegenwärtigen Logik der Zeit macht; aber mit der
politischen Klugheit und der pflichtmäßigen Unterwürfigkeit unter die Landesgesetze
verbunden, unserm Weltalter große Verbesserungen und der Barbarei den Todesstich
verspricht."

besondere Gönnerin hatte.   In seiner offenen Weise legte Zimmermann
gegen S. Geßner später selbst über den Nationalstolz das Zeugniß ab:
„Es ist bei meiner Seele im Grunde doch nur ein Narrenbuch: und
wenn man es in dieser Absicht und unter diesem Titel gut findet, bin ich
zufrieden."

Zimmermann hatte nun einen Namen, und so konnte er hoffen,
bald aus seinem kleinen Brugg befreit zu werden.   Unter Anderm erging ein durch Haller veranlaßter Ruf nach Göttingen an ihn.   Allein
Zimmermann hatte eine Abneigung gegen die Gelehrten und hätte für
die regelmäßige Berufsordnung des akademischen Lebens und die in
demselben nöthige Fügsamkeit nicht getaugt.   Strenge und gründliche
Studien waren überhaupt seine Sache nicht.   Denn er hatte auf der
einen Seite weder die wissenschaftliche Tiefe, noch auf der andern die
treue Liebe zur leidenden Menschheit, um durch beharrliches Forschen
entweder das Gebiet seiner Berufswissenschaft zu erweitern, wie sein
Lehrer Haller, oder seine Kenntnisse zum Gemeingute des Volkes zu
machen, wie sein Freund Tissot.   Er begnügte sich vielmehr auch als
Arzt Weltmann zu sein.   Sein im Jahre 1763 erschienenes Werk
„Von der Erfahrung in der Arzneykunst" hat daher keinen
wissenschaftlichen Werth, indem dasselbe weder neue Gedanken und Forschungen enthält, noch bereits Erkanntes in übersichtlicher, systematischer
Gliederung aufführt.   Das Verdienst dieses Buches für seine Zeit bestand darin, daß es namentlich den gebildeten Weltleuten das Gebiet
des Arztes in anregender Sprache nahe legte und durch anziehende Beispiele belebte.   Allein das philosophische Gerede in demselben ist weit
entfernt, seinen Gedanken Zusammenhang und Schärfe zu geben, sondern ergeht sich rhapsodisch in allgemeinen Betrachtungen, welche gerade
der einfachen Darlegung der Erfahrung Eintrag thun.   Auch hier
stört das Haschen nach Effekt und die einseitige Partheilichkeit die unbefangene Sprache der Wahrheit, und übertriebenes Lob oder roher Tadel
stellen die Personen und Thatsachen in sehr vielen Fällen in ein schiefes
und unrichtiges Licht.   Das Werk blieb unvollendet.   Als er später
an die Fortsetzung gemahnt wurde, entschuldigte er sich folgender
Maßen: „Soll ich etwas schreiben, so muß es ein schneller und leichter
Erguß irgend einer guten oder bösen Laune sein."

2. Zimmermanns Geltung.

Indessen eröffnete dieses Werk Zimmermann eine Stellung und eine Thätigkeit, wie er es nach seiner Sinnesart wünschte, indem er im Jahre 1768 als großbritannischer Leibarzt nach Hannover berufen wurde. Allein kaum aus Brugg befreit, ging sogleich auch in Hannover die Noth von Neuem an, denn die Hypochondrie trübte hier wie dort seine Tage, und mehrfaches häusliches Unglück trat hinzu, um sein Leben zu verbittern. Das Glück, welches der berühmte Arzt, der Weltmann und Menschenkenner, der fröhliche Gesellschafter und vortreffliche Erzähler namentlich bei fürstlichen Personen machte, befriedigte wohl seine Ruhmbegierde,. aber gab dem unruhigen Manne den innern Frieden nicht. Eine immer ausgedehntere Praxis und häufige Konsultationen der norddeutschen Höfe nahmen alle seine Zeit in Anspruch, und das Hofleben riß ihn in eine Zerstreuung hinein, welche der innern Sammlung wie der wissenschaftlichen Ausbildung gleich nachtheilig war. Unter diesen Umständen ruhte auch seine schriftstellerische Thätigkeit viele Jahre lang. Lavaters Physiognomik, welche Zimmermann die Anregung und Entstehung verdankte, und welche von ihm zuerst bei der großen Welt eingeführt wurde, veranlaßte ihn inzwischen zu einer wenig glücklichen Vertheidigung derselben gegen Lichtenberg, wobei er unwürdige Persönlichkeiten einmischte, was weder zu seinem Vortheile, noch zu demjenigen seiner Sache ausschlug.

Endlich griff Zimmermann wieder zur Feder, um einen Lieblingsgedanken seiner Jugend weiter auszuführen. Er hatte nämlich schon 1756 „Betrachtungen über die Einsamkeit" herausgegeben, unmittelbar nur zur Abwehr ungünstiger Urtheile seiner Mitbürger. Diese Richtung seiner Gedanken war zunächst dem Anstoße Rousseau's gefolgt, allein sie sagte überhaupt einem Manne vortrefflich zu, welcher mit der innern Welt seiner Gefühle und seinem Freiheitsgeiste sich gerne brüstete, der ein Menschenkenner und Sittenmaler war, und indem er ohne die Huldigung und die Aufmerksamkeit der Welt und der Großen nicht leben konnte, doch den Anschein haben wollte, als verachte er die Formen der Gesellschaft, der sich von dieser fortwährend angezogen und abgestoßen fühlte, und der, wenn er ihre Leerheit und ihre Täuschungen erfahren, durch die Ergüsse seines hypochondrischen Unmuthes sich an ihr rächte. Seine sentimentale Stimmung fand sich in diesem Gegenstande eben so sehr zu Gemälden des Stilllebens, als seine kühne Satyre

zu strafenden Bloßstellungen der Verkehrtheiten der Gesellschaftsmenschen
aufgefordert, und seine Genialität gab ihm Gelegenheit zur Entfaltung
einer Lebensphilosophie, welche anregend und schneidend in die damaligen
Lebensverhältnisse eingriff. Schon im Jahre 1773 hatte Zimmermann
seine Jugendarbeit umgeschaffen und ein „Fragment" davon im hannö-
verschen Magazin herausgegeben, welches in sofern bemerkenswerth ist,
da ihm noch im Jahre 1803 in Wien die Beachtung zu Theil wurde,
daß man dasselbe in einer auffallend kostbaren Prachtausgabe erscheinen
ließ. Unterdessen hatten vielfache körperliche Leiden, der Verlust einer
hoffnungsvollen Tochter, welche er unendlich geliebt und doch wieder
durch seine Reizbarkeit und Härte gequält hatte, der allmählig eintretende
und zuletzt hoffnungslose Wahnsinn seines Sohnes und endlich die Entfernung einer edlen Freundin, welche die letzte Stütze seiner trostlosen
Verlassenheit gewesen war, wie er selbst sagt, alle Kraft seiner Seele
vernichtet und ihn in einen Todesschlummer versenkt. Allein die schei-
dende Freundin hatte ihn verpflichtet, sich auf „irgend einen ungewöhnlichen und großen Gedanken zu wenden," und so schritt er von Neuem
zur Bearbeitung eines größern Werkes „Ueber die Einsamkeit."
Dasselbe erschien in den Jahren 1784 und 1785 in vier Bänden.
Leider hatte neben der erhebenden Muse der Freundschaft auch der unverhältnißmäßige Zorn gegen einen unbedeutenden und lächerlichen Gegner
seine Seele bewegt, und so leitete denn bald eine edle Begeisterung und
bald ein bitterer Unmuth seine dahinstürmende Feder.

In den ersten Kapiteln des Werkes thut sich die Wärme des Gefühls kund, aus welchem dasselbe hervorgegangen; es drängen sich
überraschende Geistesblitze und anziehende Kontraste voll Humor und
Witz. Ueber Einsamkeit wie über Gesellschaft spricht er als erfahrener
Beobachter und unbefangener Denker. Alles ist Leben und Handlung: es unterbrechen den Faden der Betrachtung bunt durcheinander
gewürfelte Geschichtchen, deren Zusammenstellung vergnügt, wenn auch
ihr Inhalt leicht oder oberflächlich ist. Denn es wird mit der Geschichte willkürlich umgegangen; allein die ihm dienenden Züge weiß
er charakteristisch und schlagend zu benutzen. Immer wird die Beobachtung durch das Leben bekräftigt: denn genannte und ungenannte
Personen, wie seine eigenen Erlebnisse und Empfindungen gehen in
rascher Abwechslung an uns vorüber. Er fesselt durch Verstand und
würdigen Ernst in Beurtheilung der Fehler gesellschaftlicher Konvention,
und seine Derbheiten und Selbstgefälligkeiten heben oft nicht unange-

nehm das individuelle Gepräge des Ganzen hervor.   Die Sprache ist nicht rein, aber oft voll kräftiger und glücklicher Gegensätze, und der Gedanke schärft sich häufig in einem überraschenden Schlagworte aus. Es ist keine gefeilte und berechnete, sondern eine ungekünstelt geistreiche, oft beredt dahin strömende und oft wieder gedrungene Sprache des Lebens und Umganges.

Im weitern Verfolge nimmt das Werk freilich eine bedenkliche Wendung, wo er vom Triebe zur Einsamkeit „in den ersten Zeiten der christlichen Kirche" (!) zu reden kommt.   Denn hier drängt in der Darstellung der Entstehung und Ausbildung des Mönchslebens im Morgenlande eine Ungezogenheit und Leichtfertigkeit die andere, indem ohne Ehrung geschichtlicher Wahrheit und mit ekelhafter Uebertreibung nicht nur das Mönchswesen, sondern vorzüglich der Charakter der ältesten Kirchenväter verunstaltet wird.   Das halbe Buch ist mit den „heiligen Halunken" angefüllt; und wenn es auch zu einer Zeit, wo in Deutschland die großen Klöster noch ihren gewichtigen Einfluß hatten, von einem bekannten und angesehenen Manne eine kühne Freimüthigkeit erforderte, um so offen und schonungslos gegen das Klosterleben zu sprechen: so nahm doch die maßlose Rohheit und der im Gemeinen sich wälzende Cynismus dem Unterfangen alles Verdienst.   Auch begnügt er sich nicht mit der Auseinandersetzung der religiösen Verirrungen, sondern er ist auch überhaupt der Vertheidiger der Ketzereien gegen die Kirchenlehre, und indem er von keiner andern, als einer fratzenhaften Erscheinung der Kirche weiß, zieht er dann auch mit wahrem Hasse gegen dieselbe zu Felde.   Eben so offenbart sich in muthwillig losgelassenen Hieben gegen sein Vaterland und seine früher unbedingt gefeierten Freunde, Haller und Lavater, weniger das unpartheiische Urtheil, als gallichte Schärfe.   Nach Laune und Gunst wird Lob und Tadel ausgetheilt.   Wo er aber loben will, versteht er es ganz vortrefflich: so in den Schilderungen von Friedrich dem Großen und Joseph II., wo die Schmeichelei um so feiner ist, da wirkliche Züge aus dem Leben zu einem charakteristischen Kranze verflochten sind.   Nachdem er aber lange Kapitel hindurch den Unmuth seiner Seele in aller Rücksichtslosigkeit und Schroffheit ausgegossen, wobei man eben sieht, daß er sich im Schreiben des hypochondrischen Krankheitsstoffes entlud: tritt dann wieder die Stille ruhiger Betrachtung und sentimentaler Schwärmerei ein.   So erfüllt das ganze zehnte Kapitel eine hinreißende Beredsamkeit für die Freiheit des Geistes, vereint mit der Freimüthigkeit des redlichen Mannes, der die Seelen erheben und für das Edle und Große begeistern will.

Mit dem vierten Bande nimmt das Werk eine neue Wendung, indem Zimmermann die bisherigen Härten und Uebertreibungen wieder gut zu machen suchte. Daher folgen nun wahrhaft schöne Gemälde der Einsamkeit in ländlicher Natur und namentlich geht ihm das Herz für sein Vaterland und seine dortigen Freunde auf, Lavatern wird nun auch wieder die Ehre gegeben, freilich auf Kosten seiner Vaterstadt. In der Zeichnung von Doktor Hoze und von Zollikofer zeigt er die ganze Innigkeit der Freundschaft; namentlich aber ist er unerschöpflich in der Begeisterung für die poetischen Einsiedler Petrarcha und Rousseau. Auch das Klosterwesen kommt glimpflicher weg und den Mystikern wird eine bemerkenswerthe Charakteristik zu Theil; überhaupt läßt er sich nun die Religion zu Herzen gehen und entwirft mit Liebe die Bilder frommer Menschen. Treffende Anekdoten und biographische Skizzen beleben stetsfort seine zwar oft breite und sich wiederholende, aber immer seelenfrische und pikante Beredsamkeit. Am Ende läßt das Ganze doch den Eindruck zurück, daß Zimmermann ein selbständiger und fester Charakter war, welcher einen kühnen Beitrag zur sittlichen Erhebung und Kräftigung seiner Zeitgenossen geben wollte. Für die Sittengeschichte seiner Zeit ist Zimmermanns Werk über die Einsamkeit von bleibendem Werthe; allein von einem wirksamen Einflusse konnte es nicht sein. Denn wo die gesellschaftlichen Zustände so vielfache Belege von Verkehrtheit und Verdorbenheit aufwiesen, da konnte mit dem Zurückziehen der Bessern aus der Gesellschaft nicht geholfen sein. Dieses träumerische, phantastische, selbstsüchtige Abschließen und Leben in der Einsamkeit war nur für einzelne sich fühlende Menschen, beschwichtigte aber die Gährung der Menge nicht. Gerade daß diese freien Geister sich der Theilnahme an dem, was allgemein belästigte, entzogen und sich schroff absonderten, reizte die Masse zu wilder Selbsthülfe.

In seinen spätern Jahren wurde Zimmermann noch Historiker. Er hatte Friedrich den Großen so warm, so geschickt und so fein zu loben gewußt, daß der ruhmbegierige König in seiner letzten Krankheit, so wenig er sonst auf ärztliche Hülfe vertraute, den berühmten Schweizerarzt für vierzehn Tage nach Berlin kommen ließ, wo er ihn täglich zwei Male vor sich beschied und gewöhnlich jedes Mal längere Unterhaltungen mit ihm über Literatur und Politik anknüpfte. Zimmermann gab nun im Jahre 1788 eine Schrift „Ueber Friedrich den Großen und

meine Unterredungen mit ihm kurz vor seinem Tode"
heraus, worin er jedenfalls ein getreues Bild von Friedrichs Wesen und
Gemüthsart aus jener Zeit liefert, wobei man dann die gesteigerte Dargebung seiner Empfindungen mit in den Kauf nehmen muß.   Zwei
Jahre später wurde diese Schrift und die wenig gelungene „Vertheidigung
Friedrichs des Großen gegen den Grafen von Mirabeau" in seine
„Fragmente über Friedrich den Großen zur Geschichte
seines Lebens, seiner Regierung und seines Charak-
ters" verschmolzen.   Hier kamen Zimmermann seine geselligen Eigenschaften förderlich zu statten: denn dem Könige nahestehende Männer,
selbst Minister, machten ihm einläßliche Mittheilungen, und er war mit
einer so beträchtlichen Zahl von zuverlässigen Männern und unmittelbaren Zeugen der Ereignisse in Verbindung gekommen, daß er aus einer
reichen Fundgrube lebendiger Erinnerungen schöpfen konnte.   Seine
humoristische Redseligkeit und Erzählungsgabe, seine naive Freimüthigkeit, seine Vorliebe zu Klatschereien, seine dramatische Darstellungsgabe
eigneten ihn recht sehr zum Memoiren-Schriftsteller.   Mochte er auch
manchen pikanten Zug oft ohne hinlängliche Prüfung und bisweilen
verwegen aufnehmen, mochte Heftigkeit und seine scheltende Derbheit ihn
zum ungeschickten Kritiker gegen muthwillig heraufbeschworene Feinde
machen: sowohl seine Begeisterung für den König, als seine Freimüthigkeit in Dargebung von dessen Schwächen erweckte beim Publikum Interesse für seine Mittheilungen, und ein bedeutender Theil charakteristischer
Züge und Anekdoten aus Friedrichs Leben kamen durch Zimmermanns
Eröffnungen zur allgemeinen Kunde *).

Allein mit diesem Werke hatte sich Zimmermann in seinen alten
Tagen auf ein unglückliches Feld gewagt, indem er sich auch als Politiker auf eine selbstgefällige und hochfahrende Weise hervorstellte.   Er,
der ehemalige Freund der Aufklärung und der Geistesfreiheit, betrachtete
nun die hereinbrechende Revolution mit andern Augen.   Schon in den
Fragmenten zog er nämlich gegen die Berliner Aufklärer eben so leidenschaftlich als unmächtig los; worauf der cynische Bahrdt mit all seiner
Schamlosigkeit gegen ihn auftrat.   Zur Verschlimmerung der Sache

*) Joh. Müller bemerkt über diese Schrift: „In Zimmermanns Werk stehen
gute Sachen und die Schreibart ist schön; doch rechtfertigt er wohl zu viel, und ist
an schönen Worten reicher als an wichtigen und neuen Sachen.   Wahr ists, daß dem
großen Friedrich nichts fehlte als — die höchste Stufe der Cultur, nämlich die, die
Humanität vervollkommnende, so wie alle Größe vermenschlichende — Religion."

stellte sich Kotzebue mit dem giftigen Pasquill „Bahrdt mit der eisernen
Stirn oder die deutsche Union gegen Zimmermann" unter dem Namen
Knigge's auf seine Seite.　Der getäuschte Zimmermann eröffnete nun
einen förmlichen Vertilgungskampf gegen Knigge, den er einen der
scheußlichsten Volksaufwiegler in Deutschland nannte: so daß er gegen
erhobene gerichtliche Klage öffentliche Genugthuung geben mußte.
Merkwürdiger Weise fand Zimmermann im Anfange des Streites Anklang in Wien, so daß Kaiser Leopold mit Beifall eine schriftliche Abhandlung von ihm aufnahm, unter dem Titel: „Ueber den Wahnwitz
unsers Zeitalters und über die kräftigsten Hülfsmittel gegen die Mord-
brenner, die uns aufklären wollen und gegen die Untergrabung und
Vernichtung der christlichen Religion und Fürstengewalt."　Der
Kaiser wollte auf diesen Bericht bei dem Reichstage in Regensburg
einen Fürstenverein gegen die Illuminaten bewirken; aber sein Tod
vereitelte dieses Vorhaben.　Allgemein verlassen und bedauert verfiel
nun Zimmermann in eine immer tiefere Melancholie, welche ihn allmählig verzehrte.　(† 1795.)

IX. Iselin.

---

1. Iselins vielseitige Bildung.

Wie Basel früher durch Drollinger und Spreng mit Zürich in geistiger Gemeinschaft gestanden, so ward in der zweiten Hälfte des Jahrhunderts durch Isaak Iselin (1728—1782) eine vielseitige Verbindung eingeleitet. Iselin ist ein merkwürdiges Glied in der Reihe der schweizerischen Schriftsteller seiner Zeit. Denn diese hatten bisher mehr oder weniger in Wechselwirkung mit der deutschen Literatur gestanden und ihre Thätigkeit gehörte zunächst den schönen Wissenschaften an. Allein Iselin war durch Bildung und Beruf Staatsmann und sowohl durch die Richtung seines Geistes als aus Mißbehagen über die engen Schranken seiner kleinen Republik Kosmopolit. Als Nachbar von Frankreich und mit dessen Philosophen durch einen Aufenthalt in Paris persönlich bekannt und nachher in beständigem Briefwechsel mit denselben, war er für die dort sich allmählig entwickelnden allgemeinen Weltverbesserungspläne sehr empfänglich; daher schloß er sich den philosophischen und politischen Gedanken der Franzosen über Beförderung des Volksglückes an und machte sich namentlich ihre klare und populäre Darstellung zu eigen. Auf der andern Seite aber war Iselin so durch und durch deutscher Art und Gesinnung, daß deutsche Gründlichkeit und Idealität bei ihm hervorstechende Eigenschaften sind. Endlich ist er bei aller Universalität seiner Ideen ein so getreuer Sohn seines Vaterlandes, daß die letzte Beziehung seiner Bestrebungen doch immer wieder der Wohlfahrt seiner Heimat gilt. Wir sehen also, wie sich die zu verschiedenen Zeiten vorkommende Erscheinung auch hier wiederholt, daß nämlich schweizerische Schriftsteller die Vermittler zwischen deutschen und französischen Richtungen sind, eine Stellung, welche sich bei einem so

selbständigen und mit sich selbst einigen Manne wie Iselin auch eigen=
thümlich gestalten mußte. Seine schriftstellerische Thätigkeit ist um so
verdienstlicher, da seine Umgebung ihm keinerlei Ermunterung gewährte,
wie er und Andere sich oft darüber beklagen*). Er stellte es sich dem=
nach als Lebensaufgabe, wieder geistige Regsamkeit in seine Vaterstadt
zu bringen und namentlich die Universität wieder zu beleben. Er hatte
nämlich in Göttingen (wo er bei Haller liebevolle Aufnahme, und in
Zimmermann, Zenner und N. E. Tscharner Freunde fand) sich dem
Studium der Rechte gewidmet, und daher nach seiner Rückkehr in die
Heimat sich vorzüglich mit seiner Fachwissenschaft beschäftigt, indem er
die Bearbeitung des eidgenössischen Staatsrechtes und eine philosophisch=
politische Geschichte der Schweiz begann. Allein er war in der Bewer=
bung um einen Lehrstuhl der Rechte an der Universität von Basel, wo
bekanntlich damals das Loos entschied, unglücklich. Doch was er als
öffentlicher Lehrer nicht leisten konnte, das suchte er als Schriftsteller zu
erreichen. Zwar äußert er selbst über den Anfang seiner schriftstelleri=
schen Thätigkeit, daß der Zufall ihn zum Schriftsteller gemacht, „von
verschiedenen Mißbräuchen ergriffen, die sein Vaterland entehrten.“
Nachdem er nämlich durch die im Jahre 1750 erschienenen „Versuche“
von Gedichten sich als einen Jünger der Bodmer'schen Schule erwiesen,
kamen 1755 die „Philosophischen und patriotischen Träume
eines Menschenfreundes“ heraus, wodurch er zuerst die öffent=
liche Aufmerksamkeit auf sich zog. Im Eingange dieses Werkes erin=
nert Iselin durch die Kundgebung stoischer Selbstgenügsamkeit an
Rousseau und eben so in der feindseligen Gegenüberstellung von Ideal
und Leben. Denn nachdem er den Weg angegeben, wie er zu seiner
philosophischen Lebensanschauung gekommen, äußert er sich: „Im
Lande der Ideen fand ich nichts als Ordnung, Richtigkeit, Tugend,
Gerechtigkeit, Erhabenheit. Im Lande der Wirklichkeit hingegen nichts
als Unordnung, Verwirrung, Falschheit, Scheintugend und betrüge=
rische Größe.“ Allein wenn ihn die Geschichte gelehrt, daß der Mensch
sich überall unendlich weit von seiner Natur und seiner Bestimmung
entfernt hat, so glaubt er dagegen der menschlichen Natur zutrauen zu
dürfen, daß seine Mitbürger, denen er seine Gedanken zunächst widmet,

*) Zwar waren im gleichen Jahrhundert schon zwei Glieder seines Geschlechtes
ihm als Schriftsteller vorangegangen, nämlich Jak. Christoph Iselin, der Ver=
fasser mehrerer historischer und philosophischer Schriften, und Rudolf Iselin, der
Herausgeber der Chronik von Tschudi.

sich bewegen lassen werden, nach höherer Vervollkommnung zu streben. Auf die Sache selbst eintretend, stellt er die psychologische Entwicklung der menschlichen Triebe voran und läßt dann eine Schilderung des Zustandes der frühesten Menschen folgen, um ferner zu zeigen, wie aus der Abweichung von der ursprünglichen Natur und Einfalt, Verderbniß und Elend eingerissen, welche er in der Ungleichheit der Stände, im Mißbrauche der Freiheit und im Ehrgeize entdeckt. Dann folgen die Abschnitte, in denen er seine eigenthümlichen Gedanken näher entwickelt. Die Erfahrungen vom Mißbrauche der Vorrechte der Regierenden in seinem Vaterlande haben ihn für die Republik sehr abgekühlt. Dagegen eröffnet er seine Gedanken über die Bildung eines auf Erbgüter gegründeten Patriciats, welches er für die beste Regierungsform hält. Für die kleinen schweizerischen Republiken jedoch schlägt er eine Verfassung mit einer Wahlart vor, wie sie die Schweiz jetzt wirklich, nur weit besser hat, freilich ohne die von Iselin geträumte Gerechtigkeit, Weisheit und Tugend. Ueberraschend ist die Entschiedenheit und Freimüthigkeit, womit er sich gegen die „Handelschaft" ausspricht*), und darin eine Quelle des Verderbens sieht: wogegen aber die Entwicklung seiner eigenen Vaterstadt die beste Widerlegung war, indem sich gerade damals die Keime der gegenwärtigen Blüthe und soliden Bürgertugend zu entfalten begannen. Hingegen sind seine Gründe gegen die Städte und namentlich die großen Städte sehr bemerkenswerth. Ferner tritt er gegen Rousseau für die Gelehrsamkeit in die Schranken, weist aber die Nachtheile der Gesellschaftlichkeit und der Ergötzlichkeiten nach. Schon hier spricht er sich mit aller Wärme für die öffentliche Erziehung aus und daß diese eine Pflicht des Staates sei. Endlich stellt er die Ideale

---

*) Iselin war nämlich bei all seiner Freisinnigkeit dennoch durch und durch Patricier: daher er befürchtete, daß das Patriciat von Basel durch ausschließliches Zuwenden zur Handelschaft zerstört werde. Denn wenn in früherer Zeit aus den vornehmen Geschlechtern Basels von mehreren Söhnen sich etwa einer der Handelschaft widmete, so machte er dennoch wissenschaftliche Studien, oft bis zur Magisterwürde, und wenn er alt war, widmete er sich dem Staate und übergab seine Handlung einem Sohne oder Tochtermann. Seit den vierziger Jahren des vorigen Jahrhunderts aber brach der ausschließliche Handelsgeist mit Macht herein, so daß nur noch wenige Söhne alter Häuser sich den Studien widmeten. Ein Grund dazu mochte das von 1718—1798 in Basel regierende Loos bei Aemterbesetzungen jeder Art sein, welches Studien fast nutzlos machte und die besten Kräfte lähmte. Iselin selbst, zwei Male ausersehen, Standeshaupt der Republik zu werden, wurde durch das harte Loos verdienter Ehre beraubt.

eines Königs, einer glückseligen Republik und eines Patrioten auf.
Wenn Iselin diesen Gedanken den Titel philosophische Träume gab, so
war es ihm in so fern damit ernste Wahrheit, als er die Erreichung der
Tugend und Glückseligkeit auf dem Wege der Natur, der Vernunft und
der Religion für möglich hielt.   Als er die zweite Auflage seiner
Träume Bodmern antrug, schrieb dieser an die Mitgenossen der Buch-
handlung: „Wie paradox, idealisch, platonisch!"   Allein Iselins
Idealität war so ruhig und klar, der Ausdruck so durchdacht, er hatte
die logische Durchführung des Gedankens so sehr in seiner Gewalt, seine
Sprache war so edel und doch wieder so verständlich, seine Beobachtungen ruhten auf einem so reichen historischen Grunde, daß er auch für
diese jugendlichen Träume ein zahlreiches Publikum fand, obgleich Iselin
selbst sagt, daß „seine Mitbürger ihn nicht lasen."   Allein seine Freimüthigkeit war doch kein Hinderniß, daß er im Jahre 1756 zu der an-
sehnlichen, aber mühvollen Stelle eines Rathsschreibers berufen wurde,
welche er bis an seinen Tod bekleidete.   Diese Beschäftigung sagte dem
hochstrebenden, idealen Manne wenig zu; allein nichts desto weniger
lebte er derselben mit einem Fleiße und einer Pflichttreue, als hätte sie
alle seine Zeit und Gedanken in Anspruch genommen; namentlich sollen
gesetzgeberische Arbeiten für die vorzügliche Befähigung in seinem Amte
zeugen.   Allein mitten aus dem Kreise der Geschäfte flüchtete sich sein
Geist immer wieder auf das weite Feld philosophischer Gedanken, so
daß er selbst auf der Rathsstube jeden freien Augenblick für seine wissenschaftlichen Forschungen zu gewinnen verstand.

Daher folgten auf die Träume die „Philosophischen und
politischen Versuche" (1760), wo freilich in zu allgemeinen Zügen
von der Verderbniß des Staates und der Nothwendigkeit der Tugend
gesprochen wird.   Das Beste darin mag wohl die Rüge sein, welche er
an leichtsinnige Schriftsteller über ihren verderblichen Einfluß auf die
Sitten richtet.   Iselin bewegt sich sein ganzes Leben hindurch um den
Grundgedanken, durch öffentliche Anstalten, besonders durch Verfassung
und Erziehung, die Sitten des Volkes zu verbessern.   Daher geht er.
in diesem wie in allen andern verschiedenen Versuchen zuerst von der
psychologischen Darlegung des Menschen aus, um zu zeigen, daß derselbe vermöge seiner Anlagen wirklich höherer Vervollkommnung fähig
sei.   Wir finden jetzt wenig Interesse an diesen zwar wohlausgespon-
nenen und klaren, aber breiten und einförmigen Deduktionen, deren
Hauptgedanke sich jetzt von selbst versteht, womit er aber unter seiner

Umgebung damals tauben Ohren predigte, da seine Ideen dem Staate
zu allgemein und der Kirche zu nüchtern weltbürgerlich waren und die
höchsten Bedürfnisse des Menschen zu wenig berührten.

Iselin faßte in seinen „Vermischten Schriften" (1770) die
große Zahl seiner kleinen Abhandlungen in einer Umarbeitung zusammen. Den ersten Theil zwar nehmen fast ganz Unterredungen ein,
welche den Titel „Schinznach" führen. Allein seine Vorschläge
über die politische und sittliche Umgestaltung seines Vaterlandes schweben so hoch und ohne Anknüpfungspunkte über den wirklichen Zuständen
seiner Zeit, daß sie selbst an den Schinznacher Freunden unbeachtet
vorübergingen. Bemerkenswerth sind im Eingange die Skizzen der
geistigen Entwicklung von Aristus und Philokles, wo er in jener „die
Geschichte seiner eigenen Empfindungen," in dieser diejenige seines
Freundes Frei gegeben zu haben scheint *). — Im zweiten Theile findet
sich eine Abhandlung über die Vortheile und Gefahren der Gelehrsamkeit, vorzüglich als Widerlegung Rousseau's. Eine andere über die
Religion hat nur insofern Werth, als sie zeigt, wie der philosophisch
aufgeklärte Iselin darin seine christliche Lebensanschauung formuliert.
Von besonderer Bedeutung sind seine Gedanken über Erziehung, da er
ein vorzügliches Heil darin sieht, daß man den Menschen für seinen
Beruf erzieht, daß man ihm den Unterricht zur Freude mache und sein
Selbstbewußtsein wecke, daß namentlich das Volk und besonders der
Landmann gebildet werde. Dieses Interesse für die Volkserziehung
und die Uebereinstimmung mit den Ansichten Basedows ergriff Iselin
so lebhaft, daß er diesen als einen pädagogischen Propheten begrüßte
und sich mit Lavater zur Förderung von dessen Elementarwerk an die
Spitze stellte. In seinen Abhandlungen über die Handelschaft, die
Reichthümer, die Ueppigkeit ist die Rücksichtslosigkeit bemerkenswerth,
womit er sich der in seiner Vaterstadt vorwaltenden Richtung gegenüber-
stellte, und namentlich die Vorzüge des Landbaues im Vergleiche mit
dem Handel hervorhob. Iselin war vorzüglich durch die Franzosen in
seinen Ansichten bestärkt und dahin geleitet worden, die Landwirthschaft
als das Fundament der allgemeinen Wohlfahrt und der sittlichen und
bürgerlichen Ordnung des Staates zu betrachten. Er arbeitete daher
seine Schrift über gesellige Ordnung zu einem größern Werke aus, unter dem Titel: „Träume eines Menschenfreundes" (1776), worin er

---

*) S. Vermischte Schriften, Bd. 2. S. 5—15, die Zueignung an Hauptmann
Frei.

nicht nur seine Ideen, sondern auch Berechnungen über die Landwirthschaft giebt.

2. Iselin, der Menschenfreund.

Alle Iselin'schen Schriften sind nur Versuche, die allgemeinen
Grundsätze aufzufinden, nach denen das Menschengeschlecht zu einem
höhern Grade der Vollkommenheit und des Glücks geführt werden
könne, wobei er nach der Richtung jener Zeit der philosophischen Erkenntniß ein viel zu großes Gewicht beimaß. Daher ist auch sein be-
kanntestes und sorgfältigstes Werk „Ueber die Geschichte der
Menschheit" gar nicht darauf berechnet, feste geschichtliche Thatsachen
über die frühern Zustände der Kultur auszumitteln; sondern der Verfasser giebt „Betrachtungen und Muthmaßungen," um zu den „großen
Grundsätzen zu führen, nach welchen in bessern Zeiten glücklichere Völker
sich einen vollkommenern Wohlstand versprechen können." Demnach wird
auch hier mit einer psychologischen Betrachtung des Menschen begonnen;
worauf Iselin aus der Geschichte seine zwar breiten aber sprechenden
Beweise gegen den gepriesenen Rousseau'schen Naturzustand herholt, welches die Hauptaufgabe des ganzen ersten Theiles ist. Im zweiten
Theile werden die allgemeinen Umrisse der allmählig entstehenden Kultur gezeichnet; und dann, nach der Schilderung der Verderbniß der
morgenländischen Despotien, charakterisiert er sehr gut die griechischen
und römischen Zustände und beleuchtet deren Mangel an sittlichem Ge-
halte. Dagegen waren seiner Zeit die Gesichtspunkte zur richtigen
Würdigung des Mittelalters noch nicht gegeben, um so weniger, als er
den Philosophen die Palme künftiger Weltbeglückung zuwenden zu
müssen meint, und unter denselben solche namhaft macht, welche besonders wirksame Vorarbeiter für die Revolution geworden sind. Allein
eben dieser Geist der Aufklärung und Freisinnigkeit, dessen Ausdruck bei
Iselins sonstiger Zurückhaltung und Mäßigung desto mehr Werth und
Gewicht hatte, machte damals dieses Werk zu einem anziehenden und
vielgelesenen Buche. Gerade der hoffnungsreiche Blick in die Zukunft
und der freudige Glaube, womit die bevorstehende Zeit großer Veränderungen als „Glückseligkeit der Nachwelt" verkündigt wurde, gab dem
Schweizer Iselin, dessen Vaterland damals fast allein für eine so freie
Sprache privilegiert war, einen weitverbreiteten und langedauernden
Ruhm.

Das Haupthinderniß für Iselins Lebensanschauung wie für seine Wirksamkeit war der große Gegensatz zwischen seinen weltbeglückenden Bestrebungen und seiner engen äußern Stellung. Seine Vaterstadt bot damals in Wissenschaft und Staatsleben eine große Stagnation dar *). Als Rathsschreiber war er mit einer Menge kleinlicher Beschäftigungen überladen, welche schwer auf ihn drückten; fremde Länder sah er nach seiner ersten Reise als Jüngling nicht wieder; sein Umgang und Verkehr beschränkte sich auf seine vaterländischen Freunde und wenige deutsche Nachbarn. So bot ihm die Erfahrung zu geringe Anknüpfungspunkte und Hülfsmittel für die Ausbildung seiner edeln und großen Gedanken, als daß dieselben recht fruchtbar in seine Zeit hätten eingreifen und zur wirklichen Anwendung hätten kommen können. Nichts desto weniger besaß Iselin in hohem Maße den praktischen Sinn, um bestehende Verhältnisse mit bestimmtem Blicke aufzufassen und für dieselben trefflichen Rath zu wissen. Denn seine Gelegenheitsschriften, wozu ihm irgend ein nahes Anliegen Veranlassung gab, zeichnen sich durch eine merkwürdige Einfachheit, Bestimmtheit und Einschlägigkeit aus: so seine Schrift über die Aufnahme neuer Bürger in Basel, welche gegen alte Vorurtheile und Mißbräuche so hart anstieß, daß sie verboten wurde, während sie in neuerer Zeit durch die That die vollste Anerkennung fand. Die gründliche Bildung und tiefe Einsicht Iselins giebt sich vorzüglich in seinen „Unvorgreiflichen Gedanken über die Verbesserung der Baselschen Hochschule" kund, welche er im Hinblick auf deren drittes Jubiläum herausgab, unter der Bemerkung: „Es ist hohe Zeit, alles Mögliche vorzukehren, einen traurigen Verfall zu verhüten." Allein auch damit predigte er tauben Ohren. Denn am Jubiläum des Jahres 1760 fand der damalige Rektor: „daß schwerlich eine, oder wohl keine der berühmtesten hohen Schulen in Europa sich mit der unsrigen in einige Vergleichung stellen kann." Und „als den größten Vorzug" hebt er hervor, „dessen sich wohl schwerlich eine hohe Schule in der Welt wird berühmen können, daß sie nämlich seit der längsten Zeit keines fremden Lehrers bedarf **)." Allein die Umgestaltung, welche die Hochschule ein halbes Jahrhundert später er-

---

*) S. Wilh. Bischer, Programm des Pädagogiums in Basel nebst Erinnerungen an Isaak Iselin. 1841.

**) Daß es eine Zeit gab, wo in diesem Umstande wirklich ein Vorzug lag, ist in der Einleitung berührt worden.

fuhr, ist Zeuge für die Weisheit und Zweckmäßigkeit der Rathschläge Iselins. Wenn es ihm an jenem Feste nicht gelang, für den Haupt-zweck etwas zu erreichen, so hatte er dagegen die Gelegenheit, mit seinen zum Jubiläum geladenen Gästen, Sal. Geßner, Sal. Hirzel und dem jüngern Schinz, eidgenössische Zusammenkünfte in Schinznach zu verab-reden, wodurch er zum Stifter der „Helvetischen Gesellschaft" geworden ist. Iselins Namen aber ist in Basel in lebendigem Andenken durch die im Jahre 1777 von ihm gestiftete „Gesellschaft zur Beförderung des Guten und Gemeinnützigen," in welcher er seinen Mitbürgern bis auf den heutigen Tag einen Mittelpunkt der segensreichsten Wirksamkeit darbot. Es hat sich also die Versicherung Iselins vollkommen bestätigt, welche er den Gegnern der Gesellschaft entgegenhielt: „Es wird noch eine Zeit kommen, wo in ganz Basel sich kein auf Bildung und Ansehen bei seinen Mitbürgern Anspruch machender Mann finden wird, der sich nicht schämen würde, nicht Mitglied dieser Gesellschaft zu sein.

Ein noch höheres Verdienst als sein Eifer für die Hochschule und ein Beweis tiefer Erkenntniß der Bedürfnisse einer wahren Volks-erziehung zeigen sich darin, daß Iselin zu den Ersten gehörte, welche die Bedeutung der Volksschule erkannten und die Nothwendigkeit einer Er-ziehung für das Leben. Von bedeutender Einwirkung auf Iseln in dieser Beziehung war sein Jugendfreund Ulysses von Salis, der bündnerische Staatsmann und Begründer des Philanthropins zu Marschlins. Wenn er Basedows Unternehmung und seine Leistungen anfangs überschätzte, so ließ er sich dadurch nicht irre machen, sondern vertiefte sich immer mehr in die Sache selbst und läuterte seine Begriffe. Nicht nur förderte er mit Lavater Basedows Philanthropin von der Schweiz aus thatkräftiger als es in Deutschland nicht geschah, sondern durch die Schweizer, Schweighäuser und Kaufmann, welche als Lehrer dort eintraten, sollte die neue Lehrweise auch in die Schweiz verpflanzt werden. Das Fehlschlagen der dießfälligen Hoffnungen hinderte ihn nicht, sich Pestalozzi's treu und beharrlich zu einer Zeit anzunehmen, wo der sichtbare Erfolg von dessen Bestrebungen noch sehr gering war. Denn Iselin allein erkannte auch in der mangelhaften Ausführung die Wichtigkeit der von Pestalozzi ins Leben gerufenen Armenschule, und er hielt diesen durch seine Freundschaft und Hochschätzung aufrecht, als Alle an ihm irre wurden. Auch war es Iselin, der in Pestalozzi's eigenthümlichen Erfahrungen dessen Beruf zum Volksschriftsteller er-kannte und ihm in der Ausbildung seiner Gedanken über die Volks-

bildung behülflich war. Iselin war selbst pädagogischer Schriftsteller
und verfaßte insbesondere einen „Versuch über die Verbesserung der
öffentlichen Erziehung in einer republikanischen Handelsstadt," so wie
er das erste, sehr gut ausgewählte Lesebuch für die Baselsche Jugend
herausgab, worin der kurze Begriff der allgemeinen Geschichte von
seiner Hand verfaßt ist. Die Bewährung seines Eifers für Erziehung
ergab sich aber vornämlich in seinem nächsten Kreise. Denn er war
nicht nur ein musterhafter Hausvater seiner eigenen zahlreichen Haushaltung, sondern er war auch der Berather und bildende Leiter der
Familien seiner Freunde und Verwandten: denn diese Familien zeichneten sich vor andern durch einen wissenschaftlichen und gemeinnützigen
Sinn aus. Allein auch im Allgemeinen bildete er den geistigen Mittelpunkt für seine Vaterstadt, indem er alle gebildeten und gelehrten
Männer des damaligen Basels um sich vereinigte, namentlich den
Mathematiker Dan. Bernoulli, den Botaniker Lachenal, den Logiker
Legrand, den Stadtschultheißen Wolleb. In Iselins Umgange bildete
sich auch vornämlich Peter Ochs heran, soll aber namentlich durch das
seinem Talente unvorsichtig gespendete Lob von seinem Mentor auf Abwege geführt worden sein. Der übertriebene Enthusiasmus, mit
welchem er überhaupt jeden neuen Gedanken und jede hoffnungsvolle
Erscheinung umfaßte, führte ihn auf manchen Irrweg; wirft dagegen
aber in Betracht der beschränkten Unbeweglichkeit seiner Umgebung ein
günstiges Licht auf seinen Charakter.

Die letzten Jahre von Iselins literarischer Thätigkeit sind durch
eine Zeitschrift bezeichnet, welche für Deutschland eine ganz neue Erscheinung war, indem sich dieselbe vorzüglich mit gemeinnützigen Gegenständen, nämlich über Erziehung, Armenwesen, Nationalökonomie,
Gesetzgebung beschäftigte, unter dem Titel „Ephemeriden der
Menschheit oder Bibliothek der Sittenlehre und der Politik"
(1776—1782). Der Gedanke zwar war nicht sein eigener, sondern
von den französischen Physiokraten entlehnt, von welchen vorher schon
ähnliche Ephemeriden herauskamen. Allein Iselin faßte mit seiner
Zeitschrift ein allgemeines, bishin unbefriedigtes Bedürfniß so gut auf
und wußte so tüchtige Kräfte für sein Unternehmen zu gewinnen, daß
die Ephemeriden, welche jährlich vier Bände stark erschienen, auch nach
Iselins Tode nicht aufhörten, sondern in Leipzig fortgesetzt wurden.
Das Journal macht jetzt noch durch seinen gediegenen Gehalt einen
sehr guten Eindruck. Seine eigenthümlichste Seite jedoch ist dasjenige,

was dasselbe über die Erziehung darbot. Zunächst giebt der „Catechis-
mus des Menschenfreundes" von Iselin in vortrefflich durchgeführten
Gesprächen die einfachsten Begriffe der Sittenlehre für die Jugend;
namentlich aber erregten die Briefe J. G. Schlossers über die Philan-
thropine nebst Iselins Antworten allgemeine Aufmerksamkeit. Schlosser,
der Beobachter und Menschenkenner, welcher an einem scharfen Sitten-
bilde seiner Zeit die Hoffnungslosigkeit der Bemühungen für eine ideale
Erziehung nachweist, und durch die Wahrheit der Beurtheilung des
damaligen Geschlechtes für die Richtigkeit seines Blickes auch in die
Zukunft besticht, ist hierin Iselin unendlich überlegen, nicht nur indem
er die Täuschungen zerreißt, in welchen sich dieser über die neue Lehr-
methode befand, sondern indem er überhaupt Träumen und Hoffnungen
die nackte Wirklichkeit des Lebens gegenüberstellt. Allein Iselin hatte
doch recht, indem er auf die Entwicklung des Menschen zum Bessern
rechnete und es der Mühe werth hielt, alle Liebe und Kraft für den
Fortschritt der Menschheit aufzubieten; und diese Entschiedenheit der
Ueberzeugung ist ihm nicht geringe anzurechnen. Denn dadurch wurde
er ein Mittelpunkt und ein Hebel für Anbahnung einer bessern Volkserziehung und sahen sich N. E. Tscharner und Pestalozzi veranlaßt,
ihre denkwürdigen Briefe über die „Erziehung der armen Landjugend"
in den Ephemeriden niederzulegen. Mögen Iselins Schriften der Vergessenheit anheimgefallen und nur von historischem Werthe sein, so
haben dieselben ihres Zweckes nicht verfehlt: Iselin hat für Erziehung
und Armenwesen vorbereitend und bahnbrechend gewirkt, und darum
auch weit über seine Lebensdauer hinaus Anerkennung gefunden.
Wenn er als Schriftsteller untergeordneten Ranges ist, so steht er
dagegen in erster Linie unter den Beförderern einer wahren und
bleibenden Kultur im vorigen Jahrhundert. Seine hoch über der
Wirklichkeit schwebenden Gedanken waren die unversiegliche Quelle,
aus welcher er Muth für Arbeiten und Werke schöpfte, deren Früchte
erst in der Zukunft aufgehen und Anerkennung finden sollten. Basel
war schon zu Iselins Zeit reicher an gemeinnützigen Schöpfungen als
jede andere der mit ihm wetteifernden Städte der Schweiz: hier aber
vertheilt sich das Verdienst unter mehrere; dort hingegen war Iselin
allein durch treues Wollen und unermüdliche Arbeit der geistige Urheber
einer Reihe von Anstalten, welche die Keime einer schönen Zukunft in
sich trugen und alle Stürme überdauert haben: so daß ihm vorzugsweise der Name des „Menschenfreundes" gebührt, welchen

der Dank seiner Zeitgenossen ihm gab, und womit die Nachwelt ihn ehrt *).

---

*) Wir dürfen daher einige charakteristische Züge aus dem Gedächtniß anführen, das W. Wackernagel dem Manne am fünfundsiebzigsten Stiftungstage der Gemein=nützigen Gesellschaft von Basel gewidmet hat.

> Ihm war verliehen, was so selten nur
> Dem Menschen mag verleihn ein güt'ger Gott:
> Gleich klar zu sehn das Nahe wie das Ferne,
> Im Kleinen wie im Großen ganz zu sein,
> Und eng und weit und immer warm zu lieben.
> Ein und derselbe dient' er hier als Held,
> Mit Kräften des Eroberers angethan,
> Der Wissenschaft, und dort bescheiden emsig
> Dem Amt, als wäre das sein Ziel allein;
> Ein und derselb' erschloß er sein Gemüth
> Der ganzen Welt, und hieng, als wär' ihm das
> Die ganze Welt, am Fleckchen Heimaterde:
> Ein und derselb', und immer treu und wahr,
> Der Menschheit Freund und Freund des Vaterlands,
> Bürger der Welt und seiner Heimat Bürger.

X. Lavater.

1. Lavaters Entwicklung und Bildung.

Nicht nur unter den Schweizern, sondern auch unter den hervorragenden Geistern Deutschlands im achtzehnten Jahrhundert ist Keiner, welcher in so weiten Kreisen bekannt und einflußreich war, wie Johann Caspar Lavater (1741—1801). Kein Anderer wußte den Großen der Erde so viel Aufmerksamkeit abzugewinnen, als dieser Schweizer, und Keiner erwarb sich zugleich eine so innige Verehrung bei dem gemeinen Manne; Keiner wußte die verschiedenartigsten Geister so mächtig an sich zu ziehen, und Keiner ward durch seine Person und seine Gesinnung so Vielen zum Anstoß. Keiner machte sich durch Sonderbarkeiten und Mängel der Bildung auffälliger, und Keiner wirkte anregend und erweckend breiter in die Masse. Keiner warf eine solche Menge verschiedenartiger Schriften ins Publikum, und war hingegen so unbesorgt, seinen Geisteswerken Dauer zu sichern. Keiner hat damals und seither so viel verwerfende Urtheile erfahren, und fordert durch die Eigenthümlichkeit seines Wesens und Wirkens doch immer wieder zur Betrachtung und Besprechung auf. Lavater ist unstreitig eine der eigenthümlichsten und merkwürdigsten Erscheinungen seiner Zeit, für Viele ein Räthsel, welche die Mannigfaltigkeit seiner verschiedenartigen Eigenschaften in ihm nicht zu vereinigen wissen. Allein die Offenheit, Treuherzigkeit und Kühnheit, womit er auf die vielfachste Weise sich selbst kund giebt, bietet alle Mittel dar, ein vollständiges Charakterbild von ihm zu entwerfen. Es ist freilich schwer, alle die verschiedenartigen Züge zu einem klaren und harmonischen Bilde zu vereinigen; allein das Bemühen wird dadurch unterstützt, daß Lavater von Anfang bis zu Ende derselbe war, ein scharfausgeprägter, willenskräftiger, unerschütter-

licher Charakter, deſſen Geſinnung wie ſeine Beſtrebungen durch allen
Wandel der Zeit ſich gleich blieben. Eine unbefangene Würdigung
Lavaters iſt darum erleichtert, weil ſeine unbedingten Bewunderer und
Lobredner eben ſo wenig geeignet ſind, durch den Ausdruck blinder Huldigung zu beſtechen, als das Urtheil ſeiner Gegner verfängt, welche in
Ernſt und Spott aus Mangel an Unbefangenheit und Wahrheitsliebe
überraſchend wenig Stichhaltiges gegen ihn aufzubringen wußten; während dagegen erſt nach ſeinem Tode durch die nachwirkende Bedeutſamkeit
ſeiner Perſon eine Anzahl von Zeugniſſen hervorgerufen wurde, welche
ſeine Genialität wie die Macht ſeines Einfluſſes außer Frage ſtellen;
und ſeine Eigenthümlichkeit ſcharf zeichnen, auch wenn ſie den innerſten
Kern ſeines Weſens weder anerkennen wollen noch können.

Abweichend von der bisherigen Behandlung der ſchweizeriſchen
Schriftſteller dürfen wir uns bei Lavater nicht darauf beſchränken, ihn
nach ſeinen Schriften zu zeichnen. Denn dieſe hatten nie eine ſo un-
beſtrittene Anerkennung, um ihm eine hervorragende Stellung unter
unſern großen Schriftſtellern zu ſichern, ſondern erſt als Nachklänge
einer merkwürdigen, in die weiteſten Kreiſe eingreifenden Perſönlichkeit
traf auch dieſe eine Beachtung, welche ihnen an ſich in geringerm Maße
zu Theil geworden wäre. Bei Lavater iſt es daher nothwendig, den
Schriftſteller fortwährend durch ſeinen perſönlichen Charakter zu beleuchten, ſchon darum weil dieſer in dem größten Theile ſeiner Schriften
in ungewöhnlicher Weiſe hervortritt, ſo daß die Perſon beſtändig den
Schlüſſel zum Verſtändniſſe der Schrift darbieten muß. Einen merkwürdigen Beitrag zu ſeiner Charakteriſtik giebt uns der ſorgfältige und
offene Beobachter ſeiner ſelbſt an die Hand, indem er ſich in ſeinen erſten
fünfzehn Jahren nach Anlage und Einflüſſen ſelbſt zeichnet.

Lavaters hervorragendſte Eigenſchaften waren das Erbe ſeiner
Mutter: „eine erſtaunliche Einbildungskraft, eine unerſättliche Neu-
und Wißbegierde, die ſich aufs Kleinſte und Größte erſtreckte. Ihr Er-
findungsgeiſt war unerſchöpflich; ihre Thätigkeit und Betriebſamkeit
unermüdet. Sie hatte einen planmachenden, ausführenden, durch-
ſetzenden Geiſt; das ehrlichſte, bis zur Pedanterei gewiſſenhafte Herz;
aber ein Herz voll unergründlicher Tiefen, in denen jedoch nur Eine Leidenſchaft ſteckte: die Eitelkeit, wobei ſie aber die Ehrbarkeit ſelbſt war. Ihr
erhebendſter Umgang waren die vorzüglichſten Geiſtlichen des damaligen
Zürich. Sie war eine Hauptfrau und wollte dafür gelten.“ In Folge
dieſes mütterlichen Erbes machte ſich der Knabe Lavater durch ein auf-

fallendes Gemisch von Lebhaftigkeit und Schüchternheit, von Heftigkeit und Sanftmuth bemerklich: er war ungeduldig, schnellauffahrend, unbedachtsam. „Die Neugierde trieb mich zu Allem hin, und die Furcht von Allem weg. Ich schwebte immer in der Höhe, und klebte immer in der Tiefe; mein Herz trieb mich immer zu diesem, jenem Menschen — und ward gleich wieder zurückgejagt." Er hatte von früh an bis ans Ende eine Vorliebe für hohe Thürme; Alles, was er anfing, war auf einen großen Plan angelegt, aber so, daß es schwerlich vollendet werden konnte. Wegen seiner zarten körperlichen Beschaffenheit hielt man ihn von allen Knaben fern: daher wurde er unbeholfen, zaghaft, verschlossen. Bei Hause gedrückt und in der Schule verspottet, zog der Knabe sich in sich selbst zurück, und mußte sich gefallen lassen, daß die Kameraden ihn den Unmündigen nannten. Doch wo ein mächtiges Gefühl seine Zurückhaltung durchbrach, wurde er lustig und muthwillig. Allein wenn er so aus sich herausgetreten war, wendete er sich wieder voll Ekel von den leeren Lustbarkeiten ab, voll Sehnsucht nach einer höhern Befriedigung. So nahm Lavater früh seine Zuflucht zu Gott. Gott wurde ihm Bedürfniß, er suchte nach seinem Ausdruck von Gott „Gebrauch" zu machen. Dieser Gebrauch Gottes wurde der Grundzug seiner Jugend. Er sah seine Mitschüler oft mit einem Blick des halb stolzen, halb liebreichen Mitleidens an: Wenn ihr wüßtet, was man kann, wenn man Gott sucht! Lavater suchte seinen Gott im eifrigen Gebet und machte erstaunliche Erfahrungen, daß Gott um seines Gebetes willen Manches, was ihm bei seiner Mutter hätte Strafe zuziehen können, nicht zu ihrer Kenntniß kommen ließ. In dieser Stimmung erweckte die Frage eines verehrten Mannes den Ausruf: „Ich will Pfarrer werden!" Und ungeachtet abweichender Pläne seiner Eltern wurde dieser Gedanke für ihn zur Sehnsucht und zum Entschluß. Indem so sein Beruf in frühen Jahren entschieden war, stimmte derselbe fortwährend mit der innersten Neigung und Richtung seines Herzens zusammen. Wo irgend eine Noth und Verlegenheit eintraf, half ihm seine Glaubenskraft heraus. Er hatte einen Gott, der ihn in jedem Anliegen beten lehrte und ihn erhörte; einen Gott, der ihm unentbehrlich war, weil er ihm half. So stille und milde in solcher Weise Lavaters Art war, und so blöde er auftrat, so wurde er, von Unrecht gereizt, von rasender Kühnheit, so daß er von sich selbst sagt: „Entweder war ich zahm wie ein Lamm, oder wild wie ein Löwe."

Als Lavater in die Jünglingsjahre eintrat, hing er mit Ver-

ehrung und lernbegierigem Eifer an seinen Lehrern Bodmer, Breitinger
und Zimmermann. Namentlich zog ihn Breitinger an, welcher ihn
zuerst an Arbeit und systematisches Denken gewöhnte; und Bodmer
begeisterte den Jüngling auf traulichen Spaziergängen für die Poesie.
Allein diesen verehrten Männern gegenüber bewährte sich gleich anfangs
die Selbständigkeit des Jünglings, denn schon in seinem achtzehnten
Jahre suchte er seinen Freunden zu beweisen, daß die Philosophen ihm
keine Glückseligkeit gewähren, die er nicht besser durch die heilige Schrift
erreichen könne. In dieser Zeit schon beginnt ebenfalls seine erweckende
Thätigkeit, der zufolge er unermüdlich für das Seelenheil seiner Freunde
wie für sein eigenes bemüht ist; und Beobachtung seiner selbst und
seiner Umgebung war für ihn eine fortgesetzte Lebensaufgabe. Daher
ist er mit einigen Freunden in lebhafter, ununterbrochener Korrespondenz, und hält ebenso über seine eigenen Gedanken und Empfindungen
ein genaues Protokoll.

Demnach ist es der Seelsorger, welcher sich von frühe an in Lavater kund giebt. Wie es ihm das Höchste und Heiligste war, Pfarrer
zu werden, so wollte er auch nach Innen und Außen das bestimmte
Gepräge seines Berufes zeigen. Der Zarte, Feingebildete, Leichtbe-
wegliche machte schon in früher Jugend einen bezaubernden Eindruck;
leise und leichtschwebend in Gang und Bewegung, — „die tiefe
Sanftmuth seines Blicks, die bestimmte Lieblichkeit seiner Lippen" gab
seinem ganzen Wesen Würde und Anmuth. „Man ward jungfräulich
an seiner Seite, um ihn nicht mit etwas Widrigem zu berühren. Sein
Geist war durchaus imposant; ein vorzügliches Wesen — in seiner
Nähe konnte man sich einer entscheidenden Einwirkung nicht erwehren
— ein Individuum, einzig, ausgezeichnet, wie man es nicht gesehen
hat und nicht wieder sehen wird." So zeichnet Goethe Lavaters Erscheinung. Dieser entsprach eine eben so ausgezeichnete Gabe der Geselligkeit und Umgänglichkeit, so daß F. Wilh. Jung in seinen „Erinnerungen an Lavater" von ihm zeugt: „Menschenkenntniß, feine Beobachtung, reiche Erfahrung, überraschende Gedanken, anmuthiger Witz,
heiterer Umgang, Schonung und Herzlichkeit, sein offenes, inniges,
starkes, immer in unerschöpflicher Fülle von Liebe und Wohlwollen
überströmendes Gemüth; der Schwung seiner Einbildungskraft, seine
tiefe Wärme, mit welcher er von Gott und den göttlichen Dingen, von
Christus und dem Geist und Wesen des Evangeliums durchdrungen
war, und schmelzend, erschütternd und hocherhebend davon sprach, seine

seltene Gabe, jedem Herzen sich zu nahen, es unwiderstehlich an sich zu ziehen, ihm viel zu sein — Alles erwarb und fesselte ihm nicht bloß einzelne Menschen, sondern in eben so hohem Grade die in Liebe ergriffenen Massen." — So wirkte Lavater gleich von Anfang an durch seine Persönlichkeit und die Macht seines Charakters. Im Gefühl seiner unmittelbaren Gewalt über die Gemüther, gehoben durch die allgemeine Richtung jener Zeit, welche in allen Gebieten des Lebens Wiederherstellung der Natur und des ursprünglichen Geistes verlangte und die herkömmlichen Formen als abgelebt zertrümmern wollte, konnte seinen Geist nur das fesseln, was unmittelbar seine Seele erfüllte, Gedanken anregte, ins Leben eingriff. Sprachstudien, wissenschaftliche Kritik beschäftigten ihn daher nur in geringem Maße. Allein so selbständig er sich aus sich heraus entwickelte und daher zu keinem der damaligen Stimmführer Zürichs in einem seine Bildung näher bestimmenden Verhältnisse stand, so sehen wir in Lavater doch unverkennbar den Einfluß der Bodmer'schen Schule. Von dieser hatte er seine freisinnige Selbständigkeit als Theologe und als Bürger; mit dieser theilte er die Begeisterung für sein geliebtes Zürich; durch sie war er für Bildung mehrfacher Gesellschaften wirksam; wie Bodmer unterhielt er im weitesten Kreise einen unausgesetzten Briefwechsel. Mit Bodmer theilte er die Ueberzeugung, daß der Inhalt der Bibel auch für die Poesie der poesievollste Stoff sei, daher er mit diesem im Streben zusammentraf, die Bibel durch poetische Behandlung seinen Zeitgenossen näher zu bringen. Aber sein Weg führte ihn wieder ganz ab von der Weise der Bodmer'schen Schule, welche sich auf ein bestimmtes Feld beschränkte und dasselbe still und fleißig durcharbeitete, während Lavater offen und gerade aus ins Leben griff und unmittelbar auf seine Umgebung wirken wollte.

2. Lavaters frühe Thatkraft.

Es ist daher äußerst bezeichnend, daß Lavater sich gleich anfangs nicht durch das Ergebniß stiller Studien, sondern durch eine äußere That bekannt machte, wodurch er früh in ungewöhnlicher Weise die öffentliche Aufmerksamkeit auf sich zog. Schon in der Schule hatte Lavater sich mit überraschender Kühnheit dem Unrecht eines Lehrers widersetzt; kurz nach seiner Ordination zum geistlichen Stande zeigte er eine männliche Freimüthigkeit und Entschlossenheit. Rousseau's Schrif-

ten hatten namentlich in der Schweiz die aufstrebende Jugend für Freiheit und Recht begeistert; die eben entstandene Schinznacher Gesellschaft zählte in Zürich die wesentlichsten Stützen und belebte den Patriotismus. Bodmer hatte längst seine Schüler an ein offenes Besprechen
der Zustände und Mißbräuche im Vaterlande gewöhnt, und so scheint
auch der Anstoß zur Anklage gegen den Landvogt Grebel*), oder
wenigstens die Ermunterung dazu, nach brieflichen Andeutungen aus
Bodmers Korrespondenz, von demselben ausgegangen zu sein. Allein
der Ton, den die erste Aufforderung an den Landvogt anschlägt, macht
so unverkennbar Lavaters feurige und überströmende Beredsamkeit bemerklich, daß man sieht, wie er ganz und selbständig für sein Unternehmen einsteht. Es ist keine nachgeahmte, angelernte Beredsamkeit,
sondern das Zeugniß von der Energie eines vielversprechenden Geistes,
namentlich ist die schlagende Schilderung der Ungerechtigkeit bemerkenswerth. Wir theilen aus der Aufforderung des Jünglings, welche er
mit den Anfangsbuchstaben seines Namens unterschrieb, folgende Probe
aus dem Schlusse mit: „Wie viele Waisen hast Du nicht gezwungen,
das Gut ihrer Aeltern zu verpfänden, damit es Dir in die Hände fiel,

---

*) Landvogt Felix von Grebel war nach einer gewissenlosen Amtsverwaltung von
Grüningen nach Zürich zurückgekehrt, ohne daß Jemand gegen den vornehmen, reichen
Mann, den wohlgelittenen Lebemann, den Eidam des Bürgermeisters Klage zu erheben wagte. Dieß geschah nun von Lavater mit Heinrich Füßli, dem nachherigen
Maler. Heinrich Rahn, der Bruder Hartmanns, des Schwagers von Klopstock,
schreibt, ehe er den Verfasser der Anklage kennt, an Georg Schultheß: „Ohne Zweifel ist Dir das Greblische Geschäft auch schon bekannt und hast die vortreffliche Schrift
gelesen, die ihren Verfasser unsterblich macht. Es sind schon etliche zwanzig Kläger
mit ihren Klagen eingekommen. Unter unzähligen Gräueln, deren dieser Teufel an-
geklagt wird, verdienen besonders bemerkt zu werden, zwei Männer, die er unschuldig
mit einer starken Buße belegt hat, und weil sie nicht bezahlen konnten, ihm Schuld-
briefe errichten mußten, die sie wirklich verzinsen; eine Frau, die ihm für die Sig-
lung des Testamentes ihres Mannes zu verschiedenen Malen Geld geben mußte, die er
aber aufgezogen und nach dem Tode des Mannes das Testament unter dem Titel, es sei
illegal, weil es nicht von ihm gesigelt worden, unnütz gemacht, die fremden Erben
aber diese verruchte Handlung keck bezahlen lassen. Eine Frau, die ihr Kind durch
Abschneidung des Stricks, an dem selbiges von seinen lustigen Gespielen gehangen
ward, vom nahen und unvermeidlichen Tod gerettet hat, hat er um eine große Summe
Gelds gnädig erlassen, und ihr weißgemacht, die Sache wäre malefizisch, und könnte
sie und ihre Nachkommen auf immer infam und elend machen. Einen Anderen, der
zu Gevatter erbetten worden, indem er im Stall war und seine Kühe melkte, hat er
um 100 fl. gebüßt, denn das heil. Sakrament sei durch diese lästerliche Handlung ver-
pfujet ꝛc." Der Ausgang des Prozesses war Strafe und Schadenersatz des Landvogts.

weil sie Deine Bosheit kannten? Hast Du ihre gesiegelte, bezahlte und wieder zerrissene Testamente vergessen! Lebt nicht der Knecht der Ungerechtigkeit noch, dessen Mund Du mit Gold zu ungerechten und gottlosen Richtersprüchen öffnetest, und mit Gold zu Erduldung Deiner Abscheulichkeit schlossest? Hast Du den Vater vergessen, den Du zwangst, unschuldig in die Verbrechen eines lüderlichen Sohnes zu treten — die grauen Häupter, die Du mit Deiner Ungerechtigkeit in die Grube hinabgestürzt — die Männer, die aus Bitterkeit über Deine Bosheit, in der Stärke ihrer Jahre fielen? Betrachte den Schrank, den Deine Gottlosigkeit mit Silber und Pracht füllte — siehe Deinen Seckel an, mit dessen Gold Du prahlest! — siehe aber auch die Haufen derer an, die über Dich seufzen, weil Du sie zehnfach straftest. — Ich gebe Dir zwey Monate Zeit — Gieb ein Zeichen des Lebens von Dir. Entweder gieb Deinen Raub zurück — oder erwarte Deine Gerichte!"

Als der Angeklagte schwieg, erhob Lavater seine Stimme noch mächtiger in der Schrift: „Der ungerechte Landvogt, oder Klagen eines Patrioten," welche er gedruckt vor die Häuser der Mitglieder des Rathes legte, je nach dem Charakter des Betreffenden mit einem besondern Motto versehen, mit der Aufforderung entweder Grebel, oder wenn dieser unschuldig sei, den Kläger zu strafen. Als endlich der einundzwanzigjährige Lavater auf öffentliche Aufforderung sich nannte und seine Sache, unterstützt von seinem Freunde Heinrich Füßli, auch persönlich vor Rath voll Festigkeit und Würde durchführte, war nicht nur Zürich, sondern die ganze Schweiz von Bewunderung für die hohe Gesinnung und die Geisteskraft des jungen Anklägers erfüllt. Weil der Beifall über diese Mannesthat sich nicht öffentlich aussprechen durfte, so überfließen zahlreiche Briefe der trefflichen Männer jener Zeit in Freude über den hochsinnigen Jüngling. Das kühne Paar sollte sich aber für einige Zeit den Augen der Bedenklichen entziehen, welche durch diesen Vorgang verletzt worden waren. Es war ohnehin die Zeit, da Lavater für seine weitere Ausbildung zum Predigtamt die Fremde besuchen sollte. Auf Breitingers Rath entschloß er sich, statt einer Universität, zum Besuch des edeln Spalding. Manches Jahr nachher drückt Lavater in einer schönen Ode seinen Dank an Breitinger aus, welcher ihm gerathen, „stille vorbei zu gehn Hohe, glänzente Schulen," und dagegen Spalding zu sehn, um „Wegzuleuchten die Nacht menschlicher Lehren, die Gottes Wahrheit umwölkt."

Diese Reise machten im Begleite Sulzers mit Lavater seine Freunde

Heinrich Füßli und Felir Heß, deren ersterer, welcher die Theologie mit
der Kunst vertauschte und ein berühmter Maler wurde, viel dazu bei=
trug, Lavaters Kunstsinn zu bilden. Der liebenswürdige Jüngling
nahm mit offener und lebendiger Seele das Bild der edeln Männer auf,
bei denen er freundliche Aufnahme fand, in Leipzig bei Zollikofer, Gellert,
Oeser, in Berlin bei Sack, Dietrich, Mendelssohn, Ramler. Ganz be=
sonders glücklich aber war er bei Spalding im kleinen Städtchen Barth
in Pommern. Die würdige Persönlichkeit Spaldings, seine philoso=
phische Ruhe, seine christliche Liebe und Duldsamkeit, sein offenes Ver=
trauen zu den jungen Freunden gewährte Lavatern mit seinen Gefährten
einen einflußreichen und glücklichen Aufenthalt. Spaldings vortheil=
hafte Einwirkung auf Lavater zeigt sich vorzüglich in dessen schriftlichen
Arbeiten während seiner Anwesenheit in Barth, welche zum Theil in
den Jahrgängen 1763 und 1764 der „Lindauer Kritischen Nachrichten‟
niedergelegt sind, woran namentlich Bodmer und seine Freunde arbeite=
ten. Hauptsächlich aber sind seine zwei „Briefe‟ an den berüchtigten
Karl Fr. Bahrdt bemerkenswerth, worin er das erste öffentliche
Zeugniß seiner theologischen Gesinnung ablegt, indem er den charakter=
losen Mann nicht etwa in jener Periode angriff, als selbst Goethe seines
schalen Rationalismus spottete, sondern als derselbe Crügot's Christen
in der Einsamkeit als unchristlich verdächtigte und sich unterfing, dieses
Andachtsbuch als verbesserten Christen mit seinen Zusätzen herauszu=
geben. Mit dem gesunden Sinn und der Wahrheitsliebe, worin sich
Lavater zu allen Zeiten gleich blieb, wies er nun die Verläumbung
Bahrdts gegen ein ihm damals liebes Buch nach und fügte, weil er in
diesem Buche selbst die Betrachtung einiger eigenthümlichen Lehren des
Christenthums vermißte, sein eigenes Glaubensbekenntniß bei, von dem
er sein Leben lang nicht abwich. Spaldings Einfluß machte sich vor=
züglich in der ruhigen, philosophischen Sprache und in einer sorgfäl=
tigern Bearbeitung fühlbar. Uebrigens geschahen die bei Spalding
betriebenen Studien weniger auf streng wissenschaftliche Weise, sondern
mehr zu allgemeiner Ausbildung und Förderung. Auf der Rückreise
aus der Fremde hielt sich Lavater mit Heß einige Tage bei Klopstock in
Quedlinburg auf und machte so die persönliche Bekanntschaft des
Mannes, welcher nächst der Bibel den größten Einfluß auf ihn hatte.
Schon vorher hatte sich Lavater in Poesie und Prosa dem Klopstock'=
schen Schwunge genähert und verblieb nun um so mehr in dieser Aus=
drucksweise.

In die Heimat zurückgekehrt blieb Lavater noch mehrere Jahre ohne öffentliche Anstellung. Aber als ein völlig ausgebildeter, thatkräftiger Mann mußte er für seine mannigfaltigen Talente einen Spielraum gewinnen, um so mehr, da er früh verheirathet, zwar von gutem Hause, aber wenig bemittelt war. Einen überraschenden Eindruck machte er sofort als Prediger; allein es war ihm noch nicht vergönnt, sich auf diesem Wege eine Wirksamkeit zu eröffnen. Er schlug daher denselben Weg ein, wie vor mehr als vierzig Jahren seine verehrten Lehrer Bodmer und Breitinger. Nach dem Vorbilde des Malers der Sitten nämlich gründete er im Jahre 1765 eine monatliche Wochenschrift, „Erinnerer" genannt. Er stützt seinen Beruf zu dieser Aufgabe auf seine menschenfreundliche Gesinnung und seine Kenntniß des menschlichen Herzens, und schreibt letztere wesentlich seinem genau und aufrichtig geführten Tagebuche zu. Daß er bei seinem Mangel an Gelehrsamkeit und bei der Menge ähnlicher Zeitschriften sich an solch ein Unternehmen wage, geschehe darum, weil er sein Wochenblatt für seine liebe Vaterstadt bestimme. Der Anfang enthielt Selbstprüfungen und Selbstgeständnisse, namentlich über die Folgen eines unbesonnenen Urtheils von erschütterndem Ernst. Schon hier beginnen seine gedankenreichen Beobachtungen sittlicher Zustände in Aphorismen, an denen er sein Leben lang unerschöpflich war. Einen bedeutenden Theil dieser Schrift füllen Mittheilungen aus seinem Tagebuche aus, worin er von sich wie von den Menschen seiner Umgebung mit überraschender Offenheit und Schärfe Züge aus dem Leben schildert. Er läßt sich so weit heraus, daß er förmliche Inhaltsverzeichnisse aus seinem Tagebuche giebt und öffentlich auffordert, von demselben Einsicht zu nehmen. Neben moralischen Abhandlungen, welchen der Blick des Menschenkenners vielfachen Reiz verleiht, kommen Charakterzeichnungen nach dem Leben vor; dabei ist er mit Lesefrüchten und Auszügen nicht sparsam. In dieser Zeitschrift ist eine beträchtliche Zahl seiner geistlichen Lieder niedergelegt, von denen ein Theil zu seinen besten gehört. Der erste Jahrgang des Erinnerers war fast ganz von Lavater. Im zweiten betheiligten sich neben ihm vornämlich Joh. Heinr. Füßli, der nachherige Geschichtschreiber und Staatsmann, Joh. Tobler, Jak. Heß und Andere. Lavater giebt hier die erste Kunde von seinen Schweizerliedern und Auszüge aus einem Gedicht „Von dem zukünftigen Leben," welches eigentlich für gelehrte und philosophische Leser gedichtet sei, damit er dem Schwung der Gedanken auf keinerlei Weise Gewalt anthun dürfe. Nachher erschienen anstatt dieses Gedichtes die Aussichten in die Ewigkeit. Der dritte Jahrgang war nicht mehr von Lavaters Hand; Füßli's bittere Satyre führte nach den ersten Blättern desselben schnelles Ende herbei. Lavater hatte sich in diesem ersten literarischen Versuche Gewalt anthun müssen, indem er seiner religiösen Gesinnung nicht den Ausdruck verleihen konnte, der seinem Herzen nahe lag; allein in bemerkenswerther Uebereinstimmung mit seiner später sich kundgebenden Ueberzeugung lehnt er es ab, unter die Orthodoxen gezählt zu werden.

Der Erinnerer enthält die Erstlinge von Lavaters Poesien; zur Poesie glaubte er sich schon durch die außerordentliche Leichtigkeit des formellen Ausdrucks berufen. Allein auch mit seiner Poesie griff er gerne ins Leben ein, daher sollte sein erstes poetisches Werk ein Beitrag zur Verbesserung des öffentlichen Gottesdienstes werden. Nachdem er sich durch Klopstocks Ausspruch überzeugt, daß „die Nachahmung der Psalmen das Höchste sei, was sich der Dichter zu erreichen vorsetzen könne" — gab er im Jahre 1765 „Auserlesene Psalmen" heraus, durch welche er die in der Zürcherischen Kirche eingeführten Lobwasserschen Psalmen ersetzen wollte. Allein die Arbeit gedieh zu breit und willkürlich, als daß dieselbe bei dem später herausgegebenen neuen Zürcherischen Gesangbuch Berücksichtigung hätte finden können. Schon hier begegnete dem Dichter, daß er, auf die Bedeutung des Gegenstandes bauend, sich nicht genug bemühte, denselben durch Anstrengung der höchsten Kraft und Kunst angemessen zu ehren.

Man kann sich denken, daß der Ankläger Grebels auch unter den Vaterlandsfreunden zu Schinznach ein willkommenes Glied war. Ein fröhlicher Geist herrschte in der Gesellschaft; Gesang erhob die Herzen. Lavater brachte im Jahre 1766 seinen Gesangbeitrag im Liede — „Wer, Schweizer, wer hat Schweizerblut?" Der kräftige Ton jenes Liedes, die Grundzüge zum Bilde eines freien Mannes enthaltend, fand warmen Beifall. Da forderte Planta, der Begründer der Erziehungsanstalt zu Marschlins, den jungen Dichter auf, die großen Züge der eidgenössischen Geschichte zur Belebung des vaterländischen Sinnes in Lieder zu bringen. Lavater, welcher, wie er selbst sagt, von der Geschichte seines Vaterlandes bisher kein Wort gewußt, griff zu Bernhard Tscharners „Historie der Eidgenossen" und dichtete in vierzehn Tagen seine „Schweizerlieder." Sein poetisches Vorbild war ihm Gleim, daher er im kurzen Vorworte sagt: „Wenn, Leser, dir mein Reim gefällt, Dank's dem Tyrtäus Gleim!" Allein

die Kritik hat den Nachbildungen des Schweizers den Vorzug vor
seinem Original gegeben, weil sie zeigen, „wie ein freier Boden solche
ungezwungene vaterländische Empfindungen weckt." Ueber den Geist
und Zweck seiner Lieder berichtet Lavater: „Für mich war es keine
Nebensache, immer auf den moralischen und politischen Zweck zu
arbeiten, den die ganze helvetische Gesellschaft im Sinne hatte, als sie
dergleichen Lieder wünschte. Diesem Zwecke sollte ich also das Minder-
nothwendige alles nur unterordnen, Reinigkeit des Styls und der Mundart ꝛc.; denn die Dichtkunst ist doch um Wahrheit, Tugend und des
Patriotismus willen da, und nicht diese letztern um der Dichtkunst
willen." Noch bestimmter bekennt sich Lavater im bemerkenswerthen
Liede des Schweizerliederdichters zu seinem Lehrer, wo er in hochsinniger
Weise dem Vaterlande vom Geiste seiner Poesie Rechenschaft giebt:

> Das, Bodmer, hast du mich gelehret,
> Zu dieser Wahrheit will ich stehn,
> Und wenn uns auch die Welt nicht höret;
> „Nein! was nicht gut ist, ist nicht schön!"
> Lacht laut, so viel ihr lachen wollet,
> Ich singe mehr als Lieb und Wein!
> Verdammt mit lauter Stimme sollet
> Ihr mir, ihr Wollustlieder sein!"

Wenn in diesen Schweizerliedern das rednerische Pathos oft vor-
waltet, wenn die Sprache zu affektvoll, die Ausmalung zu grell, der
Patriotismus zu deklamatorisch ist, so waren das Uebelstände, an
welchen die Kundgebungen der im Freiheitsgefühl schwärmenden Gesellschaft überhaupt litten. Allein Lavater wirkte durch seine Schweizerlieder auf die Nation mächtig und erhebend ein und bot einer männlichen und freudigen Vaterlandsliebe eine kräftige Stütze. Wie seine
Lieder aufgenommen wurden, lassen wir statt vieler Zeugnisse Zimmermann aussprechen: „Ich sah, wie Kinder seine Schweizerlieder mit
wahrer Begeisterung sangen; ich sah die schönsten Augen bei diesen
Liedern in Thränen zerfließen; ich sah Schweizerbauern, denen man
diese Lieder sang, die Augen funkeln, die Wangen glühen, die Muskeln
schwellen; ich kenne Väter, welche mit ihren Söhnen nach Wilhelm
Tells Kapelle reisen, um dort Lavaters Lied auf Tell hochklingend
abzusingen." Bis zur französischen Revolution blieben Lavaters
Schweizerlieder allgemeines Volksbuch. Wenn die jetzige Zeit ein
einfältigeres, naturgemäßeres und wahreres Vaterlandslied verlangt

und lieber zu den Lavater und seiner Zeit unbekannten alten Schlacht-
und Bundesliedern zurückgreift, so wird doch unter Anderm die
malerische Kraft und Schönheit des Tellenliedes und der versöhnende,
allen Zwiespalt verscheuchende Geist des evangelischen Geistlichen im
„Loblied auf Helvetische Eintracht" stets für den vaterländischen Dichter
sprechen; und das schon erwähnte Lied des Schweizerliederdichters und
der Zuruf des Dichters an sein Vaterland haben einzelne Schönheiten
und einen Reichthum der Gedanken, wodurch Lavater bisweilen Hallern
nahe rückt. Ein ganzer Chor von Schweizerdichtern folgten Lavaters
Fußtapfen, daher sich dessen Gesängen als zweiter Theil „Schweizerlieder von verschiedenen Verfassern" anreihten, unter denen wir Ulr.
Hegner und Salis nennen. Auch Fr. von Stolberg gesellte sich in
tief empfundenen Liedern zu den Sängern schweizerischer Freiheit.
Außer diesen Schweizerliedern wendete sich Lavater nicht mehr in die
vaterländische Vergangenheit zurück. „Die historische Lobrede auf
Antistes Breitinger" (1771) war der einzige Versuch geschichtlicher
Bearbeitung: ihm fehlte die Ruhe und Objektivität der Anschauung
für die Geschichte. Dagegen giebt er in seinem „Denkmal auf Felix
Heß" (1774) und in seinem „Etwas über Pfenningern" (1792) nicht
regelmäßige Biographien, aber fein abgelauschte, liebevolle Züge aus
dem innern Leben seiner vertrauten Lieblingsfreunde.

3. Lavaters neue Bahnen.

Die Schweizerlieder verdankten ihren Ursprung einer patriotischen
Gefälligkeit und entzogen Lavatern daher nur für kurze Zeit seinem
näher liegenden Gedankenkreise. Das Hochgestimmte, Aetherisch-
Schwunghafte, dem Ueberirdischen Zugewandte in Lavater erfüllte ihn
mit einem besondern Zug zum Nachdenken über das ewige Leben. Wir
haben schon gesehen, daß er, zunächst durch Bonnet veranlaßt, sich mit
einem Gedichte über diesen Gegenstand trug. Unterdessen kam im
Jahre 1767 Mendelssohns Phädon oder über die Unsterblichkeit der
Seele heraus. Wohl mochte diese ansprechende Erscheinung Lavatern
veranlaßt haben, einem philosophischen Versuche zum Beweise der
Unsterblichkeit — Aussichten in die Ewigkeit (1768—1773),
gegründet auf die heilige Schrift, entgegenzusetzen, um der schattenhaften
und kühlen Ewigkeit des Philosophen die lichtvolle, gedankentiefe und
trostreiche des gläubigen Christen gegenüberzustellen. Mit Recht

hatte freilich Goethe getadelt, daß Lavater, da er ein Gedicht über diesen
Gegenstand beabsichtigte, nicht gleich mit Wärme ans Werk ging,
sondern Briefe an seinen Freund Zimmermann schrieb, dadurch Beiträge
und Belehrungen für seine Aufgabe hervorzurufen, welche seiner Arbeit
die möglichste Vollständigkeit geben sollten, so wie daß er sein Gedicht
für denkende Leser bestimmte, da er doch eher hundert Herzen als zwei
Köpfe zu vereinigen im Stande sei. Allein es war Lavatern um die
Sache zu thun. Philosophie und Naturwissenschaft hatten dem Geschlechte jener Zeit den Himmel, wo nicht genommen, doch seiner Herrlichkeit beraubt. Welch ein großes Unternehmen für den frommen und
hochstrebenden Lavater, zu zeigen, wie Philosophie und Naturwissenschaft die heilige Schrift nur unterstützen und die göttlichen Verheißungen
bestätigen. Um aber für seine Schriftbeweise Glauben zu finden, mußte
er im Stande sein, die Schrift selbst von einer neuen Seite zu empfehlen.
Das verstand nun Lavater auf eine ganz überraschende Weise, indem
er theils im Allgemeinen in einfacher und gemeinverständlicher Beweisführung die Entstehung und die Glaubwürdigkeit der Bibel prüft, theils
ins Besondere die innere Nothwendigkeit seines christlichen Glaubens
klar und konsequent durchführt. Er verfolgt die historische Entwicklung
des christlichen Glaubens, läßt ihn vor unsern Augen vor sich gehen,
er beobachtet sich selbst über die Gründe seines Glaubens und zeigt seine
Uebereinstimmung mit den nothwendigen Gesetzen des Denkens. So
innerlich erlebt, empfunden, durchdacht, durchgearbeitet hatte zu Lavaters
Zeit Niemand den Glauben an Christum; diese freudige Sicherheit und
gesunde Kraft, mochte man im Einzelnen noch vielerlei auszusetzen
haben, überraschte und überwältigte die tiefern Gemüther. Lavater ist
im künftigen Leben zu Hause, lauschend, zart, hinangezogen, hochsinnig.
Gleichwohl geht er in der Entwicklung seiner Vorstellungen vom künftigen Leben mit Ruhe und philosophischer Unbefangenheit zu Werke, ist
für Einwürfe und Gegensätze offen und nur überzeugt, so weit er beweisen und sich selbst klar machen kann. Der Werth dieses Werkes
beruht vornämlich auf einer glaubensvollen Vertiefung in die Aussprüche der heiligen Schrift über das ewige Leben. Wo er weiter geht
und Folgerungen über die Zustände des künftigen Lebens macht, mischt
sich zu viel Individuelles und Willkürliches ein, was ihm den Vorwurf
der Schwärmerei zuzog. Daß er Zimmermann, einen Modeschriftsteller
jener Zeit, so warm mit einflocht und auf dessen Zustimmung baute,
trug mit zur Empfehlung des Werkes bei. Daß Lavater übrigens mit

seinen Briefen seine Absicht nicht erreichte, nämlich eine vollständige
Sammlung von ausgemachten Gedanken und Beweisen für die Ewigkeit, läßt sich denken; dagegen geben seine spätern Anmerkungen von
seiner offenen Empfänglichkeit, wie von seiner Konsequenz sehr günstiges
Zeugniß. Die Aussichten in die Ewigkeit machten Lavatern zuerst
dem größern Publikum bekannt und gewannen ihm namentlich persönliche Verehrung. Dieses Werk erwarb ihm voraus die Freundschaft
Herders, daher dieser schreibt: „Wie sehr liebe ich Sie aus dem Buche,
aus allen Stellen, wo Ihr Herz, Ihr Zutrauen auf Gott, Ihr bescheid-
ner, liebreicher Character, Ihr moralischer, thätiger und so fein orga-
nisierter Sinn, kurz überall wo Ihr ganzer innrer Mensch spricht. — —
Dieser innre apostolische Character, dieß Glauben an Gott, und
Intuition eines himmlischen Menschen, der uns überkleiden, mit dem
wir eins sein sollten, hat meine ganze Seele zu Ihnen gerissen. Was
müssen Sie für ein Mensch sein, wenn das die ewige Gestalt Ihres
Geistes und Herzens sein könnte." Die Aussichten sind unter allen
Schriften Lavaters am sorgfältigsten angelegt und ausgeführt, und die
einzelnen Theile sind weniger fragmentarisch behandelt, als es in den
spätern Schriften vorkommt.

Während Lavater seine Aussichten in die Ewigkeit ausarbeitete,
schrieb er eine Uebersetzung von Bonnets Palingenesie (1769),
welche ihn vornämlich auf jene Gedanken geleitet hatte. Der zweite
Theil dieser Schrift, philosophische Untersuchung der Beweise für das
Christenthum enthaltend, schien Lavatern so überzeugend, daß er meinte,
jeder redliche Forscher müsse dadurch für das Christenthum gewonnen
werden. Daher widmete Lavater dieses Werk Moses Mendelssohn,
dem Verfasser des Phädon, mit der Aufforderung, diese Schrift entweder zu widerlegen, oder zu thun, was Sokrates gethan haben würde,
wenn er dieselbe unwiderleglich gefunden hätte. Wohl beruft sich
Lavater dabei auf eine persönliche Unterhaltung während seiner Reise
zu Spalding, wesentlich aber mochte er sich darauf stützen, daß Mendelssohn, zugleich mit ihm ein Zeuge für das ewige Leben, als Denker und
wohlgesinnter Mann nicht anders könne, als die Ueberlegenheit der von
Bonnet und ihm selbst dargelegten christlichen Ansichten zu bekennen.
Um den Unwillen zu begreifen, welchen Lavaters Zumuthung in den
Berliner Kreisen hervorrief, muß man sich die Stimmung vergegen-
wärtigen, welche damals unter Mendelssohns Freunden herrschte. Das
Christenthum wurde nicht angegriffen; man ließ es auf sich beruhen.

Jeder mochte sich zu demselben stellen, wie er es für seine Person gut fand. Nun aber von Jemanden öffentlich verlangen, daß er sich im alten, vollen Sinne als Christ bekenne, war unter den Philosophen eine Ungebühr und ein Gräuel; und dieses Ansinnen vollends an den Juden Mendelssohn rief Spott und Aerger hervor. Dieser selbst weist auf eine wohlwollende und feine Weise Lavaters Anforderung zurück und giebt die Gründe an, warum „seine Religion, seine Philosophie und sein Stand im bürgerlichen Leben ihm die wichtigsten Gründe an die Hand geben, alle Religionsstreitigkeiten zu vermeiden und in öffentlichen Schriften nur von denen Wahrheiten zu sprechen, welche allen Religionen gleich wichtig sind." Offen und liebenswürdig gesteht Lavater seine Uebereilung ein. Aber in seiner Berechtigung an den Philosophen die Aufforderung zu richten zur Untersuchung der Thatbeweise für das Christenthum, der Geschichte, nicht der Lehre, läßt er sich nicht irren. „Ich, als Christ, glaube die stärkste, obgleich von vielen meiner Brüder verkannte Verbindlichkeit zu haben, die Ehre meines Herrn und Meisters und die Wahrheit seiner Religion auf alle vernünftige und der Natur der Sache gemäße Weise auszubreiten, und von jedem schädlichen Vorurtheile zu befreien." In der Nacherinnerung beharrte Mendelssohn auf der allgemeinen skeptischen Ansicht seiner Zeit und hatte das öffentliche Urtheil auf seiner Seite, welches jetzt unbefangener erkennen würde, wie ungenügend der ruhige, feine Mendelssohn dem redlichen Wahrheitsforscher nicht die Wahrheit, sondern nur seine abgeschlossene Ueberzeugung entgegenstellt. — Bald darauf hatte Lavater wirklich die willkommene Gelegenheit, zwei deutsche Israeliten in Zürich zu taufen, welche dem gebildeten Stande angehörten und von denen er sagen konnte, sie hätten Beide ohne Sorge der Nahrung bei den Ihrigen vergnügt leben und gute Tage haben können. Dieser Bekehrungseifer Lavaters veranlaßte zuerst Lichtenberg zu einem feindseligen Schritte gegen ihn, indem er anonym die erste Spottschrift ergehen ließ: „Timorus, das ist Vertheidigung zweyer Israeliten, die durch die Kräftigkeit der Lavaterischen Beweisgründe und der Göttingischen Mettwürste bewogen den wahren Glauben angenommen haben." Man erstaunt jetzt über diese Plattheit, welche ohne alle Rücksicht auf Thatsachen einem krankhaften Aerger Luft macht und mit völliger Glaubensleerheit groß thut.

Großes Aufsehen erregte ein im Jahre 1771 in Leipzig erschienenes „Geheimes Tagebuch eines Beobachters Seiner Selbst."

Wer Lavatern kannte und namentlich die frühern Proben seines Tage=
buchs im Erinnerer, konnte ungeachtet der Umkleidungen des Heraus=
gebers (Zollikofers), um den Verfasser zu verhüllen, über diesen nicht
lange im Unklaren sein. Daher bekannte sich Lavater bald zur Ur=
heberschaft und fügte dem ersten einen zweiten Theil unter seinem
eigenen Namen hinzu. Wer nun diese flüchtig und wahllos hinge=
worfenen Mittheilungen und Ergießungen betrachtet, die Menge klein=
licher Wiederholungen, die immer wiederkehrenden Selbstanklagen und
Aufraffungen, wo es doch immer beim Alten bleibt, das Aufhebens=
Machen mit seinen eigenen Empfindungen, das wohlgefällige Beruhen
auf seinen zufälligen Gedanken und kleinen Erlebnissen, das Festhalten
derselben in bildlichen Schaustellungen — der kann sich eines zerstreuen=
den und ermüdenden Eindruckes nicht erwehren. Die Fragmente aus
dem Tagebuche Hallers, wo er sich in hohem Ernst und in demüthiger
Zerknirschung vor Gott prüft, haben ein unzweideutigeres Gepräge der
Wahrheit. Doch in einer Zeit, wo Selbstprüfung und Demüthigung
vor Gott bei den Gebildeten etwas Ungewohntes war, wo namentlich
die Schriftsteller sich spannten und steigerten, um hoch und bedeutend zu
erscheinen, und daher der Eine den Andern im poetischen Gewande
schillern ließ: da war eine offene Selbstkritik ein Beweis von Kraft und
Charakter. In sich selbst durch scharfe und unablässige Beobachtung
den Lieblingssünden, Täuschungen und Beschönigungen des Menschen=
herzens überhaupt nachzugehen, sich selbst gewissenhaft die Wahrheit
zu sagen, mit sich selbst demüthig vor Gott Gericht zu halten und so
mit den Seelenzuständen, welche Andere verbergen, vor das Publikum
zu treten, um durch seine eigenen Fehler, so wie durch das Geständniß
hoher, guter Absichten und Gesinnungen, die man erreicht zu haben
ferne ist, dasselbe zu belehren: war eine Aufgabe, welche die Heraus=
gabe des Tagebuches erklärt und entschuldigt. Bemerkenswerth ist in Be=
ziehung auf die Darstellung die durchaus schlichte, ganz nüchterne Erzäh=
lung der täglichen kleinen Vorkommenheiten, welche indessen häufig durch
naive Wahrheit und Anschaulichkeit dramatisches Interesse haben.

Wie Lavater sich durch sein Tagebuch als Menschenkenner und
Beobachter der innern Seelenzustände hervorthat, so darf man sich nicht
wundern, wenn er auch der äußern Erscheinung des Menschen seine be=
sondere Aufmerksamkeit zuwandte und in dem Körper „die Hülle und
das Bild der Seele" erkennen wollte. Mit schwärmerischer Liebe ver=
senkte sich seine Zeit in die Natur und suchte darin das Göttliche. La=

vater folgte nur dieser Richtung seiner Zeitgenossen und wendete seine
ganze Liebe und Begeisterung dem höchsten Naturwesen, dem Menschen,
zu. In der Menschengestalt offenbarte sich ihm die göttliche Liebe;
je treuer der Mensch seinem Gott lebt, desto edler und geweihter ist seine
äußere Erscheinung, darum mußte Jesus Christus auch der schönste
Mensch sein. Es war aber nicht Lavaters Erfindung, die Physiognomik zu einem besondern Studium zu machen: Manche hatten ihm vor-
gearbeitet. Allein Lavater begann nichts um der geistigen Uebung
selbst willen; Alles mußte ihm einen praktischen Zweck, einen Nutzen
für den Nebenmenschen haben. Daher sprach er schon im Jahre 1772
in der von Zimmermann herausgegebenen Schrift „Von der Physiognomik" so große Verheißungen von dieser neuen Wissenschaft aus,
welche er durch ein umfassendes Werk zu erfüllen beabsichtigte. Wirklich
erschienen die vier großen Quartbände der Physiognomik in den Jahren
1775—1778 unter dem Titel: „Physiognomische Fragmente,
zur Beförderung der Menschenkenntniß und der Menschenliebe." Der
Standpunkt, von dem er ausgeht, ist in der Einleitung — „Würde der
menschlichen Natur" bezeichnet. Hierauf berichtet er, wie er zum
Studium der Physiognomik gekommen. Dann folgen sich mehrere
Abhandlungen, welche die Physiognomik als Wissenschaft feststellen
sollen, wo aber die festen Punkte, die bestimmten Grundsätze stets vermißt werden. Das philosophische Fundament, auf welches Lavater
seine neue Wissenschaft aufbauen wollte, ist ihm durch die Kritik so
offenkundig untergraben worden, als der beabsichtigte Zweck nur ein
Traum blieb, so daß eine einläßliche Analyse dieses Werkes, so
sehr es Lavaters Namen am weitesten trug, überflüssig scheint,
indem nicht das Allgemeine, sondern nur das Besondere gegenwärtig noch von Bedeutung ist. Man mag es vielmehr bedauern,
daß Lavater seine Kraft in einer Aufgabe zersplitterte, welche so weit
hinter dem Ziele zurückblieb und sich mehr nur als ein anziehendes
Spielwerk darstellt. Eine Arbeit, welche einen großen Theil seiner
schönsten Jahre in Anspruch nahm, ihn in eine mühsame äußere Geschäftsthätigkeit hineinzog, ein Kunst-Atelier in seiner unmittelbaren
Umgebung hervorrief und ihn mit all dem in einen zerstreuenden Weltverkehr verwickelte, mußte die unmittelbare segensreiche Wirksamkeit
seines frommen und liebenden Gemüthes auf seine Umgebung und seine
Zeit schwächen und ihn an der innern Vollendung und Durcharbeitung
seiner Persönlichkeit für seine nächste Aufgabe hindern. Allein auch

da, wo Lavater eine Bahn betrat, welche ihn in eine äußerliche Viel-
thuerei hineinzog, drückte er seinem Thun ein höheres sittliches und religiöses Gepräge auf. Daher konnte es nicht fehlen, daß auch das
physiognomische Werk einen wesentlichen Beitrag zu seiner Lebensanschauung bildete, namentlich aber ist dasselbe ein Schatz seiner, genialer
Beobachtung und vielseitiger Menschenkenntniß; besonders behalten die
merkwürdigen Skizzen der Menschen seiner weitausgedehnten Bekanntschaft bleibende Anziehungskraft. Die äußern Charakteristiken, welche
in der Physiognomik über die bedeutendsten Männer seiner Zeit niedergelegt sind, machen dasselbe zu einem eigenthümlichen Beitrage der Zeit-
geschichte; so wie dieses Werk dem Psychologen für alle Zukunft eine
unvergleichliche Fundgrube gewährt. Lavater hat mit seinem Werke
namentlich den Fürsten und Staatsmännern zur Entdeckung und Ent-
zifferung der geeigneten Geister dienen wollen, man wundert sich
daher nicht, wenn seine Menschenfreundlichkeit in den Angesichtern der
Großen der Erde selbst hohe Eigenschaften herausfand. Allein mit
ganz besonderm Vergnügen zeichnet er hinwieder die Niedern im Volke,
und gerade das Hervorheben der göttlichen Anlage im Naturmenschen
gehörte zu dem besonders Willkommenen jener Zeit. Daher selbst der
nüchterne Schlosser Lavatern für das anziehende Bild dankt, das er
unter Andern von Kleinjogg entworfen. Dieser offene Sinn für die
Natur war es vor Allem, der Goethen zu Lavater hinzog und ihn zu
einem eifrigen Gehülfen für die Physiognomik machte, so daß Goethe
nicht nur die letzte Hand anlegte, sondern auch selbst hübsche Beiträge
hinzufügte, wie z. B. den Abschnitt über die Physiognomik der Thiere
und der Thierschädel. Die Sprache der Physiognomik zeichnet sich auffallend aus und hat wesentlich dazu beigetragen, dem Werke Theilnahme zu erwecken. Es sind die physiognomischen Darstellungen keine
Gemälde, keine künstlerischen Konstruktionen von psychologischen Anschauungen, sondern es ist gleichsam dramatisches Leben darin. Wir
sind mit dabei, wie Lavaters feuriges Auge auf ein Menschengesicht
blitzt, Zug für Zug durchspäht, mit Lust die eigenthümlichen Linien be-
lauscht und nun in raschen Pinselstrichen seine Entdeckungen hinwirft.
Das mächtige liebende Auge saugt das Leben gleichsam in sich hinein und
legt aus, was der Schöpfer mit diesen und jenen Zeichen hat offenbaren
wollen. Dieses Hineinbohren und Herausholen tiefer Geheimnisse aus
der leisesten Falte, dieser fliegende Adlerblick, der Blitz auf Blitz uner-
klärliche Dinge herausfindet, hatte so unendlich viel Fesselndes und

22*

Zauberisches, daß Ernst und Spott der Gegner gegen die „Raserei
für Physiognomik", wie Lichtenberg es nannte, gegen die augenblickliche
Wirkung des Werkes nichts vermochte.   Lavater wußte durch sein
Unternehmen so viele einflußreiche Männer persönlich zu interessieren,
daß sein Werk gleichsam eine Ruhmeshalle für die bedeutenden Geister
seiner Zeit wurde.   Mochte er oft kühn, grell, unheimlich verfahren,
mochten manche sich ungerne in dieser Bildergallerie verzeichnet finden,
und Herder spottend bemerken, Lavater mache die Physiognomik zur
„Schädelstätte" seiner Freunde: diese eigenthümliche Weise, auf welche
Lavater die Menschen seiner Zeit vor seinen Richterstuhl zog und sie im
Ganzen mit liebevollen Aussprüchen entließ, brachte ihm Theilnahme,
Vertrauen und Bewunderung ein.   Der beste Gewährsmann für die
Macht, welche Lavater als Physiognom ausübte, ist Goethe unter Anderm in Folgendem: „Alles überwog sein physiognomisches Genie.
Durch den reinen Begriff der Menschheit, den er in sich trug, und durch
seine scharfzarte Bemerkungsgabe, war er im höchsten Grade geeignet,
die Besonderheiten einzelner Menschen zu gewahren, zu kennen, zu unterscheiden, ja auszusprechen.   Wirklich ging Lavaters Einsicht in die einzelnen Menschen über alle Begriffe; man erstaunte, ihn zu hören, wenn
man über diesen oder jenen vertraulich sprach; ja es war furchtbar in
der Nähe des Mannes zu leben, dem jede Gränze deutlich erschien, in
welche die Natur uns Individuen einzuschränken beliebt hat." — Sehr
zu bedauern ist, daß Lavater keinen Zeichner fand, welcher einen so scharfen Blick gehabt hätte, wie er, denn Goethe spricht dem Hauptarbeiter,
Heinrich Lips, den Sinn für die Natur ab; und der größte Theil der
Umrisse kam aus sehr schülerhaften Händen.   So viel anfangs Lavater
von seiner Leistung versprochen hatte, so gestand er nachher selbst ein,
daß er die bestimmten Gesetze für die Physiognomik nicht aufzustellen
vermöge, und den verheißenen mathematischen Gesichtsmesser blieb er
schuldig.   Gleichwohl sammelte er bis an seinen Tod Beiträge zu seinem
physiognomischen Kabinet, verwendete dafür unverhältnißmäßige Summen und gerieth durch die auf eigene Kosten unternommene französische
Uebersetzung der Physiognomik, welche durch den Einbruch der französischen Revolution nachtheilige Störung erlitt, in drückende Verlegenheit.
Nach seinem Tode gelangte die merkwürdige Sammlung in die Hand
des Grafen Fries in Wien.
       Lavaters Interesse an Menschenbeobachtung hing enge zusammen
mit seinem Glauben und seiner theologischen Ansicht, indem er vor-

ausseßte, daß, wo Geist sei, müsse derselbe auch Leben und Gestalt ge=
winnen, wo eine Kraft sei, müsse auch eine Wirkung sein, jedem Innern
müsse ein Aeußeres entsprechen, das Innere, Göttliche müsse durch
sichtbare Zeichen zur Darstellung kommen. Darum suchte und fand er
einen lebendigen, erkennbaren, fühlbaren Gott und einen Heiland, mit
dem er Alles theilen, den er schauen, genießen, gebrauchen konnte.
Wenn Lavater sich ein Auge für Menschenbeobachtung zutraute, so legte
er dagegen einen viel höhern Werth auf seine Gotteserkenntniß und
diese hielt er für seine werthvollste und auszeichnendste Eigenschaft. Auf
seine Kunst der Menschenbeobachtung schaute er später als auf ein
unsicheres und unbefriedigendes Unterfangen zurück, aber in seiner
Gotteserkenntniß wurde er immer sicherer, freudiger, fester. Mit
naiver Unbefangenheit gestand er seinen Mangel an gelehrtem Wissen,
aber in der Wissenschaft göttlicher Dinge wußte er sich Jedem gewach=
sen, hierin hielt er sich für einen der Wissenden und Erfahrenen seiner
Zeit, und er glaubte an seine Berufung zur Verkündigung seiner
Gotteserkenntniß unter seinen Zeitgenossen. Von früher Jugend an
bis ans Ende hielt er sich an die Offenbarung der heiligen Schrift ohne
Abzug und willkürliche Deutung, und all sein Forschen und Denken,
sein Leben und seine Erfahrung war ihm nur Bestätigung seines Glau=
bens. Sein lebendiger, vertrauter Umgang mit Gott und Christo
machte ihn gegen die Dogmen der Kirche gleichgültig und er verachtete
die Streitigkeiten der Schule. Lavater geht nicht ein auf den Unter=
schied der alten Dogmatik zwischen Natur und Gnade, natürlichem Vor=
gang und Wunder; Gnade und Wunderkraft sind ihm nur gesteigerte
Natur. Im völligen Gegensatze zu den theologischen Aufklärern, welche
alle Religion nur als eine Anstalt zur Beförderung der Sittlichkeit an=
sahen, erblickte er die Bestimmung des Menschen in Weisheit, Güte,
Macht, und im Glauben das einzige Mittel dazu. Gesteigerte Kraft
und äußere Wirksamkeit hält er für den Prüfstein des Glaubens. Da=
her müsse der Gläubige auch jetzt noch Wunder thun, in unmittelbarer
persönlicher Gemeinschaft mit Gott stehen und durch Gebet auf Gottes
Rathschlüsse bestimmend einwirken können. Das Göttliche und Mensch=
liche, das Geistige und Körperliche waren ihm in genauem Zusammen=
hange; daher war ihm das Geistige körperlich vernehmbar, und darum
zweifelte er nicht, daß der Auserwählte mit Gott in so nahem Umgange
leben könne, daß er ihn sehe, höre und empfinde. Man hat behaupten
wollen, Lavater habe seine theosophischen Ansichten wesentlich aus

Detinger geschöpft. Er selbst widerlegt diese Behauptung am besten, indem er sagt: „In Detingers Schriften finde ich einzelne tiefe Gedanken; aber nichts von populärer Geschichtsweisheit der Schrift. Er ist mir zu metaphysisch." Detinger dagegen wirft Lavatern vor, daß er die „realen Schriftbegriffe spiritualisieren wolle." Wenn Lavater in seinen Gedanken Niemanden nachtrat und auf die Selbständigkeit innerer Erfahrung Anspruch machte, so verwahrte er sich hinwieder gegen die Zumuthung, daß er der Gründer eines neuen Religionssystems werden wolle und erklärte: „Mein Religionssystem ist durchaus nicht aus dem achtzehnten, sondern allein aus dem ersten Jahrhundert." Und ferner: „Gott will Protestanten aller Art, wie Katholiken und Akatholiken aller Art haben — Kantianer — und Lutheraner — nur, ob Gott will keine Lavaterianer. Nein! Es soll nur ein einziger Lavater sein!"

Lavaters theologische Stellung und seine Einwirkung auf seine Zeit wird von Hagenbach sehr gut also bezeichnet: „Lavater war bei seiner scharf ausgeprägten christlichen Ueberzeugung ein Mann der neuen Zeit, ein Mann des Jahrhunderts, ein Mann des Fortschritts. In sofern eine gewisse Unabhängigkeit und Freisinnigkeit, entschiedene Abneigung gegen alle Knechtschaft, gegen alle verderblichen Vorurtheile, gegen alle Mißbräuche, insofern überhaupt das, was wir Liberalismus nennen, zum Charakteristischen der modernen Zeit gehört: so war Lavater unstreitig einer der ersten Liberalen, die den Ideen der neuen Zeit huldigten. — Mit diesem Liberalismus war auch die Humanität — ein anderer charakteristischer Zug der neuern Zeit, in Lavater innig verbunden. Alles, was dem Menschen zum Bewußtsein seiner Menschenwürde verhilft, hatte ihm unendlichen Werth. In jedem Lebensgebiet war Lavater unter denen, die vorwärts schritten und vorwärts drängten."

4. Lavater, der Christ.

Es war Lavatern allein um die richtige Auslegung der Schrift zu thun. Nicht durch philosophische Gründe, sondern durch die Aussprüche der Schrift wollte er widerlegt sein. Als daher sein Schriftglaube bei seinen rationalistischen Zeitgenossen Anstoß erregte, trat er anfangs nur mit drei bescheidenen Fragen auf, um deren Beantwortung er bat (1769). Mit Bezugnahme auf von ihm angeführte Schriftstellen fragte er: 1. Ist nicht unwidersprechlich offenbar, daß die biblischen Aussprüche Geist &c. durchgehends bedeuten, ·eine schöpferische Kraft, eine außerordent-

liche, übernatürliche Offenbarung oder Wirkung der Gottheit, übernatürliche Einfichten und Kräfte, oder Offenbarungen, welche fich von
den fogenannten natürlichen, unverwirklich unterfcheiden? 2. Werden
nicht diefe Geiftesgaben allen Chriften aller Zeiten und Orten, auf gewiffe Bedingniffe hin, immer fo uneingefchränkt, als die Vergebung der
Sünden und das ewige Leben angeboten und verheißen? 3. Ift in der
heiligen Schrift eine einzige Stelle zu finden, wodurch exegetifch dargethan werden könnte, daß diefe außerordentlichen Geiftesgaben nur auf
die erften Zeiten des Chriftenthums einzufchränken feien? Sind die
Schriftftellen für die bis ans Ende der Welt fortdauernde Gültigkeit der
Verheißung des Geiftes, wo nicht fchlechterdings entfcheidend, doch von
überwiegender Beweiskraft? Eine fernere Frage war, ob Gott ein in
zweiflofer Erwartung nach der Vorfchrift des Evangeliums vorge-
tragenes Gebet nicht erhören werde? und ob in der heiligen Schrift
diefe Erhörung nicht verheißen werde? So fchrift-, vernunft- und er-
fahrungsgemäß die in diefen Fragen niedergelegten Anfichten waren, fo
flar, befonnen und für jedes gläubige Gemüth verftändlich fprach fich
Lavater auf die mannigfaltigfte Weife über Glauben, Geift und Gebet
aus. Unfere Zeit, welche den Bibelglauben wieder kennt und ehrt,
freut fich in Lavater den Mann zu fehen, welcher in einer glaubens-
leeren Zeit mit offener Seele, mit freiem Geift und fefter Konfequenz
fich in feiner Erkenntniß nicht irre machen ließ, fondern immer mit
gleicher Frifche und Lebendigkeit von feiner innern Erfahrung Zeugniß
gab. Die bemerkenswerthefte Stelle enthält feine „eigentliche Meinung"
in feinen v e r m i f c h t e n S c h r i f t e n (1774). „Wenn ich die Lehre
der biblifchen Verfaffer von den Gaben des heiligen Geiftes, von der
Kraft des Glaubens und von den Wirkungen des Gebetes, jede insbe-
fondere unterfuche, und alle mit einander vergleiche, fo komme ich
immer auf den lichtvollen Punkt — diefe Verfaffer find der Meinung:
daß es möglich, daß es die Beftimmung des Menfchen fey, in einer
eigentlichen und unmittelbaren Gemeinfchaft mit der Gottheit zu ftehen;
daß Sie ein eigentlicher Gegenftand der Freundfchaft und Vertraulichkeit fey; daß eine eigentliche, moralifch finnliche Unterhaltung mit Ihr
das Eigenthümliche der Religion, und die Abficht Gottes bey allen feinen
Offenbarungen fey; daß der Glaube an Gott, und vornehmlich an den
in Jefu Chrifto geoffenbarten Gott, als einen Gott, der fich allen, die
an ihn glauben, offenbaren und mittheilen, von allen, die ihn fuchen,
finden laffen will, — der höchfte, deutlichfte Endzweck aller biblifchen

Geschichten, und zugleich die große Triebfeder und Quelle aller moralischen und physischen Vollkommenheit, und der Grund und die Wurzel der völligen Wiederherstellung der menschlichen Natur sey." In der
Vertheidigung der eigentlichen Meinung spricht Lavater von Christus:
„Wenn Christus nicht der Held des Testamentes ist, der durch moralische Sentenzen nicht und nie ersetzt wird, und weder kann noch soll;
wenn sein Tod nicht das Reinigungs- und Belebungsmittel der Welt
war; wenn das Menschengeschlecht nicht sein ist, das er regiert, dessen
Bedürfnisse er befriedigt, auf das er wirkt, physisch? moralisch? intel-
lektualisch? was gehen mich die Unterscheidungen an — auf das er
wirkt, wie ein lebender König auf seine Unterthanen wirkt; wenn er nur
à la Socrate und Xenophon, und welcher Verstorbene nicht? allein
durch Lehre und Beispiel wirkt — Christen! was geht euch der Name
an? und das Buch, das ihr Evangelium heißt? Lehrer der Christen-
heit! was soll das seine Fingerspiel?'Heraus mit der Sprache! Wählt
zusammenhängendem geradem Text zu euerm Moralisieren! Christus
und Sokrates, zween recht gute Leute! und wir wissen, woran wir sind,
und euch ist die Mühe erspart, beschwerliche Maske vorzuhalten." Nachdem er dargethan, daß die Verheißung außerordentlicher Wirkungen
durch den Glauben an Jesum Christum nicht nur den Jüngern, sondern
allen Christen durch die Schrift verheißen worden, fährt er fort: „Aber!
wenn solche außerordentliche Gaben und Kräfte so das Eigenthümliche
des Christen sind — sein Stern und sein Panier, warum sind sie denn
nirgends mehr? warum ganz erloschen? und muß sich jeder seiner natürlichen Gaben und Kräfte gnügen? Ganz erloschen? nirgends mehr?
Was wißt ihr? was weiß ich? So viel unscheinbare, in hartem Druck
und tiefer Stille lebende Christen — so viel arme, sinkende Strohhütten
auf'm Berg und im Thal, hab ich nicht besucht — habt ihr nicht besucht! Was wohnt drinne? — Christus etwa — die Armen waren ihm
so nahe — und sein Reich so stille und verborgen — ehe es der berechnende Philosoph angaffen und durch die Species seiner Rechenkunst
durchjagen konnte."

Diese innere Erhebung und Richtung auf Gott war bei Lavater so
eigenthümlich und wahr, daß er dazu keiner äußern Veranlassung bedurfte. Daher wurde auch sein Schmachten und Ringen nach dem
Schauen mit der Zeit immer inniger und glühender, so sehr seine Freunde
über ihn zürnten und trauerten und seine Feinde über den Schwärmer
spotteten. Diese Glaubensfreudigkeit und altchristliche Festigkeit war

in einer Zeit um so bemerkenswerther, wo Gott sich den Philosophen in allgemeine Ideen verflüchtigte und die Theologen willkürlich an Christus modelten. Es ist demnach höchst anziehend und merkwürdig, daß in einer Zeit, wo sich die christliche Kirche nach der Meinung der Stimmgeber überlebt zu haben schien, oder wo man höchstens von der Vervollkommnungsfähigkeit des Christenthums sprach, ein mit dem Leben vertrauter, vielseitig gebildeter Mann, ein Denker und Weltmann, den Glauben und die Gesinnung der Apostel zu erneuern bemüht war und sein ganzes Leben festhielt; und der zugleich durch Leben und Beruf bewies, daß ihm sein Glaube eine eben so eigenthümliche Kraft und Leistungsfähigkeit gab, als er sich durch diesen vor seinen Zeit- und Standesgenossen auszeichnete. Es ist daher eine außerordentlich anziehende Erscheinung, in Lavater in seinen letzten Jahren das gleiche Feuer der Sehnsucht nach der Gottesgemeinschaft vorwalten zu sehen, wie in seinen Jünglingsjahren. Denn in seiner letzten Zeit läßt er sich also vernehmen: „So ein Christus muß gewesen sein. Ist Er gewesen, so ist Er noch. Ist Er noch, so steht Er in einem unauflöslichen Verhältniß mit den Sterblichen, denen zu lieb Er sich der Sterblichkeit unterwarf. So gewiß Er also existiert hat und noch existiert, so gewiß muß Er in einer allenfalls spürbaren und erweislichen Konnexion mit uns stehen — und so gewiß dieß ist, so gewiß muß Er mit kräftig segnendem Wohlgefallen auf jede Seele herabsehen, die sich Ihm zu nähern, als vor Seinen Augen zu handeln, und sich nach Seinem Sinn und Willen zu bilden strebt. Er muß sich dem nicht unbezeugt lassen, dem Er unentbehrlicher scheint als alles Entbehrliche und Unentbehrliche. Er muß sich, wenn Er lebendiger ist, als alles Lebendige, mehr als alle Lebendigen beweisen und darthun können — als ein Leben, reich genug für alle Lebensbedürfer, die sich zu Ihm als dem Lebensquelle wenden." —

Der Hang zum Geheimnißvollen, Mystischen, Wunderbaren lag in Lavaters Zeit und bemächtigte sich aller damaligen strebsamen Geister; Jung und Herber waren davon ergriffen, wie auf andere Weise Claudius und Goethe. Wenn ein Gaßner, ein Cagliostro, ein Mesmer ihn anzogen und er ihnen auffallende Aufmerksamkeit erwies, so zeigte er gesunden Sinn und Unbefangenheit genug, auch zu gestehen, was er gesehen und daß er sich getäuscht habe. Daß Lavater so unabwendbar an seiner Richtung festhielt, daß er sich nicht stören ließ, als allmählig seine frühern Freunde und Gesinnungsgenossen, selbst Herber und Goethe,

sich von ihm abkehrten, — lag in der Ueberzeugung, daß er unerschütterlich an das Göttliche in der Menschennatur glaubte und als Volksmann aus vielfacher Erfahrung wußte, daß in den Einfältigen und
Niedrigen im Volke, in den natürlich Begabten sich häufig eine tiefere
Erkenntniß und eine fruchtbarere Wirksamkeit kund zu thun vermöge, als
in den Weisen und Gebildeten.

Lavaters Christusglaube ist um so bedeutsamer, da er sonst durchaus
frei und selbständig sich den dogmatischen Doktrinen gegenüber verhielt
und daher anfangs in seiner Heimat schwere Anfechtungen gegen seine
Rechtgläubigkeit zu erfahren hatte. In seinen spätern Jahren scheute
er sich eben so wenig als früher seines eigenen Weges zu gehen, daher
er im Jahre 1793 bemerkt: „Ich sage nie „Athanasischer Christus“,
nenne Christus nie in Athanasiusschem Sinne Gott — aber so herzlich
und aufrichtig man es kann im Paulinischen und Johanneischen Sinne.“
Und noch offener und freier äußert er sich gegen Professor Paulus:
„Ich habe mir zum unverbrüchlichen Gesetze gemacht, mich niemalen
über einem bloßen theologischen Wort zu zanken und zu disputiren!
Fragt mich einer: Glaubst du die Dreieinigkeit, glaubst du die Genugthuung ꝛc. Ich werde weder Ja noch Nein sagen! Ich empfinde und
erfahre täglich den ungeheuren Schaden, den diese so vielem Mißverstand ausgesetzten Wörter angerichtet haben, und noch täglich anrichten.
Ein einfältiger Liebhaber und Kenner des göttlichen Wortes fragt nicht
so. Er fragt: — Was findest du, daß die Schrift von Gott, dem
Vater, dem Sohne und Geiste lehre? Bist du überzeugt, daß der Vater
den Sohn zum Heiland der Welt gesendet hat, und daß der Sohn und
der Vater Eins, der Sohn dem Vater unterthänig und doch Gott sey,
über Alles gebenedeit in die Ewigkeit?“ — Wenn man daher jetzt die
Angriffe von Nikolai und Semler näher ansieht, wie kleinlich und bös-
willig jener sich zu Klatschereien und Verdächtigungen gegen Lavater
herabwürdigte, und wie trivial dieser, auf das Recht der subjektiven
Ansicht des Christenthums sich steifend, Lavaters christologische Ansichten zu widerlegen suchte: so spricht Lavaters liebevolle und großartige
Weise, wie er sich vertheidigte, für die Sache sowohl als für seinen
Charakter. Goethe zeichnet ihn solchen Angriffen gegenüber folgender
Maßen: „Gegen Anmaßung und Dünkel wußte er sich ruhig und geschickt zu benehmen: denn indem er auszuweichen schien, wendete er
auf einmahl eine große Ansicht, auf welche der beschränkte Gegner niemals denken konnte, wie einen diamantnen Schild hervor.“ Lavater,

der als Schwärmer Verschriene, zeigte seinen Gegnern gegenüber stets
einen so gesunden Sinn, ein heiteres Selbstbewußtsein, eine so klare
Vergegenwärtigung der Hauptsache der Streitfrage und eine so ruhige
Konsequenz, daß wir statt aller andern Proben den Schluß seiner Prüfung von Steinbarts „System der reinen Philosophie und Glückselig-
keitslehre des Christenthums" anführen wollen. Nachdem Lavater auf
die wohlwollendste Weise die Vorzüge der Schrift für diejenigen hervorgehoben, welche im Christenthum viel Anstößiges und Vernunftwidriges
finden, faßt er sein Urtheil folgender Maßen zusammen: „Ich sage —
ohne allen Zweifel, und ohne alle Furcht zu irren — schlechtweg und
entscheidend — Nein! vieles fehlt darin, was das Christenthum wesentliches, d. i. eigenthümliches und charakteristisches hat. — Ich sage
meine Meinung geradehin: ich halte es für nichts mehr und nichts
minder als seinen Deismus — mit einiger christlicher Färbung, und
durchaus nicht für reine, ächte apostolische Christus=Religion — halt es
für einen unglücklichen Versuch zur Aussöhnung der neuern Philosophie
mit dem Christenthum — Eine Kapitulation mit dem Religionsbedürf-
tigen — aber das ächte evangelische Christenthum theils nicht erkennen-
den, theils bezweifelnden Geschlechte seines Zeitalters. Nicht für eine
ganz neue, viel weniger Probhaltige, solide Kapitulation, wovon sich
dauernde Vortheile versprechen ließen! Unwürdige Kapitulation eines
Philosophen, dem Wahrheit, nicht Akkomodation der Wahrheit das
erste, heiligste, einzige Gesetz sein soll — eines christlichen Lehrers, der
als solcher schlechterdings nicht befugt ist, das alte, historisch bestimmte
und beurkundete Christenthum nach dem Geschmacke seines Zeitalters
und des Unglaubens und Schwachglaubens und Halbglaubens zuzu-
schneiden. — Wie Plinius, Sallust, Xenophon sollten allervörderst und
bei der ersten Untersuchung die Evangelisten und Apostel gelesen werden;
nach den Grundsätzen und keinen andern ausgelegt, wonach alle Schriften, alle Urkunden in der Welt ausgelegt werden. Komme heraus,
was herauskommen mag! Nicht immer mit Hinaussicht auf dies und
jenes existirende, oder zu bauende, zu hoffende, oder zu fürchtende System
oder Unsystem. — Herr Steinbart liefert uns einen andern Christus
und ein anderes Christenthum als die Urkunde, wenigstens bei weitem
nicht den ganzen Christus und das ganze Christenthum der Urkunde.
— — Ich will lieber geraden Wegs Deist sein und Deist sein lassen,
wer da will, denn ich sehe sehr leicht ein, wie weise und ehrliche Männer
Deisten seyn können, und in ihren Umständen beynahe seyn müssen. —

Aber mir werd' ich niemals die unleidliche Inkonsequenz erlauben, die
Urkunde des Christenthums zugleich anzunehmen, und das wesentlichste
und eigenthümlichste derselben zu verwerfen."

5. Angriffe auf Lavater.

Leicht und liebevoll nahm Lavater im Allgemeinen die Angriffe
auf, welche ihm von Außen und schriftlich widerfuhren; näher aber
ging ihm der Gegensatz zu Herzen, der ihm in seiner Vaterstadt und
von seinen Mitbürgern entgegentrat, und zwar gerade von Seite derer,
welche er als seine Lehrer verehrte und welche an Geist, Bildung und
Ansehen die vorzüglichsten Männer Zürichs waren.   Durch den Theologen Zimmermann und die Kritiker Breitinger und Bodmer war in
Zürich eine rationalistische Anschauungsweise in religiösen Dingen
herrschend geworden.   Es hatte daher nicht viel auf sich, als Lavater in
der Synode von einem Geistlichen beschuldigt wurde, daß er sich in den
Aussichten in die Ewigkeit gegen die Lehre der Kirche verstoßen; aber desto
schwieriger wurde seine Stellung, als ihn seine Auffassung der Bibel mit
den Häuptern der Zürcher Schule in Zwiespalt brachte.   Längst hatte Bodmer darüber gespottet, daß Lavater Christum über Gott hinaufsetze, und
Breitinger warnte in öffentlicher Rede mit offenbarer Beziehung vor der
Religionsschwärmerei.   Die erwünschte Gelegenheit, Lavatern zu züchtigen, bot ein Brief Lavaters, Nachricht von den Zürcherischen Theologen
enthaltend, welcher in die allgemeine theologische Bibliothek aufgenommen worden war.   Im Jahre 1775 erschien ein anonymes „Send-
schreiben" an den Verfasser dieser Nachricht, dessen Verfasser sich
stellt, als kennte er jenen Berichterstatter nicht.   Dieser wird nun belehrt, wie er die Zürcherischen Theologen und namentlich Lavatern hätte
darstellen sollen, indem dessen Meinung über Glaube, Geist und Gebet
lächerlich gemacht, so wie seine Physiognomik und seine Verbindung
mit einer wunderwirkenden Viehmagd verhöhnt wird.   Joh. Jakob
Hottinger, der gebildetste Mann und der vorzüglichste Kopf aus der
Schule des Philologen Steinbrüchel, war der Urheber dieses jugendlichen Muthwillens, in welchem er Wahres mit Falschem gemischt
hatte.   Dieser Angriff eines Jugendfreundes schmerzte Lavatern tief.
Pfenninger schrieb dagegen ein ganzes Buch, J. J. Heß eine würdige
Zurechtweisung, Lavater endlich selbst eine schmerzlich bewegte, aber

verſöhnliche Erklärung an ſeine Freunde. Dieſer unbedeutende Vor⸗
gang brachte damals in jene Windſtille des öffentlichen Lebens eine
ungewöhnliche Aufregung. Ein Schreiben Bodmers an ſeinen Freund
H. Meiſter bezeichnet die Stellung, welche dieſer und ſeine Geſinnungs⸗
genoſſen Lavater gegenüber einnahmen. — — „Hat er nicht von dem
Mitbürger, dem Mitchriſten, dem geiſtlichen Verfaſſer des Send⸗
ſchreibens in der warmen chriſtlichen Liebe präſumieren ſollen, er habe
ihn in ſich ſelbſt hineinführen, ihn von ſeiner Geſchwindglaubigkeit, von
ſeinem Steckenpferd, ſeinem fanatiſchen Hang heilen wollen? Da
Breitinger, Ulrich und Andere umſonſt gearbeitet haben, ihm Herme⸗
neutik, Philoſophie, Logik, Viam Examinis, Philologie zu empfehlen
— iſt es ſehr wahrſcheinlich, daß der Unbekannte geglaubt, das letzte
Mittel gegen Schwärmerei ſei lachen. Und Lachen, ſelbſt den Witz
zum Lachen anwenden, wo Grund zum Lachen vorhanden iſt, iſt nicht
Sünde, weder gegen die Moralität, noch gegen Freiheit, noch gegen
Toleranz. Nehmen Sie an, Breitinger oder Ulrich wären die Ver⸗
faſſer des Sendſchreibens, würde dann der ſpitzfündigſte Menſch Ver⸗
läumbung darin erblicken, Bemühung Lavater verächtlich zu machen,
von ſeinem Ruhm herabzuſtürzen? Weder Breitinger noch Ulrich noch
Steinbrüchel haben es geſchrieben, doch ſagt dieſer, daß die darin ent⸗
haltenen Urtheile meiſtens auch ſeine Urtheile ſeien, die er lange her
laut geſprochen habe. Wer läugnet, daß H. Lavater nicht viel Genie
und noch mehr Activität hat; wer ihm dieſe zum Dienſt einer eiteln
Schwärmerei anzuwenden abräth, handelt der nicht verbindlich und dem
gemäß, was Liebe für Wahrheit und Abſcheu für Schwärmerei von ihm
fordern, wenn er die Feder ergreift? Wir wiſſen, daß die rechtſchaffen⸗
ſten und einſichtvollſten Männer in Lavaters außerordentlichem Schnappen
nach Wundern, in der Allmacht, die er dem Gebet zuſchreibt, Fanatis⸗
mus bemerkt haben. War es nicht Blödigkeit, Furcht zu beleidigen,
und ſich Händel zuzuziehen, daß ſie es nicht im Druck haben ſagen
dürfen? wo nicht, ihn zurückzuziehen, doch ſchwache Köpfe nicht zu
verwirren? — Laſſen Sie mich auch fragen, da der Fanatismus kein
Civilverbrechen iſt und niemand die bürgerliche Ehre raubt, gehört es
nicht den Scribenten zu, ihn zu beſtrafen? Wenn dadurch der Fanatiker
an ſeinem Autorruhm verkürzt wird, was iſt das Mehreres, als daß
ihm genommen wird, was ihm nicht gehörte? Welch größern Ruhm
hätte ſich Lavater erworben, wenn er ſich ſelbſt, der Richtigkeit ſeiner
Meinung bewußt, überzeugt von der Superiorität ſeiner Talente, der

Wahrheit, der strengsten Untersuchung überlassen hätte, sich selbst gegen
Verläumdung, Verfälschung zu retten." — Nachdem wir in Vorstehen-
dem einen Beweis haben, wie Bodmer in seinen Ansichten sich völlig
zu Lavaters Gegnern bekannte, so ist folgendes Zeugniß an denselben
Freund um so unverdächtiger und bemerkenswerther: „Lavater hat
einen Vortheil, den sich wenig Andere zulegen dürfen, den Credit, den
Anhang, den er sich durch seine Geschäftigkeit, Dienstfertigkeit, Gutthätigkeit gemacht hat.   Man muß im Civilleben so untadelhaft sein,
wie er ist, wenn man gegen ihn aufstehen, und allenfalls Wahrheiten
selbst annehmlich und glaubwürdig machen will" (1779). Mit heiterm
Bewußtsein wies Lavater stets das Geschrei über seine Schwärmerei
von sich; der beste Beweis seines gesunden Sinnes ist die Zurechtweisung an den Freund, welcher ihn auf die Wunder jener „Viehmagd"
aufmerksam gemacht und im Verkehr mit dieser zum Schwärmer geworden war.   Wir kennen keine Kundgebung Lavaters, welche für ihn
selbst eine schlagendere Rechtfertigung gegen die Vorwürfe seiner Gegner wäre.

> Du betest Nächte durch, und ringst vor Gottes Thron;
> Du härmst Dich ängstlich ab, willst Gottes Gnad' erzwingen,
> Verdienen mit Geheul, und sprichst dem Glauben Hohn,
> Der frohen Muthes kühn Erbauung will erringen —
>
> — — —
>
> Wo Du nicht Thränen siehst, da sey nicht eifervoll!
> Sprich nicht zur Ruhe: Fluch! Zur Freude: Du bist toll!
> Will Gott, die Liebe, denn, daß man mit Furcht ihr fröhne?
> Ach, ist er Vater nicht? Sind wir nicht Seine Söhne?
> Gebietet er uns Angst? Hat er an Winseln Lust?
> Haucht Er durch seinen Geist nicht Freud in jede Brust?
>
> Die Thränen waren Zwang; Dein Lachen nicht Natur.
> Von sanfter Ruhe floh, von Weisheit jede Spur.
> O Freund, entreiße Dich der Andacht Zauberspiele!
> Vertrauen ist der Weg, und Liebe steht am Ziele!
> Gott will nicht Sklaven-Angst; Er will nur Zuversicht.
> Was bey Dir Krankheit ist, ist Andern keine Pflicht.
>
> — — —
>
> Bin ich in Gott vergnügt, heißt Er mich fröhlich seyn,
> So stürme Du mich nicht in Deine Angst hinein!
> Was hilft's, mit lautem Schall auf Worte Worte thürmen?
> Empfindung läßt sich nicht, ach, Liebe nie erstürmen!
>
> — — —

Ach, lerne ruhig seyn — und denk an Deine Jugend!
Die Unruh ist Dein Feind, der Feind der wahren Tugend.
Einst warst Du kindlich fromm; Du suchtest, fandest Gott;
Empfandest Seine Huld, und hieltest Sein Gebot!
Zerrissen schienen schon des Stolzes feste Stricke;
Dein Mund war Liebe nur, und Demuth Deine Blicke!
Der Täuschung Stimme war noch nicht Dir Gottesstimm',
Noch nicht Dein Eifer Sturm, und Deine Liebe Grimm.
Du lerntest und schwiegst, und sanfte Thränen flossen . . .
Doch diese Ruhe hat Dein Herz nicht lang genossen.
Du wolltest mehr Gefühl durch Wort-Gebet erflehn;
Fiengst an auf Gottes Licht, auf die Vernunft zu schmähn.
Du schmähtest die Natur, verdammtest Gottes Werk,
Und Unerklärbarkeit war nur Dein Augenmerk!
Dein Männlicher Verstand, Dein Heldenmuth im Denken
Erniedrigte sich nun, Gewissen einzuschränken.
Geheimes Fieber sprach im Namen Gottes stets
Und jeder Zufall war Erhörung des Gebets.
Wer anders dacht', als Du, der durfte kaum Dir nahen;
Du sprachst von Wundern nur, wo wir Natur nur sahen

Sei ruhig, bitt' ich nur — Nur höre still, mein Lieber,
Gott quält die Menschen nicht! Die Tugend ist kein Fieber!
Nicht sag' ich dieß zum Spott: Ich wäre, was Du bist,
Hätt Er mich nicht gewarnt, der ganz Erbarmen ist.
Dem Abgrund, wo Du stehst — wie war ich ihm so nahe!
Doch Gott zog mich zurück, da ich die Tiefe sahe!

                    Brich Deinen Eigensinn,
Dieß ist mein Rath, und flieh' des Geistes Täuscherin!
Sey sanft und ruhig! Lern, und thu die ersten Pflichten!
Sey fleißig, weise, treu im Kinder-Unterrichten!
Sey Beyspiel! Aergre nicht! Fleh' Gott um Weisheit an!
Die Weisheit ist's allein, die Dich noch retten kann!
Sey freundlich ohne Zwang, und eifrig ohne Hitze!
Sag nicht die Wahrheit nur, frag: Ob die Wahrheit nütze!
Gieb uns für Worte Licht! Empfindung für Gewalt!
Und gieb der Wahrheit stets die lieblichste Gestalt!
Dring Dich doch nirgend ein — und überstürme Keinen;
Lach, wenn Dein Herz sich freut, und zwing Dich nie zum Weinen!
Gefühl erst sey Dein Herz, dann öffne sich Dein Mund!
Wenn Du nicht ruhig bist, so bist Du nicht gesund!
Sprich, kämpfst Du, nicht von Kampf; und wachst Du, nicht vom Wachen;
Dieß kränkt der Demuth Ohr, und heißt die Spötter lachen.
Verachte Mittel nicht; betrachte die Natur.
Erklärerin von ihr ist Deine Bibel nur!

Bau langsam, aber fest! Prüf' Hörer erst und Geister!
Sei Allen allerlev, und ruhig wie Dein Meister!
Erwieg sein großes Wort — und dieß sey nun genug;
Ahmt Tauben-Einfalt nach, und seyd wie Schlangen klug!

Der unversöhnliche Gegensatz, in welchen Lavater durch die Darlegung seines christlichen Glaubens mit der öffentlichen Meinung und
mit einem Theile seiner Mitbürger gerathen war, hatte indessen einen
tiefen, beunruhigenden Eindruck in ihm zurückgelassen. Denn so fest
er in seiner Ueberzeugung war, so konnte er doch nicht verkennen, daß
es ihm nicht gegeben sei, derselben bei dem größern Theile seiner Zeitgenossen Eingang zu verschaffen. Was er in auseinandersetzenden Abhandlungen zum Verständniß und zur Vertheidigung seiner Ansichten
thun konnte, damit war er zu Ende. Denn es ist nicht zu läugnen,
daß bei Lavater, bevor er vierzig Jahre alt war, der Ideenkreis sich nicht
mehr erweiterte, daher in seiner Geistesbildung und in seiner wissenschaftlichen Erkenntniß und Befähigung ein Stillstand eintrat, welchen
er zum Theil nicht fühlte, zum Theil nicht gestehen wollte, der aber für
Freunde und Gegner auffallend und für fernere Verständigung und
Auseinandersetzung hinderlich war. Von diesem Zeitpunkte an dehnte
sich das Feld seiner geistigen Bestrebungen nicht mehr aus, und im Gefühl, den Anforderungen der Wissenschaft nicht mehr gewachsen zu sein,
schrieb er namentlich für „seine Freunde." Aber wenn er, der Menschen-
forscher und Seelenmaler, das größte Drama der Weltgeschichte zum
Gegenstande seiner Darstellung wähle, den Menschen und den Gott in
ihr innerstes Wesen verfolge und so an der Hand der biblischen Erzählung seinen Glauben in die hellste Beleuchtung bringe, so zweifelte
er nicht an der überwältigenden Kraft dieser Darstellungsweise, wenigstens für die ihm nahestehenden Gemüther. So entstand das sonder-
barste, aber auch wieder das genialste, eigenthümlichste von Lavaters
Werken — „Pontius Pilatus, oder der Mensch in allen Gestalten, oder Höhe und Tiefe der Menschheit, oder die Bibel im Kleinen
und der Mensch im Großen, oder ein Universal Ecce Homo, oder alles
in Einem" (1782—1785). Schon in der äußern Form und Darstellung
fällt das Unruhige, Gespannte, Sprunghafte auf, offenbar eine Folge
des zu erwartenden Widerspruchs, im Gefühl, daß er Anstoß und
Aergerniß gebe. Daher Lavater selbst seine Arbeit mit naiver Offenheit
charakterisiert: „Es ist ein Werk, das sehr vieles für sehr viele enthält;
aber sehr wenigen, auch weisen und guten Menschen ganz tauglich,

ganz genießbar seyn kann. Die, so es ganz genießen können, gehören in den engsten Kreis meiner Freunde, oder der sympathetischen Seelen. Es ist ein Werk, wies geschrieben seyn muß, um sich viele Erzfeinde und wenig Erzfreunde zu machen, Abbruck meines Geistes und Herzens, Schimmer oder Dämmerung von mir, allemal von Individualität, und ohne das Medium meiner Selbst eine im Ganzen ungenießbare Speise. Es ist wie Ich. Wer dieß Buch haßt, muß mich hassen. Wer dieß Buch liebt, muß mich lieben. Wer's nur halb genießen kann, kann auch meinen Geist und mein Herz nur halb genießen. Wem es durchaus gefällt, der muß ein Herzensfreund von mir seyn." Allein der erste Theil des Werkes war mißrathen: breit und deklamatorisch folgen Gedanken und Betrachtungen, welche er anderswo schon besser gegeben hatte. Daher fällte Nikolai folgendes Urtheil über diesen ersten Theil: „Recensent fügt nichts hinzu, als daß er bedauert, daß H. L. sich in dieser Schrift auf eine so nachtheilige Weise gezeigt hat, und wünscht, daß er sich durch die Fortsetzung dieses elenden Geschreibes oder anderer Schriften dieser Art nicht ganz um die Achtung des vernünftigen Theils der Lesewelt bringen möge." Lavater setzte dieses Urtheil dem zweiten Bande des Werkes vor nebst der Aufforderung an diejenigen, welche in diesen Wunsch eintreten, ihr Exemplar an den Verfasser oder Verleger zurückzusenden und das Geld zurückzuverlangen. Aber der erhaltene Sporn machte den zweiten Theil auch besser an Gestalt und Gehalt. Er bewies, daß er sich seinen Heiland aufs lebendigste vergegenwärtigen könne, und daß diese Vergegenwärtigung in ihm nicht nur Begeisterung, sondern wirklich Gedankenreichthum zu erzeugen vermöge. Gerade die entschiedene Ungläubigkeit seiner Zeit bewirkte, daß Lavater als religiöser Charakter sich desto ausgeprägter, klarer, vollständiger entwickelte, den Einen zum Spott und Aerger, den Andern zur Erleuchtung, damit sie sich an seiner Unerschütterlichkeit festhalten könnten. Allein nicht nur als frommer Mann, sondern auch Schriftkundiger, als Philosoph und Dichter bringt er eine Fülle von Licht und Leben in seine Geschichtsbetrachtung. Wirklich wird Leben und Glauben durch die Beleuchtung der kurzen Vorgänge zwischen Christus und Pilatus so vielseitig und geistreich hervorgehoben, das gläubige Gemüth und der feine Beobachter zusammen weiß so tief und lebendig in die evangelischen Scenen zu versetzen, daß einzelne Abschnitte zu den vorzüglichen Darstellungen und Betrachtungen über das Leiden des Herrn gehören. Lavater, der Mendelssohn zum Christenthum hin-

überziehen wollte, züchtigt zum Beispiel die Judenverachtung seiner Zeit
bei der Frage: „Bin ich denn ein Jude?" — „ist's der hochgepriesenen
Aufklärung, und dem Toleranz=Geräusche, und dem Menschlichkeits=Ge=
tümmel und der Christenthums = Läuterung unserer Zeit zu verzeihen?"
Von Jesu „Achtung" der Menschheit bezeugt er: „Der kan unmöglich
die Lehre Christus oder die von Christus gelehrte Wahrheit verstehen,
der es nicht klar erkennt, daß diese hohe Lehre von der Gottähnlichkeit
der menschlichen Natur die Summe, der Inhalt, Kern und Geist aller
seiner Bezeugungen, Thaten und Schicksale ist. Verherrlichung der
Menschennatur — siehe da den Schlüssel zu allen Geheimnissen des
Evangeliums!" Unter dem Titel „Was ist Wahrheit?" faßt er die
ganze Christologie, die ganze Glaubenslehre in geistreicher Auseinander=
setzung zusammen. Im Abschnitt „Die Thaten Christus — Wahrheit"
giebt er den Nachweis der Authenticität der evangelischen Geschichte. In
der Voraussetzung, daß die Evangelien betrügliche Erdichtungen seien,
läßt er jeden betrüglichen Evangelisten seine Rolle spielen. Ferner läßt
er sie als Dichter, als Schwärmer figurieren. An den gesunden Sinn
und die Wahrheitsliebe des Publikums sich wendend, stellt er dem=
selben die große Frage des christlichen Glaubens auf eine ganz originelle,
objektive, anziehende Weise dar, und giebt so einen theologischen Gegen=
stand in der Gestalt einer Unterhaltungsfrage. In dem weitläufigen
Werke steigt und sinkt der Ton, verliert sich bisweilen ins Weite und
Breite; aber der Menschenkenner, der fromme Philosoph macht sich
immer wieder in den „scharfen Linien" bemerklich, „die sein Flammen=
schwert schneidet," um mit Goethe zu sprechen, dem aber als „dezidir=
ten Nichtchristen" der Pilatus natürlich eine „widerliche Empfindung
machte." Aehnlich in Form und Geist, aber ein schwächerer Abdruck
des Pontius Pilatus, folgte bald darauf in „Nathanael" (1786).

6. Wachsender Kampf.

Wie man ein Recensent sein und aus dem Recensieren eine wich=
tige Sache, eine Lebensaufgabe machen könne, davon hatte Lavater, der
mit dem geschriebenen Worte nur wirken, unmittelbar wohlthun wollte,
gar keinen Begriff. Da er also nicht wußte, wozu solch eine Recen=
sentenstellung gut sei und wie sich ein ehrlicher Mann und Menschen=
freund damit abgeben könne, so nahm er die Recensionen für persönliche
Angriffe auf und sah in den Recensenten, welche sich freilich gar wenig

Mühe gaben, ihn zu verstehen und ihm einen vernünftigen Sinn zuzu=
trauen, seine persönlichen Feinde. Dagegen war es Lavaters liebevolle
und großherzige Weise, Jeden von seiner Seite zu fassen und seinem
Wesen und seiner Wirksamkeit freudige Anerkennung zu Theil werden
zu lassen. Er war gutmüthig und wohlwollend genug, vorauszusetzen,
daß, wenn seine Gegner ihn recht kennten, so könnten sie ihm nicht
mehr übel wollen, so müßten sie seine Freunde werden. Er hatte man=
chen Sieg erfochten, manche Abneigung überwunden, wenn er persönlich
diesem und jenem Gegner in seiner herzgewinnenden Liebenswürdigkeit
und seiner heitern und würdevollen Hohheit entgegengekommen war.
Das Schreiben war ihm überhaupt nur Nothbehelf, nur Ergänzung
und Fortsetzung seiner persönlichen Einwirkung. Mit der Macht seiner
Persönlichkeit, durch das lebendige Wort, durch die liebevolle Kraft der
Gesinnung und des Herzens war er sicher zu gewinnen und hatte da=
her einen so zahlreichen Kreis von Freunden und Bewunderern aus
allen Ständen an sich gezogen, daß zu seiner Zeit mehrfach ausgespro=
chen wurde, so weit eingreifend und mächtig habe seit Luther keine Per=
sönlichkeit in Deutschland gewirkt wie Lavater. Er war nicht nur als
Prediger, sondern als Mann des Umgangs und der Gesellschaft, wie
Goethe sagt, zum Wirken „ins Weite und Breite" geschaffen. Mit der
großen Zahl der durch ihn Gewonnenen und geistig Angeregten fühlte
er sich innig verbunden, und gleichsam fortwährend zu geistiger Gemein=
schaft verpflichtet. Dabei tritt Lavaters Selbstgefühl allerdings stark
und auffallend hervor und es ist nicht zu wundern, wenn ihm dasselbe
zum Vorwurf gemacht wurde, indem man den Thatbestand eines so
innigen Verhältnisses zwischen dem Gebenden und den Empfangenden
und die freiwillige Hingebung und Unterordnung für so viel Liebe und
Leistungen nicht genug beachtete. Aus diesem Sachverhältniß ist die
vielangefochtene „Herzenserleichterung" vom Jahre 1784 her=
vorgegangen, worin er nach allen Seiten Abrechnung halten und die
Beziehungen feststellen will. Wirklich spricht Lavater gewissermaßen
wie ein Fürst zu seinen Untergebenen; allein es ist auch eine merkwür=
dige Erscheinung, daß Einer solche Ergebenheit findet, daß er so sprechen
und ein solches Verhältniß bis ans Ende bewahren kann. Er erleich=
tert sein Herz an seine Freunde, damit sie ihm nicht schaden, indem sie
zu viel Wesens aus ihm machen; an seine Leser, um sie zu versichern,
daß er nichts schreibe, als was er für wahr, gut und nützlich halte; an
die Käufer seiner Schriften, um ihnen eine Selbstkritik derselben zu

geben; an seine Recensenten, um ihnen zu sagen, daß er sie nicht lese;
an seine Korrespondenten, um ihnen gemessene Verhaltungsregeln zu
geben; an Kollektanten, um sich ihre Zudringlichkeit zu verbitten; an
Arme, damit sie nicht zu viel von ihm erwarten; an fremde Durchrei-
sende, wie sie sich beim Besuche verhalten sollen; an seine Mitbürger mit
einer liebenswürdigen Offenheit und Vertraulichkeit; an seine Gemeinde,
als der treue und liebevolle Diener Aller; an seine Unfreunde voll
Liebe und Versöhnung. Diese Alle aber zieht Lavater nur an sich
heran, um ihnen die Hauptsache, welche er zu sagen hat, ans Herz zu
legen. Das ist nämlich enthalten in „Einige meiner Grundsätze“, wo
er seine Erfahrung und seine Lebensweisheit auseinandersetzt und dann
in einem doppelten Alphabet kurze Sätze zusammenfaßt, darin eine bemerkenswerthe Kürze und Klarheit bewährend; und ferner in „Etwas
über meine Religion und mein Christenthum“, wo er in vierund-
vierzig Thesen die faßlichste und vollständigste Uebersicht seines Glaubens giebt, und worin jene verketzerte Stelle vorkommt: „Der Nicht-
christ ist, ohne daß er es vielleicht selbst weiß, Atheist.“ Durch diese
beiden Zugaben ist diese Herzenserleichterung ein Büchlein, welches
Lavaters Wesen und Gesinnung eigenthümlicher darstellt als jede andere
seiner Schriften. Diese Herzenserleichterung aber führte eine Phalanx
von Philosophen und Freidenkern gegen ihn ins Feld, unter Andern
Reinhold, welcher sich verpflichtet glaubte, seiner Zeit „die religiösen
Irrthümer Lavaters aufzudecken und zu zeigen, wie dieselben zum Katholizismus führen, und wie unser Christenthum eigentlich nur die
Idee vom Christenthum sei.“ Gleichwohl spricht Reinhold folgendes
Geständniß aus: „Dieser außerordentliche Mann, welcher, vielleicht
ohne es darauf angelegt zu haben, der Lieblingslehrer und das Muster
eines großen Theils unserer christlichen Zeitgenossen geworden ist, giebt,
so wie er sich in der Herzenserleichterung selbst schildert, ein merkwürdiges Beispiel ab, wie sich das, was man heut zu Tage Orthodoxie
nennt, mit wissenschaftlicher und moralischer Aufklärung beides in einem
hohen Grade in Einem Menschen beysammen vertragen könne. Ja,
mein Freund, Orthodoxie und Aufklärung, die festeste Anhänglichkeit
an ein System mit der sanftesten Schonung aller übrigen, der feurigste
Bekehrungseifer mit der uneingeschränktesten Duldung, der entschiedenste
Wunderglaube mit der bedächtlichsten Ueberzeugung, die verworrensten
Begriffe von übernatürlichen Gnadenwirkungen mit den hellsten psychologischen Einsichten, und theologischer Haß mit philosophischer Liebe

der Natur! Sie würden hier nicht nur das bloße Beysammenseyn von
Eigenschaften, die man sonst für ausschließend hielt, eingestehen, sondern auch zugeben müssen, daß der Mann durch seine Vorurtheile selbst
ein besserer Mann ist; daß sein Glaube, so wie er ihn glaubt, wirklich
.manche trostlose Lücke in der Reihe unserer Einsichten und Ueberzeugungen ausfüllet, und daß er eben durch denselben in den Stand gesetzt wird,
auf eine gewisse sehr zahlreiche Klasse von Menschen, welcher sich kein
Heterodore nähern darf, zum Vortheil der wahren Aufklärung zu wirken."
Durch dieses Zusammentreffen und in Folge weiterer Erörterungen wurde
Reinhold Lavaters Freund und blieb es. Dagegen verfolgte Nikolai Lavatern mit hartnäckiger Feindschaft. Er hatte recht, wenn er mit gesundem Blick und scharfem Verstand für den Protestantismus gegen die
indifferenten Ausgleicher der Konfessionen ins Feld rückte; aber man ist
von der kleinlichen und boshaften Art überrascht, wie er Lavatern bekämpfte. Statt sich auf dessen bekannte Lehren einzulassen und dieselben
redlich zu zergliedern, werden Lavatern plumpe Reden vom Hörensagen
aufgebürdet, alte Briefe Lavaters werden herausgegeben und mit witzlosen und hämischen Anmerkungen begleitet, einige Gedichte hervorge-
zogen und mit unglaublichen Schmähungen auf die Mönche ausgestattet, welche Lavater bei katholischen Freunden im Jahre gedichtet, als
Götz von Berlichingen und Herders Blätter von deutscher Art und
Kunst erschienen waren, und welche Belege seines geheimen Katholizismus sein sollten. Diesen Kleinmeistern gegenüber stellt Lavater
„Rechenschaft an seine Freunde" (1786). Da es hier nicht
Begriffsentwicklung galt, sondern durch Thatsachen sein Leben und
seinen Charakter zu rechtfertigen, so vertheidigte sich Lavater mit dem
edeln Unwillen und wieder mit dem Gefühl des Anstandes und der
Ueberlegenheit eines Mannes, der in übler Gesellschaft beleidigt worden
ist. Ueber Magnetismus erklärte er, daß er an Mesmers System
nicht glaube, wohl aber, daß eine Kraft im Menschen sei, die durch eine
gewisse Berührungsart in den andern übergehen könne und die frappan-
testen und bestimmtesten Wirkungen hervorbringe, und daß er diese
Wirkungen an seiner Frau erfahren. Mit unzweideutiger Offenheit
sprach er sich ferner über das angeschuldigte Verhältniß zu Cagliostro und
zu den geheimen Gesellschaften aus. Das Geschrei gegen ihn „Nicht-
christ — Atheist" wies er zurück, indem er damit nichts als eine Paraphrase der Schriftstelle — „Wer den Sohn leugnet, der hat den Vater
nicht" — habe geben wollen. Im zweiten Blatte der „Rechenschaft"

setzte er sich gegen die Jesuitenriecher und die Spione seines geheimen Katholizismus so vollständig auseinander, daß über seine Gesinnung in dieser Beziehung Niemand mehr in Zweifel hätte sein sollen, und worin er wieder zeigte, wie er unbefangener und freisinniger war als die Philosophen seiner Zeit und den Protestantismus besser kannte, als dessen leidenschaftliche Vertheidiger. Alles, was er in dieser Beziehung sagt, ist ein Wort, das auch für unsere Zeit seine volle Anwendung findet; sein geschildertes Freundschaftsverhältniß mit Sailer ist ein schönes Blatt seiner Lebensgeschichte, und selbst der Humor, womit er seine argwöhnischen Feinde verspottet, zeigt, daß er gegen dieselben siegreiche Waffen zu gebrauchen verstand. Nachdem er seine Ansicht von der Kirche der katholischen gegenübergehalten, erklärt er: „Keine äußerlich sogenannte Kirche, weder die Katholische, noch die Lutherische, noch die Reformierte, als solche, ist die Rechte — Sondern die Rechte ist das Aggregat aller von Christus allein beseelten Menschen. Wer Christus lieb hat, und Ihn von Herzen seinen Herrn nennt, und sich durch seine Lehre bestimmen läßt, ist ein Christ und ein Heiliger, er heiße Jesuit oder Akatholikus — Vernunftheld oder Schwärmer."

7. Lavater, der Dichter.

Lavater fand zuerst als Dichter Eingang und hat bis zum letzten Athemzuge gedichtet. Zum Dichter fühlte er sich geboren; er versuchte sich in allen Dichtungsarten. Tiefes, lebendiges Gefühl, glühende Einbildungskraft, Reichthum und Geschmeidigkeit der Sprache standen ihm in hohem Maße zu Gebote. Aber er ist gewöhnlich mehr Redner als Dichter; es fehlt ihm das Geschick, seine Bilder ruhig zusammenzufassen und künstlerisch zu ordnen, und sich im Strome seiner Empfindungen zu zügeln. Fortgezogen vom Flusse seiner poetischen Wortfülle verliert er sich häufig in eine Breite, die ermattet und erkältet. Aber als lyrischer und didaktischer Dichter gab er einer ehrenwerthen Zahl seiner Gedichte durch tiefe Wahrheit und Hoheit der Gesinnung, sowie durch die Weisheit und Kraft, womit er die Falten des Menschenherzens eröffnet, bleibenden Werth. Die theuerste Aufgabe blieb ihm sein Leben lang der religiöse Gesang, das christliche Volkslied. Leider blieb er von der Einfalt, Kunstlosigkeit und Kindlichkeit des alten Kirchenliedes unberührt, und lehnte sich dagegen an Klopstock und Cramer an; daher seine geistlichen Lieder, wie die Vorzüge, so auch die Fehler dieser Dichtweise theilen. Lavater hat seinen innern Drang zum Dichten, seinen Dichterberuf dadurch beurkundet, daß jedes innere und äußere Erlebniß ihn trieb, seine Empfindungen in Dichtungen festzuhalten: es ließe sich aus seinen Dichtungen ein vollständiges Bild seines innern Lebens, seiner Gedanken und Bestrebungen geben, und das Ganze würde sich vornämlich zu einem Cyklus von Lob- und Dankliedern für die Güte Gottes gestalten. Lavater war überhaupt der Sänger der göttlichen Liebe; denn so oft, mannigfaltig wahr und in liebevoller Seelenfreudigkeit hat kaum ein anderer neuerer Dichter das Lob Gottes verkündigt. Denn in Freud und Leid, in jeder Stimmung und bei jedem Schicksal wird sein Gesang Lob und Dank. Darum sinnt er nicht auf ein das Wesen Gottes umfassendes Lied, in welches er seine Gedanken abgränzt, sondern warm und kunstlos stimmt er immer und immer wieder eben den Ton an, der ihm ungesucht aus dem Herzen quillt. Das fromme Lied war daher die ihm eigenste Poesie, worin sich sein Inneres am liebsten entfaltete. Darin versuchte er sich zu allen Zeiten, und eine Auswahl dieser Gesänge ist in den „Zweihundert christlichen Liedern" enthalten, welche zu verschiedener Zeit von 1771 bis 1780 herauskamen. Der größere Theil dieser Lieder ist freilich zu lang, schleppend, rednerisch, voll müßiger Ausrufungen; der Grundgedanke wird selten festgehalten und klar durchgeführt, der Dichter springt immer wieder auf Nebengedanken ab, ein Wort, ein Bild, der leicht hingleitende Reim ziehen ihn fort und führen ihn auf zerstreuende Nebenpfade. Gleichwohl ist ein Theil dieser Lieder christliches Gemeingut geworden, so daß keine größere Sammlung ohne eine Aehrenlese von Lavaters frommen Liedern ist, indem sowohl eine Anzahl seiner Festlieder, voll freudiger Liebe zu seinem Heiland, als vorzüglich seine Lieder für besondere Gelegenheiten, voll heiligen Eifers für treue Pflichterfüllung, bleibende Anerkennung gefunden. Unter allen die lieblichsten und innigsten sind diejenigen, welche er als Prediger an der Waisenhauskirche für seine Waisenkinder gedichtet. Wir nennen unter manchen Liedern nur: „Liebster Jesus, voll Erbarmen" — „Wie hat es doch ein Mensch so gut" — „Der Tag ist da, und weg die Nacht" — „Nun so schlaf' ich ruhig ein!" — Was aber Lavater am tiefsten erfahren und worin er sich sein ganzes Leben geübt, in der Selbstforschung und im Kampf mit dem eigenen Herzen, das besang er auch am besten. In seinen Liedern für Leidende liegt daher eine Kraft der Wahrheit und des Trostes, daß sie durch die Tiefe der innern Seelenerfahrungen noch immer wirksam sind. Wir erinnern an — „Fortgekämpft und fortgerungen" — „Vater aller Menschenkinder" — „Ach, nach deiner Gnade schmachtet" —. Die kleine Zahl der gelungenen Lieder söhnen mit den zahlreichen verfehlten Versuchen aus, wenn Lavater nach einem bestimmten Schema ganze Abschnitte der biblischen Geschichte, der Glaubenslehre, der Sittenlehre in flüchtige Reime gebracht hatte. Er entschuldigte und befriedigte sich häufig damit, daß er etwas Wahres und Nützliches geschrieben zu haben glauben durfte.

Nach Bodmers und Klopstocks Vorgang mußte für Lavater voraus die Bibel eine poetische Fundgrube sein, wobei er freilich so sehr auf den Gehalt des Gegenstandes baute, daß er das Erforderniß poetischer Erfindung und künstlerischer Gestaltung zu sehr hintansetzte und meinte, je mehr einer im Geiste der Bibel dichte, desto weniger bedürfe es der Kunst, daher er sagt: „Wer aus der Bibel nicht dichten lernt, der wird gewiß aus keinem Lehrbuche der Dichtkunst etwas lernen." Diese poetische Schule begann für Lavater zunächst in seinem „Abraham und Isaak, ein religiöses Drama" (1776). Lavater wäre unter Umständen nicht ohne dramatisches Geschick gewesen, denn er wußte die Individualität scharf aufzufassen und war glücklich im Dialog. Allein das Stück entbehrt durchaus der Handlung; dagegen herrscht in demselben Schwung und lyrische Erhebung, und ist insofern bemerkenswerth, daß Lavatern vielleicht in keinem andern Gedichte die lebendige Darstellung seiner höchsten Sehnsucht, des Anschauens Gottes, so wohlgelungen wie hier. Von nun an beschäftigte sich Lavater beständig mit irgend einem biblischen Stoffe, entweder daß er biblische Personen in Scene setzte, oder einzelne Stellen poetisch ausführte. — Eine größere Arbeit, welche ihm sehr am Herzen lag, war „Jesus Messias, oder die Zukunft des Herrn" nach der Offenbarung des Johannes (1780). Dieses große Gedicht, eine Paraphrase der Offenbarung, ist in Hexametern geschrieben, welche ihm so erstaunlich leicht flossen, aber mit welchen es sein unmusikalisches Ohr so wenig genau nahm, daß wirklich gute, reine und wohllautende Verse eine seltene Ausnahme sind. Der Verfasser der Aussichten in die Ewigkeit versetzt sich so lebendig in die Visionen der Apokalypse, er weiß sich mit so hohem Seherblick in dieselben hineinzufühlen, daß die Ausführungen der ersten Hälfte dem Geiste des Urbildes entsprechen und eine poetische Bereicherung desselben sind, und daß selbst Goethe sich zum Beifall akkommodiert. Dagegen ist er im fernern Verlaufe unendlich freigebig in

Darlegung der Engel und Geister und führt dieselben hauptsächlich
redend und singend ein, so daß ihm nichts so unaussprechlich ist, das
nicht in langen, erschöpfenden und sinnverwirrenden Hymnen verdol-
metscht würde. Man überzeugt sich bei diesem Unternehmen, daß
Lavater mit Bodmer die poetische Form überschätzte und über die Gränzen und die Leistungsfähigkeiten der Poesie überhaupt sich keine bestimmte Rechenschaft gab. Bemerkenswerth ist bei diesem Buche, daß
er nach dem Vorgange Meyers von Knonau und Sal. Geßners sein
poetisches Werk auch zugleich durch Vignetten illustrierte, welche durch
Chodowiecki in Kupfer ausgeführt wurden. — Die kühle Aufnahme
der Apokalypse hinderte Lavatern nicht, einen von frühe an gehegten
Gedanken auszuführen, nämlich die ganze Geschichte Jesu und der
Apostel in poetischer Erzählung zu behandeln, und so erschien: „Jesus
Messias, oder die Evangelien und Apostelgeschichte in Gesängen"
(1783—1786). Schon zehn Jahre früher hatte Lavater über sein Vorhaben Herdern ausholen wollen, worauf dieser antwortete: — „Ich
soll das Leben Jesu schreiben? — ich? Niemals, die Evangelisten
habens geschrieben, wie's geschrieben werden kann und soll. Anschau-
end commentiren kannst Du's und nicht ich." Es müßte uns wundern,
daß Lavater im Vertrauen auf die unzureichenden Mittel der Poesie
dennoch sich auf dieses Unterfangen einließ, wenn nicht ein neuerer
Dichter, auf die kunstreiche Formgewandtheit seiner Sprache bauend,
sich zu einem ähnlichen Versuche hätte berücken lassen. Wie diesem mit
Kunst und Darstellung reicher begabten Dichter die Aufgabe mißlang,
so konnte sich auch Lavater mit seiner „kostbar" mit Kupfern ausge-
statteten Messiade in vier Bänden, dieser Iliade nach Homer, keinen
Dank ersingen. Die alten Freunde schwiegen, und diejenigen, welche
ihn lobten und mit Klopstock nicht zu seinem Nachtheile verglichen, gehörten dem Kreise seiner unbedingten Bewunderer an, womit ihm selbst,
wenig gedient war. Sonderbarer Weise lautet Lavaters Selbsturtheil
wie folgt: „Ich darf den Jesus Messias allen Lesern der Klopstockischen
Messiade, allen Geistlichen und allen ganzen und halben Verehrern der
Evangelischen Geschichte — die etwas mehr als trivialen Dichtersinn
haben, als eines meiner ausgearbeitsten, dauerfähigsten, und tief aus der
Seele quillenden Produkten anrathen." Es ist zur Kenntniß Lavaters
nicht gleichgültig, sich die Gesichtspunkte zu vergegenwärtigen, aus
welchen er seine Aufgabe und sein Werk betrachtete. Er wollte sich
bescheiden, nur „poetischer Erzähler, ausmalender Darsteller der Ge-

schichte" zu sein, daher folgte er Schritt für Schritt der Geschichte ohne
poetische Erfindung, ohne belebende Darstellung des Landschaftlichen,
ohne Ausführung von Charakteren und Gemüthszuständen, dagegen
mit vorwaltender Ausschmückung der Reden und Gefühle. Er gesteht,
daß Klopstocks Messiade nicht nur sein Gedicht veranlaßt, sondern daß
er das meiste Gute darin einem Werke verdanke, „das er seit zwanzig
Jahren sein liebstes nenne, und welches das einzige außer der Bibel sei,
an dem er sich nie satt lesen könne." Gleichwohl hat ihn das, was er
an Klopstock vermißt, zu seiner Arbeit geführt: „Ich still stehe oft mit
stummem Staunen bey der geflissentlich scheinenden Absicht meines Vorbildes, die Ausmalung und poetische Darstellung alles eigentlich Geschichtlichen auszuweichen. Sogar das, was aus dem Texte der
Passionsgeschichte in sein unsterbliches Gedicht übergegangen ist, scheint
absichtlich mit einer Allgemeinheit gesagt zu seyn, wobei weder dichterische Zeichnung, noch Kolorit statt haben konnte." Daher glaubte
er sich „berufen, eine Messiade zu schreiben, die historischer, planer, vollständiger, wahrer und — wenn ich ohne Unbescheidenheit das Wort
hinzufügen darf — weniger neuchristlich und mehr altisraelitisch wäre...
Sie wird mehr gemeinnütziges Erbauungsbuch für cultivierte Leser seyn."
Zum Schlusse seines Werkes bemerkt er: „Ich habe nicht umsonst gelebt, wenn zehn meiner Leser so heiße und selige Momente dabey hatten,
wie Gottes Erbarmen mir dabey gönnte."

Nach dem verfehlten Messias glaubte die Kritik sich berechtigt,
Lavaters Poesien nicht mehr zu beachten. Gleichwohl lieferte der Unermüdliche zehn Jahre später den Beweis, daß er des Lernens und des
Fortschrittes noch fähig war. „Joseph von Arimathea" (1794)
in achtfüßigen Jamben ist eine freilich breit ausgesponnene Idylle, aber
wirklich reich an poetischer Erfindung und voll anmuthiger Scenen im
Geiste des letzten Kapitels im Evangelium des Johannes. Lavater hatte
eine besondere Vorliebe für schöne, ruhige Leichen. Daher wurde er
veranlaßt, die schönste und heiligste aller Leichen zum Gegenstande
seiner Dichtung zu machen und sich in den Gemüthszustand des Joseph
hineinzudenken, da ihm der Leib des Herrn geschenkt ward. Die Liebe
und Verehrung des Gottessohnes im Menschensohne bezeugt sich in
Joseph und dem ihn umgebenden Kreise so warm und mannigfaltig,
wie sie in Lavater selbst wahr und tief lebte. So hat dieses Gedicht
einen poetischen und zugleich wahrhaft erbaulichen Charakter. — Neben
seinem Gott und Heiland war die Menschenseele, der Spiegel der gött-

lichen Liebe, der theuerste Gegenstand seiner Dichtung. Wir haben
früher gesehen, wie Lavater vom Menschen, als dem Träger und Werkzeuge des göttlichen Geistes, nicht hoch genug denken konnte, und wie
dieser Grundgedanke ihm die Veranlassung zur Physiognomik war: diese
Liebe und das Vertrauen zum Menschen konnten ihm alle schlimmen
Erfahrungen weder rauben noch erschüttern. Ein merkwürdiger Beweis
dieser Liebe ist sein jambisches Gedicht in sechs Gesängen — „Das
menschliche Herz" (1789). Dieses Lehrgedicht erinnert an ähnliche Poesien Herders. Es ist eine psychologische Ergründung des
Herzens von seiner guten Seite, ein Gemälde seiner Eigenschaften und
Tugenden. Die Lobpreisung dieser allgemeinen Eigenschaften, ohne daß
aus dem Leben gegriffene Bilder hinzukommen, in immer gleich ange-
spanntem Hochgang ist bisweilen breit und ermüdend. Allein namentlich die letzten Gesänge von den verschiedenen Erscheinungen der Liebe
und der Religion im Menschenherzen sind ein lebendiger Strom aus
voller, gotterfüllter Seele. Lavater nennt daher dieses Gedicht mit
Recht „das liebste seiner Werke, ein Schooßkind seines Herzens." Daher erfuhr dieses Gedicht auch in der zweiten Auflage eine sonst unge-
wohnt sorgfältige Ueberarbeitung. Wir theilen als Probe aus dem
sechsten Gesang folgende Stelle mit (Vers 55—68):

O Menschenherz! — — --
Wie Du Dich ehrst, wirst Du die Gottheit ehren!
Wie Du Dich ehrst, wird Gott Dich wieder ehren!
Dein Gott ist, wie Du selbst! . . . Kein böses Herz
Kann andre Götter sich, als strenge schaffen —
Des Edeln Gott ist überschwänglich edel;
Kein großes Herz hat einen kleinen Himmel.
Wer zärtlich liebt, deß Gott ist eitel Liebe!
Wer fröhlich giebt, dem ist Gott froher Geber —
Wer schnell und groß vergiebt und schont und duldet,
Der hat in seiner Brust den großen Glauben
An Langmuth, die zehntausendfach vergiebt.
Wer nicht vergeben kann, dem ist der Glaube
An den versagt, der tausendfach vergiebt,
Der jedem Schritt der schamerfüllten Reue
Entgegeneilt mit offnen Vaterarmen.
Wer schnell und ganz Beleidigung vergißt,
Der ist gebaut, mit Lust an den zu glauben,
Der siebzig siebenmal vergeben heißt.
Wer mächtig lieben kann, kann mächtig glauben.

Außer diesen großen religiösen Gedichten dichtete Lavater sein
ganzes Leben lang so stetig und unaufhörlich wie selten ein Mensch.

Er dichtete und reimte zu allen Stunden des Tages und der Nacht, auf Spaziergängen, bei Tische, auf Reisen, in Sitzungen; er dichtete nicht nur, weil ihm die Festhaltung seiner Eindrücke und Gedanken Bedürfniß war, sondern weil er wußte, daß er mit seinen liebevollen Gedanken und Empfindungen in weiten Kreisen Freude machte. Sein Herz war einer großen Gemeinschaft von Menschen liebend ergeben, diesen drückte er seine Theilnahme in allen Verhältnissen aus, war ihnen Freund und Lehrer im schönen und großen Sinne. So sind fast alle seine kleinern Gedichte im eigentlichen Verstande Gelegenheitsgedichte, sowohl in Beziehung auf sich als auf Andere. Er war sich nicht gewohnt, einen Gedanken mit sich herumzutragen, ihn bei sich reifen und erstarken zu lassen und zu guter Stunde auszubilden; sondern sowie der Augenblick ihn lebhaft ergriff, so wurde auch der schnelle Eindruck leicht und rasch in die beliebige Form gegossen. Die erste Sammlung dieser Gelegenheitsgedichte erschien im Jahre 1781 in zwei Bänden unter dem Titel „Poesien,“ sämmtlich in „reimfreien Versen,“ den „Freunden des Verfassers gewidmet,“ denen er „Urkunden seines Geistes und Herzens geben will, ihnen zum Genusse dargelegt.“ Daher Goethe darüber bemerkt: „Deine Poesien sind auch mir Aufschluß deines Innersten, und als Bild deines äußern Lebens sehr willkommen. Mit gutem Vorbedacht hast du sie deinen Freunden gewidmet, denn sie schließen sich so an deine Individualität an, daß niemand, der dich nicht liebt, und nicht kennt, eigentlich was damit zu machen weiß.“ Denn Lavater läßt sich gegen die guten Freunde ganz so gehen, als wenn er unter vier Augen mit ihnen redete. Zuvörderst werden die schülerhaften Nachahmungen Klopstocks nicht geschenkt, dann müssen alle die verschiedenen glücklichen und unglücklichen Anläufe nach dem Anschauen Gottes ans Licht hervor, wo ein heißes Ringen, ein herausforderndes Herandrängen und Vergleichen mit den alten begnadigten Sehern Israels charakteristisch ist; aber gemildert durch Zeugnisse inniger Gemeinschaft mit Gott. Beständig mißlungen sind die zahlreichen Ausmalungen biblischer Scenen, weil ihm eine objektive Anschauung von Land, Volk und Geschichte des Orients völlig abging. Zu dem Eigenthümlichen gehört der Christ, sterbend und gestorben; und wie Voß zu seiner Zeit Anklang fand, beweist, daß wir auch Lavatern in einigen Naturschilderungen auf seiner Spur betreffen. Merkwürdig ist, daß Lavater zu einer Zeit, als Bodmer schon scharfe Mißbilligung über dessen religiöse Ansichten kund gab, gleichwohl noch im Jahre 1779 als

Dichter sich zu Bodmers Schule bekannte, und aus dieser Zeit das
Fragment einer Patriarchade „Adam" gab, aber zugleich bewies, daß
er weniger im Falle war, den Ton der Urwelt zu treffen als Bodmer
und Geßner. Unter den vermischten Oden gehören jedenfalls diejenigen
des „Physiognomen" zu den unbedeutenden, nicht ohne eigenthümlichen
Reiz aber sind diejenigen, worin er seine Mutter sein Entstehen und sein
Wachsthum ganz naiv erzählen läßt, und an sein „erstes noch unge-
bornes Kind," wo er fern von aller sentimentalen Romantik die Sprache
patriarchalischer Einfalt und Keuschheit redet.   Während die poetischen
Briefe an die Freundinnen in ihren Hyperbeln beweisen, daß bei der
großen Zahl der Freundinnen der Name der Freundschaft doch nur bei
wenigen wahre Anwendung gefunden haben mag; gehören dagegen
diejenigen an die Freunde zu den besten seiner Poesien.   Diejenigen an
Bodmer und Breitinger haben wir früher schon erwähnt.   Wie sinnig
berührt er des Letztern Entfernung von ihm:

> Liebe kann es nur seyn,
> Jener einsame Kummer,
> Daß ich täuschendem Schimmer folg,
> Und der Wahrheit entflieh,
> Wenn ich die ewige Kraft
> Der himmlischen Lehr allen Jahrhunderten,
> Auch den fernsten verkünde
> Und allmächtig den Glauben nenn'.

An Ramler erließ er den Aufruf:

> Noch mehr von Gotte, noch von der Tugend mehr,
> O Dichter, sing uns! Keine Gesänge mehr,
> Die Götterfabeln und der Hölle
> Lügen uns mahlen! Sing Christenlieder!

An Basedow, nach dem Ausdrucke der Freude und des Dankes für
seine Erziehungsbestrebungen —

> Jesus Christus allein sey deine Weisheit!

Eben so ruft er Professor Rüscheler, dem Herausgeber des Zürcherischen
Gesangbuches, zu, nicht nur Engländer und Griechen darzustellen,
sondern —

> Gedanken deines Geistes; Empfindungen,
> Die Deine Brust fühlt. —

Bemerkenswerth ist, daß Lavater schon zur Zeit der Herausgabe dieser
Poesien auf den Beifall der deutschen Meister und ihres Publikums

verzichtete, und daher die einzelnen Abschnitte der Sammlung geringen Zürcher Landleuten dedicierte.

Lavaters liebevolles, reiches, für alles Schöne und Menschliche offenes Gemüth wird noch besser gezeichnet durch „Vermischte gereimte Gedichte" (1766—1785), wo er in der Vorrede sagt: „Beinahe alle diese Stück hat nicht sowohl der Autor, als der Freund, der Tröster, der Briefschreiber, der jedem Auftrag und Ruf gehorsame, der frohe Mensch verfertigt. Der Mensch schrieb für sich oder für Menschen in besondern Fällen, durch Noth oder Freude, Bitte oder Beruf aufgefodert — sehr weniges der fürs Publikum arbeitende Dichter. Das meiste, was diese Gedichte wirken sollten, haben sie schon gewirkt; was sie weiters wirken werden, ist reiner Gewinn." In diesen Liebesblicken nach allen Seiten zeigt sich Lavaters ganze Liebenswürdigkeit und Vielseitigkeit. Seine Gedichte an Personen zeichnen sich durch die unendliche Mannigfaltigkeit der Beziehungen aus: Jedem sagt er etwas Eigenes, gerade diesem Abgelauschtes, Zutreffendes. Und wo er seinen Freunden gegenüber auch ganz allgemein und beziehungslose ist, so giebt er doch immer einen Labetrunk aus liebevollem, rathvollem, lehrreichem Herzen: da ist tiefe, liebenswürdige Wahrheit. Namentlich ist Lavater in seinen kleinen und kleinsten Gedichten, den Sinnsprüchen und Devisen, ein Freund und Rather der seltensten Art: er weiß für Jeden etwas Zusagendes, fürs Leben Tüchtiges und Ermunterndes. Auch in seinen launigen und witzigen Kleinigkeiten — welch ein lauterer, feiner Lebensblick. Lavater ist Zürichs allgemeiner Freudenspender. Wo ein bürgerliches oder häusliches Fest, poetische Würze verlangt, ist er eben so freundlich bei der Hand, wie mit seinem Rath und seiner Liebe in der Gemeinde. Für die alte Gesellschaft der „Böcke"*) weiß er den altväterischen, heitern, bürgerlich kräftigen Liederton anzuschlagen, wie er in der Kantate auf den Tod des gefeierten Bürgermeisters Heidegger in tiefempfundener Anerkennung würdevoll und erhaben wird. Die Romantik der Liebe kannte Lavater nicht und besang sie nie; aber wo heitere Jugend und treuer Sinn irgend ein glückliches Band schloß, da mischte Lavater gerne einen herzerfreuenden Ton hinein; selbst einer Tochter, „die an einen

---

*) Die Böcke von Zürich waren eine Gesellschaft kühner Männer, welche im alten Zürich-Kriege die Vorkämpfer für ihre Vaterstadt bildeten. Eine bis auf den heutigen Tag unter diesem Namen bestehende Gesellschaft erhält das Andenken der Väter.

Dienst gieng," hat er ein eben so anmuthiges als passendes Viaticum mitgegeben; aber das Beste, was er hatte, bot er „einer leidenden Schwester" oder einem „Freudelosen." So sind seine persönlichen Gedichte ein Hauch der Liebe, unendliche Strahlen eines reichen Herzens, in welchem jeder Freund seine eigene Stelle hat. In dieser Sammlung kamen auch jene Stücke vor, welche Nikolai unter dem Titel „Drei Lobgedichte auf den katholischen Gottesdienst" mit Anmerkungen herausgab, worin er nur seine nüchterne, hausbackene und zugleich zelotische Philisterei bloßstellte. Lavater hatte den freien, weitherzigen Sinn mit manchen seiner Glaubensgenossen gemein, in edeln Katholiken christliche Brüder zu lieben. So stand er mit dem Abte von Einsiedeln in freundschaftlichem Verhältnisse. Im Gedichte „Maria Einsiedeln" giebt er daher ganz unbefangen den freudigen Eindruck des Chorgesangs auf sein Gemüth; in — „Wenn Christus nur verkündigt wird" — mit vollem und ausgeprägtem protestantischen Bewußtsein sein Wohlgefallen an der Christusverehrung auch in katholischen Hüllen. Daher unter Anderm — „Mir sei, was dich nur, Jesus Christus,

Zu ehren meint, verehrungswerth!
Wenns Täuschung nur, nur Fabel wäre;
Es fable nur zu deiner Ehre —
Es mag mich drücken und betrüben,
Um deinetwillen will ichs lieben;
Erinnerts nur an dich; trägts nur
Von dir die allerschwächste Spur.

Freilich auch Semler gab sich zur Parodie dieses Gedichtes hin! Das dritte war die „fromme Nonne," als seine Kinder ihn um ein Mährchen baten, zu jener Zeit gedichtet, da Bodmer die altdeutsche Poesie zu neuem Leben brachte und Bürger mit seinen Balladen Deutschland bewegte; da schlug auch Lavater spielend diesen Ton an und mit sehr glücklichem Geschick. Jene Anklage eines beschränkten protestantischen Partheieifers ist jetzt ein entschiedener Beleg für Lavaters geistige und freie Weise. — Nach dieser Sammlung fährt Lavater in seinen verschiedenen Gaben an Freunde fort, sie auch mit Poesien reich zu bescheeren, in jener sorglosen Weise, welche nur dem Augenblick ein Genüge thun will. Namentlich die „Handbibliothek" enthält eine nicht kleine Zahl voraus von Sinngedichten, welche durch gesunde körnige Lebensweisheit und durch kurze, einfache, gediegene Sprache zum Besten dieser Art gehören, welche Lavatern als Lehrdichter den gleichen Rang anweisen, den er durch das christliche Lied einnimmt. Denn hier ist er von jeder Manier frei und es tritt die Kraft des Gedankens mit einer Schärfe, seine Kenntniß des menschlichen Herzens mit einer Feinheit, seine Lehrweisheit mit einer klassischen Ruhe und Klarheit hervor, daß viele dieser kurzen Sprüche mit ihren bezeichnenden Ueberschriften die Vergleichung mit dem, was große Dichter geleistet haben, auszuhalten im Stande sind. Nur selten freilich können die herametrischen Nachlässigkeiten dahin gezählt werden *).

---

*) Einige Proben:

Menschlichkeit.

Von den Blößen weggesehen!
Mängel liebreich zugedeckt!
Bei des Elends bangem Flehen
Sich erst, Andre dann erweckt!
Mit den Guten sich vereint!
Mit den Weinenden geweint!
Mit den Frohen sich gefreut!
Mensch, das nenn' ich Menschlichkeit!

Wohl Dem!

Wohl dem, welcher Augenblicken
Stunden = Werth zu geben weiß,
Der sich Ruhe, sich Entzücken
Sammelt durch Geduld und Fleiß;
Wohl dem, welcher seine Tage
Ziert durch wohlvollbrachte Pflicht;
Der verläumderischen Sage
Stets durch Thaten widerspricht!
Wohl dem, welcher bei der Plage,
Ohne Leichtsinn, ohne Klage,
Harrt auf Gottes Trost und Licht!

Arme = Sünderei.

Auf des Nächsten Fehler lauern;
Ueber Großer Größe trauern;
Klagen über kleine Leiden —
Streben nie nach großen Freuden;
Immer nur den Körper nähren;
Jeden Aufschwung sich erschweren;
Immer nur am Staube kleben —
Heißt ein Armes = Sünderleben.

8. Lavaters Briefe.

Lavater wirkte durch seine unmittelbare Persönlichkeit wie selten ein Mensch; denn theils wußte der Menschenkenner sogleich, wen er vor sich hatte, theils war er liebevoll bemüht, Jedem wohl und leicht zu machen und ihm nützlich zu sein. So überraschte, entwaffnete und gewann Lavater manchen Gegner beim ersten persönlichen Zusammentreffen (wie z. B. Wieland, Joh. Müller) und fesselte Tausende aus allen Klassen an sich durch den Zauber seines Wesens voll Liebe und Würde. Allein Lavater begnügte sich nicht mit dem augenblicklichen Eindrucke; er wollte auf die Gemüther, welche sich ihm mit Vertrauen geöffnet, bleibend einen wohlthätigen Einfluß ausüben. So entspann sich ein Briefwechsel von außerordentlichem Umfange, und von nicht weniger mannigfaltigem und merkwürdigem Inhalte. Ueber religiöses und sittliches, geselliges und bürgerliches Leben, über Erziehung, Kunst, Menschen, Zeiterscheinungen enthalten diese „Briefe" eine Fülle von Weisheit, jedesmal in dem Tone, welchen die Eigenthümlichkeit des Empfangenden in ihm anschlug. Man sieht diesen gleichsam vor sich, fühlt, was für eine Stimmung durch denselben im Schreiber angeregt worden, und wie er die Falte herausfindet, wo dem Herzen beizukommen ist. Wahrheiten zu sagen, mit dem Gepräge der vertraulichen Mittheilung zwischen Zweien, war Lavatern besonders lieb. Er berichtet daher über diese Art der Mittheilung im Allgemeinen: „Es ist mir ausgemachte Erfahrung, daß jedwede Schrift, die nur für Einen, einen uns bekannten, geliebten Menschen gemacht ward, treffender, Wahrheit reicher, und — gerade um so viel gemeinnütziger ist, je individueller sie war." Seine Liebe und seine Menschenkenntniß, so wie seine elastische Beweglichkeit und ein gewisser heiterer, leichter Weltsinn gaben ihm eine unendliche Fügsamkeit, sich in die Menschen zu finden, in ihre Gedanken einzugehen und aus ihrer Seele zu reden, wodurch er an Beobachtungen und Gedanken immer reicher wurde. Weil ihm von verschiedenen Seiten über seine Ansichten und Schriften ähnliche Fragen eingingen, so lag darin die Aufforderung, die betreffenden Antworten an Einzelne zu eröffnen, und so kamen zwei Bände „Antworten auf Fragen und Briefe" (1790) heraus. So lästig und peinlich manche dieser Fragen waren, und so schlagend Lavater die Schälke und Indiscreten zurechtzusetzen verstand, so unerschöpflich war er sonst in Liebe und Schonung, im Hüten vor einseitigem Richten, Erniedrigen, Verwerfen.

Wo er sicher war, in einem Gemüthe einen empfänglichen Boden zu finden, da wurde sein Brief voll heiterer Anmuth, fröhlicher Laune, immer neu, überraschend, geistreich. Daher sind auch seine Briefe an die Geringen reicher, ungezwungener, anmuthiger als diejenigen an geistige Größen; das Kerngesunde, Reine, Wohlmeinende seiner Gesinnung thut sich in jenen unmittelbarer kund. Bei dem Ueberdrange der Tausende, welche von Lavater ein besonderes Zeichen in Händen haben wollten, darf es freilich nicht befremden, wenn eine große Zahl von gar leeren Brieflein und Verslein herauskam. Aber der Empfänger hatte dadurch gleichsam ein Pfand, daß er damit in Lavaters Freundeskreis hineingezogen sei, und daß nun alles Andere, was Lavater den Freunden bot, auch für seine Person geschrieben sei. Goethe schrieb seinem Freunde: „Zuvörderst danke ich dir, du Menschlichster, für deine gedruckten Briefe. Es ist natürlich, daß sie das Beste von allen deinen Schriften sein müssen. . . Selbst deinen Christus hab ich noch niemals so gern als in diesen Briefen angesehen und bewundert."

Der Werth von Lavaters Briefen besteht wesentlich darin, daß der Schreiber ein ideenreicher Denker war. Allein metaphysische Abstraktion und scientifische Dialektik ist ihm nie' gelungen, obgleich er verschiedene Versuche machte. Namentlich trug er sich lange mit einem „Einmal-Eins der Menschheit, oder Organon zur Erkenntniß der Wahrheit," worin er über „Natur, Mensch und Gott über alle Zweifel erhabene Belehrungen" geben wollte, brachte es aber nicht zu Stande. Lavaters auf das Leben gerichtete Denkweise hielt ihn von der transcendentalen Seite der Philosophie fern. Gleichwohl verschaffte er schon in vorgerückten Jahren dem durch ihn in günstige Verhältnisse eingeführten Fichte in Zürich Gelegenheit, seine ersten Vorlesungen über die Kantische Philosophie zu halten und wurde desselben aufmerksamer und dankbarer Zuhörer. Als jedoch später der Philosoph den Lavater'schen Ansichten gegenüber für seine Wissenschaft einen reformatorischen Einfluß auf Leben und Glauben beanspruchen wollte, ließ sich Lavater auf eine Weise vernehmen, die darthut, mit welch sicherm Urtheil er den damals überschätzten Einfluß der Philosophie auf das Leben zu würdigen wußte. „Wer ist, ohne allen Widerspruch, die herrschende und wer die unterdrückte Kirche? Offenbar ist es die herrschende Philosophie, durch welche die Kirche unterdrückt wird. Wodurch unterscheidet sich die herrschende philosophische Kirche von jeder gemeinen orthodoxen oder hierarchischen Kirche? Gewiß nicht in Duldung und Schonung, ge-

wiß nicht in Sanftmuth und Billigkeit gegen ihre kaum mehr sprechen
dürfenden Gegner! Welche Bände von inhumanen Urtheilen, Prostitu-
tionen, unwürdigen Verhöhnungen, unwürdigen Mißhandlungen könnte
man zusammenfinden, um Belege davon darzulegen! Wie oft ist dies
den kritischen Philosophen schon zu Gemüthe geführt worden, und was
hat es geholfen?" — — — „Es giebt unter Millionen Menschen kaum
Einen, der so über sich selbst herausspringen, und bei Ihrem Gotte das
Allergeringste denken, oder auch nur empfinden kann. Und ein Gott,
bei dem man nicht das Mindeste denken oder empfinden kann, ist nicht
nur kein Gott, sondern für den, der dabei nichts denken und empfinden
kann, ein absolutes Unding." — Lavater war dagegen in der praktischen
Philosophie, welche auf Beobachtung, Erfahrung und sicherer Erwägung
der Verhältnisse beruht, bedeutender, als man ihn gewöhnlich dafür zu
halten geneigt ist. Er war gewohnt, keinen Gedanken an sich vorüber
gehen zu lassen, sondern denselben sofort zu notieren. So sammelte sich
der lebhafte Geist, der Blick auf Blick neue Züge des Menschenherzens
entdeckende Beobachter einen außerordentlichen Reichthum an Lebens-
wahrheiten. Diese Entdeckungsreisen des Menschenforschers hielten
ihn beständig in freudiger Bewegung und Spannung. Eine Fülle
dieser gleichsam am Wege gesammelten Blüthen der Weisheit sind über
seine kleinern Schriften ausgesät, welche durch den reichen Gehalt eben
so vorzüglich sind, als durch die gedrungene Kraft und Klarheit der
Sprache. Wir nennen unter Anderm „Fünfhundert unphysiognomische
Regeln zur Selbst- und Menschenkenntniß" (1788). Im „Taschen-
büchlein für Weise" (1789), in allerkleinstem Format, zeigt Lavater, wie er nicht nur ein Denker, sondern ein weiser und liebevoller
Arbeiter an sich und Andern war. Das „Geschenkgen für
Freunde" (1796), ein anderes jener kleinen Büchlein, eröffnet eine
so durchgearbeitete, im Kleinsten erprobte, unmittelbar anwendbare
Lebensweisheit, ein so probehaltiges, einfältiges Wohlwollen, so frei
von überfliegender Schwärmerei und luftigen Idealen, daß aus diesem
leichten, kleinen, schnell entworfenen Werkchen der ethische Geist Lavaters
sich in besonderer Klarheit spiegelt. Alles ist eigene, innerste, indivi-
duellste Erfahrung, Lebenshauch, Lebenskunst, wodurch der liebenswürdige, imponierende Gesellschafter so anziehend wird. Ebenfalls
ein Schatz von Weisheit und vom Besten, was Lavater schrieb, ist
enthalten in „Anacharsis, oder vermischte Gedanken und freundschaftliche Räthe" (1795). Wie an kleinern Poesien, so auch an Lehr-

24*

und Spruchweisheit bietet die „Handbibliothek für Freunde"
(1790 bis 1793, der Jahrgang je zu sechs Heften) vielfache, werthvolle
Gaben.

Von den Philosophen aus, namentlich von Rousseau angeregt,
ging der Ruf zur Förderung der Menschheit durch die Erziehung.
Lavater als Menschenfreund, in hoher Würdigung der Anlagen des
menschlichen Geistes, und wieder als Volksmann und Christ, welcher
sich mit besonderer Vorliebe zu den Niedrigen und Einfältigen neigte,
ging eifrig in dieses Bestreben ein. Obgleich er von Basedow über
seinen Glauben angefochten worden war, so reichte er doch Iselin die
Hand, um desselben pädagogische Unternehmungen mit seiner ganzen
Thatkraft zu unterstützen; und als das Philanthropin in Marschlins
nach Basedow'schen Grundsätzen ins Leben trat, hinderte ihn selbst die
bedenkliche Mitwirkung eines Bahrdt nicht, bei der Eröffnung desselben
die gewünschte Einweihungsrede zu halten. Lavater war als Hausvater und Lehrer ein liebevoller Kinderfreund und ein vorzüglicher Erzieher. Er hatte gegen die Seinen eine Sprache heiterer seelenvoller
Einfalt und Kindlichkeit, wie Luther, reiner von Manier als Claudius,
wie unter Anderm sein Schreiben an seinen Enkel Johannesli beweist,
vermischte Lehren an seine Tochter Luise, Auszüge aus Briefen an
seinen Sohn in der Fremde. Es war ihm nicht zu wenig, ein „A B C
oder Lesebüchlein" (1772) zu schreiben, welchem das „Christliche
Handbüchlein für Kinder" (1769) vorausgegangen war, das
die lieblichsten seiner christlichen Lieder für das Waisenhaus enthält.
In den „Regeln für Kinder" (1793) kommt auch diesen sein
ganzes Geschick in der Spruchweisheit zu Gute. Noch weit werthvoller aber sind seine „Brüderlichen Schreiben an verschiedene
Jünglinge" (1782). Wie angenehm, heimlich, zwanglos, in anregender Neuheit weiß er das Ernsteste und Höchste zur Sprache zu
bringen, und wieder mit welch gewinnender Traulichkeit, ohne alle
Schwerfälligkeit und Schulmeisterei, in Welt und Gesellschaft einzuführen. — Als zeitweiliger Rektor der Zürcher'schen Lehranstalten
schrieb er für Schüler und Studenten sehr faßliche und lehrreiche Aufgaben zum Uebersetzen ins Lateinische; und seine Schulreden waren
freilich fern von klassischer Ruhe und Maßhaltung, aber enthielten sehr
zweckmäßige Winke über Lesen, Zeitbenutzung rc. und treffliche Lehren
über die Kontraste seiner Zeit. Uebrigens war Lavater keineswegs
schwärmerisch für die Erfolge der neuen Schule und Erziehung einge-

nommen, daher er einem jener philosophischen Enthusiasten zurief: —
— — „Ich verehre Ihre Wohlmeinung gegen das menschliche Geschlecht — und Ihren Wunsch, daß sich Alles aufklären und zu richtigen
Begriffen von der Würde der menschlichen Natur in allen Individuen
kommen werde. Aber ich lache mit meinem Quantulum Philosophie,
Menschenkenntniß und Christensinn Ihres gutmüthigen Idealismus
und Utopismus, wenn ich die unphilosophischen Philosophen von Helvetius an die unsinnigste aller Unsinnigkeiten lehren höre: Alles komme
nur auf Erziehung an, Mangel an Erziehung allein mißbildete die
sonst gut gebildeten Menschen.“

9. Lavater für das Volk.

Alle bisher berührten Eigenschaften Lavaters befähigten ihn in
besonderm Grade zu dem, was er seinem Berufe nach sein sollte und
wollte. Der Vorsatz des Knaben, „Ich will Pfarrer werden,“ — ist
mit einem seltenen Gelingen zur That geworden. Sein Leben fiel in
eine in den Staats- und Bürgerverhältnissen armselige, dagegen schreib-
selige Zeit, wo Schriftstellerthätigkeit und Schriftstellerruhm über Alles
ging. So sehr nun Lavatern daran gelegen war, auch auf diesem
Felde Lorbeern zu ernten, so hatte er doch zugleich das höhere Ziel im
Auge, durch seine Person, durch That und Leben zu wirken; während
dasjenige, was er schrieb, nur in zweiter Linie seine persönliche Wirksamkeit unterstützen sollte. Lavater war ein Mann der That, ein seltener
und rastloser Arbeiter. Es kann indessen hier nicht in Betrachtung
fallen, was er als solcher unmittelbar gewirkt, sondern vielmehr was er
mittelbar als religiöser Volksschriftsteller geleistet. In dieser Beziehung hat er das ganze Gebiet sittlicher Belehrung und religiöser Erbauung mehrfach durchmessen, und darin das Bedeutendste und Beste
geleistet, was seine Feder vermochte. In seinem spätern Leben wurde
Lavater gleichgültiger gegen die Glorie der Schriftstellerei; allein in
gleichem Maße wurde es ihm immer tiefere Herzenssache, zu erbauen.
Die schönen Geister Deutschlands hatten ihn gefeiert und sich ihm
angeschlossen, trotzdem daß er ein Pfarrer war, und hofften, ihn
allmählig zu humanisieren und zu immer größerer Freiheit und
philosophischem Spiritualismus herauszubilden. Als er aber in
vollem Ernst, zunächst und voraus Geistlicher sein, und den geistreichen
Mann und den Weltmann immer inniger im Geistlichen aufgehen lassen

wollte, wurde er aufgegeben und als Schwärmer und eigenrichtiger Sonderling, und oft als listiger Schalk behandelt. Wenn sich in seinem Wesen und frühern Leben Eitelkeit und Streben nach dem Beifall der Menge nicht in Abrede stellen läßt, und wenn kleine und große Geister diese Seite mit unaufhörlichem Spotte verfolgten: so dienen wenigstens Lavaters religiöse Schriften nicht als Belege zu diesem Vorwurf. Die Bibel reden zu lassen, in ihrem Geiste zu reden, das ist sein treues und demüthiges Bemühen von Anfang bis ans Ende. Er kannte für sich und Andere keine höhere Aufgabe als in und mit der Bibel zu denken und zu leben. Daher spricht er sich unter Anderm darüber folgender Maßen aus: „Ich danke meinem Gott, daß ich Alles, was ich in der Welt brauche, das Geschehene, das Gegenwärtige, das Zukünftige, im Himmel und auf Erden, für mich und für andre in meiner Bibel finde. Nicht allein das Religiöse, nicht allein das Moralische, sondern alles Politische, alles Gesellschaftliche, Alles, Alles!" Er war in die Bibel so eingelebt, daß ihm der ganze Inhalt derselben buchstäblich zu Gebote stand und er gleichartige Gedanken aus den verschiedensten Büchern mit großer Geschicklichkeit zu einem wirksamen Ganzen zu verbinden verstand. Manche seiner erbaulichen Schriften, wie z. B. sein „Nachdenken über mich selbst", legen ihr Gewicht wesentlich in die lebendige Verbindung der dahin einschlagenden Schriftstellen, wobei er selbst nur das empfehlende und anwendende Nachwort hinzufügt. Wie er den Geist des Herrn in seinen Tagen wirksam sehen wollte, so war ihm auch die Vorstellungs- und Ausdrucksweise der Bibel die Sprache, welche er ins Leben zurückgeführt und aufgefrischt wünschte. Daher stellte er sich denn auch, namentlich in seinen spätern Jahren, die unerreichbare Aufgabe, im Namen biblischer Personen zu reden. So enthält sein Nachlaß die in seinem letzten Jahre verfaßten „Privatbriefe von Paulus und Saulus", wo bei lebendiger und charakteristischer Versetzung in die Stimmungen der betreffenden Personen, doch der Mangel an geschichtlichem Geist und Wissen dem Ganzen eine sehr moderne Färbung giebt. Noch auffälliger sind die „Worte Jesu (1792), zusammengeschrieben von einem christlichen Dichter." Diese „tausend Worte" bestehen aus Aphorismen, welche den Beweis leisten, wie innig Lavater in den Geist des Herrn eingelebt ist, namentlich mit Johanneischem Grundton. Viele der Sprüche sind eine nähere Hineinführung und Entwicklung evangelischer Wahrheiten, welche wirklich zum bessern Verständnisse derselben und zu

Liebe und Glauben an Christum führen. Dagegen enthält freilich ein
beträchtlicher Theil derselben nur zufällige Meditationen, und das
Ganze besteht aus lieben, weisen Worten, denen aber jene lebenvolle,
schaffende Kraft fehlt, die das Wesen der Worte Jesu ausmacht. Es
ist daher ein merkwürdiger Mangel an Kritik, wenn der Verfasser am
Ende seiner Worte unter andern Fragen auch diese stellen konnte: „In
welchem dieser tausend Worte ist etwas enthalten — was dem Geiste
Jesu nicht gemäß scheint; was Er, als Lehrer, als Messias, als Sohn
Gottes, nicht gesagt haben könnte?" — Es war Lavatern nicht gegeben,
zur Schriftkenntniß irgend einen wesentlichen Beitrag zu liefern. Es
kümmerte ihn gar nicht, sich den äußern Sachverhalt der geschichtlichen
Begebenheiten der Bibel zu vergegenwärtigen; denn nicht der besondere
Vorgang und Verlauf, sondern allein das Dauernde und Ewige der
göttlichen Offenbarung beschäftigte ihn. Daher enthalten auch seine
„Betrachtungen über die wichtigsten Stellen der Evangelien" (1789) eben so wenig Proben von der Gelehrsamkeit des
Exegeten als dogmatische Auseinandersetzungen, sondern es sind dieselben ein in Prosa geschriebener Lobgesang des Herrn, mit freudigem
Aufruf an das reiche Menschenherz, ihn zu lieben. — Allein wo es
sich um die Beweise handelt, wie seine Religion sich in ihm gestaltet
und mit seinem Denken und seiner Geiseseigenthümlichkeit sich vereinbart
habe, da ist Lavater stets neu und unerschöpflich. Daher legte er dem
Publikum zu verschiedenen Zeiten seine religiösen Grundsätze vor. Wir
haben oben, als Anhang zur „Herzenserleichterung" „Etwas über
meine Religion" genannt, worin gleichsam seine kritischen Gesichtspunkte zur Beurtheilung der Bibel angegeben sind. Im Jahr 1778
richtete er eine „Vorstellung meiner Religionsbegriffe" (enthalten in „Antworten auf Fragen und Briefe") an ältere Freunde, um
dieselben zu veranlassen, auf Einen und denselben Zweck und auf Eine
und dieselbe Weise in Ausbreitung und Beförderung der Religion zu
arbeiten, wobei er zeigt, wie seine religiösen Ansichten eben sowohl der
Natur des Menschen, als allen dogmatischen Stellen und allen Bei-
spielen in der Offenbarung vollkommen gemäß seien. Sein Glaubensbekenntniß wiederholt sich am bestimmtesten und schärfsten, nicht als Lehre
und Erkenntniß, sondern als Leben, Erfahrung, Glaubenserrungen-
schaft in der Handbibliothek 1792. 1. — „Gedanken über Religion und Christenthum." Hier läßt er sich unter Anderm über
seinen Christusglauben vernehmen: „Ich muß immer wiederholen:

Mein Gott ist das, was mich zum existentesten Menschen, zum leben-
digsten Leben macht. Ich, Person, muß etwas persönliches haben! Ich,
Lebendiger, einen Lebendigen! Ich, Mensch, einen Menschen — der
äußerst einfach, wie ich, und unendlich lebendiger und wirksamer ist, als
ich — Etwas, das ich als vor mir, über mir, außer mir denken, und
dennoch wie Speise und Trank mit mir vereinigen, wodurch ich meine
Existenz, mein wahres Leben, wie durch Speise und Trank nähren, erweitern, sichern, vervollkommnen kann. — Ich Gottesmensch bedarf
eines Gottmenschen."

Dieses Leben in Gott machte Lavatern zu einem ausgezeichneten
Beter. Er hatte Gott so nahe und gegenwärtig, er war von seiner
fortwährend wirksamen Liebe so tief durchdrungen, daß er Alles mit
ihm besprach und Alles seiner Entscheidung anheimstellte. Augen- und
Ohrenzeugen sprechen mit Bewunderung und Entzücken von der In-
brunst und Lebendigkeit des Beters, und wir haben zahlreiche Beweise
seiner Gebetskraft, wenn er bei außerordentlichen Gelegenheiten vor der
Gemeinde betete. Sonderbarer Weise aber gehören seine verschiedenen
Gebetbücher nicht zu den gelungenen Gebetzeugnissen. Lavaters Beten
war eine lebendige Aktion, ein Ringen vor Gott, im unmittelbaren Gefühl und Drang des Augenblicks, wobei Person und Sache ihn erregte.
Nicht so entstanden seine allgemeinen Gebetsanleitungen, wobei er sich
weniger in den Zustand eines bewegten, nach Erhörung dürstenden Gemüthes versetzt hatte; sondern er sammelte vielmehr nutzbare Gedanken
und Betrachtungen, gegen deren Statthaftigkeit und Zweckmäßigkeit
nichts einzuwenden ist, welche aber im Allgemeinen eines tiefen, unmittelbaren Grundtones, eines Kerns der zusammenfassenden Grundstim-
mung entbehren. Es haben sich daher Lavaters zahlreiche Gebete auch
nur in denjenigen Kreisen erhalten, welche dieselben in lebendigem Andenken an seine Person ehrten. Auch sind seine geschriebenen Gebete
mehr ein Ergebniß des Andringens zahlreicher Verehrer, welche ihn um
einen Beitrag zur Befriedigung ihres Verlangens, in seiner Weise beten
zu können, ersuchten.

Wenn also die „Sammlung christlicher Gebete" (1778)
die Erwartung nicht befriedigt, so ist dagegen die „Handbibel für
Leidende" (1788) zwar nicht ein Gebetbuch, aber dennoch eine ganz
vorzügliche Erbauungsschrift, wie man nur immer eine solche von einem
Lavater wünschen kann. Dieselbe enthält nämlich dreihundertundfünf-
zig Betrachtungen und Auslegungen von Bibelstellen, größtentheils nur

kurz, aber in einer Sprache voll Wärme, Geist und Leben. Er spricht
seine eigenen Leidenserfahrungen und seinen eigenen Trost in seinem
Gott und Heiland aus. Hier zeigt sich der ganze Inbegriff christlicher
Weisheit und Glaubensstärke, wie solche in Lavater lebte und wie er
durch dieselbe ein mitfühlender Freund und Tröster der Leidenden wurde.
Es ist in vollem Sinne eine Handbibel für Leidende, indem die Trost=
worte der Bibel so mit ganzer Seele aufgenommen und in das Leben
hineingezogen werden, und indem die Macht göttlicher Liebe und Gnade
dem beschwerten Herzen so siegreich dargelegt wird, daß dieses Buch
nach Sprache und Inhalt wohl das ausgezeichnetste und wohlthuendste
unter allen Schriften Lavaters für Andacht und Erbauung ist. Die
Erforschung des eigenen Herzens, die Betrachtung der göttlichen Er=
barmung erhebt sich immer wieder auch zum Gebet, zum Danke, zur
Lobpreisung: so daß manches leidende Gemüth darin Trost gefunden,
und ferner finden wird. Das Ganze ist einfach, seelenvoll, edel, für
den gemeinen Mann wie für den Gebildeten gleich ergreifend und trost=
reich, so daß unter allen Schriften Lavaters wohl diese am längsten
wirksam bleiben wird.

10. Lavater als Prediger.

Die Kanzel war der Schauplatz, das Arbeitsfeld, wo sich alle
Kräfte des reichbegabten Mannes zu einem großen und nachhaltigen
Eindrucke vereinigten. Von seinem ersten Auftreten an bis ans Ende,
in Zürich und in der Fremde, beim gemeinen Manne wie beim Hohen
und Gebildeten war seine Predigt siegreich und überwältigend. Stef=
fens hörte Lavatern in der Zeit von dessen höchster Kraft und Berühmt=
heit in Kopenhagen, und giebt folgendes Zeugniß von dem empfangenen
Eindruck: — — — „Als die scharfe an dem Gaumen klebende Stimme,
die hohlen, schneidenden Töne des berühmten Mannes sich vernehmen
ließen, machten sie einen solchen Eindruck auf mich, daß ich das Gebet
fast überhörte. Ich mußte mit gespannter Aufmerksamkeit auf seine
Rede horchen, wenn ich sie verstehen wollte. Nun war es aber höchst
merkwürdig, wie diese Rede mich gewann und ergriff. Es sprach sich
nicht allein die Zuversicht des Glaubens, sondern auch eine tiefe, ge=
waltig ergreifende, herzliche Innigkeit in seiner Rede aus. Es war
mir, als hörte ich zum ersten Mal eine Stimme, nach der ich mich lange
gesehnt hatte. Seine Predigt handelte vom Gebet. Jenes innere,

tief verborgene und doch mächtige Leben meiner Kindheit, wie ich es in
der stillen Kammer meiner Mutter kennen gelernt hatte, wie es tief das
belebende Innere ergriff, nach außen aber nur leise flüsternd sich vernehmen ließ, schien plötzlich wach geworden zu sein, schien mich, den
Schlummernden, aus dem langen Schlafe mit Donnerstimme aufzurüt-
teln. Er schilderte mit jener ergreifenden Wahrheit, die nur da sich zu
gestalten vermag, wo man ein innerlich selbst Erlebtes ausspricht, jene
äußern und innern Kämpfe, in welchen der Sieg nur durch Gebet zu
erringen sei. Die Sprache, die mir anfangs so zurückstoßend schien,
klang mir zuletzt immer schöner, heller, ja anmuthiger, sie schien mir
mit dem belebenden Inhalte so innig verwoben, als wäre irgend eine
andere unmöglich. Wenn er einen Zustand innerer Hoffnungslosigkeit
geschildert hatte, hielt er einige Male inne und rief dann mit lauter
Stimme: — Betet! — Das e wurde fast wie ein Diphthong ausgesprochen, die harte Aussprache verdoppelte das t, und dennoch hatte, so
ausgesprochen, dieses Wort eine ungeheure Gewalt. Es rief laut, ja
zerschmetternd in mein Innerstes hinein, und ich habe es in meinem
ganzen Leben nicht wiederholen können, ohne wenigstens etwas von dem
tiefen Eindruck zu empfinden, der mich damals erschütterte." — Wenn
man jetzt diese übermäßig langen Predigten anschaut, mit ihren weitschweifigen Sätzen, ihren unendlichen Ausrufungen, ihren unaufhörlichen Gegensätzen, ihren häufig wiederkehrenden Gedanken und Effekten,
so verwundert man sich über den außerordentlichen Eindruck auf ihre
Zeit. Allein die Macht seiner Person entwickelte sich vornämlich im
Predigen in ihrer ganzen Stärke und hob und beseelte sein Wort auf
eine Weise, wie der todte Buchstabe solches nicht mehr ahnen läßt.
Auch läßt sich von Lavater in ganz besonderm Maße sagen, daß seine
Beredsamkeit eine That war, indem in seinen Predigten als Grundgedanke und Hauptziel hervortritt, die Arbeit an sich selbst und die
Besserung des Lebens durch lebendigen Glauben zu fördern. Er hatte
eine besondere Stärke in Warnung, Erweckung, Erschütterung, daher
waren es vorzüglich die Buß- und Bettagspredigten, in welchen sich
seine ganze Kraft entfaltete und wo die Mittel seiner Beredsamkeit am
gewaltigsten wirkten. Das Hauptgewicht seiner Predigt jedoch war
eine für Lavaters Zeit überraschende und für alle Zeiten ungewöhnliche
Glaubensfreudigkeit. Erst in seinen Predigten gewinnt seine Christus-
liebe den innigsten und treusten Ausdruck. Eine seiner Predigten beginnt mit folgendem Eingange: „Wann wird die erwünschteste Stunde

meines Lebens kommen? Wann der seligste Moment meines Daseins? Der seligste Moment meines Daseins ist der, da ich mit ganzer Seele an Jesum Christum glaube; die erwünschteste Stunde meines Lebens, da ich Andre mit ganzer Seele an Jesum Christum glauben machen kann. Der weiß nicht, was Leben ist, der nicht an Jesum Christum glaubt. Wie dieser Glauben, so das Leben der Seele." Das ist seine Kraft und seine Kunst, Jesum Christum den Herzen nahe zu bringen, wobei er aber für seine Zuhörer den Glauben an Jesum nicht als eine ausgemachte Wahrheit voraussetzt. Er benutzt vielmehr den ganzen Vorrath einer in der Schule des Lebens ausgebildeten Philosophie und alle Feinheit und Schärfe des Menschenkenners, um das Evangelium stets von einer neuen Seite anziehend zu machen. Er ist in seiner Beweisführung so ruhig, unvorgreiflich, mit kluger Berechnung vorbereitend, daß er durch dieses wohlangelegte, gemeinverständliche Vorkommen von allen Seiten fesselt und gewinnt. Seine Predigten ermangeln der scharfen Begriffsbestimmungen, der lebendigen Begriffsentwicklungen keineswegs; er verweilt bei seinem Gedanken und legt ihn den Gemüthern nahe, mit einer so gewaltigen und lieblichen, eindringlichen und strömenden Beredsamkeit, welche alle Weitschweifigkeit und alle künstlichen Effekte vergessen macht, ob dem tiefen bleibenden Eindruck des verkündigten Evangeliums. Gerade das sich gehen lassen, sich ausreden, Alles sagen, sich selbst ganz geben und in seinem Gegenstande ganz verlieren gab Lavaters seelenvollem Worte eine solche Gewalt über die Gemüther. — Bei einem so lebendigen und feurigen Manne, wie Lavater war, mit seiner Menschenkenntniß und seiner Freimüthigkeit, hätte man glauben sollen, daß seine Predigten ein Spiegel seiner Zeit gewesen wären und örtliche Zustände und bestimmte Lebensverhältnisse und deren Gebrechen scharf beleuchtet hätten. Allein seine Predigt ist ein freudiger Aufblick zu Gott, ein heiteres Evangelium des Friedens; er ist zu liebevoll und zu groß, um sich in die kleinen und trüben Einzelnheiten des Lebens zu verlieren. Eben so wenig ließ er sich auf dogmatische Erörterungen ein und vermied daher Schriftabschnitte, welche ihn dazu geführt hätten. Nachdem viele einzelne Predigten Lavaters im Druck erschienen waren, überraschte er durch die erste größere Sammlung in zusammenhängenden Predigten über den Propheten „Jonas" (1773), wo er die Geschichte aufs lebendigste mitten in die Gegenwart hineinzieht, seine Gedanken ungekünstelt daran anknüpft und das Ganze zu solchem dramatischen Leben verarbeitet, daß

Lavater durch diese geistreichen und populären Predigten einen Leserkreis fand, welcher sonst für Predigten verschlossen blieb. Allein die rationalistische Schule Bodmers ermangelte nicht, ihm auch auf dem Felde in den Weg zu treten, wo Lavater seine größten Triumphe feierte. Ohne den Verfasser zu nennen, noch die Person, wogegen der Angriff gerichtet war, erschien nämlich von dieser Seite im Jahre 1773 eine kleine Schrift „Ueber den guten Geschmack in der Kanzelberedsamkeit," worin sich das Mißbehagen über Lavaters Erfolge ausspricht. „Eine falsche Rührung, eine fieberhafte Bewegung ist zweideutig, gefährlich, und der Würde des Gegenstandes zuwider." — — — „Weg mit unverständlichen Kunstwörtern, mit gelehrten Anspielungen, mit spitzfindigen Gegensätzen, mit gekünstelten Wortfügungen, mit langen in einander geschlungenen Perioden!" Wahr und treu spiegelt sich dagegen der Eindruck von Lavaters Predigtweise in folgendem Ausspruche eines unbefangenen Zuhörers: „Im sanften Strome seiner Beredsamkeit lag zugleich viel schweizerische Treuherzigkeit. Er war salbungsvoll und für den gemeinen Mann doch immer verständlich. Bei all der schwebenden und bangen Höhe, in die er seine Zuhörer erhob, überraschte er zugleich durch klare Blicke in die praktischen Einzelheiten des Lebens. Dieß Gemisch von Feierlichem und menschlich Wahrem riß hin, diesem Schwunge der Empfindung konnte man sich hingeben, denn die Richtigkeit der verständigen Wahrnehmungen bürgte dafür, daß hier kein leerer Träumer nebelte." Das klarste Bild von Lavaters Predigtweise geben die in seinen „Kleinern prosaischen Schriften" (1784) gesammelten theils allgemeinen, theils Gelegenheits-Predigten, indem jene die Grundzüge seines Glaubens und seiner Gotteserkenntniß, diese sein großes Geschick darthun, besondere Umstände ergreifend zu benutzen. Die Trauerrede auf seinen Freund Felix Heß, sein „Andenken des Gerechten" am Grabe des Erbauers des Zürcherischen Waisenhauses, seine Predigten bei Amtswechseln, unter diesen namentlich die ergreifende Antrittspredigt bei St. Peter: Ihr Brüder, betet für mich! — legen Lavaters innerste Gesinnung, sein Streben und Lieben, seine Schwachheit und seine Kraft mit eben so rührender als würdiger Offenheit dar. Seine Predigt nach der angeblichen Nachtmahlsvergiftung, „Der Verbrecher ohne seines Gleichen*)," giebt freilich ein merkwürdiges

---

*) Eine Verunreinigung des Nachtmahlweins am Bettag d. J. 1776, welche indessen nie genau und überzeugend erhoben war, wurde dem verbrecherischen Versuche absichtlicher Vergiftung beigemessen, und daher von der Obrigkeit verordnet, auf allen

Beispiel höchsten Affectes, wo er durch die entsetzliche Ausmalung des Verbrechens und des Gemüthszustandes des Verbrechers das Kainsmal auf dessen Stirne drücken und ihn zur Selbstentdeckung drängen will. Indem der jugendliche Lavater dabei das ganze Feuer seiner Phantasie entfaltete, hat man zugleich ein merkwürdiges Beispiel, wie ihn selbst die Lebhaftigkeit derselben überwältigen und sein Urtheil beherrschen konnte. — Vielleicht die größte Reife und Ruhe des Geistes zeigt sich in den „Predigten über Philemon" (1785—1786). Er hat gerade diesen kleinen Gelegenheitsbrief gewählt, um in unbeengter Herzlichkeit das Heil in Christo zu verkündigen. Der christliche Weise bringt einfach und ungesucht das Vertrauenswort des Erfahrenen, des Gotteskenners, ohne gelehrte Mühsamkeit und ohne spekulatives Forschen. Auch da könnte die Form sorgfältiger und besser sein: aber er sagt Erlebtes, aus ihm Herausgekommenes, giebt sein treustes Eigenthum: da ist die Gabe seines Geistes und Herzens schon fertig und ausgebildet, er will nicht mehr an der Form zurichten. — Lavater als Prediger hatte noch einen andern Werth, der manchen andern glänzenden Rednern nicht zukommt. Die in der Predigt so beredte Liebe zu den Mühseligen und Beladenen ließ nicht nach, wenn er die Kanzel verlassen hatte, sondern wurde in der unverdrossenen Ausübung des Seelsorgers That und Wahrheit.

Eine neue Periode in Lavaters Kanzelberedsamkeit veranlaßte die französische Revolution. Wenn er bisher die öffentlichen Zustände seiner Heimat und das bürgerliche Leben seiner Umgebung nur selten berührt hatte, so gab ihm der Umsturz aller Grundlagen des bürgerlichen und sittlichen Lebens den Muth und die Kraft, mitten in die Zeitverhältnisse hineinzugreifen und den Maßstab des ewigen Wortes an die Vorgänge seiner Zeit anzulegen. Ehe wir aber Lavatern in dieser Richtung folgen, müssen wir überhaupt die Stellung betrachten, welche er als Bürger einnahm.

11. Lavater als Bürger.

Nach Lavaters Auftreten gegen Grebel und nach seinen Schweizerliedern hätte man glauben sollen, daß seine vaterländische Gesinnung

---

Kanzeln der Stadt darüber zu predigen. Lavater schien den Pfarrer Waser im Verdachte gehabt zu haben, überzeugte sich aber in der letzten Unterredung mit ihm von seinem frühern Irrthum.

und seine lebhafte und freimüthige Theilnahme an dem bürgerlichen
Leben seiner Vaterstadt ihn in seinem fernern Lebensgange wiederholt
auf den öffentlichen Schauplatz führen würde. Allein Lavater hielt sich
auch da gemessen in den Gränzen, welche ihm sein Stand und die
Würde desselben vorschrieben. Wenn Bodmer und seine Richtung den
Jüngling in eine Bahn hineingezogen, welche für ihn des Lockenden viel
hatte, so beweist auch das wieder Lavaters Takt und Selbstbeherrschung,
daß er sich von der Politik fern hielt. Daher war es auch der tiefe
Ausdruck des Mitleids und des Abscheus, welcher sich in Betreff des
unglücklichen, durch politische Leidenschaft verirrten Pfarrers Waser kund
gab. Noch in der Stunde vor seiner Verurtheilung sprach Waser zu
Lavater: „Ich habe es mit unserm Vaterlande gut gemeint; ich kannte
seine Gebrechen und wollte sie aufdecken. Der Schaden ist unheilbar!
die Wunde ist zu tief. Ohne Aufruhr ist unserm Staate nicht mehr zu
helfen. Es muß Alles umgestoßen und die Uebermacht der Familien
gestürzt werden!" Da rief Lavater aus: „Arme Seele! Ihr klagt
über die unheilbare Verdorbenheit unsers Staates? Wie, wäre denn
unser Staat weniger verdorben, wenn er aus lauter solchen Bürgern
bestände, wie Ihr seid?" Wir sehen aus diesem Worte, daß er weit
entfernt war, durch äußere Formen Verbesserung der Zustände seines
Vaterlandes zu erwarten. Dagegen stimmte er gar nicht mit seinen
alten Freunden Zimmermann, Herder, Goethe zusammen, welche mit
Geringschätzung auf das Nationalgefühl hinschauten und sich des hu-
manen Weltbürgerthums des deutschen Volkes freuten. Denn Lavater
war mit ganzer Seele ein Schweizer und ein Zürcher. In Zürich zu
leben und zu wirken ging ihm über Alles; daher jeder Ruf, so lockend
er für ihn hätte sein können, wie der vielbesprochene nach Bremen, ihn
seiner Vaterstadt nicht entfremden konnte. Freilich auch Lavater hatte
ein Weltbürgerthum, welches ihn ganz erfüllte, und dessen Großartigkeit
ihn gegen die äußern Formen des bürgerlichen Lebens und seine Mängel
gleichgültig machte, nämlich die christliche Kirche. Diese nahm so sein
ganzes Herz und seine Thätigkeit ein, daß es ihm nicht schwer fiel, der
apostolischen Vorschrift zu folgen, daß kein Geistlicher sich mit weltlichen
Geschäften befassen solle. Zwar begrüßte Lavater die französische Revolution mit großen Hoffnungen; allein er war in Bezeugung seiner
Gesinnung sehr zurückhaltend, daher die Handbibliothek, dieses Tagebuch
seiner mannigfaltigen Gedanken während der ersten Revolutionsjahre,
nur wenige Spuren seiner politischen Gesinnung aufweist. Gegen

Freunde sprach er sich vorherrschend günstig aus, so unter Andern an
Hegner. Allein öffentlich wollte er weder nach der einen noch der
andern Seite Anstoß geben; in den ersten Jahren der Revolution berührte er daher in seinen Predigten die immer drohender werdende Gefahr nur im Allgemeinen. Als aber in Paris der Mord der Schweizer-
garde, die Septembergräuel, der Sturz des Thrones und die Gefangen-
nehmung des Königs erfolgt waren, und somit nicht nur die Religion
und die Ruhe seines Vaterlandes in Gefahr kam, sondern Allem, was
dem Bürger und dem Christen theuer war, Untergang und Verderben
drohte: da begann Lavater über seine Zeit mit einer Offenheit und
Freimüthigkeit zu sprechen, welche einen Theil beunruhigte und ärgerte,
Viele in Erstaunen setzte, die Besten aber mit Freude und Ehrfurcht erfüllte. Lavater stand frei und groß zwischen den Partheien; auch im
Mißbrauch verkannte er den Werth der Ideen nicht, welche der Revolution zu Grunde lagen, wußte aber damit Anhänglichkeit und Treue
gegen die bisherigen Zustände und Personen zu vereinigen. Die
Schweiz war in jener Zeit scharf zwischen den Anhängern des Alten
und des Neuen gespalten; feste Unpartheilichkeit war selten, noch seltener
der Muth, davon öffentlich Zeugniß zu geben, und einzig, Solches
achtunggebietend für Freund und Feind zu thun. Diese Stellung
nahm Lavater ein. Ihn befing weder Interesse noch Leidenschaft; dagegen gab ihm sein Glauben, wie einen frohen Heldenmuth und ein
sicheres Wahrheits- und Rechtsgefühl, so auch wieder eine Hohheit der
Gesinnung und eine ins Leben eingreifende Kraft, daß Philosophen und
Schöngeister, welche sich in Geringschätzung von ihm abgewendet hatten,
von Neuem mit Bewunderung auf den Mann hinschauten, bei welchem
die Predigt in vollem Sinne eine That geworden war. Es wäre
freilich irrig, wenn man in seinen Kundgebungen die Gedanken und den
Blick eines Staatsmannes erwarten wollte, denn Lavater verläugnete
nirgends den Pfarrer, oder sprach doch als Bürger, welcher vor Allen
ein Christ sein wollte, und welcher um Christi willen die Wahrheit
redete und sich vor den Folgen nicht fürchtete. Er predigte nicht Politik, sondern Christenthum, und weil er dieses predigte, mußte er es anwenden und die Sünden der Zeit strafen. In seiner ersten Predigt
dieser Art nach dem Septembermord heißt es: „O Frankreich! verjage
nur alle deine Priester! Zerstöre und verkaufe die Tempel! Verwandle
die christlichen Feiertage nur in Schauspiele, und die Altäre in Altäre
der Freiheit! Rathschlage, ob man das Wort Vorsehung noch dulden

wolle, und predige die Religion der Epikuräer: Lasset uns essen und
trinken, denn morgen sterben wir! — auf deinen noch übrigen Kanzeln.
Und dann laßt uns sehen, was endlich aus dir werden wird." —
Nach der Hinrichtung Ludwigs XVI. wußte er aus den Worten:
„Verderb' ihn nicht, denn wer hat je seine Hand an den Gesalbten des
Herrn gelegt, und ist ungestraft geblieben?" — Davids Großmuth so
rührend und ergreifend hervorzuheben mit Anwendung auf seine Zeit
und sein Publikum, daß eine solche Hohheit biblischer Gesinnung Lavatern ein vorher nie genossenes, neues Ansehen gab. Wenn nun aber
der Vorwurf einer Hinneigung zum Alten gegen ihn erhoben wurde, so
ließ er sich also vernehmen: „Ich streite durchaus nicht für die Aristokraten. Ich streite nur als Mensch, Christ, Christenlehrer gegen die
irreligiösen Grundsätze und weltkundigen, gesetzlosen Handlungen, die
man in Schutz nehmen will; und von dieser Abscheubezeugung gegen
diese Unmenschlichkeiten und der so nöthigen Warnung an mein Zeitalter werd' ich mich durch nichts, durch keine Freunde und keine Gewalt
abhalten lassen, — und wenn ich meine Predigerstelle und mein Bürgerrecht, Ehr und Leben drüber einbüßen sollte. Was? Ein christlicher
Prediger soll nicht vor Grundsätzen warnen dürfen, die alle menschliche
und göttliche Ordnung umstoßen, und die in zehntausend Blättern unter
alle Volksklassen verbreitet werden? die man in allen Gesellschaften
hört, und diese seine absolute Pflichtfreiheit sollte in der Zeit gefesselt
werden, wo man von nichts als von Freiheit spricht? Was mir die
Seele verwundet, ist dieß, daß ich zehnmal freier reden und schreiben
durfte, da kein Freiheitsgeprahl in Europa brauste, als jetzt, da von
nichts und wieder nichts, als von Freiheit und Erlösung von Sklaverei
gesprochen wird." — Seine Menschlichkeit und seine Freiheitsliebe bewährte sich dann namentlich in den Stäfner Unruhen 1795, wo er der
Beschützer des Landvolks wurde; und es ist bekannt, daß man es seinen
verschiedenen Schritten und seiner gewaltigen Rede verdankte, daß kein
Blut vergossen wurde. Lavater folgte zu dieser Zeit in seinen Predigten
Schritt für Schritt den öffentlichen Vorgängen. Allein indem er so
unmittelbar in die Gegenwart hineintrat, bewahrte ihn sein fester Stand
im Worte Gottes vor allem Unpassenden und Unwürdigen. Das Zeit-
wort erhielt durch das ewige Gotteswort stets seine versöhnende Weihe,
und so befand er sich, obgleich von Vielen angefochten und verlästert,
doch mit den bedeutendsten Staatsmännern Zürichs, so wie mit dem
Volke in einflußreicher Berührung. Er faßte die wichtigsten der im

Jahre 1795 gehaltenen Predigten unter dem Titel: „**Chriſtliche Belehrungen**" zuſammen, und ließ denſelben ſpäter unter ähnlicher Aufſchrift andere folgen. Ungeachtet aller Drohungen und Gefahren, ungeachtet des Spottes, daß er ein Märtyrer werden wolle, fuhr Lavater fort in ſeinen Predigten bei wichtigen Vorgängen in die Zeitereigniſſe einzugreifen, indem er bezeugte, er ſpreche, was geſprochen werden müſſe, und was, wenn er es nicht thäte, ſonſt Niemand ſagte. Allein wo nicht neue Begebenheiten ihn aufforderten, hatten ſeine meiſten Predigten auch aus dieſer Zeit einen ganz objektiven, bibliſchen Charakter. — Als aber allmählig die Revolution ihre Fluthen über die Gränzen der Schweiz zu wälzen begann, fühlte ſich der von Natur nichts weniger als muthige Lavater als Bürger und Chriſt zu einer Thatkraft entflammt, daß er für ſein Vaterland Alles zu thun und zu wagen bereit war. Im Anfange jedoch, nachdem die alte Verfaſſung geſtürzt und Freiheit und Gleichheit erklärt war, hielt er einige Predigten, in denen er mit der Ruhe und dem frohen Muth, welchen der feſte Glaube auf den Lenker der Schickſale ihm unter allen Umſtänden gab, zur Eintracht und zu brüderlicher Vereinigung mahnte; und als die Franzoſen in die Schweiz einbrachen, ſo hatte er Troſt, wie kein Anderer. Bei einer der Regirung von den Franzoſen auferlegten Kontribution ſtellte er ſich an die Spitze zur Sammlung einer Subſcription; gegen die Zehntaufhebung erhob er die gewichtigſte Stimme. Wo Andere den Muth verloren, oder leidenſchaftlich aufgeregt waren, ſtand Lavater, geſtützt auf das Steuer des Evangeliums, feſt im Sturme. Als ihm von den neuen Machthabern mißfällige Winke und Direktionen zukamen, ſprach er über den Tert: „Rede, was der geſunden Lehre gemäß iſt" — unter Anderm: „Es kann keine Zeit geben, wo der Prediger des Evangeliums ein anderes Evangelium zu predigen berechtigt iſt, als das alte, Apoſtoliſche. Er hört in demſelben Augenblick auf, chriſtlicher Chriſtenlehrer zu ſeyn, ſo bald er dieſem, in allen ſeinen Weſentlichkeiten und Eigenthümlichkeiten unveränderlichen und unverletzlichen Evangelium, ein Anderes, wie gut ihm dieſes auch ſcheinen mögte, ſo ſehr es auch geprieſen werden mögte, ja, wenn es auch von einem Engel des Himmels gepredigt würde — unterſchiebt. Auch zu dieſer Zeit alſo muß er ſich nicht umſehen, was dem herrſchenden Geiſte derſelben gefällig oder mißfällig, ſondern nur, was der geſunden evangeliſchen Lehre gemäß ſey? Will Er dem Zeitalter gefallen, iſt dieß Gefallenwollen ſein Zweck, ſo entſagt Er ſeinem eigentlichen Berufe, ſeiner unüberſchreitbaren Pflicht,

seinem heiligen Verhältniß mit Christus als seinem Herrn. Er tritt
außer die ihm angewiesene Bahn und Er kann nicht mehr jenem aller-
christlichsten Apostel nachsagen: Wir predigen nicht uns selbst, sondern
Jesum Christum, daß Er der Herr, wir aber um Jesu willen, Knechte
der Menschen seyen."

Als aber mit der Waffengewalt auch jenes Raub- und Bedrückungs-
system der Franzosen sich unter dem anspruchvollen Namen der Befreiung der Nation über die Schweiz ausbreitete, als die Einen aus
Leidenschaft diesem übermüthigen Hohn der Feinde entgegenjubelten,
und die Andern in feiger Rathlosigkeit sich buckten, setzte Lavater jede
Rücksicht bei Seite und hatte jenen Muth der Vaterlandsliebe und der
Ehre, dem Unterdrücker wenigstens offene Wahrheit zu sagen. Er
richtete nämlich „Ein Wort eines freyen Schweizers an die
große Nation" mit einer Zuschrift an den Direktor Reubel,
worin er unter Anderm schreibt: „Soll ich schweigen, weil Alles
schweigt? Wofür wär mir Hand und Zunge gegeben, wenn ich nicht
sprechen und schreiben dürfte, was Bürgerpflicht und Vaterlandsliebe
mich sprechen und schreiben heißen — Wie könnt' ich meine Existenz
ertragen — wenn ich in dieser Zeit für mein Vaterland hinathmete —
und Alles gut seyn ließe!" Lavaters Wort wurde ohne sein Zuthun
gedruckt und machte solches Aufsehen, daß eine officielle Antwort dagegen erschien, ein wohlangelegtes Lügengewebe, dessen Widerlegung
dem ehrlichen, geradeaus stürmenden Lavater etwas schwer wurde.
Nach diesem kühnen, Hervortreten gewinnt die geistige Kraft Lavaters
um so höhern Werth, der zufolge er an den weltbewegenden Ideen der
Revolution nie irre wurde und daher in der „Vaterländischen Gesellschaft" jener Zeit eine Vorlesung hielt, „über die Vortheile und Nachtheile, welche Moral und Religion von der neuen Ordnung der Dinge
zu hoffen und zu fürchten haben." Als sich die haltlose helvetische
Regierung durch Deportation der angesehensten ehmaligen Mitglieder
des Rathes von Zürich zu sichern und zu rächen suchte, erhob Lavater
von Neuem schonungslos seine Stimme, so daß auch ihn das erwartete
gleiche Schicksal traf. Wenige Wochen nach seiner Rückkehr aus der
Verbannung traf ihn der langsam tödtende Schuß. Das letzte von
Lavaters Lebensjahren, da er unter erschütternden Leiden den Tod in
der Brust trug, blieb seine Thätigkeit dennoch rastlos. Eine Frucht
derselben sind seine „Freimüthigen Briefe über das Deporta-
tionswesen," wo er als Mensch eben so liebenswürdig, wie als

Bürger weitherzig und in unerschütterlichem Vertrauen auf die gerechte
Sache erscheint. Die fünf Vierteljahre der Leiden waren eine gesegnete
Läuterungszeit für Lavaters Wesen. Während seine Kraft allmählig
dahinschwand, und er den Tod langsam heranrücken sah, reinigte sich
seine Seele von ihren Schlacken, und immer heiterer, milder, hochsinniger wartete er der letzten Stunde. Das schönste Zeugniß für das
durch Leiden gereifte und geweihte Gemüth geben seine Briefe an Jung
Stilling, welche aus dem Nachlasse dessen veröffentlicht worden sind.
Während Krankheit und Schmerz sonst egoistisch macht und auf sich
selbst beschränkt, verfaßte Lavater während dieser Leidenszeit, nebst
manch Anderm, sein „Gebetbuch für Leidende,“ welches, wenn auch
nicht ein Ausdruck seines eigenen Gemüthslebens, doch für manche
Leidende ein willkommenes Mittel der Erbauung wurde. Zu den
merkwürdigen Beweisen seiner Thätigkeit und seiner Liebe gehören
ferner sowohl die geschriebenen Ansprachen an seine Gemeinde, als auch
die Menge der in Versen bestehenden „Vermächtnisse an seine
Freunde,“ deren eine große Zahl nach seinem Tode ein sprechendes
Andenken erhielt.

12. Lavaters Freunde.

Lavaters letzte Jahre, sein Leiden und sein Tod brachten seine
Feinde und seine Verächter zum Verstummen, und gewannen ihm von
Neuem die Theilnahme und Verehrung der alten Freunde. Denn
Lavater hielt mit Bodmer und Klopstock die Freundschaft in hohen
Ehren und war glücklich in der Vorstellung einer über den Tod hinaus-
gehenden Freundesgemeinschaft. Daher brach er nie ein Freundschaftsband, und indem er selbst öfters den Schmerz erkalteter Freundschaft
erfuhr, tröstete er sich mit der Hoffnung: Sie werden wiederkommen!
Lavater gehörte freilich nicht zu denen, welche sich in einem engern
Freundeskreise erst vertraulich wohl fühlen, sondern es zog ihn zu den
verschiedensten Menschen hin, von denen er sich wohlthätige Anregung
versprach. Aber dieses Streben zog ihn dennoch von den alten Freunden
nicht ab. So blieb er seinen beiden Jugendfreunden Heß stets mit
gleicher Innigkeit zugethan und es war in dieser Freundschaft mehr
Poesie als in seiner Liebe; und gleichermaßen duldete er allerlei Derbheiten und Ungezogenheiten des Londner Malers Heinrich Füßli,
weil dieser geistreich und treu war. Noch unermüdeter war der Arzt

Zimmermann im Mahnen und Schelten, so oft Lavater durch eine auffällige Sonderbarkeit von sich reden gemacht; er machte auch öffentlich seinem Unwillen über den ihm unbegreiflichen frommen Schwärmer Luft, aber in seiner Anhänglichkeit und Aufrichtigkeit wankte er nie. Wenn die Freunde sich Lavatern gegenüber in derbem Humor gehen ließen, so war das nur Schadloshaltung gegen die liebevolle und treubesorgte Seelenhut, welche er gegen seine Freunde beständig und oft nicht ohne Belästigung ausübte und sie zurechtwies. Das ging freilich mit ferne Lebenden eher als in der Nähe. Hier erwies Lavater durch seine imponierende Erscheinung, so wie durch Neigung und theilnehmenden Eifer, auf das Leben Anderer heilsam einzuwirken, eine Macht, daß man sich entweder ferne halten oder durch dieselbe überwältigen und bestimmen lassen mußte. Der Einfluß Bodmers und Breitingers auf die Jugend Zürichs und die Vorliebe, mit welcher daselbst die klassischen Studien betrieben wurden, und dagegen der Rückstand Lavaters in dieser Beziehung hielt die der Wissenschaft sich widmenden Jünglinge von ihm ferne, so daß er sagen mußte: Diese sind Fremdlinge in meinem Hause. Was also in seiner nächsten Umgebung auf Bildung, Gelehrsamkeit und allgemeine Geltung Anspruch machte, suchte seinen nähern Umgang nicht. Es war daher eine Ausnahme, daß Stolz und Häfeli, durch die damaligen Verhältnisse weniger begünstigt, als sie nach Talent und Bildung Anspruch machen durften, sich an Lavater anschlossen und als Prediger und Schriftsteller in seine Fußstapfen traten. Beide dankten dem sie hervorhebenden Freunde vortheilhafte Anstellungen in Deutschland; aber Beide lösten sich von ihm ab, als die dortigen Stimmführer sich von ihm zurückzogen. Dagegen bestand zwischen Lavater und Pfenninger eines jener schönen Bande ungeschwächter, freudiger, aufopferungsfähiger Freundschaft, wo der überragende, vielbewegte, weitwirkende Geist in dem treuen, dankbaren, Alles theilenden und mitlebenden Gemüthe ausruhen, dieses aber an dem geistigen Reichthum sich aufrichten und erweitern, und alle Prüfungen mittragen und mit durchkämpfen konnte. Das bunte Gemisch von Zeugnissen der großen Zahl der von Pfenninger wohlthätig Berührten in der Sammlung Lavaters „Etwas über Pfenninger" giebt einen klaren Beweis, daß Lavater an diesem einen Freund hatte, der durch Wesen und Wirksamkeit seine ganze Liebe verdiente. Pfenninger war auch ein fruchtbarer Schriftsteller, von dessen Erzeugnissen die „Jüdischen Briefe," eine Messiade in Prosa, am meisten Aufmerksam-

keit erregten. Niemand sprach sich unbefangener über Pfenningers
Schriftstellerei aus als Lavater selbst: „Ich kenne wenig Schriften, mit
deren Inhalt ich so sehr, und mit deren Einkleidung ich so wenig zu-
frieden wäre, als die seinigen. Er konnte Alles wirken mit seinem
Verstande, seinem Wahrheitssinn, seiner Billigkeit und Bescheidenheit.
Und nun wirkt er so wenig aus Mangel an Geschmack, schriftstellerischer
Beurtheilung, Leichtigkeit und Klarheit und Einfalt, und verdirbt so
viel, aus Begierde, es recht gut zu machen! Dem Gelehrten und im
Denken geübten ists zuwider, sich durch alle Künsteleyen, weitschweifigen
Wendungen und Wiederholungen durchzuarbeiten, und der Ungelehrte
oder Ungeübte weiß gar nicht, was er daraus machen soll." Wie
scharf zeichnet hier Lavater seinen geistigen Bruder und sein Nachbild,
und ist doch so fern, in vielen dieser Züge sich selbst zu erkennen! —
Wenn Pfenninger, Lavaters enthusiastischer Verehrer, welcher ganz in
seinem Vorbilde aufging, für das allgemeine Urtheil nicht maßgebend
sein kann, so ist dagegen von großem Gewichte, daß J. J. Heß, der
Vorsteher der Zürcherischen Kirche, von Anfang bis ans Ende fest und
unbeirrt zu Lavater stand. Der gelehrte, ruhige, besonnene, aller
Uebertreibung abgeneigte Heß, als theologischer Schriftsteller, nament-
lich durch seine Lebensgeschichte Jesu, allgemein bekannt, wie durch die
Lauterkeit evangelischer Gesinnung und die Einfalt und Demuth seines
Wesens in weiten Kreisen verehrt, wich unter allen Umständen nie von
Lavaters Seite. Heßens Milde und Vorsicht übte oft einen mäßigen-
den Einfluß auf Lavater aus, so wie dieser dagegen Heßen zu einer
Unerschrockenheit ermuthigte, daß Beide, namentlich in der Revolution,
mit ihrem Gesinnungsgenossen Muslin in Bern, der Stellung des
Predigers eine der apostolischen Zeit würdige Hohheit und· Kraft zu
geben wußten. Ueberhaupt ist es unverkennbar, daß Lavater unter
den Predigern seiner Vaterstadt im letzten Viertel des vorigen Jahrhunderts einen lebendigen Wetteifer und vorzügliche Leistungen hervorrief, indem außer den frühern Wiez und Ulrich neben ihm und Heß sich
namentlich Joh. Tobler, Felix Herder und Sal. Klauser
auszeichneten. Mit J. J. Hottinger, dem erklärten Gegner aus
früherer Zeit, welchen Lavater um seiner Gelehrsamkeit und vielseitigen
Bildung willen achtete, konnte er nicht in bleibender Spannung leben;
er war ihm daher liebevoll entgegengekommen und hatte ihn zu einer
beide Männer ehrenden Versöhnung veranlaßt, wenn sie sich auch nach
Wesen und Richtung ferne bleiben mußten. S. Geßner war nach

Art und Beschäftigung zu weit von Lavater entfernt, als daß gemeinsame Liebe zur Kunst sie gegenseitig näher gebracht hätte; und H. Pestalozzi's nachlässige und ungesellige Weise stieß den reinlichen, feinsinnigen Weltmann zu sehr ab, als daß Lavaters Eifer für Volksleben und Volkserziehung eine Annäherung vermittelt hätte. Der Zudrang der fremden hohen und vornehmen Welt trug mit dazu bei, das Haus Lavaters, so sehr es sich für jedes Anliegen gerne öffnete, an Umgänglichkeit und geselliger Unterhaltungsgabe über die damals gewöhnliche Sphäre zu erheben, und somit demselben unabsichtlich den Schein einer Höherstellung zu geben. Allein gerade Lavaters Haus, desselben anmuthiger, freier, heiterer Ton, seine Einfachheit und patriarchalische Würde trug wesentlich dazu bei, daß man in ihm nicht nur den Schriftsteller voll apostolischen Geistes, sondern auch den Charakter des würdevollen Hausvaters ehrte. Daher Fr. Stolberg davon erzählt: „Mir ward wohl, wenn ich die Schwelle dieses geliebten Hauses betrat. Inniger Friede, stiller seliger Genuß erfüllte oft meine Seele, wenn er mit herzlicher Liebe uns in seine Arme schloß." Die Kunde von Lavaters Person und Umgebung war es auch, was Herdern den Schriftsteller in ihm so sehr empfahl. Als aber ihm, der alle Erkenntniß umfaßte und in seinem Wissensdrang immer rationaler wurde, Lavater innerlich stehen zu bleiben schien und äußerlich immer vielthätiger sich ausbreitete, da verbitterte sich bei Herder die frühere Stimmung, und als er selbst ein Anderer geworden war, so gingen die Wege der beiden edeln Männer bleibend aus einander. — Klopstock hatte als Greis fast mit den gleichen Ausdrücken auf eben so schnöde Weise mit Lavater gebrochen, wie einst als Jüngling mit Bodmer; und doch hatte er in Deutschland keinen dankbarern und treuern Verehrer als Lavater.

Zu den merkwürdigsten Beziehungen bedeutender Geister des vorigen Jahrhunderts gehört das Verhältniß Lavaters zu Goethe. Dasselbe begann, als Herder Lavatern seine ganze Seele entgegentrug, und einen überwiegenden Einfluß auf Göthen ausübte. Sie waren schon in vertraulichem Briefwechsel, als Lavater im Jahre 1774 im ungetrübtesten Glanze seines Namens und seiner Person sich in Deutschland zeigte und nach Frankfurt kam*). Beide waren nicht durch Ge-

---

*) Wie tief Goethe's Mutter von Lavater ergriffen war, beweisen die „Zwölf Briefe von Goethe's Eltern an Lavater", herausgegeben v. S. H. 1860, worin dieselbe

lehrsamkeit und Nachahmung der Alten, sondern durch den Drang des
eigenen Genius zu bedeutenden Schöpfungen angetrieben worden;
Beide lauschten mit geheimnißvoller Lust auf das Walten der Natur;
Beide waren kühne Beobachter und Menschenkenner; Beide wußten
mit dem Dichter den Weltmann zu verbinden; Beide waren offenen
Wesens, von aufrichtiger Empfindung, von reinem, liebevollem Selbstgefühl, von der wohlwollenden Fügsamkeit, die jede fremde Natur ehrt.
So mußte Lavaters anmuthige Erscheinung, in welcher sich bezaubernde
Freundlichkeit mit Vertrauen erweckender Würde verband, und bei seiner
Kunst, Jedem schnell und traulich beizukommen, Goethen überraschen
und gewinnen, welcher zu jener Zeit zu religiösen Menschen sich hingezogen fühlte, um sich in Andern an einer Wärme zu erlaben, welche ihm
selber fehlte. Seit der Bekanntschaft mit Herder, war Lavater die vorzüglichste Persönlichkeit, welcher Goethe nahe kam; allein wie Jener
seine Ueberlegenheit scharf und demüthigend geltend machte, so wußte
dagegen der nicht weniger ausgeprägte und charaktervolle Lavater ihm
wohl zu machen, so daß er sich ihm ganz aufschließen konnte, wie keinem Andern. Lavaters treue, rein menschliche, feine, Alles verstehende
und von der guten Seite nehmende Weise that dem liebebedürftigen
Herzen Goethe's wohl; und die innige christliche Sorge, die Herzens-
güte Lavaters, welche nie müde wurde, den titanischen Geist zu mahnen
und zu zügeln, fand bei Goethe eine dankbare Liebe, so daß er im weitern Verlaufe ihrer Verbindung den Freund immer wieder aufforderte,
„fortzufahren, ihm mit seinem Geiste und seiner Art nützlich zu sein,
und ihm, wenn er etwas über, von oder wider ihn wisse, es nicht zu
verhelen, sondern wie bisher und wo möglich noch mehr, eine gute
Wirkung unter ihnen zu erhalten*)." Goethe's lebhafte Theilnahme
und eifrige Mitarbeit an der Physiognomik war wohl auch ein anziehendes Band zwischen ihnen, und Lavater war reich an Mitteln, seine
Freunde für seine Bestrebungen zu fesseln. Allein Goethe wußte vor
Allem, daß er, wenn nicht als Schriftsteller, doch als Mensch, als von
Gott begabter Genius, bei Lavater eine Anhänglichkeit fand und eine
Beflissenheit, zur wohlthätigen Kundgebung seiner reichen Kraft beizu-

---

unter Anderm sagt: „Das betheure ich, daß von allen, die ich kenne, keiner so in meinem Herzen angeschrieben steht wie Ihr."

*) Gewiß hat sich Lavater in seiner Einwirkung auf Goethen von seiner feinen und
vielseitigen Seite gezeigt. Wie kann denn Osterzee sich über die Art der „Bekehrungs-
versuche" Lavaters aufhalten, da er die Unmöglichkeit der Bekehrung selbst nachweist?

tragen, wie bei keinem Andern. Daher faßt auch Goethe seine dankbare
Verehrung für diese um ihn besorgte Liebe im Ausrufe zusammen: Du
Menschlichster! Aus Goethe's Antworten sehen wir, wie Lavater in seinen Briefen nach seiner Weise stets bemüht ist, auf den Freund einzuwirken und ihn für seine christliche Lebensanschauung zu gewinnen. So oft
auch Goethe derb und muthwillig dazwischen fährt, so sehr er über Lavaters Art und Schriften und ihr gegenseitiges Verhältniß sich in humoristi-
scher Offenheit und geistreicher Schärfe ausspricht; so liegt ihm doch vor
Allem daran, den Freund immer wieder zu begütigen und Anknüpfungspunkte zu finden; namentlich giebt er sich Mühe, Lavaters Erzeugnissen
auch für sich eine entsprechende Seite abzugewinnen, oder wo er es nicht
kann, Angesichts der Verschiedenheit ihrer Gesinnung über die weite
Kluft in heiterm Spiel und Scherz eine vereinigende Brücke zu schlagen.
Wie viel Lavater für Goethe war, geht daraus hervor, daß dieser sich
in seinen Briefen an Jenen mit einer ungewohnten Offenheit und Gemüthlichkeit hingiebt und in die innersten Falten seines Herzens schauen
läßt, wie in keinem andern Freundschaftsverhältnisse. Allein schon als
Goethe nach der Rückkehr von Genf den Freund in Zürich besuchte, war
die frühere Freude etwas gedämpft; doch kehrte Goethe auch nachher
immer wieder zum Ausdrucke alter Liebe zurück und rang nach dem ehmaligen Glück gegenseitiger Gemeinschaft. Man fühlt es ihm an,
wenn er von Lavater läßt und ihn preisgiebt, giebt er den bessern Theil
seines eigenen Wesens auf. Allein der Riß, der sich in Briefen ver-
kleistern ließ, trat bei neuem Zusammentreffen unheilbar hervor, noch
ehe Goethe durch seinen Aufenthalt in Italien ein Anderer geworden.
Als Lavater im Sommer 1786 Goethen in Weimar besuchte und in
dessen Hause wohnte, da mußte schon der vergleichende Gegensatz zwischen der Häuslichkeit Beider für letztern unerfreulich sein; allein er that
sich auch keine Gewalt mehr an, den alten Ton zu finden. Lavater in
seiner Milde, die nie einen Freund aufgab, bemerkte in einem Briefe an
Spalding: „Goethe ist älter, kälter, weiser, fester, verschlossener, praktischer geworden." Goethe dagegen schreibt über Lavater an Frau von
Stein: „Er hat bei mir gewohnt. Kein herzlich, vertraulich Wort ist
unter uns gewechselt worden und ich bin Haß und Liebe auf ewig los.
Er hat sich in den wenigen Stunden mit seinen Vollkommenheiten und
Eigenheiten so vor mir gezeigt, und meine Seele war wie ein Glas rein
Wasser. Ich habe auch unter seine Existenz einen großen Strich ge-
macht, und weiß nun, was mir per saldo von ihm übrig bleibt."

Von dieser Zeit an hegte Goethe gegen den, welchen er einst „den liebsten der Menschen" genannt, eine bittere und feindselige Stimmung. Wohl hat Goethe Lavaters Liebe zum Volke, zu der von jenem verachteten Menge, die Liebe um Christi willen, nie verstanden, sonst hätte er nicht gleich nach der ersten Bekanntschaft zum Plane eines Trauerspieles Muhamed veranlaßt werden können, um ihm gleichsam zur Warnung zu zeigen, wie, das Hohe unter die Menge bringen zu wollen, das Göttliche irdisch mache und zu Mißbrauch und Täuschung führe. Im heitern, genialen Zusammensein konnte sich übrigens Goethe nie rühmen, auch enthalten seine Briefe davon keine Spur, daß Lavater mit Goethe je in dem „Evangelium der fünf Sinne" sich begegnet hätte. Wenn also Goethe in den Xenien Lavatern höhnt, so ist darin mehr Ausdruck eigener Schalkheit, als eine charakteristische Bezeichnung zu suchen*). Doch wenn auch feindselige Erbitterung aus Goethe sprach, so war er wieder ein zu feiner und ruhiger Beobachter, als daß sein Urtheil jeder Wahrheit entbehrt hätte. Denn jene „Etourderie, welche Lavatern zu abenteuerlichen Menschen hinzog, der Leichtsinn, der sich durch alle Erfahrungen vom Hang nach mysteriösen Erscheinungen nicht zurückbringen ließ, die „List", die sich im Auge verhüllte, und die im raschen Uebergang vom salbungsvollen Erguß zu fröhlicher Laune mit dem gläubigen Vertrauen der Menge zu spielen schien, — brachten es mit sich, daß aus diesem „geistreichen Gewirre von Himmlischem und Irdischem", wie ein witziger Schriftsteller sich ausdrückt, bisweilen auch der Schalk hervorschaute. Das Beste, was seine Spötter gegen ihn vorbrachten, feiner als Knigge's „Reise nach Fritzlar", welche seinen Reise- und Tagebuchstyl persiflirte, ist das Gedicht, welches seinen Aufenthalt in Bremen (1786) von einer Seite auffaßt, die mit Goethe's Xenien zusammentrifft**). Allein als Goethe in seinen alten

---

*) Der Prophet.
Schade, daß die Natur nur Einen Menschen aus Dir schuf!
Denn zum würdigen Mann war und zum Schelmen der Stoff.
Das Amalgama.
Alles mischt die Natur so einzig und innig; doch hat sie
Edel- und Schalksinn hier, ach! nur zu innig gemischt.
**) Wie schön leucht't uns von Zürich her
Der Wunderthäter Lavater
Mit seines Geistes Gaben.
Sein neues Evangelium
Hat uns bezaubert um und um,

Tagen jene schönen Jugenderinnerungen des Freundschaftsbundes mit
Lavater in sich auffrischte, da kehrte ihm dessen Bild rein und ungetrübt
vor die Seele zurück, und er hat ihm in seinem Leben ein Denkmal gestiftet, welches beweist, daß kein anderer Mensch auf eine Zeit seine

Thät blöde Seelen laben.
Wunder, Plunder,
Magnetismus, Prophetismus,
Zauberkuren, Zeigen seiner Finger Spuren.

Was war das für ein Freudenschrein,
Als er zu uns tritt mitten ein,
Die Jüngerschaft zu grüßen.
Im wonnetrunkenen Genuß
Kam Herz und Seele zum Erguß
In eins mit ihm zu fließen.
Kinder, Sünder,
Matadoren, Weise, Thoren,
Große, Kleine Taumelten als wie vom Weine.

Da ward mit sonderlicher Pracht
Dem theuren Gast aus aller Macht
Von männiglich hofieret.
Das Institut, das große Faß
Man ihm zu zeigen nicht vergaß,
Und was nur Bremen zieret.
Damen kamen Wo er weilte, Wo er eilte,
Ihm entgegen, Bettelten um Kuß und Segen.

Mit Segen und mit neuer Lehr
Die Kirchen, Häuser, Gassen er
Thät mildreich überströmen.
Als obs Pabst Pius wär in Wien,
Also agiren sah man ihn
In unserm lieben Bremen.
Leise, Weise, Im Gedränge, Vor der Menge
Hinzuschreiten, Thät man ihm zur Demut deuten.

Ach! aber er nicht bleiben wollt;
Es half kein Weihrauch oder Gold,
Kein Bitten, kein Bemühen.
Das Heimweh ganz sein Herz besaß,
Auch muß in Deutschland er fürbaß
Das Land umher durchziehen.
Klüglich, Füglich, Hochzuschweben, Sich zu geben,
Anzuschauen Große Herrn und große Frauen.

Seele so rein und tief erfüllte, und welches das unverdächtigste Zeugniß von Lavaters edler und unvergeßlicher Persönlichkeit ist.

13. Lavaters Charakter.

Wenn wir zum Schlusse aus all dem Vorhergehenden ein Ge= sammtbild Lavaters zusammenfassen sollen, so ist klar, daß seine Schrif= ten von seinem Wesen und seiner Wirksamkeit einen unvollständigern und mangelhaftern Begriff geben, als dieß bei irgend einem andern berühm= ten Schriftsteller seiner Zeit der Fall ist. Es wäre aber sehr irrig und ungerecht, den Schluß machen zu wollen, daß, weil Lavaters Schriften nach ihrem Gesammteindruck und nach ihrem Werthe für die Gegen= wart, namentlich von Seite der Form, unbefriedigend sind, der Mann überhaupt von seiner Zeit überschätzt worden sei. Es gehörte allerdings zu der Vielseitigkeit von Lavaters Lebensaufgaben, daß er auch über seinen persönlichen Bereich hinaus schriftstellerisch wirken wollte; allein sein wahres Geschick und sein Beruf bestand in der un= mittelbaren und persönlichen Wirksamkeit. Das Edle, Würdige, An= muthige, Wohlmachende seiner Persönlichkeit, die Gewandtheit und Kunst, Jeden von seiner Seite zu fassen und sein Herz zu gewinnen und vor Allem die Macht unermüdlicher christlicher Liebe und das damit verbundene Geschick sich selbst ganz zu geben, verschafften in seiner Person dem lebendigen Worte eine Gewalt und eine Wirkung, wie bei keinem Andern seiner Zeitgenossen. Diese Ueberlegenheit der unmittel= baren Einwirkung veranlaßte daher Lavatern in seinen spätern Jahren, nach der Erfahrung, daß sein geschriebenes Wort so oft verkannt und mißdeutet wurde, dieses nur „für Freunde" zu bestimmen, d. h. für solche, welche schon persönlich für ihn gewonnen waren. Es war nämlich in Lavater die seltene Gabe vereint, daß er neben dem ausge= zeichneten Redner ein noch bezaubernderer gesellschaftlicher Unterhalter war. Man konnte ihn bei dem Geschäftsüberdrang und seiner bestän= digen Bereitwilligkeit zum öffentlichen Worte bisweilen sehr mittel= mäßig predigen hören; aber weil er nie von Launen beherrscht war, sich den Menschen gegenüber stets in seiner Gewalt hatte, an humaner Aufmerksamkeit nie ermüdete und in zwangloser Unterhaltung immer lieblicher und genialer aufleuchtete: so war Jeder, der seines vertrau= lichen Gespräches theilhaftig geworden, gewonnen, entzückt, erbaut. Namentlich hatte vielleicht kein Deutscher in höherm Grade die Gabe

beſeſſen, das Vertrauen und die Verehrung der Frauen zu gewinnen.
Es war in dem wohlgebildeten Manne „mit Mondſtral im Geſichte,"
wie Claudius ſich ausdrückt, ein ſüßer Zauber, der die Frauen zu ihm
hinzog; ſo wie hinwieder ſeine leicht und tief erregbare ſinnlich = geiſtige
Liebeſähigkeit und Mittheilſamkeit ihm Frauenumgang angenehm und
werthvoll machte. Hegner bemerkt: „Er fühlte ſeine Vorzüge nie beſſer,
als im Umgang mit gebildeten Frauen, die ihn verſtanden." Er war
durchaus frei von ſchöngeiſtiſcher Sentimentalität und ſüßlicher Roman=
tik; vielmehr zeigte ſein Benehmen gegen die Frauen eine einfache im
bibliſchen Sinne patriarchaliſche Männlichkeit, gepaart mit aller Würde
des Anſtandes und der feinen Sitte. Mit dem Wohlwollen des Freun=
des verband er immer die ernſte Freimüthigkeit des Geiſtlichen, und ſein
Benehmen war ſo ſicher, offen und frei, daß alle die Frauenhuldigung,
welche ihm von allen Seiten in Heimat und Fremde, von Bürgers=
frauen und Fürſtinnen entgegenkam, ſeinen Feinden und Spöttern
keinen Halt zu übler Nachrede gab. Dagegen war das Verdienſt ſtiller,
leitender und anregender Wirkſamkeit in ſolchem Kreiſe ſehr bedeutend,
und eine Sammlung ſeiner Briefe an die vor ihm ſich erſchließenden
Herzen würde ein ſeltenes Buch der Weisheit für Frauen und Mütter
darbieten können. Die ganze Kraft und Fülle ſeiner Liebe aber offen=
barte ſich am ſchönſten in ſeinem eigenen Hauſe. Liebe, Heiterkeit und
Würde machten ihn zum beſten Hausvater. Daher ſchrieb Stolberg an
Claudius: „Wenn meine Phantaſie ermüdet iſt, und ausruhen will,
ſo führe ich ſie in das Haus meines Lavater; es wird mir wohl, wie
es mir jedesmal innig wohl ward, wenn ich die Schwelle dieſes ge=
liebten Hauſes betrat. Inniger Friede, ſtiller, ſeliger Genuß erfüllte
oft meine Seele, noch eh ich ihn ſah, wenn mir ſeine lieben Kinder froh
und koſend entgegenliefen, oder wenn ich durch die halbgeöffnete Thür des
Nebenzimmers ſeine treue, ſanfte, liebenswürdige Gattin erblickte. Und
wenn ich ihn ſelber ſah! Wenn er mit herzlicher Liebe uns alle drei um=
ſchloß! O, mein Claudius, Sie müſſen ihn ſelbſt ſehen! Wie gewinnt
dieß Herz, näher gekannt zu ſein, dieß Herz, welches ſo viel umfaßt, als
ſein Genie!" Dieſen Eindruck nahmen hundert Andere aus Lavaters
Hauſe. Hegner als Hausfreund bezeugt: „Wer in ſeiner häuslichen
Nähe gelebt hat, konnte aus täglicher Erfahrung wiſſen, welch ein fro=
her, liebender, zärtlicher, unerſchöpflich ſcherz= und geiſtreicher Hausvater
und Gaſtfreund er war, und darin immer gleich in trüben wie in heitern
Tagen." Er war immer derſelbe, als Jüngling gegenüber der Braut,

in den Eröffnungen seines Tagebuches, in seinen Gedichten, Briefen, Sinnsprüchen, und als er im Kreise der Seinigen dem Tode entgegenschaute. Es läßt sich kaum ein anderer bedeutender Mann seiner Zeit nennen, welcher bei seiner umfassenden Thätigkeit noch das Herz hatte, das Glück liebevoller Häuslichkeit in That und Wort so reich und erhebend zu bewähren und zu genießen. Selbst Goethe bekennt, als er zum ersten Male in Lavaters Haus war: „Wir sind in und mit Lavatern glücklich; es ist uns Allen eine Cur, um einen Menschen zu sein, der in der Häuslichkeit der Liebe lebt und strebt."

So ausgezeichnet aber Lavaters anregende und belehrende, erbauende und tröstende Thätigkeit war, so fehlte ihm dagegen jene durchgreifende reformatorische Kraft, um eine tiefwirkende und nachhaltige Erweckung und Sinnesänderung unter den von ihm zu religiösem Leben Angefachten hervorzubringen. Denn außer seinen unmittelbaren Erbauungsschriften waren seine sonstigen religiösen Werke durchweg für denkende Leser geschrieben, denen er Empfänglichkeit und Interesse für philosophische Untersuchung zumuthete, und mit seiner allereigensten Gedankenform nicht verschonte. Eben so ist es auffallend, wie fest Lavater auf die Kraft des Gebetes und die Nothwendigkeit seiner Erhörung baute, und wie schwach die unmittelbaren Wirkungen des Gebets waren, welche durch ihn zu Stande gebracht werden konnten; während in unserer Zeit schlichtere und weniger begabte Männer die Wahrheit seines Glaubens entschieden durch die That bewährten. Allein es war ein zu andringendes Hervorstellen seiner Persönlichkeit, ein zu ungeduldiges, den Himmel bestürmendes Verlangen nach besonderer Auszeichnung, ein zu unruhiges und heftiges Wirken seines persönlichen Willens, als daß sein Streben zur völligen Einheit mit dem ewigen Willen gelangt wäre; auch übten seine zarte, reizbare Leiblichkeit, und seine feurige, bisweilen überströmende Einbildungskraft eine doch mitunter störende und trübende Gewalt über ihn aus, so daß er jenen Grad der Heiligung und Gottgelassenheit nicht erreichte, um apostolischer Kräfte theilhaftig zu werden. Es war aber auch das schon eine bedeutende Auszeichnung in einer so sehr auf das Aeußerliche und Begreifliche gewendeten Zeit, daß er fest am Glauben an die für das Erdenleben erreichbaren höhern Kräfte des göttlichen Geistes hielt; und selbst daß die Unklarheit seiner Erkenntniß und das Unzureichende seiner Erfahrung ihn nicht ermatten ließ, mit einer Treue, welche ihm als Eigensinn zum Vorwurf gemacht wird, bei der Ahnung einer ewigen

Wahrheit zu beharren, kann im Urtheile der neuern Zeit Lavatern nur günstig sein. Die Feder in der Hand stand er mit unzureichenden Mitteln einer auf ganz anderer Fährte begriffenen Zeit gegenüber; während hingegen seine vielseitige, edle, versöhnende, weitherzige Persönlichkeit vielfache Siege feierte. Die Gediegenheit seines Wesens und die Tüchtigkeit seiner Gesinnung ergiebt sich am kräftigsten aus der Stellung, welche er der weichlichen, sittlich zerflossenen Richtung seiner Zeit gegenüber einnahm: „Unser tagdiebähnliche Schön‑Geist muß zu Taglöhnerarbeit unerbittlich und unablässig angehalten werden. Eine gewisse kaltruhige, derbfeste Strenge gegen ihn ist das einzige mögliche Heilmittel." — Eine schöne Seite in Lavaters Charakter bildet seine völlige Offenheit. Es ist kaum ein Schriftsteller des vorigen Jahrhunderts, welchen man seiner Gesinnung und seinem Charakter nach aus seinen Werken so ganz kennt, der mittelbar und unmittelbar ein so treues Bild von sich selbst giebt. Wenn man sich nicht für das einzelne Werk an sich interessiren kann, so ist dasselbe doch ein Beitrag zur Zeichnung einer Persönlichkeit, welche um so mehr anzieht, je mehr man von ihr weiß. Indem man Lavatern in seinen Schriften verfolgt, fühlt man gerade bei ihm, der im Aeußern des Menschen wie in einem offenen Briefe sein Inneres zu lesen wußte, das Bedürfniß des Schauens: ihn selbst hätte man sehen sollen, um die Gewalt zu begreifen, welche seine Person in weiten Kreisen ausübte. Sein Ruhm so wie die mit seinen physiognomischen Studien verbundene persönliche Liebhaberei brachten es mit sich, daß Lavater sehr oft gemalt oder gezeichnet wurde. Man muß sich nicht wundern, wenn eine so feingebildete und mannigfaltig belebte Persönlichkeit nicht leicht so getroffen wurde, daß man eine deutliche Anschauung seines Wesens erhält. Selten ist der geistliche Charakter und der Weltmann gehörig zu einem harmonischen Ganzen verbunden. Während gewöhnlich die feierliche Würde voransteht, giebt hingegen ein Bild von Diogg mehr jene belebte, heitere, weltmännische, scharf nach Außen gerichtete Gestalt, mit jenem wunderbaren Auge, welches klar durchdringend die Außenwelt gleichsam in sich hineinsaugt. Dieses Bild ist es, dessen Auge Lavater in Scherz und doch wieder mit einer kühnen und liebenswürdigen Offenheit also zeichnet:

> „Du wirst in meinem Aug' ein amoroses Schmachten,
> Licht, Nacht, Etourderie und List, mit Lust betrachten."

Was man Volksmann nennt, war Lavater in höherm Grade als irgend einer seiner Zeitgenossen: denn mit Menschen der verschiedensten Art

stand er in der genausten Verbindung, und wußte den Bauer und den
Handwerker so vertraulich an sich zu ziehen, wie das Herz der Großen
zu gewinnen. Zu seiner Zeit diente es ihm zur Empfehlung, ein
Schweizer zu sein, und seine offene Schweizerart und sein Schweizer-
dialekt trugen mit dazu bei, die öffentliche Aufmerksamkeit auf ihn zu
lenken. So einfach Lavater mit den Seinigen in seinem Hause lebte,
so brachten seine Verbindungen und Besuche und sein physiognomisches
Kabinet einen Aufwand mit sich, der fast über seine Kräfte ging. Allein
jede Lockung von Ehre und Gewinn konnte ihn von seinem geliebten
Zürich keinen Augenblick abwendig machen. So sauer ihm ein Theil
seiner Mitbürger zuweilen seine Stellung machten, so war doch Herz
und Wirksamkeit, Auge und Lebensgewohnheit so innig mit Zürich
verbunden, daß er nach jeder Reise mit einem gewissen Heimweh dahin
zurückkehrte. Die letzten zehn Jahre fesselte ihn auch die treue Liebe
zu seiner Vaterstadt immer ernster und ungetheilter an seine nächste
Umgebung, und für sein Zürich zu arbeiten und zu wirken überwog ihm
jede andere Auszeichnung. Lavater war es vorzüglich, welcher zu einer
Zeit, da die Berge noch weniger Anziehungskraft ausübten, Zürich zu
einem Mittelpunkte geistiger Besucher machte. Daher sagt Garve von
Lavater: „Ich habe niemand von Zürich wieder kommen sehen, der
nicht von Lavater eingenommen gewesen wäre. Ein solcher allgemeiner
und gleichförmiger Eindruck kann nicht ohne Wahrheit sein." Wenn
bei Lavater dem Schriftsteller ein Stillstand geistiger Entwicklung eingetreten war, nachdem er die Mitte des Lebens kaum erreicht hatte, so
wurde doch sein Charakter immer weiter, großartiger, geläuterter; die
Seltsamkeit einzelner Vorstellungen milderte sich und es trat in überraschender Uebereinstimmung der schönste Verstand, die reichste Erfahrung
und die humanste Bildung hervor: darum ist Lavater als Charakter
einer der eigenthümlichsten Menschen und als lebendiger Ausdruck
christlicher Wahrheit und Gesinnung der bedeutendste Mann seines
Jahrhunderts.

Was Lavater für unsere Zeit ist, spricht Nitzsch folgender Maßen
aus*): „Unter denen, welche von Schluß des achtzehnten Jahrhunderts
das der Kirche durch eingebildete Rechtgläubigkeit oder eingebildete Aufklärung verrückte Ziel zurecht rücken halfen, steht Lavater keinem nach,

---

*) Ueber Lavater und über Gellert. Zwei Vorträge von K. J. Nitzsch.
Berl. 1857.

sondern insoweit allen voran, als er dafür die volle Einheit von Lehre und Leben in Anspruch nahm und seine ganze Persönlichkeit mit einsetzte. — — Lavater muß viele Male wie ein verborgener Säemann auf dem Felde der restaurativen Theologie des neunzehnten Jahrhunderts erscheinen. Jeder aufmerksame Leser Lavaters wird sich überzeugen können, daß bei ihm schon alle Elemente der heutigen christologischen Bestrebungen, die dahin gehen, das menschliche Bewußtsein des Gottmenschen denk- und vorstellbar zu machen und eben von dieser Basis aus überhaupt die Person des Erlösers und sein historisches Leben verständlicher, reichlich vorkommen."

XI. Pestalozzi.

1. Pestalozzi's erste Richtung.

Es ist ein bemerkenswerther Umstand, daß Zürich zu gleicher Zeit zwei Männer wie Lavater und Pestalozzi hervorgebracht hat. Zwar giebt es nicht leicht zwei Charaktere, welche nach Anlagen, Lebensgewohnheiten und gesellschaftlichen Verbindungen verschiedener gewesen wären. In Lavater eine seltene Harmonie von leiblicher und geistiger Schönheit, ein edles Gleichgewicht, ein wohlthuender Ordnungssinn nach Innen und Außen, eine den Feind versöhnende, den Freund bezaubernde Anmuth des Umgangs; in Pestalozzi dagegen eine durch körperliche Vernachläßigung sonderbar auffallende Häßlichkeit, ein stürmischer Wechsel von Gemüthsbewegungen und Stimmungen, ein sorglos träumerisches Vergessen aller Weltformen. Allein beide Männer zeichneten sich vor allen ihren Zeitgenossen durch eine unauslöschliche Menschenliebe und durch die aufopferndste Hingebung für die Armen aus. Diese Uebereinstimmung zweier in Gesinnung und Lebensaufgabe so verschiedener Männer war indessen keine Zufälligkeit, sondern eine Folge der zu jener Zeit in Zürich sich kundgebenden Geistesrichtung. Bodmer und seine Freunde bildeten durch Lehre und eigenen Vorgang ihre jungen Mitbürger zu einem theoretischen und praktischen Philanthropismus, und nahmen sich mit besonderer Vorliebe des Volkes und seiner Erhebung an. Es ist daher ein sprechendes Zeugniß für den Geist Zürichs in jener Zeit, daß aus ihm die beiden größten und wirksamsten Freunde des Volkes im achtzehnten Jahrhundert hervorgingen. Im Gemüthe Pestalozzi's hatte seine Menschenliebe einen andern Ursprung und eine andere Richtung als bei Lavater. Während sie bei diesem aus dem heitern Borne einer lebendigen, freudigen, von Jesu Christo erfüllten und gehobenen Seele hervorging, hatte dieselbe bei Pestalozzi

von früher Jugend an unter mancherlei Dornen und Lasten sich hin=
durchzuarbeiten. Auch darin stehen sich die beiden Männer besonders
nahe, daß die Bildungsmittel und der bildende Einfluß ihrer Zeit,
namentlich Bücher, wenig auf sie wirkten, so daß beide unter den so=
genannten Originalgenies jener Periode eine vollberechtigte Stellung
einnehmen. Bei so selbständigen Charakteren aber sind die Einwir=
kungen, welche in ihrer Umgebung lagen und die unbewußt und
unwillkürlich sie erfaßten, um so bedeutender und tiefer. Namentlich
bei einem Manne von so reizbarer und heftiger Natur und von so
tiefem Gemüthe wie Pestalozzi war, mußten die ersten Jugendeindrücke
und Erlebnisse sich tief eingraben und bestimmend in sein Wesen über=
gehen. Um seine eigenthümliche Richtung kennen zu lernen, verdient
daher Pestalozzi's Jugendleben eine besondere Beachtung.

Johann Heinrich Pestalozzi, geboren zu Zürich den
12. Jänner 1746, gehörte einer angesehenen Familie an, deren
Glieder sich in der Kaufmannschaft und im Staate rühmlich bethätigten.
Dieses Verhältniß, welches ihm Gelegenheit gab, die patricischen Zu=
stände Zürichs und deren wohlthätigen Einfluß kennen zu lernen, trug
dazu bei, in dem liebevoll den Geringen zugewendeten Volks = und
Armenfreund dennoch die Ansicht zu befestigen, daß die Beförderung
der Volkswohlfahrt nicht von der Masse des Volkes selbst, sondern von
der Einsicht und dem Edelsinn einzelner Höhergestellter zu erwarten sei.
Den Vater, der Arzt war, verlor er früh. Er meinte aber in seinem
Charakter und in seinen Eigenschaften eine auffallende Aehnlichkeit mit
seinem gelehrten Ahnherrn väterlicher Seite, dem Chorherrn Baptist Ott,
zu haben, indem er von diesem seine arglose Gutmüthigkeit und seine
leichtsinnige Unbedachtsamkeit geerbt haben möchte, wobei er namentlich,
wie dieser, in zu großer Meinung von sich selbst stets mehr unter=
nommen, als er zu Ende bringen konnte. Seine Mutter war eine
Tochter des Pfarrers Hotz von Höngg und die Nichte des berühmten
Arztes dieses Namens in Richtenschweil. Als Witwe lebte sie mit
ihren drei Kindern in beschränkter Zurückgezogenheit; mehr auf die
Verwandtschaft ihrer Seite hingewiesen. So kam der junge Pestalozzi
häufig zu seinen Verwandten an den Zürichsee, und theilte in dieser
Umgebung das bittere Gefühl der durch die Hauptstadt in ihren Rechten
und Gewerben beschränkten Seebevölkerung *). Denn der Arzt Hotz

---

*) „Mit Bitterkeit hörte ich ihn öfter über die „gnädigen Herren in Zürich", wie
er sich ausdrückte, sprechen. Als ich einmal in einem Gespräch den Ausdruck „freie

war ein auch im Auslande rühmlich bekannter, durch Beruf und Charakter ausgezeichneter Mann; gleichwohl ward ihm in Zürich die verdiente Anerkennung nicht zu Theil. Und nur im Auslande konnte dessen Bruder, der österreichische General, seine Laufbahn machen. Durch die Hotz'schen Familienverbindungen stand Pestalozzi auch mit Frankfurt in Berührung. Durch seine mütterliche Familie gehörte also Pestalozzi einerseits der politischen Demokratie, andererseits aber der Aristokratie des Genies an, welche beide Einflüsse sich bei ihm durchweg in aller Bestimmtheit geltend machten. Namentlich aber wurde er von frühe an durch seinen Großvater mit dem Landvolke bekannt, indem derselbe sich mit Liebe der Schule annahm und der Privatseelsorge besondere Aufmerksamkeit widmete, welche unter dem Einflusse der rationalistischen und ästhetischen Richtung jener Zeit von den Geistlichen vernachlässigt wurde. Allein der baldige Tod dieses Großvaters beraubte ihn der Aussicht auf eine kräftige Erziehung. Denn die Mutter konnte ihm diese nicht geben, da der sterbende Vater, wie wir wissen, in dieser Beziehung von der treuen Magd des Hauses mehr erwartet zu haben scheint und sie daher zum Bleiben im Hause verpflichtete. Pestalozzi war daher zur Zeit seiner Jünglingsjahre sich selbst in träumerischer Abgeschlossenheit überlassen, so daß ihm die Bildung zur männlichen Kraft völlig mangelte. Denn so ausgezeichnet Bodmers und Breitingers Unterricht für wissenschaftliche Anregung war, so wenig wußten dieselben die Ausübung fürs praktische Leben zu fördern. Mit klarem Blicke sieht Pestalozzi im Alter auf die Mängel seiner Jugendbildung zurück, indem er sagt: „Unabhängigkeit, Selbständigkeit, Wohlthätigkeit, Aufopferungskraft und Vaterlandsliebe war das Losungswort unserer öffentlichen Bildung. Aber es fehlte das Mittel zu diesen Eigenschaften zu gelangen, die solide Ausbildung der praktischen Kräfte. Es wurde lebendig und reizvoll darauf hingelenkt, die äußern Mittel des Reichthums und der Ehre geringzuschätzen; durch Sparsamkeit und Ein-

---

Schweizer-Bauern" gebrauchte, bemerkte er mit Heftigkeit: „Sprich nicht von freien Schweizer-Bauern: sie sind mehr Leibeigene als in Livland!" Von seiner Animosität gegen alle Gewalthaber zeugt auch das Wort, das er einst in meiner Gegenwart dem Prof. Benzenberg sagte, als ein Knabe die selbständige Lösung einer von B. ihm gegebenen Aufgabe gegen dessen Einwendungen keck vertheidigte, — das Wort: „Seht ihr, sehet ihr! das will ich, d e r wird sich sein Recht nicht nehmen lassen!"

Anmerkung W. Hennings, eines der preußischen Zöglinge Pestalozzi's, gewesenen Seminar-Direktors in Köslin.

ſchränkung ſollte man häusliches Glück und bürgerliche Selbſtändigkeit gewinnen, ohne die Kraft des Erwerbs zu beſitzen. Die Erſcheinung Rouſſeau's war ein vorzügliches Belebungsmittel der Verirrungen, zu denen der edle Aufflug treuer, vaterländiſcher Geſinnungen unſere vorzüg- liche Jugend in dieſem Zeitpunkte hinführte, der dann durch den bald darauffolgenden großen, leidenſchaftlichen Weltgang in ſteigende Einſei- tigkeit und Verwirrung überging, und durch die Miterſcheinung von Vol- taire und ſeiner verführeriſchen Untreue am reinen Heiligthum des religi- öſen Sinnes mitwirkte, eine neue Geiſtesrichtung zu erzeugen, die weder das alte Gute, was als Segen der Vorzeit den ſchweizeriſchen Städten geblieben, zu erhalten, noch irgend etwas ſolid Beſſeres zu erſchaffen geeignet war. Auch bei mir, geſteht Peſtalozzi, war die Erſcheinung Rouſſeau's der Anfangspunkt der Belebung der böſen Folgen, welche ungünſtig auf die Erneuerung der altſchweizeriſchen Geſinnungen wirk- ten. So wie ſein Emil erſchien, war mein im höchſten Grade un- praktiſcher Traumſinn von dieſem eben ſo im höchſten Grad unpraktiſchen Traumbuch enthuſiaſtiſch ergriffen. Auch das durch Rouſſeau neu be- lebte, idealiſch begründete Freiheitsſyſtem erhöhte das träumeriſche Streben nach einem größern, ſegensreichen Wirkungskreiſe für das Volk in mir *)."

Sowohl dieſer Einfluß Rouſſeau's, als die Richtung ſeines ver- trauteſten Jugendfreundes Bluntſchli, welcher auf dem Todbette ſeine Zweifel über die Unſterblichkeit der Seele kalt erörterte, nebſt dem Mißlingen ſeiner erſten Predigt, brachte Peſtalozzi vom Plane ab, Geiſtlicher zu werden. Dagegen hoffte er im Studium der Rechte eine Laufbahn zu finden, wodurch er auf den bürgerlichen Zuſtand ſeiner Heimat wirkſamen Einfluß erhalten könnte. Lavaters That gegen den Landvogt hatte unter den Jünglingen Zürichs ein ſtolzes Selbſtgefühl hervorgerufen. Auch in Peſtalozzi glühte der Zorn gegen die Miß- bräuche und Ungerechtigkeiten in der Verwaltung ſeines Vaterlandes. Im Verein mit Bluntſchli und Chriſtoph Heinrich Müller, dem nach- herigen Profeſſor in Berlin, der als Bodmers Schüler und Nachfolger

---

*) „Rouſſeau's Grundanſicht von der Reinheit der menſchlichen Natur in den Kindern und wie dieſelbe unter den Menſchen entarte, theilte P. bis zu ſeinem Tode. Noch zwei Jahre vor ſeinem Tode, da ich ihn im Sommer 1825 auf ſeinem Neuenhof beſuchte, erklärte er mir rundweg: eine Erbſünde nehme er nicht an und an die Drei- einigkeit glaube er einmal nicht."

Anmerkung W. Hennings.

die „Sammlung teutscher Gedichte aus dem zwölften, dreizehnten und
vierzehnten Jahrhundert" herausgab, wollte daher auch Pestalozzi
früh einen Beweis seiner Liebe zur Gerechtigkeit und zum Volke geben;
demnach wurde eine Schrift verfaßt, welche die Ungerechtigkeiten der
Regierung von Zürich rügte. Diese wurde als „aufrührerisch" vor
dem Rathhause der Stadt durch den Henker verbrannt, und die entdeckten Urheber traf ein Mißfallen der Regierung, welches Pestalozzi
zugleich jede Aussicht auf Beförderung im Staatsdienste abschnitt. Er
verließ daher die Stadt und zog sich zu seinen Hotz'schen Verwandten
nach Richtenschweil zurück. Pestalozzi erblickte in diesem Vorgange die
Quelle alles nachherigen Mißgeschicks, indem er dadurch auf ein weit-
aussehendes Geschäftsleben hingedrängt wurde, vor dem sein sterbender
Freund Bluntschli ihn gewarnt hatte. — Aus jener ersten Zeit, da sich
Pestalozzi zum Ankläger der verdorbenen Sitten seiner Vaterstadt auf-
warf, hat sich sein erster schriftstellerischer Versuch erhalten, „Agis"*)
(1765), wo Pestalozzi in glühenden Farben eine rhetorische Darstellung
der Verdienste dieses jungen Märtyrers für die Wiederherstellung der spar-
tanischen Gesetze und Sitten entwarf. Schon in den ersten Gedanken
spricht sich die Gesinnung des Zöglings von Rousseau und Bodmer
aus. „Agis war zu einer Zeit König in Lacedämon, da die Einfalt
der Sitten gewichen war; damals waren die Gesetze Lykurgs entweihet,
und die Grundfesten des Lacedämonischen Staats, die Armuth, die
Enthaltsamkeit und die Liebe zur Arbeit, waren schon sehr entbehrliche
Tugenden. — — — Es war schon kein Verbrechen mehr reich zu sein;
und Gold und Silber verbannten, Lacedämon! dir dein geheiligtes
Eisen; und mit ihm auch deine Enthaltsamkeit selbst."

Mehrere Biographen lassen Pestalozzi schon nach seinem unfrei-
willigen Rücktritte vom Rechtsfache ausrufen: Ich will Schulmeister
werden. Allerdings stellt es Pestalozzi in seinem Schwanengesange
selbst so dar, indem er von diesem Zeitpunkte sagt: „Ich warf mich auf
den alten Plan, verbesserte und vereinfachte Unterrichtsmittel in die
Wohnstube des Volks zu bringen, mit gedoppelter Lebendigkeit zurück,
und hoffte auf diese Weise in einer ruhigen, glücklichen häuslichen Laufbahn bei dem Zustand des gemeinen Volks durch meinen Einfluß auf
die Vereinfachung seines Unterrichts und eine tiefer begründete Bildung
seines ökonomischen Erwerbs im Stillen wohlthätig auf meine Umge-

---

*) S. Lindauer Nachrichten, 12. Stück, 1766.

bung wirken zu können." Allein so unschätzbar Pestalozzi's Eröffnungen
über sich selbst aus seiner letzten Zeit für seine Charakteristik sind, so
müssen sie dagegen für historische Thatsachen mit großer Sorgfalt ge=
prüft werden, indem er, sich selbst täuschend, in sein Leben von Anfang
an eine Planmäßigkeit pädagogischer Bestrebungen hineinlegte, für
welche sich sonst keine gleichzeitigen Belege vorfinden. Wenn sich
übrigens Pestalozzi von der Wissenschaft zum Landbau wandte, so
darf man sich darob nicht wundern, da damals allgemein für das Land=
leben und seine Geschäfte geschwärmt wurde, da besonders die natur=
forschende Gesellschaft in Zürich für den Landbau thätig war und Hirzel
durch seine Schrift über Kleinjogg für diese Thätigkeit begeisterte. Durch
den Entschluß, sich als Landwirth mitten unter das Volk zu stellen,
hoffte Pestalozzi beinebens allerdings, an dessen Bildung und Ver=
besserung zu arbeiten. Er brachte ein Jahr bei Tschiffeli, dem be=
rühmten Berner Landwirthe, zu; allein er fand später, bei allen Kennt=
nissen und Bestrebungen, Tschiffeli's Landwirthschaft, so wie seine
Lebens= und Weltansichten in praktischer Beziehung so wenig solid, daß
er zwar große An= und Aussichten, aber wenig praktische Einsicht und
Fertigkeit davon getragen. Im Jahre 1768 kaufte der einundzwanzig=
jährige Pestalozzi mit dem kleinen Reste seines väterlichen Vermögens
um eine geringe Summe gegen hundert Juchart dürres Weideland nahe
bei Habsburg im Aargau, mit der Hoffnung auf Verbesserung, baute
darauf ein schönes Haus im italienischen Styl und gab der ganzen Be=
sitzung den Namen „Neuenhof"*). Pestalozzi hatte sich bei Tschiffeli
vorzüglich mit der Krappkultur bekannt gemacht, welche einen großen
Gewinn zu geben versprach; und im Vertrauen auf die bei Tschiffeli
gewonnenen Kenntnisse verband sich ein reiches Handelshaus seiner
Vaterstadt mit ihm. Das beträchtliche, aber geringe Gut, welches
verbessert werden sollte, zugleich mit der Absicht, noch mehr Land zu er=
werben, die Association auf Gewinnung des Krapps, die unverhält=
nißmäßige Hausbaute — dieß Alles lag weit ab von der Absicht und
der Vorbereitung, Schulmeister zu werden. Und als er bald die Tochter
eines angesehenen Hauses in seine ländliche Einsamkeit einführte, so ist
der warme Antheil, den seine Gattin an seinen Plänen nahm, wohl von
der Landwirthschaft und dem durch dieselbe auf das Volk zu bewerk=
stelligenden emporhebenden Einflusse zu verstehen, aber nicht von einem

---

*) S. Zürcher Taschenbuch auf d. J. 1859. „Heinrich Pestalozzi und Anna
Schulthes" vom Verfasser.

unmittelbaren Wirken für die Schule. Auch läßt seine bekannte offene Erklärung an die Geliebte, und indem er „von wichtigen und bedenklichen Unternehmungen" spricht, welche ihn drängen, noch nicht schließen, daß er jetzt schon sein Leben der Volksbildung und der Schule widmen wolle. Denn seine Liebe zum Volk bewegte sich noch in großartigen Idealen, allein bei den Gefahren, in welche ihn dieselben führen können, ist es nur um so bedeutsamer, daß der Jüngling voll Stolz und Hoffnung in die Zukunft blickt, um der Geliebten in ländlicher Stille ruhige und glückliche Tage zu bereiten. Doch sein unvorsichtiger und zweckwidriger Hausbau, welcher mit der bemüthigen Beschränktheit des Schullehrerlebens noch völlig im Widerspruche stand, und der in der Umgebung verhaßte Haushalter, welcher die Besorgung und Leitung der Wirthschaft in Händen hatte, zunächst aber der Mangel eigener Tüchtigkeit und Anstelligkeit brachten ihn schnell in Mißkredit; so daß das mit ihm verbundene Haus seine Gelder zurückzog und er in Verlegenheit und Noth gerieth. Indem er unter diesen Umständen seinen Freund J. Heinr. Füßli um Beistand bittet, baut er die Hoffnung der Gewährung keineswegs auf seine gemeinnützigen Unternehmungen, sondern er sagt ganz einfach: „Sie erheitern dadurch die Tage eines kleinen Hauses, das ohne solche Sorgen sonst ruhig wäre, und voll Hoffnung und angenehmer Aussichten ist." Vertraute Familienpapiere aus dieser Zeit legen die tiefe Betrübniß seiner Angehörigen über die Verwirrung des Haushaltes in Birr dar. Den 3. Mai 1773 heißt es: „Pestaluz hat ein schweres Joch auf sich, es fehlt ihm an Ordnung in Allem; ein Bauer ist er nicht und ein Staatsgelehrter kann er nicht werden." Im Frühlinge des Jahres 1775 suchte er sich durch Betreibung der Baumwollenspinnerei zu helfen. Allein gegen Ende des Jahres muß sein Schwager Heinrich Schultheß von ihm bemerken: „Es sieht mit seinem Gewerbe sehr kritisch aus; es ist richtig, was ich schon lange gesagt und vorhergesehen; er ist nicht Manns genug für sein Gewerbe, er hat weder Ordnung, noch Klugheit, noch Geduld um von einer Stufe zur andern zu steigen. Entweder muß er dem Comercieren und Fabriciren den Abschied geben, oder er ist sich und unserm Hause zur Plage und Schande." Mit rührender Bereitwilligkeit suchten indessen seine Mutter sowohl als seine Schwäger dem Ruin durch ihre aufopfernde Beihülfe zuvorzukommen*).

---

*) Die Schulden beliefen sich auf 15,000 fl., das Deficit auf 8000 fl. Die Kreditoren traten auf ein Accommodement mit 36 p. C. ein. Die Familie wünschte,

Um auf dem geliebten Neuenhof bleiben zu können, entschloß er sich jetzt erst zu einem gewagten und mühvollen Versuch, als dem letzten Anker in der Noth, und dieses war das Projekt einer Armenschule. Pestalozzi freilich, gewöhnt, seine theuerste Lebensaufgabe, die Armenschule, von vorne herein in einen großen idealen Zusammenhang zu bringen und als ursprünglichen Lebenszweck sich zu vergegenwärtigen, äußert sich in seinem Schwanengesang darüber also: „Ich versuchte eine Anstalt zu begründen, die dem ganzen Umfang der träumerischen Hoffnungen, welche ich mir in meinen frühen Jahren davon machte, entsprechen sollte. Der Glaube an meine Fähigkeit, diesfalls etwas leisten zu können, das für meine Zwecke in einem großen und weitführenden Umfange einzuwirken geeignet sey, belebte mich forthin mit einer unübersteiglichen Gewalt. Ich wollte mein Gut zu einem festen Mittelpunkt meiner pädagogischen und landwirthschaftlichen Bestrebungen, um deren willen ich meine Vaterstadt verließ, erheben." Allein der Begründer der Armenschule verliert nichts dabei, wenn eine der segensreichsten Schöpfungen der neuern Zeit nicht das Ergebniß eines lang gehegten und reif ausgebildeten Gedankens war, sondern es ist nur ein um so größerer Beweis geistiger Kraft, wenn aus dem Drang der eigenen Noth eine so köstliche und bleibende Frucht hervorging. Daß aber die Armenschule selbst für seine Vertrautesten ein völlig neuer Gedanke war, geht daraus hervor, daß sein Jugendfreund und Schwager, sein Fürsprech bei der Familie, J. Kaspar Schultheß, damals Pfarrer in Neuenburg, sehr unangenehm überrascht war, als das Projekt der Armenschule auftauchte, und daher an seinen Bruder Heinrich schrieb: „Dagegen habe ich ihn beschworen, von seinem unverbauten Entwurf, auf Subscription Kinder zu erziehen, abzustehen, und es sich zur größern Angelegenheit zu machen und als einen Ruf der Vorsehung anzusehen, sich selbst und die Seinigen zu erziehen." Darauf antwortete der Schwager in Zürich: „Die Lage P. ist dermaßen so beschaffen: er glaubt, wenn sein Plan wegen Auferziehung armer verlassener Kinder Bernergebiets von den Herren von Bern gutgeheißen

---

daß Pestalozzi sein ganzes Gut an seinen Bruder Baptist überlasse; allein Pestalozzi „wüthete gegen jede Bevormundung" und seine Frau theilte seine Entschlossenheit. Denn es heißt unter Anderm: „Acht Tage waren P. und seine Frau hier; es war aber nichts mit ihnen zu machen. Sie reisten wieder ab mit den härtesten Köpfen und den schwächsten Projekten: sie wollen lieber den Schutt über sich ergehen lassen und in der Fremde ihr Brod suchen."

werde, so könne er sich vermittelst hinlänglicher Unterstützung auf dem Wege der Subscription wiederum aufhelfen. Allein nach meinem Bedünken bindet er sich die Hände durch zu große Versprechungen. Und was wollen 6 fl. Subscription heißen, auch wenn er hundert Subscribenten fände? Ich rechne ein Kind für Nahrung und Kleidung wenigstens auf 60 fl.; er aber als ein feiner Kopf rechnet nur 30 fl. Erfahrne behaupten, er werde und könne damit nicht bestehen. Es wird Pestaluzen eine harte Nuß sein, Kinder lesen und schreiben zu lehren." Das schwerste nothgedrungene Opfer bestand aber darin, daß, indem sein Haus ein Obdach von Bettelkindern wurde, seine zart=gebaute, kummergebeugte Gattin dieses Getümmel nicht ertrug, so daß von dieser Zeit an diejenige, welche ihm am meisten Muth und Trost geben konnte, oft jahrelang von ihm getrennt leben mußte. Dieser letzte Umstand beweist am deutlichsten, daß Pestalozzi's Armenschule auf dem Neuenhof eine Frucht herber Bedrängniß war; allein es ist nur um so größer, daß dieses Werk bitterer Schmerzen zum Fundament einer der gesegnetesten Institutionen der Zukunft wurde*).

Die Schinznacher Gesellschaft hatte die Gelegenheit dargeboten, daß edle Männer die geistige Kraft und das tiefe Gemüth Pestalozzi's kennen lernten. Als daher der beredte Aufruf zur Errichtung einer Armenerziehungsanstalt auf dem Neuenhof erschien, wurde derselbe, ungeachtet des Mißtrauens in Pestalozzi's praktische Tüchtigkeit, mit warmer Theilnahme aufgenommen, und Iselin und Battier in Basel, N. E. Tscharner und Grafenried in Bern, Lavater und Füßli in Zürich brachten nicht nur die gewünschte Anzahl von Subscribenten, sondern auch ein unverzinsliches Anleihen zusammen. Als nun Pestalozzi seine Anstalt beginnen konnte, so fehlte ihm wenigstens die tiefe Auf=fassung und die Einsicht für seine Aufgabe nicht. Denn man ist er=staunt, mit welcher Klarheit er den Zweck und den Umfang der Armen=schule erkennt und mit welch tiefem Blick er die Mittel des Gelingens angiebt. Eine besonders kräftige und ermunternde Hülfe fand er in einigen Berner Landvögten, namentlich in Niklaus Emanuel Tscharner, demjenigen, welcher Pestalozzi später das Bild zum Arner bot. Dieser bevorwortete Pestalozzi's Versuch in Iselins Ephemeriden durch „Briefe über die Armenanstalten auf dem Lande" (1776), worin er

---

*) „Ueber seine Armenerziehungs=Versuche auf dem Neuenhof erklärte er: „Ich lebte mit den armen Kindern wie ein Bettler, um sie wie Menschen leben zu machen."   Anmerkung von W. Henning.

die Aufgabe der Armenschule im Geiste Pestalozzi's einfach und ein-
leuchtend darthut, und in Hoffnung auf dessen Unternehmen hinzufügt:
„Sollten meine Betrachtungen auch nur Träume bleiben, so sind es,
wenigstens für mich, angenehme und glückliche Träume. Doch Träume
sind bisweilen Ahndungen, die nicht selten erfüllt werden." — Im
folgenden Jahre erschienen dann in derselben Zeitschrift von Pestalozzi
„Briefe über die Erziehung der armen Landjugend"
an den Obigen, wo er im Eingange sagt: „Ich bin nun drei Jahre
beschäftigt den Absichten Ihres Traums nach meiner Lag und nach
meinen Umständen genug zu thun! aber ach! wie wenig ist der Anfang,
den ich erreicht, wie unvollkommen, wie langsam gehen die Wege zu
solchen Endzwecken, mit welchen vast unbesieglichen Schwierigkeiten
muß man in diesem Fach, in dem man keinen Vorgänger, keinen Weg-
weiser hat, kämpfen — hier in diesem für die Menschheit so wichtigen
Fach lauft der Menschenfreund im erleuchteten Jahrhundert in dunkeln
Einöden ganz ungebahnte Pfade." Es ist auch für unsere Zeit äußerst
lehrreich, wie scharf Pestalozzi die Bedingungen einer guten Armenschule
feststellt. „Der Endzweck in der Auferziehung des Armen ist, neben
der allgemeinen Auferziehung des Menschen, in seinem Zustand zu
suchen — der Arme muß zur Armuth auferzogen werden und hier ist
der Prüfungsknoten ob eine solche Anstalt würklich gut sey. Die Auferziehung des Armen fordert tieffe, genaue Kenntniß der eigentlichen
Bedürfnisse, Hemmungen und Lagen der Armuth, Kenntniß des Details
der wahrscheinlichen Lag ihrer künftigen Tage — denn es ist allerdings
Wahrheit, daß jeder Stand des Menschen seine Jugend vorzüglich in
den Einschränkungen, Hemmungen, Beschwärlichkeiten seiner ältern Tage
üben soll, und ich glaube, das Wesentliche der Lehrzeit eines jeden
Berufs bestehe in den Uebungen der Beschwärlichkeiten desselben, in der
Geduld und Ueberwindung aller Wünsche, die an einer fortgehenden,
ununterbrochenen Thätigkeit in künftigen Hauptpflichten hinteren
würden, diese allgemeine Wahrheit finde ich am allerwichtigsten in
der Auferziehung des Armen zum allerbeschwärlichsten Berufe des
Lebens. Der Menschenfreund muß hinabsteigen in die unterste Hütte
des Elends, muß den Armen in seiner dunkeln Stuben, seine Frau in
der Küche voll Rauch und sein Kind am vast unmöglichen Tagwerk
sehen — das ist die Hütte in der ein öffentlich erzogener Sohn einst
wohnen muß — seine Frau wird wahrscheinlich in einer solchen Küche
mit so wenig Geschirr, mit so wenig umwechselnden Speisen ihre Haus-

haltung machen müssen, die oder diese Art beschwerlichen Verdiensts
wird die einige Quelle zur Unterhaltung ihres Lebens seyn. Wenn
diese Kinder bey so armen Eltern in so armen Hütten lebten, so würden
sie nothwendig an alle diese Einschränkungen gewöhnt, daß sie ihnen
nicht beschwerlich seyn würden — sie würden unter diesen Beschwerlich-
keiten ruhig und glücklich leben können — eine gute Auferziehungs-
anstalt soll ihnen diese Ruh, diese Zufriedenheit nicht rauben — und
das würde geschehen wenn der Menschenfreund, der arme Kinder aufer-
ziehen will, nicht genugsame Kenntniß der Armuth und ihrer Hülfsmittel hat, wenn er nicht in der ganzen Führung einer solchen Anstalt
mit Lebhaftigkeit immer sich vorstellt, diese Kinder werden einst arme
Leute seyn, sie werden in der Art sich zu erhalten nach den Ressoursen
bequemen müssen, welche nach den Lokalumständen eines jeden Distrikts
den Armen offen stehen. Er muß lebhaft empfinden, daß der ganze
Erfolg der Auferziehung davon abhängen wird, daß der Abtrag der
Arbeitsamkeit mit Aengstlichkeit besorgt, und alle Bedürfnisse des Lebens
mit der genausten Einschränkung genossen werden; biegsame Anschlägig-
keit, folgsame, nachgebende Bescheidenheit, Uebung im ruhigen Um-
schauen und Berechnen des Abtrags der verschiedenen Unterhaltungs-
wege des Armen — sind die wichtigsten Lehren der Auferziehung desselben." Unsere Zeit, welche dieses Grundgesetz nothwendiger Einfachheit in der Armenschule häufig überschreitet, kann vom Begründer der
Armenschule lernen und bei ihm die Bedingungen des Gelingens derselben klar ausgesprochen sehen. Sein leitender Gedanke war, wie
nachher Fellenberg ihn festhielt und durch Wehrli ausführte — die
Erziehung armer Kinder lasse sich auf dem Lande ohne Ausgaben an
Geld bewerkstelligen, indem der allmählig steigende Ertrag ihrer Arbeit
die Kosten decke. Bemerkenswerth sind auch seine Ansichten, denen
zufolge er der Beschäftigung mit Industrie für die sittliche Erziehung
einen nicht geringern Einfluß beimißt als derjenigen mit dem Landbau;
und eben so seine Ansichten über religiöse Erziehung. Am Ende spricht
er es aus, daß das, was er nur aus Noth ergriffen hatte, von nun an
der Beruf seines Lebens werden solle. — — „Wenn der Weg auch
noch langsamer, noch mühvoller wäre, so sehnet sich doch meine Seele
ihn zu gehen und mein Leben diesem Endzweck zu widmen. Edler Herr!
Es ist unbeschreibliche Wonne, Jünglinge und Mädchen die elend waren
wachsen und blühen sehen, ihre Hände zum Fleiß zu bilden und ihr
Herz zu ihrem Schöpfer zu erheben, Thränen der betenden Unschuld im

Angesicht geliebter Kinder zu sehen und ferne Hoffnungen von Tugend-
empfindung und Sitten im verworfenen verlornen Geschlechte."

Im Jahre 1778 erschien: „Zuverlässige Nachricht von
der Erziehungsanstalt armer Kinder des Herrn Pestalozzi im Neuenhof bey Birr", herausgegeben von der ökonomischen Gesellschaft in Bern, welche bezeugt, daß der Bericht das Gepräge der Aufrichtigkeit und Redlichkeit an sich trage. Pestalozzi setzt
auseinander, wie der Versuch eines Partikularen, eine Erziehungsanstalt zu unternehmen, deren Erfolg gänzlich von der Arbeitsamkeit der
zu erziehenden armen Kinder abhangen mußte, ein Plan war, der
seiner Natur nach unzählige Schwierigkeiten voraussehen ließ. Nach
Aufzählung dieser Schwierigkeiten, welche im Zustande der armen
Kinder und ihrer Eltern lagen, findet er gleichwohl seine Hoffnungen
durch die Erfahrung bestärkt, daß der Ertrag der Arbeit und die Ver-
dienstfähigkeit bei der allmähligen Heranbildung der Kinder im Verhältniß zu den Unkosten und Bedürfnissen sich günstig herausstelle.
Er fordert seine Gönner zur sorgfältigsten Prüfung auf, weil er „die
Erforschung der Wege, wie die Auferziehung der Armen erleichtert und
mit Sicherheit durch einfache Anstalten erzielt werden könne, zum einzigen Geschäft seines Lebens bestimmt habe." Nachdem er eine Charakteristik seiner Kinder gegeben, vernimmt man, daß die Subscription sich
auf sechszig Louisd'or belaufen, eine Summe, welche auch bei einem
bessern Haushalt nicht ausgereicht hätte. Allein bei dem zahlreichen Per-
sonale, welches Pestalozzi zur Beihülfe nöthig hatte, ergiebt sich sogleich
die Unhaltbarkeit der Anstalt. Denn er führt eine Hausmeisterin, einen
Webermeister, zwei Weber, eine Spinnermeisterin, zwei Spinnerinnen,
einen Mann, der neben dem Spulen die Anfänge des Lesens und Buch-
stabierens besorgt, zwei Knechte und zwei Mägde an. Zu dem kam, daß
es ihm an unmittelbarer Einsicht in die Fabrikation mangelte, und er
daher zur Erzielung einer größern Erträglichkeit zu schnelle Fortschritte
machen wollte. Dadurch gerieth Pestalozzi bald in unerschwingliche Schulden hinein; sein Unglück war entschieden: er war völlig arm. Allein
auch in seiner tiefen Armuth war es ihm ein heiliges Anliegen, sein künf-
tiges Leben der Hülfe der Armen zu widmen. Denn Pestalozzi lebte der
Ueberzeugung, daß jeder Mensch seiner Anlage nach genugsame Kräfte
und Mittel habe, um sich Unterhalt und ein befriedigendes Dasein zu
verschaffen; es handle sich daher nur um die Auffindung der rechten
Mittel, die jedem Menschen ursprünglich inwohnende Kraft zu ent-

wickeln und zu beleben. Dieses Mittel fand er in der häuslichen Erziehung, welche durch ländliche Arbeit, Selbstüberwindung und Sparsamkeit dem Menschen die Kraft geben solle, seine Bedürfnisse zu
befriedigen und seinen Geschäften, Pflichten und Verhältnissen ge-
nügend zu entsprechen. Im Jahre 1780 hörte seine Armenanstalt auf.
Von dieser Zeit an lebte er viele Jahre lang, zwar nicht, wie man häufig glaubt, im Mangel, denn dazu ließen es seine Verwandten, seine
Familie und seine Freunde nie kommen; auch wußte er, wie er sorglos
gab, eben so sorglos zu nehmen: allein das Qualvolle seines Zustandes
war, daß er bei allem Thatendrang seine Kraft nicht in nützlicher Thätigkeit zu verwenden wußte und Vertrauen und Hülfe verloren hatte.
Daß er sich indessen in dieser Erniedrigung nicht verzehrte, dazu half
ihm theils sein von ihm selbst eingestandener anerborner Leichtsinn,
welcher sich immer mit der Hoffnung einer bessern Zukunft nährte, theils
sein humoristisches Behagen im Umgang mit dem gemeinen Mann.
Unter diesen Verhältnissen lernte er denn auch die Nothstände der
Armen und die Quellen ihres Elendes besser kennen als ein Glücklicher. Verachtet und vergessen konnte er in Beziehung auf diese Zeit
von sich selbst sagen: „Mitten im Hohngelächter der mich wegwerfenden
Menschen hörte der mächtige Strom meines Herzens nicht auf, einzig
und einzig nach dem Ziele zu streben, die Quellen des Elendes zu ver-
stopfen, in das ich das Volk um mich her versunken sah; und meine
Kraft stärkte sich, mein Unglück lehrte mich immer mehr Wahrheit für
meinen Zweck."

2. Pestalozzi's Noth und Ruhm.

Pestalozzi mußte sein Gut verpachten. In seiner Verlassenheit
kehrte die fromme Magd des Vaterhauses zu ihm zurück. „Ein
muthiges, theilnehmendes Wesen war nun in das Haus gekommen.
Sie baute mit eigenen Händen erst wenig, dann immer mehr Land zum
Garten, Reinlichkeit kam in das Haus zurück, und auf den ordentlichen
Tisch frische Nahrung. Der kleine Garten gab Hoffnung für das
größere Feld, sobald auch diesem nur die Hände geboten wurden. So
kam auflebendes Vertrauen unter das arme Dach." In seiner Einsamkeit, auf sich selbst beschränkt, wendete er die ganze Kraft seines
Geistes auf die Ausbildung und Entwicklung des von nun an seine
ganze Seele füllenden Gedankens der Volkserziehung und Menschen-

bildung. Das Resultat seines Denkens und seiner Erfahrung legte er in Iselins Ephemeriden nieder, unter der Aufschrift „Abendstunden eines Einsiedlers" (1780). Es sind nur kurze Sätze, jedoch unter einander in fortlaufendem Zusammenhang. K. v. Raumer nennt diese kleine Schrift: „Frucht der vergangenen sind sie zugleich Saatkörner der folgenden Lebensjahre Pestalozzi's, Programm und Schlüssel seines pädagogischen Wirkens." Er wollte in diesen kurzen Sätzen nur andeuten, welch eine Fülle von reichen und heilsamen Gedanken in einem verachteten Manne schlummern und auf Anlaß zum Wirken warten. Unstreitig finden wir in den Gedanken des Einsiedlers den Schüler Rousseau's. Mit diesem stimmt er zusammen, daß nicht Schall und Worte, sondern Realkenntniß wirklicher Gegenstände und die Anwendung und Ausübung der Kenntnisse die Grundlage der Bildung sei; auch er verlangt, daß die geistige Kraft des Kindes nicht in ferne Weiten gedrängt werde, sondern daß die Bildung auf dem festen Grund der Anschauung seiner nächsten Verhältnisse beruhe. Allein Pestalozzi entfernte sich wieder weit von Rousseau, der den Namen Gottes von den Kindern nicht genannt wissen, sondern durch weitläufige Naturstudien zum Denken an Gott befähigen wollte, der von der frommen Haussitte und Elternliebe, so wie von dem Vatersinn der Obrigkeit und daher auch von Treue und Gehorsam keinen Begriff hatte, der als Ideal nur eine kalte, egoistische Freiheit kannte. Pestalozzi dagegen bekennt als höchstes Ziel der Erziehung den Glauben an Gott, der die Quelle der Ruhe und der Ordnung, der Weisheit und des Segens ist, an einen Gott Vater, der alle Verhältnisse des Lebens befestigt und heiligt; während er im Unglauben jede Verirrung des Hauses und des Staates erkennt, und alle Gerechtigkeit und Freiheit nur in der gottergebenen Liebe findet.

So gehaltreich diese kleine Schrift war, so blieb sie doch unbeachtet. Pestalozzi selbst fiel nicht ein, daß er durch schriftstellerische Arbeiten sein Schicksal erleichtern könnte; er hatte gelegentlich den Buchhändler Füßli angegangen, daß er seinem Bruder zum Abschreiben gebe. In Zürich hatte er an Helfer Pfenninger noch einen Getreuen, welcher, selbst beengt, Lavatern antrieb, für Pestalozzi zu wirken. Lavater antwortete: „Was kann man für solchen Menschen thun; auch nicht zum Abschreiber taugt er!" Darauf sprach Pestalozzi Füßli an. Dieser unterhielt sich mit seinem Bruder, dem berühmten Maler, über Pestalozzi und beklagte es, daß er durchaus kein Mittel kenne, ihm, wie er einmal sei und sich benehme, aus seiner Lage zu helfen. Eben lag eine Posse auf dem Tische, über „die Umgestaltung der krummen, staubigen, ungekämmten Thorwächter Zürichs in gerade, gekämmte und geputzte," wobei sich Pestalozzi über den Modegeist des Militärprunks lustig machte. Der Maler las den Aufsatz mehrere Male durch und sagte dann zu seinem Bruder: „Dieser Mann kann sich helfen; er hat Talente, auf eine Art zu schreiben, die im jetzigen Zeitpunkt Interesse erregen wird; muntere ihn dazu auf und sage ihm von meiner Seite, er könne sich als Schriftsteller ganz gewiß helfen, wenn er nur wolle." Füßli ließ Pestalozzi sogleich zu sich kommen und theilte ihm freudig seine Aussichten mit. Pestalozzi war wie im Traum und glaubte sich zum Schriftsteller ganz unfähig, da er seit Jahren den Büchern fremd geworden und kaum eine Zeile ohne Sprachfehler schreiben konnte. In seiner Verlegenheit schrieb er zuerst einige Erzählungen nach der Art von Marmontel; dann kam er auf die rechte Fährte und begann am Ende des Jahres 1780 „Lienhard und Gertrud, ein Buch für das Volk." Sein Landleben hatte ihn mit der Lebensweise und den Sitten der Bauern bekannt gemacht; fröhlich und vertraut verkehrte er mit diesen in den Häusern, auf dem Felde und in der Schenke. Er verstand es sehr gut, mit dem Volke umzugehen und dasselbe in seiner Umgebung heimlich und gesprächig zu machen. Er durfte also nur die Ideen, welche ihn längst belebten, zusammenfassen, — sein Erbarmen mit dem sich selbst überlassenen, verwahrlosten Volke, sein Vertrauen auf den Edelsinn der höhern Stände und seinen Glauben an die sittliche und bildende Kraft der Wohnstube: wenn er diese Gedanken mit den lebendig erfaßten Bildern aus dem Volksleben verband, und den Zauber seines Genies und die Liebe seines Herzens darüber ausgoß, so mußte das Ganze eine neue und ungewöhnliche Schöpfung werden. Pestalozzi selbst berichtet Folgendes über die Abfassung: „Die Geschichte von Lienhard und Gertrud floß mir aus der Feder und entfaltete sich von selbst, ohne daß ich den geringsten Plan im Kopfe hatte, oder auch nur einem solchen nachdächte. Das Buch stand in wenigen Wochen da, ohne daß ich eigentlich wußte, wie ich dazu gekommen." Er zeigte seinen Versuch Pfenningern, welcher denselben interessant fand, aber meinte, so inkorrekt könne das Buch doch nicht gedruckt werden und müsse die Umarbeitung von Jemanden erfahren, der schriftstellerische Uebung habe. Allein durch die Hand eines jungen Menschen war das reine Naturgemälde des wahren Bauernlebens in frömmelnde

Kunſtformen umgewandelt und den Bauern im Wirthshauſe eine ſteife
Schulmeiſterſpräche in den Mund gelegt worden. Peſtalozzi reiste
mit ſeinem Werke zu Iſelin nach Baſel, auf den daſſelbe einen außer=
ordentlichen Eindruck machte. Er ſprach geradezu aus: „Es hat in
ſeiner Art noch keines ſeinesgleichen, und die Anſichten, die darin herr=
ſchen, ſind dringendes Bedürfniß unſerer Zeit.“ Die Sorge für die
Verbeſſerung der fehlenden Rechtſchreibung übernahm Iſelin ſelbſt.

Es iſt eine große Merkwürdigkeit in der Literatur, wie einem nicht
nur im Schreiben Ungeübten, ſondern mit der Literatur überhaupt Un=
bekannten, von der Geſellſchaft gleichſam Ausgeſtoßenen und als
Narren Behandelten auf den erſten Wurf eine ſo bedeutende geiſtige
Schöpfung gelingen konnte. Peſtalozzi hatte mit manchen unanſtelli=
gen, im Leben zerfahrenen Menſchen ein feines Gefühl für die Indivi=
bualität und ſcharfe Beobachtungsgabe gemein; dazu geſellte ſich eine
klar und tief in ſich aufnehmende und zugleich ſchöpferiſch geſtaltende
Phantaſie. Die über ſein Talent vorwaltende Kraft aber war die
hülfsbereitwillige Liebe, welche vor Allem auf der Verehrung für die
göttliche Grundlage im Menſchen beruhte. Darum verzichtete er bei
ſeinem Volksgemälde auf das dichteriſche Verdienſt. Er wollte nur das
darſtellen, was tief im Menſchen wohnt und daher zur Erſcheinung
kommen kann und ſoll. Gerade dieſe treue und unerſchöpfliche Liebe
zum Volk nimmt dann den Schilderungen der ſchlechten und elenden
Menſchen das Widerwärtige und Ekelhafte, weil liebevolle Theilnahme
auch die Zeichnungen der Tücke des menſchlichen Herzens leitet, und
weil auch über dem Grellen ein ächt poetiſcher Humor herrſcht, der,
gehoben durch den ſich gleich bleibenden Adel der Geſinnung, auch die
Darſtellung des Gemeinen anziehend macht. Eben die bramatiſche
Mannigfaltigkeit der Scenen aus dem gemeinen, nackt bloßgeſtellten
Leben, ſo wahr und lebendig und doch ohne alle Uebertreibung, giebt
dem Ganzen ſeine charakteriſtiſche Farbe. Die Zeichnung der beim
Kirchenbau angeſtellten Bettler gehört zu den beſten aller Volksgemälde.
Man fühlt es dieſen Bildern ab, daß ſie unmittelbare Lebensanſchauung
ſind: die Wahrheit der Darſtellung ergiebt ſich daher am überzeugend=
ſten aus der Sprache. Denn dieſe iſt die dem Volke abgelauſchte
Ausdrucksweiſe, theils in der Kundgebung der Unarten und Leiden=
ſchaften, namentlich aber in allen Tönen und Schattierungen des Ge=
müthslebens. Der Mittelpunkt der Handlung aber iſt Gertrud: ſie
und ihre Haushaltung bietet die Grundlage einer beſſern Zukunft für

Bonal; dabei aber werden ihr keine ungewöhnlichen Eigenschaften und Handlungen angedichtet, sie wird nicht in außerordentliche Verhältnisse verflochten; sondern was sie ist und thut, ist und thut sie als fromme und treue Mutter. Die hohe Poesie besteht eben darin, daß dieser ganz gewöhnlichen Alltäglichkeit, diesem allerschlichtesten Haushalte eine ganz ungekünstelte sittliche Würde und lautere Frömmigkeit in den Vorkommenheiten des Tages gegeben wird. Es ist eine Lebenswahrheit, wie nur ein edler Mensch und ein liebevolles Gemüth solche geben kann. Es ist irrig, in der Gertrud die Spuren von Pestalozzi's Babeli finden zu wollen (Niederer und Krüsi fanden sie in der Gertrud), denn wir sehen den universellen Grundzug der Mutterliebe, ohne die charakteristischen Merkmale eines Individuums. Ebenso wenig hat man im Arner die individuellen Züge seines Freundes Tscharner zu suchen. Allein Männer seiner Umgebung, wie dieser, Grafenried, Obervogt zu Schenkenberg und Effinger von Wildeck gaben ihm das Vertrauen zum heimatlichen Patriciat und zum Adel überhaupt, daß derselbe seine Aufgabe zur Erhebung und Veredlung des Volkes wirklich so ernst und tief fassen wolle, so daß er berechtigt zu sein glaubte, im Arner ein lebenswahres Bild der Ausdauer und Weisheit eines Herrn in der Umbildung seines verwahrlosten Volkes zu geben. Wohl mögen indessen Arners ruhige Würde, die schlagfertige Thatkraft im rechten Augenblick, die feinlaunige Behandlung des Volkes noch ganz besonders dem Berner Wesen entnommene Züge sein. Etwas bedenklich ist, daß auch dieser Gutsherr wie mancher andere Volksbeglücker das Rechnen gar nicht nöthig hat. Eine besonders merkwürdige Figur ist der Pfarrer, das Gegenstück zu Arner, ein Mann nach dem eigensten Herzen Pestalozzi's: daher eine Unermüdlichkeit, eine Liebeskraft, eine Hingebung für die Verirrten und Gefallenen, gepaart mit einem unerschöpflichen Mitleiden über das Elend des Volks und einer erschütternden Gewalt in Schilderung und Bestrafung seiner Verirrungen. Auch kann man nicht sagen, daß nicht ein christliches Bekenntniß sich kund thue; allein es ist doch nur ein blasses, sich viel bemühendes, in Wort und That sich unsäglich zerarbeitendes Christenthum, welches durch keine siegreiche Hoffnung getragen wird. Daher hat das Bild des Pfarrers etwas Gedrücktes und Wehmüthiges, wie das Wesen Pestalozzi's selbst; vor Allem aber ist seine Seele vom Glauben an die Einfalt und Unschuld der durch eine bessere Erziehung veredelten Menschennatur beherrscht; allein das Träumerische und Trostlose dieses Glaubens, welcher keinen andern

Boden als die eigene Kraftanstrengung hat, macht einen trübseligen und ermüdenden Eindruck. Die schwache Seite des Werkes bilden die Darstellungen der Feinde Arners, deren Personen und Lebensverhältnisse in dem Grade unnatürlich und fratzenhaft gezeichnet sind, als der Verfasser selbst dem Hofleben und den Anschauungsweisen desselben ferne stand.

Der erste Theil von Lienhard und Gertrud erschien 1781 in Berlin und erweckte überall die lebhafteste Theilnahme. Leider war aber im Allgemeinen die damalige vornehme und gebildete Welt weit davon entfernt, in Pestalozzi's Werk mehr als einen Roman zu sehen; oder sie wurde höchstens dadurch veranlaßt, die Unterbeamteten als die Landessündenböcke aufzufassen, vergessend, daß es ohne tiefer wirkende Einflüsse von Oben keine Hummel geben würde. Der zweite Theil erschien erst 1783. Die Fortsetzung so wie die Umarbeitung und Abkürzung der frühern Abschnitte fand 1790 — 92 statt, indem der Verfasser nun näher auf die Grundsätze der Volkserziehung einging. In dieser Ausgabe ist der erste Theil von Pestalozzi selbst mit Sorgfalt überflüssiger Weitschweifigkeit entledigt, und einzelne wesentliche Stücke, wie z. B. die Osterpredigt, welche Hummels Gewissen schlug und ihn in seiner Vernichtung vor der Gemeinde bloßstellte, und dessen Lebensbeschreibung sind ganz umgeschaffen. Gleichwohl gab Pestalozzi im Jahre 1804 den ersten Theil in unveränderter Gestalt heraus, wie er das erste Mal 1781 erschienen war; und eben diesen Text enthält auch die Ausgabe seiner sämmtlichen Schriften. Als nämlich Pestalozzi zur Gesammtausgabe seiner Werke schritt, arbeitete er nach einem Vierteljahrhundert mit Ausnahme des ersten Theiles alles Andere um, indem er das Lehrhafte der Ausgabe vom Jahre 1790—92 ebenfalls dramatisch entwickelte, und namentlich seine Ansichten über Volkserziehung und Volksschule in dieses Lebenswerk niederzulegen gedachte. Dadurch gedieh die Arbeit freilich zu einer Breite, daß Pestalozzi nicht mehr zur Vollendung derselben gelangte, sondern zu den vier Bänden noch zwei in Aussicht stellte, woran er in seinen letzten Jahren mit Eifer und Liebe arbeitete, und wovon der fünfte Theil, wie er selbst sagte, so viel als vollendet war und daher unter seinem Nachlasse gewesen zu sein scheint. Von den bisherigen Ausgaben des volksthümlichen Theiles des ganzen Werkes ist die eine der Umarbeitung, die andere dem ursprünglichen Texte gefolgt, so daß es an einer Volksausgabe fehlt, welche nach Vergleichung der beiden Bearbeitungen je die bessere Redak-

tion böte. Denn Lienhard und Gertrud in seinem ersten Theile ist ein
sehr unbefriedigendes Volksbuch, indem es nur die wüste Wirthschaft
Hummels und die Verwahrlosung von Bonal mit den wenigen Sonnen-
blicken aus der Haushaltung der Gertrud giebt, und dagegen die tiefere
Einwirkung dieser auf die Gemeinde und deren allmählige Umwandlung
zum Bessern bei Seite läßt. Lienhard und Gertrud bleibt durch Wahrheit der Beobachtung, Einfachheit der Anlage, dramatische Lebendigkeit
der Durchführung und die Macht der Naturtreue und der Gemüthstiefe
unter allen deutschen Volksbüchern das erste, und es wäre daher eine
Textberichtigung und neue Bearbeitung, welche beide Bearbeitungen
sorgfältig zu Rathe zöge und aus den spätern Bänden das Geschichtliche
und Volksthümliche im Auszuge mittheilte, ein wirkliches Verdienst.
Erst in dieser Gestalt würde das Werk die verdiente allgemeine Verbreitung finden. Wie hoch Pestalozzi in Betreff der Erziehung im Verhältniß zu Rousseau steht, erhellt aus einer Vergleichung ihrer Hauptgesichtspunkte. Rousseau's Emil ist vorzüglich bedeutend in der Hervorhebung der Fehler der frühern Erziehung und in der Auseinandersetzung
der Nothwendigkeit der körperlichen Erziehung und der Bildung durch
die Welt der Umgebung und für das Leben. Aber er steht der Leistung
Pestalozzi's nach, weil Rousseau sich außer Standes erklärte, als Erzieher etwas zu leisten, und daher die Hand nicht ans Werk, sondern nur
an die Feder legen wollte; während Pestalozzi den Gang angiebt, den
er selbst versucht und der in jeder Haushaltung gegangen werden kann.
Rousseau weiß für den Armen keine Hülfe, sondern nur für den Sohn
von Eltern, welche sich um diesen nichts bekümmern und ihn unbedingt
dem Erzieher überlassen, der seinen Zögling in ländliche Einsamkeit
führt, nicht eigentlich um ihn zu bilden, sondern nur um von seiner
guten Natur böse Einflüsse abzuwehren. Mit achtzehn Jahren weiß
der junge Mensch noch nichts von Gott; diesen soll er aus dem Buche
der Natur kennen lernen und mit einer geoffenbarten Religion unbe-
helligt bleiben. Wie einfach und gesund ist dagegen Pestalozzi's Erziehung! Dieselbe wird von einer liebenden und frommen Mutter in
der Hütte des Armen begonnen; durch Uebung in Arbeit und Gebet
und durch liebevolle Bekämpfung der Unarten ihrer Kinder erreicht sie
ihr Ziel; ihr Beispiel wirkt allmählig auf einige Nachbarn; Pfarrer
und Gutsherr helfen der braven Frau, und ihre verständige Weise, ihre
Kinder in Beobachten und Nachdenken zu üben und durch das Leben zu
unterrichten, ermuntert einen alten Officier, auf diesem Wege Schule zu

halten; und Gutsherr, Pfarrer und Schulmeister werden durch die ein=
fachen Erfolge dieser Frau zu einer Bemühung für Volkserziehung an=
gespornt, welche selbst die Jugendideale des Landesfürsten wieder zu
neuen Hoffnungen und Versuchen belebte. Niemand hat wie Pesta=
lozzi der Schul= und Erziehungsaufgabe eine so rührende Anmuth zu
geben verstanden.

Im Jahre 1782 erschien „Christoph und Else, zweites
Volks = Buch," wovon Pestalozzi sagt: „Dieses Buch ist der Versuch
eines Lehrbuches zum Gebrauche der allgemeinen Realschule der Mensch=
heit, ihrer Wohnstube. Das Ganze ist Stück für Stück auf die Ge=
schichte von Lienhard und Gertrud gegründet," mit dem Wunsche, daß
es „in den Strohhütten" gelesen werde. Allein dreißig Jahre später
muß Pestalozzi gestehen: „Dieses Buch ist dem Volke gar nicht in die
Hände gekommen. Es ist in meinem Vaterlande, selbst im Kanton
meiner Vaterstadt und sogar im Dorfe, in welchem ich wohnte, so fremd
und unbekannt geblieben, als wenn es nicht in der Welt gewesen wäre."
Es war ein sonderbarer Fehlgriff, und ein Beweis, daß Pestalozzi die
volksthümliche Bedeutung von Lienhard und Gertrud zu hoch anschlug,
wenn er mit einem praktischen Kommentar darüber Glück zu machen
vermeinte. Zwar auch in diesem Buche ist große Menschenkenntniß
und Volksverstand; im Beruf, im bürgerlichen und religiösen Leben
hält der Verfasser mit Vorliebe an althergebrachter Sitte und am Bibel=
glauben und setzt namentlich den Segen der Wohnstube für den Unter=
richt näher aus einander. Werthvoll sind eine Menge von Zügen und
Anekdoten aus dem Leben und es ist eine eigenthümliche Neigung, wie
er mit gemüthvoller Vorliebe am Todbette verweilt. Als schriftstelleri=
sches Produkt ist freilich die Schrift durch Breite und Zerflossenheit in
der Form, ohne alle künstlerische Gestaltung des Dialogs, sehr verfehlt.

Zu den merkwürdigsten Schriften Pestalozzi's gehört „Ein
Schweizer=Blatt", welches im Jahre 1782 wöchentlich einen Bogen
stark herauskam. Die frühern Blätter geben vorzüglich in kurzen
dramatischen Darstellungen, wo der Dialog eben so volksthümlich als
kraftvoll ist, „verschiedene Schilderung des Lasters," namentlich Scenen
vom verderblichen Einflusse der Härte der höhern Stände auf das Volk,
wovon er sagte: „Das überwägende Wahre der rohen Zeichnungen
mache oft einen Eindruck, den ein zärtrer Pinsel nicht erreichen könne."
Allein nachdem ihm Isaak Iselin berichtet: „Was Sie auch darüber
sagen, mein Freund, so ekeln mir diese Bilder!" bemerkt Pestalozzi:

„Ich hatte nicht mehr das Herz gehabt, so lange er lebte, einen ähnlichen Zug zu wagen." — Das Werthvollste dieser Wochenschrift aber
sind seine Aufsätze über Volkszustände und Volksbildung; denn er hat
darüber nie einfacher, erfahrungsvoller und klarer gesprochen. Hier ist
Pestalozzi ganz er selbst in der unmittelbaren Kraft und Frische seiner
Gedanken und in der ganzen Unbeholfenheit aber Naturwahrheit seiner
Sprache, ohne nachbessernde Hand: denn die Sprache tritt hier in ihrer
völlig unorthographischen und mundartlichen Regellosigkeit auf und ist
gerade dadurch merkwürdig. In allen dahin einschlagenden Stücken
tritt aber keineswegs der pädagogische, sondern der sittlich-politische und
staatswirthschaftliche Standpunkt hervor. So spricht er in der Abhandlung „Ueber den Bauern" vom Einflusse des ökonomischen Zustandes auf den sittlichen, wo er das „Resultat seiner Erfahrungssätze"
also zusammenzieht: „Der künstlichere Broderwerb fodere höhere Kultur
der Menschheit, und ein Land werde durch erhöheten Verdienst und
durch ausgedehntere Lebensgenießungen nur in dem Mas glücklicher,
als es vorher weiser gebildet worden." In weitern Aufsätzen stellt er
die Bedingungen eines geordneten und glücklichen Volkslebens auf, wo
er von dem Fabrikarbeiter eine höhere Bildung verlangt als vom Bauer
und schließlich findet: „Er trittet durch den Fabrikerwerb und seine
Genießungen völlig in den Stand des Handwerkers und des gemeinen
Bürgers, deßnahen er in dieser Lag aller der Ausbildungen bedarf,
welche der gemeine Bürger und Handwerker, um in seinem Stand
glücklich zu leben, nöthig hat. Genießt er das aber nicht, so geht er
verlohren, und wird freylich dann oft noch elender, als er selbst bei der
größesten Zerrüttung seines ländlichen Erwerbs nicht werden könnte."—
Zum Vorzüglichsten, was Pestalozzi je schrieb, gehören die Artikel
über Volkserziehung, indem er als erste Forderung stellt, daß man die
Kinder nicht über den Stand und die Verhältnisse erziehe. Er schließt
also: „Die Knaben in unsern Schulen bekommen große Begriffe von
der Bestimmung des Menschen, von den Rechten des Bürgers, von der
Liebe zum Vaterlande u. s. w. Was ist das alles im Bubenmund,
und in unserm Zeitalter, und im Verderben unsers häuslichen Lebens!
Lehr deinen Knaben Vater und Mutter folgen, arbeiten, zu dem Seinen
schauen, auf Gott hoffen, und in Demuth einherwandeln, so hast du
den Bürger gebildet, der das thut, wovon unsre Knaben izt sprechen,
und den Weisen, der in Befolgung der wichtigsten Wahrheiten glücklich
ist, und den Hausvater, der seine Kinder mit dem nährt und ruhig

sezt, mit dem die Schwäzer unsrer Tagen ihren Kindern von allen fünf
Sinnen nur die Ohren befriedigen." — Eine wahre Ueberraschung
aus so früher Zeit ist ferner die erfahrungsmäßige Einsicht, womit
Pestalozzi in einem „Gutachten Arners an Herzog Leopold" die Behandlung der Sträflinge auseinandersezt, wie es heute ein erfahrenes
Mitglied eines Schuzaufsichtsvereines nicht besser und zweckmäßiger
könnte. Ein Schweizerblatt war diese Wochenschrift freilich nur in
geringem Maße. Das in dieser Beziehung allein Bemerkenswerthe ist
ein Nachruf an Isaak Iselin, worin Pestalozzi sein persönliches Verhältniß zu diesem eröffnet und ihn als seinen Retter feiert*).

Von besonderer Bedeutung ist ferner seine Schrift „Ueber Ge-
sezgebung und Kindermord", ebenfalls vom Jahr 1782,
ursprünglich eine Preisschrift. Der Mann, welcher in Lienhard und
Gertrud die Aussicht eröffnet hatte, das Volk auf dem einfachen Wege
des häuslichen Lebens zu erziehen und zu veredeln, und der im Mutterherzen die Liebe und die Kraft fand, dieses Ziel zu erreichen, mußte im
Kindsmord eine Verirrung sehen, welche nicht nur eine Folge des innern
Verderbnisses der Mutter, sondern vielmehr das Ergebniß einer allgemeinen Entartung der bürgerlichen Gesellschaft sei, der Verführung und
Furcht vor Schande und Armuth auf der einen, der Härte der Gesez-
gebung und der Gerichte auf der andern Seite. Da also die Entstehung unehlicher Kinder ein Gebrechen der bürgerlichen Gesellschaft
selbst sei, so habe der Staat es als seine Pflicht zu erkennen, ein Vater
der Verlassenen zu sein, wobei er seiner Pflicht am besten durch Ver-
sorgung bei braven Landleuten nachkomme. Den Gefallenen soll
Schonung zu Theil werden, und amtlich angestellte Gewissensräthe
sollen die verschwiegenen Berather der Unglücklichen sein. Natürlich ist
Pestalozzi in Angabe der Ursachen des Kindsmordes glücklicher als in
der Auffindung der Mittel zur Verhütung desselben; namentlich aber
bringt er eine Reihe erschütternder Beispiele aus Kriminalakten seiner
Umgebung. In einem gedrängten Rückblick faßt darauf Pestalozzi
die Hauptgesichtspunkte seiner Auseinandersetzung zusammen und stellt
den Haussegen als den Mittelpunkt der Hülfe dar. Was den Haussegen untergräbt, befördert den Kindsmord, so wie was jenen sichert,
diesen verhütet. Dann auf die große Frage der Kultur übergehend,
entwickelt er seine Idee in scharfer Unterscheidung von Rousseau: Bei

---

*) Es ist durchaus unverzeihlich, daß das Schweizer-Blatt in Pestalozzi's
sämmtlichen Werken unbeachtet blieb.

tief zurückstehenden Völkern mangeln die Fundamente des Menschen=
segens. Ein ungebildeter Mensch ist auch unter den glücklichsten Um=
ständen nicht menschlich, sondern nur sinnlich gebildet, und in unglück=
lichen Umständen immer thierisch verwildert. Im Allgemeinen erfordert
das bloße Brot eine sehr ausgebildete Ueberwindungsstärke gegen die
Gelüste einer idealen Sinnenbegehrlichkeit. Wenn der Mann eine
schwere Lebenslast zu tragen hat, so ist Hülfe dagegen nicht „in der
Zurücklenkung der Nationen zu ihrem Kinderstand, sondern in der Aus=
bildung und Veredlung der Männerkräfte zu der beruhigenden Weisheit
des alles vollendenden Alters zu suchen. Die Natur will allenthalben
vollendete Reifung, aber es fordert schwache Blüthen und heiße Sommer=
tage, ehe der Segen des Herbstes seine Früchte zum Kosten anbietet.
Ewiger Winter ist der Stand der Natur, den du lobst, guter Rousseau.
Aber du lebtest neben bösen Weisen, die der Welt wenig Gutes zu thun
geschienen haben, und es ging dir wie einem Mädchen, das edel und
gut, aber auch träumend und träge hinblickt in die arge, böse Welt und
alle ihre Mühseligkeit und Gefahren." „Der Schluß dieser Nach=
forschungen wird also dahin auslaufen, daß das Fundament einer jeden
wahren Nationalerleuchtung sowohl als das Fundament aller Weisheit
im Erwerb und Gebrauch der Reichthümer eines und eben dasselbe ist,
nämlich die allgemeine innere Veredlung der Grundtriebe des Volks,
welche beym armen, gebrechlichen Menschen nur durch seine Hinlenkung
zum wahren, lebendigen Glauben an Gott und an die Seligkeit der
Liebe zu erzielen ist." Er schließt mit der Voraussetzung vom Charakter
des wahren Gesetzgebers: „Er ist ein Christ. Er opfert sich seinem
Volk, und weiß, daß ohne dieses Opfer des Herrschers keine die Mensch=
heit befriedigende Gesetzgebung möglich ist." Es ist klar, daß bei dieser
Allgemeinheit für den Gesetzgeber wenig Raths zu erholen war, auch
entbehrt die Abhandlung der planmäßigen Anordnung und der Fort=
bewegung in der Beweisführung und wird daher in Einzelnheiten
störend breit. Dagegen ist dieselbe ein bemerkenswerther Beitrag zur
Geschichte der Gebrechen des bürgerlichen Lebens und der Gesetzgebung
seiner Zeit, reich an feinen Zügen und Beobachtungen des Menschen=
herzens und stellenweise von einer großen Beredsamkeit. Im gleichen
Jahre mit Pestalozzi's Schrift dichtete Schiller seine Kindsmörderin,
und wenn man den gleichartigen Grundzug jenes Gedichtes betrachtet,
so ist es wahrscheinlich, daß der Dichter von der Darstellung des
Schweizers ergriffen und geleitet worden. — Hieher gehört noch die

Bemerkung, daß Pestalozzi, um die Tiefen des Elendes im Volke nach allen Seiten zu erforschen und Hülfe vorzubereiten, sich im folgenden Jahre mit Vorschlägen über Zucht= und Irrenanstalten beschäftigte, welche Handschrift jedoch verloren ging.

Zu dieser Zeit kam Pestalozzi wenigstens ein Mal aus seinem engen Kreise heraus, indem ihn seine in Leipzig verheirathete Schwester und mütterliche Verwandte in Frankfurt zu einer Reise nach Deutsch= land veranlaßten. Die deutschen Musterschulen, denen er seine Auf= merksamkeit schenkte, befriedigten ihn wenig. Den Eindruck, den die großen Geister jener Zeit auf ihn machten, Klopstock, Wieland, Jakobi und Andere, hat er mit Stillschweigen übergangen; dagegen wissen wir, daß Goethe und Herder sich dieses schweizerischen Gegenstücks von Lavater ganz besonders freuten.

3. Pestalozzi während der Revolution.

Pestalozzi war nebst Lavater unter den Wenigen, welche beim Herannahen der französischen Revolution und den in der Schweiz da= durch veranlaßten Bewegungen, die volle Klarheit und Geistesruhe be= haupteten, und die genaue Bekanntschaft mit den Mißbräuchen und Ungerechtigkeiten der frühern Zeit bewahrte ihn vor Verblendung über die hereinbrechende Zukunft. Er wollte sein in den Wirbel der Neue= rungen hineingezogenes Vaterland warnen, aber um die Gährung leidenschaftlichen Partheieifers nicht mit anzuschüren, wollte er nicht unmittelbar zum Volke sprechen, sondern um seine Zeitgenossen desto zwangloser auf den Standpunkt der Prüfung und kühlen Ueberlegung zu führen, wählte er die Form der Bilder und Gleichnisse. Er nannte diese im Jahre 1795 herausgekommene Schrift „Figuren zu meinem ABC=Buch oder zu den Anfangsgründen meines Denkens;" und bei der zweiten Auflage von 1803 „Fabeln." Der erste Titel paßt zum Inhalte nicht, so wie der zweite diesem ebenfalls wenig Ehre macht. Denn Pestalozzi war für die stille Naturbetrachtung, und namentlich für das heitere, behagliche Belauschen der Thierwelt nicht geeignet. Man hat demnach in diesen Bildern nur das Wesen und Thun der Menschen in Thier=Hülle gekleidet, gar absichtlich und mühsam lehrhaft. Daher sah sich Pestalozzi bei Herausgabe seiner sämmtlichen Schriften veranlaßt, zum gehörigen Verständniß seiner „Figuren" bei den meisten Stücken weitläufige Nachträge und Er=

klärungen zu liefern. Allein gerade durch dieſe Erklärungen tritt das
Unbeſtimmte, Willkürliche, tendenziös Zugerichtete der Zeichnungen um
ſo auffallender hervor. Die Gedanken, welche ihn beſchäftigten, waren
gleichſam zu groß, als daß ſie ſich in den kleinen Rahmen der Fabel
und des thieriſchen Stilllebens hätten begränzen laſſen. Denn Peſtalozzi ſagt in der Vorrede, dieſe Bilder ſeien „ein Zeugniß ſeines tiefen,
innern Gefühls von der allgemeinen Abſchwächung der weſentlichen
Fundamente, auf welchen der alte Segenszuſtand des Schweizerlandes
ruhete,“ und daß ſie „den Fundamentalirrthum jenes Zeitpunktes erklären ſollten, — den ſelbſtſüchtig belebten Anſpruch an Volksgewalt,
als dem Wohl und Segen des Menſchengeſchlechts und ſeiner Be-
ſtimmung weſentlich entgegenſtehend.“ Er ſelbſt geſteht daher, daß er
in der Darſtellung „den Mißmuth ſeiner Seele“ nicht habe unterdrücken
können, namentlich darüber-, daß er, ſtatt thätig in die Umgeſtaltung
ſeines Vaterlandes einzugreifen, ſich zum bloßen Schreiben genöthigt
ſah. Dieſe Stimmung ſpricht ſich namentlich im erſten Stücke der
neuen Bearbeitung aus — „Der Menſchenmaler.“ „Er ſtand da —
ſie drängten ſich um ihn her, und einer ſagte: Du biſt alſo unſer Maler
geworden? Du hätteſt wahrlich beſſer gethan, uns unſre Schuhe zu
flicken. — Er antwortete ihnen: Ich hätte ſie euch geflickt, ich hätte
euch Steine getragen, ich hätte euch Waſſer geſchöpft, ich wäre für euch
geſtorben, aber ihr wolltet meiner nicht, und es blieb mir in der ge-
zwungenen Leerheit meines zertretenen Daſeyns nichts übrig, als malen
zu lernen*).“

Je mehr Peſtalozzi in die höhern Jahre einrückte, ohne daß ſeine
Kraft ihre Thätigkeit und ſein Geiſt und ſein Wille Anerkennung gefunden, deſto mehr ergriff ihn ein herber und bitterer Unmuth, ver-
düſterte ſeine Gedanken und raubte denſelben den warmen, weichen und
lieblichen Fluß früherer Zeit. Im Anfange der neunziger Jahre hatte er
in Zürich Fichte und in Bern Herbart kennen gelernt, welche Beide ſpäter
bemüht waren, Peſtalozzi's Gedanken über Erziehung auszubilden und
zu verbreiten. Namentlich machte des jungen Fichte charaktervolle Derbheit und ſein reformatoriſcher Thatendrang einen großen Eindruck auf

*) Der Verfaſſer hörte von Bürgermeiſter Heß in Zürich, er habe von Peſtalozzi
nahe Stehenden vernommen, derſelbe habe in ſeinen „Figuren“ eine Bildergallerie
ſeiner Mitbürger und ſeiner politiſchen Erlebniſſe unter denſelben gegeben, habe aber
durch die herbe Weiſe, womit er ſelbſt Freunde und Wohlthäter gezeichnet, Aergerniß
veranlaßt.

den ältern Mann, so daß er seinen eigenen Gedanken das Gepräge der Fichte'schen Lehre von der Bestimmung des Menschen und ein philosophisches Gefüge zu geben versuchte. Er betitelte diesen philosophischen Versuch „Meine Nachforschungen über den Gang der Natur in der Entwicklung des Menschengeschlechts" (1797). Er betrachtete den Menschen unter dem dreifachen Gesichtspunkte als Werk der Natur, der Gesellschaft und seiner Selbst. „Ich bin als Werk der Natur physische Kraft, Thier. Aber das Leiden hebt den reinen Naturzustand der ursprünglichen Gutmüthigkeit auf, so daß der Naturmensch sich überall thierisch verdorben, mißtrauisch, gewaltthätig und nur in soweit wohlwollend zeigt, als dieses Wohlwollen nicht mit der Befriedigung seiner Begierden streitet. Als Werk des Geschlechts, als gesellschaftlicher Mensch, als Bürger erkenne ich den Zwiespalt zwischen meiner Kraft und meiner Begierde, ich bin nur gesellschaftliche Kraft, Geschicklichkeit. Der Mensch als Geschlecht, als Volk, unterwirft sich dem Staat gar nicht als ein sittliches Wesen; er tritt nichts weniger als deswegen in die bürgerliche Gesellschaft, damit er Gott dienen und seinen Nächsten lieben könne. Er tritt in die bürgerliche Gesellschaft, seines Lebens froh zu werden, und alles das zu genießen, was er als sinnliches thierisches Wesen unumgänglich genießen muß, um seine Tage froh und befriediget auf dieser Erde zu durchleben. Als Werk meiner Selbst erhebe ich mich über den Irrthum und das Unrecht meiner Selbst und werde sittliche Kraft, Tugend. Als sittliches Wesen wandle ich ausschließend der Vollendung meiner Selbst entgegen, und werde als solches ausschließend fähig, die Widersprüche, die in meiner Natur zu liegen scheinen, in mir selbst auszulöschen." — — „Erziehung und Gesetzgebung müssen diesem Gang der Natur folgen. Sie müssen dem Menschen als thierischem Wesen, durch die Erhaltung seines thierischen Wohlwollens, das Bild seiner Unschuld in Kindesschwäche, und gleichsam träumend vor Augen halten. Sie müssen in ihm als gesellschaftlichem Wesen durch Treue und Glauben die gesellschaftliche Zuverlässigkeit entwickeln, durch die er sich den Mangel der Unschuld, von der ihn der gesellschaftliche Zustand so gewaltsam entfernt, in demselben erträglich zu machen bestrebt. Sie müssen ihn endlich durch Selbstverläugnung zu der Kraft emporheben, durch die er allein im Stande ist, das Wesen der Unschuld in sich selbst wieder herzustellen, und sich selbst wieder zu dem friedlichen, gutmüthigen und wohlwollenden Geschöpf zu machen, das er in der Unverdorbenheit seines thierischen Zustandes auch ist."

Diese starre, durch das Ganze mehrmals wiederkehrende Dreigetheiltheit der Gedankenentwicklung bringt eine unerfreuliche Härte und Geschraubtheit in die Darstellung, welche das Verständniß selbst erschwert. Dieses thut sich besonders in denjenigen Erörterungen kund, wo er seine unklaren und trostlosen Gedanken über die Religion entwickelt, wo unter Anderm folgende Säße vorkommen: „Göttlich ist die Religion einem jeden Menschen nur in soweit, als sie in ihm selbst ein Werk seiner selbst ist." „Das Christenthum ist ganz Sittlichkeit; darum auch ganz die Sache der Individualität des einzelnen Menschen." „Wir haben noch kein Christenthum, und werden und sollen als Nationen keins haben." Pestalozzi selbst sagt von dieser Schrift: „Ich schrieb drey Jahre lang mit unglaublicher Mühseligkeit an den Nachforschungen wesentlich in der Absicht, über den Gang meiner Lieblingsideen mit mir selbst einig zu werden, und meine Naturgefühle mit meinen Vorstellungen vom bürgerlichen Rechte und von der Sittlichkeit in Harmonie zu bringen. Auch dieses Werk ist mir selbst wieder nur ein Zeugniß meiner innern Unbehülflichkeit — ein bloßes Spiel meines Forschungsvermögens." — Das Gute im Buche sind seine Erfahrungen und Ansichten über bürgerliche und sittliche Zustände seiner Zeit. Wie der Anfang, so ist auch das Ende dieser Schrift ein gepreßter Seufzer über die zertrümmerte Lebenshoffnung.

Wenn Pestalozzi unter dem Gefühl mangelnder Anerkennung niedergebeugt war, so wäre die Voraussetzung sehr irrig, daß ihm als Denker und Schriftsteller nicht die gebührende Ehre zu Theil geworden. Allein er strebte nach einer Stellung, welche ihm die praktische Verwirklichung seiner Gedanken eröffnen sollte. Nicht etwa daß er nach einer Lehrstelle getrachtet hätte, sondern er hatte die organische Entwicklung der Volksbildung im Staatsdienste im Auge. Allein auch in dieser Beziehung fand er eine ganz unerwartete Beachtung. Seit Bodmers Zeit standen liberale österreichische Staatsmänner mit den Schweizern in Verbindung; daher fand auch Pestalozzi sowohl beim Grafen von Zinzendorf, dem Minister Josephs II., so wie bei dem Minister von dessen Bruder, dem Großherzog Leopold von Toskana, große Theilnahme. Namentlich Letzterer, der Graf von Hohenwart, eröffnete ihm Aussichten zur praktischen Ausführung einer Erziehungsanstalt nach Pestalozzi'schen Grundsätzen; allein die Erhebung Leopolds auf den Kaiserthron vereitelte auch diese Hoffnung. Bald darauf zeigten sich ähnliche Aussichten von entgegengesetzter Seite, indem Mitglieder der französischen Nationalversammlung ein Auge auf Pestalozzi warfen in

der Erwartung, „er möchte fähig ſein, dem franzöſiſchen Volke in die=
ſem Sturme der Leidenſchaft die Wahrheit, die es jetzt beherzigen ſollte,
mit Erfolg zu ſagen." Wirklich wurde Peſtalozzi neben Klopſtock,
Schiller und Kampe mit dem franzöſiſchen Bürgerrechte beſchenkt und
an ihn die Einladung erlaſſen, nach Paris zu kommen, um ſeinen
Rath wegen Einrichtung des Erziehungsweſens zu ertheilen. Auch er=
hellt aus ſeinen Briefen an Fellenberg, daß er ſich einige Zeit mit dem
Gedanken trug, nach Frankreich zu gehen und „über mehrere Theile der
Geſetzgebung für Frankreich zu arbeiten." Allein bald ſah er ſich auch
in dieſen Träumen ſchmählich getäuſcht, da man von Frankreich aus
planmäßig Unzufriedenheit und Mißtrauen gegen die ſchweizeriſchen
Regierungen zu verbreiten begann und ihm ſelbſt die Niederträchtigkeit
zumuthete, die Anklageſchrift gegen die Obrigkeiten ſeines Vaterlandes
zu verfaſſen.

Doch gerade in dieſe Zeit fällt die ermuthigende und ſpäter erfolg=
reiche Bekanntſchaft Peſtalozzi's mit dem nachherigen preußiſchen Staats=
rathe Nicolovius, an welchen er im Jahre 1793 ſchreibt: „N., ſtoße
den bittenden Alten nicht weg — werde Erbe meiner Wünſche für die
Menſchheit — werde der Aufbewahrer der Erfahrungen meines Lebens,
der Vorbereiter meines zerrütteten Werkes — und fordere von mir
Treue und Handbietung bis an mein Grab." Es darf freilich nicht
unerwähnt bleiben, daß Peſtalozzi's Freude über die Harmonie der
Denk= und Empfindungsweiſe mit dieſem Manne ſich namentlich auf
den Beifall gründete, womit Nicolovius jenen bezeichnenden Ausſpruch
aufgenommen hatte: „Gott hat ſich mir nur durch Menſchen geoffen=
baret. Ich kenne alſo keinen Gott als durch Menſchen." Das merk=
würdigſte und offenſte Bekenntniß Peſtalozzi's über ſein Verhältniß zum
Chriſtenthum, welches nicht nur eine augenblickliche Stimmung, ſon=
dern die ihn beherrſchende Ueberzeugung ausſpricht, iſt im Briefe an
Nicolovius (1793) ausgedrückt: — — — „ich kann und ſoll alſo nicht
verhehlen — meine Wahrheit iſt ans Koth der Erde gebunden und alſo
tief unter dem Engelgang zu welchem Glaube und Liebe die Menſchheit
erheben mag. Du kenneſt Glulphis Stimmung — ſie iſt die meinige
— ich bin ungläubig — nicht weil ich den Unglauben für Wahrheit
achte — ſondern weil die Sonn meiner Lebens Eindrücke — den Seegen
des Glaubens vielſeitig aus meiner innerſten Stimmung verſchoben."
„von meinen Schickſahlen alſo geführt halte ich das Chriſtenthum für
nichts Anders als für die reinſte und edelſte Modiſication der Lehre von

der Erhebung des Geistes über das Fleisch — und diese Lehre für das
große Geheimniß und das einzig mögliche Mittel unsere Natur im inner=
sten ihres Wesens — ihrer wahren Veredlung neher zu bringen; —
oder um mich deutlicher auszudrücken — durch innere Entwicklung der
reinsten Gefühle der Liebe — zur Herrschafft der Vernunft über die
Sinnen zu gelangen." — „Das glaube ich sy das Wesen des Christen=
thums — aber ich glaube nicht daß viele Mentschen ihrer Natur nach
fehig syen Christen zu werden — ich glaube das Große der Mentsch=
heit so wenig einer solchen allgemeinen innern Veredlung fehig — als
ich daselbe im Allgemeinen fehig glaube irdische Cronen zu tragen." „ich
glaube das Christenthum sey das Salz der Erde — aber so Hoch ich
dieses Salz auch schaze, so glaube ich denoch daß Gold und Stein und
Sand und Perlen ihren Werth unabhangend von diesem Salz haben
und daß die Ordnung und die Nuzbarkeit aller dieser Dinge unabhan=
gend von demselben muß ins Aug gefaßt werden — ich glaube nemlich
alles Koth der Welt hat seine Ordnung und sein Recht unabhangend
von dem Christenthum — und Freund indem sich meine Wahrheit auf
das Forschen nach diesem Recht und nach dieser Ordnung beschrenkt —
fühle ich die Schranken meines Gesichtspunkts ganz aber den ahndet
mir auch — meine Stimm seye wie die Stimm eines Rufenden in der
Wüste einem andern der nach mir kommt den Weg zu bereiten ꝛc."[*]
Diese wenigstens unter Freunden offen ausgesprochene Ablösung vom
Bekenntniß der christlichen Kirche, wobei indessen Wärme des religiösen
Gefühls und die Erkenntniß vom Werthe frommer Gesinnung nicht
fehlte, empfahl Pestalozzi wie den Stimmführern und Beförderern der
damaligen Kultur in Preußen, so auch den Männern, welche bald in
seinem Vaterlande öffentlich einflußreich werden sollten.   Unter diesen
war Lukas Legrand, Mitglied des helvetischen Direktoriums, welcher
hernach mit Pfarrer Oberlin in Steinthal zum Segen der dortigen Ge=
gend gewirkt hat.   Dieser stimmte in Gesinnung wie in enthusiastischer
Thätigkeit und Hoffnung für die Umgestaltung des Vaterlandes mit
Pestalozzi zusammen.   Vorzüglich durch Legrand ermuntert, schloß sich
Pestalozzi in thätiger Handbietung der neuen Republik an.   In dieser
Stellung schrieb er zunächst „Ueber die gegenwärtige Lage und Stel=
lung der Menschheit."   In dieser Schrift, wie in dem auf Anregung

---

[*] Vorträge gehalten bei der Pestalozzi=Feier den 12. Jänner 1846 in Basel.

der helvetiſchen Regierung herausgegebenen „Schweizer Volksblatt"
drang er auf Rückkehr zur alten Ehrenfeſtigkeit und Frömmigkeit, und
vor Allem auf Umſchaffung des Erziehungsweſens, indem er verlangte,
daß die größtmöglichſte Wirkung der Volksbildung durch die vollendete
Erziehung einer beträchtlichen Anzahl der ärmſten Kinder erzielt werden
müſſe, wenn dieſe Kinder durch die Erziehung nicht aus ihrem Kreiſe
gehoben, ſondern feſter an dieſen geknüpft würden. Legrand war von
Peſtalozzi's Plänen ſo eingenommen, daß er nicht ruhen wollte, bis er
dem Dulder ein beſſeres Schickſal bereitet hätte, indem er darauf
dachte, ihm eine öffentliche Beamtung zu verſchaffen.

Peſtalozzi iſt ein ſo reiner und großartiger Charakter, daß weder
Egoismus noch Partheileidenſchaft ihn von dem Pfade der Wahrheit
und des Rechtes entwegen konnte. Vor der Revolution hatte er in
gleichem Geiſte wie Lavater für die Vereinigung der Gemüther gearbeitet und vor den Irrthümern der Volksherrſchaft gewarnt. Als aber
die durch Raub und Tyrannei der Franzoſen ſchmachvolle Revolution
der Schweiz Lavatern zu jenem helbenmüthigen Widerſtand erhob, wozu
ihn der klare Blick in Menſchen und Verhältniſſe, voraus aber die Erkenntniß der ewigen Wahrheit führte: — wie ſehr verirrte ſich der für
den Adel der Menſchennatur und die Menſchenrechte ſchwärmende Peſtalozzi vom Wege des Rechtes und der Staatsweisheit, daß er ſich herbeiließ, in einer Reihe kleiner Flugſchriften aus dem Jahre 1798 Wort-
führer der Revolution zu werden! So ſpricht er für unentgeldliche
Aufhebung des Zehnten. Um aber den Schaden zu decken, räth er, die
Gemeindegüter theils unter die Bürger zu vertheilen, theils zum Staats-
gut zu machen, wobei unter Anderm zur Rechtfertigung der Maßregel
der Grundſatz aufgeſtellt wird: „Das Volk muß wiſſen, daß das
Eigenthum nicht durch ſich ſelbſt, ſondern um ſeines Zweckes willen
heilig iſt." In einem zweiten „Revolutionsgeſpräch" entwickelt er
ſeine Befürchtung, daß bei der Unfähigkeit und Selbſtſucht der in die
neuen Aemter eingerückten Patrioten die Ariſtokraten wieder auffom-
men möchten, daher ſein Ruf: „Wach auf, Volk!" Mit wahrem Bedauern aber erfüllen einige Aufrufe, wie der „An mein Vaterland", wo
unter Anderm folgende Stellen vorkommen: „Und Vaterland! ben der
Trennung Europens, beym waltenden Kampf zwiſchen Freyheit und
Deſpotie, was wollteſt du ſeyn? was konnteſt du bleiben? was konnteſt du werden? ohne Anſchließung an ein Volk, das bei allen Menſch-
lichkeiten ſeines erhabenen Kampfes, dennoch immer das Wohl der

Menschheit zu seinem Ziel, das Recht der Menschheit zu seinem Schild hat." — „Schwöre heute, frey zu leben, mit Frankreich zu stehn und mit Frankreich zu fallen." Pestalozzi macht den Lobredner des von Frankreich erzwungenen Schutz- und Trutzbündnisses, welches Escher so muthvoll im Rath und Lavater von der Kanzel bekämpfte. Noch mehr erstaunt man ob dem zweiten Aufruf „An Helvetiens Volk", als die innern Kantone die von Frankreich aufgezwungene Verfassung zu verwerfen wagten und zu den Waffen griffen, wo Pestalozzi also beginnt: „Die Stunde ist da, in welcher ihr die Rettung des Vaterlandes wahrscheinlich mit dem Blute einiger Irregeführter — im Herzen gewiß nichts weniger als allgemein Böswilliger — aber in ihren Thaten als unverbesserliche Landesaufwiegler und Landesverräther zum Vorschein kommender Verbrecher werdet erkaufen müssen. Trauert Bürger! das Blut eines jeden Schweizers seye euch heilig; aber das Wohl des Vaterlandes sey euch heiliger, als das Blut der Aufrührer; es sey euch heiliger als euer eigenes." — Wir dürfen dieses dunkle Blatt aus Pestalozzi's Leben nicht verschweigen, wo sich ihm die Begriffe von der Freiheit und Selbständigkeit seines Vaterlandes so sehr verwirrt hatten. Wie er später zu Iferten in augenblicklichem Enthusiasmus Großen gegenüber, welche ihm für seine Erziehungsunternehmungen förderlich sein zu können schienen, sich zu sonderbaren Huldigungen herabließ, so zogen ihn während der Revolution Männer der neuen Ordnung der Dinge, welche er sonst achten konnte, auf eine falsche Bahn, die er indessen bald genug erkannte und in seiner Beschämung darüber in seinen spätern Bekenntnissen mit tiefem Schweigen bedeckt.

Allein indem diese unglückliche Theilnahme und Thätigkeit für die Revolution seine Unbrauchbarkeit für den Staatsdienst für ihn selbst und Andere zur völligen Klarheit brachte, führte diese Enttäuschung endlich zur rechten Entfaltung des innersten Kerns und der tiefsten Kraft seines Wesens. Er erkannte, daß er ein bisher verlorenes Leben nur retten könne, wenn er dasselbe dem unmittelbarsten und demüthigsten Dienst für das Volk widme. Als Frucht dieser Erkenntniß und dieses Entschlusses sprach er nun die Erklärung aus: „Ich will Schulmeister werden!" Die helvetischen Minister Rengger und Stapfer schenkten seinen nach dieser neuen Aufgabe zielenden Vorschlägen eifrige Theilnahme, worauf sich Pestalozzi in den Kantonen Zürich und Aargau nach einer Lokalität umsah, welche die „vereinigten Vortheile der Industrie, des Landbaus und der äußern Erziehungsmittel

barböte." Allein das Unglück in Unterwalden entſchied über den Ort
ſeiner Thätigkeit.

4. Peſtalozzi als Erzieher.

In einem Alter von nicht weniger als zweiundfünfzig Jahren
begann Peſtalozzi ſeine merkwürdige Thätigkeit in Stanz, wo er in der
Mitte ſeiner armen Kinder eine Vaterliebe und Vaterkraft entwickelte
und ein Erziehungsgeſchick an den Tag legte, daß er darin den Beweis
für die Richtigkeit und Zweckmäßigkeit ſeiner Anſichten leiſtete. Seine
Werke enthalten den Brief an den Sohn Sal. Geßners „Ueber
ſeinen Aufenthalt in Stanz." Wenn ſich ſchon bei Peſtalozzi's
erſten Unternehmungen auf dem Neuenhof die Nothwendigkeit der Vor-
ſicht in Betreff der Darſtellung über ſeine allgemeinen Geſichtspunkte
und Ideenverbindungen ergab, ſo gilt das ganz beſonders auch von
dieſem merkwürdigen und vortrefflich geſchriebenen Briefe. Denn ſo
werthvoll in dieſem Berichte alles dasjenige iſt, was Peſtalozzi über
ſeine erzieheriſchen Verſuche und Maßregeln vorbringt, ſo vorſichtig
wollen dagegen einzelne Thatſachen aufgenommen ſein. Nicht daß man
an Peſtalozzi's Redlichkeit und Wahrhaftigkeit zweifeln dürfte; allein
er wird dermaßen von ſeinen Grundgedanken und Tendenzen beherrſcht,
und die rhetoriſch belebte Schilderung mit ſtark aufgetragener ſentimen-
taler Färbung iſt eines ſeiner techniſchen, etwas verſchwenderiſch an-
gewandten Mittel der Darſtellung, daß man dieſe und andere Schriften
nicht ohne ſorgfältige Kritik für hiſtoriſche Darſtellungen benutzen darf.
Der Bericht über Stanz ſoll der Welt zeigen, daß, wenn er ſich zum
demüthigen Schuldienſt herabließ, darin eine hohe, ſegensreiche und
ſelbſt genußvolle Aufgabe liege. Peſtalozzi hat durch ſeine Darſtellung
einen Beruf, den die Welt bisher nur von ſeiner mühſeligen und lang-
weiligen Seite kannte, zum erſten Male in ſeiner poetiſchen Tiefe erfaßt, und dadurch eine Zeit, welche mit revolutionärem Ungeſtüm die
Wohlfahrt des Menſchengeſchlechtes bezweckte, für dieſe neue Aufgabe
elektriſiert. Ueberhaupt iſt es nicht das geringſte Verdienſt Peſtalozzi's, daß er die Wichtigkeit und das Glück einer naturgemäßen Erziehung und Schulbildung für das Volksleben im Ganzen mit einer
Wärme und einem Glanze zu ſchildern vermochte, wie Keiner vor ihm.
Indem er ſeine Erlebniſſe und Erfahrungen in Stanz erzählte, was er
dort erreicht und mit welchen Mitteln, wobei außerordentliche Umſtände

die allgemeine Theilnahme erhöhten, mußte dieser Abriß die Gemüther für ihn und seine Aufgabe gewinnen*). Man darf zunächst nicht vergessen, daß nicht die wirklichen Leistungen in Stanz das waren, worauf er einen besondern Werth legte, sondern die Möglichkeit künftiger Leistungen auf dem dort eingeschlagenen Wege, und daß der Bericht die Absicht hatte, ihm einen neuen erzieherischen Wirkungskreis zu eröffnen. Es ist sich daher nicht zu verwundern, wenn die Anlage des Ganzen auf eine ergreifende Wirkung berechnet ist. Dabei fällt freilich zunächst auf, daß er den Gegensatz, wie er seine Kinder in Stanz angetroffen, und was er aus ihnen gemacht, zu grell darstellt. Er schildert sie nämlich als einen Haufen „verwilderter Bettelkinder", vertraut aber auf die „Kräfte der menschlichen Natur, welche mitten im Schlamm der Rohheit, der Verwilderung und der Zerrüttung die herrlichsten Anlagen und Fähigkeiten entfaltet." Und dem zufolge fährt er fort: „Ich war überzeugt, mein Herz werde den Zustand meiner Kinder so schnell ändern, als die Frühlingssonne den erstarrten Boden des Winters. Ich irrte mich nicht; ehe die Frühlingssonne den Schnee unserer Berge schmelzte, kannte man meine Kinder nicht mehr." Allein es ist nicht zu vergessen, daß die Kinder jener Väter, welche so heldenmüthig für ihr Land gekämpft und geblutet hatten, keine Bettelkinder waren, und daß überhaupt bei den frommen und genügsamen Unterwaldnern weniger verwahrloste Kinder gefunden werden als in andern Theilen der Schweiz. Pestalozzi selbst muß anderswo von diesen Kindern sagen: „Es war ein anderes Geschlecht; selbst ihre Armen waren andere Menschen als die städtischen Armen und als die Schwächlinge unserer Korn- und Weingegenden. Ich sah die Kraft der Menschennatur und ihre Eigenheiten in dem vielseitigsten und offensten Spiel." Wenn also Pestalozzi sich die Liebe dieser offenen Kinderseelen erwarb, und durch diese Liebe in ihrer Bildung und Erziehung eine große und günstige Aenderung hervorzubringen begann, so ist es jedenfalls unverhältnißmäßig, von seinen Leistungen als von etwas Außerordentlichem und Niedagewesenem zu sprechen. Vielmehr ist es höchst wahrscheinlich, daß die plötzliche Unterbrechung seiner Arbeit durch die Franzosen ihm nur den Schmerz über das Mißlingen seiner Bemühungen ersparte. Denn hier schon treten jene Irrthümer und Mißgriffe klar hervor, an denen seine

---

*) „So sagte mir von Muralt, dieser Brief Pestalozzi's über sein Wirken in Stanz habe ihn für Pestalozzi und den Erzieherberuf begeistert und veranlaßt, sich an Pestalozzi anzuschließen." Anmerkung W. Hennings.

spätern Unternehmungen scheiterten*). Er baute zu viel auf den natürlichen guten Willen und die Naturkraft des Kindes, zu viel darauf, die
Tugenden als „Fertigkeiten" bei ihnen auszubilden. Er verkannte den
Werth der Einübung der mechanischen Fertigkeiten der Schule, und daher die Unzweckmäßigkeit, den Unterricht mit häuslichen Arbeiten zu
verbinden; eben so verkannte er die Nothwendigkeit einer systematischen
Betreibung der Schulfächer und darum täuschte er sich über die Befähigung der Mutter nicht nur zu erziehen, sondern auch Schule zu
halten. Es war daher ein offenbarer Irrthum, wenn Pestalozzi meinte,
Stanz; wo die Bevölkerung so entschieden dem katholischen Bekenntnisse
zugethan ist, so daß Lebensansicht und Erziehung, Geselligkeit und Berufs-
leben davon beherrscht wird, wäre der „seiner Individualität eigene und
ihn gleichsam selig machende Boden gewesen, den er für seine Zwecke
segensvoll und für die Dauer hätte benutzen können." Allein das ist
das Bedeutende, daß er von Stanz sagen konnte: „Ich machte entschiedene Erfahrungen über die Möglichkeit, den Volksunterricht auf
psychologische Fundamente zu gründen, wirkliche Anschauungskenntnisse
zu seinem Fundamente zu legen und der Leerheit seines oberflächlichen
Wortgepränges die Larve abzuziehen."

Pestalozzi ließ sich daher nicht abschrecken, in Burgdorf unter
den kümmerlichsten Verhältnissen sein Werk fortzusetzen. Allein bald
konnte er mit weiterer Hülfe der helvetischen Regierung, welche ihm das
dortige Schloß zur Verfügung stellte, in Verbindung mit Krüsi, zu dem
sich bald Tobler und Buß gesellten, ein Erziehungsinstitut gründen,
welchem ungesucht Zöglinge zuströmten, namentlich die Söhne der helvetischen Beamteten. Als vollends noch Niederer und Schmid und der
treue Ramsauer hinzukamen; als diese Gehülfen alle mit Liebe und
Verehrung an Pestalozzi hingen und in Eintracht und Begeisterung in
seinem Sinne arbeiteten, so war das die schönste Zeit der Pestalozzi'schen
Erziehungsbestrebungen. In dieser Zeit entstand auch diejenige seiner
Schriften, welche neben Lienhard und Gertrud für seine pädagogischen

---

*) Der Verfasser sah sich im Fall, durch mehrfache, an Ort und Stelle einge-
zogene Erkundigungen zu vernehmen, daß bei den Leuten, welche einst als Kinder unter
Pestalozzi's Leitung standen, kein anderer Eindruck zurückgeblieben zu sein scheine, als
derjenige seiner Sonderbarkeiten. Zugleich mit Pestalozzi wurde von der helvetischen
Regierung zur Beförderung der Volksbildung Businger, der Geschichtschreiber von
Unterwalden, als Pfarrer nach Stanz gesendet, welcher indessen zugleich mit der
Einheitsregierung wieder abtreten mußte.

Ansichten die wichtigste ist, nämlich „Wie Gertrud ihre Kinder lehrt, ein Versuch, den Müttern Anleitung zu geben, ihre Kinder selbst zu unterrichten" (1802). Schriftstellerisch ist dieses Stück unbedeutend, indem dasselbe aus verschiedenen im Tone ungleich gehaltenen Fragmenten besteht; der Inhalt aber giebt etwas ganz Anderes, als auf dem Titel versprochen ist, indem durchaus keine Anleitung für Mütter, sondern die allmählige Entstehung der sogenannten Methode Pestalozzi's und seiner wesentlichen Ansichten von Volkserziehung darin zu finden ist. Namentlich aber ist diese Schrift der erste Versuch, die Lehrfächer der Volksschule organisch zu entwickeln, nachdem Basedow und Salzmann nur zufällig und empirisch herumgetastet hatten. Besonders erklärt sich hier Pestalozzi zuerst eingehend über den Anschauungsunterricht, durch welchen er der Reformator der neuern Schule geworden, daher er denn auch von sich selbst sagt: „Wenn ich zurücksehe, und mich frage: was habe ich denn eigentlich für das Wesen des menschlichen Unterrichtes geleistet? — so finde ich: ich habe den höchsten obersten Grundsatz des Unterrichtes in der Anerkennung der Anschauung, als dem absoluten Fundament aller Erkenntniß festgesetzt und mit Beseitigung aller einzelnen Lehren, das Wesen der Lehre selbst und die Urform aufzufinden gesucht, durch welche die Ausbildung unsers Geschlechts durch die Natur selber bestimmt werden muß." Oder an einem andern Orte: „Ich komme immer auf die Behauptung zurück, daß die Anschauung das absolute Fundament aller Erkenntniß sey, mit andern Worten, daß jede Erkenntniß von der Anschauung ausgehen und auf sie müsse zurückgeführt werden können." Einläßlich und lehrreich in der Ausführung verstand aber Pestalozzi nur in Beziehung auf Sprache zu sein, daher er bemerkt: „Meine Unterrichtsweise zeichnet sich vorzüglich hierin aus, daß sie von der Sprache, als Mittel, das Kind von dunkeln Anschauungen zu deutlichen Begriffen zu erheben, einen größern Gebrauch macht, als bisher geschehen ist. — — Wer eingesteht, die Natur führe nur durch die Klarheit des Einzelnen zur Deutlichkeit des Ganzen, der gesteht ebenfalls ein: die Worte müssen dem Kinde einzeln klar seyn, ehe sie ihm im Zusammenhange deutlich gemacht werden können — und wer dieses eingesteht, wirft mit einem Schlage alle bisherigen Elementar-Unterrichtsbücher als solche weg, weil sie alle Sprachkenntniß beym Kinde voraussetzen, ehe sie ihm selbige gegeben haben."

Pestalozzi's glühender Eifer für die Volksbildung beruht auf der tiefen Ueberzeugung von der verkehrten und fundamentlosen Bildung seiner Zeit; er donnert daher mit strafender Heftigkeit auf die Schulen und Lehrer im Allgemeinen hinein: allein er selbst legte wieder einen unverhältnißmäßigen Werth auf seine noch wenig ausgebildete und geistig durchgearbeitete, und darum auch wieder steife Methode von Wort, Zahl und Form, womit er dem kindlichen Gemüthe auch wieder Gewalt anthat*). Es mußte daher unter den Schulmännern große Verwunderung erregen, daß ein Mann, welcher die wirklichen Leistungen der Schulen seiner Zeit nicht kennen konnte, solch ein allgemeines Verdammungsurtheil aussprach, zu ihrer Reorganisation aber nur noch sehr mangelhafte und unerprobte Vorschläge zu machen wußte. Ruht doch das Princip dieses Buches selbst, den Schulunterricht durch die Mütter überflüssig zu machen, auf einem unpraktischen Traum, indem eben die Fertigkeiten, auf welche Pestalozzi einen so großen Werth legt, nicht von den Müttern erworben und ausgeübt werden können. Es ist das Wesen und die Stellung der Mutter überhaupt auf eine ideale Höhe geschraubt, wofür er in der Wirklichkeit die Anhaltspunkte nicht fand. Warum Alles von der Mutter erwarten und den Vater völlig zurücksetzen? Mit Recht spricht die Volkssprache von der Macht des Mutterherzens, welches den innern Menschen bildet und erzieht, aber zugleich von dem Vaterhause, welches nicht nur durch die Wohnstube einwirkt, sondern vornämlich durch die gesellschaftliche Stellung und durch die Arbeit, durch die Nahrungs- und Verbrauchsmittel, durch die Haussitte und die Vergnügungen, welche Einflüsse mehr vom Vater abhängen, und als die eigentliche Atmosphäre des Kindes seine wesentlichen Bildungs- und Erziehungselemente ausmachen. Mit Recht befürchtet man von dem nur in der Wohnstube Auferzogenen eine zu weiche Empfindsamkeit. — Nicht weniger ungenügend ist diejenige Auseinandersetzung des Buches, welcher zufolge die Erziehung zur Gottesverehrung eben nur auf dem naturgemäßen Verhältniß zwischen Mutter und Kind zu beruhen hat, indem dieses gelehrt werden soll, die Liebe zur Mutter auf Gott überzutragen. K. von Raumer sagt daher über letztere Aufgabe der Mutter: „Kurz die Mutter wird als Mittlerin zwischen Gott und dem Kinde hingestellt. Aber mit keinem Worte wird erwähnt, daß sie selbst eines Mittlers bedürfe; Christi Name ist

---

*) „Merkwürdig, daß dem in Ideen lebenden Pestalozzi die Gebiete der Zahl und des Raums, in denen die Kinder des Instituts in Iferten vorzugsweise ihre Geistesgymnastik treiben mußten, eigentlich fremd waren."

Anmerkung W. Hennings.

im ganzen Buche nicht genannt. Daß die Mutter eine christliche Mutter sei, Glied der Kirche, daß sie dem Kinde lehre, was sie als Glied der Kirche selbst gelernt, das ist nirgends erwähnt. Die heilige Schrift wird nirgends erwähnt; aus dem eigenen Herzen schöpft die Mutter ihre Theologie. In diesem Werke herrscht also eine entschiedene Entfremdung von Christo." — Was in der Anleitung „Wie Gertrud ihre Kinder lehrt" nicht erfüllt wurde, sollte im „Buch der Mütter" (1803) gegeben werden. Allein auch darin darf man nichts dem Mutterherzen und seinem Gedankenkreis Entsprechendes erwarten. Vielmehr enthält diese Schrift eine Reihe von Anschauungen, welche durch ihre organische Aufeinanderfolge zur Ausbildung der Sinne, der Sprache und des Denkvermögens führen sollten. Statt aber das kindliche Auge in die reiche und anmuthige Welt der Umgebung in Natur und Menschenwelt einzuführen, soll das Kind sich mit der Anschauung seines eigenen Leibes, der Glieder und Gliedertheile beschäftigen, um Blick und Rede zu üben.

5. Pestalozzi in Iferten.

Wir schweigen von dem schnell steigenden und weitverbreiteten Ruhm des Pestalozzi'schen Instituts vor und nach seiner Versetzung nach Iferten, so wie von Pestalozzi's Sendung nach Paris, als Mitglied der helvetischen Konsulta im Jahre 1802, wo Monge nach Auseinandersetzung der Ideen des Pädagogen fand: „das ist zu viel für uns" — und Bonaparte auf Pestalozzi's Denkschrift über das, was der Schweiz Noth thue, erklärte, er könne sich „ins ABClehren nicht mischen." — Während der Dauer des Institutes schrieb Pestalozzi nichts, als was auf dieses Bezug hatte. Vom Jahre 1807 bis 1812 erschien: „Wochenschrift für Menschenbildung von Heinrich Pestalozzi und seinen Freunden" in vier Bänden. Allein von Pestalozzi selbst ist nur der Bericht von seiner Anstalt in Stanz: alles Andere, auch das Pestalozzi selbst in den Mund Gelegte, wie der „Bericht an die Eltern und an das Publikum über den gegenwärtigen Zustand und die Einrichtungen der Pestalozzi'schen Anstalt in Iferten," und die vor der Gesellschaft der schweizerischen Erziehungsfreunde in Lenzburg im Jahre 1809 gehaltene Rede „Ueber die Idee der Elementarbildung und den Standpunkt ihrer Ausführung in der Pestalozzi'schen Anstalt zu Iferten" gehören in Geist und Sprache nicht mehr Pestalozzi an, sondern sind von Niederer überarbeitet und mit ruhmredigen Zuthaten ausgestattet worden. Daher sagt Pestalozzi selbst von dieser Rede, daß sie „von derjenigen, welche er in Lenzburg wirklich gehalten, merklich verschieden sei, und das Gepräge eines fremden, auf ihn wirkenden Einflusses sichtbar an sich trage." Von dem Bericht an die Eltern und der Ankündigung der Wochenschrift giebt er folgende Erklärung: „Diese Schrift ist eigentlich nicht als mein persönlicher Aufsatz, sondern vielmehr als der allgemeine Ausdruck der Ansichten der mit mir damals verbundenen Freunde zu betrachten. Die unnatürlichen Anmaßungen desselben und die unbegreifliche Mißkennung unsrer selbst, unsrer Kräfte und unsrer Mittel, die darin herrscht, muß das Publikum um so mehr interessiren, als die erste und allgemeine Quelle alles Unglücks, aller Erniedrigung und alles Jammers, das später meine Person, meine Familie und mein Haus traf und meine Bestrebungen an den Rand des Verderbens brachte, im phantastischen Taumel jenes Zeitpunkts liegt."

Ein ganz besonders werthvoller Beitrag, den Pestalozzi's Aufenthalt in Iferten zu seinen Schriften lieferte, sind die „Reden an mein Haus" in den Jahren 1808 bis 1812, denn diese geben uns das eigenthümlichste und ergreifendste Seelenbild von Pestalozzi. Es thut sich darin eine seltene Beredsamkeit des Herzens kund, wo kindliche Demuth und überwältigende Liebe mit dem Siegesjubel genialen Thatendranges, wo innere Zerrissenheit und erschütternde Selbstanklage mit der Erhabenheit einer großen Seele und eines edeln Willens wechseln. In der Neujahrsrede von 1808 bricht der Schmerz über seine falsche Stellung durch, der zufolge er sich in eine Erziehungsaufgabe hineingelassen, welcher er nicht gewachsen ist, und wofür ihm sowohl die Regierungsfähigkeit, als der zusammenhaltende Einfluß auf seine Gehülfen fehlt. Der frische Eindruck von dem Zwiespalt unter seinen Gehülfen bringt ihn zu einer Kundgebung des Jammers und der Selbstanklage, wie die neuere deutsche Literatur kaum Aehnliches aufweist. „Mein Werk forderte Heldenkraft, ich blieb träge; es forderte Wachens und Betens, ich wachte nicht, ich betete nicht; es forderte Weisheit des Lebens, ich hatte sie nicht; es forderte Kenntnisse, ich suchte sie nicht; es forderte Wirthschaft, ich war unwirthschaftlich; es forderte Selbstüberwindung, ich that, was mir wohlgefiel; es forderte Regelmäßigkeit und Ordnung, ich war unordentlich und zerstreut; es forderte Weisheit in der Behandlung von Freunden und Feinden, es ist unmöglich, gegen beyde mehr zu fehlen als ich hierin gegen sie fehlte — und doch gelang mein Werk. Aber ich mangelte ihm. Ich war seiner nicht werth. Es forderte vor

allem aus das reine Opfer meiner selbst. Ich brachte ihm dieses Opfer
nicht. Je glücklicher ich wurde, desto mehr verlor sich meine Kraft. Ich
schrieb das Gute, das Gott mir erwies, mir selbst zu. Was als ein
Wunder um mich her geschah, das wähnte ich in meiner Thorheit, ich
thue es selbst. Ich ließ mich für das ehren, was ich nicht that, und
glaubte mich Schöpfer eines Werks, das nicht mein ist." In diesem
Kampf und Zwiespalt glaubte sich Pestalozzi dem Tode nahe. „Mein
Werk wird bestehen. Aber die Folgen meiner Fehler werden nicht ver-
gehn. Ich werde ihnen unterliegen. Meine Rettung ist mein Grab."
Störend ist freilich, daß Pestalozzi nicht dabei blieb, sein Herz sprechen
zu lassen, sondern daß er in grellen Uebermaß seiner Verzweiflung einen
für ihn bestimmten Sarg in die Mitte der Versammlung stellen ließ, und
sogar mit dem Schädel seiner alten Magd und treuen Gehülfin eine
theatralische Schaustellung machte. — „Eine Freundin starb mir.
Seht hier ihren Schädel. — — Seht hier meinen Sarg. Was bleibt
mir übrig? Die Hoffnung meines Grabes. Mein Herz ist zerrissen.
Ich bin nicht mehr, was ich gestern war. Was soll ich mehr leben?
Wofür bin ich unter dem Fußtritt der Pferde gerettet? Das Band ist
zerrissen, das meinem Leben einen Werth gab." Bemerkenswerth sind
diese und andere dieser Reden durch die kunstlose Annäherung an die
Bibelsprache, welche aus der Tiefe eines religiösen Grundes kam und
seiner Seelenstimmung angemessen war.

Unterdessen trug Alles dazu bei, Pestalozzi für sein Werk zu
ermuthigen; denn es nahm nicht nur die Zahl der Zöglinge zu, sondern
Iferten wurde allmählig der anerkannte Mittelpunkt der Hoffnungen
für eine auf unabänderliche Grundsätze gebaute Bildung. Eben im
Jahre 1808 versprach der muthige Fichte in seinen Reden an die
deutsche Nation Rettung durch eine Nationalerziehung, und wies zur
Verwirklichung derselben „an den von Heinrich Pestalozzi erfundenen,
vorgeschlagenen und unter dessen Augen schon in glücklicher Ausführung
begriffenen Unterrichtsgang." Pestalozzi konnte daher am Neujahrs-
tage 1809 hoffnungsvoll aussprechen: „Die Aufmerksamkeit auf
unser Thun hat, ich möchte sagen, seinen obersten Gipfel erreicht. Die
Augen tausend und tausend edler Menschen sind mit großen Hoffnungen
auf uns gerichtet. Das Urtheil erleuchteter Männer hat uns vielseitig
Gerechtigkeit wiederfahren lassen, und hie und da bietet uns innige
Liebe mit Anmuth die Hand für unser Thun." Daher ist nun auch
diese Rede der schönste Ausdruck von Pestalozzi's tiefer und frommer

Freude über ſein glückliches Gelingen. — Beſonders bedeutſam ſind
die zwei Reden vom Jahre 1810. Die großſprecheriſchen Publikationen
des Inſtituts riefen namentlich in der Schweiz ernſte Mißbilligung und
Angriffe hervor, welche die Peſtalozzi'ſche Schule durch eine Appellation
an die Eidgenoſſenſchaft und durch eine feierliche Prüfung des Inſtitutes
zurückzuſchlagen hoffte. Das Urtheil der eidgenöſſiſchen Experten, von
Girard abgefaßt, war ungünſtig ausgefallen. Während das in ſeiner
Umgebung eine unwürdige Aufregung hervorbrachte, ließ Peſtalozzi
ſelbſt ſich nicht ſtören: gerade die Rede des nächſten Neujahres war
doppelt väterlich und demüthig. Daher iſt es in dieſem Jahre nicht
zufällig, wenn noch eine Weihnachtsrede hinzukommt, in welcher er die
entzweiten Glieder des Hauſes unter dem wahren Haupte zu vereinigen
ſucht. „Möchte uns die Freude über die Geburt unſers Erlöſers dahin
erheben, daß Jeſus Chriſtus uns jetzt als die ſichtbare göttliche Liebe
erſchiene, wie er ſich für uns aufgeopfert, dem Tode hingegeben." —
„Männer, Brüder, Freunde, wo die Gemeinſchaft der Liebe mangelt,
da iſt die Quelle der Gemeinſchaft der Freude geſtopft. Wenn wir alſo
die Weihnacht für unſer Herz zu einem Feſte machen wollen, wie es
unſern Vätern war, ſo müſſen wir die Gemeinſchaft der Liebe in unſerer
Mitte herſtellen und ſichern. Dieſe aber mangelt allenthalben, wo der
Sinn Jeſu Chriſti und die Kraft ſeines Geiſtes mangelt." Ueber die
erfahrenen Ausſtellungen ſpricht Peſtalozzi ruhig und beſcheiden, indem
er zugiebt, daß wie „das Modelob allmählig verſtummte, ſo haben ihre
Irrthümer dem leichten Sinn der Zeit eine Empfänglichkeit für den
Tadel gegeben, der in einen Modetadel übergehen wird, das dem Modelob, das ihm vorangieng, in ſeinem Weſen gleich iſt."
    Die Neujahrreden von 1811 und 1812 ſprechen in freudigſtem
Erguſſe das Glück über die feſte Begründung ſeines Werkes aus.
„Wie glücklich war mein Schickſal, heißt es in jener, von der Stunde
meiner Verbindung mit Euch an, bis auf dieſen Augenblick. Wahrlich
mein Loos iſt an einen lieblichen Ort gefallen. Welche Gefahren ſind
ſchon vorüber, welche Laſten ſind ſchon ab meinen Schultern gefallen,
und wer kann rühmen, Freunde zu haben, die für ihn litten und thaten,
was ihr die älteſten von Euch, was die Mitſtifter dieſes Hauſes an
mir gethan haben?" Beſonders merkwürdig iſt der Ausdruck des
Dankes und der Liebe gegen Niederer und Krüſi, den nun fernen Schmid
und ſein Gruß an die preußiſchen Zöglinge, welcher alſo ſchließt:
„Freunde, ein braves Volk, das durch die Welt des Verderbens gelaufen,

ein Volk, das in seinem Verderben gelitten, und in seinen Leiden zu sich
selber und dem Göttlichen, von dem es entfernt worden, näher ge=
kommen, wirft seine Augen auf Euch, und erwartet von Euch Hand=
bietung für den Segen künftiger Geschlechter. Edle Männer an der
Seite eines guten Königs haben Euch ausersehen zum ersten, zum
heiligsten Dienst ihres Vaterlandes. Sie haben sich an Euch nicht ge=
irrt. Ihr sucht die Hülfe des Vaterlandes nicht im Schein der Ver=
gänglichkeit. Ihr sucht sie im Unvergänglichen und Ewigen. "

In diesen Reden ist das schönste Zeugniß von Pestalozzi's Herz
und Gesinnung im Verhältniß zu seinen Freunden niedergelegt, aber
auch der Beweis der Ueberschätzung seiner nächsten Gehülfen. Niederer
und Krüsi zeigten eine Hingebung und eine Begeisterung für Pestaloz=
zi's Lebensaufgabe, und ein Eingehen und Leben in seinen Gedanken, daß
Pestalozzi mit Recht sich zu diesen Landsleuten besonders hingezogen
fühlte. Allein es fehlte ihnen, wie ihm selbst, sowohl eine gründliche
Bildung als die besondere Kenntniß der Lehrwissenschaft und die unbe=
fangene Prüfung der Leistungen in den verschiedenen Disciplinen. Da=
her erscheinen Krüsi's Ausarbeitungen der Gedanken Pestalozzi's enge
und unentwickelt. Niederer schildert sich in seinem Briefe an Tobler,
als er nach Burgdorf berufen war, mit einer überraschenden Offenheit
und Gewissenhaftigkeit: — „Nimmt er genug Rücksicht auf meinen
Mangel an hinreichenden Fähigkeiten, an Scharfsinn, an entschlossenem
Charakter und unermüdeter Thätigkeit? Kennt er mich als den, der
nicht stark genug ist, den Stürmen des Lebens zu trotzen, der so leicht
überdrüssig, mürrisch und laß wird? — Kann der Mensch sich allseitig
entwickeln, der unter engen Verhältnissen des Lebens aufwuchs, dessen
erste Bildung, den Eindruck der zarten mütterlichen Empfindung ausge=
nommen, höchst unvollkommen und alltäglich war? der nie lebendig
und innig erwärmt, sondern nur überspannt empfindet, und daher desto
mehr erschlafft?" Alle diese selbsteigenen Befürchtungen erfüllten sich
nur zu sehr, daher Pestalozzi später durchaus richtig und gerecht über
ihn urtheilte. Namentlich verflocht die anmaßende Weise, womit
Niederer in der Wochenschrift aus der Idee der Elementarbildung die
Nothwendigkeit und Gewißheit einer neuen Kulturepoche für die ganze
Menschheit herauskonstruierte, ihn und die Anstalt in eine Reihe leiden=
schaftlicher Kämpfe und literarischer Fehden, indem er mit eben so
großer Unwissenheit alle andern Leistungen im Erziehungsfache herab=
setzte, als er mit thörichter Ueberhebung das eigene Thun ausposaunte.

Mit Recht bemerkten daher die Gegner, daß Peſtalozzi's Freunde ſeine größten Feinde ſeien. Denn wie er früher unter Niederers Wort ſich beugte, ſo ſpäter, als dieſer mit Schmid zerfiel, unter des Letztern energiſche That. Was Schmid ſchrieb, zeigt denſelben als einen ungebildeten, kaum der Sprache kundigen Mann; was er in den Lehrbüchern für die Zahl= und Formenlehre arbeitete, wußte er weder wiſſenſchaftlich zu begründen, noch ſyſtematiſch und mit einfacher und anſchaulicher Beziehung auf das Leben durchzuführen; und was er als Menſch war, zeigt eine Niedrigkeit der Geſinnung und eine Rohheit des Betragens, daß die Art, wie Peſtalozzi ſich von der „Kraft" dieſes Mannes unterjochen ließ, zu den bedauerlichſten Schwächen gehört und die Urſache des traurigen Zerfalls ſeiner Anſtalt war. Der vorzüglichſte unter den ſchweizeriſchen Gehülfen war der bald nach Petersburg verſetzte Johannes von Muralt von Zürich. An Bildung und Menſchenkenntniß, an Entſchiedenheit des Charakters und Erziehungsgeſchick den übrigen Landsleuten weit überlegen, hatte er, ſo lange er in Iferten war, durch ſein offenes, geradſinniges, ordnungſchaffendes Weſen die Einzelnen in ihren Schranken gehalten.

Es iſt nicht zu entſchuldigen, daß neben den unmittelbaren Zöglingen und Gehülfen von Peſtalozzi nicht gereifte deutſche Kräfte zur Leitung und Ausbildung der Anſtalt näher herbeigezogen wurden. Er hätte unter den edeln, begabten, wiſſenſchaftlich gebildeten Männern aus Deutſchland, welche ſich für längere oder kürzere Zeit in Iferten aufhielten und der Anſtalt ihre Kräfte ſchenkten, eine reiche Auswahl gehabt, wie namentlich Karl von Raumer, Schacht, Stern, oder Blochmann, Dreiſt, Henning, Kawerau. Nach dem Unglück Preußens gegen Napoleon hatte es nämlich der mit der Leitung des allgemeinen Schulweſens betraute Nicolovius dahin gebracht, daß theils mehrere Jünglinge, welche ihre Studien ſchon vollendet hatten, nach Iferten geſandt wurden, um ſich mit Peſtalozzi's Erziehungsgrundſätzen bekannt zu machen, theils ein Normal = Inſtitut gegründet und an die Spitze deſſelben K. A. Zeller geſtellt wurde*).

---

*) „Als Friedrich Wilhelm III. nach dem Tilſiter Frieden den Verluſt der Hälfte ſeiner Staaten betrauerte, riethen ihm ſeine Räthe, namentlich Süvern und Nicolovius, intenſiv gewiſſermaßen wieder zu gewinnen, was extenſiv verloren ſei, namentlich durch Verbeſſerung der Schulen das Volk zu erheben und zwar nach Peſtalozzi's Grundſätzen. Da wurde denn Peſtalozzi um Lehrer gebeten. Er empfahl den damaligen Kandidaten Zeller. Zeller wurde darauf als Oberſchulrath nach Königsberg

Pestalozzi bat Nicolovius: „Wende Alles an, daß Jünglinge, die hieher gesendet werden, von reinem, edlem Herzen, und von einfachen, unverkünstelten Ansichten seyen." Von dem preußischen Staatsrathe aber wird berichtet: „Nicolovius äußerte oftmals, das Große in Allen, welche wirklich die Taufe in Yverdun erhalten haben, bestehe darin, daß sie etwas Anderes als das Gemeine lieb gewonnen. Von Pesta- lozzi's Schülern gehe ein begeistertes Lebenslicht aus. Mancher als Pharisäer eingezogene sei als demüthiger Zöllner zurückgekehrt, um den armen Kindern das Evangelium zu predigen." Durch die deutschen Männer, welche Pestalozzi als Gehülfen nahe standen, haben wir allein ein richtiges und umfassendes Bild von diesem nach seiner Person, seinen Gedanken und Bestrebungen erhalten; daß aber Männer wie Karl von Raumer und Blochmann, welche alle Schwächen und Fehler der Person und des Werkes in der Nähe gesehen und namentlich den Mangel einer mit Entschiedenheit gepflegten christlichen Grundlage des Institutes tief fühlten, dennoch mit Liebe und Verehrung an dem seltenen Manne hingen und ein so warmes Zeugniß für ihn abgaben, ist der beste Beweis seines Werthes. Sehr zu bedauern ist, daß keiner von Pestalozzi's wissenschaftlich gebildeten Mitbürgern lange genug mit ihm in engerer Gemeinschaft stand, sondern daß gerade die vorzüglichsten derselben durch Pestalozzi's vorlaute Jünger zur Darlegung ihres wider- sprechenden Urtheils gezwungen wurden. Denn Hottinger und Bremi waren es ihrer Stellung als öffentliche Lehrer einer alten, bewährten und zunächst berührten Anstalt schuldig, die Aburtheilung jeder andern Unterrichtsweise als der Pestalozzi'schen zu beleuchten, und Beide thaten es mit Einsicht und Mäßigung. Wenn Pestalozzi's Namen in die heftige und ungezogene Kampfführung Niederers hineingemischt wurde, so findet man mit Befriedigung heraus, daß die ihm zugeschriebenen Streitbeiträge, mit Ausnahme einzelner Stellen und Gedanken, ihm nur untergeschoben sind.

Das eben ist das Großartige in Pestalozzi's Wesen, daß er sich nie

---

berufen und ihm das dortige königliche Waisenhaus und Seminar zur Leitung über- geben; er machte aber von den Principien der Pestalozzi'schen Schule gar wunderliche Anwendung. Von den nach Iferten gesandten zwanzig und einigen preußischen Schul- männern wurden Dreist, Kawerau und Henning an dem königlichen Waisenhause und Seminar zu Bunzlau angestellt, die andern an mehrern andern der neu errichteten vierzig Seminare."

Anmerkung W. Hennings.

im Kleinen und Persönlichen verlor, sondern daß seine Gedanken stets
die allgemeinen Zustände und Verhältnisse umfaßten. Das zeigte er
auch auf dem politischen Gebiete. Als nämlich nach Napoleons
Sturz die meisten alten Kantone die neuern wieder ihrer Selbständigkeit
zu berauben gedachten und die Schweiz sich feindselig zu spalten drohte,
da fühlte sich auch Pestalozzi zu einem Beitrag zur Herbeiführung der
Eintracht verpflichtet, und er verfaßte seine Schrift „An die Unschuld,
den Ernst und den Edelmuth meines Vaterlandes" (1814).
Es herrscht in dieser zur Hälfte rhetorisch gehaltenen, weitläufigen Schrift
eine jugendliche Wärme und es sind darin einzelne seiner Lieblingsgedanken mit besonderm Glück dargestellt, wie z. B. die Liebeskraft der
Mutter im Verhältniß zur Hülfsbedürftigkeit des Kindes, und die Wohnstube als Fundament der Nationalkultur. Auf den eigentlichen Gegenstand eintretend verbreitet er sich über die Nothwendigkeit eines ver-
fassungsmäßigen Rechtes für alle freien Bürger, wobei er an die Gesinnung und die Rathschlüsse Lavaters und Müllers appelliert. Auch
hier wie in mehrern andern Schriften verweilt Pestalozzi bei der Darstellung von Leben und Gesinnung der Väter und giebt das Gemälde
eines naturgemäßen häuslichen Lebens, wie es in Wirklichkeit nie da
war. Es ist eben ein Mangel historischen Blickes, den er bei Bodmer
hätte gewinnen sollen, wenn er seine mit einem Zug moderner Sentimentalität geschmückte Wohnstube bei den alten Schweizern auffinden
zu können meint. Das Wesen des Staates verkennt er hier wie überall, indem er darüber Rousseau's Ansichten theilt — „was das Individuum an die collektive Existenz unsers Geschlechtes abtreten muß, das
untergräbt und zernichtet das Wohl unsers Geschlechts." Als daher
Pestalozzi die endliche Frage lösen soll, wo der Mensch und eben so die
Gesellschaft Hülfe finden kann gegen sich selbst, Wahrheit gegen seinen
Irrthum und Recht gegen sein Unrecht, so weist er allein auf das
„häusliche Leben" hin; und um dieses häusliche Leben zu regenerieren,
findet er ein „Mutterbuch" mit fast unmöglichen Vorbedingungen nothwendig, und eben so schwierig zu erstellende Elementarmittel für die
Schule. Er erwartete nichts von allen Staats= und Kircheninstituten
— „Was der Staat und alle seine Einrichtungen für die Volkskultur
nicht thun und nicht thun können, das müssen wir thun." Er schließt
daher: „nicht von Anstalten, Einrichtungen und Behörden; sondern von
der Vereinigung der edelsten, gebildetsten Männer eines Landes, von
dem Individualfortschritt der sittlichen, geistigen und Kunstkultur der

einzelnen Menſchen im Land ſei allein eine ſolide Volkskultur zu hoffen und zu erwarten." Ein Uebelſtand macht ſich, wie bei andern Schriften ſpäterer Zeit, ſo bei dieſer ganz beſonders bemerklich, daß er in eine Redefluth hineingeräth, wo die wirklich ſchönen und großen Gedanken unter den großen Worten zu leiden haben.

Wenn die genannte Schrift Peſtalozzi's Gedanken über die erziehende Kraft der Wohnſtube am beſten und anziehendſten ausſpricht, ſo bringt er in der letzten veröffentlichten Rede an ſein Haus, am 12. Jänner 1818, ſeinem Geburtstage, welchen er zugleich als den Stiftungstag ſeines Inſtitutes feiern wollte, dasjenige am ausgeprägteſten zur Sprache, was er als Perſon durch ſeine Erziehungsunternehmungen für ſeine Zeit und für die Zukunft zu leiſten beabſichtigte. Er berichtet, wie es von Jugend auf das Ziel ſeines Lebens geweſen, „den Armen im Lande durch tiefere Begründung und Vereinfachung der Erziehungs und Unterrichtsmittel ein beſſeres Schickſal zu verſchaffen." Als es ihm nicht habe gelingen wollen, habe er auf dem „Umwege einer Penſionsanſtalt" die Mittel zu ſeinem Ziele geſucht. Auf dieſem Wege ſei er genöthigt worden, die Mittel genauer und vielſeitiger zu erforſchen, die im Allgemeinen für die Erziehung und Bildung unſers Geſchlechtes nothwendig ſind, und von mitarbeitenden Freunden unterſtützt habe ſich die Idee der Elementarbildung in ihm entfaltet und ſei die elementare Erziehungsmethode bearbeitet worden. „Ich glaube es ausſprechen zu dürfen, das Jahrhundert, bey deſſen Anfang unſere pädagogiſchen Nachforſchungen begonnen, wird noch an ſeinem Ende die ununterbrochene Fortſetzung unſrer Anſtrengungen in Händen von Männern ſehen, die ihre Anſichten und Mittel den vereinigten Kräften unſers Hauſes danken." Mit beſonderer Wärme verbreitet er ſich dann über die Hülfe, welche den Armen zum eigenen Vortheile der Landwirthe und Gewerbsleute gebracht werden könne, und noch immer hält er an ſeinem Neuenhof feſt, in der Zuverſicht, daß ſein Verſuch einer Armenanſtalt, deren Baſis auf der Vereinigung von Landwirthſchaft und Induſtrie beruht, richtig geweſen. „Vom Heiligthum der Wohnſtube aus muß gewirkt werden, wenn die Erziehung als Nationalſache das Aeußere des menſchlichen Kennens und Könnens mit dem innern, ewigen, göttlichen Weſen unſerer Natur in Uebereinſtimmung bringen ſoll." Auch hier ſpricht er ſeine Erwartungen von einem künftigen „Mutter= und Wohnſtubenbuch" aus. Dann ſeine Beſtrebungen im Einzelnen und die Hinderniſſe und Förderungen, welche ihm von ſeinen

Freunden gekommen ſind, betrachtend, möchte er alle ſeine frühern Freunde und Gehülfen zur letzten Handbietung für ſeine Zwecke vereinigt ſehen, wofür er 50,000 Schweizerfranken, welche er von der Subſcription auf ſeine Werke erwartet, als ein Kapital zu ewigen Zeiten beſtimmen will, erſtens zu Vereinfachung der Grundſätze der Menſchenbildung und des Volksunterrichts; zweitens zur Bildung von ausgelernten Volkslehrern und Lehrerinnen;. drittens zur Errichtung von elementariſchen Probſchulen; viertens zur Bearbeitung von Mitteln für häuslichen Unterricht und häusliche Bildung. Mit dem Geſtändniß aller ſeiner Schwächen, mit der völligen Hingabe an Schmid mit allem Raffinement der ſich ſelbſt täuſchenden Hülfloſigkeit, mit der durchaus leeren Hoffnung auf die Beihülfe ſeines Enkels, glaubt er, daß in ihm und ſeiner Stiftung das Heil der Menſchenbildung und Volkserziehung für die Zukunft liege!

Noch im Jahr 1820, als das Inſtitut in Iferten ſchon das öffentliche Vertrauen verloren, als Schmid mit einigen untergeordneten Gehülfen, größtentheils Knaben, den Unterricht leitete, als die Zöglinge der geringſten Zahl nach aus Schweizern und Deutſchen, ſondern aus Engländern, Amerikanern, Spaniern u. ſ. w. beſtanden, erſchien „Ein Wort über den Zuſtand meiner pädagogiſchen Beſtrebungen und über die Organiſation meiner Anſtalt." Ungeachtet des wirklichen Verfalls ſpricht ſich gleichwohl geſteigerte Zuverſicht und das Gefühl des Glücks über die endlich erreichten Lebenszwecke aus. Es beunruhigt ihn nicht, iſoliert dazuſtehen, für ſeine Pläne auf die Zukunft weder Staat noch Privaten zur Seite zu haben, und nicht einmal durch eine Anzahl von ihm gebildeter Lehrer fortwirken zu können. Sein Glück gründet ſich darauf, daß er nun am Ende ſeines Lebens ſein urſprüngliches Ziel, die Gründung einer Armenſchule, erreicht habe. Schlimmer Weiſe aber wurde dieſe neugegründete Anſtalt zu einem Bildungsinſtitut von Erziehern und Erzieherinnen verkünſtelt, von welchem er auch mannigfaltige Vortheile für das Inſtitut für Begüterte aufzuzählen weiß, und wo beſonders die Entwicklung ſeiner Anſicht von der Wohlthätigkeit der gemeinſamen Erziehung von Knaben und Mädchen bemerkenswerth iſt.

Unterdeſſen hatte durch Schmids geſchäftskundige Veranſtaltung die Herausgabe von Peſtalozzi's Werken begonnen, aber lückenhaft und nachläſſig ausgeführt. Peſtalozzi's Vorreden zu den einzelnen Bänden liefern den Beweis unverrückter Treue an den Lieblingsgedanken ſeines

Lebens, und rührende Offenheit; doch zeigt er sich zu sehr vom schmerzlichen Gefühle beherrscht, welches Niederers Trennung und Feindseligkeit in ihm erregt hatte. Diese Ausgabe zu vervollständigen und mit Vorreden zu versehen, beschäftigte Pestalozzi's letzte Jahre. Auch hier ist zu bedauern, daß Niemand, der ihn verstanden, dabei Hand geboten.

6. Pestalozzi's letzte Jahre.

Nach der Auflösung des Institutes in Iferten im Jahre 1825 kehrte der achtzigjährige Greis auf seinen Neuenhof zurück. Obgleich durch die Fehlschlagung aller seiner Unternehmungen fast bis zum Tode gebeugt, beweist er doch in den letzten, dort abgefaßten Schriften seine ungeschwächte Geisteskraft und Herzensfrische*). Man hat in seiner demüthigen Selbstanklage, welche den Grundton dieser Schriften bildet, den Beweis der Verdüsterung und geistiger Ermattung finden wollen.

---

*) Während dem Drucke des Werkes war dem Verfasser vergönnt, Einsicht von den Original-Briefen zu nehmen, welche Pestalozzi an seine in Leipzig verheirathete Schwester Barbara geschrieben hatte. Diese Briefe geben zwar keine neuen Aufschlüsse über die Lebensverhältnisse Pestalozzi's; allein sie sind ein herrlicher und reicher Beweis, mit welcher unwandelbaren Liebe er bis ans Ende an der geliebten Schwester und den Ihrigen hing, die er einige Jahre vor dem Tode seiner Gattin noch einmal zu sehen die Freude hatte. Der zweitletzte, wie gewöhnlich datumlose Brief, welcher dem Jahre 1825 anzugehören scheint, enthält, nachdem er seinen Schmerz über das Fehlschlagen seiner Instituts-Unternehmungen ausgesprochen, in Beziehung auf seine schriftstellerischen Unternehmungen der spätesten Zeit folgende bemerkenswerthe Notiz: — — „Die Sachen liegen so, daß ich mich endlich entschlossen, nicht länger das Unmögliche erzwingen zu wollen — sondern mich einmahl zur Ruh zu setzen — und meine übrige Zeit zur Vollendung einiger schriftstellerischen Arbeiten zu verwenden, die mir sehr gut bezahlt werden. Ich will einmal anfangen, mich nicht fremder Undankbarkeit aufzuopfern, sondern das Wenige, was ich noch leisten kann, so viel in meinen Kräften ist, den lieben Meinigen zum Segen gereichen zu lassen. Sie (der Enkel Gottlieb Pestalozzi und dessen Gattin, Schmids jüngere Schwester) halten sich auf ihrem Gut (dem Neuenhof) vortrefflich. Wir haben jetzt auf demselben bauen lassen (wesentlich zur Aufnahme der Armenschule); und der Hof hat jetzt, wenn man ihn verkaufen wollte, den doppelten Werth, den er unter meinen Händen hatte. — — Ich bin zufrieden, Gott hat Alles wohl gemacht. Ich arbeite jetzt an der Darstellung meiner Lebenszwecke und meiner Schicksale. Ich weiß, es freut Dich, diese Darstellung zu lesen. Du warst ja immer meine liebe, gute Bäbe, und rechnetest nicht mit mir, wenn ich schon fehlte."

Allein indem Peſtalozzi durchweg ſein Wollen und ſeine Leiſtungen
ſcharf unterſcheidet und jenes mit ungeſchwächtem Muth und Vertrauen
auseinanderſetzt, beſtätigt er über dieſe nur das Urtheil unbefangener
und ſachkundiger Zeitgenoſſen. Es erſchienen zu gleicher Zeit im Jahre
1826 ſeine Lebensſchickſale und ſein Schwanengeſang. Die erſte Schrift
— „Meine Lebensſchickſale als Vorſteher meiner Erziehungs-
inſtitute in Burgdorf und Jferten" — legt nicht nur, wie kaum irgend
eine andere Selbſtbiographie, die eigene Schwäche offen und ohne Hülle
dar, ſondern er geht mit einem gewiſſen pſychologiſchen Behagen auf
die Enthüllung der Fehler ſeiner Natur und ſeines Lebens ein, und er
ſucht offenbar darin eine tröſtliche Beruhigung, daß aus dem äußern
Ruin ſeiner hochſtrebenden Gedanken und Unternehmungen ſeine Perſon in tragiſcher Großartigkeit ſich erhebe. Wir theilen einige Züge
ſeiner klaren Selbſtbeurtheilung mit, zum Beweiſe, wie er über ſich ſelbſt
und den Gang ſeiner Anſtalt die einfache Wahrheit, und zwar mit aller
Ruhe und einem gewiſſen Humor ausgeſprochen. — „Ich bekam ſchnell
viele, ſehr viele Zöglinge und unglücklicherweiſe noch hundertmal mehr
Lobredner. — Wir lebten im Anfange in einem Taumel von Genuß,
Freude, Ehre und Hoffnung, wie in einem Paradieſe, und ahneten die
Schlange nicht, die in allen Paradieſen der Erde dem eiteln, ſchwachen,
verführbaren Menſchengeſchlecht Fallſtricke legt und ſeinen Untergang bereitet. — Die Unbehaglichkeit, in die ich mich bey meiner Regierungsun-
fähigkeit verſetzte, wurde noch dadurch verſtärkt, daß ich meinen erſten
Gehülfen in wiſſenſchaftlicher und pädagogiſcher Hinſicht Kenntniſſe
und Fertigkeiten und eine Feſtigkeit in der Anhänglichkeit an die Zwecke
meiner Beſtrebungen in einem Grade beymaß, der mit meiner Ueber-
ſchätzung jedes Guten und jedes Menſchen, den ich liebte und den meine
Idee zu ergreifen ſchien, vollkommen gleich war." — Mit dieſem klaren
Urtheile über ſich ſelbſt kontraſtiert dann freilich auf eine peinliche Weiſe
die Täuſchung über Schmid und die Ausſpinnung der ärgerlichen Ge-
ſchichte des Zwieſpaltes in Jferten *).

-- --

*) „Ich war vom Mai 1809 bis zum September 1812 in Jferten, in welcher
Zeit die Anſtalt in ihrer größten Blüthe ſtand. Peſtalozzi's Enthuſiasmus theilte
ſich ſeiner Umgebung mit. An die Ordnung und Sicherung des Hausſtandes wurde
zu wenig gedacht. Als ſich das fühlbar machte, warf ſich Peſtalozzi ſeinem Joſeph
Schmid (die Yverduner nannten ihn l'enfant gaté de M. P.) in die Arme, der nun
mit ſeiner Rohheit zu regulieren begann, was dann Peſtalozzi's ältere Gehülfen veranlaßte, ſich von ihm zu trennen."   Anmerkung W. Hennings.

„Pestalozzi's Schwanengesang" ist schon darum eine sehr bedeutende Schrift, weil sie die einzige Quelle für sein Jugendleben und seine Charakterbildung ist. Allein während dieselbe in Beziehung auf feine und tiefe Selbstbeobachtung nichts zu wünschen übrig läßt, haben wir dagegen schon bemerkt, daß er seinen Lebensbestrebungen einen planmäßigen, innern Zusammenhang giebt, den sie bei genauerer Prüfung in der That nicht hatten. Hauptsächlich aber soll hier der Welt vor seinem Tode noch der Schatz seiner Erfahrungen mitgetheilt werden, daher denn diese Schrift das, was man Pestalozzi'sche Ideen nennt, wirklich am übersichtlichsten und zusammenhängendsten behandelt. Wir theilen einige Grundzüge mit. Die Idee der Elementarbildung ist die Kunst der Entfaltung und Ausbildung unserer Kräfte durch Liebe, Verstand und Kunst. Die Liebe beruht auf der Mutterliebe. Der Verstand, die Denkkraft ist wesentlich Sprachkraft. Die Fundamente der Kunst sind Rechnen und Messen. Jede Bildung hängt vom Gleichgewicht der sittlichen, geistigen und psychischen Kräfte des Menschen ab. Die Idee der Elementarbildung führt zur Organisirung von Reihenfolgen von Unterrichtsmitteln, die in allen Fächern des Kennens und Könnens von einfachen Anfangspunkten ausgehen, in lückenlosen Stufenfolgen vom Leichtern zum Schwerern hinführen und mit dem Wachsthum der Zöglinge gleichen Schritt halten. Die Idee der Elementarbildung ist das Ziel aller Menschenkultur: wenn sie in ihrer Vollendung nie erreicht wird, so ist sie doch im Stückwerk ihrer Erscheinungen überall sichtbar. Indem gezeigt wird, wie das Leben bildet, wird dargethan, wie die Sprachkraft vom Leben ausgeht, und dabei eine Fülle wahrer, tief aus dem Menschenwesen geschöpfter Gedanken über Volkssprache und die Bildung zu derselben entwickelt. Daran reiht sich die Stufenfolge der Sprachentwicklung des Kindes. Dann zur elementarischen Betreibung der einzelnen Lehrfächer übergehend, kommen zwischen allgemeinen unklaren Sätzen immer wieder vortreffliche Gedanken mitten aus dem Leben vor. Die Wahrheit der Elementarbildung in der Uebereinstimmung mit der Menschennatur und dem Geiste des Christenthums weitläufig beweisend, geht die Darstellung zu den Gründen über, warum die eigenen Versuche mißlungen, theils durch den hohen Grad des Verwilderungs- und Verkünstlungsverderbens seines Geschlechts, theils durch ihn selber und die nähern Umstände seiner Unternehmungen. Nachdem dann der Verfasser seine Erziehung, seine Schicksale, seine verschiedenen Erziehungsunternehmungen und deren

Mißlingen erzählt, fragt er sich: „Ist denn der Zweck meines Lebens wirklich verloren gegangen? — — — Gerührt wie in der Stunde der erhebendsten Andacht, spreche ich es aus und danke es Gott: Der Zweck meines Lebens ist nicht verloren gegangen. Nein, meine Anstalt, wie sie in Burgdorf gleichsam aus dem Chaos hervorging und in Iferten in namenlosen Unförmlichkeiten sich gestaltete, ist nicht der Zweck meines Lebens. Nein, nein, beyde sind in ihren auffallendsten Erscheinungen Resultate meiner Individual = Schwächen, durch welche das Aeußere meiner Lebens=Bestrebungen, meine vielseitigen Versuche und Anstalten sich selber untergraben und ihrem Ruin entgegengehen mußten. Meine Anstalten und alle äußern Erscheinungen ihrer Versuche sind nicht meine Lebensbestrebungen. Diese haben sich im Innern meiner selbst immer lebendig erhalten und sich auch äußerlich in hundert und hundert gerathenen Resultaten ihres innern Wesens in der ganzen Wahrheit ihrer ewig bleibenden Segens = Fundamente erprobt." Als wirkliche Leistungen zählt Pestalozzi auf, daß in jeder Epoche seiner elementarischen Bestrebungen Zöglinge aus denselben hervorgingen, welche die „weitführende Kraft einzelner elementarischer Mittel und Uebungen außer Zweifel setzten. — — An mehrern Orten Deutschlands, vorzüglich in Preußen, stehen Männer an der Spitze von Erziehungs = Anstalten, die einen großen Theil ihrer pädagogischen Kraft den elementarischen Bildungsmitteln, die sie bei uns genossen, verdanken." — — — „Das Wesen der Elementarbildung ist kein Luftschloß. Dieses Wesen liegt in der Menschennatur selber, und ihre Resultate sprechen sich kunstlos in allen Hinsichten und nach allen Richtungen im wirklichen Leben aller Stände einzeln von selbst aus. Jede also aus der Natur hervorgehende, gute Erziehungsmaß= regel, jede reine Handlung der Liebe, des Vertrauens und des Glaubens, jede Erkenntniß der Wahrheit und des Rechts, jede Fertigkeit der wahren Kunst, in welcher Form und Gestalt sie sich auch immer äußere, ist in seinem Wesen ein Resultat dieser hohen Idee." Indem dann Pesta= lozzi sich weiter über den Einfluß der elementarischen Bildung verbreitet, bleibt er leider nur bei allgemeinen Ansichten stehen, ohne Fingerzeige für die Ausführung in Schule und Leben. Den Schluß bilden fol= gende Stellen freudiger Zuversicht. „Es ist für mich bey aller meiner Schwäche kein Geringes, daß ich mir im ganzen Umfange meiner Be= strebungen durch mein Leben immer gleich und dem ursprünglichen Zweck derselben, die wesentlichen Mittel einer naturgemäßen Erziehung und eines naturgemäßen Unterrichtes in die Wohnstuben des Volkes selber

zu bringen, immer treu geblieben." — — „Ich ſehe dieſe, wenn auch
wenige und nur einzelne Reſultate meines Thuns, als gereifte Früchte
am Baum meines Lebens, noch feſt ſtehen und laſſe ſie mir ohne Widerſtand von keinem gut oder bös gemeinten Wind ſo leicht von mir weg-
blaſen. Ich ſage noch einmal, dieſe zwar wenigen und einzelnen Früchte
meiner Lebensbeſtrebungen ſind, nach meinem innerſten Gefühl, auch in
ihrer Beſchränkung ihrer Reifung in einem Grad nahe, daß es meine
heiligſte Pflicht iſt, für ihre Erhaltung zu leben, zu kämpfen und zu
ſterben."

Als Präſident der Helvetiſchen Geſellſchaft im Jahre 1826 und in
demſelben Jahre zwei Monate vor ſeinem Tode in der Aargauiſchen
Kulturgeſellſchaft gab Peſtalozzi in öffentlichen Vorträgen von der un-
auslöſchlichen Liebe zur Erziehung des Volkes Zeugniß, und ſtarb noch
voll von Entwürfen zur Vollendung ſeiner Arbeiten und mit dem
Bewußtſein, für eine große Lebensaufgabe nicht unſonſt gewirkt zu
haben.

7. Peſtalozzi's Perſönlichkeit.

Wir faſſen nun noch Peſtalozzi's Perſönlichkeit in Einem Ueberblick zuſammen. Als Schriftſteller betrachtet iſt Peſtalozzi unter den
Originalgenies der ungebildetſte und unwiſſendſte. Bekanntlich ſagte
Lavater: „Wenn ich nur einmal eine Zeile ohne einen Schreibfehler*)
von Ihnen ſehe, ſo will ich Sie zu vielem fähig glauben." Er lernte
es nie. So war es auch mit dem Ausdrucke. Wo er ſeine Anſchau-
ung und Erfahrung, ſeine pſychologiſche Beobachtung und das ihn bewegende Gefühl ausſprach, da hatte ſeine Sprache ein reiches und ſeines,
ein maleriſches und ſchmiegſames Leben und rhetoriſche Kraft. Allein wo
er Gedanken entwickeln und wiſſenſchaftlich analyſieren ſollte, war ſeine
Sprache unbeholfen und überladen, ſchwerfällig und unklar. Keines
ſeiner Werke hat eine ſorgfältige Anlage und techniſche Durchführung,
keine ſeiner Ideen iſt in logiſcher Folgerichtigkeit und mit einiger Voll-
ſtändigkeit entwickelt und dargeſtellt; und doch hat er wenigſtens einen
Theil ſeiner Schriften mühſam und wiederholt überarbeitet**). Von

---

*) „Er nannte die Orthographie den Puder auf dem Kopf. Den Puder könne
man in jeder Boutique kaufen." Anmerkung W. Hennings.

**) „Wie mühſam Peſtalozzi ſeine Schriften ausarbeitete, habe ich ſelbſt geſehen.
Hatte er einen Bogen voll geſchrieben, ſo durchdachte er das Geſchriebene ſorgfältig

wiſſenſchaftlicher Darſtellung hat er ſo wenig einen Begriff, daß er
lange im Wahne befangen ſein konnte, Niederers philoſophiſche Phraſen
geben ſeinen Ideen wirklich ein wiſſenſchaftliches Fundament und derſelbe verſtehe ihn eigentlich beſſer als er ſich ſelbſt. Man würde daher
unter ſeinen zahlreichen pädagogiſchen Schriften vergeblich eine über-
ſichtliche Darſtellung und Zuſammenfaſſung ſeiner Anſichten über Erziehung und Unterricht ſuchen. Um ſeine „Idee der Elementarbildung"
kennen zu lernen, muß man dieſelbe aus den verſchiedenen gelegenheit-
lichen und fragmentariſchen Darſtellungen zuſammenſuchen. Auch iſt
es weniger die Schrift als das lebendige Wort, wodurch Peſtalozzi
feſſelte und überwältigte: man mußte die tiefen und lieblichen Gedanken des genialen Mannes über die Entwicklung des Kindes und die
Kraft der Mutterliebe, ſeine treue Mahnung, dem vernachläſſigten Volke
zu ſeiner Menſchenwürde zu verhelfen, ſein Glück im Kreiſe der Jugend
und ſeine Freude über jedes Gelingen ſeiner Bemühungen hören und
ſehen. Komm und ſiehe! rief er denen zu, welchen er ſchriftlich ſeine
Ideen nicht klar machen konnte. Durch den Umgang mit dieſer in
Liebe und Kraft für die Bildung des Volkes gehobenen Perſönlichkeit
gewann Fichte zur Zeit der tiefſten Erniedrigung Deutſchlands die Hoffnung für den Beginn einer umgeſtalteten Nationalerziehung, und ward
Herbart zur philoſophiſchen Bearbeitung der Pädagogik nach Peſtalozzi'-
ſchen Grundſätzen veranlaßt. Ein längeres tägliches Zuſammenleben
wiſſenſchaftlicher Notabilitäten, wie Karl Ritter, Karl von Raumer,
Theod. Schacht, konnte ſie wohl von Peſtalozzi's äußerm Werk, aber
nicht von einer bleibenden Verehrung für den edeln Mann abziehen.
Mochte man über das Mißverhältniß zwiſchen Verſprechungen und
Leiſtungen erſtaunt und unwillig ſein; die Wahrheit und Großartigkeit
der Gedanken überwältigte, und die Liebe und Treue überzeugte von
der Lauterkeit der Geſinnung. Dennoch war der Kreis ſeiner Gedanken
ein ſehr enger, und es iſt höchſt merkwürdig, wie derſelbe ungeachtet
aller Erfahrung und Nachdenkens ſich nicht erweiterte. Er hat ſich bekanntlich in früherer Zeit ſelbſt gerühmt, ſeit dreißig Jahren kein Buch
geleſen zu haben; allein auch in ſeinem großen pädagogiſchen Wirken

---

und mehrfach, änderte, klebte, wenn kein Raum mehr zum Aendern war, Zettel über
die betreffende Stelle und ſchrieb darauf die Verbeſſerung. Solch ein Bogen ſah oft
wunderbar aus: Flicken über Flicken. Waren deren zu viel, ſo ließ er den Bogen
abſchreiben; aber nicht lange, ſo ſah auch dieſes Mundum aus wie das erſte Koncept:
das wurde dann wieder mundirt ꝛc." 　　　　　　　Anmerkung W. Hennings.

glaubte er als Schriftsteller und Erzieher alles dessen entrathen zu
können, was Zeitgenossen sowohl als frühere Denker über Erziehung
geschrieben hatten. Die Erziehung als allgemeine Sache des bürgerlichen Lebens sehen wir nie in den allgemeinen Zusammenhang mit
Staat und Kirche gebracht, sondern es ist immer nur vom Individuum
die Rede. Vom Staat, seiner Gliederung und seiner Einwirkung auf
das Individuum hat er eben so wenig einen Begriff als von der Geschichte: daher fallen ihm in der bürgerlichen Ordnung und Staatsverfassung seines Vaterlandes nur Mißbräuche auf, und er träumt von
den guten Sitten einer alten Zeit, welche er nicht den alten Einrichtungen der Bürgerschaften, sondern einem verloren gegangenen guten
Hausgeiste beimißt. Eben so wenig wird irgend eine vorzügliche Seite
des bürgerlichen und Familienlebens dem christlichen Gemeindeverband,
der Kirche zugeschrieben, so nahe dem Zürcher die Beweise dafür gelegen
hätten; sondern er blickt im Allgemeinen mit Spott und Mißtrauen
auf den Kasteneinfluß der Kirche und ihrer Träger hin. Es ist zwar
leicht, aus Pestalozzi's früherm und späterm Leben, aus öffentlichen
Schriften und Privatbriefen Zeugnisse zu finden, daß er kein „Ungläu-
biger" war; vielmehr hatte er einen tiefern christlich religiösen Grund
als die meisten seiner Zeitgenossen, und er hatte denselben lebendiger und
wirksamer bewährt, als viele, welche jetzt seinen Mangel an Glauben
als die Quelle aller seiner Mißgriffe und Mißgeschicke hinstellen. Kaum
Einer seiner Zeit hat so ernst und unablässig mit sich selbst gerungen
und Klarheit und Frieden gesucht. Allein weil er in seiner Erkenntniß
vom Menschen nicht über die Rousseau'sche Anschauung hinauskam,
und seine Hoffnung für die Erziehung eines bessern Geschlechtes auf die
in die „Natur des Menschen gelegten Mittel baute," so „verschwand
die Kraft seiner isolierten christlichen Gefühle und Ansichten" unter der
Unbefriedigung und Mißstimmung über seine Erlebnisse, und unter der
krampfhaften Anstrengung, auf selbstgebahntem Wege sein Werk zu
vollbringen. Der Mangel an klarem Bewußtsein von der göttlichen
Weltordnung, welche die Thätigkeit des Einzelnen in einen großen
Zusammenhang einreiht und Jedem seine Aufgabe für die Vollbringung
eines ewigen Rathschlusses anweist, ließ allmählig den Wahn in ihm
aufkommen, daß das Gelingen der wahren Menschenbildung auf seiner
Person beruhe, und daß der Gedanke von ihm begründet und von seinen
Schülern der nur unter seiner Leitung möglichen Ausführung nahege-
bracht werden müsse. Aus diesem hohen Wahn-Sinn, welcher aus der

Verkennung eines lebendigen Organismus in Staat und Kirche hervorging, und aus dem Mangel eines unmittelbaren Lebens und Hingebens in Gott, wodurch der Einzelne mit seinem Thun nur die angewiesene Stelle einnehmen und sich in der Fortentwicklung des Ganzen verlieren will, aus diesem Wahn ergab sich jene Ebbe und Fluth titanischer Selbstüberschätzung und qualvoller Verzagtheit, die das Unglück, aber auch die tragische Erhabenheit dieses Lebens ausmachte. Aber weder sein nur in Entschlüssen der Menschenliebe sich kundgebendes Selbstgefühl, noch seine sich selbst anklagende Entmuthigung konnten das Gefühl der Liebe und Verehrung schmälern; sondern beide trugen zur Erhöhung des menschlichen Interesses für diesen mit keinem andern zu vergleichenden, räthselhaften Mann bei *).

Pestalozzi's Jubelfeier den 12. Jänner 1846, so sehr Partheigeist und Tendenzbestrebungen dabei mitwirken mochten, wurde vom ganzen protestantischen Deutschland und der Schweiz in einer Ausdehnung und mit einer populären und herzlichen Theilnahme begangen, wie Solches keinem der Heroen der deutschen Literatur zu Theil geworden. Von der großen Zahl der noch lebenden, weitzerstreuten ehmaligen Gehülfen und Zöglinge hatte jeder sein eigenes Theil von Sonderbarkeiten und Mängeln aufzuzählen, und Alle waren einig, daß sie für den unmittel-

---

*) „Pestalozzi erschien mir groß und steht fort und fort groß vor mir: a) in seinem tief fühlenden, liebevollen Herzen, das alle Schwäche, alle Noth, alles Elend, das er unter den Menschen wahrnahm, mit Schmerz empfand, den Ursachen nachforschte, und da er dieselbe in der mangelhaften Erziehung der Jugend gefunden zu haben glaubte, nun Tag und Nacht darauf sann, wie das in Reinheit und Unschuld auf die Welt kommende Kind in seiner Reinheit und Unschuld erhalten werden könne, und was er gefunden, sogleich in der Erziehung armer Kinder ins Werk zu setzen suchte; — b) in der Kraft und Beharrlichkeit, mit welcher er seinen Ideen lebte, keine Anstrengung, kein Opfer scheuend; — c) in seiner Geistes-Freiheit und Frische, in welcher er alle Gedanken an Genuß und Erwerb stets fern von sich hielt. Er ließ sich nicht einmal Zeit zum Schlafen: in seiner Stube war nur ein Kamin, kein Ofen, und außer Bett, Tisch und zwei Stühlen kein Möbel; auf dem Tisch außer Papier, Tinte, Feder kein Buch. Er war eine durchaus edle Natur, ein großes Gemüth, ein von keinen Formen beengter freier Mann — das Gegentheil aller Philisterei. Ach, daß er zu wenig von der dem Menschen angeborenen Gottentfremdung und daher auch nicht Jesum Christum als den Wiederhersteller der Menschheit erkannte! Nun wollte er ihn in seiner Methode der Menschheit geben, und rührend ist es, was er dafür gearbeitet, geopfert, gelitten. — „De Mensch ist my Welt!" erwiderte er mir einmal, als ich ihn fragte, ob er denn nicht auch einmal die Wunder im Hochgebirge anschauen wollte." Anmerkung W. Hennings.

baren Lehrberuf nichts bei ihm gelernt hatten. Allein bei aller Verschiedenheit in Bildung, Erfahrung und spätern Lebensgang gab sich
Liebe, Dank und Verehrung eben so einstimmig als mannigfaltig kund:
der Gefeierte spiegelte sich nach Verfluß eines Menschenalters so frisch
und unvergeßlich, so anmuthig und großartig in den einzelnen Erinnerungen ab, daß die Größe und der Werth der Persönlichkeit außer
Zweifel gesetzt ist. Diese Größe besteht darin, daß wenn Pestalozzi
Vieles nicht war und konnte wie Andere, er dagegen in Einem ganz
und ungetheilt war, in der Liebe zum Volk und im Streben für seine
Erziehung und Erhebung. Es war freilich bei ihm ein glückliches Zusammentreffen äußerer Umstände, welches ihm eine so seltene Auszeichnung erleichterte. Langer Friede von Außen und ungewohnte Eintracht im
Innern, steigender Wohlstand und Bildung gaben den Schweizern jener
Zeit ein hohes Gefühl vom Glück des Landes und Volkes und seiner Institutionen; daher Männer wie Haller, Hirzel, Iselin keine höhere Ehre
kannten, als die Arbeit für die Wohlfahrt ihres Volkes. Bodmer
insbesondere durch seine begeisterten Schüler, und Bürgermeister Heidegger als Staatsmann hatten zunächst für Zürich der Volksbildung
eine damals ungewöhnliche öffentliche Theilnahme und Aufmerksamkeit
zugewendet. Zu allen diesen Einwirkungen kam bei Pestalozzi noch
das Gefühl des politischen Rückstandes seiner edeln mütterlichen Verwandten, und vor Allem der Schmerz, um einer jugendlichen Freimüthigkeit willen von öffentlicher Wirksamkeit ausgeschlossen zu sein.
Zum Gewicht dieser äußern Umstände trat in seinem Wesen die Vorliebe
für die einfach derbe Bauern-Sitte und Lebensgewohnheit, zunächst aber
die Kraft und Treue eines tiefen Gemüthes, das an dem, was es einmal umfaßt, unerschütterlich festhielt. Obwohl äußerlich beschränkt und
zurückgesetzt, innerlich aber vor Allem reich an Liebe und Thatkraft
für die Erhebung seines Volkes zu sein, das war die Siegespalme,
nach welcher er sein ganzes Leben rang. Daher wurde er auch mit
kecker Entschiedenheit, so viel an ihm lag, ein Bauer; es war ihm
eine Lust, viel zu Pferde zu sein und klatschend mit dem Leiterwagen durch die Stadt zu fahren. Allein mit Hirzel und Iselin hatte
er sich eine allgemeine und ideale Aufgabe als Ziel gesteckt. Anfangs
meinte er durch unmittelbaren Einfluß auf das Landvolk und durch
gemeinsames Streben mit den benachbarten Güterbesitzern und Regenten
Berns dasselbe vermittelst einer seinem Stand und Beruf angemessenen
Erziehung zu Wohlstand und höherer Sittlichkeit zu erheben. Als aber

seine eigenen Versuche so schnell und jämmerlich mißlangen, würde er
Beruhigung und Ersatz gefunden haben, wenn es ihm gelungen wäre,
als Rathgeber oder anregender Leiter bei einem adelichen Grundbesitzer
seines Vaterlandes, oder bei einem fremden Fürsten ein angemessenes
Feld seiner Thätigkeit zu finden*). Denn es beseelte ihn ein edler
Thatendrang, und er war unglücklich, denselben nicht befriedigen zu
können. Allein er wußte nie den Anknüpfungspunkt an Wirklichkeit
und Leben zu finden; Zeit und Umstände wurden überall vom Ideale
überflogen und daher sein Schaffen unhaltbar. Auch mangelte ihm
die Klarheit des Blicks, um unter gegebenen Verhältnissen die rechten
Mittel zu gebrauchen, und die schöpferische Ruhe, um einen sichern
Grund zu legen und auf diesem stetig fortzubauen. Das brachte ihn
in die verzweifelte Lage, daß seine Freunde, woran es einem so innigen,
offenen und liebebedürftigen Herzen nie fehlen konnte, über eine wirksame
Stellung für ihn rathlos waren. Dem glänzenden Anfang eines
schriftstellerischen Wirkens wußte er keine entsprechende Folge zu geben,
weil er unmittelbar für das Volk schreiben und dasselbe durch seine Anleitung auf neue Bahnen führen wollte, verkennend, daß nicht sowohl
das Wort, sondern allein die That und das Vorbild in das Berufs-
leben bestimmend einwirkt. So gingen seine schönsten Jahre fruchtlos dahin und er seufzte unter der Last und dem Schmerz eines verlorenen Lebens. Er war zu fahrläßig und unstät, um als Erzieher
oder Lehrer sich in irgend eine geregelte Ordnung zu finden, auch war
ihm Schuleinrichtung und Schulgang seiner Zeit eben so verhaßt als
verächtlich. Erst als die schmähliche Vereitelung seiner Aussichten auf
Frankreich und seine unglückliche Partheistellung bei der Umwälzung
seines Vaterlandes mit der Vernichtung der letzten Hoffnung auch die
Ehre des Mannes und Bürgers bedrohte, war der endliche Entschluß
unmittelbarer Arbeit in der Schule und für dieselbe sein letzter Rettungs-
anker. Daß er aber diese am Rande des Greisenalters durch die Noth
ihm aufgezwungene Aufgabe mit ungeschwächter Liebe und Kraft zu
ergreifen und eigenthümlich durchzuführen wußte, ist der Prüfstein seiner
Treue. Freilich zum Institute für die Söhne der wohlhabenden Klasse

---

*) Solch eine Stellung war zu jener Zeit nicht nur ein Traum: gründete doch
der bekannte hessische Minister Karl von Moser im Jahre 1773 kurz vor seinem Falle
eine Oberlandcommission, welche die Volksbeglückung, von der Dichter träumten und
sangen, ins Leben rufen sollte. Matthias Claudius nahm in derselben eine rath- und
thatlose Stellung ein, von welcher er sich aber bald wieder frei machte.

kam er wider seinen Willen und ohne Absicht. Er gebrauchte sein In=
stitut nur als Mittel zur Erreichung seines höchsten Ziels, der Armen=
schule. Doch nicht durch das, was er als Erzieher geleistet, sondern
indem er als gedankenreicher, tiefsinniger, auf klare Erkenntniß der
Menschennatur bauender Philosoph sprach, oder indem er noch mehr als
seelenvoller Dichter, wenn auch in unbeholfenem Ausdruck, die gött=
lichen Keime im Menschenherzen und die heilige Kraft der Mutterliebe
mit stets neuer Frische kund that und für die Erweckung und Belebung
der Haussitte und häuslichen Bildung sein Leben einsetzte: entzündete
er in einer Zeit, welche neue Grundlagen und Mittel suchte, jugendliche
und hochstrebende Gemüther mit dem edeln Feuer, das ihn beseelte.
Die subjektive Vollendung des Menschen nach Geist und Gemüth, die
innerliche Erstarkung, die Kraftbildung war das Ziel, nach dessen Er=
reichung der Geist frei und selbständig jeder Wissenschaft und Kunst sich
würde bemächtigen können. Er wußte wohl, daß dieses Ziel von ihm
und seinen Anstalten wenig erreicht wurde, aber er erfüllte mit Begei=
sterung für die Kunst der Erziehung, und war unablässig bemüht, die=
selbe durch ihre Vereinfachung in die niedrigste Hütte einzuführen, so daß
durch dieselbe eine Regeneration des Volkes von unten herauf und von
innen heraus erreicht werden sollte. Um die pädagogische Wissenschaft
selbst hat er sich durch die Beleuchtung der beiden großen Grundgedanken
ein unsterbliches Verdienst erworben, daß nämlich alle Volksbildung
von der häuslichen Erziehung, und aller Unterricht von der Anschauung
ausgehen müsse. Durch die Art und Weise, wie Pestalozzi für diese
Aufgaben der Volksbildung und der Schule zu begeistern verstand, gab
er den Lehrern der Volksschule einen idealen Schwung*), und brachte
ihnen ein erhebendes Bewußtsein von der Größe und Wichtigkeit ihres
Berufs bei**). Von Pestalozzi's Zeit an treten die Schullehrer als

---

*) „Pestalozzi hat dem Schlendrian, dem todten Buchstabenwesen in den Schulen
einen gewaltigen Stoß gegeben, er hat Geist und Leben in die Schulen gebracht, er hat
gegen die Abgötterei gekämpft, welche mit dem in den Büchern niedergelegten Wissens=
schatz getrieben wurde; er hat den Lebenskeim, aus welchem der Baum des Unterrichts
in seinen vielen Zweigen erwächst, enthüllt und der Welt dargelegt; er hat den Unter=
schied zwischen Abrichten und Unterrichten wieder klar ans Licht gestellt. Sein An=
denken steht im Segen. Lavater widmete ihm einst das Wort:
„Einziger, oft Mißkannter, doch hoch bewundert von Vielen,
Schenke Gelingen Dir Gott und kröne Dein Alter mit Ruhe."
Anmerkung W. Hennings.
**) Ch. Palmer, evangelische Pädagogik. 1. Abtheilung S. 48 ff.

Stand auf; der Lehrer erkennt ſich als Menſchenbildner, als einen der
wichtigſten Faktoren im Leben des Volks, als den Baumeiſter, der den
Grund legen muß, worauf das Gebäude des Volks= und Staatswohls
am Ende beruht.   Demnach drang ein Theil von ſeinem wirklichen
Geiſte, von ſeiner Liebe und Hingebung, wie von dem tiefen Gehalt
ſeiner Ideen zu den empfänglichen Gemüthern hinburch.   „Alles dieſes
macht erklärlich, warum Peſtalozzi als der Vater der neuern Pädagogik
angeſehen wird; und nimmt man ſeine Perſönlichkeit und ſeine Lebens=
ſchickſale hinzu, ſo kann man wohl ſagen, er ſei der Märtyrer und
Schutzheilige der Pädagogen.“

XII. Johannes Müller.

1. Müllers frühe Entwicklung.

Schaffhausen hat durch die reiche Bauart seiner Häuser aus frühern Jahrhunderten mit ihren künstlerischen Verzierungen, durch sein Allerheiligen=Kloster mit dem schönen Münster, durch seinen Munot, seine Thore ein heimlich alterthümliches Gepräge. Man wundert sich daher nicht, wenn die Bürger von Schaffhausen ihrer Vaterstadt mit heiterm Behagen zugethan sind, und die mannigfaltigen Erinnerungen an frühere Zeiten den Jüngling zur Erforschung der Vergangenheit aufmuntern. Daher haben zu verschiedenen Zeiten der Pilger Hans Stockar und der Reisläufer Ulrich Harder populäre, und Rüger und Waldkirch gelehrte Denkmäler von der Anhänglichkeit an ihre Vaterstadt und von ihrer Liebe zur Geschichte hinterlassen. Nach diesen Vorgängen und Ermunterungen ist es also erklärlich, wenn aus Schaffhausen ein Geschichtschreiber hervorging, welcher seine Aufgabe mit ungewöhnlicher Liebe ergriff.

Johannes Müller, im Jahr 1752 geboren, wurde von Kindheit an durch seinen mütterlichen Großvater, Pfarrer Schoop, mit Vorliebe für die Geschichte seines Vaterlandes erfüllt, daher er schon in den ersten Jahren seines Schullebens eine Geschichte von Schaffhausen in Fragen und Antworten abfaßte. Noch als ganz kleiner Knabe zeigte er ein besonderes Geschick in lebendiger und anmuthiger Erzählung, namentlich der biblischen Geschichte. Die Schule gab ihm wenig und er trug ihren Zwang mit Unlust. Aber er bildete sich mit außerordent= lichem Fleiße durch sich selber, indem er nicht nur vorzüglich Geschicht= bücher las, sondern zugleich eigene kleine Versuche in verschiedenen Aus= arbeitungen anstellte. Auch die Klassiker las er größtentheils für sich.

„Diese waren wie ein elektrischer Funke, der in seine Seele fuhr, und eine unaussprechliche Verehrung und Liebe großer Männer und der Freiheit in ihm entzündete." Als er in das Kollegium seiner Vaterstadt hinaufrückte, „traf es sich, daß er zwei Jahre den Unterricht von sieben oder acht Professoren allein genoß. Die Lektionen hatte er leicht weg; also unterhielten sie sich über andere Gegenstände, die zu wissen nöthig sind, aber in Büchern selten vorkommen." Diese wohlwollenden Männer waren in der Freude über ihren hoffnungsvollen Zögling mit dem Lobe desselben nicht karg: denn der frühe Reichthum des Wissens, die Klarheit des Geistes und die Gewandtheit der Darstellung des jungen Müller berechtigten zu den höchsten Erwartungen. Der Jüngling entfaltete die ganze Frische und Energie des Autodidakten, zugleich aber eine Feinheit und Weite des Geistes, welche ihn vor Sonderbarkeiten und Beschränktheiten bewahrte. Darum tritt frühe schon großes Selbstgefühl und Kühnheit des Urtheils hervor, wie unter Anderm die unter seine Werke aufgenommene Rede über den „Pedantismus" beweist, welche er bei einer Promotionsfeierlichkeit zu halten gedachte, was jedoch nicht genehmigt wurde.

Noch nicht achtzehn Jahre alt bezog Müller die Universität Göttingen und zeichnete sich dort durch einen Fleiß, eine Vielseitigkeit, einen freudigen Wissensdrang aus, daß die bedeutendsten Gelehrten ihm besondere Aufmerksamkeit und Freundschaft schenkten. Indem er zunächst der Theologie sich widmete, verbreitete sich seine Thätigkeit doch schon damals über ein weites Feld der Wissenschaft. Seine nächste Vorliebe galt der Geschichte, anfangs der Kirchengeschichte, allein schon in der letzten Zeit seines Universitätslebens entschied er sich für die Profangeschichte. Die Furcht vor den Fesseln, welche ihm die Heimat und der geistliche Stand auferlegen würden, erzeugte jetzt schon den Wunsch in ihm, im Auslande der Wissenschaft leben zu dürfen. Allein er unterzog sich dem Verlangen seiner Eltern, welche seine Rückkehr wünschten; jedoch erklärte er ihnen zugleich seinen Entschluß, „außer den Pflichten, welche sein künftiger Stand von ihm fordere, noch auf eine andere Weise seinen Mitbürgern und zugleich der Nachwelt zu dienen — durch Schriften." „Ich werde mich befleißen, wenige, aber recht gute und unterrichtende Schriften zu verfassen." Aus Pietät für seinen Vater und den ihm wohlwollenden Antistes Oschwald, und zunächst veranlaßt durch den frommen Miller, in dessen Haus er zu Göttingen wohnte, zwang sich Müller zur Abfassung einer lateinischen Dissertation aus einem Gesichtspunkte, zu welchem er sich in der That nicht mehr bekannte: „Unter dem Könige Christo sei für die Kirche nichts zu fürchten" — daher er dieselbe bald darauf in einer Erklärung an Meusel desavouierte und verwarf. Denn in der letzten Periode des Aufenthaltes in Göttingen hatte Schlözer auf den jungen Müller einen entschiedenen Einfluß gewonnen und zu seiner „Entfeßlung vom alten Glauben" vorzüglich mitgewirkt, so daß er nun dem Vater zu schreiben wagte: „Auf die Tafel meiner Seele haben Schlözer, die Theologen in Berlin, Rousseau, Montesquieu, Mosheim, Abt, Voltaire — erhabene Wahrheiten geschrieben, die keine Zeit, keine Gewalt der Menschen, kein Schicksal austilgen soll." Daher Müller, „dem dieß alles nicht entging, den Gedanken eines würdigen Lebensgeschäftes in ihm anregte, daß der Jüngling die Geschichte der schweizerischen Eidgenossenschaft schreiben sollte." Bald erhielt er wirklich den Auftrag, zur Allgemeinen Geschichte von Guthrie und Gray die Geschichte der helvetischen Nation zu verfassen. Zunächst aber begann er unter Schlözers Anleitung sein Bellum Cimbricum und vollendete es in der Heimat. Mit Recht wurde dieses Schriftchen des einundzwanzigjährigen Jünglings als Epoche machend bezeichnet, indem er darin die Sprache des Cäsar und Tacitus mit ungewöhnlicher Leichtigkeit handhabte, eine erschöpfende Genauigkeit in Erforschung und Beurtheilung der Quellen zeigte, Römer und Deutsche charakteristisch bezeichnete und würdigte und über das Ganze edles Leben und männliche Würde ausgoß. Es ist sehr bezeichnend, daß Müller, im Gefühle dessen, was in ihm lag, im Sommer des Jahres 1772 diesen Erstling seiner historischen Muse an den Kaiser Joseph II. sendet, indem er sich unter Anderm folgender Maßen vernehmen läßt: „Bei einer kaiserlichen Bibliothek, bei mehr Bequemlichkeit und Aufmunterung, im Umgange der größten Männer, täglich nahe bei großen Dingen, unter Joseph oder Friedrich wollt' ich wichtigere Plane ausführen. Auf Adlersflügeln erhübe sich mein Geist zur Sonne der Weisheit, Funken des Feuers zu stehlen, das die Alten zu unsterblichen Thaten und Werken erwärmte: dann schriebe ich die Annalen der Menschheit, dann die Geschichte und Thaten Ew. Majestät*)."

In seine Vaterstadt zurückgekehrt, machte Müller dem Vater zu

---

*) Müllers handschriftlicher Nachlaß. — Diese Anführung geschieht nur dann, wenn bisher Unbekanntes gegeben wird.

Gefallen das theologische Examen und hielt einige Predigten; allein
Studien, Umgang und Lebensweise nahmen sogleich eine veränderte
Richtung. Seine Zeit war in seltener Regelmäßigkeit und Planmäßigkeit dem ganzen Gebiete der Wissenschaft gewidmet, welches den
Staatsmann und den Historiker bilden kann; vor Allem lebte er den
Alten. Sein Umgang beschränkte sich auf Wenige; vorzüglich suchte
er die Freundschaft der Magistraten seiner kleinen Republik, in der
Hoffnung, einst in der Mitte dieser seinem Vaterlande dienen zu
können. Die äußern Fesseln, welche ihm der geistliche Stand anzulegen schien, waren ihm sehr zuwider, und indem er derselben nicht
achtete, sondern gerne in fröhlicher und zwangloser Gesellschaft, namentlich mit Officieren*), sich gehen ließ, entging er manchem mißbilligen-
den Urtheil, und einmal selbst einer Buße nicht. Unterdessen aber
ging er mit der ganzen Frische und Begeisterung der Jugend an sein
Lebenswerk, die Schweizergeschichte. Zunächst ist das Talent nicht
gering anzuschlagen, wodurch er sich bereitwillige Unterstützung und
Mittheilung der Quellen zu verschaffen wußte. Die Briefe, in welchen
er Heinr. Füßli, Iselin, den Söhnen Hallers, Balthasar und Andern
seine Absicht eröffnete und durch anmuthige Kühnheit und eine in der
Schule der Franzosen gewonnene Gewandtheit Vertrauen zu erwecken
verstand, sind kleine Meisterstücke von Geist und Liebenswürdigkeit:
denn er muthete seinen Freunden für jene Zeit keine geringe Mühe und
Verantwortung zu, um Mißtrauen und Bedenken über die Eröffnung
der Materialien zu überwinden.

Müllers Rastlosigkeit, mit den neuen Erscheinungen der Wissenschaft
bekannt zu werden, seine wohlwollende Theilnahme an jedem Erzeugniß
gründlicher Gelehrsamkeit eigneten ihn ganz besonders zur Anzeige und
Beurtheilung neuer Schriften. Wie es für Haller ein Genuß war, von
den Leistungen auf dem ganzen Gebiete der Wissenschaft Rechenschaft,
Belehrung und Ermunterung zu geben, so fand auch Müller sein ganzes
Leben hindurch darin Lust und Freude, wenn er ein Werk des Geistes begrüßen und zu seiner Verbreitung beitragen konnte. Schon von Göttingen aus war er daher zu diesem Behuf von Schlözer an Nicolai empfohlen
worden und hatte schon durch seinen ersten Beitrag zur allgemeinen deut-

---

*) An einen von diesen schreibt er: „Ich gestehe Ihnen, daß ich eine besondere
Prädilektion für alte Officiere habe, welche in ihrer Jugend der Ehre und dem Ver-
gnügen gedient, und in welchen dieses System noch in ihrem Alter die eingeschränkten
Gedanken der Andern überwägt." Müllers handschriftlicher Nachlaß.

schen Bibliothek (über Lessings Berengar) dem Herausgeber den besten Begriff von seinem Geist und seiner Gelehrsamkeit gegeben. Als nun aber Müller sich zu einem jugendlich übermüthigen Kampfe gegen die Orthodoxie herausließ, mußte doch selbst der nüchterne Nicolai denselben vor seinen „witzigen Deklamationen gegen die Schultheologie" warnen und ihn bestimmen, sich vornämlich auf das historische Gebiet zu beschränken. — Zu gleicher Zeit mit Nicolai ersuchte Wieland den jungen Schriftsteller um Artikel über die „neueste Literatur in Helvetien" für seinen Merkur. Wenn man ihm indessen das Wort über die deutschen Theologen abgeschnitten hatte, so hatte man hinwieder nichts dagegen, daß er sich über Lavater nach Herzenslust in Tadel und Spott gehen ließ. Dieser in seiner Weise nahm es hin und bestrafte den jungen Müller nur, indem er ihn bald darauf mit offenem Wohlwollen besuchte und an Spalding das bekannte Urtheil fällte: „Müller ist ein zwanzigjähriges **Monstrum Eruditionis.** Er hat das beste Herz, aber ist im Schreiben noch absprechend und dreist. Sein Styl ist sehr witzig und bis zur Affectation lebhaft. Aber er hat das Gute, daß er sich gerne belehren läßt und sich leicht schämen kann. Er ist äußerst fein organisiert, hat ein helles, leuchtendes Paar Augen; sonst sieht er sehr jungfräulich aus. Ich glaube, man kann aus ihm machen, was man will. Sein Gedächtniß scheint beinahe übermenschlich zu sein."

Allein obige schmeichelhaften Aufforderungen zu kritischen Arbeiten beirrten ihn in seiner Hauptaufgabe nicht. Dieser war er so mit ganzer Seele zugewendet, daß auf sein bloßes Wort hin die allgemeine Erwartung von seiner künftigen Geschichte der Schweiz groß war. Nachdem er also sein Werk rasch angegriffen, schreibt er kühn an Füßli: „Ich beschreibe diese Woche die Zäringer nach Schöpflin, erkenntlich gegen die Providenz, welche Schöpfline, Hergotte, Gerberte, Bessels, Fäsi, mit einem Worte Knechte sendet, welche den Schutt wegräumen und die Baumaterialien ordnen, damit die Söhne der Götter, voll Geist und Herz, Werken für die Unsterblichkeit und für die Menschen gebieten können: Werdet!" Des Erfolges seiner Arbeit gewiß, trug der Schaffhauser Professor mit einem Jahrgehalte von 80 Gulden kein Bedenken, eine Stelle mit 800 Thalern auszuschlagen. Es hatte ihm nämlich der Minister Zedlitz, durch den cimbrischen Krieg gewonnen und durch die Empfehlung Merians, des Sekretairs der Akademie und die Vermittlung Nicolai's bestimmt, das Rektorat des Joachimsthaler Gymnasiums zu Berlin angeboten. Freilich hatte er schon vorher an Heibegger, den gelstreichen Sohn des Zürcher Bürgermeisters, geschrieben: „Ich bin entschlossen, Schaffhausen zu verlassen. Im Frühling meiner Jahre möchte ich mich einem Monarchen weihen, Kenner und groß genug, das werdende Verdienst zu prüfen, hervorzuziehen und an seinen bequemsten Standort zu stellen." Nachdem er dem Freunde berichtet, daß er seine Blicke nach Berlin wende und bei Katt, dem Vorleser des Königs, Schritte gethan, um daselbst eine Anstellung zu erhalten, aber nicht in einer Schule, fährt er fort: „Je serais bien déplacé dans une école, j'ai l'esprit trop impatient et trop ignorant des subtilités des grammairiens*)." Jener für jetzt fruchtlose Schritt benahm ihm wenigstens die Hoffnung für die Zukunft nicht.

Unterdessen hatte Müller bei der helvetischen Gesellschaft in Schinznach im Jahre 1773 Karl Viktor von Bonstetten kennen gelernt und mit demselben die bekannte Freundschaft geschlossen. Durch Bonstetten kam er nun nach Genf in das Haus Tronchin, zunächst als Erzieher, jedoch unter den freiesten Bedingungen, vorzüglich aber in der Absicht, um in jener Stadt, einem Schauplatze vielfacher Bildung, im Umgange mit ihren „tiefsinnigsten Staatsmännern", wie er sich an die Regierung von Schaffhausen ausdrückt, „sich so nützlich zu machen, um den Regenten und der Nation der helvetischen Eidgenossen, dem nähern Vaterland, und in dem Fall, wenn das Vaterland seine Dienste nicht brauchen wollte, den Kaisern und Königen anderer Völker zu dienen."

2. Müller in Genf.

Mit Erlaubniß seiner Regierung und mit einem vieljährigen Vorbehalt seiner Lehrstelle traf Müller im Anfange des Jahres 1774 in Genf ein, nachdem er auf der Reise dahin durch die wichtigsten Städte und die innern Kantone der Schweiz gekommen, viele Bekanntschaften gemacht und sich und seine Aufgabe den bedeutendsten Männern seines Vaterlandes empfohlen hatte. Da Müller bisher seinen Styl vorzüglich durch die Franzosen gebildet, namentlich durch Helvetius und Voltaire, mußte er sich in Genf, als einer ausgezeichneten Schule des Lebens und der Bildung, sehr angesprochen fühlen. Mit einer seltenen Frische und Elasticität des Geistes ,nimmt nun Müller jede Anregung in Wissen-

---

*) Müllers handschriftlicher Nachlaß.

schaft und Leben auf; Alles wird ihm Genuß und Gewinn zugleich, indem er mit einer gewissen französischen Leichtigkeit fröhlich zu leben und streng zu arbeiten versteht. Jede neue Geisteserscheinung, wie jedes neue Individuum, denen er sich zuwendet, nehmen ihn ganz ein und machen ihn glücklich. Er bemächtigt sich der neuen Gegenstände mit hingebender Liebe und zugleich mit überraschender Originalität, so daß Müller, ungeachtet seiner unscheinbaren Gestalt, seiner höflichen Ueberschwänglichkeit, seiner unruhig umherfechtenden Hände, dennoch die an die große Welt gewöhnten Brüder Tronchin, den Rechtsgelehrten und den Staatsmann, den Philosophen Trembley wie die Naturforscher Saussüre und Senebier bezauberte, das Herz des edeln Bonnet gewann und ein verbindliches Bonmot von Voltaire. Denn die Vielseitigkeit, Großartigkeit und Zweckmäßigkeit seiner Studien und Vorbereitungen auf sein historisches Werk war unverkennbar. Zudem lebte sich der fein-organisirte Müller sehr gut in den französischen Umgangston ein: denn schon in Göttingen hatte ihm die Skurrilität eines Michaelis und die plumpe Derbheit eines Schlözer sehr mißfallen; daher er sich in dieser Zeit äußerte: „Der sogenannte gelehrte Stand ist für mich selten der angenehmste zur Freundschaft, weil die deutschen Gelehrten, überhaupt genommen, selten munter und weltkundig sind." Nach dem Vorgange der Alten und der Franzosen bildete sich in ihm die sein ganzes Leben ihn begleitende Geringschätzung der Schulphilosophie aus. Er vertraute auf seinen praktischen, hellen Blick, sein reiches Wissen und sein umfassendes Urtheil, so daß er sich über alle Gegenstände des Lebens, des Staates und der Wissenschaft sehr bestimmte und klare Principien bildete. Wie frühe das geschah, beweisen die vom Jahre 1774 bis 1777 niedergeschriebenen „Beobachtungen über Geschichte, Gesetze und Interessen der Menschen", wo man namentlich in seinen Fragmenten über Freiheit, Aristokratie und Revolution eine klare Voraussicht des kommenden Umsturzes findet, wie bei keinem Andern jener Zeit.

Als Müller in Genf mit gesteigertem Eifer und Fleiß an der Geschichte seines Vaterlandes arbeitete, trat ein Umstand hinzu, welcher die ganze Schweiz in Spannung versetzte. Als Kaiser Joseph II. bei seinem Besuch in der Schweiz einen Stein von Habsburg mit sich nahm, und überhaupt feindselige Gesinnungen gegen die Schweiz an den Tag legte, glaubte diese nach der Theilung Polens von dem unruhigen Reformator erwarten zu sollen, daß er die Hand nach dem Stammlande seines Hauses ausstrecken werde. Im Glauben an sein

Volk schreibt Müller zu jener Zeit: „Gewiß würde der Krieg gegen unsere Conföderation mehr Blut kosten als die Theilung Polens; gewiß würde es Jahrhunderte brauchen, bis unsere Nachkommen getreue Unterthanen würden. Es ist noch nicht erwiesen, daß der Heldenmuth unserer Altvordern abgestorben sey, vielleicht ist er nur entschlafen und das Geräusch der Waffen könnte ihn wieder erwecken. Ich will suchen durch die helvetische Geschichte Liebe des Vaterlandes und seiner verschiedenen Constitutionen zu befördern, und daher diesem Buch möglichste Publicität unter den Eidgenossen verschaffen, in einer männlichen Schreibart, gedrängt und kräftig, gleich den großen Alten, und ohne leichtsinnigen Enthusiasmus schreiben." Diejenigen aber, welche sich von den vielversprechenden Eigenschaften jenes Kaisers täuschen lassen sollten, warnte er: „A l'égard de l'empereur je souhaite seulement, que l'admiration qu'on doit à ses vertus, ne fasse oublier à personne, qu'il vaut pourtant mieux vivre sous de bonnes lois qui ne meurent pas, que sous de bons souverains, dont les fils peuvent devenir tyrans*)." Er freut sich, daß, wenn einst seine Geschichte erscheine, man ihn „für einen alten Mann ansehen werde, für einen Schultheißen oder Bürgermeister, der seinem Vaterland die alten Großthaten vorhält, auf daß es dieselben nachahme."

Bald entzog sich Müller dem Erziehungsgeschäfte, um mit dem jungen Amerikaner Kinloch gemeinsam solchen Studien zu leben, welche „dem Charakter Freiheit und Stärke geben." Der schweizerische Republikaner fühlte sich besonders angezogen vom Sohne des Landes der Zukunft, das er sich als Asyl dachte, wenn Europa der Freiheit beraubt würde. Mit Kinloch machte Müller im Sommer 1775 eine Reise durch die ganze Schweiz, wo er mit gleicher Liebe das Land und Volk, wie die Staatsmänner und Volksführer kennen lernte und dann die frischen Eindrücke des Geschauten in seine Geschichte niederlegte. Nach Kinlochs Entfernung fand er volle Freundschaft und Muße bei Bonnet, wo sich sein Blick für die Naturbetrachtung öffnete. Allein jedes Verhältniß, das ihm Verpflichtungen aufzulegen schien, wurde ihm bald eine Last; daher siedelte er nach kurzer Zeit zu Bonstetten auf dessen Landgut Valeyres in der Waadt über, oft Wochen lang mit dem Freunde im Hochgebirge, und reiste in dessen Gesellschaft zwei Male durch die Bergkantone und durch die italienische Schweiz und Wallis. Hierauf

---

*) Müllers handschriftlicher Nachlaß.

gab der Generalprokurator Tronchin Müllern den Rath, sich völlig
unabhängig von jeder öffentlichen Anstellung zu erhalten und nur den
Wissenschaften zu leben. Zu diesem Zwecke öffnete er ihm sein Haus
und veranlaßte ihn, um ihm die Mittel zur Befriedigung seiner kleinen
Bedürfnisse zu verschaffen, Vorträge über allgemeine Geschichte zu halten.
Allein bald wurde die Aufgabe für Müller eine Pein, weil an Stunden
gebunden zu sein und über Dinge reden zu müssen, welche er nicht mit
aller Gründlichkeit erforschen und ausarbeiten konnte, für ihn unerträglich
war. Denn er faßte seine Lebensaufgabe immer ernster und größer auf,
daher er sagen durfte: „Ich werde mir durch meine Arbeit eine Stellung
gründen, damit ich in völliger Unabhängigkeit meinen Ideen leben
kann *)." Allein so sehr ihn Ruhm in der Gegenwart und bei der
Nachwelt lockte, so trachtete er doch noch eifriger nach nützlicher
Wirksamkeit für sein Vaterland, daher schrieb er mitten aus seinen
Studien einem Schaffhauser Freund: „Ich studire Politik, 1) weil ich
finde, daß die Eidgenossen nicht geringe Politik brauchen, um zu
subsistieren, und weil ich eine Zeit vermuthe, da sie solche noch weit
nöthiger brauchen werden, um einem Theil ihrer Nachbarn und den
übrigen großen europäischen Mächten zu remonstrieren, wie nützlich es
denselben sei, uns bei unserer alten unschuldigen Unabhängigkeit zu
lassen; 2) weil diese Wissenschaft alle Passionen beschäftigt und mich
diese Passionen zu meinem Vortheil und zum gemeinen Besten große
Schritte thun heißen; 3) weil diese Wissenschaft mich geschickt macht,
dem Vaterlande zu dienen, wenn ich in dessen Geschäften gebraucht
werden kann **)."

Als der erste Band der Geschichte der Schweiz zum Drucke
vollendet war, gab Müller in der später nicht wieder erschienenen Einleitung von den mächtigen Anstrengungen Zeugniß, womit er sich zu
der universalen Höhe der Geschichtschreibung hinaufgearbeitet, und wie
er in der Freundschaft seine Stütze gefunden. „So bald ich wählen
konnte, entschied ich für die Staatskunst. Ich warf meine Blicke über
Europa, ich wußte die Historie freier Völker, ich sah Veränderungen im
Militärwesen, die Herrschsucht einiger Potentaten, die großen Er-
schöpfungen anderer." „Aus Liebe zur Freiheit wünschte ich in allen
Ländern die oberste Gewalt zu befestigen, die Volksregierung in Unter-

---

*) Müllers handschriftlicher Nachlaß.
**) Müllers handschriftlicher Nachlaß.

walden, den Senat von Venedig, in Frankreich das königliche Ansehen,
in England die Verfassung. Die Feinde der Verfassungen möchte ich
erinnern, daß die Athenienser, welche sich unter allen Griechen durch die
Eifersucht der Freiheit auszeichneten, lange vor den Spartanern in
Knechtschaft verfielen, und daß das Volk in Rom nie gewaltiger war,
als da dem Cäsar ein Unternehmen gelang, das dem Appius, dem
Cassius, dem Manlius das Leben gekostet. Nicht Miltiades, noch der
ältere Brutus, noch der Ritter von Erlach, aber die, welche die Freiheit
nicht besitzen, und die, welche im Begriff sind, sie zu verlieren, reden
am wärmsten von der Freiheit." „Mein Werk wird darthun, daß dem
gleichen Volk in verschiedenen Gegenden, und mehreren Völkern im gleichen Lande verschiedene Regierungsarten zuträglich sind. Ich habe
die Schweiz gewählt, denn sie vereinigt eine Menge Völker, alle Zeiten
und alle Himmelsstriche; ich liebe jene stolze Kriegsnationen in den Gebirgen, den hochgestimmten Geist jenes uralten Adels, die Vaterlandsliebe jener tugendhaften Bürger. Entsprossen aus der Nation Wilhelm Tells, der Winkelriede, des Ritters von Erlach, des Freiherrn von
Halwyl, beseelt von der einigen Begierde, noch denen, die tausend Jahre
nach mir leben werden, zu dienen, glaubte ich meine Tage der Erhaltung
der Freiheit widmen zu dürfen."

Zugleich mit der deutschen Ausgabe hatte Müller, um seinen
Genfer Freunden zu genügen, auch eine französische Uebersetzung vollendet. Die Unverdrossenheit seines Fleißes, und wie er seiner großen
Aufgabe nie genug thun konnte, beweist das Wort an einen Zürcher
Freund: „Ich habe das Ganze wohl sechsmal vernichtet und wieder
neu geschrieben*)." Der junge Mann, der noch keine Stellung hatte,
vergaß sich selbst so sehr, daß er von der ersten Buchhandlung, an die
er sich wandte, kein Honorar verlangte, sondern nur die Bezahlung einer
Schuld von etwa hundert Gulden und vierzig Freiexemplare. Als
endlich das Werk in Bern im Jahre 1780 zum Druck kam, mußte er,
um der kleinlichen Censur zu genügen, sich dazu verstehen, daß Boston
als Druckort angegeben wurde. Das Buch war dem Freunde Bonstetten gewidmet. Die Vorrede schildert die frühere Geschichtschreibung
der Schweiz, entwickelt den Gang der europäischen Politik und Kriegs-
kunst, feiert Friedrich den Großen und schließt: „Ein Geschichtschreiber
bedarf einer freien Seele und fast aller Kenntnisse eines großen Königs;
jene muß er haben, nach diesen aber streben." —

---

*) Müllers handschriftlicher Nachlaß.

Schon in diesem ersten Bande entfaltet Müller die volle Kraft seines Geistes, seiner Kenntnisse und seiner Schreibart. Wenn man diese oft schwerfällig fand, so entschuldigte er sich, daß er das Deutsche halb vergessen habe, und wenn man ihn der Nachahmung des Tacitus anklagte, daß er den Tacitus nur einmal und vor manchen Jahren gelesen. Allein die lebendige Versetzung in die alte Zeit, die reichen und anmuthigen Züge aus dem Volksleben, die gemüthvolle Liebe zu den alten Menschen, Gesinnungen und Einrichtungen und wieder der große, freie Blick in Beurtheilung der religiösen und politischen Zustände, die Liebe zur Republik und doch wieder die volle Würdigung anderer Verfassungen, die Kühnheit des Urtheils und wieder die zurückhaltende Ruhe und Mäßigung — das Alles verschaffte dem Werke eine glänzende Aufnahme*). Bern hatte besondere Ursache, mit Müllers Verherrlichung der Aristokratie und seines Adels zufrieden zu sein, während die mißbilligende Darstellung der Zunftverfassung, Bruns und die rügende Bemerkung über Wasers Verurtheilung in Zürich tief empfunden wurde, daß sich Dr. Hirzel zu einer öffentlichen Beschuldigung veranlaßt sah. Allein Müllers unbefangener Wahrheitssinn mußte auch hierin die Unbefangenen versöhnen. Dieser erste Band begann mit der Entstehung des Schweizerbundes und führte bis zur Schlacht bei Näfels. Es ist für die Gründlichkeit der Forschung und den Fleiß der Durcharbeitung bezeichnend, daß Müller in den spätern vervollständigten Ausgaben in den Abschnitten die drei Männer im Rütli, Tell, Morgarten u. s. w. sich nur zu geringen Veränderungen veranlaßt fand.

3. Müller im Ausland.

Als Müller den ersten Band seiner Schweizergeschichte vollendet hatte, ging er ins dreißigste Jahr. Noch fehlte ihm eine feste Stellung

---

*) Julian Schmidt, „Joh. v. Müller und seine Zeit," Gränzboten 1858, 1, 2. S. 462. „Müllers Talent und Neigung bestimmte ihn zu einem leidenschaftlichen Verehrer der Thatsachen: er hielt es für die Aufgabe des Geschichtschreibers, durch ein umfassendes Studium der Quellen die Begebenheiten völlig wieder herzustellen, so daß ein anziehendes Bild und ein mächtiger Eindruck auf die Seele hervorging. Dadurch unterschied er sich von den alten Pragmatikern, die nur ihre alte Klugheit an den Tag bringen wollten, darin theilte er den Standpunkt der gleichzeitigen Dichter."

und Wirksamkeit; allein er glaubte, sie vermittelst dieses Beweises seines
Geistes und seiner Einsicht zu erlangen. Um aber auch den Blick des
Staatsmanns zu bewähren und daß er neben den Verhältnissen seines
Vaterlandes auch die allgemeinen Weltverhältnisse aus eigenthümlichen
und neuen Gesichtspunkten zu umfassen verstehe, gab er im Jahre 1781
seine „Essais historiques" heraus — in französischer Sprache
weil er sich damit Friedrich dem Großen empfehlen wollte —, welche
neben den Betrachtungen über die Verfassung Berns und einer kurzen
Geschichte der Genfer Unruhen, Verhältnisse, welche er durch eigene
Anschauung genau kannte, eine allgemeine Uebersicht über die politische
Geschichte Europas im Mittelalter enthielten. Schon hier wird bei
aller Freimüthigkeit des Urtheils über jene Zeit die Hierarchie als die
großartige, neugestaltende Macht des Mittelalters aufgefaßt. Von
diesen Versuchen an und weiter durch eine lange Reihe politischer
Schriften lieferte Müller den Beweis, daß er nicht nur ein gründlicher
Geschichtschreiber, sondern auch ein staatsmännischer Kopf sei, welcher
das Kleine und das Große in seinem Zusammenhange mit der allgemeinen Entwicklung je einer Zeit begriff, und die Verhältnisse der
Völker, die Grundsätze der Politik und die Triebräder des Weltlaufes
mit einer Klarheit und Großartigkeit erkannte, wie vor ihm kein Geschichtschreiber der neuern Zeit. In diesem Gefühle, daß er nicht unter
die Schulgelehrten, sondern vielmehr zu den Staatsmännern gehöre,
begab er sich nach Berlin. Die Minister Herzberg und Zedlitz empfingen
ihn mit Wohlwollen; er erweckte allgemeine Theilnahme und den
Wunsch, ihn an Berlin zu ketten, wo seine Essais erschienen waren.
Müller hatte diese an den König übersandt und erhielt durch d'Alem-
berts Empfehlung eine Audienz. Allein gerade dieser geistvollste aller
Schweizer, welche Friedrich kennen gelernt, war nicht so glücklich, bei
diesem eine fördernde Theilnahme zu finden, die er sonst dessen Landsleuten mit Vorliebe zuwendete; und das Minutiöse, welches Friedrich
in Müller finden wollte, fand wohl auf andere deutsche Gelehrte jener
Zeit, aber gerade auf diesen keine Anwendung.

Nachdem die Hoffnung auf Berlin für einmal vereitelt war, fand
Müller ermunternde Aufnahme bei dem von früher her bekannten Dichter Gleim in Halberstadt; und endlich gelang es ihm, durch das freundschaftliche Bemühen des Generals von Schlieffen eine bescheidene Stelle
zu Cassel zu finden. Allein gleich bei der Antrittsrede war der
Landgraf unzufrieden, daß „der neue Professor so klein sei und eine so

schwache Stimme habe*)." Der Aufenthalt in Cassel war indessen für Müller eine Zeit großen geistigen Wachsthums und innerer Entfaltung. Denn in diese Zeit fallen die öffentlichen Vorträge über den „Einfluß der Alten auf die Neuern," den er um so besser nachweisen konnte, weil er denselben in sich selbst so fruchtbar darstellte; über „Deutschland," wo er die Fehler des deutschen Gelehrtenlebens so klar als schonend enthüllte, und über die „Gründung der weltlichen Macht des Pabstes."

Müller hatte sich auch in dem Zeitpunkte, als er den Ansichten der Kirche feindlich gegenüberstand, theilnehmend mit den Erscheinungen des religiösen Lebens beschäftigt. Nun aber brachte es allmählig die innere Reife und die Erweiterung seines Gesichtskreises mit sich, daß er in seinen Gedanken über das Christenthum sich über die Zweifelsucht seiner Zeit erhob, mit Liebe zur Bibel zurückkehrte und glauben lernte. Dazu trug namentlich ein Besuch bei Herder im Jahre 1782 bei. Von nun an hat Müller nie mehr gewankt und ist im vorigen Jahrhundert unter den Gelehrten einer der gründlichsten und geistreichsten Zeugen von der Herrlichkeit des Wortes Gottes und von der Wahrheit und Macht des Christenthums in der Entwicklung der Weltgeschichte gewesen. Ueber seine innere Umwandlung berichtet Müller an Nicolai: „Sie wissen, wie ich in der ersten Jugend dachte. . . . Gar nicht, wie man gedichtet, eine Krankheit, sondern mehr Geschichtstudium, Erfahrung und Beobachtungen haben mich überzeugt, daß eine positive Religion wahrlich nothwendig ist; nähere Kenntniß der orientalischen Sachen machte mich zum bessern Leser des alten, nähere Kenntniß gewisser damaligen Systeme zum bessern Beurtheiler des neuen Testamentes." So kühl berichtet Müller an Nicolai; anders an einen Gläubigen: „Ich las in den Evangelien die eigenen Worte Jesu . . . . Wie mein Herz dabei gebrannt, welcher Strahl in meinen Geist gefallen, wie er mir die ganze Welt erklärt, ist unbeschreiblich; unbeschreiblich, welches Licht mir den Zusammenhang meines eigenen Lebens erhellte."

Mit besonderer Vorliebe verfolgte nun Müller die Züge christlicher Frömmigkeit im Mittelalter und vermöge dieses Standpunktes ist er der erste Geschichtschreiber, welcher diese Zeit mit poetischem Sinne in ihrer Eigenthümlichkeit aufgefaßt hat. Indem er nun die Macht des Christenthums im Mittelalter zugleich aus religiösem wie aus politischem Standpunkt betrachtete, überraschte er seine Zeitgenossen durch die

---

*) Müllers handschriftlicher Nachlaß.

„Reisen der Päbste" (1782) mit einer ganz neuen Auffassung jener Zeit; indem die großen Päbste der alten Zeit im Gegenübertreten gegen die Kaiser in gedrängten dramatischen Bildern anekdotenartig dargestellt werden, liefert Müller durch Inhalt und Darstellung eine seiner ausgezeichnetesten Schriften. Ueber den Ursprung dieser Schrift schrieb Müller an Tronchin: „Pendant les réformes de Vienne et le voyage de Pie VI., plus de 200 écrivains ayant fait le panégyrique des opérations de la cour impériale, tout le publique applaudissant au renversement de toutes les barrières du despotisme (car le sort des droits de la noblesse ne sera pas plus heureux que celui des seigneurs ecclésiastiques), j'ai tenté de modérer cette joie. Je fis un petit ouvrage sur les voyages des anciens papes, qui insinuait l'utilité dont leur pouvoir avait souvent été pour contrebalancer le despotisme militaire: je fis remarquer aussi l'absurdité qu'il y avait, d'applaudir à la violation manifeste des droits de la propriété à l'égard des biens ecclésiastiques; je fis parler votre ami Montesquieu*)." Der Gesichtspunkt also, von welchem Müller bei Abfassung dieser Schrift ausging, war politischer Natur. Freilich als der Beifall für dieses kühne Unterfangen aus den höchsten Kreisen der römischen Kirche und selbst von der Spitze derselben aus sich kund that, wurde er von den glänzenden Aussichten wenigstens augenblicklich gelockt. — Uebrigens hatten Müllers katholische Sympathien ihren Grund keineswegs in den katholischen Kirchenlehren und in katholischen gottesdienstlichen Formen, und noch weniger in den sittlichen und Kultur-Zuständen der Länder katholischen Glaubens, sondern sie beruhten theils auf der unbefangenen Freiheit der Gesinnung, welche gegen jede Erscheinung des Lebens gerecht war, voraus aber in der Bewunderung der großartigen Aristokratie, welche sich im Gebäude der Hierarchie so glänzend bewährt hatte, während die Demokratie des Protestantismus ihm eben so sehr widerstrebte, wie diejenige der bürgerlichen Verfassungen. Wohl fühlten sich die Katholiken in einer gegen ihre Kirche feindseligen Zeit von Müllers poetischen Gemälden katholischer Zustände geschmeichelt, Neugart dagegen bemerkte ihm: „Die Schilderung, die Sie in Ihrer Schweizergeschichte von der Hierarchie machen, hat etwas Sonderbares. Ich zweifle sehr, ob ein ächter Katholik Vergnügen daran haben werde."

---

*) Müllers handschriftlicher Nachlaß.

Die Verhältnisse in Cassel waren für Müller äußerlich und innerlich zu wenig befriedigend, um lange darin auszuhalten. Er sehnte sich daher nach dem mannigfaltigen und anregenden Umgange und nach seinen Freunden in Genf zurück. Allein nicht ohne Besorgniß eröffnete ihm Tronchin sein gastliches Haus, da er wohl wußte, wie Müllers Beweglichkeit und die Reizbarkeit seiner Nerven ihm ein dauerndes Verhältniß mit seinen Verbindlichkeiten zur Last machte. Er hatte freilich zum Lohne liebevollen Ausharrens bei ihm eine lebenslängliche Rente für seinen jungen Freund in Aussicht gestellt; aber er fürchtete hinwieder, es möchte diesem zu schwer werden, die Rücksichten zu erfüllen, ohne welche er sich nicht verbindlich machen wollte. Müller kam (1783). Allein Tronchins Befürchtungen gingen bald in Erfüllung. Die Wiederaufnahme der Vorlesungen über allgemeine Geschichte und melancholische Anwandlungen versetzten Müller in eine Stimmung, daß er im Hause des Gastfreundes eben so wenig Genuß fand, als arbeiten konnte. Als Müller sich endlich dem Hause Tronchin plötzlich entzog, fand dieser Schritt mißliche Auslegungen. Müller selbst erklärte sich gegen Tronchin offen und bescheiden, wobei er unter Anderm bemerkt: „Si ma jeunesse avait été trop semblable à celle de Themistocle, puisse mon âge mûr le reparer comme en lui, quem contumelia non fregit, sed erexit"[*] (den die Erniedrigung nicht brach, sondern aufrichtete). Allein ungeachtet die Familie Tronchin Müllern genau und in allen seinen Schwächen kannte, bewahrte sie ihm doch, in ihren ältern wie in ihren jüngern Gliedern, fortdauernde Anhänglichkeit und Verehrung[**]. Mit besonderer Liebe aber behandelten ihn fortwährend Bonnet und dessen Gattin, welche mitten in dieser Zeit des Trübsinns und der gereizten Ueberspannung mit treuer Theilnahme und Liebe zu ihm standen.

Müller fand bei Bonstetten die gesuchte Freiheit und Muße, welche er zu Valeyres benutzte, um den ersten Band der umgearbeiteten Schweizergeschichte zu vollenden. Er arbeitete täglich zehn Stunden an diesem Werke, wobei er des Stoffes so Meister war, daß er nichts vor sich hatte, als das Blatt, worauf er schrieb. Das Jahr 1785 brachte er größtentheils in Bern zu, wo er neben der Schweizergeschichte sich vor-

---

[*] Müllers handschriftlicher Nachlaß.

[**] Seine ehmaligen Zöglinge beriethen ihn über ihre Studien und empfahlen sich als Männer seinem Andenken. Das aus Müllers handschriftlichem Nachlaß zur Widerlegung falscher Gerüchte über seine Entfernung von Tronchin.

züglich mit einem Kollegium über die Geschichte der alten Welt be=
schäftigte. Diese Arbeit ist im ersten Bande der allgemeinen Geschichte
enthalten, eine sehr fleißige Arbeit Müllers, wo er über die Verfassungen
und Sitten, die Literatur, den Charakter der hervorragendsten Persön=
lichkeiten gedrängte Uebersichten giebt, welche immer noch lehrreich sind.
Der gründliche Mann fand aber diese Arbeit seiner und der Aufgabe zu
wenig würdig, daß er sich je zur Herausgabe derselben hätte entschließen
können. Als er endlich eine Abschrift derselben zu Handen seines
Bruders ins Reine gebracht hatte, schrieb er diesem: „Ich bin mit dem
Ganzen nicht eben zufrieden; meine Ueberzeugungen über viele Dinge
sind seither fester und höher, auch meine Grundsätze über verschiedene
Punkte der Sittlichkeit strenger geworden: daher mir oft scheint, nicht
genug Göttliches darin zu sein, und vieles einigen Anstrich von Leicht=
sinn in Ansehung mannigfaltigen Sinnengenusses zu tragen." Bon=
stetten und Mülinen bemühten sich, Müllern an Bern zu fesseln,
und der Bankier Haller, der Sohn des Naturforschers, wollte ihm zu
diesem Behuf eine Jahresrente bestimmen. Es sollte für ihn an der
Akademie eine Professur der Geschichte gegründet werden. Allein diese
Pläne waren weitaussehend und ungewiß. Unterdessen war Müller
dem Churfürsten von Mainz durch die ihm befreundeten gelehrten
Mönche von St. Blasien empfohlen und deren Empfehlung von
Sömmering und Heyne unterstützt worden, worauf er einen Ruf als
Bibliothekar nach Mainz erhielt. Müller selbst erklärt, daß dieser kurze
Aufenthalt zu Bern die glücklichste Zeit seines Lebens gewesen. Die
jungen Berner waren ihm mit Begeisterung zugethan und hofften von
seinem Einflusse eine Umgestaltung der öffentlichen Verhältnisse. Und
als er in seiner Abschiedsrede (1786), welche in die „Zuschrift an alle
Eidgenossen" übergegangen, offen und großartig die politischen Mängel
seines Vaterlandes darlegte, war Verehrung und Bedauern allgemein,
und es wurden nun, als es zu spät war, große Anstrengungen gemacht,
um ihn zu fesseln.

4. Müller in Mainz.

In Mainz erlangte Müller endlich eine ihm angemessene Stellung:
denn kaum war er ein Jahr daselbst, so ernannte ihn der Churfürst zu
seinem geheimen Kabinetssekretair, womit sich ihm die längst gewünschte

politische Thätigkeit eröffnete, welche durch die Zeitumstände und die ihm nahestehenden Personen für ihn einen besondern Reiz erhielt. Denn zu jener Zeit gründete Friedrich der Große den deutschen Fürstenbund gegen Oestreich, hauptsächlich zur Vereitelung des Planes zum Austausche Bayerns gegen die Niederlande. Preußen legte einen vorzüglichen Werth darauf, den ersten deutschen Churfürsten für sich zu gewinnen. Diesem lag daran, bei den abweichenden Ansichten seiner Staatsbeamteten und der Domherren, die Unterhandlungen mit Preußen geheim zu halten, wobei er in Müller ein eben so geschicktes als thätiges Organ fand. Frau von Coudenhoven, die Nichte des Churfürsten, welche mit Geist und Uneigennützigkeit ihren Einfluß auf den Oheim im deutschen Interesse benutzte, war Müllern mit dem innigsten Vertrauen zugethan; und Johann Friedrich von Stein, der älteste Bruder des bekannten Staatsmannes, damals preußischer Minister am Hofe von Mainz, hing an Müller mit offener und liebenswürdiger Freundschaft: Beide machten dem angehenden Staatsmanne seine Laufbahn angenehm; Beide beeiferten sich, ihren Beifall und ihre Freude über dessen diplomatische Entwürfe auszusprechen.

Der Fürstenbund wurde durch Friedrichs baldigen Tod wieder vereitelt, allein derselbe hat Müllern zu einer Staatsschrift von bleibendem Werthe veranlaßt, zur „Darstellung des Fürstenbundes" (1787). Die deutsche Geschichte der frühern Zeit, diejenige des Hauses Habsburg, der Charakter des deutschen Volkes, seine Verfassungen, die einzelnen geschichtlichen Veranlassungen zu einer Vereinigung durch die Uebergriffe Oestreichs, die Gründe der einzelnen deutschen Staaten für den Beitritt zum Fürstenbunde: — das Alles ist zu einem Gesammtbilde von großer Wirkung verbunden, weil Müller nicht nur die deutsche Geschichte und Verfassung genau kannte, sondern auch über die politischen Verhältnisse Deutschlands ein Urtheil hatte, wie kein anderer Historiker seiner Zeit. Unter den erschütternden Ereignissen der nächsten Jahre sank Müllers Fürstenbund in Vergessenheit; allein ungeachtet dieses kleine Werk eine tendenziöse Gelegenheitsschrift war, so ist darin eine Klarheit der Auffassung, eine Unpartheilichkeit des Urtheils und eine Liebe zu Deutschland niedergelegt, welche bei Beurtheilung Müllers nie hätte vergessen werden sollen. Müllers Fürstenbund ist eine der bleibend werthvollen Schriften über deutsche Politik und gründete wesentlich seinen Ruf in Deutschland. Als aber der Fürstenbund erfolglos zerfiel, so sprach Müller in „Teutschlands Erwartungen

vom Fürstenbund" seinen Schmerz über die Verkennung der Nation
und der für sie nothwendigen Staatsverbesserungen aus. Er sagt
unter Anderm: „Ich kann nicht begreifen, wie wir Deutsche Verstand
und Muth verloren haben sollten, endlich einmal den Machtspruch zu
thun, hinaus über Jahrhundertalten Pedantereien . . . . . zu einer
zweckmäßigen, billigen und beständigen Wahlcapitulation, einer thäti-
gern Reichstagsverfassung, einer guten Reichspolizei, einer angemessenen Defensivanstalt, zu ächtem Reichszusammenhange, alsdann
auch zu gemeinem Vaterlandsgeiste, damit auch wir endlich sagen dürften: wir sind eine Nation! Unser gutes und billiges Volk wird jede
Verbesserung als Wohlthat anerkennen, ist vor Mißbrauch dieses
Glücks durch die Stimmung seines Charakters und die Organisation
der Verfassung sicher, und so bereitwillig als irgend eines auf Erdboden,
gute Fürsten mit Enthusiasmus zu lieben, und das Leben für sie aufzuopfern." Es war ein prophetisches Vorgefühl, womit er zur Erneuerung der deutschen Verfassung aufforderte, um dem von Westen her
losbrechenden Sturme zu begegnen.

Von dieser Zeit an hatte Müller als politischer Schriftsteller und
Geschäftsmann ein Ansehen erlangt, daß man ihn zunächst am Hofe des
Churerzkanzlers tiefer in die Geheimnisse der Politik einweihte und ihn
ausschließlich zu Staatsgeschäften verwendete. Die Masse der dahin
einschlagenden Arbeiten und Entwürfe in seinem Nachlasse sind ein sprechender Beweis, mit welchem Fleiße und mit welcher Liebe er dieser Aufgabe oblag. Ein mit jenen beiden Schriften gleichzeitiges Denkmal von
Müllers patriotischer Gesinnung waren seine „Briefe zweier Domherren", worin er zeigte, „durch welchen Geist der deutsche Adel in
den Hochstiften eine Zier und Stütze der Verfassung sein könnte," zugleich in der Absicht, für Dalbergs Wahl zum Koadjutor von Mainz
zu wirken. Es findet sich unter Anderm diese Stelle, nachdem er von
einer voraussichtlichen Katastrophe gesprochen: „Zu dem Ende muß
auf die ganze Nation ein anderer Geist und ein neues Leben ausgegossen werden; — der Teutsche müßte gewahr werden und fühlen,
wer zu sein ihm obliegt: nämlich der Gewährsmann der europäischen
Verfassung und Retter der Menschheit gegen wiederkommenden Despotismus."

Müllers Geschicklichkeit in Behandlung politischer Aufgaben veranlaßte seinen Fürsten, ihn auch für diplomatische Geschäfte zu gebrauchen.

So wurde er nach Rom gesandt, um die Bestätigung der Wahl des Koadjutors Dalberg zu erlangen. Eine zweite Sendung im geheimen Auftrage und durch pekuniäre Unterstützung Preußens erwirkten für Müller die beiden Freiherren von Stein (denn Karl von Stein hatte neben seinem Bruder als außerordentlicher Gesandter Preußens die Verhandlungen zum Beitritte von Mainz zum Fürstenbunde geleitet und damit seine staatsmännische Laufbahn begonnen), indem derselbe nach der Schweiz ging, um die Geneigtheit der Kantone zu einer Annäherung an Preußen zu erforschen. Es kommt im Nachlasse Müllers der ungedruckte Bericht dieser Rundreise vor, worin er höchst merkwürdige Aufschlüsse über die Politik der damaligen Schweiz und den Charakter der einflußreichsten Männer jener Zeit giebt.

Mitten in diesen öffentlichen Beschäftigungen benutzte er jede freie Stunde zur Fortsetzung der Schweizergeschichte, so daß schon im zweiten Jahre seines Aufenthaltes in Mainz die zwei ersten Bände nebst der ersten Hälfte des dritten herauskamen (1788). Krankheit und der Ausbruch der französischen Revolution störten ihn in der weitern Arbeit auf lange Zeit. Mainz war ein so ausgesetzter Posten und die Liberalität des Churfürsten zog gleich Anfangs viele Emigranten dahin, daß Müller gerade hier zur Beurtheilung der Revolution einen günstigen Standpunkt hatte. Die Revolution war für den Geist und den Charakter der Männer jener Zeit der Prüfstein, auf welchem sich nur wenige bewährten. Wer zu handeln berufen war, nahm gewöhnlich einseitig Parthei: die Zuschauenden schwankten unstät im Wechsel der Ereignisse umher: nur eine kleine Zahl von Schweizern jener Zeit blieb aufrecht im Sturm. Zu diesen Wenigen gehörte Müller, und zwar in einer sehr schwierigen Stellung: schwierig in Mainz, viel schwieriger in Wien. Denn über die ganze Periode furchtbarer Umwälzungen, in welcher er die Weltlage, wie die Schicksale seines Vaterlandes mit gespannter Aufmerksamkeit und der treusten Theilnahme begleitete, konnte er wohl tief erschüttert und niedergebeugt werden, allein nie verlor er weder den überlegenen Blick in die Verhältnisse, noch das innere Gleichgewicht und den Rath und den Trost für die Zukunft. Sein früheres Leben in Genf hatte ihm Gelegenheit gegeben, die französischen Zustände aus der Nähe zu betrachten; daher war Müller auch einer der Ersten, welcher gleich im Anfange seines dortigen Aufenthaltes wiederholt das Herannahen einer durch Frankreich herbeigeführten allgemeinen Krise voraussagte. Er war folglich durch den Eintritt derselben keines=

wegs überrascht; auf der andern Seite aber ließ ihn auch die Erstorben=
heit des Staatslebens in der Schweiz wie in Deutschland vor einer
gewaltsamen Aufregung nicht erschrecken. Auch er gehörte wie Lavater
zu denjenigen, welche die ersten Auftritte in Frankreich mit Beifall be=
grüßten und meinte, der Tag der Eroberung der Bastille sei „der schönste
Tag seit dem Untergang der römischen Weltherrschaft." Er findet es gut,
„daß die Fürsten gewahr werden, sie seien Menschen, und daß die Vor=
sehung sie aus dem Schlaf rüttelt, in welchen die lange Geduld der
Nationen sie eingewiegt." „Wie weit es gehen und wie es endigen
werde, kann ein menschlicher Verstand nicht voraussagen; doch ist es
wahrscheinlich am Ende Gewinn für die Menschheit. Das Alte be=
durfte eine Wiederauffrischung; es müssen periodische Revolutionen
kommen, sonst schlummert alles in Sinnlosigkeit ein." Auch als der
rasche Gang der Ereignisse bedenklicher wurde, ließ er sich nicht irre
machen: „Ich gestehe, daß ich doch bisweilen glaube, es werde Bestand
haben. Gott scheint mir dieses Werk zu thun; er will einmal eine
neue Ordnung der Dinge; die Menschheit gewinnt; sie wird mehr
Energie entwickeln." Allein diese Hoffnungen verhinderten ihn nicht,
gegen revolutionäre Unordnungen entschlossen zu sein. Bei dem ersten
Aufstandsversuche im Gebiete von Mainz war Müller unter allen
Staatsräthen allein mit General Graf Haßfeld für rasche Maßregeln,
welche damals den Zweck auch vollkommen erreichten. Gleichwohl war
Müller, ohne es darauf anzulegen, in Mainz ein sehr populärer Mann:
Als er daher in dieser Zeit, durch eine Zurücksetzung gekränkt, seinen
Abschied verlangte, war die Aufregung und das Bedauern der Bevöl=
kerung von Mainz so groß, daß der Churfürst sich Mühe gab, ihn zu
behalten. Unter diesen Umständen konnte es nicht fehlen, daß Müller
als Demokrat angeschwärzt wurde; allein auch jetzt blieb er bei der
alten Meinung: „Die Demokratie ist in meinen Augen die unvoll=
kommenste Verfassung." Als er aber den Umsturz von Sitte und
Religion sah, erwartete er von den Franzosen nichts mehr. Von den
Fürsten freilich eben so wenig die Weisheit und die Kraft, um der Re=
volution Gränzen zu setzen. „Der gallische Geist dringt überall durch:
denn alle Kabinette sind mittelmäßig, der Adel, der hohe Klerus, überall,
sinkt. Wenn aber nur die gallische Freiheit nicht ein Gebäude wäre
ohne Fundament, belebt nicht von Geist, sondern von Wind!" Als
daher Oestreich und Preußen sich in Waffen erhoben, urtheilte er so=
gleich: „Mir scheint unmöglich, den seit einem halben Jahrhundert in

Europa verbreiteten Geist nun mit Bayonetten zu vertilgen. Es wäre vielleicht das größte Unglück für die Menschheit."

Je näher die Gefahr heranrückte und gegen Müllers Wohnort sich wälzte, desto ruhiger wurde sein Urtheil und desto fester seine Entschlossenheit: „In diesen Ungewißheiten werde ich das thun, was in jedem Fall Ehre und Gewissen von mir fordern." Als sich gleichwohl Jedermann mit nahen Siegeshoffnungen trug, bewies auch hier Müller die Schärfe seines Blicks: „Um gewisser zu sein, fehlt mir ein Datum von Wichtigkeit: nämlich die Kenntniß des wahren Enthusiasmus der Franzosen für ihre Verfassung. Haben sie hiefür eine Begeisterung, gleich jener der alten Araber für den Koran, so sage ich nicht, daß sie sich behaupten, sondern daß sie dem ganzen Europa dieses Evangelium bringen werden. Sind hingegen unter ihnen viele nur darum jakobinisch, weil sie die Laterne fürchten, giebt es viele ruhige, vernünftige Menschen, die freien Britten ähnlich zu sein sich zufrieden gäben, dann werden die Jakobiner bezwungen, Frankreich und Europa kommt wieder zu Ordnung und Ruhe." Mit merkwürdiger Ruhe sah daher Müller den kommenden Ereignissen entgegen. Er war bei der Eroberung von Mainz durch die Franzosen abwesend und hatte daher um so mehr für seine Sammlungen, die Arbeit seines Lebens, zu fürchten. Bei seiner Rückkehr zur Rettung seines Eigenthums nahm ihn Cüstine auf die schmeichelhafteste Weise auf und wollte ihn an die Spitze der neuen Verwaltung stellen. Allein Müller lehnte ab: „Es würde den Anschein haben, als hätte ich zu diesen Ereignissen beigetragen und ich würde die öffentliche Achtung verlieren; ich würde mir selbst und dem Charakter untreu werden, den ich stets behauptet habe." Zugleich aber beraubte ihn das zerfallende Churfürstenthum seiner Thätigkeit und bestimmte ihn, die sich ihm darbietende Stelle in der Hofkanzlei in Wien anzunehmen, wobei die Huld des Kaisers ihn in den Adelstand erhob (1792). Denn mit dem Tode Kaiser Josephs II. hatte sich Müllers bisheriges Verhältniß zum Wiener Hofe verändert. Der völlige Wechsel des Systems, in Folge dessen derselbe nun in dem Vertheidiger der Hierarchie und des konservativen Princips einen Bundesgenossen erkannte, ließ den berühmten Geschichtschreiber und Politiker als einen erwünschten Gewinn ansehen; um so mehr, da sich für Müller zu gleicher Zeit eine ehrenvolle Stellung in der Berliner Akademie und in der Bibliothek zu Hannover eröffnet hatte.

5. Müller in Wien.

Die Müllern zunächst obliegende Geschäftsaufgabe in Wien war die Korrespondenz mit Rom, daher der von ihm selbst bezeugte Mißverstand begreiflich wird, dem zufolge man ihn nach Wien berufen, weil man bei ihm die Neigung vorausgesetzt hatte, zum Katholizismus überzutreten. Unter diesen Verhältnissen hatte Müller für seine Studien eine sehr glückliche Zeit. Denn die Arbeiten der Hofkanzlei nahmen ihn nur wenig in Anspruch, so daß er nun in umfassender Weise nicht nur die byzantinischen Schriftsteller, sondern auch die Quellen der arabischen Geschichte in seinen wissenschaftlichen Bereich hineinzog, womit er die Materialien zu einer ausführlichen Universal-Geschichte vorbereitete. Da aber diese Unternehmung weitaussehend war, so folgte er in den ersten Jahren seines Aufenthaltes in Wien dem Anbringen Herders und seines Bruders und schrieb den frühern Entwurf seiner allgemeinen Geschichte um (1796 und 97). Jene ersten Vorlesungen waren freilich nach den verschiedenen Zeiten ihrer Entstehung sehr ungleich ausgefallen, und Müller konnte dieselben auch jetzt keiner völligen Umarbeitung unterwerfen, so daß nur einzelne Darstellungen neu geschaffen sind. So wenig er, nach dem früher mitgetheilten Urtheile, mit dieser Arbeit zufrieden war, so gehört doch Müllers „Allgemeine Geschichte" in einzelnen Parthien zu den vorzüglichsten Büchern dieser Art, wie z. B. über den Werth der verschiedenen Verfassungen, über den Militärstaat, über die Größe Roms und sein Verderben, besonders aber über das Leben der alten Welt und deren klassische Schriftsteller. In den Abschnitten über die Religion sind vorzüglich Herder'sche Anschauungen bemerkbar. In neuem Lichte und in großen übersichtlichen Zügen tritt das Mittelalter auf und mit kräftigen Farben schildert er den Absolutismus der neuern Zeit im Fortschritte der Kriegsmacht und der Finanzen.

Müllers Stellung in Wien brachte ihn mit seiner bisherigen Gesinnung nicht in Widerspruch. Denn die weitere Entwicklung der Revolution mußte ohnehin den Freund der Freiheit überzeugen, daß letztere auf diesem Wege nicht gefunden werde. Von nun an schaute er mit liebender Besorgniß auf sein Vaterland, dessen Regierungen „den gesunden Sinn wünschend, sich selbst zu reformieren, damit keine Ausbrüche kommen." Er sah in Frankreichs Einmischungen in die schweizerischen Verhältnisse schon mehrere Jahre, ehe es eintraf, als

Zweck — „Umsturz der Aristokratie, freie Disposition über unser in dreihundertjährigem Frieden gesammeltes Vermögen und eine Verwicklung der Nation in den Krieg." Daher drängte es ihn, als Preußen vom Kampfplatze wich, Deutschland an die Nothwendigkeit der Eintracht und an seinen alten Kriegsgeist zu erinnern. „Es giebt für jedes Volk Epochen, wo die Vorsehung, welche nicht Schlaf und Weichlichkeit, sondern kräftige Entwicklung der Menschheit will, dasselbe durch eine drohende Gefahr aufruft, sich zu erheben und zu zeigen, was in ihm ist und was es werth ist, welcher Rang ihm unter den Nationen gebührt. Damit eine große, edle Unternehmung gelinge, muß ein Staat, ein Mann wissen, was er will, und dasselbe aus allen Kräften wollen." (Ueber den preußischen Separatfrieden 1795.) Im folgenden Jahre erschienen mehrere kleine politische Schriften, unter Anderm „Gefahren der Zeit", bestimmt, „zur Vertheidigung der Ehre des teutschen Namens, der Selbständigkeit einer großen Monarchie und eines Gleichgewichtes in Europa teutschen Muth gegen ausländische Präpotenz aufzurufen."

In der Ungewißheit der Dinge warf sich Müller mit aller Macht in seine Studien, allein gerade die ihm vorliegende Ausarbeitung des alten Zürich-Krieges wurde ihm schwer. Er fühlte sich gedrungen, selbst zu sehen und persönlich mit seinen zahlreichen Bekannten aller Kantone und aller Partheien vom Vaterlande zu reden. Im Jahre 1797 reiste er daher nach der Schweiz. Aus den innern Kantonen rief er Füßli zu einer Zusammenkunft, „um zu sehen und zu hören; nicht etwa wie ein östreichischer Spion, sondern zu meinem selbsteigenen Unterricht, zu wissen, was zu hoffen, oder zu besorgen sein mag, und in welcher Sprache ich, wenn ich wieder schreibe, zu unsern Landsleuten reden soll." Nach seiner Rückkehr erklärte er an Füßli: „Während meiner letzten Reise erkannte ich gar schnell, wo es am gefährlichsten aussah. Daher ich, nie heimlich, sondern vor allen Regenten, bei jedem Anlasse, auf Ausgleichung drang, obschon ich sah, daß man darüber mich für einen Feind des Systems hielt, dessen Erhaltung ich wollte. Ich kannte die Kostbarkeit der Aufopferungen, aber noch mehr die Nothwendigkeit derselben. Aber ich sah leider bald, daß man mit Palliativen, mit halben Mitteln, mit Schein zu helfen meinte, und der Geist unserer Altvordern wahrlich (mit wenigen Ausnahmen) von beiden Partheien gewichen war." Es ist von dieser Reise im Herbste 1797 ein ungedrucktes Memorial an den östreichischen Minister Thugut vorhanden, worin er vom Zustande der damaligen Schweiz Bericht giebt, und worin er namentlich mit großer Freimüthigkeit von den politischen und militärischen Fehlern der Oestreicher spricht.

In Beziehung auf die Schweiz hoffte er wenig von der Kraft, sich selbst zu helfen durch Aufgebung eines Theils der Vorrechte der Städte der Schweiz; darum schwieg er, wo er nicht gefragt wurde. Allein um den Mißdeutungen und Anklagen zu begegnen, erklärte er öffentlich, „er habe seinen Rath ertheilt auf Anfrage, als ein Schweizer, der die Unabhängigkeit seines Vaterlandes gegen fremde Einwirkung und seinen Wohlstand gegen revolutionistische Gewalthandlungen durchaus behaupten möchte." Der Rath bestand darin: „1) daß der Bund erneuert werde, der alle dreizehn Orte nebst den bisherigen zugewandten umfassen solle; 2) daß in Verhandlungen mit fremden Mächten die ganze Schweiz immer zusammen erscheine; 3) daß der Grund innern Mißvergnügens und der Hauptvorwurf der Ausländer durch Gleichheit der Städter und Landleute in Handelssachen und Fähigkeit zu Stellen gehoben werde." Er sah die Einberufung von Deputierten als die einzige Rettung der Waadt für Bern an. Als endlich die Trauerpost vom Fall des Vaterlandes an ihn gelangte, so war ihm wenigstens das Benehmen des Schultheißen Steiger ein Trost, und der Glaube an die Vorsehung lehrte ihn harren und dulden.

Es ist irrig, wenn man meint, Müller habe ob der lange vorhergesehenen Umwälzung seines Vaterlandes das Gleichgewicht verloren. Vielmehr schrieb er bald nach der Katastrophe: „Ueber geschehene Dinge traure ich nicht mehr: es muß sein, daß die Stunde gekommen war; und wer weiß, was aus dem Läuterungstiegel hervorsteigen wird." Aufs Nachdrücklichste aber strafte er die Verzweiflung am Vaterland. „Ich billige das Weggehen, dieses Preisgeben des Vaterlandes überhaupt nicht; ich erkenne die Schrecknisse des gegenwärtigen Sturmes; glaube aber nicht, daß er lange währen könne." Gegen die Einheits-Regierung der helvetischen Republik gaben ihm Geschichte und Politik die mannigfaltigsten Gründe an die Hand. „Die Verachtung des sogenannten Kantonsgeistes ist eine nicht halb so schöne Sache; ich halte sehr viel auf Individualität." Daher bedankte er sich auch, als ihn sein Heimatkanton in das helvetische Obergericht senden wollte. Begreiflich war er in dieser Zeit heftiger Partheiung den Demokraten und den Aristokraten zum Anstoß, namentlich aber den letztern, daher selbst der von ihm hochverehrte Schultheiß Steiger sich von

ihm wendete. Allein Müller wurde durch diese und andere Erfahr=
rungen nicht irre; daher er Steigers baldigen Tod tief betrauerte und
unter Anderm bezeugte: „Er war der größte Staatsmann der sterben=
den Schweiz!"

Gleichwohl mußte der Zusammensturz der alten Schweiz für deren
Geschichtschreiber ein furchtbarer Schlag sein, weil dadurch sein Haupt=
zweck, die Erhaltung der alten Verfassungen, vereitelt war. Er stand
daher in der ersten Zeit an, ob er nicht die ganze Kraft den neu aufge=
nommenen Studien der Universal=Geschichte zuwenden solle. Allein
nach wenigen Wochen „deuchte ihm der Ehrenkranz auf das Grab der
alten Eidgenossenschaft eine heilige Pflicht." Nach dem Beispiele der
alten Geschichtschreiber, welche den Ruhm der untergegangenen Re=
publiken verherrlichten, — „so sagte ich mir, muß denn auch ich leben und
zeugen." Und später kann er wieder sagen: „Meine Fortsetzung der
Schweizergeschichte freut mich so, daß ich alle Lectur bei Seite zu legen
gedacht habe." Er baut auf die Zukunft, welche den Lehren der Geschichte
sich einst empfänglich und dankbar zeigen werde; für den Augenblick
verzichtet er auf jede Einwirkung. Daher er schreibt: „Das Vater=
land liegt mir freilich am Herzen, aber was kann ich? Dort glauben
sie mir nicht, weil sie alle Lehren der Geschichte und Erfahrung ver=
schmähen. So lange alter biederer Nationalsinn und Verstand die
Metapolitik nicht niederschlägt, wird nichts Gutes herausgekünstelt
werden. Bonaparte's erfahrne Meisterhand versteht das besser, als
euere Kantianer." Bald ehrt Müller in letzterm den Wiederhersteller
Frankreichs und hält es für sehr wichtig, daß man ihm richtige Vor=
stellungen über die Verhältnisse der Schweiz beibringe, weil er von
ihm mehr erwartet, als von den damaligen Regenten derselben.

Nach dem Frieden von Luneville machte sich von der Schweiz aus
mehrfach der Wunsch geltend, Müller möchte als Gesandter Oestreichs
dahin abgeordnet werden. Darüber äußert er: „Mein Plan und
Grundsatz ist und bleibt derselbe: wenn ich zur Heilung der Wunden
des noch nicht erstorbenen, aber freilich kranken Vaterlandes beitragen
könnte, hiefür alles zu thun und aufzuopfern." Müller freilich be=
mühte sich für eine solche Aufgabe um so weniger, da er voraussetzen
konnte, Thugut werde dagegen sein. Sonst war dieser Minister ihm
gewogen, so daß Verdächtigungen gegen Müllers politische Gesinnung
bei demselben keinen Eingang fanden, und dessen Verwendung hatte er
die im Jahre 1800 erhaltene Stelle des ersten Kustos der kaiserlichen

Bibliothek zu danken. Es ist rührend, den Ausdruck der Freude zu vernehmen, nachdem sich Müller nun mitten unter solch einen Reichthum wissenschaftlicher Schätze versetzt sah und der Erforschung derselben seine ganze Zeit widmen durfte. Dieß bewirkte, daß er sich während seines fernern Aufenthaltes zu Wien nur wenig mehr mit der Politik befaßte.

Nichts desto weniger stand er mit den vorzüglichsten Staatsmännern des Kaiserstaates, welche deutsche Gesinnung nährten und vom Wunsche beseelt waren, daß die gesammte Kraft des deutschen Volkes dafür einstehe, das Gleichgewicht in Europa aufrecht zu erhalten, in enger Verbindung, mit Wessenberg, Stadion, Teleki, Collenbach und manchen andern. Voraus aber hatte er das volle Vertrauen des jungen Erzherzogs Johann, welchen die Geschichte der Schweiz mit großer Theilnahme für dieses Volk und seine Freiheit erfüllt hatte, und der Müllern seine geheimsten Ansichten und Wünsche über die damaligen Zustände Deutschlands mittheilte. Zugleich hatte Müller die Freude, in Wien eine historische Schule um sich heranzubilden, wobei er namentlich einen großen und bleibenden Einfluß auf Hammer-Purgstall und Hormayr ausübte. Ueberhaupt gehört zu Müllers schönsten Verdiensten die Liebe, womit er sich talentvoller junger Männer annahm, ihren Eifer für die Wissenschaften entflammte, ihnen mit freundschaftlicher Hingebung seine Zeit, sein Herz und seinen umsichtigen Rath schenkte. Hauptsächlich hatten Jünglinge aus der Schweiz zu allen Zeiten seines Wohlwollens und seiner Förderung sich zu freuen, und er ist aller Orten für eine große Zahl derselben ein Wohlthäter und Leiter gewesen; allein noch eine größere Zahl von Deutschen genossen seine Ermunterung und Beihülfe auf dem weitesten Felde der Wissenschaft. Diese Theilnahme war so ausdauernd und treu und er verpflichtete sich so Viele zur Dankbarkeit für das ganze Leben, daß der Ernst und die Aechtheit seiner Gesinnung in dieser Beziehung über Mißverstand und Mißdeutung erhaben ist. Mitten unter den wissenschaftlichen Arbeiten seines Amtes war Müllers Herz ganz bei seinem Vaterlande; er freute sich in dieser Zeit der Dazwischenkunft Bonaparte's zur Beruhigung und Ordnung der Schweiz und arbeitete mit neuer Lust an deren Geschichte, welche er in den letzten Jahren seines Aufenthaltes in Wien bis zum Anfang der Burgunderkriege fortführte.

So war Müllers Stellung in Wien für einen Mann der Wissen-

schaft, der nicht als öffentlicher Lehrer wirken wollte, eine solche, die
kaum günstiger sein konnte: über eine Bibliothek gesetzt, welche damals
die erste in Deutschland war, mit viel freier Zeit, mitten in einem Kreise
wohlwollender Männer, vom fröhlichen und behaglichen Wiener Leben
sehr befriedigt. Allein ein literarisches Stillleben konnte ihn nie lange
fesseln. Wohl war ihm das Leben unter Büchern eine theure Zuflucht
aus den öffentlichen Stürmen, und mißmuthig über die Täuschungen
und Fruchtlosigkeiten einer politischen Thätigkeit warf er sich immer
wieder mit doppelter Liebe in die Literatur: allein die unmittelbare
Theilnahme am öffentlichen Leben, der überwältigende Drang, seine
Einsicht und seine Erfahrung zum allgemeinen Besten zu verwenden,
die antike Lebensauffassung, welche zugleich diejenige des Schweizers
ist, praktische Wirksamkeit und öffentliche Bethätigung als die erste
Pflicht des Bürgers zu betrachten, war ihm so sehr Bedürfniß, daß
er sich immer wieder aus der literarischen Stille hinaussehnte. Jedoch
seine Konfession und seine politische Freimüthigkeit wurden ihm bei
Hofe verdacht und er hatte daher auf keine weitere Beförderung zu
rechnen; namentlich mußte er es empfinden, zu wissen, daß ihm die
erste Stelle an der Bibliothek verschlossen blieb, und daß ihm Hindernisse
gegen die Fortsetzung und Veröffentlichung seiner Schweizergeschichte in
den Weg gelegt wurden.

Müller war in dieser Zeit der Mittelpunkt der Deutschgesinnten in
Wien. Es handelte sich darum, die Höfe von Wien und Petersburg
einander wieder näher zu bringen und durch Petersburg auch Berlin
zur Schließung einer neuen Koalition gegen Bonaparte geneigt zu
machen. Müller wurde daher im Anfange des Jahres 1804 mit einer
geheimen Sendung nach Dresden beauftragt, welche ihm Gelegenheit
gab, auch Berlin zu besuchen, bei dessen Akademie er längst außerordentliches Mitglied war. Seitdem er in östreichische Dienste getreten war, zur Befremdung der preußischen Staatsmänner nach der
Schrift über den Fürstenbund und zum Schmerz des ältern Stein,
hatten seine Verbindungen mit Berlin aufgehört. Nun nach zwei-
undzwanzigjähriger Abwesenheit schien er dort „zu Hause zu sein, wie
ein aus der Fremde gekommener Sohn." „Ich fühlte mich wie neu
belebt, hier ohne Scheu Reformierter und Gelehrter sein zu dürfen."
„Es konnte nicht anders sein, als daß die, welche mir so sehr gefielen,
einiges Wohlgefallen auch an mir fanden." Er erhielt daher den Antrag, als geheimer Rath und Mitglied der Akademie zu Berlin einzu-

treten, wobei ihm verstattet war, seinen Geschäftskreis selbst zu be=
stimmen. Er wurde beständiger Sekretär der Akademie, Historiograph
des königlichen Hauses und Censor der politischen und historischen
Schriften. Auf Verlangen sollte er auch die Oberaufsicht über die
königliche Bibliothek, den Geschichtsunterricht der königlichen Prinzen,
Aufträge zur Beförderung der Wissenschaft, staatsrechtliche Ausarbei=
tungen und Recensionen für die Literaturzeitung von Halle über=
nehmen. Er war in einem Kreise ausgezeichneter Männer willkommen,
welche „Berlin zu einer Freistätte und einem Mittelpunkte deutscher Art
und Kunst und aller vernünftigen Freiheit zu machen" bemüht waren.
Der Kaiser bewilligte auf den persönlichen Wunsch des Königs Müllers
Abschied mit Wohlwollen.

6. Müller in Berlin.

Müller stand bei seinem Auftreten in Berlin auf der höchsten
Stufe seines Ansehens, und war hier das erste Mal so glücklich, frei
über seine Zeit verfügen zu können. Es waren drei große Werke,
welche er sogleich in Angriff nahm: die Fortsetzung der Schweizer=
geschichte, die Sammlungen für ein großes Werk über die allgemeine
Geschichte und die Vorbereitungen zur preußischen Geschichte. Wäh=
rend er die letzte Hand an den vierten Band der Geschichte seines
Vaterlandes legte, bereitete er eine neue Auflage der frühern Bände
vor, indem er dieselben der fleißigsten Revision unterzog, welche ihm
fast eben so viele Mühe kostete, als eine ganz neue Arbeit. Mit dem
neuen vierten Bande war er nicht zufrieden, denn er hatte zehn Jahre
zu dessen Vollendung gebraucht: „Man muß dem Geschichtschreiber
vergeben, wenn der Mensch durch die Zeiten ermüdet worden." Allein
in der geschickten Enthüllung des politischen Getriebes der Kantone
unter einander und mit dem Auslande im alten Zürich=Kriege und im
Anfange der Burgunderkriege zeigt sich der staatsmännische Blick des
Verfassers und seine Darstellungsgabe von einer neuen und glänzenden
Seite, indem er die Geschicke seines Vaterlandes in der vollen Bedeu=
tung eines welthistorischen Ereignisses hervorhebt. In der Zuschrift
„Allen Eidgenossen" (1805), einem Pendant zu derjenigen vom Jahre
1786, spricht sich, wie dort der Stolz und das Glück über sein einziges
Vaterland, so hier Zorn und Schmerz aus, daß es in der Prüfung

nicht bestanden, jedoch mit gläubigem Vertrauen auf eine bessere Zu=
kunft.

In den Anfang von Müllers Thätigkeit in Berlin fällt auch die
Beihülfe zur Herausgabe von Herders Werken. Kurz nach dessen
Tode besuchte er die Wittwe, und übernahm nebst seinem Bruder,
welcher im Jahre 1782 längere Zeit in Herders Hause gelebt hatte, die
hauptsächliche Mühe zur Errichtung eines Denkmales durch Ordnung
von Herders Nachlaß. Müllers Briefwechsel mit Karoline Herder
zeigt uns den Mann von einer ganz besonders edeln und liebenswür=
digen Seite, in treuster Besorgtheit für die verehrte Frau, die „Mutter",
sowohl damit die wirthschaftliche Seite günstig geordnet, als damit
Herders Thätigkeit und Wesen im reinsten Lichte erscheine. Johannes
Müller übernahm die Herausgabe der historischen Schriften und schrieb
die geschichtliche Einleitung zum „Cid", mit allem Aufwand von Ge=
lehrsamkeit und mit tiefem poetischen Sinn. Wenn die erregbare Frau
von manchen herben Erfahrungen gebeugt werden wollte, so ermunterte
er sie, in ihrem Gatten zu leben: „Bedenken Sie, daß das Denkmal
noch nicht vollendet ist!" Mit liebevoller Hingebung bat sich Müller
die Abfassung von Herders Biographie aus, begann zu sammeln und
freute sich des Empfanges lebendiger Züge von Herders Freunden und
Verehrern. Aber bald trat ein Umschwung ein, daß er auf diesen
lieben Vorsatz verzichten mußte.

In der akademischen Vorlesung „Ueber die Geschichte Friedrichs
II." (1805) wollte Müller zeigen, was man von ihm zu erwarten
hätte, indem er die eigenthümlichen Umstände hervorhob, unter denen
Friedrichs Geist sein Reich gegründet hatte, mehr gedankenreich, als in
bestimmter Charakteristik. Durch diese Rede wurde der Wunsch, daß
Müller die Geschichte Friedrichs des Großen schreibe, — wozu er nicht,
wie man irrig meinte, schon durch seine Anstellung ausdrücklich ver=
pflichtet war, — allgemein rege und der König selbst unterstützte den=
selben, indem er in einem Handbillet die Erwartung aussprach, „daß
dieß ein Werk sein würde, das des Geschichtschreibers des Schweizer=
bundes würdig wäre, und schwerlich einem andern je so vollkommen
gelingen wird *)." Als ihm jedoch in der freien Benutzung der Archive
Schranken gezogen werden wollten und man Vorlage des ausgear=
beiteten Werkes „zur Durchsicht und Censur" verlangen wollte, so er=

---

*) Müllers handschriftlicher Nachlaß.

klärte er, daß „Wahrheit und Freimüthigkeit die Haupteigenschaften
einer guten Geschichte seien und daß er so viel Zutrauen in seine Erfahrung und Denkensart erwartet hätte, daß man ihm gestatte, sein
eigener Censor zu sein." Wirklich wurde ihm dann auf eine besondere
Ordre des Königs „die uneingeschränkte Benutzung" der Archive gestattet, worauf er sogleich an der Sammlung der Materialien zu arbeiten
begann.

Allein die unmittelbare Gegenwart schien ihn zu einer größern
Aufgabe zu rufen. Alle deutschgesinnten Männer sahen bei der Gefahr
des neuen Ausbruchs des Krieges gegen Frankreich im Jahre 1805
auf Preußen hin. Müllers Gesinnung und seine ausgebreiteten Bekanntschaften mit deutschen Staatsmännern und geistigen Celebritäten
ließen von ihm einen besondern Einfluß auf die öffentliche Meinung
und auf das preußische Ministerium erwarten. Gentz, mit welchem er
im lebhaftesten Verkehr stand, schrieb ihm: „Der König von Preußen
ist jetzt im eigentlichsten Verstande der Schiedsrichter über Leben und
Tod von Europa." Müller zeigte sich des öffentlichen Vertrauens
würdig und arbeitete an der Vereinigung Deutschlands, nicht mit der
Leidenschaft und der cynischen Rohheit eines Gentz, allein indem er mit
aller Wärme und in der mannigfaltigsten Form darzuthun suchte, daß
Preußen nur in und mit Deutschland gedeihen könne. Voll großer
volksthümlicher und vaterländischer Erwartungen erhob er seine Stimme,
als Preußen für die gemeinsame deutsche Sache eintreten zu wollen
schien und sich daher auf den Kriegsfuß setzte. Als das Publikum auf
Steins Rath von diesen Maßregeln in Kenntniß gesetzt werden sollte,
schrieb der König in Beziehung auf Müller an Stein: „Ihr könnt
eine solche Schrift veranstalten, müßt Euch aber dazu eines classischen
Schriftstellers, dem Ihr und Hardenberg die nöthigen Daten anver-
trauen könnet, bedienen*)." Die rasche Erledigung des Krieges verhinderte dieß.

Im folgenden Jahre, als der König mit dem feigen Haugwitz sich
an den Frieden klammerte, so erklärten sich die Brüder des Königs nebst
dem Prinzen Louis Ferdinand dagegen. Müller, von Letztern aufgefordert, verfaßte eine Vorstellung an den König zur Entfernung von
Haugwitz, Beyme und Lombard, unterzeichnet von den königlichen
Prinzen, von Stein und den Generälen Rüchel und Phull. Nach

---

*) Müllers handschriftlicher Nachlaß.

dießen Vorgängen empfand es Müller tief, daß man ihn fern hielt und zu keinen weitern Entwürfen verwendete, namentlich aber, daß ihm beim endlichen Bruche die Abfaſſung des Kriegsmanifeſtes gegen Napoleon nicht übertragen wurde. Als jedoch die Lage ſich verfinſterte, „pries er die Fügung, welche ihn von der Geſchäftslaufbahn entfernte."

Nach dem Unglück bei Jena und dem Fall von Berlin blieb Müller daſelbſt wie A. von Humboldt. Ein Reich und eine Regierung, die ſo ſchnell und ſo ſchmählich gefallen waren, ſchienen ihm verloren. Wo man im Glücke auf ſeinen Rath nicht geachtet hatte, konnte er auch im Unglück auf keine Anerkennung hoffen. Ohne Vermögen, durch Schulden gedrückt, ſah Müller mit Beſorgniß der Zukunft entgegen. Unterdeſſen wurde er von den Franzoſen mit großer Auszeichnung behandelt: nicht nur mit allen Laſten verſchont, ſondern es wurde ihm ſein Gehalt fortbezahlt. Er war nebſt A. von Humboldt ein von den franzöſiſchen Generälen gefeierter Mann. Beide kamen dieſer Aufmerkſamkeit mit Höflichkeit entgegen. Der Kaiſer ſelbſt ließ Müllern rufen, was ſonſt keinem Einzelnen geſchah; vielleicht von einem Briefe veranlaßt, worin Müller an Dalberg ſeine Bewunderung für Napoleon und den Wunſch ausgedrückt hatte, von dieſem bemerkt zu werden[*]. Indem Napoleon in Müller den Geſchichtſchreiber der Schweiz, dieſer im Kaiſer den Vermittler ſeines Vaterlandes ehrte, ergab ſich dadurch ein gegenſeitiges näheres Vertrauen und es ging Müllern nur wie vielen Andern, vor denen Napoleon ſeinen Geiſt und ſeine Liebenswürdigkeit zugleich leuchten ließ: „Durch ſein Genie und ſeine unbefangene Güte hat er mich erobert."

Nachdem Müller zwei deutſche Fürſten in der Nähe geſchaut und ihnen gedient, allein je in ſeinem edelſten Bemühen und in ſeiner treuſten Entſchloſſenheit von denſelben zurückgeſetzt wurde; nachdem er Beide ohne Kenntniß der Verhältniſſe zaudern und je im entſcheidenden Augenblicke das Verkehrte wählten und ſich ſelbſt ins Verderben ſtürzen geſehen: war für ihn, dem die großen Völkerrevolutionen und die Gerichte Gottes über ſchwache Fürſten ſo lebendig und gegenwärtig waren, und der den Untergang des Beſtehenden längſt herankommen zu ſehen glaubte, die Hinneigung zu dem begreiflich, von dem er meinte, „daß Gott ihm das Reich gegeben." Daß er dieſes meinen konnte, war eine

---

[*] Müllers handſchriftlicher Nachlaß.

Täuschung, welche auf einer unrichtigen Auffassung einer Beziehung des Lebens und der Geschichte überhaupt beruhte. Er setzte nämlich in der Leitung der Staaten allzu viel auf das Individuum und achtete nicht genug auf den Geist und die innere Kraft einer Nation, welche die Gedanken und Werke des Genies überdauern. Und so treu anhänglich er der Verfassung seines Vaterlandes war, so sprach er sich doch im Allgemeinen günstiger für die Monarchie aus; und da ihm Cäsar der größte aller Regenten war und er den Autokrator Friedrich den Großen lebenslang als seinen Helden verehrt hatte, so mußte derjenige, welcher Cäsarn zu seinem Vorbilde nahm und glauben durfte ihm am nächsten zu kommen, Müllern als das Werkzeug erscheinen, dessen die Vorsehung sich zur Neugestaltung des zusammenbrechenden Europa bediene. Nur aus diesem Gesichtspunkte läßt sich jener zweideutige Brief an den französischen Minister Maret*) erklären, welcher bei der Herausgabe zudem in seinen stärksten Stellen beschnitten worden. Müller fügt sich nämlich in den Gedanken, daß die Schweiz nach damaligen Gerüchten einen Fürsten erhalten sollte, leitet dann aber aus der Beschaffenheit des Landes und dem Nationalcharakter des Volkes die Gründe her, warum diese Veränderung unthunlich sei, und hebt namentlich auf theatralische Weise die Besorgniß hervor, „der neue Cäsar möchte einen Tell finden und dadurch der größte Moment des Menschengeschlechtes unterbrochen werden." Ein anderer Brief, worin er dem Großherzog von Baden vorläufig die Versicherung gab, daß die Schweiz, wenn sie ihm ungetheilt zukomme, am Ende „aus der Noth eine Tugend machen und zufrieden und hoffnungsvoll" sein werde, ist wahrscheinlich nicht an seine Bestimmung abgegangen**).

Am Jahrestage der Akademie erhielt Müller wieder den Auftrag, von Friedrich dem Großen zu sprechen: „Friedrichs Ruhm" (24. Jänner 1807). Allgemein war die Ansicht, daß er seine Aufgabe vortrefflich gelöst, vollkommen im gleichen Geiste, wie ein Jahr zuvor, und mit bestimmterer Zeichnung des Königs, wenn auch mit zu vielen zerstreuenden rhetorischen Vergleichungen mit Helden des Alterthums. Es war ein großer und kühner Griff, die entmuthigten Preußen durch die Erinnerung an den großen König aufzurichten, und den Franzosen Achtung für Preußen, die Schöpfung Friedrichs, einzuflößen. Der Redner sagte gegen den Schluß: „Niemals darf ein Mensch, niemals

---

*) Müllers sämmtliche Werke, Theil 18. S. 15 ff.
**) Müllers handschriftlicher Nachlaß.

ein Volk wähnen, das Ende sei gekommen. Wenn wir das Andenken großer Männer feiern, so geschah es, um uns mit großen Gedanken vertraut zu machen, zu verbannen, was zerknirscht, was den Aufflug lähmen kann. Güterverlust läßt sich ersetzen, über andern Verlust tröstet die Zeit; nur ein Uebel ist unheilbar, wenn der Mensch sich selbst aufgiebt."

7. Der Sturm gegen Müller.

Während dieser Zeit der Muße lenkte der Rheinbund Müllers Aufmerksamkeit auf sich, weil er hoffen konnte, daß ihm durch den ihm befreundeten Dalberg, den Fürsten-Primas des Bundes, Gelegenheit gegeben würde, demselben nützlich zu sein. Er ließ sich daher weitläufig über den „rheinischen Bund" vernehmen, wobei sich seine Ansicht etwa in dem Satze ausspricht: „Da es dahin gediehen, daß wir offenbar uns nicht helfen können, so ist das Schicksal zu verehren, welches den Chef der großen Völkerföderation so viel Interesse für unsere Erhaltung hat nehmen lassen, daß er unser Protektor sein will." Dabei aber bringt er sehr darauf, daß das Interesse des Volks durch Landstände vertreten werde; zugleich ist er freilich mit Lobeserhebungen von Dalberg, Murat u. s. w. nicht karg. — Nun brach der Sturm los. Wenn man von der Rede auf Friedrich gestehen mußte, daß Müller „glücklich zwischen Scylla und Charybbis durchgesteuert," so vergab man ihm nicht, daß er dieselbe in französischer Sprache vorgetragen und daß er zum Schlusse rühmend der Anerkennung der Franzosen für Friedrich gedacht — (Napoleon hatte nämlich in Sanssouci seine Verehrung für den König auf eine effektvolle Weise kundgethan). In seinen Aeußerungen über den rheinischen Bund mußte man erkennen, daß er für die Rechte und die Nationalität des deutschen Volkes sich aussprach, allein der Umschlag der Sprache im Allgemeinen war doch für die nun vom Sieger gehöhnten Preußen zu überraschend und schmerzlich. Daher ein Schrei des Unwillens und der Entrüstung über Müllers Abfall, wie man es nannte, wozu die großen philosophischen und politischen Damen, welche Müllern bisher fetiert hatten, nicht wenig beitrugen. Seither hat der Zorn von Gentz und der Schmerz von Perthes der damaligen Gesinnung über Müller ein nachhaltiges Gewicht gegeben. Gentzens Absagebrief an Müller wird häufig als eine Ehrenrettung seines Charakters angesehen. Allerdings fiel Gentzens Erklärung in dessen beste

Zeiten, wo ihn noch eine höhere Idee und ein reinerer Patriotismus leitete, und er hatte das richtige Urtheil über Napoleons Zukunft für sich. Allein der leidenschaftliche, cynische Partheimann, welcher Fortschritt und Bildung haßte und sich allein mit Genußmenschen jeder Sorte gefiel, bezeichnet den Gegensatz seines Wesens mit demjenigen Müllers am besten mit seinen eigenen Worten: „Ich möchte ausschließend an der Aufrechthaltung der alten Weltordnung arbeiten. Sie wollen das Neue immerfort in das Alte hineinweben." „Ich bin nicht bezahlt, es mit der Cultur zu halten; ich habe fast nur gelebt um zu sehen, was sie Schreckliches hat." Müller lebte hoffnungsreich in der Entwicklung der Zukunft. Bei Gentz ist heftige Abneigung gegen die Reformation, er will „die definitive Schädlichkeit derselben für wahre Aufklärung, Bildung und Vervollkommnung beweisen." Müller blieb in Wien zurückgesetzt seinem Glaubensbekenntnisse treu. Während er sich bei Müller wegen Besuch von „unangemessenen Gesellschaften" zu entschuldigen hat, muß er Letzterm „diese edle und vornehme Popularität selbst unter der Klasse unserer Landsleute zugestehen, die mich als einen Freiheit=Feind und Despoten=Fröhner verwerfen." „Les soi-disans savans et hommes éclairés de Berlin ne m' intéressent pas. Vous aimez cette ville; je la déteste." Ein sehr bezeichnender Zug in Gentzens energischer Invective ist, daß Müller „gründlichen Hasses" nicht fähig sei. — Allein viel tiefer als Gentzens Grimm ist in neuerer Zeit des edeln Fr. Perthes schonender Vorwurf gegangen, welcher ihm vorhält, daß seine Freunde „am Grabe Joh. Müllers trauern," daß „die Nation nicht weiß, ob sie ferner seine Stimme hören solle oder nicht." Doch Perthes hörte nicht auf an Müllers Redlichkeit zu glauben. Hatte er ja doch Müllers Aeußerungen über den rheinischen Bund „schön, klug und brav" gefunden, und war sogar einverstanden, daß dieser „Dienste dans l'empire français annehme;" auch theilte er Müllers Glauben, „daß die Welt von Gott an Napoleon den Großen übergeben ist." Wenn einzelne Male ein schärferer Stachel des Vorwurfs hervortritt, so ging derselbe allerdings aus Perthes tiefster Gesinnung hervor, wurde indessen augenblicklich durch persönliche Umstände geschärft*). Als Müller

---

*) Bekanntlich war der Briefwechsel zwischen Müller und Perthes ursprünglich ein buchhändlerischer. Daß das dahin Einschlagende im Drucke fehlt, verwischt die eigenthümlichen gegenseitigen Beziehungen. Müller faßte zu dem geistreichen und

nach Caffel ging, sprach ihm Perthes seine Freude aus: „Ihrer Nation
Beruhiger, Tröster, Erwecker zu seyn, das verlangt, erwartet man von
Ihnen."

Seitdem haben Historiker und Publicisten Müllern einstimmig
verdammt und in dem Grabe politisch und moralisch erniedrigt, als er
bis zu jenem Zeitpunkte der Entscheidung nach dem allgemeinen Urtheile
seiner Zeitgenossen hochgestellt und verehrt war. Wohl kann man es
nur bedauern, daß der Geschichtschreiber der Eidgenossenschaft, der
Sprecher für freie Verfassungen und der Feind des Despotismus, welcher in Betreff des Fürstenbundes Deutschlands Stellung in Europa
und seine Zukunft so richtig dargestellt, welcher durch seine Bemühungen
zur Vereinigung Deutschlands im Jahre 1805 gegen den fremden
Usurpator die Herzen der Edelsten für sich gewonnen: — daß er seiner
frühern Ueberzeugung nicht treu geblieben, zum Recht und zur deutschen
Sache haltend. Allein um gegen Müller nicht das Unrecht zu begehen,
denselben nach Anschauungen einer spätern Zeit und nach einem durch
den Zeitumschwung ganz veränderten Maßstabe zu beurtheilen, müssen

---

wohlgesinnten jungen Manne Zutrauen und unterhandelte mit ihm über die große
Arbeit seines spätern Lebens, die Universal-Geschichte, und empfing, durch Verlegenheit
bedrängt, von Perthes Vorschuß. Als es sich aber um den Abschluß eines Vertrages
handelte, allerdings zu einer für den Buchhändler wegen Krieg ungünstigen Zeit, und
dieser daher mit Bedingungen vorrückte, welche theils einen für einen Mann von Müllers
Namen geringen Absatz, theils für diesen eine unsichere Abzahlung seiner Schulden in
Aussicht stellten, so fühlte sich Müller dadurch verletzt und wurde zurückhaltender, ohne
indessen, durch seine Verpflichtungen befangen, sich bestimmter auszusprechen. Unterdessen machte auch Cotta, mit welchem Müller wegen Herders Werken in beständigem
Verkehr stand, ihm ebenfalls Anerbietungen für den Verlag der Universal-Geschichte,
und zwar weit günstigere, und anerbot ihm Vorschüsse, welche dieser in seiner steigenden Bedrängniß annahm, da inzwischen seine Stellung in Berlin unhaltbar geworden
war, Cotta aber zugleich die Anstellung für Tübingen betrieb. Diese Verhandlungen
kamen Perthes zu Ohren. Er äußerte sich gegen Müller über die buchhändlerische
Verwicklung nicht; allein es trat zu derselben Zeit in dem Briefwechsel jener schär-
fere Ton über Müllers politisches Benehmen auf. Perthes war bei aller Freundschaft
Geschäftsmann genug, um Müllern nicht loszulassen und ihm auch später noch zu
schreiben: „Daß, wenn die Universal-Historie je erscheint, ich Verleger bin, versteht
sich ja wohl von selbst?" Diese beiden Buchhändler, der aufstrebende und der schon
feststehende, sind zuvorkommend, liberal, aber Beide sorgen für ihr Interesse und
schrauben den armen Schriftsteller. Und doch will Perthes dem zu wenig Rechnung
tragen, wenn Müller, in Sorge um seine Existenz, dasselbe thut. Cotta entschädigte
Perthes nach Müllers Tode.

wir sein Wesen, seine historische Weltanschauung und seine damalige
Stellung noch näher ins Auge fassen*).

Es lag jener Wandelbarkeit, welche Müllern von Bern nach
Mainz, von Mainz nach Wien, von Wien nach Berlin führte, der an
sich edle Trieb zu Grunde, je vom höchsten und gebildetesten Stand=
punkte aus Menschen und Staaten kennen zu lernen und selbstthätig
in die Entwicklung seiner Zeit einzugreifen. Er gewöhnte sich in seinen
verschiedenartigsten Stellungen über den Gegensätzen der Zeit zu stehen
und im Konflikte derselben sich auf seine Studien zurückzuziehen. Wo
daher Schwierigkeiten sich aufthürmten und seinem Einwirken Hinder=
nisse begegneten, wurde er verdrossen, matt, nach Veränderung begierig.
Sein Vorzug war seine Vielseitigkeit, die unbefangene Höhe des Stand=
punktes: aber solch vielseitigen, sinnreichen Menschen fehlt eben gewöhn=
lich die Kraft und Entschlossenheit des Handelns. Müller theilte sein
Loos mit vielen Andern, welche als Gelehrte und Stimmführer groß
gewesen, aber in schwierigen Verhältnissen die rechte Entscheidung nicht
zu finden wissen. Wie sein Benehmen aus seinem Wesen hervorging,
so ferner auch aus der Weltanschauung des Historikers.

Das urkundliche Recht, der Bestand der Verfassungen, die Selb=
ständigkeit der Völker war für Müller die von Gott gegebene Grund=
lage, deren Beleuchtung und Vertheidigung er zur Aufgabe seines
Lebens gemacht. Als das Alles nach langem Kampfe, wobei er die
ganze Kraft seines Geistes und seines Herzens eingesetzt hatte, vor sei=
nen Augen zusammenbrach, als die Ohnmacht und Rathlosigkeit der
Fürsten wie der Völker sich dem eisernen Willen der Gewalt beugte: da
gab ihm die Geschichte keinen Trost mehr; vielmehr glaubte er, daß sich
das Schicksal erneuere, dem zufolge die alte Welt dem Joch der römi=
schen Cäsaren dahingegeben war, und er sah in Cicero sein eigenes Ver=
hängniß: „Bei dem fürchterlichen Umsturz der weltbeherrschenden Re=
publik, unter Waffen, Aufruhren, Verbrechen, fand M. Tullius sich
einzeln, mit seinem Genie, seiner, zu allem Guten geneigten, Seele

---

*) Am einläßlichsten und gründlichsten hat Julian Schmidt im Jahrgang
1858 der „Gränzboten,“ 2. Vierteljahr, Müllern charakterisiert und seinen „Abfall“
hervorgehoben, jedoch sein Urtheil zu sehr unter den Einfluß einer einzigen Thatsache
gestellt. Auf J. Schmidts Charakteristik hat diejenige von Gözinger in dessen unvoll=
endeter „Deutscher Literatur“ Einfluß gehabt.

und seiner, in der Ausübung mittelmäßigen Menschenkenntniß*)." —
Als Geschichtschreiber glaubte Müller ferner die Stellung einnehmen zu
sollen, daß Beobachtung und unpartheiische Auffassung der Thatsachen
seine erste Aufgabe sei, während er die unmittelbare Betheiligung an
Staatsangelegenheiten in zweite Linie stellte und den Rückzug von diesen
stets mit seiner ersten Obliegenheit entschuldigen zu können meinte.
Eine Stellung, welche sich hoch über die Partheien der Zeit erheben
wollte, wie solche unter Andern Alexander von Humboldt und Goethe
behaupteten, glaubte Müller, der Schweizer, auch für sich in Anspruch nehmen zu dürfen, namentlich in Verhältnissen, wo er nicht
nur keine amtlichen Pflichten hatte, sondern wo man ihn geflissentlich fern hielt.   Daher er im Augenblicke vor der Entscheidung sagen
durfte: „Comme ma place ne m'appelle pas à une activité poli-
tique, je ne m'y ingérerai non plus, à moins d'ordres positifs:
si de tels me parviennent, je ne resterai au dessous d'aucune
espérance.   Si, comme il est possible, on me laisse à moi, je
suivrai mes plans pour des ouvrages qui peut-être survivront ces
agitations éphémères."

Eine Rechtfertigung liegt voraus in Müllers persönlicher Lage.
Die Entschiedenheit und Treue, womit er sich sowohl in Wien als
Berlin für die Vereinigung von Oestreich und Preußen gegen Napoleon bemüht hatte, kann nicht angefochten werden und findet
auch heut zu Tage Anerkennung.   Allein gerade um dieser entschiedenen Bemühungen willen fehlte ihm das Vertrauen der damaligen
preußischen Staatslenker.   Wie er in Wien im engsten Vertrauen mit
Erzherzog Johann gestanden, so war er in Berlin mit Prinz Louis,
dem Vertreter der deutschen Sache, befreundet.   Als dieser gleich
im Anfange des Kampfs fiel (Stein hatte über das Gerücht vom
Tode des Prinzen bei Müller Auskunft gesucht), war Müller ohne
nähere Verbindung mit dem Hofe und in der allgemeinen Flucht
und Verwirrung bekümmerte sich aus dessen Umgebung Niemand
um ihn.' Als er den Ruf nach Tübingen erhielt und die Nachricht
davon sich durch die öffentlichen Blätter verbreitete; als er nun an den
König schrieb und um dessen Entscheidung bat: blieb er auch auf eine

---

*) S. Müllers allgemeine Geschichte. — Nur zu sehr paßt freilich auch auf
Müller jenes Geständniß Cicero's in den Briefen an seine Freunde, IX, 7: „Darum
speise ich denn seit der Zeit bei den Leuten, welche regieren, oft zu Mittag.   Was
soll ich anfangen? Man muß sich in die Zeit schicken."

zweite Zuschrift Monate lang ohne Antwort. Als endlich durch den Tod seines Landsmannes Merian die Stelle eines beständigen Sekretärs der Akademie, wofür er die zugesicherte Anwartschaft hatte, erledigt wurde, erhielt dieselbe ein Anderer. Für die projektierte Berliner Universität suchte man ihn zu gewinnen und eröffnete man ihm Aussichten, als es zu spät war. Kein einflußreicher Mann bezeugte ihm während der mehreren Monate seiner Verlegenheit ein näheres Interesse, daß er in Berlin bleibe. Die allerbringendsten und gemüthlichsten Zuschriften des Leibarztes Hufeland und des Hofpredigers Ancillon, ganz zuletzt von der Königin veranlaßt, konnten ihn wohl rühren; aber da dieselben ihm für die Sicherung seiner Existenz keinerlei Garantien darboten, war er gezwungen, seine Stellung in Berlin als unhaltbar aufzugeben. Wenn nicht geläugnet werden kann, daß Müller eine Anstellung bei Napoleon gewünscht und unter der Hand dafür Schritte gethan hat, so kann dagegen angeführt werden, daß sich unter seinen Papieren ein Briefentwurf vorfindet, in welchem er sich um die unterdessen wieder erledigte Stelle eines ersten Kustos der Hofbibliothek in Wien bewarb, worin einfach der Vorsatz lag, sein übriges Leben wissenschaftlichen Aufgaben zu widmen. Wenn so der alternde Mann sich dem augenblicklichen Gewichte der Thatsachen beugte, so waltete dabei das Gefühl ob, daß er auf einen möglichen Wechsel der Dinge nicht bauen dürfe, weil derselbe wenigstens ihm kaum mehr Früchte bringen würde.

Allein gegenüber der Verwerfung der Partheileute und dem Bedauern der deutschgesinnten Männer spricht am entschiedensten für Müller, daß er von den Größten der Nation in Schutz genommen und gerechtfertigt worden. Gerade in jener verhängnißvollen Zeit wurde F i c h t e, der Mann des stählernen Willens, der Held seiner Ueberzeugung, mit Müller bekannt. In der Ferne suchte er diesen zum Bleiben zu bestimmen; allein in der Nähe erkannte er das „Unrecht, das man der herrlichen Gesinnung des Mannes zugefügt" hatte, und blieb ihm bis in den Tod mit warmer Freundschaft zugethan. — G o e t h e trat durch die Uebersetzung der angefochtenen Rede, „Friedrichs Ruhm", einflußreich für Müller ein. — Noch gewichtiger aber ist das Benehmen von Männern aus der nähern Umgebung des Hofes. Gerade über die Zeit der Anfechtung war A l e x a n d e r v o n H u m b o l d t Müllern mit der innigsten Freundschaft zugethan*). Die Franzosen waren anfangs

---

*) Müllers handschriftlicher Nachlaß.

feindlich gegen Müller gestimmt, sie hielten ihn für den Verfasser des
Kriegsmanifestes. Humboldt versicherte den Minister Maret vom
Gegentheil und daß Müller als „simple philosophe" in Berlin lebe.
Als die Einladung zu Napoleon durch Maret erfolgte, glaubte Müller,
sie gelte zugleich auch Humboldt. Dieser verneinte es; und wie er sich
Müllers Verhalten dachte, geht aus der Bemerkung hervor: „Vous
briserez la lance tout seul." — In Betreff der akademischen Rede
wollte Humboldten die französische Sprache bedenklich vorkommen; allein
hinwieder findet er einen starken Grund dafür, damit die Franzosen selbst
hören und nicht durch Sinnentstellungen mißstimmt werden. Ueber die
Wahl des Gegenstandes, welche, wie Humboldt annimmt, Müllern frei
stand, bemerkt Jener: „Mais l'objet de votre mémoire — Vous
cherchez la difficulté. C'est bien hardi, mais Vous savez tout
surmonter." Müller scheint das Manuscript vorher Humboldten mit=
getheilt zu haben, worauf dieser urtheilte: „Certes, mon respectable
ami, que rien n'est plus éloquent et plus beau que ce morceau.
Aussi ne sera-t-il pas sans effet, car il est fait pour soutenir ceux
qui désespèrent. Et le désespoir est aussi coupable que la malice
ou la pusillanimité." — Als dann aber das Geschrei begann und
Müller den Vorwurf des Verraths zu Herzen nahm, scherzte Humboldt
anfangs darüber und fuhr dann fort: „Je ne puis jamais cesser
d'admirer ce que j'ai admiré dès mon enfance. C'est un don du
ciel que la fraicheur de caractère que Vous possedez. Que les
Dieux Vous la conservent pour la gloire de cette Patrie que nous
disons „que Vous trahissez." — Als gleichwohl die wachsende Feind=
seligkeit den bisher gefeierten Mann tief erschütterte, läßt es sich Hum=
boldt mit einer wahrhaft brüderlichen Theilnahme angelegen sein, den
gebeugten Freund aufzurichten. Nachdem er ihm berichtet, er habe nach
Hamburg, Göttingen und Weimar geschrieben, um übeln Auslegungen
vorzubeugen, schreibt er mit der ganzen Treue eines feinen Herzens:
„Ich beschwöre Sie, sich nicht Ihrer Schwermuth zu überlassen: das ist
Ihrer nicht werth. Wer sind die Menschen, die Sie verläugnen? Sind
sie Ihrer werth, haben sie etwas hervorgebracht, was Ihren Werken
gleicht? Ich erkenne, daß Ihre Lage um so widriger ist, als Ihre Gut=
müthigkeit Sie einst diesen partheisüchtigen Damen und Männern zu
sehr überliefert hatte. Aber setzen Sie, theurer Freund, Allem ein Ziel.
Machen Sie sich unabhängig von diesen Urtheilen, leben Sie bloß mit

den Menschen, die Sie in Ihren Gefühlen nicht stören. Das menschliche
Leben ist kurz. Warum wollen wir es uns verbittern? Möge ich Sie
aufrichten können. Kümmern wir uns weniger um diesen Sumpf.
Denken Sie an das was Sie hervorgebracht und an das was Sie noch
schaffen können, so wird Ihnen alles Andere erbärmlich und unwichtig
erscheinen. Noch einmal, ich beschwöre Sie, erhalten Sie sich Ihre
Heiterkeit. Alle Ihre Kraft, alle Frische Ihres Styls hängt von dieser
ab." — Humboldt ergreift jede weitere Gelegenheit und nimmt seine
eigenen Erfahrungen zu Hülfe, um den Freund zu beruhigen. „On
détruit une réputation factice, mais l'on ne ternit pas une gloire
d'un homme qui a construit un grand édifice aere perennius (unver-
gänglicher als Erz). — Mais de grace soyez un peu adroit et tirez
parti de la traduction de Goethe. C'est un fait très marquant." —
Humboldt, welcher Müllers Verhältnisse völlig kennt und ihm seine
thatsächliche Hülfe anerbietet, sieht indessen ein, daß er unter den bestehenden Verhältnissen nicht in Berlin bleiben kann. Er möchte ihn
auf einem seines Geistes und seines Talentes würdigen Standorte
wissen, und darum ist er weit entfernt, den Gedanken an den französischen Staatsdienst zu mißbilligen, er ermuntert vielmehr dazu. Müller
hätte gerne Deutschland genützt und namentlich die Interessen des Rhein-
bundes bei Napoleon vertreten. Allein er hatte seine Ehre so treu und
gewissenhaft gewahrt, daß er nach keiner Seite Schritte that, bis endlich
der Ruf nach Tübingen die Ungewißheit über die Zukunft zu entscheiden
schien. Auch da tritt Humboldt mit seinem Freundesrath dazwischen.
„L'idée que Vous voulez pourtant nous quitter si promptement
m'attriste, mon excellent ami. Vous devez aller à Paris et directe-
ment. Je crains que Tubingen ne Vous accommode pas. Des
heures fixes, la petitesse de la ville, le clabaudage, Votre manque
de voix . . . . Et l'Empereur s'occupera de Vous. S'il ne l'a pas
fait jusqu'ici c'est qu'il est trop occupé. Que ne suites Vous
sonder Maret par Pardo." Und nochmals fügt er in einem andern
Zettelchen bei: — „Pas de Tubingen — Non! Paris!" Erst jetzt benutzt Müller, und mit großer Zurückhaltung, den vom Freunde ihm an-
gewiesenen Weg. In solchem Grade erscheint Alexander von Humboldt
als Miturheber und Mitschuldiger von Müllers „Abfall!" — Um sich
aber völlig zu überzeugen, welch einen hohen Werth Jener auf diesen
legte, müßte man von der ganzen Reihe der kleinen Papiere Einsicht
nehmen, in welchen Humboldt Müllers Gelehrsamkeit für sich in An-

spruch nimmt und oft dankbar überrascht ist, viel mehr zu empfangen, als er erwartet hatte *).

Allein auch unter den preußischen Staatsmännern erhielten die Besten für Müller Theilnahme und Freundschaft. Müller gedenkt während seines Berliner Lebens mit besonderer Freude seiner Aufnahme im Hause des Ministers von Schrötter. Nachdem Müller seinen Abschied vom Könige erhalten und der Minister ihn schon in des Kaisers Dienst nach Paris übergegangen glaubte, schrieb Schrötter einen ausführlichen Brief mit dem Ausdrucke der herzlichsten Freundschaft, worin es unter Anderm heißt: „M. Stein ist gleichfalls über Ihren Verlust betrübt: dieß weiß ich — Hofft aber noch auf Ihre einstige Rückkunft. — Ich nicht. — Da wo Sie sind, wird man Sie gewiß ganz zu schätzen und ganz zu gebrauchen wissen: und die Geschichte des großen Friedrichs, dieß einzige Denkmal so wir ihm noch errichten könnten, wird jetzt in der Geburt erstickt. Sie glauben nicht, was dieser Gedanke mich alten Menschen, der seine besten Jahre in Friedrichs Welt, in seiner Größe verlebt hat, zerreißt und mir wehe thut. — Wenn ich einst nach Berlin zurückkehre, so wird Ihre Abwesenheit eine unausfüllbare Lücke in meinen häuslichen Freuden und in unserm freundschaftlichen Zirkel machen. Wir werden Sie, mein Bester, immer vermissen, immer wird uns E i n e r a m G a n z e n fehlen."

Schon Schrötter beruft sich auf die Gesinnung Steins. Allein Stein selbst, der erste deutsche Mann des Jahrhunderts und der erste deutsche Staatsmann seiner Zeit, hat gerade in jenem kritischen Zeitpunkte entschiedene Zeugnisse über seine Werthschätzung Müllers abgelegt. Wir haben früher gesehen, wie die beiden Freiherren von Stein mit Müller in Mainz näher bekannt geworden. Allein das Verhältniß zum ältern Bruder hatte durch den Uebergang Müllers nach Wien mit einem förmlichen Bruche geendigt, indem Joh. Friedrich von Stein durch diesen Schritt sich und seine Regierung kompromittiert und getäuscht glaubte. Der Minister Karl von Stein kannte also neben Müllers großen Talenten auch seine vielseitige Beweglichkeit aus unmittelbarer Erfahrung. Gleichwohl stand er in der verhängnißvollen Zeit der Mobilmachung des preußischen Heeres in Spätjahr 1805 mit Müller nicht nur in vielfachem politischem Geschäfts=Verkehr und benutzte seine Feder, sondern er zog ihn auch in den Kreis seiner Vertrauten, unter

---

*) Humboldt war auch zu Müllers Testaments=Vollstrecker ernannt.

Andern mit Frau von Berg und seiner geistreichen Schwester, und pflegte mit ihm einen heitern geselligen und wissenschaftlichen Umgang*). Ueber Müllers Rücktritt selbst schreibt Stein den 15. Oct. 1807 von Memel folgenden Brief: „Je suis très faché d'apprendre par Votre Lettre du 6. courant, que nous perdons un savant, de l'acquisition duquel nous avions eu lieu de nous glorifier; la manière dont la chose s'est passée, m'afflige sérieusement. J'espère neanmoins que la perte n'est pas irreparable, et que les circonstances permettront dans la suite de Vous faire des propositions avantageuses pour Vous et pour les sciences. Soyez persuadé que je saisirai avec empressement la première occasion favorable à ce dessein. Je Vous prie par contre de ne pas oublier un pays qui jusqu'à cette époque malheureuse a toujours eu apprécier Vos talents éminents, qui m'inspirent la haute estime avec laquelle je suis etc." — Müller hatte den langverzögerten Abschied „kurz und trocken" erhalten, ehe Stein beim Könige vorgesprochen hatte. Allein auch jetzt noch hätte Müller den Aufenthalt zu Berlin ohne Gehaltsverminderung demjenigen in Tübingen vorgezogen. Stein entschuldigte in einem Schreiben vom 21. October den Entschluß des Königs mit der Nothwendigkeit, seine Staatsdiener auf die Hälfte ihres Gehaltes herabzusetzen, räth ihm aber eine Stelle an der neu zu gründenden Universität in Berlin anzunehmen. „Ich werde meiner Seits dem Könige den Vortheil der der Academie daraus erwachsen muß, daß ein Mann von E. H. ausgebreitetem Rufe dabei angestellt ist, vorstellen; und ich hoffe dadurch den doppelten Vortheil zu erreichen, der Universität einen neuen Glanz zu geben, und des Vergnügens Ihres persönlichen Umgangs genießen zu können."

Die stets wiederholten Angriffe, in denen sich Müllers Ankläger gefallen, mögen zur Entschuldigung dienen, wenn dem Worte solcher Vertheidiger ein größerer Raum gegönnt worden ist.

8. Müller in Cassel.

Nach erhaltenem Abschiede blieb Müllern nichts Anderes übrig, als die Professur in Tübingen anzunehmen, welche zwar seinem Wesen

---

*) Müllers handschriftlicher Nachlaß enthält eine Reihe kleiner Handbillete von Stein, welche in einigen Worten freundliche Einladungen, literarische Anfragen ꝛc. enthalten.

widerstrebte, allein ihm alle möglichen Erleichterungen und Vortheile
sicherte. Er tröstete sich dabei mit der Vollendung seiner Arbeiten und
mit der Nähe der Schweiz. Jedoch auf der Reise nach seinem neuen
Bestimmungsorte erreichte ihn in Frankfurt ein französischer Courrier,
welcher ihn schleunigst nach Fontainebleau berief und ihn durch die Ernennung zum Minister Staatssekretär des neugebildeten Königreichs
Westphalen überraschte. Diese Verfügung scheint von Napoleon ohne
alle Empfehlung ausgegangen zu sein, indem der Kaiser seinem Bruder
„einen der Nation angenehmen Minister geben wollte." Daß Napoleon
seiner so wohlwollend gedacht und daß ihm so der Weg geöffnet war,
sich seiner drückenden Schuldenlast zu entledigen, waren die nächsten
Gründe, welche Müllern zur Annahme dieser glänzenden Stelle bestimmten. Im Hintergrunde lag aber die sein ganzes Leben hindurch
festgehaltene Ueberzeugung, daß der Geschichtschreiber seine Einsicht zugleich auch als Staatsmann müsse bewähren können; und seine Arbeiten und Erfolge in Staatsaufgaben in seinen verschiedenen Stellungen waren von der Art, daß er nicht Ursache hatte, an seiner Befähigung zu zweifeln. Freilich hatte er bisher bei allen solchen Gelegenheiten mit sich selbst in Zwiespalt gestanden, ob die Laufbahn des
Gelehrten für sein Glück und seinen Ruhm nicht die vorzüglichere sei.
Wenn aber früher sowohl als in diesem entscheidenden Augenblicke die
Lust zu praktischer Bethätigung überwog, so war es nicht etwa nur
Ehrgeiz und Charakterschwäche, wie man ihn zu bezüchtigen gewohnt ist,
sondern es belebte ihn das Gefühl, daß das eigentlich seine höchste Aufgabe und Bestimmung sei, und die Bereitwilligkeit, sich selbst aufzuopfern, um nützlich zu sein. Wenn so schmeichelhafte Erfahrung ihn
für den Augenblick unverhältnißmäßig günstig für die Franzosen
stimmte, so schrieb er doch in jener Zeit gerade im Hinblick auf diese an
Heeren: „Ich traue den Menschen unserer Zeit nicht viel zu; ich sehe
überall nur Egoismus;" und an General Pardo im Hinblick auf
Friedrichs des Großen zertrümmertes Werk: „cela rappelle l'instabilité
de toutes les grandeurs." — Wie wenig sich übrigens Müller über
sich selbst und die Gefahren seines künftigen Amtes täuschte, sehen wir
aus folgendem Briefstück an Maret: .... „Je l'ai accepté avec
reconnaissance: mais ce n'est pas sans amertume que je renonce
à mes études, mes travaux commencés, au nom que je m'étais
fait dans la carrière des Tites-Lives et des Tacites, pour figurer
peutêtre assez gauchement à la cour d'un Prince qui ne me

connait pas. Les titres ne me font rien du tout; j'attendois le
mien de la posterité. Quelques-uns à Cassel seront bien aises
de m'y voir, mais une grande partie de la nation me blâmera
prodigieusement d'avoir accepté, d'avoir cessé d'appartenir à elle
seule pour ainsi dire*)." Als dieser Brief ohne Antwort und Erfolg
blieb, wendete er sich an Dalberg, unter Anderm mit folgenden Vorstellungen: „Si l'Empereur m'avait fait jurisconsulte du départe-
ment des affaires étrangères, ou historiographe ou bibliothécaire,
il m'eut rendu complétement heureux: mais ce travail de tous
les jours de l'année, cette observance continuelle de formes très
compliquées, cette vie d'antichambres, et de petites attentions
pour les dames, Vous savez combien j'y suis peu propre; j'ai
passé ma vie avec les Anciens et les Suisses: le genre de mon
esprit est bien plus poëtique que métaphysique; et je vais de-
scendre de la réputation d'un homme qui a bien fait son métier à
celle d'un secrétaire qui fera bien des fautes et qui finira par être
disgracié. Que ne puis-je pas rester historien: des secrétaires
d'état il y en a toujours eu, et il y a des siècles qui n'eûrent pas
d'historiens. — N'y aurait-il pas quelque doute à suggérer au
Roi de Westphalie sur ma capacité à remplir cette place; quelque soupçon que je sois trop allemand?"

So wünschte Müller durch die Dazwischenkunft dieser Günstlinge
des Kaisers seiner Aufgabe enthoben zu werden; er wagt aber nicht
selbst über sein Schicksal zu entscheiden, da er gewohnt ist, dasselbe
unter allen Umständen der Vorsehung anheim zu stellen. Die bestimmte
Ernennung (den 17. Winterm. 1807) schnitt ihm weiteres Bedenken
ab und führte ihn mitten in die Geschäfte hinein. Allein nach wenigen
Wochen der Amtslast, bevor die Eidesleistung ihn fester an die Stelle
fesselte, bat er den König aus Gesundheitsrücksichten um Entlassung,
ohne ein weiteres Gesuch an denselben zu stellen. Er wurde jedoch in
der ehrenvollen Stellung als Staatsrath und Generaldirektor des
Unterrichts festgehalten. Allein diese Aufgabe war schwierig und
undankbar, da man einem Theile der Universitäten den Untergang
bereitete und der Generaldirektor zunächst den vom fremden Bedränger
mißtrauisch beargwöhnten Geist der deutschen Studenten zu überwachen
hatte. Doch es würde wahrhaftig eines der schönsten Blätter in

---

*) Müllers handschriftlicher Nachlaß.

Müllers Leben fehlen, wenn der Aufenthalt in Cassel uns denselben nicht im Kampfe für die Wissenschaft in unerschütterlicher Treue und unerschöpflicher Geduld vor Augen stellte. Es war nicht möglich, mit mehr Wärme und Edelsinn für die bedrohte Existenz einer großen Zahl würdiger Männer einzutreten, als es durch Müller geschah, und die dankbare Verehrung derselben ist ein sprechender Beweis, wie wohlthätig und umsichtig sein Wirken war. Er war unter Anderm die Veranlassung zu Villers' vortrefflicher Schrift über die Universitäten des protestantischen Deutschlands. Es brauchte Müllers Gutmüthigkeit, um immer neue Anläufe zur Erhaltung des Guten gegen Willkür und Leichtsinn zu machen, und es fehlte ihm nie an Muth, wo es die Vertheidigung einer guten Sache galt. Als es sich z. B. um strenge Maßregeln gegen die Studenten handelte, sagte er unter Anderm in seinem Gutachten: „Verbote, Strafen verschlimmern das Uebel; der Widerstand scheint Heroismus und entflammt die muthigen Herzen; das Blut der Märtyrer gebiert Proselyten. Eine sorgfältige Ueberwachung soll dem Scandal ohne Aufsehen zuvorkommen, mäßigen, aufhalten*)."

Allein nicht nur von Seite der Franzosen, sondern selbst aus der Mitte der deutschen Wissenschaft erwuchsen ihm Schwierigkeiten. Denn es machte ihm, dem für den Fortschritt begeisterten Manne, der aber zugleich ein Feind alles Destruktiven im Leben und in der Wissenschaft war, große Mühe, daß ihm in der deutschen Theologie immer mehr eine zerstörende Richtung entgegentrat. Längst hatte er die Gesinnung jener Zeit vom Jahre 1770 bis 1782, als er „von dem Glauben der Väter abgefallen" war, als Irrthum bekannt, und sich seither mit Liebe und Ueberzeugung dem Christenthum zugewendet. Allein sein Glaube war nie so mächtig und tief, daß er den ganzen Menschen durchdrungen, umgewandelt und geheiligt hätte. Wohl übte die Bibel mehr und mehr ihre Macht über ihn aus**); er fühlte sich in der Geschichte von religiösen Charakteren mit besonderer Liebe angezogen und suchte die Freundschaft frommer Zeitgenossen: so bemühte er sich um den

---

*) Müllers handschriftlicher Nachlaß.

**) Die „Anmerkungen zur Bibel" von Johannes Müller, welche den Blicken in die Bibel aus dem Nachlasse des Bruders beigefügt sind, scheinen einer sehr frühen Zeit anzugehören und sind zu flüchtig und fragmentarisch hingeworfen, als daß sie über die Glaubensansichten und die christliche Erkenntniß des Verfassers irgend welchen Aufschluß gäben.

einst verspotteten Lavater und gewann Reinhards Vertrauen. Aber er
wand sich auch wieder zwischen dem gläubigen Jacobi und dem ungläu=
bigen Nicolai hin und her, und wußte durch gefälliges Entgegenkommen
und kluges Ausweichen Katholiken wie Protestanten gerecht zu sein.
Es war mehr der wissenschaftliche und praktische Konservatismus auch
in religiösen Dingen, welcher ihn erfüllte, als der auferbauende, inner=
lich umgestaltende und weltüberwindende Glaube. Allein auch in dieser
Weise hat Müller wesentlich mäßigend auf seine Zeitgenossen gewirkt.
In amtlicher Beziehung ließ er sich unter Anderm an Stäudlin ver=
nehmen: „Die Stelle in der theologischen Fakultät ist wichtiger als je.
Mehr und mehr entfernt sich der Protestantism von dem ursprünglich
angegebenen Glaubensgrund. Was ist das für ein Neues Testament,
woraus man die Evangelien und einen Theil der Episteln streicht? Alle
positive Religion geht verloren. Ich verehre die Kenntnisse und manche
Eigenschaften von Vater, von Paulus, von unserm Eichhorn. Wenn
aber keine Theologen sich im Stande finden, ihre oft scharfsinnigen
Darstellungen zu widerlegen, so ist eine theologische Fakultät überhaupt
entbehrlich. Ich wünsche solche anzustellen, die befestigen, und nicht die
untergraben, die wankend machen."

Müller zeigt in den Maßregeln und Rathschlüssen seines Amtes
die Einsicht und das Geschick eines unermüdlichen Geschäftsmannes,
welcher durch alle Anmaßung und Unverschämtheit der Franzosen sich
nicht abhalten ließ, seine Pflichten gegen die Wissenschaft, ihre Anstalten
und ihre Lehrer mit Liebe zu erfüllen. Er mochte nur darin fehlen, daß
er den raubgierigen Fremden die höhern geistigen Interessen, die sie
mit Füßen traten, zu angelegentlich und herzlich empfahl; daß er sie,
die an keinen Menschenwerth überhaupt glaubten, mit einer sonderbaren
Pietät für seinen leichtsinnigen König belustigte, welchem von Napoleon
der Minister Reinhard zur Ueberwachung gegen allzu tolle Streiche bei=
gegeben war; vornämlich aber, daß er ihnen die Ehre anthat, sich in
allzu wortreicher Gemüthlichkeit über die unaufhörlichen Kränkungen zu
beklagen und sie ihres Unrechtes zu überführen. Die Franzosen wußten
freilich immer wieder Auszeichnungen für Müller zu finden, welche ihm
wohl thaten und für seine Wirksamkeit Gutes versprachen. So war er
glücklich, den König, bei seinem festlichen Zuge durch die Universitäts=
städte, an der Spitze der Universität durch eine feierliche Rede zu begrü=
ßen, und demselben das Wohl derselben zu empfehlen. Er durfte in
amtlicher Stellung sehr angelegentlich für eine mäßige Preßfreiheit

sprechen. Und daß er berufen war, als Staatsredner den ersten westphälischen Reichstag zu entlassen, schmeichelte ihm dermaßen, daß der Staatsphilosoph sich allzu sehr in den Hofmann und der Geschichtschreiber in den Lobredner der Gegenwart verlor. Allein diese Willfährigkeit und Gefügigkeit verbesserte seine Stellung nicht und schützte ihn nicht vor dem französischen Uebermuth. — Wir dürfen nicht verschweigen, daß Müller, um aus dieser peinlichen Lage zu kommen, den Ausweg versuchte, Maret zu bitten, daß er ihn Napoleon als Geschichtschreiber empfehle, nachdem er „durch dessen Sieg die schöne Aufgabe verloren, derjenige Friedrichs des Großen zu werden*). "

Endlich machte eine persönliche Rohheit des Königs, dessen Unmuth durch Dörnbergs Erhebung und die Theilnahme daran in Hessen veranlaßt worden war, Müllers Lage unerträglich. Den 11. Mai 1809 richtete dieser an den König folgenden Brief: „Sire, le 28. Dec. 1807 V. M. voulut un Directeur général de l'Instruction publique. Elle m'en offrit l'emploi, je l'ai accepté. Aujourd'hui en annonçant qu' Elle ne veut que des ignorans et qu' Elle réserve un sort funeste aux villes à Universités, Elle m'a donné ma démission. Sa volonté est ma loi; j'accepte. Je suis &c." Zugleich schrieb er an den Minister Simeon: „Après la déclaration que le Roi a faite en face de toute la cour, „„de ne vouloir plus de savans, de vouloir brûler Halle, de détruire les Universités et n'avoir plus que des soldats et des ignorans"" (propres paroles de S. M.) le Directeur général de l'Instruction publique non seulement est déplacé à l'avenir dans le royaume de Westphalie, et s'il y a en lui une étincelle d'honneur, il n'y restera plus un jour. Je vais adresser à M. le Ministre de l'Intérieur la demande de ma démission, et je partirai encore aujourd'hui. Il faut montrer que pour être savant on n'est pas lâche ni asservi au bas intérêt qui peut faire tout supporter**)." — Reinhard suchte den Gekränkten zu begütigen. Allein jener „Kummer" vom 11. Mai hatte den schon längere Zeit in seiner Gesundheit erschütterten Mann gebrochen, so daß er den 29. Mai erlag — ein wahrhaft tragisches Ende, in dem aber auch die Versöhnung lag. Denn wenn Müllern von deutschgesinnten Männern verargt werden konnte, daß er sich als Werkzeug der Fremden im unterdrückten Deutschland hatte brauchen lassen, so war hingegen sein Kampf

---

*) Müllers handschriftlicher Nachlaß.
**) Müllers handschriftlicher Nachlaß.

mit dem Unrecht und der Gewalt und seine Treue für deutsche Art
und Wissenschaft ein Beweis der Redlichkeit und des Adels seiner Ge=
sinnung.

In dem Ausdrucke aufrichtiger Theilnahme, welche sich in Simeons
Rede an Müllers Grabe aussprach, lag zugleich ein Geständniß der be=
schämenden Schuld und der Sühne, welche die Franzosen an diesen von
ihnen mißhandelten Mann abzutragen hatten.

9. Müllers Schweizergeschichte.

In der mußevollen aber stürmischen Zeit des letzten Winters in
Berlin war es Müllern gelungen, die erste Hälfte des fünften Theils
der Schweizergeschichte auszuarbeiten und herauszugeben. Er hatte mit
dem Gefühle gearbeitet, daß es ihm „besser gehe, als je zuvor;“ und
daß er sich dieses Zeugniß geben durfte, beweisen uns die Gemälde der
Großthaten des Burgunderkrieges, seine Bilder von Niklaus von der Flüe
und von Waldmann. Müllers großes Lebenswerk ist unvollendet.
Allein er gedachte für einmal nicht weiter zu arbeiten, als bis zum
Jahre 1500. Für die Reformationszeit fehlte ihm noch das Material.
Mehrmals sprach er den Wunsch aus, die Geschichte dieser Periode
einem Andern zu überlassen: er schaute mit einigem Mißbehagen dieser
Aufgabe entgegen und sie wäre ihm kaum gelungen. Dagegen ist ihm
vergönnt gewesen, die Entstehung, Begründung und Erstarkung der
schweizerischen Eidgenossenschaft seinem Volke und der gebildeten Welt
auf eine Weise zu schildern, daß seine Arbeit zu seiner Zeit für das erste
Werk deutscher Geschichtschreibung galt, „in welchem sich der Historiker
mit Bewußtsein die Aufgabe eines Kunstwerkes stellte*),“ das für seine
Landsleute lehrreich und heilsam war und in der Literaturgeschichte stets
eine bedeutende Stelle einnehmen wird. Die Bedeutsamkeit von Müllers
Schweizergeschichte geht genugsam daraus hervor, daß ihr Werth und
ihre Fehler nach Inhalt und Form noch beständig den Gegenstand leb=
hafter Besprechung in der deutschen Literatur bilden; und das fort=
dauernde lebhafte Bemühen, Müllern von seiner frühern Höhe herab=
zuziehen, liefert den Beweis, daß jene Fehler mit großen Eigenschaften
müssen verbunden gewesen sein.

Müller hatte durch seine Schweizergeschichte den unbestrittenen

---

*) Julian Schmidt.

Ruhm erlangt, der erste Geschichtschreiber seiner Zeit zu sein, ungeachtet diese auch für seine Mängel ein offenes Auge hatte, wie Spittler im Jahre 1781 durch die Kritik des umgearbeiteten ersten Bandes erwies, und wie der gute Takt und der unbefangene Sinn seiner Freunde Bonstetten und Füßli ihm dieselben offen vorhielt. Unterdessen hat der Umschwung der Zeit und der Wissenschaft, haben Müllers Charakterblößen und politische Stimmungen das Urtheil über ihn verschärft. Wir wollen den Versuch machen, zunächst im Hinblick auf die Schweizergeschichte, die Mängel so wie die Vorzüge Müllers als Historikers neben einander zu stellen.

Das Hauptgebrechen des Werkes — nicht davon zu reden, daß die Wissenschaft die Staats- und Rechtsverhältnisse des Mittelalters erst seither ins Klare gebracht und somit manche für Müller noch verworrene Verfassungen und Rechtszustände der Schweiz beleuchtet hat — ist durch den Fleiß schweizerischer Geschichtsforscher in dem Mangel an ausreichenden Quellenstudien dargethan, indem seither theils Hauptbegebenheiten, wie z. B. die Entstehung des Schweizerbundes, die Geschichte Bruns, der Ursprung der Zunftverfassung Zürichs, in Müllers Darstellung als Irrthum und Vorurtheil sich herausstellen, theils indem eine große Reihe von Begebenheiten von ihm ungenau und lückenhaft behandelt ist. Daher waltet längst darüber nur Eine Meinung, die Schweizergeschichte müsse aus den seither viel reicher geöffneten Quellen neu aufgebaut werden: und doch hatte Müllern der Gedanke belebt, daß er seiner Nation ein Denkmal für Jahrhunderte hinterlasse. Ein fernerer Vorwurf ist sein Mangel an Kritik, dem zufolge er unbedingt einer Autorität sich fügt und so die patriotischen Voraussetzungen und Trugschlüsse und die Ungenauigkeiten Tschudi's nachschreibt, überhaupt gegen alte Chroniken und Ueberlieferungen eine Pietät beobachtet, welche ihn über unaufgehellte Thatsachen und Widersprüche ohne Lösung hinwegführt. Auch Mangel an Unbefangenheit und Unpartheilichkeit fällt Müllern wiederholt zur Last. Denn theils seine Vorliebe für die Aristokratie, theils das freudige Gefühl angenehmer freundschaftlicher und geselliger Erlebnisse in Bern gaben ihm eine zu schönmalende Theilnahme für die patricisch regierten Städte; dagegen gaben ihm der durch das öffentliche Urtheil in seiner Vaterstadt erfahrene Ostracismus und manche kleine Zurücksetzung, deren Grund er in der Zunftverfassung suchte, ein unbilliges Urtheil über die bürgerlichen Städte in den Mund und ließen ihn gegen die eigenthümlichen Vorzüge derselben nicht gerecht werden. Ein

Grund dieser Verkennung lag auch darin, daß er, durch falsche Schlüsse
über die Verhältnisse der alten Welt verleitet, von Industrie und
Handel und ihrem Gewichte für Staatsleben und Kultur nur unklare
Begriffe hatte. — Unverkennbar ist ferner der Mangel an charakteristischer Auffassung der Individualitäten. Der eigenthümliche Vorzug der Schweiz ist die reiche Mannigfaltigkeit und die auffallende
Verschiedenheit ihres Geländes, und darauf beruht hinwieder das scharf
ausgebildete, verschiedenartige Gepräge ihrer kleinen Völkerschaften.
Allein ungeachtet Müllers genauer Kenntniß von Land und Volk, und
ungeachtet seiner Vorliebe für landschaftliche Gemälde und psychologische
Skizzen, gelingt es ihm nicht, recht lebendige und getreue Bilder von
der Eigenthümlichkeit der einzelnen Städte und Länder der Schweiz zu
geben. Mit welch ausgeprägter, in allen Einzelnheiten bemerkbarer
Verschiedenheit des Wesens treten z. B. Bern und Zürich in der Geschichte auf; allein wir erhalten nirgends eine diese beiden Republiken
bezeichnende Charakteristik. Und so lebendige Gemälde er von einzelnen
Persönlichkeiten aufstellt und durch seine Züge hervorhebt, so ist doch
wieder so viel Fremdartiges, ideal Ausschmückendes beigemischt, daß die
ganz getreue, lebenswahre Zeichnung darunter verschwindet. — Ferner
sind die einzelnen, aus verschiedenen Quellen geschöpften Züge oft nicht
zu einem Ganzen verarbeitet, indem es ihm an der Schärfe des Urtheils und der schöpferischen Kraft der Darstellung gebricht. Bei allgemeinen Uebersichten über einen Zeitraum flicht er einen Reichthum
von Ideen ein, allein diese treten gewöhnlich nur wie etwas „Zu-
fälliges, als eine geniale Ahnung" auf; „sie ergeben sich nicht mit
innerer Nothwendigkeit aus den Thatsachen." Namentlich aber zieht
er zum Umriß einzelner Zeiträume ein so ausgedehntes Material herbei,
gönnt geistreichen Kombinationen so viel Spielraum, daß das charakteristisch Bezeichnende dabei sehr viel verliert. Wieder räumt er einzelnen
Quellen zur Beleuchtung allgemeiner Zustände zu viel Einfluß ein,
wie z. B. dem in Lebensanschauung und Sprache sonderbaren und
einseitigen Partheimanne Felir Hemmerlin bei der Darstellung über
Charakter, Sitten und Religion der alten Schweiz, und dem nach
leichter Touristenweise malenden italienischen Lebemanne Poggio über
Gemüthsart und gesellschaftlichen Umgang jener Zeit. — Ferner wird
eine der größten Eigenschaften dieses Geschichtschreibers demselben zur
Klippe. Erfüllt vom Geiste des klassischen Alterthums, sucht er auch
in der Geschichte seines Vaterlandes überall ähnliche Züge und Be-

ziehungen zwischen den schweizerischen Volkszuständen und Personen mit den Alten, und indem er so sein Vaterland in einen fremden Glanz hüllt, thut dieses Bestreben der treuen und bestimmten Auffassung der Zustände Eintrag. Dadurch ist oft das unmittelbar heimathliche Gepräge und die wahre Einfalt frommer deutscher Sitte verwischt worden. Ueberhaupt ist es Müllern selten gelungen, ein richtiges Bild religiöser Zustände zu geben, eben weil antike Anschauungen immer wieder zwischen hinein spielten, und weil er die Fröhlichkeit und Leichtigkeit antiker Sitten auf die grundverschiedenen Lebensverhältnisse und Gemüthsanlagen eines deutschen Volkes übertrug. Und wie Müller der Demokratie abhold ist, so tritt auch häufig die Vorliebe für das geistliche Weltherrscherthum und das ganze Gebäude der Hierarchie hervor, woneben dann auf den Protestantismus der Schatten des Finstern und Beschränkten fällt. — Ein sehr unerfreulicher Zug ist endlich die Beflissenheit, jede Gelegenheit zu benutzen, um mit Vorliebe darauf hinzudeuten, als wenn mit Kraft und Größe in Nationalitäten und Individuen eine gewisse lockere Freiheit der Sitten und namentlich in den Geschlechtsverhältnissen verbunden sein müßte. — Ein längst gefühltes Gebrechen ist ferner der Mangel an philosophischer Anlage und innerm Zusammenhange seiner historischen Arbeiten. Das Ganze besteht aus lose aneinander geketteten Specialitäten und häufig ist zu dem Zusammengehörigen das Verbindungsglied nicht gefunden. Durch diese auseinanderfallenden Skizzen ist die Uebersicht sehr erschwert. — Was Müllers Styl betrifft, so wird die Sorgfalt, nach Art der Alten zu schreiben, häufig hart und undeutsch, und das Bemühen, wie ein „alter Schultheiß oder Bürgermeister" zu seinen Mitbürgern zu reden, giebt der Schreibart eine gesuchte Vornehmheit, so wie das Bestreben nach Adel und Würde der Sprache dieselbe häufig schwerfällig und geziert macht. Auch übte die vielfache Zerstreuung und Störung, unter der Müller arbeitete, einen ungünstigen Einfluß auf die Sprache aus. Daher er selbst sagt: „Die Ursache meiner oftmals dunkeln Manier war immer der Mangel genugsamer Muße zur Ausarbeitung; es ist mir nicht möglich gewesen, die Schweizergeschichte auch nur abzuschreiben. Daher ein Excerptenstyl, den lange Gewohnheit mir, wie Haller, eigen gemacht. Einzelne Stellen habe ich das zufällige Glück gehabt, ein paarmal umarbeiten zu können; diese haben auch überall Beifall gefunden."

Neben diesen einzelnen Unvollkommenheiten hat hingegen Müllers

Geschichte der schweizerischen Eidgenossenschaft große und unvergängliche
Vorzüge. Dieselbe ist durch eine so tiefe und treue Vaterlandsliebe
beseelt und getragen, welche durch Entfernung, mühsame Studien,
lange Jahre und erschütternde Erfahrungen an ihrer Frische und Wärme
nichts verlor. Damit ist eine Freimüthigkeit gepaart, wie kein historischer Schriftsteller jener Zeit über sein eigenes Land sie gewagt hätte
und welche bei den Gegensätzen der verschiedenartigen kleinen Frei-
staaten doppelt schwer war. Solch eine Freimüthigkeit konnte nur bei
einer großartigen Gesinnung und einer unpartheiischen Wahrhaftigkeit
den Anstoß überwinden und sich Bahn brechen. Die Quelle derselben
aber war die Liebe zur Freiheit. Auf dem Wege philosophischer Forschung zur Ueberzeugung geführt, durch die Republiken der alten Welt
und die Zustände Israels darin bestätigt, daß die selbständige Gemeinde
und der Freistaat die den einfachen Verhältnissen menschlicher Gesellschaft
angemessenste Verfassung sei, war für Müller die althergebrachte, zu
Recht bestehende Freiheit seines Vaterlandes das Heiligthum, dem er
bei allem Wechsel seines Schicksales treu blieb. Der Geist der Freiheit
in einer Zeit monarchischer Willkür, und die edle Einfalt republikanischer
Sitten im Gegensatze zur damaligen höfischen Verderbniß verlieh der
Schweizergeschichte einen ungewöhnlichen Zauber und erweckte für Land
und Volk ein günstiges Vorurtheil. Der sorgfältige Nachweis der
Rechte und Freiheiten jeder einzelnen schweizerischen Landschaft hatte
gerade zu der Zeit, als Müller sein Werk begann, eine große politische
Bedeutung, da Josephs II. unruhiger und rechtsverletzender Reformeifer
auf die Schweiz ein bedrohliches Augenmerk richtete, indem es für ihn
eine lockende Aussicht sein mußte, durch den Tausch der Niederlande
gegen Bayern und durch den Wiedergewinn des alten Erblandes des
Habsburgischen Hauses, Vorderöstreich und Italien durch die Schweiz
mit einander zu verbinden und so Herr von ganz Süddeutschland und
den Alpen zu werden. Demnach war die ausführlichste Darlegung der
Entstehung aller der mannigfaltigen freien Gemeinden in der Schweiz
nicht eine ins Minutiöse sich verlierende Gelehrsamkeit, wie Friedrich
der Große meinte, sondern die wohlverstandene, staatspolitische Aufgabe des schweizerischen Geschichtschreibers. Mit Recht haben daher
die pragmatischen Vorzüge seiner Arbeit besondere Anerkennung gefunden; denn mit dem Fortschreiten des Werkes wird sein Buch immer
mehr eine Schule vaterländischer Staatsweisheit, und namentlich vom
alten Zürich-Krieg an, durch die Burgunderkriege hindurch, er-

weitert sich der staatsmännische Blick und die große Uebersicht in das
vielfache Getriebe der Partheien und der persönlichen Leidenschaften.
Dadurch gewinnt diese Geschichte, ungeachtet der kleinen Verhältnisse, ein
steigendes allgemeines Interesse und fesselt immer mehr durch wahrhaft
dramatische Behandlung. Ueberhaupt war Müller der erste Geschichtschreiber, welcher deutschen Forscherfleiß und gelehrte Gründlichkeit mit der Formbeherrschung und lebendigen Darstellung der Franzosen vereinte. Dazu kam, daß Phantasie und Gemüth ihn aufs
glücklichste unterstützten, anschauliche und ergreifende Gemälde hervorzubringen: daher er sowohl Gemüthszustände als äußere Handlungen
mit unübertroffener Meisterschaft beschreibt, wie denn namentlich
seine Schlachtengemälde mit Recht berühmt sind. Denn er wußte
sein reiches Excerpten-Material mit Sorgfalt und Geschick zu überraschenden Bildern zu verarbeiten, und in den oft dürftigen Stoff durch
geistreiche Kombination und historisches Gefühl Leben und Anschaulichkeit zu bringen. Müller war überhaupt der Erste, welcher die strenge
Pflicht übernahm, jede Angabe durch Anführung der Quellen zu
belegen: indem er damit die Weite und Großartigkeit seines Gedanken-
kreises und seines Wissens beurkundete, legte er sich damit zugleich den
Zaum genauer geschichtlicher Wahrhaftigkeit auf. Allein über der
fleißigsten Forschung verliert sich Müllers Geist nie ins Kleine; sondern
er weiß auch diesem durch eine tiefe Gedankenverbindung stets den
Reiz des Ueberraschenden und Bedeutsamen zu geben, „indem man, um
mit Herder zu reden, auch in dem partikularsten Gegenstand eine Uebersicht der Sache bekommt, von der Wurzel aus hinauf zum Gipfel." —
Was aber dem Geschichtschreiber das große Gewicht bei seinen Zeitgenossen gab, war, daß kein Schriftsteller seiner Zeit sich in den Geist
der Alten so hineingelebt und sich den großen, freien, heitern Blick derselben so angeeignet hatte wie er. Mit Recht durfte Müller die Beilage,
daß er den Tacitus nachahme, zurückweisen; denn er war in dem Grade
vom Geiste des Alterthums durchdrungen, daß kein Einzelner ihn be-
herrschte, sondern antike Lebensanschauung und Ausdrucksweise sein
freies, innerstes Eigenthum geworden war. Es war daher nicht nur die
Folge seines außerordentlichen Gedächtnisses, sondern innere, geistige
Aneignung, ein gleicher Gedankengang, wenn ihm je das Schönste und
Gediegenste aus den Alten zu Gebote stand, so daß Gentz von ihm
sagen konnte: „Es gehört zu den untergeordneten Reichthümern, die
Ihren Geist zieren, daß Sie immer treffliche Citationen da, wo sie den

stärksten Eindruck machen, bereit haben." Allein Müller trug nicht nur
den klassischen Geist in die neuere Geschichte über, sondern er ist zugleich
auch der erste Geschichtschreiber, welcher das Mittelalter von seiner
eigenthümlichen und tiefen Seite aufzufassen verstand und somit der romantischen Auffassung der Geschichte den Anstoß gab, worin der Beweis
liegt sowohl für seine ungewöhnliche Begabung als für seine das Ver-
schiedenste umfassende Geistestiefe.   Der poetische Duft, in welchem die
Schweizergeschichte auf den Schauplatz trat und die einfachen Verhältnisse des Hirten- und Bauernlebens verklärte, bildete das Neue und
Anziehende dieses Werkes für die damalige gebildete Welt*).   Die
Quelle zur Befähigung für die romantische Geschichtsauffassung lag in
einer weitern ausgezeichneten Eigenschaft Müllers, in seinem religiösen
Gemüth.   Denn merkwürdiger Weise greift er auch in der Zeit, da er
dem positiven Christenthum feindselig gegenüberstand, jede religiöse Erscheinung mit psychologischem Interesse und einer des Urtheils sich ent-
haltenden Objektivität auf, und giebt dadurch der Geschichte seines
Vaterlandes eine stets tiefer ansprechende Weihe, je mehr der christliche
Glaube selbst sich in ihm befestigte**). — Eine wahrhaft religiöse Gewissenhaftigkeit thut sich namentlich in dem Fleiß und der Beharrlichkeit
kund, womit er an seinem Werke arbeitete.   Weder ökonomische Be-

---

*) Julian Schmidt, Gränzboten, 1858, Bd. 2. S. 222: „Müller hat zuerst dem
deutschen Volke das Mittelalter in der Fülle seines Lebens und in seiner lebendigen
Farbe aufgeschlossen, namentlich das vierzehnte und funfzehnte Jahrhundert.   Man
denke daran, daß die Deklamationen zu Gunsten des Mittelalters erst um das Jahr
1803 beginnen, und daß diese Rhetorik nicht viel gefruchtet haben würde, wenn man
nicht zugleich auf ein für classisch geachtetes Geschichtswerk hätte hinweisen können.
Um zu erfahren, wie es im Mittelalter eigentlich aussah, fand man in der Schweizergeschichte doch eine viel reichere Ausbeute als in sämmtlichen Vorlesungen und Gedichten der romantischen Schule.   Diese träumerische Märchenwelt hatte keinen historischen
Hintergrund, und die früheren deutschen Geschichtschreiber, die alle dem Pragmatismus
huldigten, hatten keine Farbe.   Aus Müller haben wir für das Mittelalter empfinden
gelernt, und wenn sich unsere Forschung seitdem vertieft hat, so ist das kein Grund,
gegen ihn undankbar zu sein."
**) Julian Schmidt, Gränzboten 1858, Bd. 2. S. 220: „Er hatte einen frommen
historischen Sinn für jede Art von Ueberlieferung, und wenn er sich gegen die zer-
setzende Kritik ereiferte, die alle Anschauung in Begriffe auflösen möchte, so war das
zugleich im Interesse seines Talents.   Auch hätte es sich wenig mit dem treuherzigen
Ton eines alten biderben Chronisten, den er annahm, vertragen, wenn er an die
Heiligthümer des Volkes, dessen Phantasie er kräftigen und in höhere Stimmung setzen
wollte, das Messer der kalten gelehrten Kritik gelegt hätte."

trängniß noch Ehrliebe, weder anspornender Beifall noch die Besorgniß,
nicht zur Vollendung der Schweizergeschichte zu gelangen, konnten ihn
je zur Eile veranlassen. Er ehrte und liebte sein Vaterland so, daß die
Geschichte desselben für ihn eine Lebensarbeit war, welcher er die beste
Zeit und Kraft widmen wollte, und selbst dann noch, als mit dem Zusammensturz der alten Verfassungen sein Hauptzweck vereitelt war. Es
ist daher die Behauptung eben so irrig als ungerecht, daß Müllern durch
die Revolution der Schweiz der Standpunkt völlig verrückt und sein
Herz dadurch gebrochen worden sei. Gerade weil der tiefe Glaube an
die ewige Weltordnung ihm eine zuversichtliche Hoffnung für die Zukunft seines Vaterlandes gab, gewann er bald wieder die Kraft, sein
Werk mit unentwegter Geistes = und Gedankenfrische fortzusetzen.
Mochte das Bemühen, des Vaterlandes würdig und für ferne Zeiten
lehrreich zu schreiben, der Sprache häufig etwas vornehm Feierliches und
schwerfällig Würdevolles geben; dagegen trägt das Werk von Anfang
bis zu Ende den Stempel des mit unermüdlicher Sorgfalt arbeitenden
historischen Meisters und eines reichen und überlegenen Geistes. Wo
der Gegenstand selbst nicht ansprechend wäre, stellt eine überraschende
und erhebende Gelehrsamkeit denselben in ein neues und anziehendes
Licht. So ist uns in Müllers Schweizergeschichte ein Werk dargeboten,
welches für sein Volk ein unvergängliches Denkmal der Vaterlandsliebe
und des Werthes seiner Institutionen ist, und welches auch jetzt noch
seinen Rang unter den klassischen Werken der deutschen Literatur behauptet. Der Werth dieses Werkes wird erhöht durch die den einzelnen
Bänden vorstehenden Widmungen und Anreden. Müllers verschiedene
Stellungen und die noch wechselvollern Schicksale seines Vaterlandes
haben in Stimmungen und Ton dieser Ansprachen eine große Mannigfaltigkeit gebracht; allein die Hoheit vaterländischer Gesinnung, der
Glaube an das Walten der Vorsehung zum Schutze seines Vaterlandes,
die Weisheit seiner Rathschläge, der Strom gedankenvoller Begeisterung
bleiben sich stets gleich und bilden ein Kleinod, das in der historischen
Literatur einzig dasteht.

10. Müllers Briefe.

Wie Müller durch seine historischen Arbeiten die Bewunderung der
gebildeten und gelehrten Welt gewann, so durch seine Briefe die Liebe
der strebsamen Jugend. Nach vollbrachtem Tageswerk war für Müller

Mittheilung über sich selbst, Rechenschaft über seine Studien, seine Arbeiten, seinen Umgang und vor Allem über die ihn bewegenden Gedanken
und Empfindungen bringendes Bedürfniß. Er mußte diejenigen, an
denen sein Herz hing, zu sich heranziehen und sie zu Zeugen seines
Lebens machen; er mußte ihnen durch seine Briefe beweisen, wie sie
mitten in seine Bestrebungen verflochten seien. Daher spiegelt sich in
den Briefen an die Mutter, und später und bis an seinen Tod an den
Bruder sein ganzes Leben, seine äußern und innern Erfahrungen, sein
wissenschaftliches und geistiges Wachsthum, die ganze Fülle seiner Erlebnisse in frischester Unmittelbarkeit und Objektivität; von Menschen,
Weltereignissen, Büchern empfangen wir fortwährend den wohlum-
schriebenen Abdruck, der sich auf diesem mächtig pulsierenden, tief erfassen-
den und sich selbst erforschenden Gemüthe gestaltet. Wie er alles Schöne
und Große der alten Welt in sich aufnahm und sich anzueignen strebte,
so fühlte er sich auch von frühe an berufen, in seinem Leben das Bild
einer antiken Freundschaft darzustellen. Von seinen Studienjahren an
suchte er diesen, seine ganze Seele erfüllenden und bewegenden Freund.
Er fand denselben in Bonstetten, theils weil dessen Wesen mit demjenigen Müllers viel Verwandtes hatte, nämlich in großer Frische der
Phantasie und des Gemüthes, im Verlangen nach edler geistiger Bethätigung und in liebenswürdiger Umgänglichkeit; theils weil er aus
einem edeln Geschlechte des bewunderten Berns stammte und somit Gelegenheit zu genauerer Bekanntschaft mit den Männern der berühmtesten
Republik seines Vaterlandes bot. Es war indessen die stille Beschäftigung mit den Wissenschaften und die gegenseitige Ermunterung zu
höherm Streben und zur Erweiterung der Gedanken und Erfahrungen
ein zu einfaches, zu wenig thatenreiches und opfergebietendes Freundes-
verhältniß, um jenen heroischen Freundschaften alter Zeit an die Seite
zu treten. Beide Freunde ließen es freilich an mannigfaltigen, lebhaften und unerschöpflichen Ausdrücken der Empfindung nicht fehlen
und spiegelten sich in der Freude und Ehre einer einzigen Freundschaft.
Allein es lief doch dabei so manche kleine Störung mit unter, so viel
Menschliches, das zu verwinden war, daß oft wieder ein gewaltiger An-
lauf nöthig wurde, um den alten Schwung zu behaupten, so daß es
begreiflich ist, wenn der junge Niebuhr, welcher der Freundin Bonstettens, Friederike Brun, bei der Herausgabe „der Briefe eines
jungen Gelehrten an seinen Freund" (1802) Beistand
leistete, in seinem Ernst und in seiner Wahrheitstreue bei dieser Be-

schäftigung die Ansicht gewann, „daß Müllers Gefühle und Urtheile
von frühester Jugend an gemacht waren." Denn der sittenstrenge,
patriarchalische Nordländer mußte an der jugendlichen Ueberschwänglichkeit wie an dem genialen Muthwillen und der freien Weltlust der wirklichen Originale dieser Briefe Anstoß nehmen. Es herrschte nämlich in
der gegenseitigen Mittheilung, nach den Briefen Bonstettens zu
schließen*), eine hüllenlose Offenheit, welche in Müllers gedruckten
Briefen nicht mehr hervortritt, und eben so ergiebt sich, daß dieser in
der Freundschaftsversicherung noch eher Maß gehalten als Jener.
Allein wir in unserer altklugen und gemessenen Zeit bringen kaum einen
billigen Maßstab mit für jene selbstgefällige gegenseitige Verherrlichung
der Geister des vorigen Jahrhunderts. Diese auffallende Bespiegelung
der Freundschaft tritt jedoch sehr zurück gegen den reellen Reichthum an
Geist und Wissenschaft, welchen Müller dem Freunde mitzutheilen hat.
Das anmuthige Tagebuch von Allem, was Müller sieht und hört, die
gemüthsfrischen Zeugnisse seines innern Lebens, das offene und behagliche Sichgehenlassen in seinen Beobachtungen über die vertraute Umgebung und den großen Schauplatz der Welt, vor Allem aber die fortlaufende Rechenschaft über seine Studien und seine Arbeiten machten
diese Briefe zu einem Rathgeber und Freund einer großen Zahl studieren-
der Jünglinge.

Nicht weniger bedeutend, aber einfacher und wahrer sind die nach
Müllers Tode herausgegebenen Briefe an J. H. Füßli in Zürich, den
Buchhändler, Kunstkenner und Staatsmann — „Briefe Müllers
an seinen ältesten Freund in der Schweiz" (1810). Müller
hatte anfangs beabsichtigt, die Schweizergeschichte in Gemeinschaft mit
Füßli zu bearbeiten, indem er diesem namentlich die Reformations-
Periode zuweisen wollte; jedenfalls fand er in ihm einen eifrigen Gehülfen für das Geschichtsmaterial und den einsichtigsten Beurtheiler.
Darum sind diese Briefe die übersichtliche Darstellung der Entstehung
und des Fortganges der Schweizergeschichte und aus der Revolutions-
zeit die beste Widerlegung des Vorwurfs, als wenn er durch dieselbe
das Gleichgewicht verloren und unstät zwischen den Partheien umherge-
schwankt hätte. Denn es ergiebt sich eine Klarheit des Blicks in die
innern Zustände der Schweiz und in die Verhältnisse nach Außen und
eine Besonnenheit in seinen Rathschlägen zur Rettung und Reorganisa-

---

*) Müllers handschriftlicher Nachlaß.

tion des Vaterlandes, die um so höher anzuschlagen sind, wenn man
die Menge der Briefe dagegenhält, welche Müller in jener Zeit aus der
Schweiz erhielt und welche fast ohne Ausnahme die Engherzigkeit und
Rathlosigkeit der Stimmführer der alten Schweiz in ein auffallendes
Licht stellen*). — Unter Müllers weitverbreitetem Briefwechsel ist
überhaupt derjenige mit seinen Landsleuten nicht gering anzuschlagen.
Es ist erstaunlich, mit welcher Menge von Gesuchen in kleinen und
großen Dingen er während seiner Aufenthalte von Mainz bis Cassel
aus der Schweiz angegangen wurde und wie unerfreulich und störend
die meisten derselben für ihn waren. Allein seine Liebenswürdigkeit
und Hingebung für seine Landsleute bestand jede Probe; und zum
freundlichen Wort gesellte sich in vielen Fällen die hülfsbereite That,
namentlich wenn es die Beförderung schweizerischer Jünglinge galt.

Die Bedeutsamkeit und der Umfang von Müllers Verbindungen,
und der Reiz und Werth, welchen er denselben zu geben wußte, geht
vorzüglich aus seinem Briefwechsel mit Gelehrten und Staatsmännern
hervor. Mit wahrer Feinheit des Herzens schmiegt er sich der Individualität an, läßt dieselbe auf sich wirken und nimmt ihre Vorzüge liebevoll in sich auf. Er belebt und befruchtet sich durch jede eigenthümliche geistige Kraft, daher denn auch freudige Anerkennung jedes Verdienstes ganz ungesucht für ihn zum Bedürfniß wird, so daß ein oft zu
verschwenderisches Lob nur selten der Schmeichelei, sondern vielmehr dem
lebhaften und freudigen Gemüthseindruck beizumessen ist. Dabei darf
freilich nicht verschwiegen werden, daß, wie er wohlwollend und rücksichtsvoll war, ihm hinwieder die Mißbilligung von Jemanden, an
dessen Achtung ihm gelegen war, schwer fiel: wie er daher in den
Briefen an den Vater und an den Vorsteher der Kirche seiner Vaterstadt
noch ihre religiöse Sprach- und Denkweise führte, während es an seine
Freunde ganz anders lautete; so begegnete es ihm stetsfort, daß er bisweilen, von den Umständen und Personen überwältigt, sich ihrer Art
und Gesinnung mehr anbequemte, als mit der strengen Wahrheit vereinbar war. Allein gerade diese Empfänglichkeit und Elasticität des
Geistes öffnete ihm eine Menge von Personen und Kreisen, denen er
fördernd und wohlthätig wurde. Von der schönsten und edelsten Seite
tritt dieser wohlthätige Einfluß im Verhältnisse zu Jünglingen und
jungen Männern hervor. Diesen gegenüber sind seine Briefe eine

---

*) Müllers handschriftlicher Nachlaß.

Fundgrube voll Liebe und Weisheit, voll Offenheit und treuem Rath. Jedem sucht er auf die demselben angemessene Weise durch Urtheil, Empfehlung und Förderung nützlich zu sein. Müller hat zur Bildung einer beträchtlichen Zahl von Historikern wesentlich beigetragen, von denen wir nur Hammer-Purgstall und Hormayr, Lippoldt und Luden, Pfister und Hurter nennen. Wie viel sein Urtheil bei Staatsmännern galt, dafür zeugt eine reiche Korrespondenz einer großen Zahl zum Theil einflußreicher Männer, welche sich noch unge-druckt unter seinem Nachlasse befindet*). Bekannt ist das Vertrauen und der Einfluß, welche Müller bei dem talentvollen Prinzen Louis von Preußen genoß und wie der Kronprinz Ludwig von Bayern ihn bei der Gründung der Walhalla vorzüglich zu Rathe zog; namentlich aber bestand mit dem jungen Erzherzog Johann von Oestreich ein wahrhaft freundschaftliches, für beide Theile ehrenvolles Verhältniß. Die Briefe des Letztern an Müller wirkten zur Zeit des deutschen Reichstages als ein Beleg für des Fürsten Geist und Gesinnung.

Die eigensten Schüler Müllers waren aber zunächst Bonstetten und sein Bruder. — Karl Viktor von Bonstetten (1745—1832), phantasiereich, ein trefflicher Beobachter, liberaler Philanthrop, eitel, ruhmbegierig, paßte nicht zu der ruhigen Stätigkeit Berns. Denn er griff, ungeduldig und leidenschaftlich, stets über das jeweilen Erreichbare hinaus: demnach kam er gutmüthig und enthusiastisch der Revolution entgegen; als er aber von ihren schweren Folgen in seinen aristo-kratischen Gewohnheiten hart getroffen wurde, floh er vor derselben und entsagte dem öffentlichen Leben. Von nun an widmete er sich philo-sophischer Betrachtung und heiterer Umgänglichkeit, mannigfaltig an-regend und in vielen Kreisen geliebt. Er war eben so jugendlich frisch als gedankenreich und daher war es ihm Lust und Bedürfniß, seinen Ideen Gestalt zu geben; allein er warf dieselben zu leicht und sorglos hin, zu wenig um strenge Ordnung und Gliederung bemüht. Er schrieb bis ins hohe Alter mancherlei philosophische Beobachtungen über die verschiedenen Nationalitäten, unter denen er gelebt und ihre Zustände. Allein seine Schriften können in der deutschen Literatur um so weniger eine Stelle finden, weil er gewöhnlich französisch schrieb und zur deutschen Uebersetzung verschiedener seiner Arbeiten eine fremde

---

*) Theils der Inhalt der Briefe selbst, theils daß ihre Schreiber zum Theil noch lebten, hinderte den sorgfältigen Maurer-Constant an der Aufnahme in die Briefsammlung an Müller.

Hand benutzte. Was Müller im Jahre 1802 über eines der sorg=
fältigern Werke seines Freundes sagt, gilt im Allgemeinen von Bon=
stettens Schriften: „Bonstettens Schrift über die Nationalbildung habe
ich gelesen; hin und wieder gute, wahre, feingesagte Gedanken; aber
im Ganzen unpraktisch, d. i. zu wenig angeschlossen an die Institu=
tionen, wie man sie hat, an die Leute, wie sie sind; zu metaphysisch,
zu preciös." Von bleibendem Werthe ist die fleißige, auf vielfacher
und genauer Beobachtung beruhende Erstlingsarbeit, „Briefe über ein
schweizerisches Hirtenland," welche er als Statthalter des Amtes
Saanen im Jahre 1779 verfaßte. Müller hatte dieselbe veranlaßt und
verbessert *).

Müller war so glücklich, dasjenige, was ihm mangelte, in seinem
acht Jahre jüngern Bruder, Joh. Georg Müller, auszubilden
und heranzuziehen. Die ruhige Stätigkeit, das innere und äußere
Gleichgewicht, die sittliche Integrität wurde von dem ältern Bruder
freudig anerkannt und gepflegt, so weit es in der Ferne möglich war.
Erst war Georg in Zürich von Lavater mächtig ergriffen, zum Schlusse
seiner Studien aber brachte er längere Zeit im Hause Herders zu, und
unter dem doppelten Einflusse dieser beiden Männer reifte und be=
fruchtete sich sein Geist. In seinen „Briefen über das Studium der
Wissenschaften, besonders der Geschichte," und in den „Reliquien alter
Zeit" u. s. w. giebt er zur Förderung der Jünglinge die ganze praktische
Geschichtsweisheit, welche er im Umgange mit seinem Bruder in sich
aufgenommen; und in seinen „Unterhaltungen mit Serena" und in
seinem „Theophil, Unterhaltungen über die christliche Religion" sucht
er in Herders Geist die „Theologie zu humanisieren." Er war durch
seine Person und seine Schriften einer der Wenigen, welche zur Zeit der
religiösen Verflachung Zeugen und Vermittler eines tiefern Glaubens=
lebens wurden und dadurch heilsam wirkten. Er war durch seine edle
Persönlichkeit und durch die Milde und Festigkeit seiner Gesinnung für
seine Vaterstadt von nachhaltigem Segen. Seine Schriften haben für
die Literatur geringere Bedeutung als für die Kirchengeschichte und die

---

*) Die jüngst erschienene französische Biographie Bonstettens von A. Steinlen
zeigt genaue Kenntniß der deutschen Art und Literatur, psychologischen Blick und
unpartheiische Freimüthigkeit. Das zu kurz berührte Freundschaftsverhältniß mit
Müller, welches doch dem Leben Bonstettens einen besondern Glanz verliehen, würde
durch Einsicht von Bonstettens Briefen in Müllers Nachlaß und von Bonstettens
Briefen an H. Füßli eine höchst merkwürdige Beleuchtung empfangen haben.

erbauliche Betrachtung. Dagegen lebt ſein Name in der deutſchen
Literatur durch ſeine Pietät für die Schriften Herders und Johannes
Müllers. Bei der Herausgabe der Werke ſeines Bruders verfuhr er
mit einer ſeltenen Aufrichtigkeit und Gewiſſenhaftigkeit, indem er getreu
das Material geliefert, um Johannes Müllers Entwicklung und Geſinnung aufs genaueſte zu kennen. Was ferner zur vollſtändigen
Kenntniß ſeiner Lebensgeſchichte fehlen mochte und damals noch nicht
öffentlich mitgetheilt werden'konnte, das hat Joh. Georg durch die
treueſte Aufbewahrung des ganzen Nachlaſſes ſeines Bruders deſſen
künftigem Biographen zur Verfügung geſtellt und darin die Ermunterung geboten, durch eine Menge unbenuzter Zeugniſſe eine der
merkwürdigſten Biographien eines deutſchen Klaſſikers zu ſchreiben.

11. Müllers Perſönlichkeit.

Es iſt ein großer Irrthum, wenn die neuere Forſchung glaubt, es
ſei erſt ihr aufbehalten geweſen, Müllers Charakter gehörig zu ergründen und richtig zu würdigen. Denn während er ſich in der gelehrten Welt durch Verdienſte, aber auch durch unermüdliche Gefällig-
keiten und Lobſpenden unter allen Klaſſen derſelben eine reiche Klientel
gewonnen, hatte das liebevolle, aber unbefangene Auge der ihm näher
ſtehenden Freunde ſein Weſen längſt im Tiefinnerſten erkannt. Es
bedurfte dazu nicht erſt die Enthüllungen durch die Briefe von Perthes
und Genz; ſondern eine noch viel bezeichnendere Charakteriſtik ergiebt
ſich aus den offenen Aeußerungen der Freunde ſchon zur Zeit, als
Müller ſich erſt zu entfalten begann. Schon in Bonſtettens Briefen
bilden neben der enthuſiaſtiſchen Bewunderung die derbſten Zurecht-
weiſungen über Mangel an Selbſtbeherrſchung und ſittlicher Würde
einen auffallenden Kontraſt. Mit wahrhaft väterlicher Treue machen
Bonnet nebſt ſeiner Gattin und Tronchin ihm Vorſtellungen über ſeine
Wandelbarkeit und den unſtäten Wechſel ſeiner Stimmungen. Während
der ſchönen Zeit in Mainz hatte er vom offenen ältern Stein und von
der vertrauten Frau von Coudenhoven mündlich und ſchriftlich viel
vom Uebermaß ſeiner Reizbarkeit zu hören. Oft ſtießen ſich ſeine Verehrer an einem zu leicht gewählten geſelligen Umgang und an ſeiner
Neigung zu üppiger Lebensweiſe. Das Alles war zu Müllers Leb-
zeiten ſehr bekannt und beſprochen und von ihm ſelbſt ehrlich einge-

standen. Erst allmählig schraubte ihn die dankbare Bewunderung der
vielen Gelehrten, welche mit dem Hochgestellten und Gefeierten in letzter
Zeit in Berührung gekommen, und hinwieder ein schiefer Patriotismus
in eine makellose Höhe hinauf, wodurch eine unbefangene Kritik aufgefordert werden mußte, den wahren Sachverhalt um so schärfer bloßzustellen und nun umgekehrt sein ganzes Leben aus einer, wie man glaubte,
vernichtenden Thatsache zu beleuchten und herabzusetzen. Dem gegenüber wollen wir versuchen, Müllers Charakter von innen heraus aus
der Beobachtung seiner Anlagen und seines Wesens, seiner Einflüsse
und seines Entwicklungsganges aufzubauen.

Johannes Müller besaß in vorzüglicher Stärke Phantasie und Gemüth, Gedächtniß und Beobachtungsgabe — Eigenschaften, denen
zufolge er die Erscheinungen lebendig in sich aufnahm und mit Liebe
festhielt, im weitesten Umfange Thatsachen und Gedanken gegenwärtig
hatte und mit tiefem Blick Zusammenhang und Folgen erforschte.
Daher lag die Stärke Müllers in einer unermeßlichen und unermüdlichen Receptivität. Als receptive Natur zeichnete ihn schon seine äußere
Erscheinung. Die leichte, bewegliche, zartgebaute Gestalt mit weichen,
rundlichen Formen; die hohe gewölbte Stirne und die großen sanften
Augen; der zarte untere Theil des Gesichtes mit dem feinsinnlichen
Munde; die hohe, schwache Stimme: das Alles war die Anlage, nicht
zu einem Manne der eingreifenden That und des ruhigen, kampfge-
rüsteten Ausharrens in der einmal gefaßten Stellung, allein sie rüstete
ihn mit dem Vermögen aus, das Leben und seine Erscheinungen frisch
und seelenvoll in sich aufzunehmen und sich an Thatkraft und Größe zu
begeistern. Durch diese Eigenschaften hatte Müller in seltenem Grade
den Beruf zum Historiker: denn die verschiedensten Individualitäten
und Zustände faßte er mit gleicher Feinheit und Tiefe auf, er hatte eine
Divinationsgabe, die innersten Zusammenhänge der Thatsachen heraus-
zuspüren und jeder Zeit ihre geistige Atmosphäre abzufühlen. Wie er
in den lebensvollsten Zügen die alte Welt in sich aufgenommen, wie
der Zauber des Mittelalters seinem Auge zuerst sich erschloß, so war
auch kein Schriftsteller, welcher schon vor der Revolution die politischen
Verhältnisse seiner Zeit und die Gebrechen derselben so klar durchschaute.
— Es war die Stärke und die Schwäche seiner Receptivität, daß er das
klassische Alterthum mit seltener Virtuosität zu seinem Eigenthum machte,
so daß sein eigenes Leben in der antiken Anschauung aufging. Die
Alten machten seine Seele weit und frei, in ihnen lernte er sich über die

Kleinheit des alltäglichen Lebens erheben, sie gaben seiner Gesinnung die unzerstörbare Frische und ermunterten ihn zu einem heitern Lebens-blick. Allein geblendet vom Glanze des freien und heitern Lebens der alten Welt wurde er von wachsamer und gewissenhafter Selbstbeherr-schung und von der Strenge sittlicher Grundsätze abgeführt. Während so Phantasie und Verstandesrichtung, im Einklang mit den Sitten und Bestrebungen seiner Zeit, ihn zu den Lebensgewohnheiten der Alten hin-zog, versetzte dagegen die Tiefe und Zartheit seines Gemüthes, gebildet und veredelt durch eine einfache und fromme Erziehung, ihn in einen lebenslang dauernden Zwiespalt. Bald wird er von heitern und geist-reichen Weltleuten zu fröhlichem Lebensgenusse fortgezogen, auf Tafel-freuden besondern Werth legend; bald macht er sich darüber melancho-lische Vorwürfe, zieht sich in die Einsamkeit zurück und schwärmt für die Einfalt und den Frieden stiller Genügsamkeit. Er spricht gegen seine Freunde in aller Offenheit sein Bedauern über jugendliche Verirrungen aus und gelobt fürderhin der Tugend treu zu sein; er erkennt im Christenthum die den Menschen gründlich erziehende und umwandelnde Kraft und seine Lebensanschauung bildet sich nach demselben um; allein die Entschlossenheit und die innere Durcharbeitung bleibt stets weit hinter seiner christlichen Erkenntniß zurück. Und doch lebte in Müller eine tiefe religiöse Empfänglichkeit: selbst zu der Zeit, als er im ausge-sprochenen Gegensatz gegen das Bekenntniß seiner Kirche stand, vertiefte er sich mit Liebe in die glaubensvolle Kraft des Orients und in die seelenvolle Mystik des Mittelalters, und in späterer Zeit ist er einer der beredtesten Zeugen seiner Zeit für Bibelglauben und Christenthum: allein der Frieden eines sein ganzes Wesen durchdringenden Glaubens wird nie sein Theil. Dagegen offenbart sich ein bemerkenswerther Zug religiöser Tiefe, daß Müller bei allen furchtbaren Erschütterungen und Schicksalsschlägen seiner Zeit, welche ihn mittelbar oder unmittelbar be-rühren, zwar augenblicklich tief bewegt und gebeugt werden kann, aber bald im Vertrauen auf die ewige Weltordnung wieder Trost und Kraft gewinnt; so begegnet es ihm dann freilich, daß er einem Geschicke sich schmiegt, wo ein fester Wille noch um Klarheit über den göttlichen Rath-schluß gerungen hätte. Aber diese Tiefe religiöser Lebensanschauung giebt dem Historiker eine Größe und Erhabenheit des Standpunktes, welche wohlthuend gegen die kritische Vermessenheit absticht, die vollen-dete Thatsachen und tiefbegründete Erscheinungen im Leben der Völker und Staaten willkürlich meistert. — Diese 'innere Betheiligung, dieses

innere Mitleben, dieses Versenken und Hingeben an den Gegenstand
seiner Forschung und Bearbeitung gab der Geschichtschreibung seiner
Zeit eine ganz neue Wendung, indem die psychologische Ergründung der
Personen und Ereignisse von nun an ein vorzügliches Augenmerk und
eine besondere Anziehungskraft bildet.

Diese unendliche Empfänglichkeit und Beweglichkeit, welcher man
die Gerechtigkeit schuldig ist, nur das derselben Mögliche zu verlangen,
stellt uns eine auch in ihren Gegensätzen wahrhaft anziehende und
überaus merkwürdige Persönlichkeit dar. Müller hing mit treuer Liebe
an seinem Vaterland und machte immer wieder Pläne zur Rückkehr in
den stillen Frieden der Heimat; allein stets wirkte der Zug nach einem
größern Schauplatz, einer Weltbühne, überwältigend auf ihn. Mit
Sehnsucht blickte er nach dem Leben im häuslichen Kreise mit Mutter
und Bruder und nach den Schweizerfreunden, und wäre oft glücklich,
wenn er Archivar oder Rathsschreiber von Schaffhausen sein könnte:
aber dann hat ihn das Leben der großen Welt so unaufhörlich gefesselt,
daß er, von derselben und ihren Genüssen gebannt, bis ans Ende ein
unstätes Wanderleben führt. Es ist wahrhaft rührend, wie angelegentlich und theilnehmend Müller sich überall der Geringen annimmt und
keine Mühe und Opfer scheut, ihnen förderlich zu sein: zugleich aber
war er immerfort der dienende Ritter jeder Art von Weltgrößen; und
mit seiner stäten idyllischen Lobpreisung republikanischer Einfalt kontrastiert die Geltendmachung seines Adelsdiploms. Unter allen Lebens-
verhältnissen bewahrte Müller die Festigkeit republikanischer Tugend und
Manneswürde, daß er nie etwas um Geld that; und dennoch zog ihn
Comfort und Hofdienst allmählig in Schulden und Verlegenheiten hinein,
welche im entscheidenden Augenblicke seiner edeln Gesinnung schmerzlichen
Zwang anthaten. Es ist für Müllers Eigenthümlichkeit ferner sehr bezeichnend, daß er ungeachtet einer beispiellosen Freudigkeit im Forschen und
Arbeiten dennoch keine seiner beiden großen Lebensaufgaben vollendete,
und daß er, der Gemüthvolle und Liebende, der auch für Frauenliebe
nicht unempfindlich war, durch so mannigfaltige Interessen, Bestrebungen und Neigungen gefesselt und getheilt blieb, daß er keinen
eigenen Hausstand gründete, und somit sich eine wesentliche Bedingung
für gemüthliche Concentration und ruhiges Schaffen abschnitt. Allein
dieser Verzicht auf den Frieden des Familienlebens führte Müllern zu
einer so ununterbrochenen Anwendung seiner Zeit im Dienste der
Wissenschaft, wie selten ein Menschenleben aufweist. Wofern der Tag

ihm zur Verfügung ſtand, war derſelbe aufs ſorgfältigſte eingetheilt,
um jeweilen in ſeinen Studien das ganze Gebiet hiſtoriſcher Wiſſenſchaft zu umfaſſen und ſeinen Geſichtskreis ſtets zu erweitern; oder
wenn ſeine Zeit durch Amtsgeſchäfte verſchlungen oder zerſplittert war,
ſo fand er immer noch eine freie Stunde der Nacht, ſo daß ihm kein
Tag ohne wiſſenſchaftlichen Gewinn vorüberging. Allein dieſe ſtrenge
Arbeit machte ihn weder ſchwerfällig noch befangen, ſo daß der Gelehrte
jeden Augenblick im heitern Umgange ſich als geiſtreichen und liebenswürdigen Geſellſchaftsmann geltend zu machen wußte. Daher galt
Müller zu ſeiner Zeit mit Recht als ein Muſter eines Gelehrten, und
dem zufolge fand er ungeachtet ſeiner wenig imponierenden äußern Erſcheinung bei Weltleuten und Großen eine ſeltene Anerkennung. Eine
durch die Macht des Willens und die Tiefe der Geſinnung gebietende
Perſönlichkeit war Müller nicht: es war daher eine aus der Verkennung ſeines Weſens hervorgehende Erwartung, daß er irgendwo bahnbrechend vorangehen, oder als Haupt ſich an die Spitze einer Parthei
ſtellen ſolle. Aber indem er ſich mit ſeinem Sinn und geiſtiger Gewandtheit in Verhältniſſe und Perſonen hineinlebte, war er vorzüglich
geeignet, in einem weiten Kreiſe für ſeine geiſtige Sphäre zu gewinnen,
indem er theils im Allgemeinen für die Wiſſenſchaft begeiſterte, theils die
Gemüther für irgend eine Idee oder eine Aufgabe der Zeit in Anſpruch
nahm. So iſt Müller einer der anregenden und bewegenden Geiſter
ſeiner Zeit geweſen und für eine beträchtliche Zahl hochſtehender und
ſtrebſamer Männer ein geiſtiger Führer in den Gedanken über die Entwicklung der Völker, über Staat und Geſetzgebung.

War Müller durch die Macht der Thatſachen zu leichter Beweglichkeit fortgezogen: ſo war ihm dagegen wieder eine große Kraft und
Feſtigkeit des Gemüthes und der Geſinnung eigen. Selten hatte ein
Mann ſo viele Freunde aus den verſchiedenſten Ständen, welchen er in
ſeinem wechſelvollen Leben in herzlicher und aufopfernder Weiſe treu
blieb. Er diente manchen Herren: aber in allen Veränderungen bewahrte er gegen dieſelben die Pietät eines edlen Herzens; es tritt nie
ein Zug einer bei Schriftſtellern nicht ſeltenen vorlauten Enthüllung
oder boshaften Perſiflage hervor, wenn er aus einem Dienſtverhältniſſe
in ein anderes übergegangen war. Seinem Vaterlande gegenüber hatte
er die Feſtigkeit, zu allen Zeiten die Stimme ſtrenger und unpar-
theiiſcher Wahrheit geltend zu machen, Wünſche und Vorliebe traten
ſtets zurück, wo es die Belehrung und die Wohlfahrt ſeiner Mitbürger

galt; und in allen Verhältnissen fand er für das, was ihm recht dünkte, das rechte und treffende Wort. Es ist eine sonderbare Ungerechtigkeit, ihm zum Vorwurfe zu machen, daß ihm die verschiedensten Menschen und die entgegengesetztesten Partheien Zutrauen und Verehrung schenkten. Er bewahrte sich diese Auszeichnung nicht nur vorübergehend, sondern bis er vom Schauplatze abtrat: denn das vermochte nur ein Reichthum der Gedanken und eine Hohheit des Geistes, welche außer und über den Partheien stand und Ansichten darbot, die durch ihre Eigenthümlichkeit und das Gewicht der Thatsachen überzeugten. Viele Jahre zog ihn sein historischer Standpunkt und seine poetische Sympathie zum Katholicismus hin, der ihm Beförderung und Ehre verhieß: allein er behielt aller Verlockung gegenüber die Unabhängigkeit seiner Stellung und die Würde des Historikers fest im Auge. Es ist bei einer so bewegten Natur die Beharrlichkeit nicht gering anzuschlagen, mit welcher der Kandidat von Schaffhausen den Vorsatz faßte und auszuführen begann, ein Werk zu schreiben, das sowohl im Vaterland als bei der großen gebildeten Welt seinem Namen für künftige Geschlechter Ruhm brächte; und es erforderte noch mehr Kraft und festen Willen, sich von dem gewohnten Wege des deutschen Katheberlebens fern zu halten und sich unter immer neuen Mühen und Schwierigkeiten eine Laufbahn zu öffnen, deren Eigenthümlichkeit oft theuer erkauft war. Man schlage jeden beliebigen Band von Müllers Werken auf und selbst das Vorurtheil muß durch die Vielseitigkeit und Erfahrungsmäßigkeit, die Großartigkeit und den Adel seiner Gedanken und seiner Ausdrucksweise überrascht werden und darf sich nicht wundern, wenn seine Zeit von ihm und seinen nie veralteten Gedanken Großes hielt.

Müller hat mit seiner Zeit das Streben nach einer idealen Richtung gemein; es ist ihm jedoch vor den meisten Andern gelungen, in seiner Anschauungsweise und in seiner Liebe auf so festem Boden zu stehen, daß er für Menschen und Ereignisse, Zustände und Situationen ein klares Verständniß hat und mit einer denselben angemessenen Auffassung und Darstellung begleitet. Wenn die Idealität seiner Betrachtung nicht selten die innere Anstrengung verräth, so geht ihr doch immer wieder eine aus der Tiefe des Gemüthes hervorquellende Frische und Begeisterung zur Seite, deren Schwung mit dem Gewichte strenger Forschung ringt, aber nicht erliegt. Unter allen Geschichtschreibern und Politikern des vorigen Jahrhunderts ist keiner, der auch für unsere Zeit solch eine Fundgrube treffender, anwendbarer und bleibend wahrer Ge-

danken über Volksleben und Staat darbietet wie Müller.   Mit Recht
ist Müller in Beziehung auf die Eigenthümlichkeit und Neuheit seiner
Erscheinung in der Literatur mit Klopstock in Parallele gesetzt, zugleich
aber erkannt worden, Müller spreche vernehmlicher und eingreifender
in unsere Zeit hinein.   Müllern selbst aber schwebte Haller als Vorbild
vor: diesem gleich wollte er das ganze Gebiet menschlichen Wissens,
sofern es sich auf die Politik im weitesten Sinne bezieht, umfassen:
und er hat sein Ziel, wie Jener in seinem Kreise, preiswürdig erreicht.

XIII. Martin Usteri.

———

In Joh. Martin Usteri begegnet uns eine ganz neue Individualität der Bodmer'schen Schule. Von dieser hat er das Malerische
in der Poesie, die Anhänglichkeit an das Heimatliche, die Vorliebe für
das Alterthümliche in Sprache und Sitte und das eigenthümliche Geschick, daß er, wie Ludwig Meyer von Knonau und Salomon Geßner,
zugleich Maler und Dichter ist. Allein jener große Blick und jener
weite Kreis der Bestrebungen der Schüler Bodmers, welcher die ganze
Menschheit umfaßte, für die Erziehung und Hebung des Volkes glühte
und begeistert in der durch kräftiges Eingreifen aufzubauenden Zukunft
lebte, — zieht sich bei Usteri auf das vergnügliche Beschauen der Vergangenheit und den heitern Genuß der Gegenwart zusammen. Seine
gemächliche Beschaulichkeit und fröhliche Sorglosigkeit ließ ihn in philosophischer Ruhe auf das Getriebe der Welt hinausblicken, und günstige
äußere Verhältnisse verschafften ihm die Freiheit, seine Aufgabe und
seine Thätigkeit nach Gutdünken zu wählen. Seines Vaters Haus
war ein angesehenes Kaufmannshaus, wo mit einem ausgedehnten
Geschäftsbetrieb solider Luxus und namentlich Kunstliebhaberei sich
verband. Der im Jahre 1763 geborene Martin wurde nach der
schöngeistischen Liberalität und der aristokratischen Weichlichkeit jener
Zeit so gehalten und erzogen, daß man keine besondere Anstrengung
von ihm forderte und ihn den sinnigen Neigungen seines stillen Gemüthes und seines unermüdlich thätigen Geistes überließ. Seine
Bestimmung zum Kaufmann machte man ihm leicht und ließ ihm
nicht nur volle Zeit für seine Kunstliebhabereien, sondern es wurde ihm
in dieser Richtung eine sorgfältige Anleitung zu Theil und namentlich
förderte und ermunterte Salomon Geßner das vielversprechende Talent. So machte sich Martin Usteri frühe in befreundeten Kreisen

als Zeichner, Dichter und lieblicher Sänger beliebt, zugleich aber gewann ihm die liebenswürdige Einfalt seines Wesens und bei aller Fröhlichkeit die strenge Ehrbarkeit seiner Sitten die allgemeine Achtung. In jugendlicher Herzensfrische und schönem Gleichmuth führte er ein sorgenfreies, aber stets mit reicher und anmuthiger Thätigkeit ausgefülltes Leben, welches weder kaufmännisches Mißgeschick und eine geisteskranke Frau, noch die Stürme der Revolution zu trüben vermochten. Je mehr die äußere Welt gährte, desto mehr schloß er sich selbst ab und widmete sich einer für einen kleinen Kreis von Freunden berechneten Kunst und Poesie, ohne höhern Anspruch, allein auch ohne höhere Vollendung. Usteri beschied sich sein Leben lang Dilettant zu sein, als Kaufmann wie als Rathsherr, als Künstler und als Dichter. Es waren nicht innerlich ihn bewegende und in ihm arbeitende Ideen, welche er äußerlich darzustellen sich berufen fühlte, sondern seine Kunst und seine Poesie sollte ihm und seinen Gleichgesinnten das Leben erheitern und fröhlich bekränzen. Mit den feindseligen und zerstörenden Mächten seiner Zeit aber ließ er sich auf keinen Kampf ein, sondern er fand sich mit ihnen durch Satyre und Karrikatur ab. Im wildesten und unheilvollsten Jahre der Revolution, im Jahre 1793, wo Viele die Verzweiflung an allem Dauernden und Heiligen zum Haschen nach dem Genuß des Augenblickes jagte, dichtete Usteri sein berühmt gewordenes, aber poetisch freilich ziemlich werthloses Lied:

> Freut Euch des Lebens,
> Weil noch das Lämpchen glüht.
> Pflücket die Rose,
> Eh' sie verblüht —

welches seine Verbreitung der leichthingleitenden, einschmeichelnden Singweise verdankte. Und als der revolutionäre Sturm auch im eigenen Vaterlande die theuren Einrichtungen, Sitten und Gewohnheiten der Väter über den Haufen warf, rächte sich der unerschütterlich Gleichmüthige durch hundert und hundert Karrikatur-Zeichnungen, wo er Scenen aus dem Leben des Tages mit scharfer Beobachtungsgabe und Menschenkenntniß darstellt und züchtigt. In dieser Beziehung ist die reiche Sammlung seiner Handzeichnungen ein merkwürdiger Beitrag zur Sittengeschichte jener Zeit: denn wenn er in vielen seiner Blättchen nur der Spottlust ein Genüge thut, so legen dagegen manche dieser Zeitbilder aus dem Leben die sittlichen Schäden jener Periode auf eine treffende Weise bloß. Hinwieder aber ließ sich Usteri's Poesie nicht

herbei, solche Erlebnisse festzuhalten; diese sollte nur dazu dienen,
heitere Bilder und freundliche Empfindungen hervorzurufen und durch
dieselben Weisheit zu lehren. Es kommen unter den Gedichten nur
wenige Naturklänge vor, welche dazu dienen, das Herz in eine wohlthuende Stimmung zu versetzen; dagegen besingt er die freundlichen
Beziehungen des Menschenlebens, heitere Geselligkeit und edle Sitte.
Wahre poetische Perlen sind in dieser Beziehung „Das goldene ABC"
und „Das Schüppelein", wo Lehren der Weisheit aus seinem und
liebevollem Herzen im Geiste alten Bürgerthums aneinandergereiht
sind. — Wenn Usteri, bescheiden und schüchtern, in keiner Beziehung
auf große Leistungen Anspruch machte, so war er dagegen mit ganzer
Seele dabei, wo es galt, Jemanden Freude zu bereiten und einem geselligen Verein eine höhere Weihe zu geben. Namentlich war er die
Seele der Künstlergesellschaft seiner Vaterstadt und der Gründer der
allgemeinen schweizerischen Künstlergesellschaft: für jene hatte er ursprünglich sein „Freut Euch des Lebens" gedichtet; für letztere veranlaßte er die Herausgabe einer eigenen Sammlung von Künstlerliedern,
wozu er selbst die werthvollsten Beiträge lieferte, wo er die Malerkunst
in Ernst und Scherz, von ihrer idealen und von ihrer prosaischen Seite
auffaßte. In ersterer Beziehung sind besonders die beiden Gedichte bemerkenswerth, „Der Maler, eine Ballade", dem vor allen andern
Freiern der Preis der Liebe zu Theil wird, weil er das Bild seiner
Schönen als Mutter-Gottes auf den Altar stellen will; und „Der
Maler, eine Erzählung", wo dieser als modischer Nachahmer Götter
und Helden darstellt und damit arm und elend wird; dann aber zur
Natur zurückkehrt und ihre kleinen Scenen mit Verstand und Liebe, und
darum mit Glück und Erfolg malt. Voll köstlichen Humors sind die
vier Gedichte, wo der Malerlehrling „Fritz", der ohne Beruf ein Maler
werden will, seine leidigen Erfahrungen mittheilt.

Allein Usteri's Hauptvorzug als Künstler und Dichter ist die
Liebe, womit er sich in die alte Zeit versenkt und mit derselben von
ganzer Seele eins wird. Das Malerische und Poetische des Mittel-
alters steht ihm in allen Einzelheiten zu Gebote, denn er ist von dieser
Seite ein geistreicher und gelehrter Forscher. Das ganze Leben der alten
Welt nach Architektur, Waffen, Ornamenten, Trachten, Gewerben,
Sitten und Gewohnheiten ist ihm gegenwärtig, und namentlich das
Heimatliche, das gesellige und häusliche Leben seiner Vaterstadt, hat
er sich völlig zu eigen gemacht. Auch fand Usteri schon frühe als ge-

schäftskundiger Zeichner Aufmerksamkeit, so daß der Altvater Bodmer anfangs der achtziger Jahre durch den achtzehnjährigen Jüngling seine schweizerischen Erzählungen und seine altenglischen Balladen illustrieren ließ. Vom Jahre 1783 an lieh er seine Hand den Zürcherschen Neujahrblättern und gab denselben einen höhern künstlerischen Werth, wozu freilich auch der Grabstichel Rudolf Schellenbergs beitrug, welcher den Zeichnungen oft eine Kraft und Bestimmtheit aufdrückte, die das Original nicht immer hatte. Auch der Text ist häufig von ihm bearbeitet. Wie nun diesen geschichtlichen Blättern ein reiches Leben inne wohnt, theils durch die Scenerie, theils durch die dramatische Handlung der Personen: so sind auf gleiche Weise Usteri's erzählende Gedichte und Balladen behandelt. Diese gehören zum Schönsten und Besten, was schweizerische Dichter aus dem Schatze heimatlicher Poesie ins Leben gerufen. Sie erheben sich zwar nicht zu den Großthaten der eidgenössischen Geschichte, sondern sie schöpfen aus der verborgenen Volkssage oder aus einzelnen persönlichen Erlebnissen; allein sie erhalten ihre höhere Bedeutung, daß aus der lebendigen und seelenvollen Darstellung sich stets eine gemüthansprechende, oft überraschende große Lebensansicht ergiebt, wodurch diesen Poesien der Charakter der Volksdichtung aufgeprägt ist. Gedichte wie „Ibba von Toggenburg, der Graf von Falkenstein, Studiger, Graf Walraff von Thierstein" gehören zu den Perlen vaterländischer Poesie.

Die große Empfänglichkeit und Herzensfrische Usteri's that sich auf eine sehr bemerkenswerthe Weise kund, wie er nach des drei Jahre ältern Hebels Vorgang den Dialekt zu handhaben und in eigenthümlicher Weise anzuwenden wußte. Der aristokratische Zürcher war freilich weit davon entfernt, das Volk zu kennen und zu lieben wie Hebel; wo er daher ländliche Scenen in seinen kleinern Gedichten darstellt, hält er sich an das Malerische äußerer Vorgänge oder er schildert Gemüthszustände, wobei er pathetisch oder sentimental wird, wie z. B. in „'s arm Elseli uf der Ysefluh." Wenn er dagegen das giebt, was als wohlgepflegte Gesinnung in ihm lebt, die häusliche Tugend, die treue, aufopfernde Liebe, so gelingt es dem Künstler wie dem Dichter in hohem Maße. So sind seine neun Blätter mit der Darstellung der „Muttertreue" die beliebtesten und populärsten seiner künstlerischen Leistungen geworden: gleich vortrefflich, und würdig den gleichartigen Liedern Hebels (das Spinnli, der Storch, das Habermues) an die Seite gesetzt zu werden, sind die „Kinderlieder". Es ist freilich nicht jene poesie-

volle Vermenschlichung der Natur wie bei Hebel; allein die Mutter
lauscht hier in unendlicher, hoffnungsreicher Liebe zum Kinde dem
Thierleben zu, trägt ihre Liebe in die feine Beobachtung hinein und
sieht überall Beziehungen auf ihr Kind. „D'Störchli", deren Lebensgeschichte die Mutter erzählt, „De Guggu", aus dessen Ruf die Mutter
die Zukunft ihres Kindes errathen will, „So wirds cho", wo die
Mutter von fünf zu fünf Jahren die Triebe und Gefühle ihres Kindes
verfolgt: das ist eine Lieblichkeit der Empfindung und eine Heiterkeit
des Humors, wie solches nur aus einem so reinen und spiegelhellen
Gemüthe, wie Usteri's hervorgehen konnte. Besonders populären
Beifalls hatten sich die beiden größern mundartlichen Stücke zu erfreuen, „De Vikari" und „De Herr Heiri", jenes ländliche, dieses
städtische Idylle betitelt. Ihre Anziehungskraft besteht in den lebendigen Gemälden aus dem gemeinen Leben im buchstäblichen Sinne,
welche von großer komischer Wirkung sind. Ländlich kann die erste
Idylle nur in dem Sinne genannt werden, wie Voßens Luise, indem
die Scene auf dem Lande vorgeht, allein von dem Leben der Landleute
kommt nichts vor außer in seiner Verderbniß und in seiner Unnatur.
In beiden Stücken aber hat es Usteri darauf abgesehen, das Philister-
thum zu geißeln, den Hochmuth und die Beschränktheit, die Rohheit
und die unsittliche Affektation der aus der Bürgersitte herausgeschritte-
nen städtischen Mittelklasse. Während von diesen Leuten Alle, jeder
auf seine Weise, unverständig in irgend eine Schwäche oder Narrheit
verrannt sind, und die Babette zu abstoßender Widerlichkeit herabsinkt,
erweckt nur die Pfarrerstochter ein tieferes poetisches Interesse. Die aristokratische Schadenfreude gefällt sich zu sehr in der Karrikatur: die Sün-
denböcke beider Stücke sind zu gleichartige Charaktere, die triviale Spieß-
bürgerlichkeit wird zu lang und breit dargelegt. Es darf freilich nicht
vergessen werden, daß Usteri beide Stücke nicht für die Oeffentlichkeit
bestimmte, sondern mit diesen Schwänken einigen guten Freunden unter
der Hand eine frohe Stunde machen wollte.

Usteri's Dilettantismus zeichnete sich auf eigenthümliche Weise
in der Pflege der Sprache des Mittelalters aus und er erscheint darin
als besonders glücklich begabter Zögling der Bodmer'schen Schule. Er
hatte mit Fleiß und Geschick eine seltene Bibliothek der Literatur des
Mittelalters zusammengebracht und wußte als Schreibkünstler alte
Blätter täuschend nachzubilden, namentlich aber kannte er die Sprache
der frühern Jahrhunderte nach Form und Inhalt in einem solchen

Grade, daß er dieselbe in all ihrer Anmuth und Treuherzigkeit zu gebrauchen verstand. In zwei der besten Gedichte, in der Legende·Jdda
von Toggenburg und der Erzählung·Walraff von Thierstein sind im
Allgemeinen ältere Ausdrücke und Sprachformen mit Glück gebraucht;
in „Der armen Frow Zwinglin Klag" aber ist genau die Sprache des
16. Jahrhunderts inne gehalten und mit großer Wirkung durchgeführt.
Die Empfindungen der Gattin und Mutter sind nach den äußern Umständen und dem natürlichen Gemüthszustande in ihrer Lage auf eine
ausdrucksvolle und rührende Weise geschildert; allein wenn man die
Reihe der Trostschreiben näherer und fernerer Freunde an Zwingli's
Witwe ins Auge faßt und die Glaubenskraft, welche sie in derselben
voraussetzen*), so paßt diese weiche Klage, dieses Versinken in den
Jammer des Augenblicks nicht für die Witwe des Reformators, daher
man diesem Gedichte mit Unrecht gleichsam eine historische·Bedeutung
hat beimessen wollen. Wie darf sie klagen: „So schwinget sich, wie
ein Gekett, um mich nur Angst und Jammer" — wenn ihr
Bullinger zuruft: „Ihr genießt recht eigentlich des Trostes himmlische
Fülle. Ihr empfanget Gnaden über Gnaden. Alle guten und edeln
Seelen sind Eins mit Euch ꝛc."

Am anziehendsten und lieblichsten entfaltet sich aber Usteri's
Kenntniß von Sprache und Sinnesart der alten Zeit in seinen prosaischen Erzählungen. Die treuherzige Naivetät, das anschauliche Leben,
die gemüthliche Fülle, die reiche historische Dekoration giebt diesen
kleinen Novellen unter allen Gedichten Usteri's das höchste Interesse, sei
es, daß er in „Zeit bringt Rosen" einen Zürcher Bürger auf einer
Badenfahrt in Briefen an einen Freund in Basel Bericht von seinem
durch historische Zeitumstände begünstigten Liebesglück geben läßt, oder
daß „Thomann zur Linden sein Abentheuer auf dem großen Schießen
zu Straßburg 1576" ebenfalls brieflich beschreibt und wie er sich den
Netzen einer schönen Straßburgerin entwindet. In den zwei kleinen
Romanen „Der Schatz durch den Schatz" und „Gott beschert über
Nacht", läßt er zwei Jünglinge, dort einen Breisgauer und hier einen
Basler, zum Lohn ihrer Rechtschaffenheit und Treue zu Glück und Gut
kommen. Während der Dichter in diesen Erzählungen die Schreibart
der gegenwärtigen Zeit näher gebracht hat, soll dagegen „Der Erggel
zum Steinhuus" eine mit Wappen gezierte Hauschronik der Familie

---

*) S. Anna Reinhard v. S. Heß. Zürich 1820. S. 233—262.

Meiß von Zürich darstellen, nach Sprache und Inhalt so ausgestattet, als wäre sie ein Werk des fünfzehnten Jahrhunderts. Die Lebensläufe der in das Meisengeschlecht einheirathenden Frauen aus verschiedenen edlen Zürcher Familien sind wohl etwas zu romanhaft ausgeschmückt, allein es ist daneben die älteste Geschichte Zürichs aufs allerliebste in diesen poetischen Rahmen eingefaßt, indem je eine öffentliche Begebenheit in das Leben einer der Frauen verflochten ist, wie z. B. in das Leben der Tygin die merkwürdige Gründung von Gfenn, der Bilgerin der Bann Zürichs unter Friedrich II., der Finkin die Niederlage bei Winterthur, 2c. Das Alles ist mit einer Gründlichkeit der allgemeinen historischen Einkleidung und mit einer anschaulichen Darstellungskunst durchgeführt, daß Usteri in der poetischen Behandlung historischer Scenen nicht leicht übertroffen worden ist und für die historische Novelle als Muster gelten darf. In ihm hat die Schweiz den Romantiker im besten Sinne. Was in Usteri's altdeutschen Darstellungen am wenigsten im Geiste der frühern Zeit liegt, ist eine gewisse moderne Weichheit und aufgebüschelte Zierlichkeit, vorzüglich in den Zeichnungen, aber auch bisweilen in den poetischen Erzählungen. Das scheint daher zu rühren, daß Usteri nicht in den großen, starken Geist eingelebt ist, welcher in der christlichen Frömmigkeit jener Zeit lag und dem ganzen Leben das Gepräge der Einfalt und Kraft gab. Allein auch darin gehört er der modernen Romantik an, daß er in der Kunst mit Liebe der Formen des mittelalterlichen Katholizismus als sinnigen Ornaments sich bediente. Dagegen ist es keinem Romantiker gelungen, so mannigfaltige, tief aus dem Leben geschöpfte Bilder der schönsten und glücklichsten Häuslichkeit darzustellen, und gerade die derartigen lieblichen und erhebenden Scenen des Erggels im Steinhuus geben diesem letzten und reifsten Werke Usteri's seine höhere Weihe.

Salis.

Am Ende des Jahrhunderts erleben wir, daß selbst der fremde Kriegsdienst einen schweizerischen Dichter gebildet. Johann Gaudenz von Salis-Seewis war i. J. 1762 in Malans im Schooße einer höchst vorzüglichen Familie geboren, wo er die Reize des Landlebens durch seine Umgebung und auf dem Gute seiner Eltern von der schönsten Seite kennen lernte. Sein Vater war der Zögling des Philosophen Lambert gewesen, der indessen in dem edeln Hause Salis eben so viel empfangen als gegeben hatte. Nach den Sitten der adelichen Geschlechter Graubündens hatte auch Gaudenz sich dem Waffenhandwerke zu widmen, um auf diese Weise die Welt kennen zu lernen und Erfahrungen zu sammeln. Allein das reiche Gemüth und die reine Gesinnung des schweizerischen Jünglings fand keine Befriedigung in der französischen Hauptstadt und ein tiefes Heimweh ergriff den jungen Krieger, welchem er in poetischen Versuchen den Ausdruck gab. Sein lebendiges und tiefes Gefühl und die Sehnsucht nach seiner schönen und glücklichen Heimat verlieh seinen Gedichten eine Wahrheit, welche sonst die spätere Klopstock'sche Schule mit ihrem sentimentalen Flötenton, der im Mondschein zwischen Gräbern weint, nicht hat. Salis sandte seine ersten Versuche i. J. 1784 aufs anspruchloseste von Paris aus zur Aufnahme in Füßli's schweizerisches Museum; und als die erste Sammlung seiner Gedichte i. J. 1793 erschien, war Matthissons ausfeilende Hand herbeigezogen worden: allein der tiefere Gehalt, der des Letzteren Gedichten fehlte, war des Schweizers eigenthümliches Verdienst. Freilich fehlen auch bei Salis jene leeren Landschaftsmalereien nicht; allein ein Theil seiner ländlichen Gedichte enthält ungezwungen höhere Beziehungen für das Menschenherz, wie z. B. das „Märzlied" gar lieblich auf die Auferstehung hindeutet; und im „Pflügerlied" und im „Gottesacker im Vorfrühling" erhalten die sonst allzu häufig und trübselig wiederkehrenden Grabesgedanken einen

sinnigen und erhebenden Ausdruck. Denn sonst läßt es sehr gleichgültig, wenn der ruhige, gesunde und glückliche Schweizer, nach der Mode
seiner Zeit, so oft in Thränen zwischen Gräbern schleicht. Gleichwohl
hat er durch seine zarten, gefühlvollen und melodischen Klänge nicht
unverdient den Namen Sänger der „Wehmuth“ sich erworben, weil
sein Lied unter denjenigen der thränenreichen Schmachter jener Zeit das
empfundenste und natürlichste war, wie z. B. das mitten aus Herz
und Leben geschöpfte „Lied eines Landmanns in der Fremde“ und
„Kinderzeit.“ Allein das Lied der Freude, der ländlichen Zufriedenheit,
des Jugendglücks, wie vornämlich — „Seht, wie die Tage sich sonnig
verklären —“ steht dem reinen und edeln Gemüthe noch besser an.

Während seine elegischen Dichtergenossen verschollen sind, lebt
Salis noch in frischem und lebendigem Andenken unter seinem Volke,
weil er einen warmen und kräftigen vaterländischen Ton anzuschlagen
verstand, indem er in seinem Heimweh und in seiner Wehmuth nicht
nur weinte, sondern seine Brust zu liebevoller Begeisterung sich erhob.
Der Schluß der zu Paris im Jahre 1783 gedichteten „Elegie an mein
Vaterland“ gehört in seiner kräftigen Kürze zu den besten und schönsten
vaterländischen Klängen.

> Heil dir und dauernde Freiheit, du Land der Einfalt und Treue!
> Deiner Befreier Geist ruh' auf dir, glückliches Volk!
> Bleib durch Genügsamkeit reich und groß durch Strenge der Sitten;
> Rauh sei, wie Gletscher, dein Muth; kalt, wenn Gefahr dich umblitzt,
> Fest, wie Felsengebirge, und stark, wie der donnernde Rheinsturz;
> Würdig deiner Natur, würdig der Väter, und frei!

Bei dieser Gesinnung trug daher der würdige Mann die Fesseln des
fremden Kriegsdienstes schwer und sehnte sich nach einer Lebensstellung,
von der er würde sagen können:

> Unbiegbar, keines Fürsten Waffenknecht,
> Zu edelstolz, um Rang und Sold zu werben,
> Entsagt' ich nie der bessern Menschheit Recht,
> Für Völkerglück zu siegen und zu sterben.

Allein er hatte in Frankreich noch die wildesten Revolutionsjahre durchzumachen, ehe es ihm vergönnt war, im Jahre 1794 in die ersehnte
Heimat zurückzukehren. Hier war er jedoch wirklich so glücklich, in
seinem schönen Malans ein Landleben zu führen, wie er sich dasselbe in
der Ferne geträumt. Er besang seine „Berenice“ als Geliebte freilich
auf sehr gewöhnliche Weise, dagegen war sein Familienleben von besonderer Innigkeit, wie seine eigenen Briefe, die Zeugnisse der Freunde

und vor Allem sein Gedicht, „Die stillende Mutter," beweisen, wo die frühere Sentimentalität sich zur wahrsten und reinsten Gefühlstiefe ver= klärt hat, indem er unter Anderm singt:

Durch Liebe stark, vermag ein Mutterherz
Den schönen Kranz von ihren Jugendtagen,
Verlächelnd des Verblühens leisen Schmerz,
Auf den Altar der Treue froh zu tragen.

Wie Salis in aller Schlichtheit und ohne alle schöngeistische Eitelkeit sich begnügt, ein braver Landmann und Hausvater zu sein, so giebt er sich auch in unverdrossener Treue als Bürger und Vorsteher hin und macht den Kreislauf aller möglichen Aemter seines Freistaates durch, so daß unter seinen Titeln diejenigen von Bundeslandammann und General vorkommen. Er schreibt an einen Freund: „Das ist die an= klebende Last unserer Berg=Cantone, Sitten und Verfassungen, wer unter dem Volke lebt, muß sich entweder hudeln lassen durch Aemter — oder durch andere Beamte *)." Daß er schon frühe nicht mehr dichtete, das entschuldigt er ganz einfach mit seinen Amts = und Berufspflichten: „Es war nun einmal mein Schicksal, für meinen nächsten Ort und den engern Mitbürger=Kreis Zeit und Muße aufzuopfern. — So arbeite ich täglich auf Kanzleien und Rathsstuben für den Tag — und schaffe nichts für das Publikum oder die Nachwelt." In das Partheigetrieb der gährungsvollen Zeit ließ er sich jedoch nicht hineinziehen, daher er an Füßli schrieb: „Lassen Sie uns unter solchen Umständen einen hoffenden Blick auf die Nachwelt und einen bewundernden auf die Vor= welt werfen, und das verächtliche Spiel, welches Ehrgeizige und Machtsüchtige mit der Menschheit und den Völkern treiben, übersehen." Allein er verschloß sich nicht theilnahmslos gegen die Noth jener Zeit. Als namentlich viele Familien seiner bündner Landsleute schwere Ver= luste erlitten, da hatte er ein trostvolles Wort „An die edeln Unter= drückten," welches also schloß:

Ihr Märtyrer für Menschenwürde,
Vertraut der Wahrheit und der Zeit:
Vergänglich ist des Druckes Bürde,
Doch ewig die Gerechtigkeit!

Unter diesen Umständen angelte Salis nicht nach geistreichen Be= kanntschaften und buhlte nicht nach der Gunst berühmter deutscher Genossen. Es ist bemerkenswerth aus der Anweisung an seinen Ver= leger Füßli, wem dieser Freiexemplare von der ersten Auflage seiner

---

*) Briefe von Salis in J. H. Füßli's handschriftlichem Nachlasse.

Gedichte zu übersenden habe, den Kreis seiner Bekannten kennen zu lernen, welche sämmtlich dem Bodmer'schen Kreise angehören. In erster Linie führt er auf: Leonhard Meister und Chorherr Joh. Tobler, Bonstetten, Pfeffel, J. G. Jacobi, Gotth. Fr. Stäudlin, Friederike Brun, geb. Münter, Gräfin Stolberg, geb. Reventlow; in zweiter Linie: Wieland, Herder, Prof. Schütz in Jena, Prof. J. A. Ebert in Braunschweig, Fr. La Roche und Hofrath Reichardt in Gotha. — Allein ungeachtet aller Zurückhaltung fehlte es ihm doch nicht an Anerkennung von Seite vorzüglicher Dichter. So richtete J. Arnold Ebert, der Jugendfreund Klopstocks, ein ermunterndes Sonett an Salis; und Matthisson berichtet von Voß: „Unter allen von ausgezeichneten Menschen an Salis geschriebenen Briefen, haben die von Voß mich am wohlthuendsten angezogen, wegen des milden und tief gemüthlichen Tones, womit er den zur Zeit jener Correspondenz noch sehr jungen Dichter aufmuntert und zurechtweist. Das war Ton des Herzens: denn Voß sah in Salis seinen Liebling Hölty wieder aufleben." — So kam auch diesem letzten der bedeutenden schweizerischen Dichter des achtzehnten Jahrhunderts zu statten, daß eine liebenswürdige und charaktervolle Persönlichkeit das liebende Andenken an den Dichter unterstützt und festhält. Frisch und thatkräftig bis ans Ende, starb Salis im Jahre 1834.

Man kann nicht im Zweifel stehen, mit Salis die Reihe der schweizerischen Schriftsteller des achtzehnten Jahrhunderts zu schließen. Denn alle fernern namhaften Männer auf dem Gebiete der schweizerischen Literatur sind Zöglinge des neunzehnten Jahrhunderts. Die Revolution that auf einmal einen so gewaltigen Riß in das frühere Geistesleben hinein, und die Erschütterungen und Ereignisse des Augenblicks nahmen so alle jüngern Kräfte in Anspruch, daß ein langer Stillstand eintrat. Bedeutendere Kundgebungen in den ersten Jahrzehnten des neuen Jahrhunderts gingen noch von denjenigen aus, welche sich im vorigen Jahrhundert in glücklichern Zeiten herangebildet hatten und zur Reife gelangt waren. Die ganze Generation, welche während der Revolutionsjahre herangewachsen war, hatte eine zu sturmbewegte Zeit durchgelebt und in derselben mitgehandelt, als daß die Geister sich den friedlichen Eingebungen der Musen hätten widmen können. Erst das in den Friedenszeiten des neunzehnten Jahrhunderts herangereifte Geschlecht sollte in der Schweiz ein neues, reiches Geistesleben entfalten.

Druckfehler.

Seite 18 Zeile 5 von oben statt webten lies wirkten.
„   29 „ 9 v. o. statt die ganze Bruderwelt lies der ganze Bau der Welt.
„   93 „ 16 v. o. statt Schweizer l. Schnitzer.
„ 184 „ 9 v. unten statt besingend l. besiegend.
„ 388 „ 4 v. u. statt daß l. was.
„ 389 . 8 v. u. statt Wiez l. Wirz.
„ 528 „ 8 v. o. statt Schüppelein l. Schäppelein.